国家出版基金项目
NATIONAL PUBLICATION FOUNDATION

国家出版基金项目
“十二五”国家重点出版物出版规划项目

中国战略性新兴产业——新材料

第三代半导体材料

中国材料研究学会组织编写
丛 书 主 编　黄伯云
丛书副主编　韩雅芳
编　　　著　郑有炓　吴　玲　沈　波　等

中国铁道出版社
CHINA RAILWAY PUBLISHING HOUSE

内容简介

“中国战略性新兴产业——新材料”丛书是中国材料研究学会组织编写的，被新闻出版广电总局批准为“十二五”国家重点出版物出版规划项目，并获2016年度国家出版基金资助。丛书共16分册，涵盖了新型功能材料、高性能结构材料、高性能纤维复合材料等16种重点发展材料。本分册为《第三代半导体材料》。

本书主要论述了Ⅲ族氮化物半导体材料、SiC半导体材料、宽禁带氧化物半导体材料、金刚石材料的基本理论、制备技术、相关电子器件及其发展现状和趋势，半导体照明的现状、发展趋势、竞争格局，并论述了我国第三代半导体材料产业的战略意义及发展战略。

本书可供新材料科研院所、高等院校、新材料产业界、政府相关部门、新材料中介咨询机构等领域的人员参考，也可作为高等院校相关专业的大学生、研究生的教材或参考书。

图书在版编目(CIP)数据

中国战略性新兴产业. 新材料. 第三代半导体材料/郑有炓等编著. —北京：中国铁道出版社，2017. 12

ISBN 978-7-113-23973-2

Ⅰ. ①中… Ⅱ. ①郑… Ⅲ. ①新兴产业-产业发展-研究-中国 ②半导体材料-产业发展-研究-中国 Ⅳ. ①F121. 3②TN304

中国版本图书馆CIP数据核字(2017)第269723号

书　　名：中国战略性新兴产业——新材料
第三代半导体材料
作　　者：郑有炓　吴　玲　沈　波　等　编著

策　　划：李小军　　　　读者热线：（010）63550836
责任编辑：李小军　许　璐　绳　超
封面设计：MXK DESIGN STUDIO
封面制作：刘　颖
责任校对：张玉华
责任印制：郭向伟

出版发行：中国铁道出版社（100054，北京市西城区右安门西街8号）
网　　址：http：//www. tdpress. com/51eds/
印　　刷：中煤（北京）印务有限公司
版　　次：2017年12月第1版　2017年12月第1次印刷
开　　本：787 mm×1 092 mm　1/16　印张：21. 75　字数：472千
书　　号：ISBN 978-7-113-23973-2
定　　价：98. 00元

“中国战略性新兴产业——新材料”丛书

编 委 会

序

新材料是高技术和现代产业的基础和先导，对培育和发展战略性新兴产业、国家重大工程项目的建设以及可持续发展都具有重要的支撑和保证作用。在我国政府大力支持下，我国新材料在产业规模、技术进步、创新能力、应用水平等方面均取得了重大进展，自主的产业体系初步形成，具备了良好的发展基础。同时，从全球高新技术和新兴产业的发展前景看，新材料的基础地位和先导作用也越来越重要。

“中国战略性新兴产业——新材料”丛书是为贯彻落实国务院2010年颁布的《关于加快培育和发展战略性新兴产业的决定》（国发〔2010〕32号）而组织编著出版的。在国发〔2010〕32号文中，新材料被列为我国七种重点发展的产业之一，其总体目标定位是：“大力发展稀土功能材料、高性能膜材料、特种玻璃、功能陶瓷、半导体照明材料等新型功能材料。积极发展高品质特殊钢、新型合金材料、工程塑料等先进结构材料。提升碳纤维、芳纶、超高分子量聚乙烯纤维等高性能纤维及其复合材料发展水平。开展纳米、超导、智能等共性基础材料研究。”本丛书由中国材料研究学会负责组织编著、中国铁道出版社出版，并成功入选“‘十二五’国家重点出版物出版规划项目”，获得2016年度国家出版基金资助。这是论述我国新材料发展战略的第一部系统性科技系列著作，代表了当代新材料发展的主流，对推动我国战略性新兴产业和可持续发展都具有重要的现实意义和深远的指导意义。

本丛书从发展国家战略性新兴产业的高度出发，重点选择了国发〔2013〕32号文件鼓励的高性能结构材料、特种功能材料和高性能纤维及其复合材料，全面系统阐述了发展这些重点新材料的产业背景及战略意义，系统地论述了这些新材料的理论基础和应用技术、我国取得的最新研究成果、应用方向及发展前景，针对性地提出了我国发展这些新材料的主要方向和任务，分析了存在的主要问题，提出了相应的对策和建议，是我国近年来在新材料领域内具有领先水平的科技著作丛书。丛书最大的特点是体现了一个“新”字：介绍和论述了我国材料领域取得的最新研究成果、开发的最先进材料品种和最新制造技术，所著内容代表当代全球新材料发展方向和主流。丛书既具有较高的学术性和技术先进性，同时对我国新材料产业发展也具有重要的参考价值。

中国材料研究学会是全国一级学术团体，具有资源、信息和人才的综合优势，多年来在促进材料科学进步、开展国内外学术交流、承接政府职能转移、提供新材料产业发展决策咨询、开展社会化服务等方面做了大量的、卓有成效的工作，为推动我国新材料发展发挥了重要作用。参加本丛书编著的作者都是我国从事相关材料研究和开发的一流的科研单位和院校、一流的专家学者，拥有数十年的科研、教学和产业开发经验，并取得了国内领先的科研成果，创作态度严谨，从而保障了本套丛书的内容质量。

本丛书的编著和出版是近年来我国材料研究领域具有足够影响的一件大事。我们希望，本丛书的出版能对我国新材料技术和产业发展产生较大的助推作用，也热切希望广大材料科技人员、产业精英、决策机构积极投身到发展我国新材料研发的行列中来，为推动我国新材料产业又好又快的发展做出更大贡献！

中国材料研究学会名誉理事长

中国工程院院士

2016 年 6 月

前　言

“中国战略性新兴产业——新材料”丛书是中国材料研究学会组织编写的，被新闻出版广电总局批准为“十二五”国家重点出版物出版规划项目。

根据国务院《关于加快培育和发展战略性新兴产业的决定》，新材料被列为我国战略性新兴产业之一。本丛书定位为：从战略性新兴产业的高度，着重论述该类新材料在国民经济和国防建设重大工程和项目中的地位和作用、技术基础、最新研究成果、应用领域及发展前景。其特点在于体现一个“新”字，即在遵守国家有关保密规定的前提下论述当代新材料的最先进的工艺和最重要的性能。它代表当代全球新材料发展主流，对实现可持续发展具有重要的现实意义和深远的指导意义。丛书共16分册，涵盖了新型功能材料、高性能结构材料、高性能纤维复合材料等16种重点发展材料。本分册为《第三代半导体材料》。

本书主要论述了Ⅲ族氮化物半导体材料、SiC半导体材料、宽禁带氧化物半导体材料、半导体金刚石材料的基本理论、制备技术、相关电子器件及其发展现状和趋势，半导体照明的现状、发展趋势、竞争格局，并论述了我国第三代半导体材料产业的战略意义和发展战略。

本书由中国科学院院士、南京大学教授郑有炓，国家半导体照明工程研发及产业联盟秘书长、科技部“第三代半导体材料”项目管理办公室主任、研究员吴玲，国家半导体照明工程研发及产业联盟研究员沈波等人编著。

限于时间和资料收集等原因，疏漏之处在所难免，欢迎广大读者批评指正。

编著者
2017年10月

目 录

第1章 概 论

第三代半导体材料在大功率、高温、高频、抗辐射的微电子领域，以及短波长光电子领域，有明显优于硅(Si)、锗(Ge)、砷化镓(GaAs)等第一代和第二代半导体材料的性能。第三代半导体材料正在抢占下一代信息技术、节能减排技术及国防安全技术的战略制高点，是战略性新兴产业的重要组成部分。第三代半导体包含了几个不同的半导体材料体系，本书分别从Ⅲ族氮化物半导体材料、碳化硅(SiC)半导体材料、宽禁带氧化物半导体材料及半导体金刚石薄膜材料等材料体系入手，着重论述这些代表性材料体系的背景及战略意义，以及在国民经济和国防建设重大工程和项目中的地位和作用、技术基础、产业现状、最新研究成果、发展前景及主要的技术挑战和应对策略。

1.1 第三代半导体材料的概念和发展历程

1.1.1 第三代半导体材料的概念

物质的存在形式是多样的，人们通常把导电性差的材料，如木材、琥珀、玻璃等，称为绝缘体；把导电性好的材料，如金、银、铜、铁、铝等金属，称为导体。而导电性介于绝缘体和导体之间的材料，则称为半导体。但从材料科学的角度看，半导体与绝缘体、导体的本质区别并不是电阻率，半导体与金属导体的区别在于金属原子中价电子占据的能带是部分占满的，使得金属是良好的导体；而半导体与绝缘体的区别在于禁带宽度的不同，绝缘体的禁带宽度非常大，使得电子无法通过自身的热能量跃迁至导带参与导电。

与绝缘体和导体几千年的发展历史相比，半导体从被发现至今只有不到200年的历史。半导体的发现最早可以追溯到1833年，英国的法拉第(Michael Faraday)最早发现硫化银的电阻随着温度上升而降低，与金属的电阻随温度上升而增加的现象相反，从而发现了半导体特有的导电现象；1839年，法国的贝克莱尔(Alexandre Edmond Becquerel)发现光生伏特效应；1873年，英国的史密斯(Willoughby Smith)发现了硒晶体的光电导现象；1874年，德国的布劳恩(Ferdinand Braun)观察到半导体的整流效应。上述半导体的四个效应虽然在19世纪就先后被发现了，但是半导体这个名词大约到20世纪初才被考尼白格(J. Konigsberger)和维斯(I. Weiss)首次使用。

半导体材料的发展与它的应用是密不可分的。半导体材料的发展可以划分为三个时代。20世纪40年代，第一只晶体管的发明，开创了微电子产业快速发展的时代；20世纪60年代初期，第一只发光二极管(light emitting diode，LED)和第一只半导体激光二极管(laser diode，LD)的发明开创了信息产业时代；20世纪90年代之后，第一只蓝光LED和宽禁带高温微电子器件的研制成功，开辟了高能效电子及光电子产业的时代。

而从能带角度看，同样可以划分为三个半导体材料时代。

第一代半导体材料以硅和锗等元素半导体材料为代表。其典型应用是集成电路，主要应用于低压、低频、低功率晶体管和探测器中，在未来一段时间，硅半导体材料的主导地位仍将存在。但是，硅材料的物理性质限制了其在光电子和高频电子器件上的应用，如其间接带隙的特点决定了它不能获得高的电光转换效率；且其带隙宽度较窄（1.12 eV），饱和电子迁移率较低[1 450 $cm^2/(V \cdot s)$]，不利于研制高频和高功率电子器件。

第二代半导体材料以砷化镓和磷化铟（InP）为代表。砷化镓材料的电子迁移率是硅的 6 倍，具有直接带隙，故其器件相对 Si 器件具有高频、高速的光电性能，被公认为是很合适的通信用半导体材料。同时，其在军事电子系统中的应用日益广泛且不可替代。然而，其禁带宽度范围仅涵盖了 1.35 eV（InP）～2.45 eV（AlP），只能覆盖波长为 506～918 nm 的红光和更长波长的光，而无法满足中短波长光电子器件的需要。由于第二代半导体材料的禁带宽度不够大，击穿电场较低，极大地限制了其在高温、高频和高功率器件领域的应用。另外，由于 GaAs 材料的毒性，可能引起环境污染问题，对人类健康存在潜在的威胁。

第三代半导体材料是指Ⅲ族氮化物[如氮化镓（GaN）、氮化铝（AlN）等]、碳化硅（SiC）、氧化物半导体[如氧化锌（ZnO）、氧化镓（Ga_2O_3）、钙钛矿（$CaTiO_3$）等]和金刚石等宽禁带半导体材料。与前两代半导体材料相比，第三代半导体材料禁带宽度大，具有击穿电场高、热导率高、电子饱和速率高、抗辐射能力强等优越性质，因此采用第三代半导体材料制备的半导体器件不仅能在更高的温度下稳定运行，而且在高电压、高频率状态下更为可靠，此外，还能以较少的电能消耗，获得更高的运行能力。

在节能减排方面，基于Ⅲ族氮化物的半导体照明技术被证实具有巨大的节电潜力。与此同时，第三代半导体材料还向人们展现出一个新的机遇，即更小、更快和更高效的电力电子器件可以应用于消费类电子设备、混合和纯电动汽车、高速列车、可再生能源并网、智能电网等领域，具有可观的节能空间。

在信息技术方面，基于第三代半导体材料的短波长光电子器件、射频功率器件、高效电源和驱动管理模块等可应用于海量光存储、可见光通信、移动互联、高速计算等领域，为物联网、云计算、智慧城市的发展提供技术支撑。

在国防建设方面，基于第三代半导体材料的紫外探测器、微波器件等可应用于短距离安全通信、雷达、电子战等领域，对提升国家信息安全和国防建设水平具有重要作用。

第三代半导体材料和器件在能源、交通、信息、先进制造、国防等领域有着诸多应用，其中不少应用起到不可替代的作用，因而能有效带动这些领域的技术进步和产业发展。

1.1.2 第三代半导体材料的发展历程

1.1.2.1 氮化镓（GaN）的发展历程

第三代半导体的发展历史并不算久远，是一类非常年轻的半导体材料。以Ⅲ族氮化物为例，GaN 薄膜材料的研究始于 20 世纪 60 年代。1969 年，Maruska 等人采用氢化物气相沉积技术(hydride vapor phase epitaxy,HVPE)在蓝宝石上沉积出了较大面积的氮化镓薄膜[1]。但是由于材料质量较差和p型掺杂困难,GaN材料曾一度被认为是没有前景的材料。Ⅲ族氮化物半导体作为功能半导体材料在光电子器件、电子器件等应用中往往只需要几微米以内的多层薄膜结构。外延生长是实现这类多层薄膜结构最常用的方式。Ⅲ族氮化物的外延生长方法主要有:金属有机化学气相沉积(metal-organic chemical vapor deposition,MOCVD)、氢化物气相外延、分子束外延(molecular beam epitaxy,MBE)。MOCVD是目前生长Ⅲ族氮化物最成功也是应用最广泛的一种外延生长方式。20世纪80年代后期,随着MOCVD技术的发展,GaN的研究取得重要突破。通过引入异质外延缓冲层技术、双流MOCVD技术和p型掺杂技术等一系列关键的MOCVD生长技术,解决了在蓝宝石上生长出GaN薄膜材料和GaN的p型掺杂两大难题,从而为发展高性能Ⅲ族氮化物器件奠定了基础。材料的突破使得基于氮化物半导体的器件有了突飞猛进的发展。以蓝光LED的崛起为例,1973年松下电器公司东京研究所的Isamu Akasaki(赤崎勇)最早开始了蓝光LED的研究。随后,20世纪80年代,Akasaki和Hiroshi Amano(天野浩)在名古屋大学合作进行了蓝光LED的基础性研发,突破了晶体质量和掺杂等困扰氮化物生长多年的关键技术,于1989年首次研发成功了蓝光LED。而当时任职于日亚化学工业公司的Shuji Nakamura(中村修二),他的实用化研究让该公司于1993年首次推出商业化的LED照明成品,将蓝光LED的亮度提升到最初的100倍,从而引发了照明技术的革新,随即在国际上掀起了GaN器件研发的新高潮。以上三名科学家因发现新型节能光源获得2014年度诺贝尔物理学奖。诺贝尔物理学奖评选委员会的声明写道:"这三名科学家于上世纪90年代早期通过半导体导出蓝色光束,为照明领域的发展带来了根本性转变。""他们的发明具有革命性,白炽灯点亮了20世纪,21世纪将由LED点亮。"评选委员会还认为,LED对电力的要求非常低,这种新型光源的问世为全球15亿未能受益于电网的人们带来了更高的生活品质。GaN材料的研究也带动了其他各种Ⅲ族氮化物,如AlN、铟镓氮(InN)、铝镓氮(AlGaN)的发展。各种高性能Ⅲ族氮化物器件,如LED、LD、紫外探测器等光电子器件和高电子迁移率晶体管(HEMT)等高功率电子器件相继问世。

1.1.2.2 碳化硅(SiC)的发展历程

另一种第三代半导体材料碳化硅(SiC)的发展历史则相对"悠久"一些。SiC在大自然以莫桑石(moissanite)这种稀罕的矿物的形式存在。1893年,法国的化学家亨利·莫瓦桑(Henri Moissan)在研究来自亚利桑那州的代亚布罗峡谷陨石样品时发现了罕见的在自然条件下存在的SiC矿石。莫瓦桑也通过几种方法合成了SiC,包括用熔融的单质硅熔解单质碳,将碳化硅和硅石的混合物熔化和在电炉中用单质碳还原硅石的方法。SiC单晶生长随晶体生长技术有所突破,单晶直径从20世纪90年代初小于1英寸(1英寸=2.54 cm)发展到现在的6英寸,这个过程仅用了20年左右的时间。随SiC单晶生长技术不断完善,晶体的完整性大大提高,主要表现为微管密度大大降低、小角晶界基本消除、包裹体数目减少等。不到十年的时间里,将微管密度从100 cm^{-2}降低到0.1 cm^{-2},穿透性螺位错和基平面位错密度控制在$10^2 cm^{-2}$量级。作为微电子和光电子器件衬底的SiC单晶也需要像硅晶圆一样,通过扩大衬底尺寸来降低器件成本和扩大产业规模。SiC功率器件制造的快速发展得益于SiC偏晶向衬底上外延生长技术——台阶控制外延(step-controlled epitaxy)、原位掺杂技术及表面缺陷控制技术的成功实现。

1.1.2.3 氧化锌(ZnO)的发展历程

氧化锌(ZnO)是宽禁带氧化物半导体材料的代表,也是Ⅱ～Ⅵ族宽禁带半导体的代表。古罗马人早在公元前200年就学会用铜和含氧化锌的锌矿石来制作黄铜(铜和锌的合金)。虽然ZnO的历史非常悠久,但是其作为半导体材料却只有40多年的时间。1972年,人们在ZnO半导体中观察到了电泵浦受激发射现象,但是实现这一过程非常困难,并未得到更多的重视。20世纪90年代之前,与ZnO同为Ⅱ～Ⅵ族半导体的硒化锌(ZnSe)一直是蓝绿光发光器件的优选材料,但是材料质量一直无法提高,使其在与GaN材料的竞争中败下阵来。与此同时,与GaN结构和性能非常接近的ZnO材料得到人们的广泛关注,而且随着MBE、MOCVD和脉冲激光沉积(PLD)等材料生长技术的进步,ZnO材料的质量显著提高,并且光和电泵浦的ZnO室温激射已被相当多的研究组所报道,这使得ZnO在紫外光电子器件方面具有很好的应用前景。但ZnO的光电子器件应用依然面临着巨大的技术困难,其中高质量ZnO的p型掺杂是其中最主要的技术难点,也是目前制约ZnO半导体材料进一步发展的主要障碍。

1.1.2.4 金刚石的发展历程

金刚石是地球中的碳原子在地球深部(近200 km)、高温(1 000 ℃以上)、高压(高达6 GPa)的特殊条件下历经亿万年的“修炼”转化而成的。由于地壳的运动,它们从地球的深处来到地表,蕴藏在金伯利岩(kimberlite)中。金刚石作为一种无比珍贵的宝石,在历史上具有独特的地位。18世纪以后,人们认识到高贵的金刚石其实是碳原子组成的晶体,与19世纪发现的石墨是同素异形体。碳原子互相共价结合的正四面体结构使得金刚石非常坚硬,金刚石也是目前自然界最坚硬的物体。人们自从发现金刚石的成分是碳以后,便开始探索人造金刚石的方法。直到20世纪50年代随着高压研究和高压实验技术的进步,人造金刚石技术才获得成功。1955年,美国通用电气公司专门制造了高温高压静电设备,得到世界上第一批工业用人造金刚石小晶体,从而开创了工业规模生产人造金刚石的先河;不久,杜邦公司发明了爆炸法,利用瞬时爆炸产生的高压和急剧升温,也获得了几毫米大小的人造金刚石。

尽管金刚石的发现有几千年的历史,但是其作为半导体材料的发展却是近几十年的事情。1952年,人们发现含硼原子的金刚石具有p型半导体的导电性能。1982年和1987年,首只天然金刚石晶体管和点接触高压高温金刚石晶体管分别被研制成功。两年后,由于化学气相沉积(CVD)技术的发展,首只薄膜型场效应晶体管研制成功。1997年,金刚石的n型磷掺杂也获得成功。尽管金刚石材料在早期获得了很大的进展,但是其半导体器件性能却一直不理想,其主要原因是金刚石中的受主和施主能级都很深,要实现高性能的金刚石器件,单晶金刚石的制备和导电性能的控制都非常重要。

1.2 第三代半导体材料的结构性质及应用

第三代半导体材料是一类不同于第一代半导体材料硅和锗、第二代半导体材料磷化铟和砷化镓的宽禁带半导体材料。由于第三代半导体材料宽禁带的特点，其具有击穿电场高、热导率高、电子饱和速率高、抗辐射能力强等优越性能，因此特别适用于制造高温、高压、大功率的半导体器件。

1.2.1 Ⅲ族氮化物半导体材料的结构性质及应用

Ⅲ族氮化物半导体材料存在三种晶体结构，分别为纤锌矿结构、闪锌矿结构和岩盐矿结构。其中，纤锌矿结构是Ⅲ族氮化物的热力学稳定结构；闪锌矿结构是一种亚稳态结构，可以稳定地存在于立方相衬底上生长的薄膜中；岩盐矿结构可以在非常高的压力下生长得到。其中纤锌矿结构的Ⅲ族氮化物由于金属和 N 的共价键具有更强的离子性，晶格中存在较强的压电极化效应，也就产生了晶格中所谓的极性面和非极性面。目前非极性面的材料生长是Ⅲ族氮化物材料的研究热点。同时，利用压电极化效应可以产生非常高的二维电子气(2DEG)浓度[2]，可用于制造诸如 AlGaN/GaN 高电子迁移率晶体管等电子器件。

Ⅲ族氮化物材料是由ⅢA 族元素铟(In)、镓(Ga)、铝(Al)与氮(N)元素组成的包括 InN、GaN、AlN、InGaN、InAlN、AlGaN、AlInGaN 等合金的半导体材料。Ⅲ族氮化物材料的禁带宽度可以由 InN 的 0.63 eV 到 GaN 的 3.40 eV 再到 AlN 的 6.28 eV。这一禁带宽度覆盖了 197～1 610 nm 的光谱，从红外光波段跨过可见光波段，一直延伸至深紫外光波段，所以，Ⅲ族氮化物材料是发展光电子，特别是短波长光电子器件的优选材料，尤其是 InGaN/GaN 基蓝光和绿光 LED 已经在半导体照明与显示中发挥着举足轻重的作用。可以说，第三代半导体材料最重要的应用代表就是蓝光 LED 发射，进而引发 LED 白光照明。基于氮化物 LEDs 的半导体照明技术具有高效节能、长使用寿命、宽光谱、智能化等特点，是继白炽灯、荧光灯之后照明光源的又一次革命。基于氮化物 LEDs 光源是理想的绿色照明光源(效率高、使用寿命长、安全和性能稳定)。在半导体照明技术还未兴起之时，全球 17%～20%的用电量被照明所消耗，这主要源于传统照明光源的高能耗，尤其是发光效率过低的白炽灯。采用发光二极管作为光源，理论上能耗相当于白炽灯的 10%左右，荧光灯的 50%。2003 年 6 月，我国正式启动了"国家半导体照明工程"，把半导体照明工程作为一个重大工程进行推动。预计到 2020 年，我国半导体照明产业规模将超过 1.6 万亿元(数据来源：国家半导体照明工程研发及产业联盟)。

除了 LED 作为光源的应用之外，氮化物基激光器也是光电子领域的重要应用之一。氮化物蓝光激光器可以用于水下通信，绿色激光器是局域网通信和水下探测的关键光源，紫外光激光器在高密度储存、空气和水净化、精密光刻、印刷和检测、空间紫外通信(非视距传输)、化学传感等方面有很大的潜在的应用。Ⅲ族氮化物异质结构界面可形成高浓度 2DEG 系统，成为至今能提供最高 2DEG 浓度的半导体材料体系，为高性能电子器件的研制奠定了材料基础。在军事国防应用领域，GaN 基微波功率器件可用于有源相控雷达、电子对抗、导弹和无线电通信等方面；在民用商业应用领域，GaN 基微波功率器件可用于无线基础设施（基站）、卫星通信、有线电视和功率电子等方面。GaN 基电力电子器件具备比传统器件低至近千分之一的导通电阻、高几十倍的开关速度。可以将电源的损耗降低到使用传统器件的 1/10，给社会节省大量的电能[3,4]。

1.2.2 SiC 半导体材料的结构性质及应用

SiC 半导体材料的禁带宽度约是硅材料的 3 倍，临界击穿电场是硅材料的 8 倍，热导率是硅材料的 3 倍，使得 SiC 器件具有很高的耐压容量和电流密度[5,6]。在相同的击穿电压条件下，SiC 器件的导通电阻只有 Si 器件的 1/100～1/200，极大地降低了 SiC 器件的导通损耗。SiC 具有优良的机械、热学、电学、物理和化学性质，是制备下一代电力电子和光电子器件的新型半导体材料之一。随着 SiC 单晶生长技术的不断进步，单晶直径已经达到 6 英寸，晶体缺陷密度不断下降。单晶生长技术的进步促进了 SiC 功率器件的研制，各种器件不断投放市场。目前市场可用的以 SiC 半导体材料为衬底的器件包括：AlGaN/GaN/SiC HEMT 器件，肖特基势垒二极管（schottky barrier diode，SBD），金属-氧化物-半导体场效应晶体管（metal-oxide-semiconductor field-effect transistor，MOSFET）[7]等。而且从近年 SiC 市场井喷式发展可以预见，未来 SiC 单晶及相关器件在半导体市场上将占有重要的地位。

SiC 半导体材料有超过 170 多种多型结构，最常见的有立方 3C-SiC、六角 4H-SiC 和 6H-SiC、菱方 15R-SiC。这些多型结构以 Si-C 双原子为结构单元，由不同的堆垛方式排列而成。堆垛顺序的改变对 SiC 的电学性质有重要影响。SiC 半导体材料具有不同的导电类型，为了满足制造不同器件的要求，需要生长半绝缘、n 型和 p 型 SiC 单晶。基于 SiC 和 GaN 的高功率、高频器件需要使用半绝缘 SiC 衬底材料以达到低介电损耗和低器件寄生响应。n 型 4H-SiC 常被用来制备功率器件，其电阻率是材料的重要特性，器件要求衬底的电阻率小于 10 mΩ · cm。p 型 SiC 单晶衬底一般用于制备功率器件，如绝缘栅双极型晶体管（insulated gate bipolar transistor，IGBT）。特别是随着 4H-SiC 衬底尺寸不断扩大、晶体质量不断提高，外延生长设备及外延生长技术得到快速发展，适用于 10 kV 级功率器件的 4 英寸 100 微米级外延材料和 6 英寸 4H-SiC 外延材料质量得到快速提升。4H-SiC 功率器件材料包含了单极型和双极型功率器件，随着外延层中基晶面位错密度得到控制，有望实现新一代 4H-SiC 高压双极型功率器件的商业化。SiC 功率器件替代 Si 器件可使功耗至少降低 33.6%，在峰值功率下工作效率大于 96%。因此，SiC 功率器件可以使电力电子系统的功率、温度、频率和抗辐射能力倍增，效率、可靠性、体积和质量方面的性能也会大幅度改善。

1.2.3 宽禁带氧化物半导体材料的结构性质及应用

氧化物半导体材料包含了氧化锌（ZnO）、氧化镓（Ga_2O_3）、钙钛矿（$CaTiO_3$）等材料。氧化物半导体作为第三代半导体的重要组成部分和Ⅲ族氮化物的补充，具有其独特的性能优势和巨大的潜力。

ZnO的禁带宽度为3.37 eV，与GaN相近，其对应的发光波长也位于短波长区域。其激子结合能高达60 meV，在常见的半导体材料中首屈一指，远远大于室温下的热能(26 meV)，因此其激子可以在室温下稳定存在。这样，ZnO可以通过激子对散射的方式实现受激发射，这种模式比其他激子结合能较小的半导体中通常采用的电子-空穴受激发射模式的阈值低两个量级以上。因此，ZnO是实现更低阈值半导体激光器富有潜力的材料。

和Ⅲ族氮化物相比，ZnO具有相当的带隙宽度、高饱和电子漂移速率和高击穿场强等优越的电子性能，是发展高温、高频、大功率微电子器件的优选材料之一。特别是纤锌矿结构的ZnO，其Zn原子和O原子的电负性相差更大，比GaN具有更强的离子性，所以具有更强的极化效应，其自发极化系数是GaN材料的近2倍。在异质结构中，材料的应变又导致极强的压电极化，从而对异质结构的能带发生调控，进而影响相关器件的性能。基于强极化诱导作用和巨大能带偏移，界面处可形成强量子局域化的高浓度2DEG(二维电子气)，即使在不掺杂的情况下，也可感生高达10^{13} cm^{-2}的2DEG。

因此ZnO在高效激子型短波长发光器件、低阈值高功率激光器、紫外光探测器件、固态照明、透明显示和太阳能电池等领域具有广阔的应用前景。ZnO材料具有过渡金属氧化物特有的电子强关联特性，通过磁性元素掺杂形成的ZnO基稀磁半导体具有较高的居里温度，有望实现室温工作的自旋电子器件，而丰富的ZnO纳米结构已被证明在压电传感、生物检测和能源存储等领域具有重要的应用。

然而当前ZnO材料面临着p型掺杂难题。ZnO材料由于存在大量的本征缺陷以及杂质的自补偿效应，使得非掺杂的ZnO材料表现为n型导电，实现稳定、高效、低阻的p型ZnO具有较大的挑战性。目前，ZnO电注入发光器件的研究的重点是p型ZnO材料的制备。

Ga_2O_3是一种宽禁带半导体材料，在光电子器件方面有广阔的应用前景，包括透明导电材料、平板显示、钝化覆盖层、高温气体探测器和深紫外探测器。Ga_2O_3材料在功率电子器件方面也开始受到研究机构的重视；同时，Ga_2O_3能通过提拉法快速制备。作为衬底材料，可用来制备大功率GaN基LED；也可以利用同质外延制备新型Ga_2O_3基功率电子器件，是一种很有潜力的新型宽禁带半导体材料。

$GaTiO_3$晶体结构是世界上最为常见的化合物材料结构。$GaTiO_3$太阳能电池技术是近五年来太阳能光伏领域发展最为迅速的一种技术，也是目前$GaTiO_3$材料光电技术应用受到高度重视的发展方向。光电转换效率(PCE)不断攀升，发展速度如此迅速，得益于$GaTiO_3$材料本身的优越特性：优良的光学参数、能带可调控、载流子的双极输运、高迁移率、长使用寿命、制备方法简单多样、低成本、低能耗等。

1.2.4 半导体金刚石材料的结构性质及应用

金刚石材料是由碳原子组成的共价晶体，其通过碳原子的sp^3杂化形成共价键构成正四面体的结构。金刚石在宏观上经常呈现出八面体、菱形十二面体和立方体等晶体形态。金刚石特殊的晶体结构和极强的碳—碳共价键作用使得金刚石有着优异的性能，如超强的硬度、极低的动态摩擦因数、最高的热传导率、最低的热膨胀系数和很强的化学稳定性。作为一种间接带隙的宽禁带半导体材料，其室温禁带宽度约为 5.47 eV，为所有元素半导体材料中带隙最宽的材料，它既可以作为有源器件材料（如场效应晶体管、电源开关），也可以作为无源器件材料应用于半导体技术领域。集力学、电学、热学、声学、光学、耐蚀等优异性能于一身，是目前最有发展前途的第三代半导体材料之一，在微电子、光电子、生物医学、机械、航空航天、核能等高新技术领域中将有极其广泛的应用前景。

纯净无杂质金刚石的最杰出特性之一是其极高的热导率，是目前已知室温热导率最高的固体材料，热导率约为金属铜的 5 倍，具有极高的品质因数，通常品质因数由饱和载流子速度和介电强度确定。如以硅的品质因数为 1 作为基准，那么砷化镓的品质因数为 7，磷化铟的品质因数为 16，碳化硅的品质因数为 1 138，金刚石的品质因数为 8 206。由于金刚石的固有特性和天然金刚石的稀有性，其加工制造技术十分困难，尤其是制造出满足电子学和光学应用的半导体金刚石，目前尚存在许多问题，为此，需要花大力气研究它的制备技术。

金刚石的晶格常数小，杂质原子的引入容易造成晶格畸变，因此大多数外来原子很难进入金刚石的晶格中。人工和天然金刚石中最常见的杂质是氮，按照氮的含量可以将金刚石分为Ⅰ型（含氮）和Ⅱ型（少氮）。金刚石的 p 型掺杂杂质为硼。利用微波等离子体技术，在金刚石同质外延过程中引入硼源，人们能获得高质量的 p 型金刚石。金刚石的 n 型掺杂则要困难许多，是实现金刚石双极性器件的关键。虽然金刚石中最常见的氮杂质是施主杂质，但是能级太深，很难获得理想的 n 型电导。于是人们转向金刚石中能级较浅的磷杂质，并实现了理想的金刚石的 p 型掺杂。近几年，由于金刚石掺杂的突破，各种金刚石器件不断研制成功，包括深紫外光发光二极管、深紫外探测器、生物传感器、高压大电流肖特基二极管、高频高功率场效应晶体管等。通过比较金刚石和其他宽禁带半导体材料的功率材料品质因子（包括 Johnson 因子、Keyes 因子和 Baliga 因子），可以发现金刚石的性能全面超越 SiC、GaN 和 Si 等半导体材料，具有作为高性能功率型器件的巨大潜力。

1.3 第三代半导体材料的应用前景展望

1.3.1 Ⅲ族氮化物半导体材料的应用前景

基于 GaN 材料体系的光电子器件的产业化已经在世界上取得了重大进展。GaN 基 LED 器件具有高效节能、长使用寿命、宽光谱、智能化等特点，是继白炽灯、荧光灯之后照明光源的又一次革命，为解决日益严峻的能源和环境问题提供了重要途径，被各国公认为最有发展前景的战略性新兴产业之一。而氮化物半导体激光器二极管在高密度信息存储、激光显示、水下、塑料光纤通信、生物医学等民用和军用领域都有重要而广泛的应用，是光电子产业的龙头产品。

由于Ⅲ族氮化物半导体具有宽的直接带隙，优异的物理、化学稳定性，高饱和电子漂移速率，高击穿场强等优越性能，因此该材料体系是发展高频、高温、高功率电子器件的最优选材料。GaN 基微波功率器件在军事国防应用领域，可应用于有源相控雷达、电子对抗、导弹和无线电通信等方面；在民用商业应用领域，可应用于无线通信基础设施（基站）、卫星通信、有线电视和功率电子等方面。GaN 基电力电子器件具备比传统器件低至近千分之一的导通电阻、高几十倍的开关速度，可以将电源的损耗降低至使用传统器件 1/10，给社会节省大量的电能。因此在 IT 与消费类电子产品、光伏领域和电动/混合动力汽车等领域得到了广泛的应用。

1.3.2　SiC 半导体材料的应用前景

以 SiC 为代表的宽禁带半导体大功率电力电子器件是目前在电力电子领域发展最快的功率半导体器件之一。SiC 半导体材料以其优异的物理、化学特性决定了 SiC 基电力电子器件在高压、高温、高效率、高频率、抗辐射等应用领域具有极大的优势，极大地提高了现有能源的转换效率。不仅能够在直流、交流输电，不间断电源，开关电源，工业控制等传统工业领域广泛应用，而且在太阳能、风能等新能源领域也具有广阔的应用前景。

同时，SiC 半导体材料优异的热学特性和抗辐照特性，使 SiC 成为制备紫外光电探测器的首选材料之一。尤其针对高温、强辐射、宇宙空间等特殊环境，常规的 Si 基器件显然无法适应，SiC 半导体材料势在必行。SiC 紫外光电探测器在长波紫外光波段主要用于环境监控、火灾防范等；在中短波紫外光波段可应用于紫外预警和紫外追踪；而在真空紫外光波段的应用主要集中在紫外光天文学等方面。

SiC 半导体材料制作的高温温度传感器能够弥补目前 Si 基传感器的缺点，可应用于更广阔的范围和环境更加恶劣的条件下。SiC 高温温度传感器有着较大的测温范围（0～500 ℃），而且易于集成，因此可应用于很多领域中，如加工工业及机械中的温度监测，家用电器及食品工业中的温度控制，石油化工工业中的温度监测，航空航天及汽车工业中对临界温度的监测等。SiC 高温压力传感器在军用和民用两方面均有可观的应用前景：在军用方面，主要用于喷气发动机、坦克发动机、舰艇发动机、风洞、航天器外壳等的压力测量；在民用方面，主要用于测量锅炉、管道、高温反应容器内的压力，油井压力和各种发动机腔体内的压力，这些都要求 SiC 高温压力传感器能够工作在更高的温度下，能够经受强辐射的影响。SiC 气敏传感器（特别是电容式传感器）能在 1 000 ℃的高温下工作，且响应时间在毫秒数量级。近年来，通过对 SiC 气敏传感器不断深入研究，各类器件均已经实现了在 500 ℃的高温下正常工作，这已基本满足内燃机监控、汽车尾气和航天器喷气发动机排气诊断以及其他高温应用的要求。

1.3.3　宽禁带氧化物半导体材料的应用前景

ZnO 及其合金材料具有宽禁带、高激子束缚能、高击穿场强、高电子漂移速率、自发极化强、环境友好等优点，兼具第三代宽带隙半导体和电子强关联体系的双重特征，是发展紫外光电子器件和功率电子器件的优选材料，在压电传感、记忆存储和柔性电子器件应用方面亦取得了重要进展。ZnO 纳米线中应力调控灵活性较强，压电调制势垒的方法可应用于提高紫外探测器的响应性能和太阳能电池光电转换效率；ZnO 及 ZnMgO 合金的带隙可覆盖“日盲”波段（220～280 nm），并具有比Ⅲ族氮化物更好的抗辐射损伤能力，因此在空间和国防上具有非常重要的应用价值；在发光器件方面研究表明，低阈值紫外激光器、日盲紫外光电探测器可在无序或多晶 ZnO 半导体系统中实现激子型低阈值、低成本紫外光激光器，为光电子集成电路的发展提供有效途径；在电子器件方面研究表明，ZnMgO 及 ZnO 界面可以形成高迁移率 2DEG，同时 ZnO 多晶或非晶薄膜的制备工艺简单、衬底要求低，其非晶金属氧化物半导体系列材料（MgZnO、ZnSnO、InZnO）具有较好的均匀性、较高的透过率、低的制备温度和低成本等优点，特别适用于制作高性能的薄膜场效应晶体管（thin film transistor，TFT）；而以一维纳米线为代表的 ZnO 低维纳米结构由于其优异的单晶特性、界面和量子限制效应等而具有新奇的光学、电学和光电性能，使得此种构型的 ZnO 微纳器件在显示、光通信、光存储、生物传感和检测领域具有广阔的应用前景，目前主要包括发光二极管、激光、纳米发电机、纳米线晶体管、太阳能电池和紫外探测器等。

Ga_2O_3 材料是一种深紫外光透明半导体氧化物，禁带宽度在 4.9 eV 左右，β-Ga_2O_3 在 280～1 100 nm 范围内是高度透明的，适用于制作透明导电氧化物薄膜，因此在透明显示技术、紫外探测器及太阳能电池等领域有着非常广泛的应用前景。Ga_2O_3 薄膜对应的吸收波长为 253 nm，处在太阳光盲区波段（240～280 nm）中，因此是制备太阳光盲深紫外探测器的理想材料。通过与氧化铟合金，可以对铟镓氧的禁带宽度进行调节，从而可以选择合适的吸收波长。Ga_2O_3 基深紫外探测器具有价格便宜且制备方法简单，便于批量生产等优点。利用 Ga_2O_3 在高温下的化学稳定性，可以制成能在高温下工作的火焰探测器；Ga_2O_3 纳米材料在制备高灵敏度的气体传感器方面有着非常大的潜力，可广泛用于探测包括 O_2、H_2、CH_4 等各种气体，β-Ga_2O_3 气体传感器的特点是可以在高温下工作。通过采用纳米颗粒、纳米薄膜、纳米管和纳米线等结构，可以大幅度提高其探测灵敏度。而在功率器件方面，β-Ga_2O_3-MOSFET 显示了非常优异的器件特性，包括具有高的开态漏极电流（39 mA）、高的关态耐压（370 V 以上）、非常小的漏电流（测量极限数 pA/mm 以下）、高的 on/off 电流比（10 位数以上）等。这种使用新型的宽禁带半导体材料 β-Ga_2O_3 的半导体场效应晶体管的开发将为新的高性能功率器件在高压和低压的应用上铺平道路，不仅能直接对节能降耗做出贡献，而且对我国的经济特别是半导体产业也是一个新机遇。

$GaTiO_3$ 材料本身的优越特性包括优良的光学参数、能带可调控、载流子的双极输运、高迁移率、长使用寿命、制备方法简单多样、低成本、低能耗等。正是这些特性使得 $GaTiO_3$ 太阳能电池技术成为近五年来太阳能光伏领域发展最为迅速的一种技术，也是目前 $GaTiO_3$ 材料光电技术应用受到高度重视的发展方向。同时各种 $GaTiO_3$ 结构材料在催化、传感、光电和电子器件等其他应用中也占据着重要的地位。

1.3.4 半导体金刚石材料的应用前景

由于半导体金刚石材料具有带隙宽、热导率高、击穿电场强、极高的电子迁移率等优点，使得其半导体器件能够在高频、高功率、高电压，以及强辐射等十分恶劣的环境中运行，并且，从紫外光到远红外光很宽的波长范围内具有很高的光谱透射性能，是大功率红外激光器和探测器的光学窗口材料。同时，它又具有抗酸、抗碱、抗各种腐蚀气体侵蚀的性能，是优良的耐蚀材料。它集力学、电学、热学、声学、光学、耐蚀等优异性能于一身，是目前最有发展前途的第三代半导体材料之一,在微电子、光电子、生物医学、机械、航空航天、核能等高新技术领域中有极其广泛的应用前景。例如金属/p型硼掺杂金刚石二极管的一个重要应用是高压/高功率开关。研究表明,其击穿电压是Si的546倍,是其他宽禁带半导体如SiC或GaN的数十倍。另外,金刚石二极管还具有耐高温特性。而由半导体金刚石材料制作的深紫外发光二极管器件虽然还处于实验室探索阶段,但是已经在高温下表现出优于同类AlGaN材料器件在大电流下工作的性能。

参考文献

[1] MARUSKA H P, TIETJEN J J. The preparation and properties of vapor-deposited single-crystalline GaN[J]. Applied Physics Letters, 1969, 15(10): 327-329.

[2] LEVINSHTEIN M E, RUMYANTSEV S L, SHUR M S. 先进半导体材料性能与数据手册[M]. 杨树人, 殷景志, 译. 北京: 化学工业出版社, 2003.

[3] ISHIDA M, UEDA T, TANAKA T, et al. GaN on Si technologies for power switching devices[J]. IEEE Transactions on Electron Devices, 2013, 60(10):3053-3059.

[4] CHEN W, WONG K Y, CHEN K J. Single-chip boost converter using monolithically integrated Al-GaN/GaN lateral field-effect rectifier and normally off HEMT[J]. IEEE Electron Device Letters, 2009, 30(5):430-432.

[5] POWELL A R, ROWLAND L B. SiC materials-progress, status, and potential roadblocks[J]. Proceedings of the IEEE, 2002, 90(6):942-955.

[6] NEUDECK P G, OKOJIE R S, CHEN L Y. High-temperature electronics: a role for wide bandgap semiconductors[J]. Proceedings of the IEEE, 2002, 90(6):1065-1076.

[7] SERVICE R F. Will UV lasers beat the blues[J]. Science, 1997, 276(5314):895-895.

第2章 Ⅲ族氮化物半导体材料

新材料是高技术和新兴产业的基础和先导，半导体材料和器件是支撑现代社会发展的主要科学和技术基础之一，没有 Si 材料和集成电路的问世，就不会有今天的微电子技术和产业，没有 GaAs、InP 等为代表的化合物半导体材料的突破，就不会有今天的光通信、移动通信和数字化高速信息网络技术。在科学技术高速发展需求的驱动下，半导体材料体系已经从 Si、Ge 为代表的第一代半导体，GaAs、InP 为代表的第二代半导体，发展到以Ⅲ族氮化物宽禁带半导体为代表的第三代半导体，成为当前半导体科学技术发展的主要领域之一。

Ⅲ族氮化物（又称 GaN 基）半导体由 InN、GaN、AlN 三种直接带隙化合物半导体及其组分可调的三元、四元合金组成，其禁带宽度从 InN 的 0.63 eV 到 AlN 的 6.2 eV 连续可调，覆盖了从红外光到紫外光的波长范围，是迄今禁带宽度调制范围最宽的半导体体系，并具有一系列优异的物理和化学性质。

自 20 世纪 90 年代初 GaN 的外延生长和掺杂技术取得重大突破以来，Ⅲ族氮化物半导体的研究和产业开发以 GaN 为核心，在基于 InGaN/GaN 量子阱材料的蓝光、白光 LED 和基于 AlGaN/GaN 异质结构材料的 HEMT 器件等方面取得了重大进展，直接导致了半导体照明、高功率微波技术和产业的高速发展。进入 21 世纪之后，科学技术的迅猛发展推动着Ⅲ族氮化物半导体材料和器件向高功率、低能耗、大电压、多波段、超快响应、超高容量、微型化和高集成度方向发展，同时信息、能源、交通等领域的高新技术产业发展和国家的国防安全对Ⅲ族氮化物宽禁带半导体材料和器件提出了新的要求，成为Ⅲ族氮化物半导体材料和器件迅猛发展新的驱动力。

Ⅲ族氮化物半导体完全属于人工材料，其高质量材料的制备技术是决定Ⅲ族氮化物宽禁带半导体发展和应用的核心环节。因此，国际上一般认为，谁能解决好高质量Ⅲ族氮化物半导体及其低维量子结构的外延制备问题，并实现产业化应用，谁将会占据第三代半导体研究和产业化的战略制高点。

总之，无论是从提高我国半导体科学技术创新能力和产业竞争力、满足节能减排、产业升级和国家安全需求，还是从半导体材料科学自身发展出发，都对Ⅲ族氮化物半导体为代表的第三代半导体提出了迫切要求。本章将根据国家重大需求，结合国际上Ⅲ族氮化物半导体研究的发展趋势，介绍Ⅲ族氮化物半导体材料、器件及其应用的主要方向，包括衬底材料制备、外延技术和外延生长、以 LED 为代表的光电子器件及其主要应用、以 HEMT 为代表的电子器件及其主要应用，并对我国Ⅲ族氮化物半导体产业发展的现状和发展趋势进行分析，希望对促进我国Ⅲ族氮化物半导体研发和相关高新技术产业的发展有所裨益。

2.1　Ⅲ族氮化物半导体材料的基本性质

2.1.1　Ⅲ族氮化物半导体材料的晶体结构

Ⅲ族氮化物半导体材料是指包括 GaN、InN、AlN，以及由它们所组成的三元及四元合金材料构成的材料体系。它们具有三种不同的晶体结构：纤锌矿结构（六方 α 相）、闪锌矿结构（立方 β 相）和岩盐矿结构（NaCl 型复式正方结构）。Ⅲ族氮化物材料最为稳定的晶体结构类型为六方晶系的纤锌矿结构，立方对称的闪锌矿结构为亚稳结构，而岩盐矿结构只有在极端高压的情况下才能得到。目前，Ⅲ族氮化物的研究主要集中在纤锌矿结构，闪锌矿结构也有少量研究。六方对称的纤锌矿结构具有空间群 $P6_3mc(C_{6v})$，有两个晶格常数（c 和 a），结构如图 2-1(a)所示；立方对称的闪锌矿结构具有空间群 F43m(T_d^2T)，结构如图 2-1(b)所示。这两种结构的原子排列方式基本相同，每个 Ga(N)原子都与最近邻的四个 N(Ga)原子成键，区别在于次近邻原子键角不同，以及两种结构的原子层堆垛次序不同，如图 2-2 所示。纤锌矿结构是由Ⅲ族原子层与 N 原子层分别组成的两套六方结构沿 c 轴方向平移 $5c/8$ 嵌套后沿 [0001]方向以 ABABAB…的形式堆垛成为六方结构；闪锌矿结构是由两个面心立方晶格沿体对角线彼此位移 1/4 对角线长度套构而成，沿[111]方向以 ABCABC…的形式堆垛成为立方对称结构。

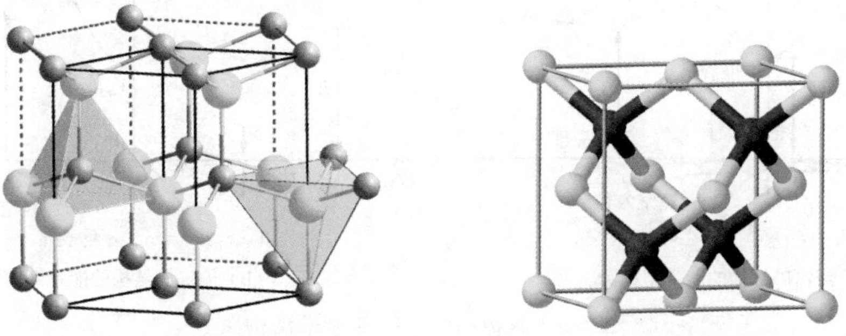

(a) 纤锌矿结构　　　(b) 闪锌矿结构

图 2-1　Ⅲ族氮化物材料的两种晶体结构

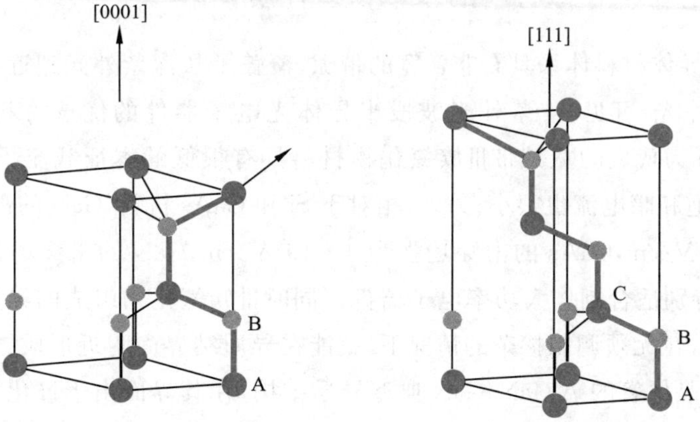

图 2-2　Ⅲ族氮化物两种晶体结构的原子层堆垛方式

2.1.2 Ⅲ族氮化物半导体材料的能带结构

Ⅲ族氮化物具有纤锌矿结构和闪锌矿结构两种。纤锌矿结构晶体为六方结构，其第一布里渊区仍为六方对称结构。闪锌矿结构为面心立方晶格套构而成，其倒格子是体心立方，于是可以得到第一布里渊区为截角八面体。这两种结构的倒格子不同导致它们的能带结构也有所不同。图 2-3(a)、(b)分别给出了采用局域密度近似方法得到的具有纤锌矿结构和闪锌矿结构的Ⅲ族氮化物能带结构图。在纤锌矿结构的能带结构图中，由于六方对称性引入的晶体场会导致其价带劈裂成两个子带，当考虑自旋-轨道耦合作用以后，其价带进一步分裂成三个子带及重空穴带、轻空穴带和劈裂带，晶体场导致的子带裂距 E_{cr} 要远大于自旋-轨道耦合作用产生的裂距 E_{so}。而在闪锌矿结构的能带结构图中由于不存在晶体场劈裂作用，其价带在布里渊区中心是简并的，具有一个重空穴带和轻空穴带，还有一个由于自旋-轨道耦合作用而分裂出来的第三个子带，称为自旋-轨道劈裂带，其裂距为 E_{so}。在纤锌矿结构的Ⅲ族氮化物体系中，AlN 材料的晶体场劈裂能与 GaN 和 InN 的晶体场劈裂能符号相反，Γ_7 价带处于 Γ_9 价带之上。

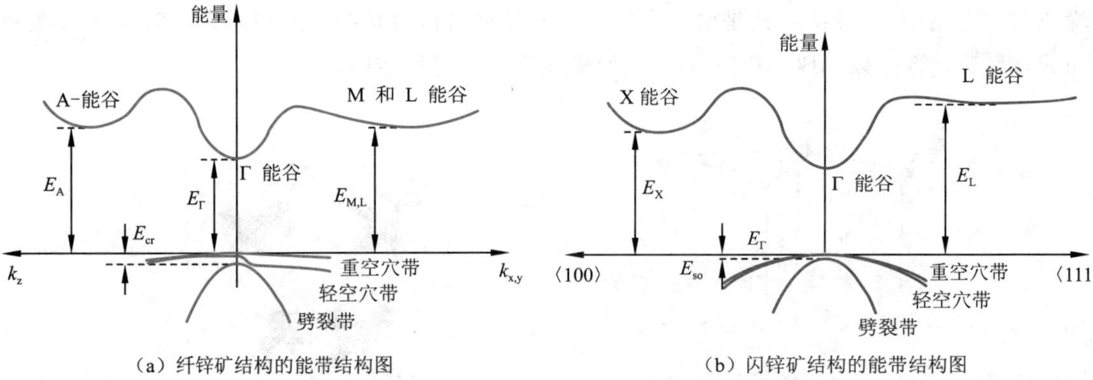

图 2-3 两种晶体结构的能带结构图

2.1.3 Ⅲ族氮化物半导体材料的基本物理性质

Ⅲ族氮化物半导体材料体系具有非常宽的带隙，覆盖了从深紫外光到近红外光波段的光谱范围，是发展近红外光-可见光-紫外光波段半导体光电子器件的优选材料。且相比于 Si 和 GaAs 材料，以 GaN 为代表的宽禁带Ⅲ族氮化物材料具有很低的本征载流子浓度，即使在高温下，GaN 基器件的饱和暗电流也很小；另外，相对于 Si 和 GaAs 材料，GaN 的击穿场强很高，Si 的击穿场强为 2×10^5 V/cm，GaAs 的击穿场强为 4×10^5 V/cm，GaN 的击穿场强为 3×10^6 V/cm，因而 GaN 基材料特别适合制作大功率电子器件。同时Ⅲ族氮化物组成的异质结构体系由于存在强烈的极化效应，在无须调制掺杂的情况下，就能在异质结界面附近形成二维电子气，如用于制作高电子迁移率晶体管的 AlGaN/GaN 典型异质结构，在其界面由于极化效应产生的二维电子气面密度高达 $10^{13}\,cm^{-2}$，比 AlGaAs/GaAs 体系高出一个量级，适合制作大功率微波器件。此外，Ⅲ族氮化物材料还具有介电常数小、压电性质强、热导率高、饱和电子漂移速率高、化学稳定性好等优良特性。表 2-1 列出了 GaN、AlN、InN 晶体的基本参数。

表 2-1　GaN、AlN、InN 晶体的基本参数

参　数	单　位	GaN	AlN[1]	InN[1,2]
禁带宽度 E_g	eV	3.39(300K)	6.2(300K)	0.7(300K)
禁带温度系数 dE_g/dT	eV/K	-6.0×10^{-4}	—	-1.8×10^{-4}
带隙压力系数 dE_g/dP	eV/bar	4.2×10^{-3}(300K)	—	—
晶格常数 a	nm	0.318 9	0.311 2	0.354 8
晶格常数 c	nm	0.518 5	0.498 2	0.576
热膨胀系数 $\Delta a/a$	1/K	5.59×10^{-6}	4.2×10^{-6}	—
热膨胀系数 $\Delta c/c$	1/K	3.17×10^{-6}	5.3×10^{-6}	—
热导率 k	W/(cm·K)	1.3	2	—
折射率 n	—	2.33(1eV)、2.67(3.38eV)	2.15±0.05(3eV)	2.80～3.05
静态介电常数 ε_0	—	10	8.5±0.2	15.3
高频介电常数 ε_∞	—	5.5	4.68～4.84	8.4
电子有效质量 m_e	m_0	0.2	0.48	0.11
轻空穴有效质量 m_h	m_0	0.259	0.471	—
密度 ρ	g/cm³	6.15	3.23	6.81
纵向常数 C_l	dyn/cm²	4.42×10^{11}	4.42×10^{11}	4.42×10^{11}
横向常数 C_t	dyn/cm²	2.65×10^{11}	2.65×10^{11}	2.65×10^{11}
横向声速	cm/s	2.68×10^{5}	3.70×10^{5}	2.55×10^{5}
纵向声速	cm/s	6.56×10^{5}	9.06×10^{5}	6.24×10^{5}
形变势	eV	8.3	9.5	7.1
极性光学声子能	meV	91.2	99.2	89.0
压电常数 e_{31}	C/m²	−0.49	−0.60	−0.57
压电常数 e_{33}	C/m²	0.73	1.46	0.97
饱和速度	cm/s	2.5×10^{7}	1.4×10^{7}	2.5×10^{7}
峰值速度	cm/s	3.1×10^{7}	1.7×10^{7}	4.3×10^{7}
峰值速度电场	kV/cm	150	450	67
击穿场强	V/cm	$>3\times10^{6}$	—	—
融化温度	℃	>1 700	3 000	1 100

注：m_0 为电子静止质量，$m_0=9.11\times10^{-31}$ kg。

半导体的发光特性由电子-空穴对的复合过程决定，复合包括辐射复合和非辐射复合，前者导致发射光子（发光），后者导致发射声子（发热），其主要的辐射复合与非辐射复合如图 2-4 所示。过程①是带间跃迁，是直接带隙半导体发光的基本原理；过程②是电子和空穴通过发光中心的复合，为间接带隙半导体发光的基本原理；过程③为非辐射复合过程，与材料的晶体质量有关。Ⅲ族氮化物为直接带隙半导体，其复合跃迁主要发生导带底和价带顶之间，其本征跃迁能量将由三个分裂的价带到最低的导带之间的跃迁决定，相应的激子态通常被命名为A激子态、B激子态和C激子态。在单光子跃迁时，这三个激子态将遵循下面的选择规则：在极化（光场矢量 $\boldsymbol{E} \perp c$ 轴，光传播矢量 $\boldsymbol{k} \perp c$ 轴）情况下，三个激子态都是允许的，只是C激子态很弱；在极化（$\boldsymbol{E} /\!/ c, \boldsymbol{k} \perp c$）情况下，C激子态是强烈允许的，B激子态很弱，而A激子态是禁止的；在极化（$\boldsymbol{E} \perp c, \boldsymbol{k} /\!/ c$）情况下，三个激子态都能清楚地观测到。例如，无应变的GaN，在2K时A激子态、B激子态和C激子态的能量分别为3.478 eV、3.484 eV和3.503 eV。

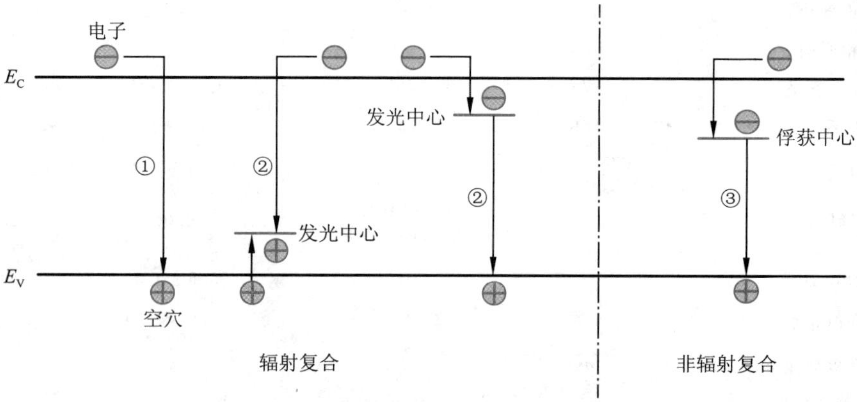

图 2-4 半导体材料中可能的几种跃迁

2.1.4 Ⅲ族氮化物半导体材料的极化特性

六方结构的Ⅲ族氮化物因缺乏中心反演对称性而使其具有非常强的极化效应，极化强度可达到MV/cm量级，这是Ⅲ族氮化物半导体材料有别于其他化合物半导体材料最明显的特征。极化包括自发极化和压电极化，自发极化是由六方结构的Ⅲ族氮化物的实际晶格参数与理想六方结构的晶格参数之差引起的，它仅与该晶格结构有关，因此是一个常量。理想六方结构的晶格常数 c 与 a 之比为 $c/a=(8/3)^{1/2}=1.633$，而实际六方结构Ⅲ族氮化物的 c/a 值都小于理想值，见表2-2。随着 c/a 与理想结构的差别变大，自发极化大小从GaN、InN到AlN依次增强，其中AlN的自发极化大小已经非常可观，仅比典型的铁电体小1/5～1/3倍。规定极化强度的正方向为沿 c 轴从Ⅲ族原子（Al、Ga、In）指向最近邻Ⅴ族原子（N）的方向，即平行于[0001]方向。实验表明，Ⅲ族氮化物自发极化方向均为负，即反平行于[0001]方向。对应的(0001)面和$(000\bar{1})$面分别为Ga面极化和N面极化，如图2-5所示，这两面的物理、化学性质也有所不同。

表 2-2 六方结构AlN、GaN和InN的晶格常数 a_0，c_0，自发极化 P_{SP}，压电系数 e_{33}、e_{31}，弹性常数 c_{13}、c_{33}[3]

参数	单位	AlN	GaN	InN
a_0	Å	3.112	3.189	3.54
c_0	Å	4.892	5.185	5.705
c_0/a_0	—	1.601	1.626	1.612

续表

参数	单位	AlN	GaN	InN
P_{SP}	C/m^2	−0.081	−0.029	−0.032
e_{33}	C/m^2	1.46	0.73	0.97
e_{31}	C/m^2	−0.60	−0.49	−0.57
c_{13}	—	108	103	92
c_{33}	—	373	405	224

注：$1Å=10^{-10}$ m=0.1 nm。

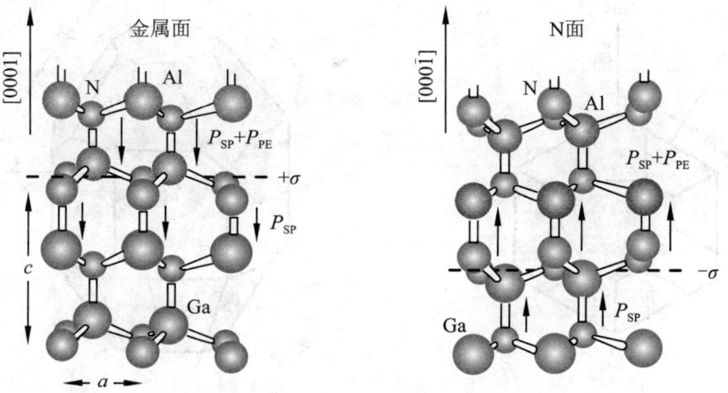

图 2-5　两种不同极性的六方结构Ⅲ族氮化物晶体结构示意图

在六方结构Ⅲ族氮化物的异质外延生长过程中，薄膜的极性并不能直接得到，而必须由实验来决定。实验表明，用金属有机物化学气相沉积(MOCVD)方法得到的Ⅲ族氮化物通常呈金属面极化，而用分子束外延(MBE)方法得到的Ⅲ族氮化物为 N 面极化。如果先于衬底上生长一层 AlN 缓冲层，再进行分子束外延生长得到的Ⅲ族氮化物极性反向，即从 N 面极化变为金属面极化。

Ⅲ族氮化物半导体材料还具有良好的压电极化性。对于离子型晶体，当晶格产生形变时，正负离子芯之间产生的偏移可使半导体内产生电场，称为压电效应。总极化强度为自发极化强度和压电极化强度的总和，即 $P=P_{SP}+P_{PE}$，因此对于压应变薄膜，其总极化强度减小，张应变薄膜总极化强度增大。

在Ⅲ族氮化物中，因为不同晶面的极化特性不一样，存在极性面、非极性面和半极性面，沿不同晶向生长的Ⅲ族氮化物由于极化强度的差异而导致材料特性各不相同，其中三个晶面和晶向是特别重要的。它们是极性的(0001)c 面、非极性的(11$\bar{2}$0)a 面和(1$\bar{1}$00)m 面，如图 2-6所示，其对应的晶向分别是[0001]、[11$\bar{2}$0]和[1$\bar{1}$00]方向。极化效应无论是对Ⅲ族氮化物光电子器件还是电子器件都有着重要的影响，是一个不能忽略的因素。对 Ga 面的Ⅲ族氮化物发光器件而言，极化效应诱导的电场在量子阱层内与外加正向电压方向相同，极化场使量子阱内导带和价带更加倾斜，产生量子限制斯塔克效应，不仅发光波长出现红移现象，同时由于量子阱能带的倾斜，减小了量子阱内电子和空穴波函数的重叠，降低了量子阱的发光效率。因此,非极性面的发光器件的研究得到了广泛重视。而对 GaN 基电子器件而言,极化效应更是直接导致了 GaN 基高电子迁移率晶体管的诞生,极化诱导的非掺杂 AlGa(In)N/GaN 异质界面电荷所感应的界面二维电子气浓度比调制掺杂的 AlGaAs/GaAs 体系还要高一个量级,为发展大功率器件提供了条件。同样,极化效应对其他Ⅲ族氮化物光电子器件也会产生重要影响,如探测器和光伏电池,可以通过器件结构的设计引入与 PN 结内建电场一致的极化电场来提高光生载流子的收集效率。

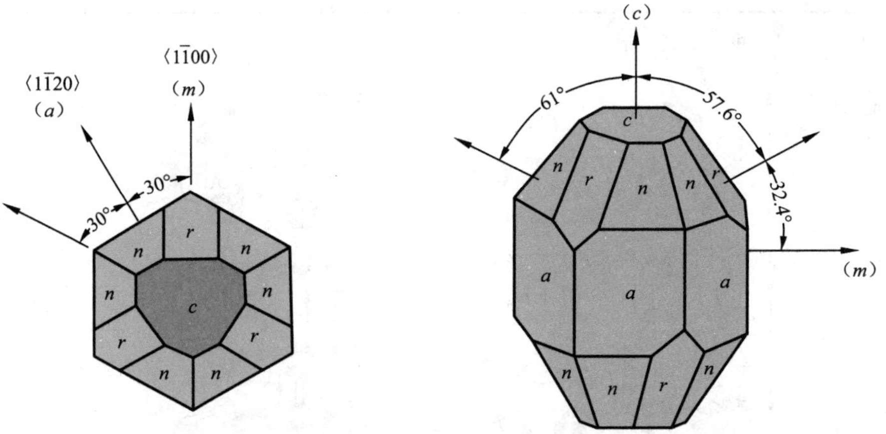

图 2-6 六方结构Ⅲ族氮化物晶体的不同极性面示意图

2.2 Ⅲ族氮化物半导体材料的制备技术

Ⅲ族氮化物半导体材料属功能微结构薄膜材料,主要是通过金属有机化学气相沉积(MOCVD)或分子束外延(MBE)等外延生长来制备所需的各种特定功能结构材料。由于没有可实用的同质单晶作为外延衬底,因此前期直到目前主要采用蓝宝石和碳化硅等作为衬底进行异质外延生长,引领Ⅲ族氮化物半导体光电子与电子产业的蓬勃发展。但为了进一步提升Ⅲ族氮化物半导体器件性能,人们又致力于发展同质外延技术,研究发展了系列基于同质概念的薄膜模板衬底和同质晶态材料衬底,如氮化镓(GaN)和氮化铝(AlN)衬底材料。衬底的选取和衬底科学技术问题一直是Ⅲ族氮化物半导体外延材料制备的核心技术问题,本节分别对蓝宝石异质衬底和氮化物同质衬底进行介绍。

2.2.1 蓝宝石异质衬底技术

由于缺少合适的 GaN 单晶衬底,目前 GaN 及相关的Ⅲ-Ⅴ族氮化物主要是在蓝宝石等衬底上异质外延生长。蓝宝石衬底有许多的优点:首先,蓝宝石衬底的生产技术成熟、器件质量较好;其次,蓝宝石的稳定性很好,能够运用在高温生长过程中;最后,蓝宝石的机械强度高,易于处理和清洗。使用蓝宝石作为衬底也存在一些问题,例如,晶格失配和热应力失配,蓝宝石与 GaN 材料晶格常数相差约 15% ,大的失配使在蓝宝石衬底上生长的氮化物外延层缺陷密度较大，可达 $10^9 \sim 10^{12}\ \mathrm{cm}^{-2}$，同时给后续的器件加工工艺造成困难。蓝宝石是一种绝缘体，常温下的电阻率大于 $10^{11}\ \Omega \cdot \mathrm{cm}$，在这种情况下无法制作垂直结构的器件。蓝宝石的导热性能不是很好[在 100 ℃时，约为 25 W/(m・K)]，特别是对大功率器件，导热性能是一个非常重要的考虑因素。蓝宝石的硬度非常高，在自然材料中其硬度仅次于金刚石，但是在 LED 器件的制作过程中却需要对它进行减薄和切割(从 400 μm 减到 100 μm 左右)，增加了工艺的难度。

目前世界上用于蓝宝石及各种掺杂宝石生长的方法主要有泡生法、热交换法、提拉法、导向温梯法等，由于蓝宝石的熔点极高，生长出高品质的晶体非常困难，晶体中经常会出现气泡、包容物、放射颗粒、镶嵌结构等晶体缺陷，同时容易产生热应力、开裂等问题，因此，世界上只有极少数几个国家拥有蓝宝石生长技术，能生长出满足衬底质量和尺寸要求的晶体。其中尤以美国、日本的水平最高。相关核心技术掌握在极少数国家手中，且主要以专有技术秘密的形式在企(事)业单位内部保存。

为了减少缺陷密度，增大光提取效率，提高发光二极管的亮度及可靠性，近年来，图形化蓝宝石衬底(patterned sapphire substrate，PSS)逐渐发展起来，利用微加工技术在蓝宝石表面制备的带有各种微纳米级图形阵列结构，为 GaN 生长提供多种生长晶向的选择，由于 GaN 沿图形不同晶面生长速率不同，使位错在衬底生长区发生弯曲并合拢，有效地抑制缺陷向外延表面的延伸。2000 年，美国 Ashby 等人在带有条形结构的蓝宝石衬底上采用了单步生长 GaN 的方法，他们在衬底的沟槽区域发现 GaN 的悬臂外延，这就是 PSS 技术的雏形。2001 年，日本 Tadatomo 等人提出了在干法刻蚀技术制备的具有周期性条纹 PSS 上生长紫外光 LED，同时采用倒装结构，有效地提升 LED 外量子效率达到 5 倍之多。

起初的 PSS 结构多为条形，其目的是为了降低位错密度，所研究的内容包括条形的方向、占空比以及刻蚀的深度等对材料质量及发光效率的影响。2005 年前后，各种 PSS 图形开始出现，包括圆形孔、锥形、倒锥形、金字塔形、半球形等。图 2-7 为日本 Tadatomo 研究小组研制的条形沟槽和六角圆锥形 PSS 阵列。这些图形能够有效地降低 GaN 材料的缺陷密度、弛豫蓝宝石和 GaN 间的失配应力，从而改善 GaN 外延层的晶体质量。同时，周期性微米图形阵列对 LED 内部光子进行散射和反射的作用而改变其传输路线，这使原本在临界角以外的光子经过反射后能逃出器件内部进入外界，从而提高 LED 的出光效率。

(a) 条形沟槽PSS阵列　　(b) 六角圆锥形PSS阵列

图 2-7　PSS 的电子显微镜(SEM)图

目前微米级 PSS 制备主流技术为光刻结合干法刻蚀技术。光刻是利用掩模板上的图形结构阵列，通过光化学反应，将图案转移到覆盖在蓝宝石表面的光刻胶层的一种工艺步骤。干法刻蚀的原理则是在真空设备中利用等离子体或离子的物理轰击和化学反应来刻蚀蓝宝石，从而将图形转移到蓝宝石上制备出 PSS。光刻设备主要采用尼康步进式曝光机（stepper），干法刻蚀设备为诱导耦合等离子体（ICP）刻蚀设备。不同于微米图形衬底的制备技术，纳米级 PSS 的制备方法主要包括纳米压印技术、自组装纳米球技术、阳极氧化铝结合刻蚀技术等。

由于大面积的纳米结构加工技术成本相当昂贵且技术比较复杂，因而纳米级 PSS 的制备水平仍停留在实验室阶段，批量生产面临许多困难。目前，国际上对纳米级 PSS 的研制有以下几种方法：

（1）纳米压印技术。纳米压印是国际上最为公认的低成本制备纳米结构的方法。利用纳米压印技术在蓝宝石表面形成纳米级的掩模图形，再进一步结合干法刻蚀或湿法腐蚀，制备 NanoPSS。然而，纳米压印技术所用的印章仍需要通过电子曝光等昂贵手段获得，故利用这种方法批量制备 NanoPSS 成本较高，目前仍不适应产业化生产。

（2）自组装纳米球技术。在特定条件下，通过改善蓝宝石表面的亲水性，使得纳米级的聚苯乙烯小球或 SiO_2 小球在蓝宝石表面紧密排列成有序的点阵，再通过 ICP 刻蚀或湿法腐蚀，将图像转移到蓝宝石上，从而获得纳米级 PSS。另外，国际上也有报道，利用 Ni、Au 等金属在高温条件下进行退火处理获得的纳米点阵结构作为掩模，再结合 ICP 刻蚀可获得图形尺寸均匀但排列无序的纳米级 PSS。然而，纳米球的成本高或图形结构的无序性均制约着产业化生产。

（3）阳极氧化铝结合刻蚀技术。阳极氧化铝（AAO）是将高纯铝置于酸性电解液中，在低温下经阳极氧化而制得的具有自组织的纳米孔阵列结构。它的特点是制备方法简单，能低成本地获得大面积的纳米结构阵列。北京大学通过优化阳极氧化铝的条件，研制出了高度有序且周期为可见光波段可调的纳米结构阵列。继而，以 AAO 为掩模，利用干法刻蚀或湿法腐蚀将图形转移到蓝宝石上从而获得纳米级 PSS，如图 2-8 所示。此方法有望实现低成本的纳米级 PSS 批量生产。

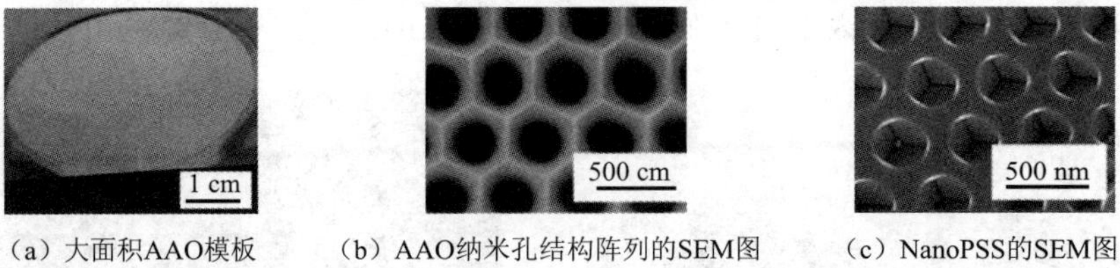

（a）大面积AAO模板　（b）AAO纳米孔结构阵列的SEM图　（c）NanoPSS的SEM图

图 2-8　AAO 模板及 SEM 图

PSS 能够在一定程度上降低 GaN 材料的缺陷密度、弛豫蓝宝石和 GaN 间的失配应力，从而改善 GaN 的晶体质量；同时，由于周期性的微结构阵列对器件内部的光进行散射和反射的作用，从而提高 LED 的出光效率。到目前为止，PSS 衬底技术以其简单的工艺、相对低廉的成本、良好的效果，成为了各大 LED 生产研发企业开发高亮度大功率 LED 器件的首选衬底材料，各种新结构、新工艺不断推出，成为 LED 产业界瞩目的焦点。从图形衬底制备和Ⅲ～Ⅴ族氮化物外延生长两方面考虑，目前的纳米级 PSS 的表现均不及微米级 PSS 成熟，但其在 GaN 材料生长和器件效率方面的优势已经初露头角。随着微纳加工技术的进步和 GaN 材料纳米外延水平的不断提高，纳米级 PSS 将会在产业化生产中取得突破。为了进一步降低 LED 半导体照明成本，大尺寸图形化蓝宝石衬底将成为近期的主流衬底产品。此外，各种功能型图形化蓝宝石衬底将不断被推陈出新，以满足各类 GaN 基光电子器件的需求。

2.2.2 Ⅲ族氮化物同质衬底制备技术

2.2.2.1 氢化物气相外延(HVPE)生长方法

1. HVPE 生长方法的发展历史

历史上，在诸如砷化物和磷化物等半导体材料的研究发展中，HVPE 生长方法曾经发挥过重要作用。利用 HVPE 生长方法可以生长各种厚度的高质量半导体材料，从而使得对这些材料的基本性质进行研究有了可靠的基础，还可以批量生产 LED 等商业化器件。由于 HVPE 生长方法非常经济，从而使得这些器件的价格非常低廉。虽然 HVPE 生长方法生长砷化物和磷化物已经得到了广泛的研究和充分的发展，但在生长氮化物方面却知之甚少，原因是没有合适的衬底以及生长化学方法的不同，从而导致氮化物的 HVPE 生长方法生长更加复杂。尽管如此，HVPE 生长方法仍然是第一个，并且直到 20 世纪 80 年代初期也是最普通的生长 GaN 外延膜的方法[4,5]。

HVPE 生长方法很早就用于 GaN 材料的生长。1969 年，Maruska 和 Tidtjen 改造了用来生长 GaAs 和 InP 的氢化物设备，并第一次在蓝宝石衬底上制备了大尺寸的 GaN 单晶薄膜[6]，这项技术即 HVPE 技术。在 20 世纪 70 年代到 80 年代初，研究人员广泛采用 HVPE 生长方法生长 GaN，并试图在蓝宝石上生长 GaN 厚膜进而制作自支撑 GaN 衬底[7]。但是，生长的 GaN 样品均存在大量晶体缺陷，背景载流子浓度过高，晶体质量不是很好，不能进行有效的掺杂控制，同时，很难实现 p 型掺杂，因此阻碍了 GaN 基相关器件的制作及研究。

由于在降低本征载流子浓度以及在 p 型掺杂方面遇到严重困难，这种技术在 20 世纪 80 年代之后被几乎完全放弃了。不管如何，仍然有报道认为，HVPE 生长方法生长的 GaN 薄膜，其光学和电学性质仍然可以和报道的 MOCVD 或者 MBE 生长的 GaN 的最好结果媲美。实际上，即使按照现在的技术发展标准，在 20 世纪 70 年代，HVPE 生长方法生长的 GaN 薄膜的质量仍然是非凡的[4,8]。HVPE 生长系统的高生长速率（$>1\ \mu m/min$）使它成为可以用来生长 GaP 和 GaN 准衬底的主要技术。

到了 20 世纪 90 年代，HVPE 生长方法由于其自身的特点再次引起人们的关注。HVPE 系统设备相对简单、维护便利，且随着生长技术的改进，材料质量不断提高。它的生长速率快，易于获得均匀、大尺寸的 GaN 厚膜，使其成为解决自支撑 GaN 衬底问题的极有希望的手段。同时，HVPE 生长环境中卤化物的存在能显著影响 GaN 生长反应的平衡状态，有利于提高横向外延速度。采用 HVPE 生长方法进行 GaN 横向外延，紧接着利用 HVPE 生长方法的高生长速率原位生长 GaN 厚膜，再辅以各种衬底分离技术（如腐蚀、激光剥离技术或者机械抛光技术等），便可获得低位错密度的片状 GaN 衬底材料。因此，HVPE 生长方法生长成为 GaN 基光电子器件获得大规模应用的重要手段。

2. HVPE 生长方法生长 GaN 的化学反应

HVPE 生长方法是一种化学气相沉积方法，其反应通常是在常压热石英反应器内进行。HVPE 生长系统一般由四部分组成，分别为炉体、反应器、气体配置系统、尾气处理系统等。反应过程：通入的氯化氢在载气的携带下进入反应器，在低温区与镓舟中的金属镓发生反应，生成的氯化镓在载气的携带下继续前行，进入高温区与 NH_3 混合，发生反应，生成 GaN。未反应的气体由尾气处理系统吸收。

生成氮化物的反应实际上是利用金属氯化物的歧化反应，即 Ga 的氯化物以多种不同的化合价构成不同的化合物（如 GaCl，$GaCl_3$ 等），提高温度有利于提高低价化合物的稳定性（在这里 GaCl 在高温下是稳定的，低于一定的温度即分解成 $GaCl_3$）。上述特性使我们可以调整反应室的温度，实现 GaCl 的生成、转移和 GaN 的沉积。所以，通常的 HVPE 氮化物生长系统，需要有目的地将反应室划分为高温区和低温区，同时调整许多参数以实现元素的可控生成和沉积。

因此，HVPE 生长方法的新颖之处在于参与反应的初级粒子（GaCl）是在反应室内合成的，即用液体金属 Ga 与 HCl 气体在 800～900 ℃下反应生成气态的 GaCl。GaCl 被载气携带进入衬底上方并与 NH_3 混合，在衬底上反应淀积形成 GaN。衬底温度一般保持在 900～1 100℃。N_2 或 H_2 作为载气，其主要化学反应为

$$\mathrm{Ca(s)+HCl(g)=GaCl(g)+\frac{1}{2}H_2}\text{（低温区）} \tag{2-1}$$

$$\mathrm{CaCl(g)+NH_3(g)=GaN(s)+HCl(g)+H_2(g)}\text{（高温区）} \tag{2-2}$$

在这里，Ⅲ族元素是作为氯化物（通常是单氯化物）被输运到衬底的，氢化物气相外延通常又称氯化物（输运）气相外延。由于金属氯化物室温下气压相对较低，氯化物分子很容易在未加热的衬底上凝聚，这是氢化物气相外延通常采用热壁反应室和原位合成氯化物的主要原因。

采用热壁反应室和原位合成氯化物，避免了氯化物在反应室外合成时必须采用的复杂的气体传输系统和必须引入其他加热系统。另外，如果金属氯化物被预先合成出来，那么金属氯化物的吸水性和腐蚀性会使得它们的保存和运输非常困难。然而，使用高腐蚀性 HCl 气体，也会引起一些困难。例如，如果没有仔细地避免空气泄漏进入气路或者反应器，那么 HCl 会很快地破坏反应器。基于此，有些研究组报道了采用预先合成的 $GaCl_3$ 来代替原位 HCl 来合成 GaCl。使用这种前驱物，研究者能够生长单晶 GaN 并改进金属氯化物源的纯度。这种方法可能最终证明用于非简并薄膜生长是可行的。

在原位合成 GaCl 的例子中，Ga 金属的纯度可以达到 99.999 999%，采用正确设计的气体输运系统，HCl 的纯度也可以达到 99.999 9%。和金属溴化物、碘化物相比，氯化物具有更高的蒸气压，氯是用于输运的最常用的卤素。从纯度和可操作性考虑，HCl 通常比氯气更常

用。也有报道采用溴化物甚至碘化物来进行金属的输运。和氯化物相比，这些金属具有更低的分解温度，因此常被用来研究低温下的生长。

在氢化物气相外延系统里，化学反应过程中会产生大量的 NH_4Cl、$GaCl_3$ 和 $GaCl_3 \cdot NH_3$，这些产物会凝聚甚至阻塞排气管道，除非它们被加热到足够高的温度（>150℃，一般需要在 340℃以上）或者反应在低气压条件下进行。

3. HVPE 生长系统

需要指出的是，理解 HVPE 生长 GaN 过程中的化学本质对于系统的设计是非常重要的，HVPE GaN 的生长与其他Ⅲ～Ⅴ族半导体材料本质上是完全不同的。例如，在 HVPE GaAs 的合成中，砷化合物的热分解形成了 As_4 和 As_2 分子，仍然保持了挥发性和化学活性，因此可以继续参与薄膜的生长。而在 GaN 的 HVPE 生长过程中，NH_3 的分解形成了 N_2 分子，N_2 分子非常稳定，在我们感兴趣的温度范围内是完全惰性的。实际上，HVPE GaN 生长的可行性是基于 NH_3 相对缓慢的分解，这可能有利于活性氮有效地输运到生长面上[7]。因此，化学计量的、均匀的大面积薄膜生长需要将 NH_3 有效地、均一地输运到生长面来，防止黑的富镓薄膜的生成。

HVPE GaN 生长的另一个困难是，对于 GaN 和其他气相附加产物的形成，强烈地倾向于无法预料的气相反应、空间微粒和管壁沉积问题（管壁沉积会导致反应器在冷却的时候破裂）。还有，由于很容易形成 GaN，水平反应器设计存在着很严重的气相损耗效应[6]，有报道指出水平轴气流设计改善了薄膜的均一性。另外，NCl_3 是一个高爆炸性的化合物，目前没有卤化物气相外延生长氮化物的报道。因此，通常的 HVPE 都是指氢化物气相外延。

HVPE 系统主要有两种设计结构：卧式和立式。两种结构的 HVPE 系统在生长机理上并无本质的不同。图 2-9 为卧式（水平式）HVPE 生长系统示意图，该种生长系统被普遍用于Ⅲ～Ⅴ族和Ⅱ～Ⅵ族材料的生长，目前大部分有关 HVPE GaN 生长的报道都是基于这种 RCA 实验室发展的卧式 HVPE 生长系统。图 2-10 为立式（竖直式）HVPE 生长系统示意图，这种系统结构通过增加衬底的旋转功能改善了 GaN 薄膜的均匀性。在这种结构中，衬底支托在等温线上被提升和降低进入一个逆流管里，在这里 NH_3 和载气混合流过。衬底也可以在 NH_3 气氛下被缓慢地降低和冷却，可以减少薄膜的分解反应。

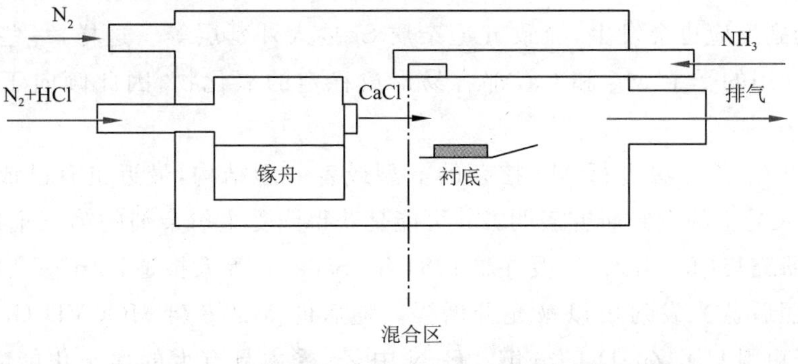

图 2-9　GaN 的卧式（水平式）HVPE 生长系统示意图

正如上面提及，GaN 的氢化物气相外延实际上是歧化反应，需要将 HVPE 生长系统设计成双温区：高温区和低温区。两种结构的生长系统在这方面是完全相同的。低温区用于进行 GaCl 的生成，高温区用于 GaN 的沉积反应。

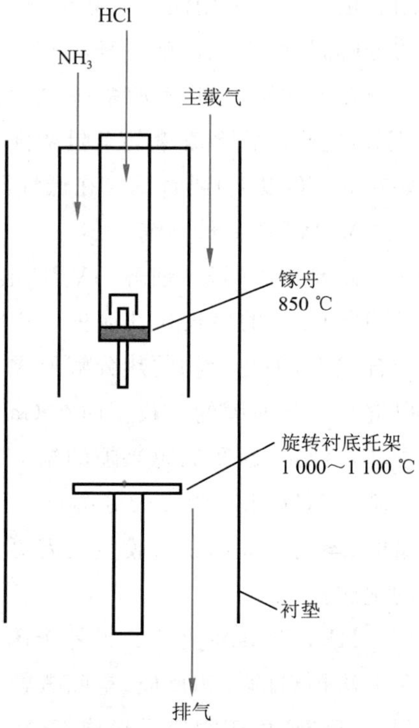

图 2-10　GaN 的立式(竖直式) HVPE 生长系统示意图

4. HVPE 外延生长和掺杂

和 MOCVD、MBE 生长技术相比，HVPE 在大面积低缺陷 GaN 薄膜的生长中具有潜在的优势。在 HVPE GaN 薄膜中经常可以观察到数微米大的梯式平台结构(terrace)和几百微米大的蜂房结构(cell)，这些都表明了 HVPE GaN 的生长具有很高的横向/垂直生长速率比。

实验表明，薄膜的异质成核对于高质量材料的生长非常关键。HVPE GaN 生长中，没有任何预处理，直接在蓝宝石衬底表面生长得到的 GaN 表面从高度透明到棕色变化，而沉积低温缓冲层，然后进行高温生长，会形成单晶 GaN。为了改善 GaN/蓝宝石(0001)上的异质成核密度和质量，采用两种不同的预处理步骤：GaCl 预处理衬底表面和 ZnO 缓冲层技术。

和其他外延生长技术相比，高质量 HVPE GaN 生长的困难之一是在衬底上得到高质量的成核。除了上面提到的一些预处理方法，各种各样的衬底也被采用来改善初始成核质量，如蓝宝石、$MgAl_2O_4$、SiC、Si、钇铝石榴石(YAG)、钆镓榴石(GGG)、GaAs 和 ZnO 等。蓝宝石由于相对低价、高质量、大面积和化学相容性，被广泛应用。不同晶向的 GaN 衬底也被尝试采用。

一般地，HVPE GaN 具有很高的本征浅施主水平，通常在 $10^{18} \sim 10^{20}\ cm^{-3}$。因此，需要做大量的掺杂研究来找到一种合适的受主掺杂剂来补偿这些施主，并努力获得 p 型材料和 PN 结。但是，HVPE 过程是一个热壁过程，很容易受到石英反应器和一些气相掺杂剂之间的化学反应的影响。可能的相互反应会引起石英反应器成分的降低，被氧化的掺杂剂在管壁沉积，腐蚀管壁的副反应也会发生，导致 n 型杂质 Si 掺入外延层等。这样，一些实际存在的困难，如 GaN 中常用的受主 Mg 和 Ca，都容易形成稳定的氧化物，因此倾向于和石英反应器反应。

利用 HVPE 生长方法进行 Mg 掺杂的 p 型或者 n 型结构，最近也有已成功的报道。在 GaN 中离子注入受主的发光研究表明，Zn 可能是获得浅受主掺杂剂的第三个选择。因此，大多数受主掺杂研究集中在引入 Zn 受主。1984 年，Saparin 等人报道，Zn 掺杂的 HVPE GaN 经过电子束辐照后蓝光发射可以被充分增强。随后的 Mg 掺杂 MOCVD GaN 生长研究认为，在这里电子束引起了 Zn-H 的分解。GaN 中 Zn 受主具有大的离子化能，H 联合体和典型的高本征施主水平使得 Zn 掺杂 GaN 中获得 p 型导电率变得非常困难。

5. HVPE 生长方法的局限性

众所周知，HVPE 生长 GaN 具有很高的生长速率，对于任何 GaN 晶向的生长一般都可以达到 100 μm/h 的量级，这表明用 HVPE 获得 GaN 体材料是可能的。但是，到现在为止，只有少数研究组报道大尺寸 GaN 的 HVPE 生长能够持续数十小时以上，厚度很少能超过 10 mm。这主要是由 HVPE 生长方法的技术特点造成的。

HVPE 生长方法存在的主要技术难点，包括以下几个方面：

(1)空间寄生反应。在衬底以外空间的寄生反应由于 HVPE 系统在常压下运行，较其他低压生长方法更为突出。大量寄生反应的 GaN 颗粒会沉积在系统中 GaCl 气体的出口、生长表面上及石英玻璃管壁内表面。沉积在 GaCl 气体出口上的 GaN 颗粒会消耗掉 GaCl，从而降低生长速率，并且会造成 GaCl 管路的损坏；沉积在生长表面上的 GaN 颗粒会形成缺陷，降低材料的质量；而沉积在石英玻璃管壁内表面上的 GaN 颗粒则会造成反应腔体破裂而导致生长中止，并增加成本。

(2)液态金属镓源的消耗。随着金属镓源的消耗，GaN 的生长速率会受到影响。在长时间的生长过程中无法准确知道镓源的消耗量，并且很难在生长过程中添加，从而影响了生长的长时间持续进行。虽然可以通过增加镓舟的容积来解决，但是由于金属镓源是装在石英玻璃容器中的，高温下玻璃容器的强度在承载金属镓源质量方面有限，并且当高低温变化时会受到与液-固态金属镓之间的热导率不同而产生的应力，增加玻璃容器破裂的可能。

(3)反应副产物氯化铵粉末。HVPE 生长方法的另外一个技术难点是，常压下生长反应会产生大量的氯化铵粉末，附积在管路下游，可能会影响管路中的气流，从而影响生长质量。氯化铵在 340 ℃以上才是气态，但在出口处设置高温通常会影响系统的密封，而常温又会造成氯化铵的沉积堵塞，严重时甚至引起爆炸。长时间的持续生长是获得高质量、大尺寸 GaN 棒状体单晶的关键因素之一。

(4)HVPE 反应气体具有很强的腐蚀性，对反应腔的要求比较特殊。因此 HVPE 系统反应腔体通常是用石英材料制造的，而高质量的石英材料价格高昂，精细加工、安装和维护难度较大，大大增加了生长成本，从而影响了 GaN 材料的大批量连续制备。

尽管存在上述技术难点，但随着研究的深入，大部分问题基本上都可以得到解决。

6. HVPE 横向外延技术(epitaxial lateral overgrowth)

GaN 材料是采用异质外延生长的，引起外延层中的高密度位错，典型的可达 10^{10} cm^{-2}。人们为降低位错密度尝试了多种方法，并已经取得了初步的效果。图形 GaN 衬底上的横向外延技术就是其中较成功的一种，它是目前制备长使用寿命 GaN 基激光二极管的关键技术。

GaN 横向外延技术是指在已经获得的 GaN 平面材料上淀积掩盖材料(通常为 SiO_2)并刻出特定的图形窗口，再在其上进行 GaN 的二次外延。由于表面能量选择的缘故，只有 GaN 窗口部分能得到 GaN 外延生长，而 SiO_2 掩盖部分难以成核。当 GaN 窗口中外延出的 GaN 超过 SiO_2 层厚度时会发生竖直方向生长，同时进行横向生长。当横向生长达到一定程度后便能得到全覆盖的 GaN 外延层。这种生长因为符合“准自由”生长条件，且生长方向垂直于原 GaN 层中位错的攀移方向，因而有很高的质量。实验结果表明，生长于 SiO_2 条上的 GaN 的位错密度比生长于蓝宝石窗口的小几个数量级。日本日亚公司采用横向外延技术极大地改善了 LD 的使用寿命，连续运行时间超过 10 000 h。图 2-11 是 GaN 横向外延的形貌图。

图 2-11　GaN 横向外延的形貌图

前已述及，HVPE 系统的最大特点是生长速率快（30～100 μm/h），适于长 GaN 厚膜。但当在蓝宝石衬底上的生长厚度大于 20 μm 时，GaN 外延层中就会出现裂缝。使用 ELO 技术可以有效地缓解这种现象，从而为人们获得低位错密度、大尺寸的高质量 GaN 厚膜带来希望。为了进一步改善 ELO 外延层的质量，许多新方法业已被尝试。例如，两步 ELO（2S-ELO）就是其中之一，考虑到横向的生长依赖于诸如温度、载气流量以及Ⅴ/Ⅲ比等参数，先以较低的Ⅴ/Ⅲ比生长（为了产生光滑的垂直{11-20}界面）；然后继续增加Ⅴ/Ⅲ比，以增加横向的生长。然而，即使采用上述方法能够产生一个光滑的界面形貌，但在对接处仍然有缺陷存在。为了避免这种缺陷，又有人提出了诸如双层 ELO（double layer ELO）等这样的技术。在这种双层 ELO 中，在第一次 ELO 之后衬底被旋转了 60°（或 90°），从而允许条纹沿另一等价的〈1$\bar{1}$00〉方向生长。另外，“悬挂”（pendeo epitaxy）外延也是非常引人注目的技术。它是美国北卡罗莱纳州立大学 Davis 小组于 1998 年提出的一种无掩模横向外延技术。这种技术通常以 SiC 或 SiC/Si 异质材料为衬底，首先生长 AlN 缓冲层，再采用反应离子刻蚀方法刻出图形，刻去一部分 AlN 层，露出 SiC 衬底，然后进行 GaN 的外延生长。在 GaN 外延的初始阶段，由于 GaN 材料在 SiC 衬底上不能直接成核，而在 AlN 表面比较容易满足成核条件，从而发生 GaN 的选择外延。GaN 在向上生长的同时，还发生横向外延，并且随着纵向厚度的增加，横向外延的生长前沿也会增大。因为在相邻 AlN 膜之间的 SiC 衬底上没有 GaN 生长，所以从 AlN 部分上的 GaN 向两边横向外延的 GaN 晶体是悬空的，好像悬挂在 AlN 部分上的 GaN 晶体两边，所以形象地称为“悬挂”外延。这种外延技术排除了掩模对横向外延 GaN 材料的影响，特别是杂质和界面应力的影响，理论上具有更高的质量。其他众多的研究在此难以尽述。

2.2.2.2　Na 流法、氨热法、物理气相传输法

1. Na 流（Flux）法

由于氮化镓材料具有很高的熔点（6 GPa 下熔点为 2 200 ℃），传统的提拉法（Czochralski method）、布里奇曼法（Bridgeman method）等单晶生长方法不适于生长氮化镓单晶。1997

年，日本东北大学的山根教授（Yamane H. Tohoku University, Japan）在研究三元氮化物合金 Ba_2ZnN_2、Sr_2ZnN_2 等时，发现 Na 源的引入，可极大提高氮气在 Ga 熔液中的溶解度，如图 2-12(a)所示，使得可以在较低的压力[9.93 MPa(98 个标准大气压)]、温度(<950 ℃)下获得氮化镓单晶[9]。

Na 流法基本反应过程如图 2-12(b)所示。在一定生长温度、压力条件下，Ga-Na 熔液中的 Na 在气液界面处使氮气发生离子化过程，形成 N^{3-} 离子，N^{3-} 离子不断地向下传输，当 Ga-Na熔液中氮的溶解度超过氮化镓结晶生长所需氮的临界值时，则形成自发成核的氮化镓，或 N^{3-} 离子向下传输至籽晶处，在氮化镓籽晶上进行液相外延(LPE)生长。通过对生长条件的精确控制，可获得连续有效的晶体生长，进而获得大尺寸、高质量的氮化镓单晶。

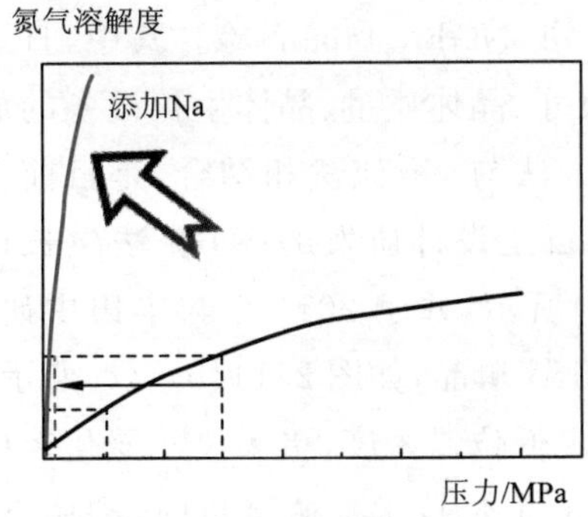

(a) 氮气在Ga熔液中的溶解度与压力关系曲线

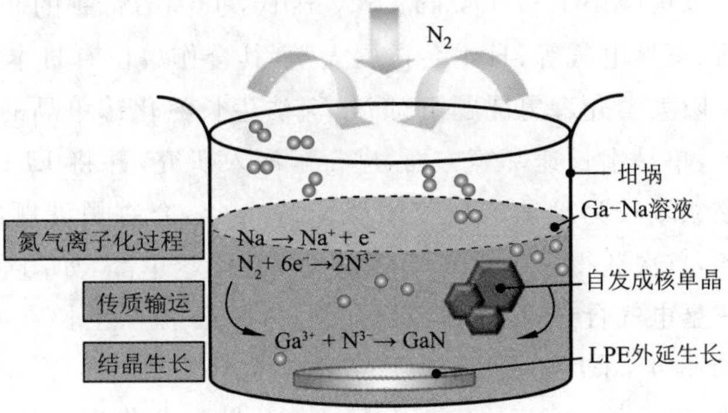

(b) Na流法生长氮化镓单晶反应过程

图 2-12　溶解度曲线及 Na 流法生长氮化镓单晶反应过程

Na 流法所用生长设备属高温高压设备范畴，基本构成如图 2-13 所示，包括原料装载坩埚、承压腔室、高温加热系统、压力供给系统及相应的控制系统等。由日本大阪大学(Osaka University, Japan)研发的用于氮化镓单晶生长所用的 Na 流法生长设备，除基本构成外，还具有熔液搅拌与机械摇动功能[10]，可进一步提高反应过程中熔液的均匀性与晶体的生长速率，是目前报道已知较为先进的 Na 流法生长设备。

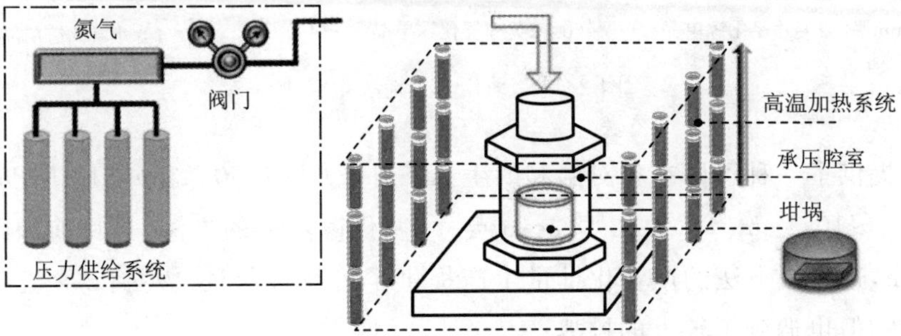

图 2-13　Na 流法设备基本构成

Na 流法作为新兴发展的氮化镓单晶生长方法，其设备加工相对其他生长方法更加简单，无须真空，设备加工成本较低，设备操作及维护也相对简单。Na 流法生长设备可生长较大直径(5～15 cm)氮化镓单晶,这也是其主要优势之一。由于可采用氮化镓单晶作为籽晶,通过同质液相外延(LPE),相较于 HVPE 生长方法,无须剥离即可获得自支撑衬底,减少了繁复的剥离工序。

目前,Na 流法已被用于氮化物(GaN、AlN[11]、BN[12])单晶的生长,然而,在其具备产业化规模生产的潜能下,也存在相应的技术瓶颈,诸如:由于反应腔室的密闭性,随反应过程的进行,反应原料出现供给不足,因此,单次生长难于获得较厚的体单晶,且目前未见该生长方法获得厘米级尺寸体单晶的报道;另外,目前 Na 流法生长过程中的自动化程度不高,也成为影响其产业化进程的一个因素。

Na 流法生长氮化镓单晶的研究始于 1997 年,目前国外主要研究团队有:日本大阪大学介森勇(Mori Y. Osaka University, Japan)带领的研究团队,其合作单位有日本理光、丰田中研、三垦电气等;日本名古屋大学,其合作单位有日本碍子公司(NGK, Japan)等。其中,日本大阪大学介森勇课题组对 Na 流法生长氮化镓单晶的单晶尺寸、晶体质量、晶体生长设备的放大、单晶生长速率等方面,进行了深入研究,并将 LPE 生长方法与 Na 流法相结合,是目前在该领域较为超前的研究团队。2008 年,介森勇课题组利用自主设计研发的 Na 流法生长设备,首次获得了 3 mm 厚,2 英寸①氮化镓单晶,如图 2-14(a)所示,并于 2011 年与丰田中研、三垦电气合作,成功试制出了第一块 Na 流法生长 4 英寸氮化镓单晶,如图 2-14(b)、(c)所示。2013 年,采用 Necking Technique 合并生长技术[13],可获得更低位错密度、更大尺寸氮化镓单晶,这也是 Na 流法实现大尺寸氮化镓产业化生产最为可行的生长技术。截至目前,利用 Na 流法可获得极性(c 面)、半极性(m/a 面)氮化镓体单晶,且单晶位错密度可降低至$10^2\ cm^{-2}$的数量级。我国在 Na 流法生长氮化镓单晶材料领域鲜有报道,还处于起步阶段。

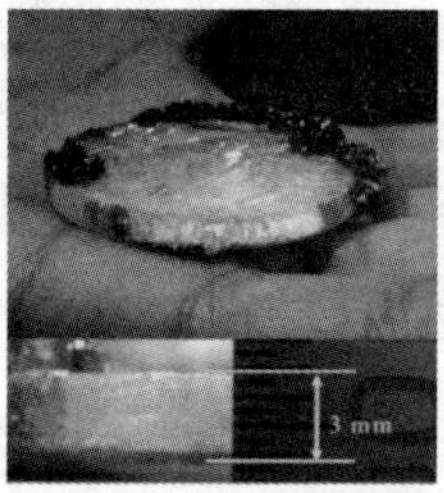

(a) 3 mm厚,2英寸氮化镓单晶

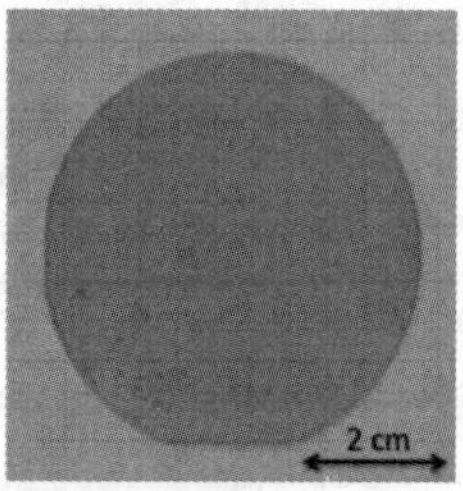

(b) 2英寸氮化镓单晶

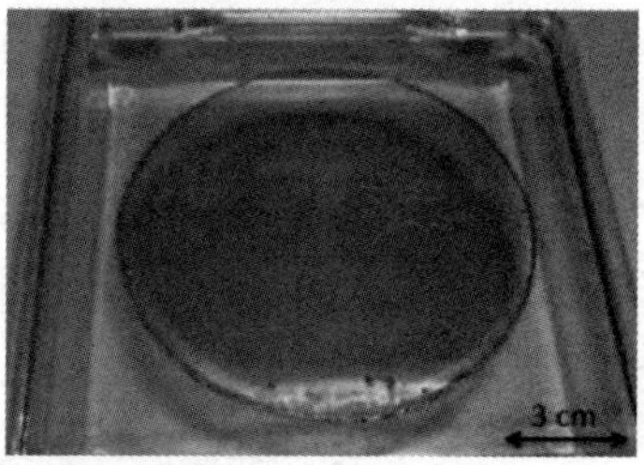

(c) 4英寸氮化镓单晶[16]

图 2-14 采用 Na 流法生长[14]

Na 流法提供了一种可以在相对温和的生长条件下(T<950 ℃,p<10 MPa)获得高质量(位错密度 $10^2 \sim 10^{-4}\ cm^{-2}$)、大尺寸(2～6 英寸)氮化镓单晶的方法,且目前国际报道生长速率约 30 μm/h,这为该方法的产业化批量生产提供了可行性保证。尽管 Na 流法近年来取得了飞快的发展,但也遇到了较大的挑战:

(1)高温生长状态下,Na 和 Ga 非常活泼,对坩埚材料的耐腐蚀性、稳定性要求很高,影响

---

① 1 英寸=25.4 mm(准确值)。

生长成本的降低；

(2)生长过程中易形成多晶，提高原料有效利用率是一个重大的挑战；

(3)受氮源传质、多晶成核及原料供给的综合影响，难以生长较厚的氮化镓体单晶。

总之，Na 流法是一种有希望实现氮化镓衬底产业化的方法，但需要克服诸多问题。

2. 氨热法

受到水热法成功量产水晶和 ZnO 晶体的启发，氨热法被提出生长氮化物晶体。其生长原理和生长过程与水热法基本相似，如图 2-15(a)所示(以 GaN 在碱性矿化剂的生长过程为例)：将前驱物(多晶 GaN)、GaN 籽晶、碱性矿化剂和氨密封在高压釜中，其中前驱物和籽晶分别放在不同的温区。通过分区温度控制(T_1 和 T_2)，在反应釜轴向形成原料溶解区和籽晶生长区。在低温区，GaN 多晶原料在矿化剂作用下形成中间化合物而溶解，通过对流将 GaN 饱和溶液输运到高温区，即籽晶区。由于 GaN 材料的溶解度温度系数为负(即随温度升高，晶体的溶解度降低)，在高温区处于过饱和状态而在籽晶上析出，实现氮化镓单晶生长。析出溶质后的溶液回流到原料溶解区重新参与晶体生长的循环。

由于氨热法生长所用溶剂为氨，且装载原料的过程中尽量避免氧气和水的混入，其生长系统要比水热法复杂，主要包括液氨注入系统、绝水绝氧系统、高压釜、高压釜装启系统。高压釜是氨热晶体生长的关键设备，据不同的研究组报道，其生长温度为 400～750 ℃，压力为 150～600 MPa，高于水热高压釜的生长温度和压力，属于超高压设备范畴。国际上报道的高压釜主要由 Ni 基高温合金制造，工作温度为 600℃左右，压力在 500 MPa 以下。例如，美国空军实验室、UCSB 大学，日本东北大学等所使用的高压釜。

为了降低氨热法生长对高压釜材料、工艺的要求，美国 Soraa 公司设计了名为 SCoRA 的氨热法生长装置，如图 2-15(b)所示。该装置采用内加热方式，将原料加热至所需生长的压力和温度，在加热体和承压的釜体之间加绝热陶瓷，使得最外部承压釜体的温度低于 200 ℃。釜体材料可选用普通的钢材，而不是成本昂贵的镍基合金。该氨热法生长装置可将生长温度提高至 750 ℃，生长压力达 600 MPa[15]。

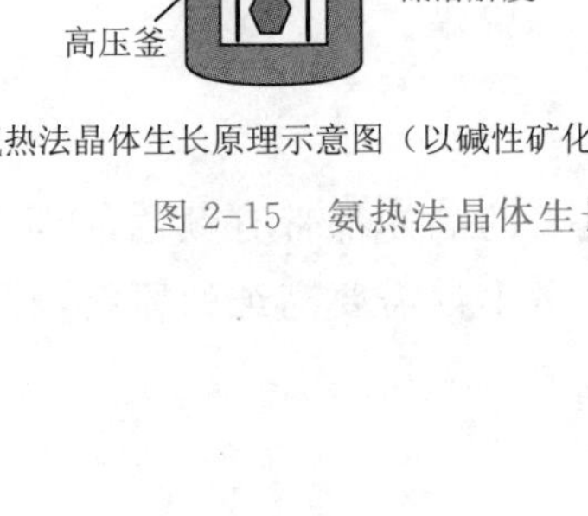

(a) 氨热法晶体生长原理示意图(以碱性矿化剂为例)

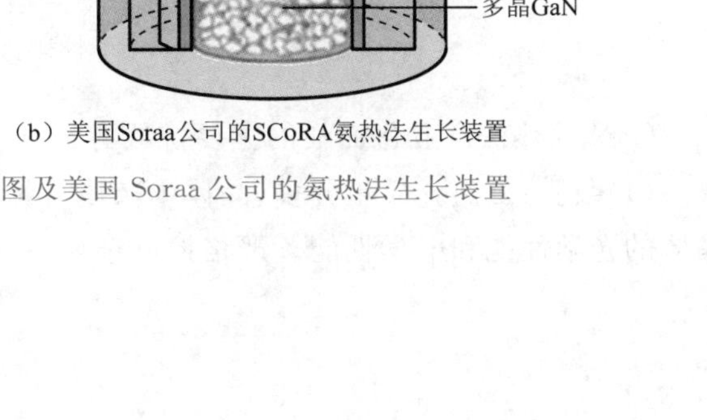

(b) 美国Soraa公司的SCoRA氨热法生长装置

图 2-15　氨热法晶体生长原理示意图及美国 Soraa 公司的氨热法生长装置

在生长过程中,生长工艺最大的不同是由矿化剂的不同引起的。这是因为在不同的矿化剂溶液中,晶体的溶解度与温度依赖关系不一样。目前,国际上氨热法生长矿化剂的选择主要分为两类:酸性矿化剂(NH_4X,其中 X 为 Cl、Br、I)和碱性矿化剂(MNH_2,其中 M 为 Li、Na、K)。在酸性矿化剂作用下,GaN 溶解度温度系数为正值,设计高压釜的底部为高温区,用来放置前驱物;高压釜的顶部为低温区,用来悬挂籽晶。而在碱性矿化剂的作用下,GaN 溶解度温度系数为负值,需要将籽晶悬挂在温度高的区域,而将前驱物置于温度低的区域。

碱性矿化剂的氨热法生长起步较早,20 世纪 90 年代初,波兰科学家相继报道了在碱性矿化剂条件下氨热合成纳米、微米尺度的 AlN 和 GaN 晶体,为氨热法生长 GaN 单晶奠定了基础。2000 年以后,波兰 Ammono 公司、美国空军实验室和美国加州大学芭芭拉分校(UCSB)等单位开展了前驱物溶解特性、结晶机理和物质输运等研究,并且相继报道了采用碱性矿化剂氨热法生长的自支撑 GaN 晶体。2008 年以后,Ammono 公司[16,17]在碱性矿化剂氨热法生长 GaN 单晶方面取得了突破性进展,相继报道了 1 英寸、1.5 英寸和 2 英寸的 c-GaN 晶体和 1 英寸非极性 m-GaN 晶体,如图 2-16 所示。其晶体具有很高的结晶质量(位错密度约 $5\times 10^3\ cm^{-2}$,曲率半径>100 m)。

日本东北大学和美国海军实验室的科学家在酸性矿化剂氨热溶液中生长 GaN 单晶做了很多重要的工作。2008 年,日本东北大学[18]首次报道了以 HVPE GaN 为籽晶,通过氨热法生长获得了 2 英寸 GaN 晶体,如图 2-16(d)所示,生长温度为 500~550 ℃,最大工作压力为 150 MPa。近年来,美国 Soraa 公司[17]创新地研发了 SCoRA 氨热法生长装置,拓宽了酸性矿化剂氨热法生长条件(生长温度为 650~750 ℃,工作压力为 100~600 MPa),实现了 10~40 μm/h的高生长速率,制备获得了 2 英寸 c-GaN 晶体和厘米级的非极性、半极性 GaN 晶体,如图 2-16(e)~图 2-16(g)所示。

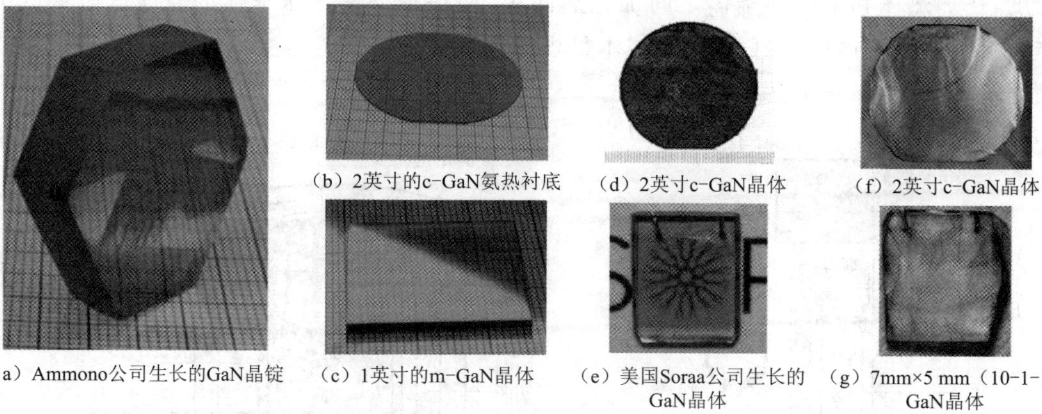

(a) Ammono公司生长的GaN晶锭　(b) 2英寸的c-GaN氨热衬底　(c) 1英寸的m-GaN晶体　(d) 2英寸c-GaN晶体　(e) 美国Soraa公司生长的GaN晶体　(f) 2英寸c-GaN晶体　(g) 7mm×5 mm (10-1-1) GaN晶体

图 2-16　采用碱性矿化剂生长的 GaN 晶体

GaN 氨热法产业化面临的主要挑战有:

(1)杂质:氨热介质组分多,晶体中杂质含量高,通常生长的晶体都带有颜色,严重影响了晶体的光学性能和电学性能。严格控制杂质掺入晶体的数量不仅需要高纯的原料,而且需要对杂质掺入机制深入研究。

(2)可控掺杂：半导体器件的制备需要不同导电类型的GaN衬底，需要在GaN晶体中引入特定种类和一定浓度的杂质。

(3)大型高压釜设备制造：高压釜是晶体氨热法生长的关键设备之一。在腐蚀性介质作用下，反应釜长期承受高温(>400 ℃)、高压(100～500 MPa)的作用，对釜体选材、结构设计和加工工艺提出了比水热反应釜更高的要求，给大尺寸反应釜的制造带来了巨大挑战。

总体来讲，氨热法具备近热力学平衡条件下生长，结晶质量高；易规模化生产和低成本等方面的优势，因此，是一个很有希望在氮化物晶体生长方面取得突破的方法。可以预见，随着生长工艺的进一步完善和反应设备的进一步研制，氨热法在高质量、大尺寸GaN晶体的量产方面将极具竞争力。

3. 物理气相传输(PVT)法

Ⅲ族氮化物衬底材料的制备，需要根据材料本身的特点选择合适的生长技术。例如对于AlN材料，由于其理论计算熔点高达2 800 ℃，离解压为20 MPa，因此难以采用传统的熔体法或垂直温度梯度凝固法生长单晶。目前国际上采用的AlN自支撑衬底制备方法主要有HVPE和物理气相传输法。其中PVT法是一种近平衡态的生长，兼具气相法高纯度优点，又具有较高的生长速率优势，制备的AlN材料位错密度低。其主要原理是在高温下，使AlN粉末原料升华，获得一定饱和气压的气体，此气体通过气相传输，被输送到晶体生长表面，通过再结晶的方式参与晶体生长。因此，PVT法包含了由热力学过程控制的原料升华和再结晶过程，以及由动力学原理控制的源输运过程。精确控制这两个过程是实现晶体生长的关键所在。

AlN的PVT生长装置基本结构如图2-17所示，设备最里面是坩埚，坩埚材料一般为TaC、钨(W)、SiC涂层石墨等，其主要用作PVT生长的反应腔室。高纯AlN粉末作为原料放在坩埚腔室下面(图2-17中的*D*部分)。籽晶放在坩埚腔室上面(图2-17中的*C*部分)。坩埚外面一般有一个石墨坩埚(主要用来加热内部坩埚)。石墨坩埚外面是耐高温的绝热材料，起到保温作用。最外面是感应线圈，用来产生高频交流变化的电磁波。石墨坩埚在高频交流变化的电磁波中产生感应电流，电流的热效应使得石墨坩埚能加热到1 900～2 300 ℃。坩埚下部盛放AlN粉末的位置是高温区，坩埚上部放籽晶的位置是低温区。AlN粉末在高温区升华，在低温区籽晶上重新结晶。高低温区温度差可以从几十摄氏度到两三百摄氏度。

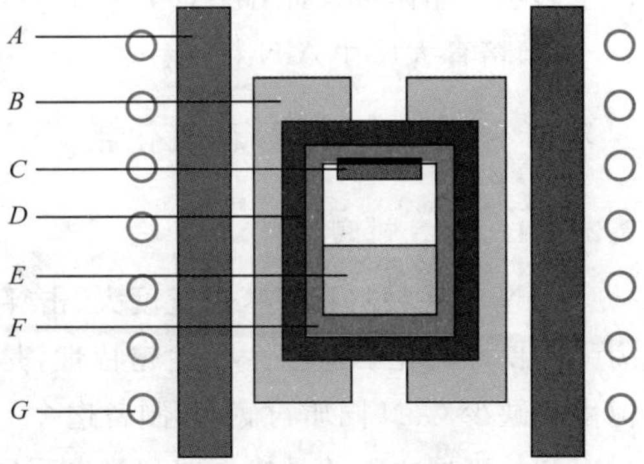

图2-17　AlN的PVT生长装置基本结构

A—反应室外壁；*B*—保温材料；*C*—籽晶；*D*—石墨坩埚；*E*—AlN粉末；*F*—坩埚；*G*—感应线圈

1976年Slack等人首次采用PVT法进行AlN生长，获得了体积为470 mm^3的AlN单晶[19]。经过近几十年的发展，PVT法生长AlN技术不断完善，由最初的自发成核方式在坩埚内壁上生长出小尺寸单晶颗粒，到采用籽晶进一步生长获得大尺寸单晶衬底。AlN 单晶材料是最好的籽晶，但是当前大尺寸 AlN 籽晶难以获得。因此，大部分商业化生产中通常采用异质单晶作为籽晶。利用异质籽晶，要求该材料尺寸足够大、与 AlN 晶格失配小、允许异质外延生长并且适合于 AlN 生长环境。SiC 无疑是较好的选择，已被国外研究单位和公司所采用。利用这种方法，日本住友电工电器公司 2007 年生长出了 1 英寸的 AlN 单晶材料[20]；美国的 Fairfield Crystal Technology 也实现了位错密度在 10^4 cm^{-2} 的高质量单晶 AlN 衬底。经过几年的发展，尽管目前美国的 Crystal IS、俄罗斯和美国合资的 Nitride Crystal Group 公司和德国的 CrystAlN 公司都已经宣布实现 66.6 mm 衬底的制备，但是商品化的产品尺寸一般都小于 15 mm。虽然 PVT 法可以获得较快的生长速率和极低位错密度的 AlN 单晶，但是由于缺乏大尺寸、高质量的 AlN 籽晶，生长的晶体通常存在多晶成分，并且极易开裂，难以获得完整的大尺寸单晶。

国内，PVT 法生长 AlN 单晶衬底的相关研究工作还刚刚起步。山东大学、深圳大学、中国科学院物理研究所等研究单位都进行了前期探索研究。2013 年，中国电子科技集团公司第四十六研究所采用 SiC 作为籽晶，制备出了直径为 42 mm、厚度 700 μm 的 AlN 单晶层[21]。

尽管 PVT 法生长 AlN 晶体研究取得了一定进展，但仍然面临诸多挑战，需要解决的问题主要有：

(1)高温条件下性能稳定、可长时间使用的坩埚材料。用 PVT 法生长 AlN 晶体，需要坩埚能耐受 2 200 ℃以上高温，耐高温铝蒸气的腐蚀。已有研究表明，碳化铌(NbC)、碳化钽(TaC)、氮化硼(BN)、金属钨(W)、石墨(C)等材料是 PVT 法生长 AlN 晶体常用的坩埚材料。

(2)高纯度的 AlN 原料。晶体生长初期，氧和碳在籽晶表面先沉积一层 Al_2O_3 和 Al_4C_3，严重影响了晶体生长，因此 AlN 原料中的杂质，特别是原料中的氧和碳需要充分去除。

(3)培育大尺寸 AlN 籽晶。

2.2.3 氮化镓(GaN)和氮化铝(AlN)衬底材料

2.2.3.1 GaN 衬底材料

GaN 衬底材料具有禁带宽度大、击穿电压高、热导率大、饱和电子漂移速率高、抗辐射能力强和良好的化学稳定性等优越特性，是迄今理论上电光、光电转换效率最高的材料体系。但由于缺少 GaN 同质衬底，其制备迄今一直沿用以两步生长法为核心的异质外延方法，异质衬底和外延层之间的晶格失配和热失配导致材料中存在很高的缺陷密度，严重制约了氮化物半导体材料质量、器件性能的进一步提高和新型器件的研发。若采用 GaN 衬底实现同质外延，不仅可以解决氮化物外延材料缺陷密度高、难以解理、器件可靠性差等问题，而且可以发展垂直结构的新型电子、光电子器件，大幅度提高器件性能，并避开现有两步生长法相关的国际专利壁垒。美国的 Sorra 公司和日本的 NGK 公司已经开始大力开发这类芯片，并取得重要突破，达到同样亮度，GaN 衬底上制作的 LED 能耗比传统芯片低一半以上。GaN 衬底相对于蓝宝石、碳化硅等衬底的性能优势显而易见，但最大难题在于价格过高。因此，国际上一般认为：谁先解决 GaN 和 AlN 同质衬底制备的关键科学和技术问题，并实现产业化生产，谁将会占据未来Ⅲ族氮化物半导体研究和产业化的战略制高点。

由上可知，GaN 衬底材料是第三代半导体光电产业进一步大发展的核心材料，是光电显示产业链条中最为重要的一环。目前，在化合物半导体领域蓝宝石（Al_2O_3）和 SiC 衬底仍然独领风骚，Si 出现了进入低端产品市场的迹象，而 GaN 衬底由于成本的降低和产品质量的提高，从 2013 年开始出现快速增长态势，出货量激增。据 Yole Dèveloppement 市场报告预测（见图 2-18），在高端领域 GaN 衬底将大量取代蓝宝石衬底，其市场占有率将急剧增加，并开始从激光器等高端领域向高亮度 LED 和高效功率器件等固态照明和电力电子器件市场渗透，将最终成为第三代半导体材料的主流。

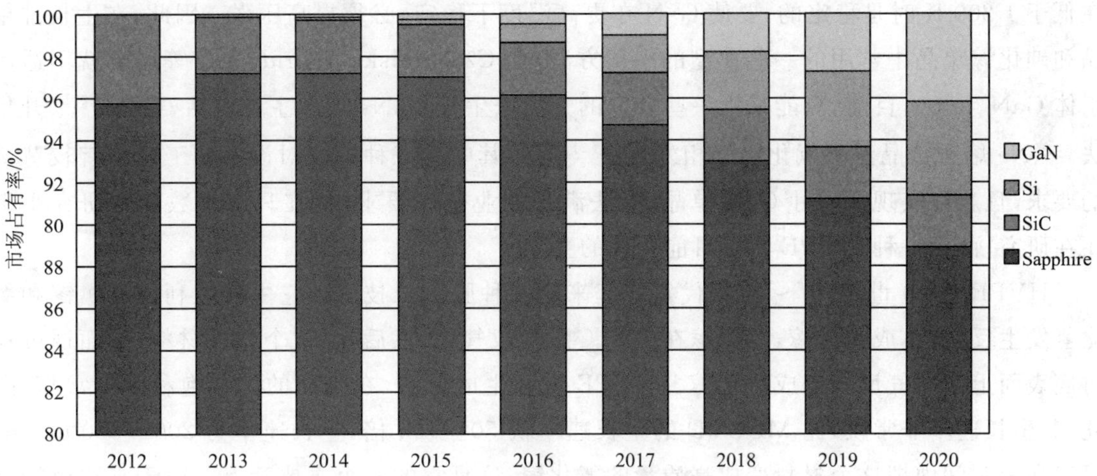

图 2-18　GaN 等四种衬底市场占有率的变化
（数据来源：Yole Dèveloppement 公司市场报告 CS Materials 2013）

但是，GaN 衬底市场目前 87% 由日本公司占领，日本政府已于 2008 年将 GaN 衬底列为限制出口商品。2 英寸 GaN 衬底可少量进口，4 英寸 GaN 衬底则根本无法进口。即使可少量进口的 GaN 衬底，价格也非常昂贵，LED 级的约 2 万元人民币，LD 级的约 4 万元人民币（2014 年日立电线的报价）。这迫使我国只能走自主开发和自我创新的道路，依靠自己的力量，发展拥有自主知识产权的 GaN 衬底制备技术。

1. 国内外发展概况

GaN 材料及其器件经过数十年高速发展，其进一步发展日益受到异质外延衬底的限制和制约。无论是从外延生长的理论，还是从半导体外延技术的发展历史，都已经证明，同质外延是最佳选择。然而，由于缺少 GaN 衬底，通常 GaN 基 LED 的外延膜主要是生长在蓝宝石衬底上。其主要问题是：

（1）由于 GaN 和蓝宝石之间有较大的晶格失配和热应力失配，由此造成 $10^9\ cm^{-2}$ 的失配位错，严重影响晶体质量，降低 LED 的发光效率。

（2）蓝宝石是绝缘体，常温下电阻率大于 $10^{11}\ \Omega\cdot cm$，这样就无法制作垂直结构的器件，通常只能在外延层上表面制作 n 型和 p 型电极。因此，使有效发光面积减小，同时增加了器件制备中光刻和刻蚀的工艺过程，使材料的利用率降低。

(3)蓝宝石的导热性能不好，在 100 ℃热导率约为 0.25 W/(cm·K)，这对于 GaN 基器件的性能影响很大。特别是在大面积、大功率器件中，散热问题非常突出。

(4)在 GaN 基激光器的制作中，由于蓝宝石硬度很高，并且蓝宝石晶格与 GaN 晶格之间存在一个 30°的夹角，所以难于获得 InGaN LD 外延层的解理面，也就不能通过解理的方法得到 InGaN LD 的腔面，因此 GaN 衬底对于 GaN 基激光器的制作也具有特别重要的意义。基于以上问题，GaN 衬底的研究在国际上引起了广泛关注。

但是，由于 GaN 共价键能很大(E=9.12 eV/atom)，在熔点(2 500 ℃)处的分解压很高(大约 4.5 GPa)。低于此分解压时，GaN 还没融化就已经分解了。如果在常压下，GaN 只有在低于 1 200 K 时是稳定的；要使 GaN 在更高温度下稳定，必须提高压强。因此，在生长硅单晶和砷化镓单晶中常用的一些典型的平衡方法，如 Czochralski 或 Bridgman 等方法就不适用于体 GaN 生长。目前，只能采用一些特殊的方法来生长 GaN 单晶，主要包括氨热法[22]、升华法[23]、Na 熔融结晶法和氢化物气相外延法[24]等。其中前三种方法对设备和工艺都有较苛刻的要求，且难以实现大尺寸 GaN 单晶，无法满足商业化的要求，现在只有少数几个研究小组还在研究；而后一种 HVPE 法是目前研究的主流。

HVPE 是 20 世纪 60～70 年代发展起来的一种膜生长技术。它主要是利用金属镓和氯化氢发生反应，生成氯化镓，氯化镓在 200 ℃后变成气体，然后，以这个为原材料，进而通过在衬底表面上与氨气反应变成氮化镓。HVPE 这种生成方法，在表面的化学饱和度非常高，因此，其生长速率非常快，比 MOCVD 的生长速率快 50～100 倍，生长速率为 200～300 μm/h，可以在短时间内把这个材料变成高质量的氮化镓，这是它的一个主要特点。由于它这个特点(1 μm/min 以上)，不能生长量子阱、超晶格等结构材料，在 20 世纪 80 年代被 MOCVD、MBE 等技术淘汰。然而，恰是由于它生长速率快，可以生长 GaN 衬底，故这种技术又在 21 世纪重新受到重视。

先利用 HVPE 技术在蓝宝石等异质衬底表面，快速生长一层厚度为 500 μm 以上的 GaN 厚膜，然后通过激光剥离或机械去除等办法将异质衬底剥离去除，得到 GaN 自支撑衬底。进一步对剥离下来的 GaN 衬底进行研磨抛光，可以作为同质外延的衬底进一步生长器件结构。HVPE 技术具有设备简单、成本低、生长速率快等优点，易于制备大尺寸 GaN 衬底，作为进一步用 MOCVD 生长器件结构的衬底。当前，HVPE 技术已经成为制备 GaN 衬底最为有效的方法，大多数可以商业化提供的 GaN 同质衬底都是使用 HVPE 技术生产的。领导氮化物研究潮流的 I. Akasaki 和 S. Nakamura 及世界上一些领先的研究机构和企业，如日本的住友电气、日亚公司、NEC 等，美国的 GaN Semiconductor 公司、Cree 公司、Honeywell 公司，韩国的三星、LG 等，都投入了大量人员和经费，开发研究 HVPE 法生长 GaN 单晶衬底。用 HVPE 法生长 GaN 厚膜，最好结果是，生长速率最高可以达到 800 μm/h，而且位错密度仅为 10^4 cm^{-2}。而 GaN 衬底目前已有数家公司发布广告，价格根据质量不同从 2 000 美元到 8 000美元不等。这样高的价位，一方面说明其应用的重要性；另一方面，也说明它制备的艰难，在技术上还不成熟，成品率低下，研发费用高。

2. 国内外取得的重要进展和突破

目前,GaN 衬底已形成以美国、亚洲、欧洲三大区域为主导,三足鼎立的产业分布与竞争格局。日本处于这一领域的领先地位,多家日本公司已可以出售标准 2 英寸 GaN 衬底。大尺寸 GaN 衬底的制备极为困难,目前仅有住友[25]和日立电线[26]等少数几家公司报道可以提供商用 3～4 英寸 GaN 衬底,此外三菱化学[27]生长出直径为 52 mm、厚度为 5.8 mm 的纯净透明的 GaN 单晶材料。我国已实现 2 英寸 GaN 自支撑衬底的小批量供应,晶体质量达到了国际先进水平。

国内主要研究单位包括北京大学、南京大学、中国科学院苏州纳米所和中国科学院半导体研究所等。这些研究单位开展了 GaN 同质衬底及外延技术研究。经过多年的刻苦攻关,先后突破了低缺陷密度、无裂纹 GaN 厚膜的 HVPE 生长技术、可控的 2 英寸 GaN 厚膜与异质衬底的完整分离技术、在同质衬底上同质外延高光效白光 LED 技术、大尺寸多片 HVPE 外延生长系统、4 英寸 GaN/Al_2O_3复合衬底 HVPE 生长技术及 2 英寸 GaN/Al_2O_3复合衬底的批量化生长技术等关键技术难点,研发出具有自主知识产权的 2 英寸自支撑 GaN 衬底和 2～4 英寸的 GaN/Al_2O_3复合衬底的制备技术。同时北京大学和中国科学院苏州纳米所分别将 GaN 衬底制备技术向企业转化,建立起东莞中镓半导体科技有限公司和苏州纳维公司等,以 GaN 衬底生产为主体的专业化生产企业,实现了 GaN 衬底的产业化。

HVPE 法制备 GaN 衬底的关键技术有两项:一是完整无裂纹的 GaN 厚膜的外延生长;二是 GaN 厚膜与蓝宝石等异质衬底的完整分离。其主要的制备技术路线图如图 2-19 所示。

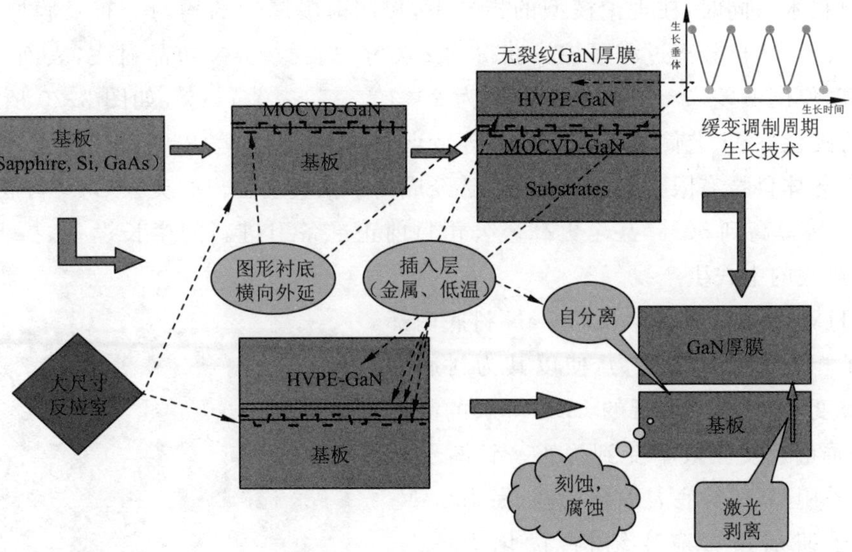

图 2-19　GaN 衬底制备技术路线图

在无裂纹 GaN 厚膜生长方面,可以采用缓冲层技术、插入层技术、图形衬底技术等多种方法缓解应力,防止裂纹产生。北京大学提出渐变调节并周期调制的方法[28],可以使 GaN 厚膜无裂纹厚度从 100 μm 提高到 400 μm,XRD 摇摆曲线半高宽(002)从大于 250 弧秒(1 弧秒=1/3 600 rad)下降到 132 弧秒,半高宽(102)从大于 350 弧秒下降到 159 弧秒,这被证明是有效的生长无裂纹 GaN 厚膜的方法。HVPE 生长过程中存在两种生长状态，即高质量生长状态和应力释放生长状态。高质量生长状态位错较少，但应力较集中，很容易开裂；而应力释放状态应力较小，但位错显著增多，表面粗化。这两种不同的生长状态直接由不同的生长条件来决定。将关键工艺参数在高质量生长条件和应力释放生长条件之间逐渐变化（渐变调节）并周期调制，在保证 GaN 外延膜低位错密度和高质量的同时，有效释放外延膜的应力，达到外延材料的质量和应力有效释放两者之间的平衡。周期调制借助于多周期的处理办法将 GaN 厚膜的外延过程大大简化，将优化好的单周期 GaN 薄膜生长条件周期性重复即可实现厚膜材料的外延生长。成功获得无裂纹厚度在 400 μm 以上的 GaN 厚膜，其位错密度降到 $5\times10^{7}\ cm^{-2}$。

GaN 厚膜与蓝宝石衬底的分离技术是整个 GaN 自支撑衬底制备的关键及核心技术，也是其产业化的一个瓶颈及难点。主要的分离技术包括激光剥离[29]、牺牲层[30]和自分离技术。目前，苏州纳米所及纳维公司主要采用激光剥离技术去除异质衬底，他们通过激光剥离和缓冲层工艺相配合的方法，成功得到 2 英寸自支撑 GaN 衬底，并可以小批量供片。北京大学则采用自分离技术[31]，主要思路是通过各种缓冲层、插入层或纳米图形层，结合生长条件调节使应力集中于这些插入层处，在降温阶段使 GaN 厚膜自发地从蓝宝石衬底上剥离下来。

自分离技术的优点是不需要激光剥离机等昂贵设备，缺点是影响因素多、不易控制、分离率不高。针对此缺点，北京大学宽禁带中心对 GaN 厚膜/蓝宝石两层膜体系的力学特性进行了深入的理论分析，并结合生长实际经验，提出在生长界面、衬底和生长过程等多环节应变控制的自分离技术。同时，在理论模型的指导下，控制薄膜厚度的均匀分布及膜厚达到临界厚度以上，实现 GaN 自分离过程可控。获得的 2 英寸自支撑 GaN 单晶衬底，表面光滑无裂纹，晶体质量高，厚度偏差$<\pm5\%$，位错密度为 $2\times10^{6}\sim5\times10^{6}\ cm^{-2}$，如图 2-20 所示。该研究成果具有可控性好、工艺简单且分离率高等特点。已由北京大学以专利及技术入股的形式在东莞中镓半导体科技有限公司推广应用，已经成功小批量制备出 2 英寸 GaN 衬底，将 GaN 的分离率从 10%提高到 50%，甚至更高。公司目前正准备引进新的生长设备，扩大生产规模，形成 GaN 衬底的中式生产线。

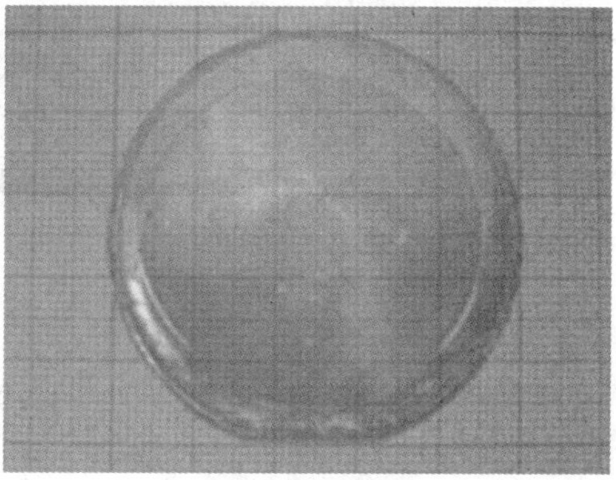

图 2-20　2 英寸自支撑 GaN 单晶衬底

然而，HVPE 生长方法生长的 GaN 衬底内部仍然积累了相当大的残余应力，使以其为衬底的同质外延难度增加，同质外延的 LED 薄膜的晶体质量、表面质量及发光效率受到损害。针对上述问题，通过采用 GaN 衬底表面预处理，在 InGaN/GaN 多量子阱前预置应变结构，优化 InGaN/GaN 量子阱结构，并配合 p-GaN 结构和电子阻挡层的优化，以使载流子输运长度与量子阱结构相匹配，提高同质外延 LED 发光效率。配合新型芯片形状的设计，探索了倒装结构同质 LED 器件工艺，结合湿法腐蚀粗化和纳米自组装 ICP 粗化，获得了较高效率的同质外延 LED,350 mA 下蓝光发光功率为 531 mW,封装的白光 LED 样品发光效率超过 130 lm/W。

开发适合规模制造的 GaN 衬底生长设备、材料工艺对发展 GaN 半导体器件产业至关重要。大尺寸多片式 HVPE 系统存在诸多难题需要解决,如温场和流场输运的均匀性控制、尾气处理、大尺寸腔体等,对于加热设备和反应腔的设计和研制都提出了非常大的挑战。通过大量的理论计算、模拟和实验研究,研究了 GaN 生长的分子动力学模型,对多片式 HVPE 不同设计方式进行了模拟和实验研究,成功研制了六片卧式和大尺寸七片立式 HVPE 生长系统,并进行了多片 GaN 模板和衬底材料生长。样品分析结果表明,HVPE 设备具有较好的气流分布,GaN 模板厚度均匀,生长速率达 200 μm/h,时间短、效率高、易操作,并可用于 5.2 英寸和 7.9 英寸 GaN 衬底材料的生长。验证了 GaN 模板的快速获得,对于 GaN 模板和衬底的推广应用提供了可靠的设备保障。实现了 4 英寸 GaN/Al_2O_3 复合衬底的制备,GaN 的厚度可达 30 μm,厚度均匀性达到±4.3%,位错密度小于 5×10^7 cm^{-2},各项技术指标均能够满足下游企业 LED 外延及工艺需求,目前可为下游企业提供小批量供片。

目前,我国已实现了从 HVPE 设备、外延生长到分离技术的一整套具有自主知识产权的 GaN 衬底的生产技术,从而突破了国外大公司对中国的技术壁垒,有助于进一步降低 GaN 衬底的价格。随着 GaN 衬底的规模量产和价格的下降,以及 LED 外延技术的不断发展,当将芯片电流密度提高到 5～10 倍时,GaN 在 LED 上运用的优势会比蓝宝石明显很多,从而使 GaN 衬底在单位流明价格上会取得显著优势,将对固态照明的普及推广和节能减排具有重要的意义。

3. 发展趋势和面临的技术挑战

目前,国内仅掌握了 2 英寸 GaN 衬底的生产技术,但产率及质量与日本还有一定差距。对于更大尺寸的衬底,如 4～6 英寸的 GaN 衬底材料,其制备技术还处于初级研发阶段,更大尺寸厚膜应力控制、翘曲、开裂和分离等关键技术都急需研究和突破。目前尚未规模化供应,无法适应光电产业的升级换代。大尺寸衬底的应用,将增加外延片中每个周期芯片的可用面积,更有效地利用反应室的面积并明显降低后续工艺中的边缘效应。在可以预见的 3～5 年内,直径 2～4 英寸的 GaN 晶片将逐渐成为主流,并且 GaN 晶片尺寸扩大的进程将不会止步。Yole Dèveloppement 2013 年的报告分析中指出,随着激光投影取代 DVD 存储成为蓝光 LD 主要应用领域,其市场日益稳定。超高亮度 UHB-LEDs 和高效高频功率器件 power electronics 则取代蓝光 LD,成为 GaN 衬底市场份额逐渐增大的主要驱动力。而这种转变的关键点是 4 英寸 GaN 衬底及其价格因素。Yole Dèveloppement 预测,当 4 英寸 GaN 衬底的价格降低到 1 500 美元/片时,就会进入到 LEDs 和功率器件的生产领域,市场需求将扩大 10 倍以上。值得指出的是,目前国际上 4 英寸 GaN 衬底的研究正处于蓬勃发展的时期,我国必须下大力气进行研究,及时跟上最新进展,以免在 LED 和功率器件的后期发展上再次受制于人,沦为低端产品的代加工厂。

GaN 衬底由于量少价高,国内缺少应用 GaN 作为衬底进行相关器件设计、外延及芯片制造的技术研究,尚没有突破性进展。GaN 衬底同质外延及器件研究的缺失又进一步限制了

GaN 衬底国内市场的发育，阻碍了 GaN 衬底由技术研发向生产的转变。有必要加强以 GaN 为衬底的同质外延 LEDs 和功率器件的设计、制备、封装及集成技术，研究其内在规律，突破 LEDs 和功率器件发展瓶颈，实现超高光效 LEDs 和高功率电子器件发展。

4 英寸 GaN 衬底缺少大尺寸 HVPE 设备。目前，国内已有几家单位开发出三片以上的多片 HVPE 设备，可以进行 4 英寸 GaN 厚膜的生长。但是，这些设备普遍存在均匀性较差、厚膜生长困难等问题。还只能生长 100 μm 以下的 GaN 薄膜，不能满足 4 英寸 GaN 衬底分离的需要。这说明对大尺寸反应室的设计还存在困难，还需要进一步研究。

2.2.3.2 AlN 衬底材料

1. AlN 衬底材料的前景与应用

AlN 是Ⅲ族氮化物半导体材料中的重要一员，是一种宽带隙($E_g = 6.2$ eV)半导体材料。它与 GaN 的合金 AlGaN 在全组分范围内均为直接带隙半导体，对应的光谱波长覆盖了 200～365 nm 的紫外光、深紫外光波段。AlGaN 还具有热导率高、电阻率大、紫外光透过率高、击穿场强高与抗辐射能力强等优点，因而在高温、高频、抗辐射及大功率器件，如高能效光电子器件、高功率电子器件、固态激光探测器和高密度固态存储器等方面具有重要的应用。此外，高质量的 AlN 单晶材料还具有非常高的表面声波传输速度、较小的声波损耗及较大的压电耦合常数，故可用于制作表面声波谐振器和滤波器、太赫兹发射和接收器件、稀磁半导体自旋电子器件等。

深紫外光 LED 是 AlN 材料应用最为成功和广泛的领域之一，被认为是目前汞灯的理想替代品。这种紫外光源具有无汞污染、波长可调、体积小、集成性好、能耗低、使用寿命长等诸多优势，在杀菌消毒、皮肤病治疗等医疗卫生领域，二噁英、多氯联苯、农药等污染物快速分解及水与空气净化等环保领域，高显色指数白光照明领域，以及在大容量信息存储等领域具有广泛的应用。根据 2013 年相关市场调研报告可知，紫外光 LED 市场额将从 2012 年的 4 500 万美元快速增长到 2017 年的近 2.7 亿美元，并将逐渐超过传统的汞灯市场额。但是紫外光 LED 的性能还远远没有达到 GaN 基可见光 LED 的水平。其中，最为根本的原因是外延层的质量不高。外延层中的缺陷密度通常与衬底材料的质量和晶格及热失配有关。采用高质量的 AlN 衬底后，由于 AlN 与高 Al 组分 AlGaN 的晶格和热匹配比较完美，AlGaN 外延层质量显著提高，内量子效率可以提高两个数量级[32]。因此 AlN 衬底对于高 Al 组分 AlGaN 材料来说是理想衬底材料。

同时，AlN 材料作为紫外光电探测器的核心材料，在国防安全、生化检测、室外紫外线检测、工业燃烧过程控制、发动机高温探测和太空探测等领域有着广泛的应用。例如，利用 AlN 基紫外发光和探测器件进行非视距短距离通信，具有保密性高、全天候、抗干扰等优点；基于 AlN 材料的日盲紫外光电探测器是导弹紫外制导及预警的关键部件。

由于缺乏高质量的同质衬底，AlGaN 材料一般在异质衬底如 Si、SiC 和蓝宝石上沿用两步生长法异质外延技术制备。异质衬底和外延层之间的晶格失配和热失配导致外延层中存在很高的缺陷密度，严重制约了器件性能的提高和新型器件的研发。如果基于高质量的 AlN 衬底开展外延，能够解决上述问题，大幅提高器件性能，避开现有两步生长法相关的国际专利壁垒，还有助于发展垂直结构的新型电子器件、光电子器件。可以说，AlN 同质衬底制备技术，对于占据未来Ⅲ族氮化物半导体研究和产业化的战略制高点有着重要意义。但总体上而言，AlN 衬底制备技术还不成熟，不仅价格非常昂贵，而且高质量的 AlN 衬底不易获得。

2. AlN 衬底材料的发展概况及研究进展

AlN 材料的理论熔点高达 2 800 ℃，离解压为 20 MPa，因此难以采用熔体直拉法或温度梯度凝固法生长单晶。1862 年，Briegleb 和 Geuther 采用熔融的 Al 和 N_2反应，首次合成了 AlN 材料。尽管这种材料发现得比较早，但其研究发展却进行得非常缓慢。直到近一个世纪后，Renner 等人于 1959 年首次采用 NH_3与无水 AlCl 的气相反应制备得到 AlN。1972 年，Yim 等人利用 NH_3与 $AlCl_3$分别作为Ⅴ族和Ⅲ族源，采用 HVPE 生长方法在蓝宝石衬底上制备出了 AlN 单晶材料[33]。1977 年，Slack 等人首次报道采用 PVT 法进行 AlN 生长，获得了体积为 470 mm^3的 AlN 单晶材料[34]。目前，AlN 材料的生长方法主要有 PVT 法、HVPE 法和 MOCVD 法。

(1)PVT 法。PVT 法是一种平衡态生长技术，兼具气相法高纯度的优点，又具有较高的生长速率优势。从 1977 年起，通过多年的发展改进，PVT 法生长的 AlN 材料已经从最初的针状、片状等不规则外形发展到大尺寸、透明的单晶片。目前 PVT 法能够有效地将 AlN 位错密度降低到 10^4 cm^{-2}，是实现高质量 AlN 单晶衬底材料的理想选择。

PVT 法生长 AlN 晶体过程中涉及的化学反应为

$$\mathrm{AlN(s)} \rightarrow \mathrm{Al(g)} + \frac{1}{2}\mathrm{N_2(g)} \rightarrow \mathrm{AlN(s)} \tag{2-3}$$

其基本过程是采用中频感应加热或电阻器加热，使得坩埚内的高纯度 AlN 粉末分解产生 Al 蒸气和 N_2，并通入 N_2载气，借助气相传输至籽晶基片上。籽晶基片位于坩埚顶部，其热量通过辐射和传导散失，温度最低，因而 Al 蒸气和 N_2在此处反应，沉积生长 AlN 晶体。通过气相传输的速率不能超过在给定的温度下基片上原子结合排列生成晶体的速率，否则就会形成粉末、多孔和其他不完整(孪晶、枝晶等)结构的多晶体。

在富氮环境中，扩散传输是主要的输运模式。理论分析认为，AlN 的生长速率与温度、压力等的关系如下：

$$v_g = c\,\frac{\exp(A-B/T)}{p^{3/2}T^{1/2}} \times \frac{\Delta T}{\delta} \tag{2-4}$$

式中，c、A 和 B 是常数；δ 为源和籽晶间的距离；ΔT 为源和籽晶间的温度差；T 为生长温度；p 为生长的压强。

不难看出，保持小的 δ 和大的 ΔT 可以提高生长速率，而温度太高会降低生长速率。但在保证生长速率的同时，必须兼顾晶体的质量和尺寸，这就对 AlN 晶体的生长温度及温度梯度的控制提出了更为复杂的要求。一方面，生长温度必须足够高。N_2的键能高达 9.8 eV，足够高的温度才能使其分解，然后才可吸附于籽晶表面与 Al 反应；籽晶基片上沉积吸附的原子只有在足够高的温度下才有高的表面迁移率，从而进行晶体结构的排列生长。另一方面，生长温度也不能过高。N_2的黏滞系数很小(10^{-3})，过高的温度会降低 N_2的黏滞吸附比例。Slack

等人认为 PVT 法生长 AlN 晶体时，高纯度 AlN 源的极限温度应为 2 493 ℃。否则在其表面会生成液态 Al 滴，产生大量的缺陷，并可能破坏钨坩埚。在 PVT 法生长 AlN 晶体时，合适的温度梯度也很重要。只有在结晶点附近，Al 和 N_2 蒸气才最可能结合为单晶体。否则就会生长为多晶、晶须，甚至晶粒与粉料的混合物。AlN 源与结晶表面之间小的温度梯度可降低到晶体表面的气体组分量，从而保证表面扩散的充分进行，即表面扩散主导生长过程。

早期 PVT 法生长 AlN 单晶过程中，由于 AlN 籽晶难以获得，多采用 SiC 异质衬底作为籽晶。日本住友公司在 2007 年生长出了 1 英寸的 AlN 单晶材料[35]；美国 Fairfield Crystal Technology 也宣布实现了厚度在 250～500 μm 的高质量单晶 AlN 衬底，位错密度低至 $10^4\ cm^{-2}$；Crystal IS 公司于 2008 年首次推出了 2 英寸的 AlN 衬底，其中 85%的部分是单晶[36]；俄罗斯和美国合资的 Nitride Crystal Group、德国的 CrystAl-N 公司也先后宣布成功制备 2 英寸 AlN 晶锭。但是，上述公司商品化的产品直径一般都小于 15 mm。

另外，AlN 单晶材料中点缺陷(氧杂质、Al 空位或 N 空位)浓度也很高，因此制备的衬底材料通常呈一定的颜色。图 2-21 是美国 HexaTech 在 2011 年报道的利用 N 极性 AlN 籽晶进行 PVT 生长得到的 AlN 晶锭，XRD 摇摆曲线(002)半高全宽仅为 12 弧秒，显示了极好的材料质量，但是呈琥珀色。其他如 CrystAl-N 公司、Fox Group 公司和 Nitride Crystals Group 公司的产品都有相同的问题。这大大降低了紫外光透过率，限制了在这种衬底上生长的深紫外光电子器件的性能。

(a) ALN晶锭

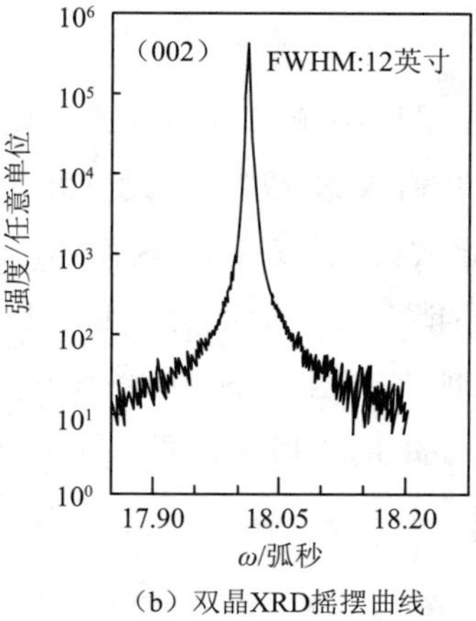

(b) 双晶XRD摇摆曲线

图 2-21 美国 HexaTech 公司用 PVT 法得到的 AlN 晶锭及双晶 XRD 摇摆曲线

国内，中国科学院半导体研究所、中电集团第四十六所、山东大学、深圳大学、中国科学院物理所等单位都开展了 AlN 单晶生长研究。“十一五”期间，中国科学院半导体研究所承担国家 863 课题，研制出具有自主知识产权的 AlN PVT 生长设备，最高加热温度达到 2 400 ℃，建立了一套单晶生长热场系统和精确的高温和压力控制系统。生长的 AlN 晶锭直径为 45 mm，其中最大晶粒长 10 mm、宽 5 mm，(002)峰的摇摆曲线的半高宽为 35 弧秒(见图 2-22)。中电集团第四十六所于 2013 年发布用自制的 SiC 衬底作为籽晶，采用 PVT 法制备出了直径为 42 mm，厚度为 700 μm 的单晶 AlN 衬底材料。

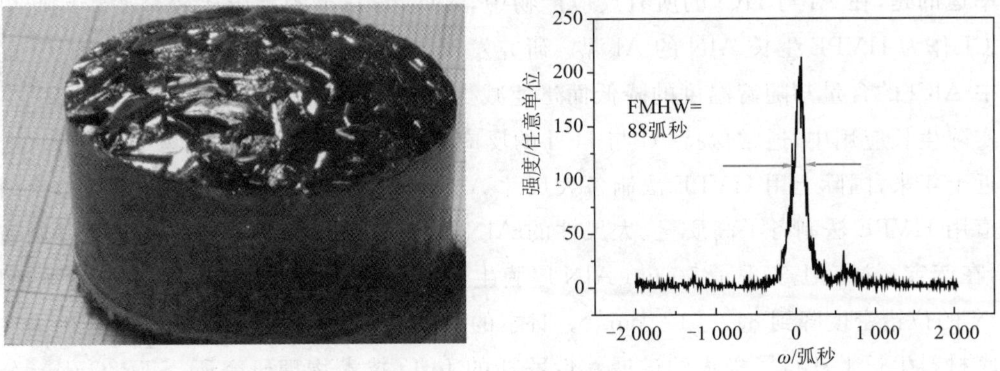

（a）AlN晶片抛光照片　　（b）XRD摇摆曲线

图 2-22　PVT 法生长的 AlN 晶片抛光照片和 XRD 摇摆曲线
（数据由中国科学院半导体研究所提供）

（2）HVPE 法。HVPE 法生长氮化物材料，特别是 AlN 厚膜和自支撑衬底方面取得了很大成功。与其他生长方法相比，HVPE 法具有设备简单、成本低、生长速率快等优点，可以生长均匀、大尺寸的 AlN 厚膜复合衬底。经过几十年的发展，HVPE 法得到不断提升，生长设备也由前期的低温（1 100 ℃左右）到高温（1 400 ℃以上）演变。目前报道的生长速率可以达到 100 μm/h，无裂纹厚度可以达到 100 μm 以上。通过化学腐蚀或自剥离等方法剥离掉异质衬底，便可得到自支撑 AlN 衬底，作为进一步用 MOCVD 生长器件结构的同质衬底使用。HVPE 法的难点在于，作为一种非平衡生长过程，在 1 400 ℃以上的高温条件下，各种化学反应非常剧烈，极大地增加了杂质和预反应调控难度。此外，由于 AlN 与异质衬底（如蓝宝石、SiC、Si）存在较大的热失配系数，在样品降温到室温的过程中积累了更大的热应力，导致缺陷、翘曲、开裂等一系列问题。

理论上，HVPE 法制备 AlN 的反应主要指金属氯化物与 NH_3 的反应，生成 AlN 和附加产物：

$$AlCl(g) + NH_3(g) \rightarrow AlN(s) + H_2(g) + HCl(g) \tag{2-5}$$

式中，AlCl 是通过 HCl 与金属 Al 在 800 ℃下反应生成的，即

$$2Al(l) + 2HCl(g) \rightarrow 2AlCl(g) + H_2(g) \tag{2-6}$$

AlCl 作为 Al 源被输运到衬底表面，在高温下与 NH_3 反应，在衬底上生长出 AlN。生长过程中，一般采用 H_2、N_2、He 或者 Ar 气作为载气。类似反应已经成功用于 GaN 衬底材料的制备，但在应用到 AlN 的生长时遇到困难。这是因为在 HVPE 设备中，所有反应室和反应器均由石英构成，用于 GaN 生长的 GaCl 与石英不反应，而 AlCl 在高温下与石英会发生如下反应：

$$4AlCl(g) + 5SiO_2(s) \rightarrow SiCl_4(g) + 2Si(s) + 2Al_2SiO_5(s) \tag{2-7}$$

或

$$4AlCl(g) + 3SiO_2(s) \rightarrow SiCl_4(g) + 2Si(s) + 2Al_2O_3(s) \tag{2-8}$$

此反应会损坏设备，同时还会在外延层生长过程中引入 O 和 Si 杂质，降低材料的质量。

幸运的是，在 Al 与 HCl 的所有反应产物中，$AlCl_3$与石英的反应比较轻微。因此可以采用 $AlCl_3$作为 HVPE 生长 AlN 的 Al 源。研究发现，当温度低于 700 ℃时，Al 与 HCl 的反应产物中 AlCl 的含量却随着温度的降低而迅速减少，但是 $AlCl_3$的含量几乎不变，如图 2-23 所示。实际生长应用中，通常保持 Al 与 HCl 的反应温度在 500 ℃，控制产物主要为 $AlCl_3$。

近十年来，国际上用 HVPE 法制备大尺寸 AlN 衬底取得了极大的进展，已有多个研究单位报道用 HVPE 法制备了高质量、大尺寸的 AlN 厚膜。美国空军研究实验室通过调节生长条件，在蓝宝石衬底上实现了 50 μm AlN 厚膜生长[37]。加利福尼亚大学利用侧向外延技术，将 AlN 的位错密度降到 8.3×10^6 cm^{-2}。日本的三重大学、东京农工大学等研究机构在小尺寸衬底材料生长上获得了极大的进展。俄罗斯的 Ioffe 技术物理研究所、STR Group 公司分别对 AlN 生长动力学进行了实验和理论研究。在大尺寸自支撑衬底的制备方面，美国的 TDI 公司在 SiC 衬底上制备厚度为 50 μm 的 AlN 厚膜，通过 RIE 刻蚀技术去除 SiC 衬底，实现 2 英寸 AlN 自支撑衬底（见图 2-24），表面腐蚀坑密度在 10^8 cm^{-2}量级，这是迄今为止 HVPE 法制备的尺寸最大的自支撑衬底材料。2012 年，日本 Tokuyama 公司采用分步生长法在 Si 衬底上实现了厚度为 180 μm、直径为 20 mm 的 AlN 自支撑衬底的制备。

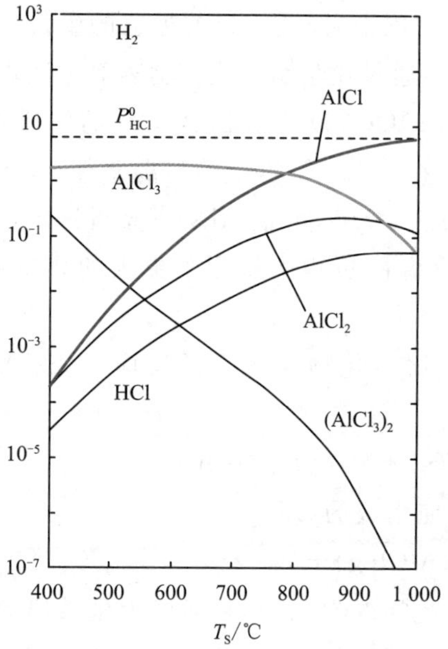

图 2-23　Al 与 HCl 的反应产物随反应温度的变化

图 2-24　2 英寸 AlN 自支撑衬底

在国内，中国科学院苏州纳米所、中国电子科技集团公司第四十六研究所、中国科学院半导体研究所等多家机构已经开展了初步的探索研究工作。其中苏州纳米所设计并研制出了适合 AlN 高温生长的 HVPE 设备，生长温度可达到 1 600 ℃。通过多步生长方法，实现了在蓝宝石和 SiC 衬底上的较高质量 AlN 材料生长。图 2-25(a)、(b)分别是在蓝宝石衬底上生长的厚度为 8 μm AlN 材料(0002)和$(10\bar{1}2)$XRD 摇摆曲线，相应的半高宽为 284 弧秒和 277 弧秒；图 2-25(c)、(d)分别是 AlN 材料截面 SEM 图和表面 AFM 图。

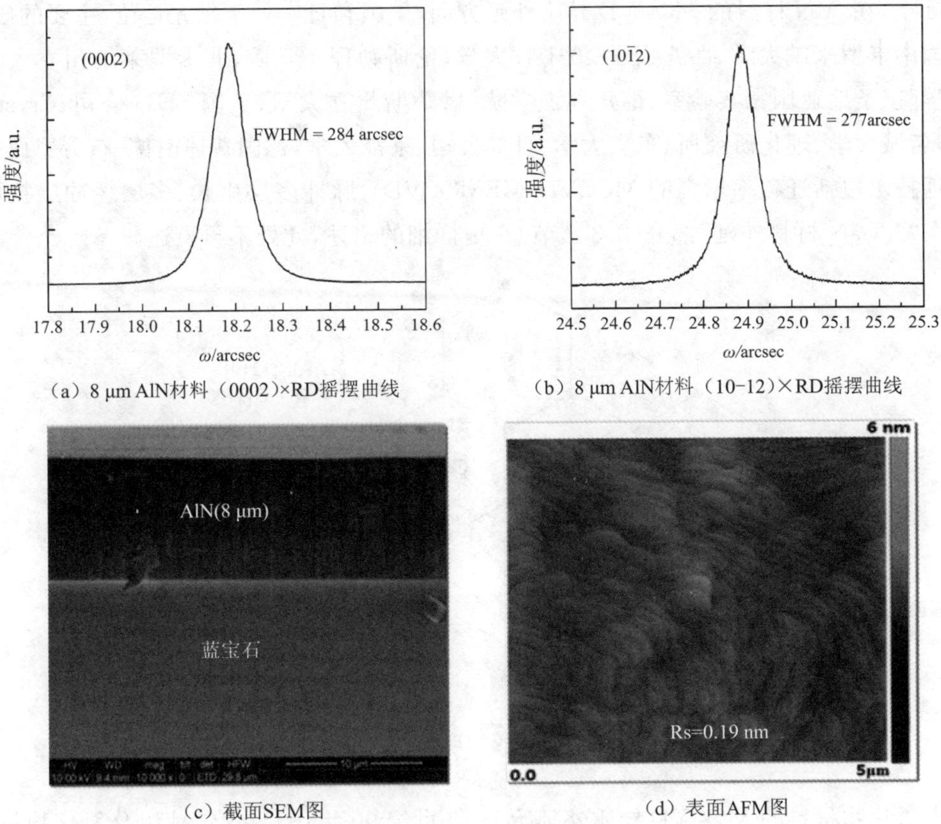

（a）8 μm AlN材料（0002）×RD摇摆曲线　（b）8 μm AlN材料（10-12）×RD摇摆曲线

（c）截面SEM图　（d）表面AFM图

图 2-25　在蓝宝石衬底上生长的 AlN 材料

(3)MOCVD 法。MOCVD 法是制备 AlN 薄膜材料最常用的工艺，其主要优势在于能够精确控制 AlN 材料在异质衬底上的初始成核、生长合并过程，得到的 AlN 薄膜质量较高。如果在蓝宝石上外延高质量微米级的 AlN 模板，将是兼顾现有工艺基础和未来发展趋势的理想选择之一。

对于Ⅲ族氮化物的异质外延来说，晶格常数和热膨胀系数是两个非常关键的参数。如图 2-26所示，AlN 的晶格格点相对于(0001)面蓝宝石的晶格格点有 30°的旋转，其面内晶格失配达到 13.3%，热膨胀系数失配更是高达 44%。由于晶格失配的存在，外延层中积累的应变会通过在衬底和外延层界面处产生位错进行弛豫，因此导致了外延层中大量的失配和穿透位错；由于热失配的存在，在升温或冷却过程中，衬底和外延层晶格形变的不匹配，因而会导致外延层的开裂及位错产生。

AlN 键能比 GaN 更高(AlN 为 2.88 eV，GaN 为 2.2 eV)，因而在 MOCVD 外延中 Al 原子表面黏附系数高，原子表面迁移率低，倾向于三维岛状生长模式，为了获得高质量的外延材料，AlN 材料的外延温度普遍需要超过 1 200 ℃，兼之 AlN 与蓝宝石之间的巨大失配，导致 AlN 外延层中应力随厚度增加而迅速增大。一般情况下，在平面蓝宝石衬底上用 MOCVD 外延 AlN，膜厚不足 2 μm 就会开裂，这给高质量的 AlN 厚膜的外延带来了巨大的挑战。

国际上，在 AlN 材料的 MOCVD 异质外延方面，美国和日本处于领先地位，主要的研究机构包括美国南卡罗来纳大学、西北大学、波士顿大学、伦斯勒理工学院、北卡罗莱纳州立大学、佐治亚理工学院、圣地亚国家实验室、德州理工学院、堪萨斯州立大学、美国 SETi 公司、Crystal IS 公司、日本名城大学、理化研究所、东京大学、日亚公司、京都大学，德国费迪南德-布劳恩研究所等。主要外延技术包括迁移率增强的 MOCVD(MEMOCVD)、脉冲多层生长、多层缓冲层技术等，相关技术在“AlGaN 材料外延”部分(2.3.7 节)有更详细的论述，此处不再赘述。

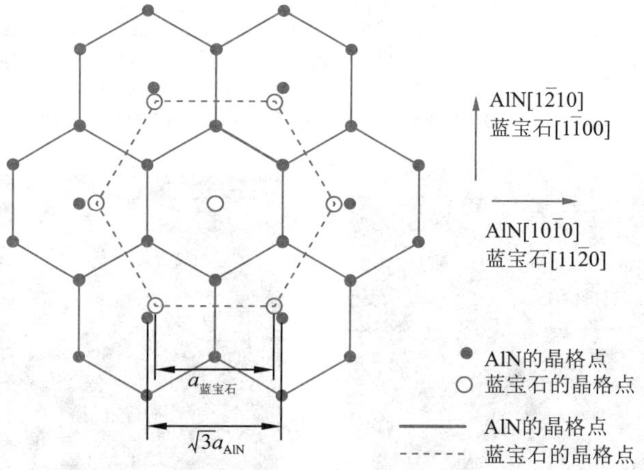

图 2-26　c 面蓝宝石衬底上的(0001)面 AlN 的晶格格点排列示意图

国内氮化物材料的 MOCVD 异质外延始于 20 世纪 90 年代。在高 Al 组分氮化物材料外延方面，目前国内有中国科学院半导体研究所、北京大学、厦门大学、南京大学、西安电子科技大学、中国科学院苏州纳米所、中国科学院物理所、中国科学院长春光机所、华中科技大学和南昌大学等诸多研究机构开展了研究工作，并在近些年取得了快速进步。其中，中国科学院半导体所作为国内最早开展氮化物 MOCVD 研究的机构之一，先后在“十一五”“十二五”期间承担国家 863 课题任务，在 AlN 模板的制备方面积累了扎实的研究基础，并取得了很大的进展。考虑到 AlN 材料的横向外延速率非常低，提出了纳米图形化外延技术，在纳米图形蓝宝石衬底上，AlN 仅生长 3 μm 就实现了合并。当 AlN 生长到 4 μm 时，其 AFM 的表面粗糙度仅为 0.15 nm，(0002)峰和(10$\bar{1}$2)峰的 XRD 摇摆曲线的半高宽为 69 弧秒和 319 弧秒，如图 2-27 所示。

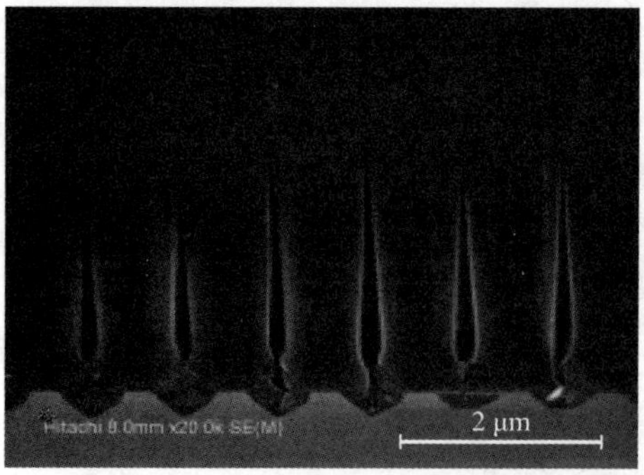

(a) 截面SEM图

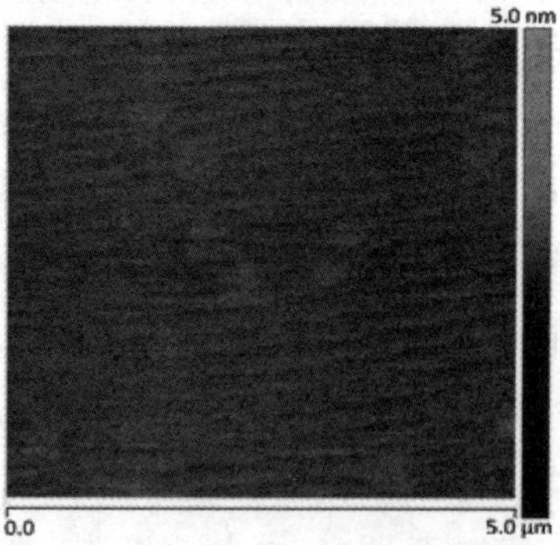

(b) AFM图

图 2-27　在纳米图形蓝宝石衬底上外延 AlN(数据由中国科学院半导体研究所提供)

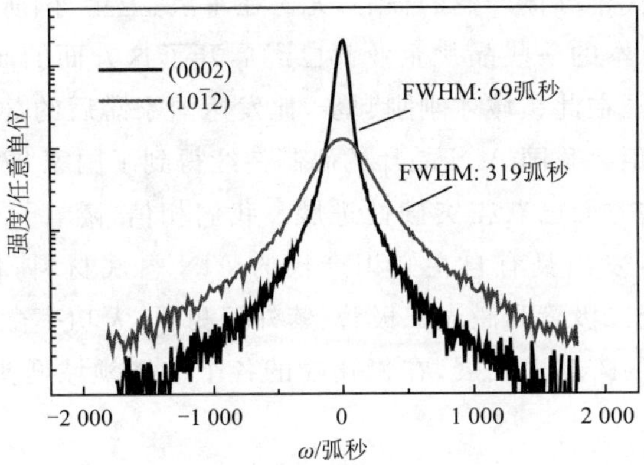

(c) XRD摇摆曲线

图 2-27　在纳米图形蓝宝石衬底上外延 AlN(数据由中国科学院半导体研究所提供)(续)

3. 展望

纵观衬底发展历程,无论是蓝宝石、SiC 还是 GaN,其发展趋势都是向大尺寸、高质量方向发展。AlN 衬底的制备也不例外,实现高质量的大尺寸衬底材料是目前各个研究机构和公司的研发目标。

综合前面所述,一些主要的材料制备技术各有其优缺点,每种生长技术都需要根据各自的特点制订研究重点。MOCVD 的生长重点在于如何在异质衬底上,在有限的 AlN 生长厚度内,提高外延膜的结晶质量。其主要的途径目前有两种:一是采用脉冲式通入 TMA 源或者 NH_3 源,可在 1 200 ℃的生长条件下,一定程度上提高 Al 原子的表面迁移能力,目前采用这种方法已经获得不超过 2 μm 厚的较高质量的 AlN 薄膜;二是超高温生长方法,主要代表是日本名城大学的 Amano 教授研究小组,他们采用生长温度可以达到 1 600 ℃的 MOCVD 反应室,克服了 Al 原子扩散距离短的问题,制备了无裂纹的、高质量的 AlN 膜。在 HVPE 生长 AlN 衬底材料过程中,应重点研究应力控制和缺陷控制技术,为了获得完整的大尺寸、低缺陷密度的 AlN 衬底,必须缓解由于晶格失配和热失配导致的弯曲,甚至开裂问题,还需要通过技术手段降低缺陷密度。目前通常采用特殊的掩模技术,通过优化掩模的材料种类、掩模的图形结构,在掩模界面处形成一系列的空隙结构,在抑制开裂问题的同时,也可通过侧向外延技术实现缺陷密度的降低。PVT 法生长 AlN 晶锭,首先需要获得高温条件下性能稳定、可长时间使用的坩埚材料,其次制备和提纯 AlN 粉末,获得高纯度原料,同时能够精确控制温场分布。

因此,如何科学合理地利用这些制备技术的优点,是实现高质量的大尺寸 AlN 衬底制备的关键。例如,首先采用 MOCVD 在异质衬底上制备具有一定厚度的低缺陷密度 AlN 模板,在此基础上利用 HVPE 法生长,进一步降低缺陷密度,获得自支撑 AlN 籽晶;再利用 PVT 法生长低位错密度的 AlN 体单晶;最后再次采用 HVPE 生长技术在 PVT 制备 AlN 衬底上同质外延 AlN,将点缺陷密度降低,进而获得高紫外透过率的 AlN 衬底材料。

AlN 晶片作为第三代半导体产业发展的一种关键材料,是深紫外光电子器件、高温高频大功率微波器件等第三代半导体产业的核心，尤其在军事、卫星、国防安全等领域具有广泛的应用前景。目前美国、日本的一些晶片企业都已经展开了这方面的研究，个别企业已经进入产业化初级阶段。而我国在此领域才刚刚起步，比发达国家滞后约 30 年，在研究成果上与国际先进水平存在较大差距。我国 AlN 晶片的研制持续得到了国家 973 项目、国家自然基金项目等的支持，目前在某些方面已获得突破性进展。我们相信，随着人们的共同努力和研究的不断深入，最终会成功开发出具有自主知识产权的 AlN 衬底材料，打破发达国家的技术垄断，提高我国深紫外发光二极管和激光二极管、紫外探测器、大功率微波器件等领域的整体研制水平，同时，实现产业的跨越式发展，在氮化物的各个应用领域迎头赶上国际前沿水平，占领产业发展制高点。

2.2.4 金属有机化学气相沉积(MOCVD)外延生长方法

2.2.4.1 MOCVD 外延生长方法简介

Ⅲ族氮化物半导体作为功能半导体材料，在电子器件、光电子器件等应用中往往只需要几微米以内的多层薄膜结构。外延生长①是实现这类多层薄膜结构最常用的方式。Ⅲ族氮化物的外延生长方法主要有 MOCVD、HVPE 和 MBE。MOCVD 是目前生长Ⅲ族氮化物最成功也是应用最广泛的一种外延生长方式。

MOCVD 是一种利用金属有机化合物作为金属输运的气相外延生长技术，因此也被称为金属有机气相外延(MOVPE)。以生长 GaN 为例，载气通过盛有液态$(CH)_3Ga$的鼓泡瓶后携带其蒸气进入反应腔，同时在反应腔中通入 NH_3，在高温环境下发生一系列反应，最终在衬底上生成 GaN 外延层(见图 2-28)。忽略中间反应，该过程可描述为

$$Ca(CH_3)_3(g)+NH_3(g)\rightarrow CaN(s)+3CH_4(g) \tag{2-9}$$

实际的反应过程较为复杂，金属有机源(MO 源)及氢化物首先要经过气相反应及热分解后得到中间产物，中间产物扩散至衬底表面并被吸附，经过表面扩散及进一步的反应最终并入晶格[38]。

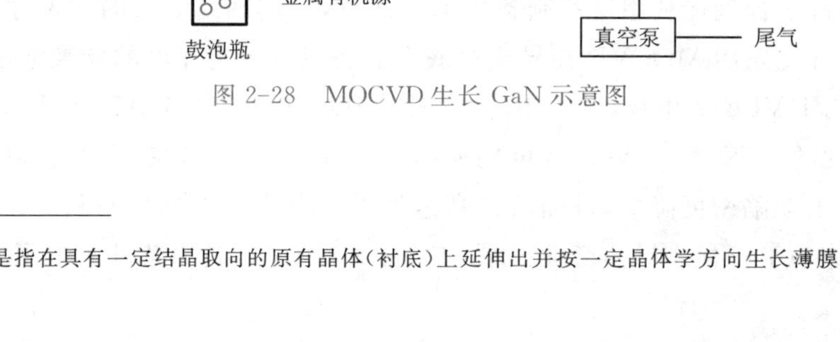

图 2-28 MOCVD 生长 GaN 示意图

① 外延生长是指在具有一定结晶取向的原有晶体(衬底)上延伸出并按一定晶体学方向生长薄膜的方法。

腔目前最大容量已经达到一次生长 69 片 2 英寸的外延片。

2. 高速转盘式反应腔

Veeco 公司的 MOCVD 的反应腔采用了高速转盘式设计，如图 2-29(b)所示。这也是一种垂直流反应腔，原材料由顶部的喷口注入反应腔，与紧耦合喷淋式反应腔不同的是，该反应腔的基座离顶棚较远，因此需要利用基座的高速旋转(500～1 500 r/min)产生的泵效应来抑制热对流产生的涡流。但如果基座转速过快，就会在反应腔侧壁形成压力梯度，造成靠近侧壁的转盘上方出现环形涡流。因此，基座转速是这类反应腔的重要生长参数。此外，总气流和反应腔压力对均匀性也有重要影响。该类型的 MOCVD 通过更换整个托盘的方法来更换衬底，这样可以减少装卸衬底的时间，提高设备的利用率。

3. 行星式反应腔(planetary reactor)

图 2-29(c)为 Aixtron 公司的行星式反应腔的示意图，该反应腔采用的是水平流设计，即气流的方向与衬底平行，沿水平方向。Ⅲ族源和 V 族源分别沿不同的管道进入反应腔，然后沿水平方向流动到达衬底。为了保证片与片之间的均匀性及同一外延片不同位置的均匀性，基座以一定速率沿中心轴旋转，而卫星转盘也会沿着自身的中心旋转。基座和卫星转盘通过下方的高频感应线圈进行加热。反应腔的顶棚及侧壁通过冷却水进行降温，顶棚和基座的间距很小，抑制了热对流产生的漩涡。顶棚位置配置可更换的石英或石墨，其上为水冷不锈钢外壳。采用石墨顶棚能够降低顶棚温度，降低寄生反应，并能改善径向温度分布及省去预沉积步骤。该类型的反应腔目前最大容量为一次生长 56 片 2 英寸的外延片。

MOCVD 生长过程需要对各项生长参数(温度、气压等)及外延层的生长情况(如生长模式、厚度、应力状态等)进行实时监控，以研究生长参数对生长的影响，优化生长工艺。因此 MOCVD 系统带有多种原位检测装置，如反射率计、高温计、翘曲曲率计等光学检测装置。

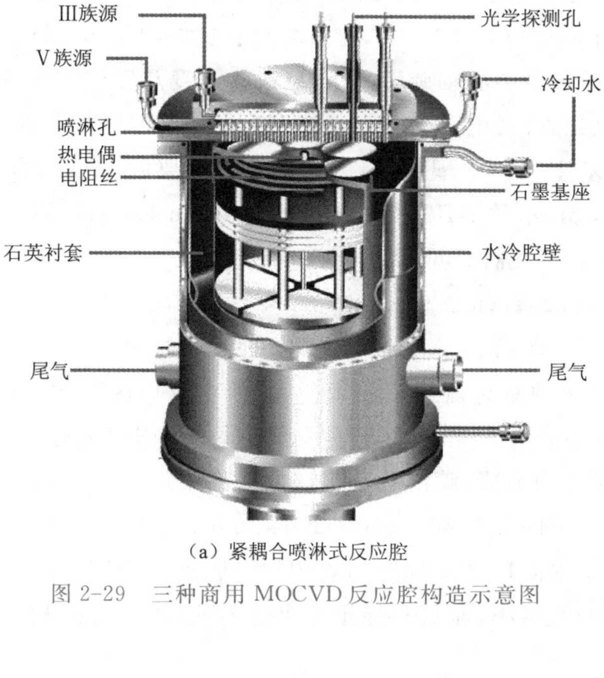

(a) 紧耦合喷淋式反应腔

图 2-29　三种商用 MOCVD 反应腔构造示意图

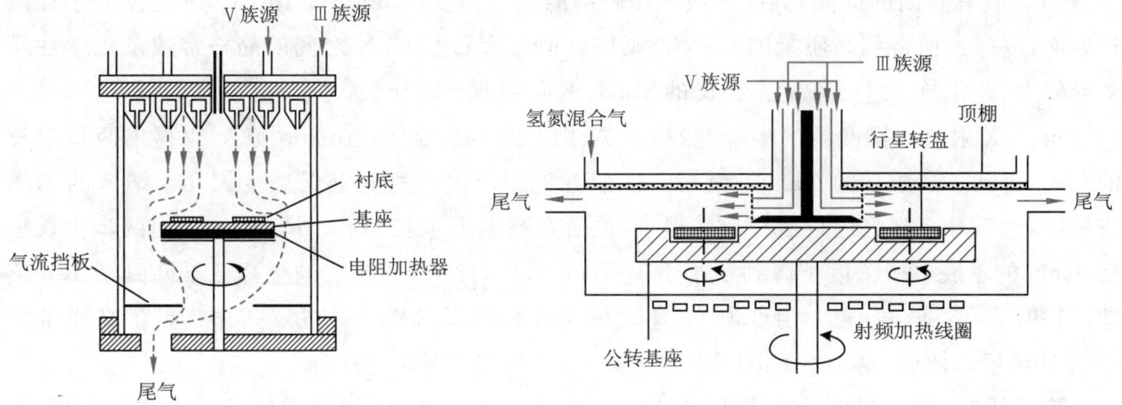

（b）高速转盘式反应腔　　（c）行星式反应腔

图 2-29　三种商用 MOCVD 反应腔构造示意图（续）

2.2.4.2　GaN 薄膜和低维量子结构的 MOCVD 外延生长

Ⅲ族氮化物与第二代半导体生长的最大不同之处在于异质外延。GaN 体材料的制备困难，导致 GaN 同质衬底价格极其昂贵、尺寸很小，因此目前Ⅲ族氮化物材料及相关器件结构主要是在异质衬底上外延生长获得。由于 GaN 与异质衬底之间化学性质、晶格常数、热膨胀系数的差异，异质外延往往会导致外延层存在成核困难、缺陷密度极大及残余应力等问题。因此 GaN 的外延生长需要根据不同的衬底选取适当的成核层以及引入缺陷及应力的调控方法。GaN 异质外延的衬底主要有蓝宝石、SiC 和 Si，这些衬底各有优缺点，蓝宝石衬底价格适中、热稳定性好，目前以蓝宝石衬底的 GaN 外延最为常见，市场上多数商品化的 InGaN LED 芯片是在蓝宝石衬底上实现的。Ⅲ族氮化物以及衬底的材料特性见表 2-3。

表 2-3　Ⅲ族氮化物以及衬底的材料特性

材料		晶格常数/Å	晶格失配	α/($10^{-6}K^{-1}$)	热导率/[W/(cm·K)]	导电性	尺寸/英寸	衬底价格
Ⅲ族氮化物	AlN	a=3.112 c=4.982	2.48%	4.2	2.0	半导体	—	—
	InN	a=3.548 c=5.7034	−10.1%	5.7	0.8	半导体	—	—
	GaN	a=3.1891 c=5.1855	0	5.59	1.3	半导体	2	极其昂贵
衬底	Al_2O_3	a=4.765 c=12.982	13.9%	7.5	0.3	绝缘体	2～6	适中
	6H-SiC	a=3.081 c=15.117	3.51%	4.2	4.9	半导体	2～6	昂贵
	Si	a=5.431	−17%	3.59	1.3	半导体	2～8	便宜

注：1 Å=10^{-10} m。晶格失配=(a_{GaN}−$a_{eff.sub}$)/a_{sub}。Si (111)衬底的有效晶格常数 $a_{eff.sub}$=5.431 Å/$\sqrt{2}$=3.840 Å，Al_2O_3 衬底 GaN 在(0001)晶面内旋转了 30°，$a_{eff.sub}$=4.765 Å/$\sqrt{3}$。α 为晶体在 a 方向上的线热膨胀系数。

GaN 具有较高的键能，因此一般采用较高的生长温度(1 000～1 100 ℃)才能使原子在生长表面迁移，进而得到高质量的 GaN 外延层。但蓝宝石与 GaN 之间的晶格常数及化学性质差异较大，蓝宝石上直接高温生长的 GaN 表面粗糙、易开裂，本底电子浓度高达 10^{19}～10^{20} cm^{-3}，X 射线摇摆曲线的半峰宽在 10 英寸以上。1986 年，Amano 等人[46]提出两步生长的工艺，得到了高质量的 GaN 外延层。他们首先在蓝宝石衬底上低温生长几十纳米的 AlN 成核层，然后升至高温进行成核层热退火，最后在高温下生长 GaN 外延层。采用两步生长法后，GaN 的本底电子浓度下降到了小于 10^{17} cm^{-3}，X 射线摇摆曲线的半峰宽下降到了 1.9 英寸。1991 年，Nakamura[41]用低温 GaN 成核层代替低温 AlN 成核层，同样获得了高质量的 GaN 外延层。此后，这种“两步生长法”生长 GaN 的工艺被广泛采用。

除了低温 GaN、AlN 成核层外，GaAlN 等成核层、InN 成核层、AlGaN/GaN 多层成核层、双低温成核层等也得到报道。采用优化后的两步生长法后，GaN 的位错密度为 10^8～10^9 cm^{-2}。侧向外延生长(ELOG)、SiN_x插入层、图形化衬底(PSS)等技术可以进一步降低位错密度。利用侧向外延生长的方法可以降低 GaN 外延层的位错密度为 10^6～10^7 cm^{-2}。随着 MOCVD 生长工艺的改进，GaN 材料的质量及器件的性能不断提高，实验中效率接近 250 lm/W 的白光 LED 得到了实现，远大于白炽灯、荧光灯等传统光源的光效。随着产品商业化的推进，以 LED 为背光源的显示器及电子产品已经走进了千家万户，成为了人们生活中不可缺少的一部分。

2.2.4.3 GaN 薄膜和低维量子结构的 n 型与 p 型掺杂

GaN 的 n 型掺杂较容易实现，掺杂元素主要是 Si 和 Ge，MOCVD 生长中分别用 SiH_4、GeH_4作为掺杂剂。Si 和 Ge 在晶格中替代 Ga 位，形成浅能级施主。Si 施主在 GaN 中的激活能为 12～17 MeV[42]，因此室温下施主能够全部被激活。在溶解度范围内，n-GaN 的电子浓度与 SiH_4或 GeH_4的流量成正比，电子浓度最高可达到 1×10^{19}～2×10^{19} cm^{-3}。Ge 的掺杂效率较低，并且掺 Ge 使得 GaN 的表面形貌变差，而掺 Si 的 GaN 在高的掺杂浓度下仍为光滑的镜面。因此，目前主要使用 Si 作为 n 型 GaN 的掺杂元素。掺 Si 后会增加 GaN 中的位错密度，但也有相反的结果报道。Si 掺杂会引入额外的张应力，在 Si 的掺杂浓度为 10^{18} cm^{-3}时，张应力达到 0.18 GPa[43]，高掺杂下甚至会引起外延层的龟裂。该应力是由于 Si 原子占据位错中心导致位错发生倾斜造成的，周期性 δ 掺杂的方法可以减少 Si 掺杂引入的张应力。

由于缺乏低离化能的掺杂元素，p 型掺杂一直是 GaN 材料中的难点问题，曾长期阻碍Ⅲ族氮化物的发展。Mg 是目前最为有效的实现 p 型 GaN 的受主元素。由于 Mg—H 键的钝化作用，未经过激活处理的 Mg 掺杂 GaN 呈现高阻态。1989 年，Amano 等人发现 Mg 掺杂 GaN 样品经过低能电子束辐射(LEEBI)照射后，电阻明显降低，空穴浓度和载流子迁移率也达到了 2×10^{16} cm^{-3}和 8 $cm^2/(V\cdot s)$。1992 年，Nakamura 等人用 700 ℃高温热退火的方法处理掺 Mg 的 GaN，实现了 3×10^{17} cm^{-3}的空穴浓度和 10 $cm^2/(V\cdot s)$的载流子迁移率。LEEBI 方法和热退火方法打断了 Mg—H 键，因此，实现了 Mg 原子的激活，高温热退火也成为激活p-GaN 的标准工艺过程。

Mg 杂质的离化能很高，为 112～215 meV[44]，并且存在自补偿效应。过高的离化能导致需要很高的 Mg 掺杂浓度（10^{19} cm^{-3}），但高掺杂下 Mg 与氮空位结合形成深能级施主 Mg_{Ga}—V_N，深能级施主与受主互相补偿反而会降低空穴浓度。因此，目前 p-GaN 的电学性能还较差，一般空穴浓度仅为 10^{17}～10^{18} cm^{-3}，迁移率也较低。MOCVD 生长掺 Mg 的 GaN 时一般选用 Cp_2Mg 作为掺杂剂。通过优化 Cp_2Mg/TMGa 比值、反应室压力、V/Ⅲ、退火温度等条件可以提高 p-GaN 的空穴浓度。Mg-δ 掺杂以及与 Zn、O 元素共掺等方法也可以改善 p-GaN 的电学性能。此外 Mg 易附着在反应腔的侧壁上，因此存在所谓记忆效应，导致掺 Mg 的 GaN 出现软启动和拖尾现象。总的来说，目前 p-GaN 的电学性能还需要进一步的提高。

2.2.5　分子束外延（MBE）生长方法

MBE 是一种在晶体衬底上生长高质量晶体薄膜（尤其是单晶薄膜）的外延生长方法。外延一般是在高真空或超高真空（10^{-8} Pa）的环境下，通过加热装有各种所需原材料的源炉而产生蒸气，蒸气通过炉口的小孔准直后形成的分子或原子束流直接喷射到加热到一定温度的晶体衬底上，控制不同的分子或原子在衬底上交替生长，可以使其按晶体的结构排列一层层、周期地“外延”，从而形成薄膜。由于生长腔体压强极低，分子的平均自由程很大，分子间没有相互作用而直接到达衬底，因而称为“分子束”。例如，在大气环境（1 个标准大气压）时，空气分子的平均自由程约为 6.4×10^{-6} cm，即平均每个分子运动 6.4×10^{-6} cm 就会与其他分子发生碰撞；而在分子束外延通常的生长压强（氮化物半导体生长约为 1.33×10^{-4} Pa（10^{-6} Torr）时，其自由程约为 49 m，远大于生长腔室的尺寸，因此可以自由无碰撞地到达生长表面。

分子束外延的生长一般可以简单地分为四个步骤：

(1)来自气相的分子或原子运动到衬底表面并被吸附在表面；

(2)被吸附的分子或原子在衬底表面发生分解和迁移等运动；

(3)原子进入外延层的晶格位置后实现外延生长；

(4)未进入晶格的物质因热脱附而再次蒸发并离开表面。

分子束外延是在 20 世纪 50 年代 Gunther 发明的真空沉积Ⅲ～Ⅴ族化合物所采用的三温度法，以及 Arthur 等对 Ga、As 原子与 GaAs 表面相互作用的反应动力学的研究基础上，由美国贝尔实验室的卓以和等人在 20 世纪 60 年代末开创，它是一种可以在原子级别的尺度上精确控制外延薄膜的生长厚度、掺杂和表面平整度的超薄层薄膜制备技术，卓以和因为在 MBE 领域开创性的工作，所以被称为“分子束外延之父”[45]。

最初，MBE 是用于生长 GaAs 和 AlGaAs 等Ⅲ～Ⅴ族化合物半导体薄膜，此后逐步扩展到Ⅱ～Ⅵ族、Ⅳ族、Ⅲ～Ⅴ族，以及第三代半导体薄膜、金属薄膜、超导薄膜、介质薄膜的生长，目前已经成为一种先进的普遍适用的薄膜外延生长技术。由于 MBE 具有精确控制薄膜厚度和界面的优势，常用来生长超薄层材料和结构。采用分子束外延技术制备的半导体超晶格与量子阱材料是近几十年来半导体物理学和材料与器件科学中的一项重大突破。分子束外延技术在微波器件、光电子器件、超大规模集成电路、光通信和制备超晶格结构、新材料及纳米材料等领域具有广泛的应用。

分子束外延具有以下几个特点：

(1)可宽范围调控的生长速率。通常的 MBE 的生长速率一般不超过 1 μm/h,相当于每秒或者更长的时间只生长一个单原子层,因而非常有利于实现厚度、结构与成分的精确控制,容易形成陡峭界面的异质结构和量子结构等。目前,手机上使用的 GaAs 基功率放大器的芯片多是由 MBE 生长的。MBE 的初期实际上是一种原子级别的加工技术,因而特别适用于生长超薄层和超晶格结构等。随着技术的迅速发展,以及第三代半导体的发展需求,目前的 MBE 可实现 4 μm/h 的生长速率。

(2)外延生长温度较低。这有利于降低在界面上因为不同的热膨胀系数而引入的晶格失配效应,以及衬底中杂质对外延薄膜的自扩散掺杂带来的影响。

(3)整个生长过程在超高真空环境下进行。衬底表面经过一系列的前期处理后可以视为完全清洁的表面,在外延过程中可以避免环境杂质的影响,因而能够生长出高纯度的外延薄膜。同时,在 MBE 的超高真空环境中一般配备有实时监控设备,用来检测材料表面的结构、成分和真空中残余气体,有利于对材料生长过程进行实时监控。

(4)MBE 生长过程是一个动力学过程。普遍认为入射到衬底上的中性粒子(原子或分子)是一个一个地堆积在衬底表面上从而进行生长的,而没有一个热力学过程,所以它可以生长一些采用普通热平衡生长方法生长困难的薄膜。

(5)MBE 是在超高真空中进行的物理沉积过程。因而不需要考虑原材料在生长过程中的化学反应,并且不受质量传输的影响;而且可以利用快门对束流进行瞬时控制。因此,外延薄膜的组分和掺杂可以瞬时变化和调整。

常见的氮化物分子束外延系统基本结构图如图 2-30 所示,一般包括真空系统、实时监控设备、控制系统与其他配套设施。真空系统包括真空泵和各种阀门,根据系统的需求,配备机械泵、分子泵、离子泵和冷凝泵等。机械泵是指应用机械的方法周期性地改变泵内吸气空腔的容积,使被抽容器中气体不断膨胀从而被抽走的泵,一般工作在大气压强至 1.33 Pa(10^{-2} Torr)的真空范围;分子泵是利用高速旋转的叶片把动量传递给气体分子,使之获得定向速度后被压缩、驱赶到排气口,然后用前级泵将气体抽走的一种真空泵,分子泵依不同的规格一般在 13.3～1.33×10^{-7} Pa(10^{-1}～10^{-9} Torr)及以上真空度的范围工作;离子泵采用场发射电子与气体分子碰撞产生正离子与二次电子,在电磁场的作用下发生雪崩效应,正离子打入阴极内部或从阴极得到电子后反射回阳极被掩埋,一般工作在 1.33×10^{-4}(10^{-6} Torr)以上;冷凝泵是指通过压缩机循环压缩氦气使得内壁达到极低温度,从而通过内壁冷凝气体分子以提高系统的真空度,由于冷凝泵具有抽速大、无油、极清洁、抽气无选择性和极限真空度高等优点,若使用

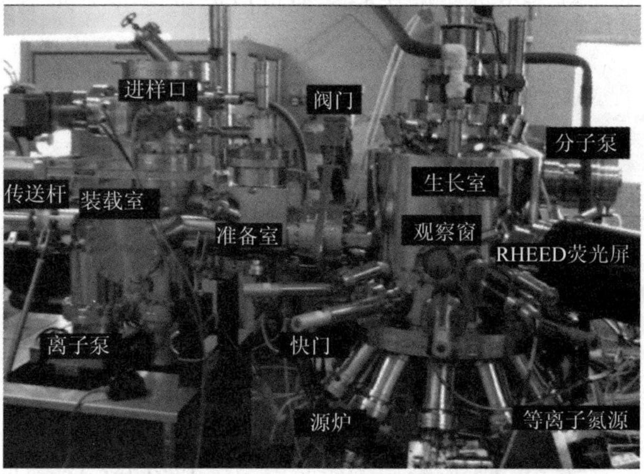

图 2-30　常见的氮化物分子束外延系统基本结构图

冷凝泵辅助抽吸真空,能够更加有效地保持和提高材料生长的真空环境。

MBE实时监测设备指在MBE外延生长过程中实时反映样品生长情况的检测设备,包括高能电子衍射仪、原位光学反射谱、束流监测器、同轴碰撞电子散射仪等[46]。其中,最为常用的是高能电子衍射仪(RHEED)。RHEED是指采用高能电子掠入射外延薄膜,掠入射的电子与样品表面数层原子相互作用,最后,电子经接收成像于荧光屏的一种装置。原位光学反射谱是利用一定波长的激光入射样品的表面,经材料的上表面与下表面干涉,测量干涉强度的变化从而探测样品的生长速率的装置。束流监测器(beam flux monitor)是利用等效压强的方法测量原子或分子束流大小的装置,它能够对不同温度下的束流大小进行探测,从而测算原子或分子束流。

依据具体情况的不同,MBE系统的配套设施不尽相同,主要分为进样口、准备室和生长室。进样室的功能是用来实现与外界传递样品,这是因为MBE生长需要超高真空环境,生长室不能与外界连通。进样室一般较小,利用抽速较快的分子泵可以在传递样品后迅速将进样室抽到较好的真空度[约 1.33×10^{-6} Pa(10^{-8} Torr)],这样可以尽量保证生长室不被外界影响。预处理室位于进样室与生长室之间,主要作用是对样品进行生长的前期处理和存放。其主要部件包括样品存储架、样品传递装置和预热台等。样品存储架是为了同时存放多个样品,这样可以尽量减少预处理室与进样室之间的连通次数。样品传送装置主要是用来在进样室、预处理室和生长室之间传送样品。预处理加热台可以在生长之前将样品加热到300~700℃进行热清洗,以便最大限度去除样品表面吸附的杂质,不仅可以提高外延薄膜的质量,还能避免样品进入到生长室后造成污染。预处理室通常用一台离子泵保持高真空状态,并用超高真空阀门与进样室和生长室隔离,这样有利于保证生长室的清洁。生长室是MBE系统的核心部分,它包含了源炉和相应的快门组件、样品控制台、冷却系统、原位监测仪器和真空泵等。源炉是用来存放原材料并产生分子或原子束的,可以通过控制源炉的温度以达到控制束流大小的目的。另外,可以利用源炉出口处的快门组件来精确控制材料的生长顺序,这也是分子束外延的一大特点。对于氮化物和氧化物等第三代半导体,MBE系统中一般是利用射频(radio frequency)等离子体源来得到氮、氧等原子,其工作原理是使用13.56 MHz的射频等离子体(plasma)在高温放电腔中裂解氮、氧气分子,得到氮、氧原子和离子,然后利用偏转电压将氮离子过滤得到氮原子束。通过控制通入气体的流量和提供给射频发生器的能量大小,可以控制活性原子产生的数量。样品控制台除了可以控制生长过程中衬底的温度以外,还可以通过上下的升降,调节衬底的高度。此外,样品控制台可以实现样品在生长过程中连续旋转,从而保证外延薄膜厚度、组分和掺杂浓度等的均匀性和可重复性。冷却系统包括水冷和液氮系统,能够及时带走衬底处和源炉的热量,保证生长室高真空状态,确保系统的安全运行。

MBE在第三代半导体研发中得到了广泛的应用[47]。目前国际上有100多台MBE设备在进行氮化物和氧化物半导体的外延。和MOCVD相比,MBE虽然同样有近50片机等适合于生产的机型,但是因为在蓝宝石衬底上外延的GaN材料的晶体质量不如MOCVD而局限了其应用;而MBE在生长界面控制上的优势使得其在电子器件晶片上具有一定的用武之地。当然,随着GaN体单晶材料的迅猛发展和价格的进一步降低,MBE在同质外延和低生长温度等方面的优势将得到体现。

2.2.6 氮化铟(InN)和铟镓氮(InGaN)外延生长

2.2.6.1 InGaN材料特性、用途及意义

InGaN材料是氮化物体系材料中非常重要的一个三元合金材料，由于其禁带宽度从0.63 eV(InN)到3.4 eV(GaN)连续可调，只要改变InGaN三元合金中In与Ga的比例，便可获得0.63～3.4 eV范围内各种不同的禁带宽度，几乎覆盖了整个太阳光谱，如图2-31所示。目前还没有其他单一材料体系能够拥有相同的宽光谱特性。InGaN是直接带隙半导体材料，具有较高的吸收系数，其带边吸收系数可以高达$10^5 cm^{-1}$，比GaAs和Si材料分别高了一个和两个数量级，高的吸收系数使得InGaN吸收层可以在几百纳米的厚度内吸收大部分的入射光，这样可以大大减少原材料，降低成本。另外，与同族的GaN、AlN相比，InN具有最小的有效电子质量，最高的载流子迁移率和最高饱和漂移速度，适合于制作高速电子器件。除此之外，InGaN还具有良好的抗辐照性能、击穿电压高、化学性质稳定等特点，是一种优异的光电转换材料。

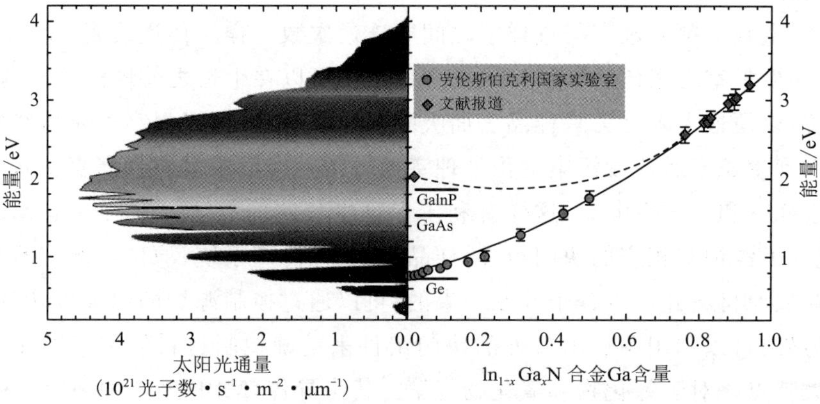

图2-31 InGaN材料禁带宽度与太阳光谱的对应关系

1. 光电子器件方面的应用

目前InGaN材料最大的用途是制作可见光的发光器件和太阳能电池。基于InGaN材料为发光区的LED及LD可以应用于红绿蓝(RGB)多芯片白光照明、大屏幕全色显示、多功能打印、微投影，以及背光源的高端产品等领域，比起采用蓝光LED激发荧光粉这一技术路线，有效地避免了荧光粉转化的损失，可以获得更高的光效，包括绿色光谱在内的多色光谱可以实现优越的显色性(CRI达到95)。通过调节各色芯片的发光强度，使混合白光的色温可调，不仅可以获得高效率的冷白光，还可以获得高效率的暖白光，而当前采用荧光粉转换技术，暖白光的光效(111 lm/W)要远低于冷白光(144 lm/W)。InGaN体系激光器的一个非常重要的应用领域是激光显示，包括激光电视和激光投影。根据色度学的基本原理，激光显示能够显示人眼所能识别颜色的90%以上，相比其他显示技术，激光显示具有更高的色彩饱和度。

InGaN 基蓝光激光器可以用在激光照明等方面，与发光二极管不同，激光是由载流子发生受激辐射产生的，光谱半高宽较小，亮度很高，单颗激光器输出功率可达瓦级，比 LED 高两个数量级，因此激光器可以以一当十用在传统的白光照明中。宝马公司曾在 2011 年发布的 i8 概念车上首次向世界展出了激光照明系统的魅力，并且宣布会将这一技术全面普及到量产车上。

基于 InGaN 的太阳能电池带隙连续可调，特别适合于制作多结叠层太阳能电池，其理论转换效率可达 70%，远远超过其他材料体系。同时 InGaN 材料的抗辐射能力远强于目前常用的 Si、GaAs 等太阳能电池材料。研究发现，InGaN 材料在经过 10^{14} MeV/g 的高能质子轰击后，其 PL(光致发光)强度和电子浓度均未发生明显变化，更适合应用于强辐射的空间环境中，适合制备太空太阳能电池，可以有效提高光伏电池的使用寿命。

2. 微电子器件的应用

InGaN 材料除了在光电器件方面的应用，在电子器件方面也有很重要的应用。InGaN 材料的高击穿电压、高电子迁移率的优点在 HEMT、异质结双极型晶体管(heterojunction bipolar transistor，HBT)等电力电子器件方面也有重要的应用。在制作 HEMT 器件中，InGaN 可以代替 GaN 作为沟道材料使用或者插入到 GaN 沟道层之前形成 InGaN 背势垒结构。由于 InGaN 材料具有更小的禁带宽度和与 AlGaN 相反的压电极化方向，因此，可以提高二维电子气的限域性，减小器件的关态泄露电流，改善器件的夹断特性。

在制作 HBT 器件时，由于 InGaN 的禁带宽度小，掺入 Mg 后所形成空穴需要的激活能更小，因此可以利用这个性质，用 p-InGaN 材料来当作基区，减小材料的电阻，增加自由载流子的数量，从而提高器件的性能。

2.2.6.2　国内外 InGaN 材料外延研发情况

1. 产业情况简述

InGaN 薄膜材料作为近紫外光、紫光、蓝光、绿光等光电子器件的主要组成部分，在近紫外光、紫光、蓝光、绿光 LED 和 LD 等行业已经得到了广泛的应用。在产业方面，以 InGaN 为核心材料的 LED 行业作为具有万亿市场规模的新兴行业，在国内经过近十几年的产业及技术积淀，这两年已经得到了井喷式的增长。各 LED 芯片厂商已经开始出现供不应求的局面，晶元光电、三安光电、华灿光电、乾照光电等产业巨头通过产业整合、增资扩产等途径进一步加速 LED 行业的产业布局，为即将到来的 LED 通用照明时代做技术及产能储备。而作为 LD、LED 有源区的核心组成部分，InGaN 材料的生长时间、所消耗的成本都是外延片最大的组成部分，其晶体质量也直接决定了器件的性能。

2. InGaN 材料研发历程

早在 1972 年，K. Osamura 等人就报道了全 In 组分 InGaN 合金材料的生长研究，但限于当时的生长技术和衬底材料，得到的材料质量非常差，基本上是多晶材料。1989 年，Nagatomo 等人通过 MOCVD 方法获得了 InGaN 单晶，随后在世界范围内各个研究小组都投入了相当的研究精力[48]。2002 年，俄罗斯约飞研究所和美国劳伦斯国家实验室几乎同时发现室温下 InN 的禁带宽度约为 0.7 eV，引起了人们对全组分 InGaN 研究的关注。2004 年国际上已经开始全组分 InGaN 材料的外延和 p 型掺杂研究工作，但是进展不大，直到 2009 年才实现了 In 组分为 35%的 p 型 InGaN。目前国内在该领域的主要研究单位有北京大学、中国科学院半导体研究所、南京大学和厦门大学等。2003 年，中国科学院半导体研究所生长出 InN 薄膜并验证其禁带宽度约为 0.7 eV；2006 年，生长出 In 组分为 63%的 InGaN 材料；2008 年，北京大学在蓝宝石衬底上实现了高质量 InN 薄膜，其室温电子迁移率超过 3 000 $cm^2/(V \cdot s)$；2010 年，北京大学实现了 InN 的 p 型掺杂。在 InGaN 基光伏电池研制上，2010 年，中国科学院半导体研究所实现了低铟组分 InGaN 材料的 p 型掺杂，并研制出 InGaN 基光伏电池原型器件；2011 年，北京大学实现了 InGaN 全组分外延生长并制作出 InGaN 基光伏电池原型器件。但是，目前高 In 组分 InGaN 的材料质量还有很大的差距，这也直接影响了器件性能，因此，如何实现高性能的 InGaN 材料是 InGaN 体系光电子器件发展的关键。

3. InN 的外延生长及其 p 型掺杂

在 AlN、GaN、InN 这三种氮化物半导体中，InN 的外延最为困难。其困难之处主要体现在以下两个方面：一方面，外延 InN 薄膜缺少合适的衬底材料，InN 与常用衬底晶格失配很大，特别是与最常用的蓝宝石衬底和 GaN 模板的晶格失配分别为 25%和 10%，这使得外延 InN 薄膜的晶体质量较差；另一方面，InN 的氮气平衡压强较高，InN 分解温度较低，630 ℃时即分解，所以利用 MOCVD 生长 InN 是极为困难的，主要是因为在 InN 的分解温度下，NH_3 裂解的概率非常低，因此生长需要极大的Ⅴ/Ⅲ比，这也是目前利用 MBE 生长的 InN 的晶体质量和电学参数远远优于 MOCVD 生长的原因所在[49]。

纤锌矿结构的Ⅲ族氮化物半导体沿 c 轴呈现不同的极性，沿 $+c$ 方向是 In(Ga、Al)极性，$-c$ 方向是 N 极性。极性对Ⅲ族氮化物半导体的生长行为和光学、电学性质都有很大的影响。通常，金属极性的 GaN、AlN 能够以台阶流模式生长，并能获得原子级平整的表面形貌；然而，N 极性的 GaN、AlN 外延膜表面形貌则相对粗糙。与 GaN、AlN 相似，InN 的生长行为、性质和极性也有很强的关联。不同极性 InN 的最高生长温度有较大的差异，在高真空情况下，In 极性的最高生长温度约为 500 ℃，In 极性的最高生长温度约为 600 ℃。两种晶格极性下的生长温度都很低，这给 InN 的外延生长带来很大的困难，因此，保持高生长温度无疑对晶体质量的提升是有益处的。王新强等人提出了 MBE 边界温度控制外延法，利用最高温度边界生长出高质量的 InN 薄膜。5 μm 厚的样品在室温下电子迁移率达到 3 010 $cm^2/(V \cdot s)$，同时直接测试的背景电子浓度为 $1.77 \times 10^{17}\ cm^{-3}$。其室温下探测到较强的近带边发光峰，如图 2-32 所示，发光峰位在 0.64 eV。

与 GaN、AlN 类似，InN 的 p 型掺杂也多采用 Mg 作为掺杂剂，实验发现，掺 Mg 对 InN 性质的影响与晶格极性的相关性不大。但是，In 极性 InN:Mg 薄膜（Mg 掺杂 InN 薄膜）随着 Mg 的掺杂会出现晶格极性反转现象。在图 2-33 所给出的样品结构中，当 Mg 掺杂浓度达到 $2.9 \times 10^{19}\ cm^{-3}$时，即第三个 InN:Mg 层，界面处出现 V 形区域。会聚电子束衍射测试表明，在这些 V 形区域中，InN 的极性由 In 极性反转为 N 极性。进一步研究表明，当 Mg 的掺杂浓度大于 $10^{19}\ cm^{-3}$时，In 极性 InN 反转为 N 极性，在 GaN:Mg 中其实也可观察到类似现象。

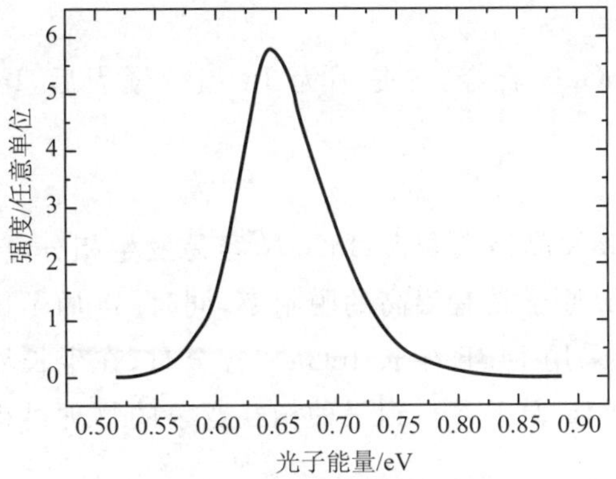

图 2-32　InN 薄膜室温下的 PL 谱

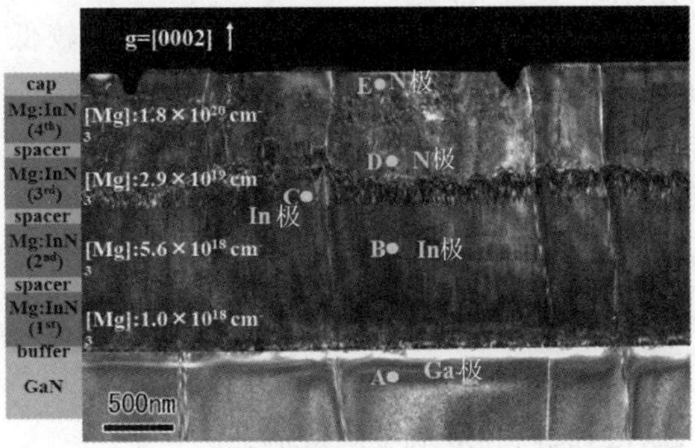

图 2-33　多层 InN:Mg 薄膜的截面 TEM 暗场像

Mg 掺杂对 InN 薄膜的表面形貌有一定的影响。当 Mg 掺杂浓度低于 10^{19} cm^{-3}时，表面很平整。然而，当 Mg 掺杂浓度高于 10^{19} cm^{-3}时，随着 Mg 掺杂浓度的增大，表面粗糙度逐渐变大，InN 薄膜的晶体质量也受 Mg 掺杂浓度的影响。当 Mg 掺杂浓度低于 10^{19} cm^{-3}时，随着掺杂浓度的提高，晶体质量逐渐提高；当 Mg 掺杂浓度高于 10^{19} cm^{-3}时，晶体质量开始退化。低温下(16K)InN:Mg 的 PL 谱研究表明，当 Mg 掺杂浓度为 10^{18} cm^{-3}时，PL 谱的强度相比于非故意掺杂的 InN 低了四个数量级，随着掺杂浓度的上升强度继续降低，Mg 掺杂浓度达到 3.9×10^{21} cm^{-3}时，几乎没有发光峰。在轻掺杂(Mg 的掺杂浓度约为 1.3×10^{17} cm^{-3})时，InN:Mg 薄膜中出现了 0.67 eV 和 0.61 eV 两个发光峰。两个发光峰随光激发功率的变化关系研究表明，0.67 eV 发光来源于带间跃迁，而 0.61 eV 发光是自由能级向受主能级跃迁造成的。由此可估算出受主态 Mg 的激活能约为 61 meV，这与通过类氢模型预测的激活能为 47～66 meV 一致。

由于 InN 表面电子积累层的存在，以及费米稳定能在导带底上方的钉扎，使得 p 型 InN 电导的实现和确认都存在很大困难。对 Mg 掺杂 InN 材料进行的 Hall 效应测量通常都表现为 n 型特性。目前，国际上证实 InN 实现 p 型掺杂的主要方法有电化学电容电压(ECV)测量以及热电势的方法。图 2-34 是利用 ECV 方法测试的 Mg 掺杂 InN 的电导区间图。如图 2-34所示，不论是 In 极性还是 N 极性 InN 材料，在 Mg 的原子浓度为 $10^{18}\sim3\times10^{19}$ cm^{-3}区间，InN 为 p 型，继续增加 Mg 的原子浓度，导致过掺杂，样品又转变为 n 型。

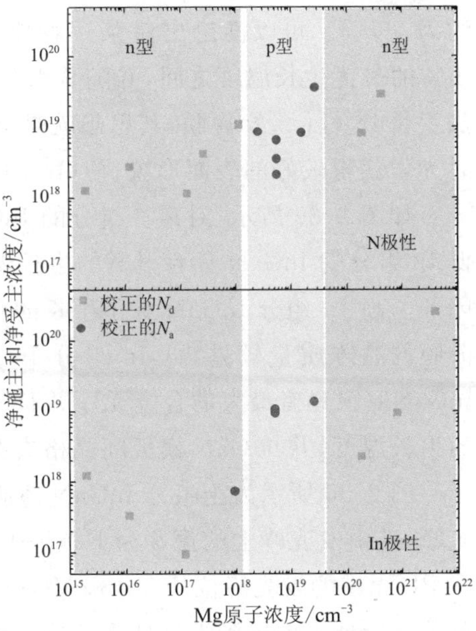

图 2-34　利用 EVC 方法测试的 Mg 掺杂 InN 的电导区间图

2.2.6.3 全 In 组分 InGaN 的分子束外延生长

目前研究比较成熟的主要是 In 组分较低的 InGaN 合金，这是因为 In 组分增大后，InGaN 材料难以生长。其中主要有两方面的原因：

(1)InN 薄膜易于分解。

(2)In 与 Ga 原子半径差异较大，导致 InN 与 GaN 晶格失配大，InGaN 容易发生相分离。由于 In—N 键较弱，这就导致了在生长 InGaN 时，In 原子具有很高的脱附率，同时 Ga 原子比较容易取代 In 原子从而形成低 In 组分的 InGaN。采用 MBE 生长 InGaN 合金时，在生长界面上 In 原子吸附和脱附是相互竞争的过程，提供的 In 原子参与到三种相互竞争的物理过程中：成键、脱附和形成金属液滴。

对于 MOCVD 生长 InGaN 合金，低温下不利于 NH_3 热分解，因而 MOCVD 不适合生长高 In 组分 $In_xGa_{1-x}N$ 合金。相比之下，等离子辅助 MBE 生长 InGaN 时直接提供 N 原子，因而降低生长温度不会像 MOCVD 中那样导致有效氮源减少。但 MBE 中低温生长 InGaN 合金也存在严重的问题：首先，低温下表面吸附的 In 原子形成 In 液滴后，会大量俘获 In 原子，成为 In 原子陷阱，从而影响了 In 原子进入晶格的位置；其次，在低温下反应原子的表面迁移率降低，容易引发三维生长模式，形成较差的表面形貌；同时，低温生长条件下，材料的晶体质量也较差。显然，在保证 In 原子有效注入的情况下，提高生长温度有利于改善 $In_xGa_{1-x}N$ 薄膜的质量。

MBE 外延生长 GaN 的最优生长温度一般高于 700 ℃，而 In 极性 InN 的最高生长温度约为 500 ℃，可以推论出对某一特定组分的 InGaN 薄膜，其最优生长温度应该在 GaN 和 InN 的最优生长温度之间，并随着组分变化而不同。因而，王新强等人提出了 MBE 温控外延法生长 $In_xGa_{1-x}N$ 薄膜，其思想就是对特定 In 组分的 InGaN 合金采用其最高的生长温度，同时为了获得较好的表面形貌，使(In+Ga)/N 束流比大于 1，即保证富金属生长条件。

如图 2-35 所示，对某一组分的 InGaN 合金，可以通过改变温度和 In/Ga 束流比来获得，低 In 组分的 InGaN 具有很宽的生长温度范围，而高 In 组分 InGaN 的生长窗口则很窄，这也印证了高 In 组分 InGaN 难于生长的状况。另外，X 光衍射实验结果表明中间组分的 InGaN 薄膜的晶体质量较差，低 In 组分 InGaN 薄膜晶体质量最优。这可能是因为中间组分的 InGaN薄膜具有最大的合金无序并且易于发生相分离；而低 In 组分的 InGaN 薄膜具有更高的生长温度，并与 GaN 模板间晶格失配更小。

图 2-36 所示为全组分 InGaN 薄膜室温 PL 谱，所有样品在室温下都具有明显的带边发光峰，其中发光峰上的振荡为 Febry-Perot 干涉条纹。随着 In 组分的升高，InGaN 薄膜室温下 PL 光谱的发光峰位从 3.43 eV(GaN)逐渐减少到 0.65 eV (InN)，可见 InGaN 合金可以覆盖从紫外光波段到近红外光波段的波长范围。从图 2-36 中可以看出 InGaN 发光峰的半高宽随着 In 组分的增大而增大，在 x 约 0.5 时达到峰值(约 280 meV)，然后再逐渐减小，这也印证了中间组分 $In_xGa_{1-x}N$ 薄膜中合金无序较为严重。

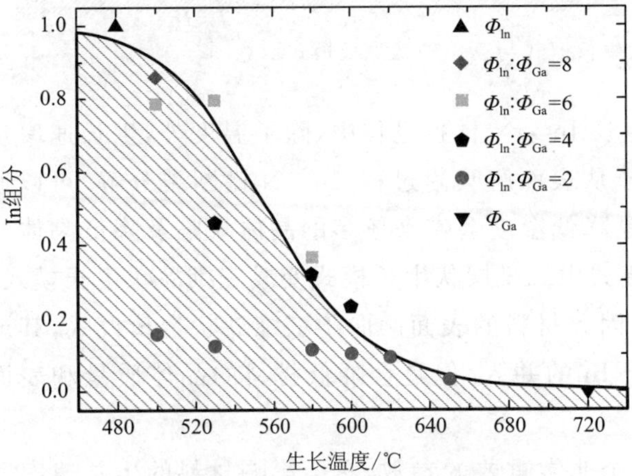

图 2-35　InGaN 合金中 In 组分与生长温度和 In/Ga 束流比的依赖关系(其中实线为不同温度下可以实现的最高 In 组分的拟合曲线)

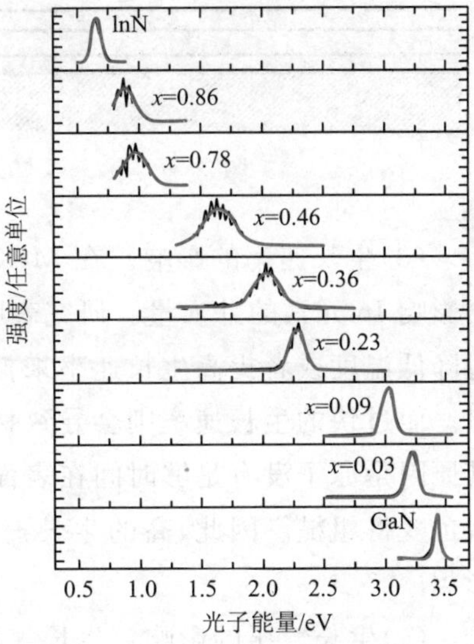

图 2-36　全组分 InGaN 薄膜室温 PL 谱

结合 InGaN 薄膜的室温吸收光谱和 XRD 倒空间 mapping 测试结果，再考虑样品中的残余应力和 Burstein-Moss 移位后 InGaN 薄膜的带隙，拟合得到的能带弯曲系数 $b=(1.9\pm0.1)$ eV，这对 InGaN 的研究具有重要的作用。

2.2.6.4　InGaN 及其低温量子阱结构的 MOCVD 生长

1. 生长参数对 InGaN 材料的作用分析

在最常用的 MOCVD 生长方法中，InGaN 材料重要的生长参数包括温度、压力、气流量、载气等，而且这些条件并不是相对独立的，而是互相影响的，再加上不同的生长仪器的个体条件相差较大，因此国际上所报道的很多条件并不相同。下面介绍一些比较公认的生长参数影响。

(1)载气的影响。载气对 InGaN 材料生长起着至关重要的作用。2001 年，意大利的研究者 Piscopiello 等人研究了生长时被用作载气的氢气和氮气的不同比例对于 InGaN 材料的影响[50]。不同载气作用下，对应 In 的含量相差较大，这个结论在随后其他研究小组发表的成果中也得到了类似的结论，即使用 H_2 会降低 In 组分的并入量。

(2)Ⅴ/Ⅲ的影响。Ⅴ指的是提供Ⅴ族元素 N 的 NH_3 的量，Ⅲ指的是提供Ⅲ族金属元素 Ga 或者 In 的反应物三甲基镓(TMGa)或者三甲基铟(TMIn)的量。通过调节两个量的比值，可以影响 InGaN 材料生长模式。增大 NH_3 的量还有利于 InGaN 材料的生长模式由岛状的三维模式向台阶流的二维模式转变，如图 2-37 所示。有研究表明，这是由于原子在表面迁移的势垒降低，原子更容易迁移形成的结果。台阶流的形成意味着表面形貌的改善，粗糙度的减少，这有利于其他材料的生长和器件性能的提高。Van der Stricht 等发现，使用高Ⅴ/Ⅲ的条件可以显著减少 In 在表面的偏析。这是由于加大Ⅴ/Ⅲ后，可供成键的 N 元素增多，有更多的 In 元素生成了 InN，并入到了 InGaN 薄膜当中，In 元素形成偏析的概率减小[51]。

图 2-37　InGaN 材料二维层状生长模式与三位岛状生长模式示意图

(3)生长速率的影响。在 MOCVD 法生长 InGaN 材料过程中，除了温度外，生长速率也会影响 In 元素的并入量。研究表明，In 原子从表面解吸附过程(In—N 键断裂分解)可以通过降低温度或者提高生长速率来抑制。但是降低温度会带来较多的晶体缺陷及降低晶体质量。而过快的生长速率则会导致材料生长模式由二维层状生长模式变成三维岛状生长模式，其原因是原子没有足够时间在表面做迁移，因此材料的表面倾向于三维岛状生长模式，其形貌也变得粗糙。因此，高的生长速率有利于 In 的并入，但是会降低材料的晶体质量和表面形貌。

(4)生长气压的影响。生长气压也是一个非常重要的参数，它会影响材料的生长速率和表面形貌，微观上解释是会影响反应物的扩散和迁移过程，这些过程复杂并且与实验设备的条件有较大关系。总的来说，气压会影响到 InGaN 材料 In 的并入量和材料的生长速率及缺陷形貌等。Dong-Joon Kim 等研究了不同气压下 InGaN 材料的特性，结果表明，在当生长气压从 33 331 Pa(250 Torr)降低到 19 998 Pa(150 Torr)时，In 的并入量增加了 7.5%，但是也伴随着一定程度的晶体质量下降等问题。

(5)InGaN 尺度的影响。InGaN 材料的性质和各层材料尺寸参数之间也存在一定的关系。研究者们发现，通过改变 InGaN 量子阱的厚度，可以调节其对应发光谱的峰值波长。例如，减少 InGaN 材料的厚度，其对应的峰值波长将蓝移；反之，增加 InGaN 材料的厚度，发光波长将红移。这是由于 InGaN 材料生长在 GaN 衬底上存在着较大的极化电场，这些极化电场改变了能带形状，影响了发光波长。

(6)结构层的影响。不仅量子阱的生长参数会影响 InGaN，随后生长的 GaN 覆盖层的生长参数也会影响 InGaN 量子阱的性能。Kim 等人研究了 GaN 生长的温度和载气对 InGaN 量子阱的影响效果。研究者通过一系列改变单一条件的实验研究了其中的变化趋势。结果表明，使用 H_2 气氛来生长 GaN 保护层的样品拥有最强的 PL 测试结果，但是晶体质量稍差，同时他们还发现当 GaN 覆盖层的厚度超过 1 nm 时，PL 的测试结果会变差，变差的原因主要是由于外延过厚的 GaN 覆盖层会使得 InGaN 材料在高温下晶体质量退化。

2. InGaN 薄膜材料的常见缺陷

InGaN 薄膜材料的常见缺陷详述如下：

(1)"V 坑"缺陷。以形状命名的"V 坑"缺陷是一种在 InGaN 及 InGaN/GaN 多量子阱结构中最常见的缺陷。V 坑作为一种材料缺陷，对于材料的性质和随后的器件性能都有破坏作用。例如，针对 InGaN/GaN 多量子阱结构，特别是激光器中 V 坑的出现，将严重影响其发光性能，降低器件的效率。V 坑处 InGaN 材料的组分也会出现波动，导致发光波长的不均匀。因此，国际上的相关研究小组花费了不少精力研究其性质和起源。通过使用透射电镜，研究者们发现V坑会在多量子阱区的位错处形成并且会贯穿整个多量子阱区，但是生长p-GaN时会被填充。Cho等人进一步发现V坑也会在由堆垛层错引起的不匹配边界形成。图2-38就是一个典型的“V坑”缺陷示意图，这些V坑的尺寸在100～200 nm范围内。同时，经过V坑的顶点，会继续形成一个纯刃位错，这个位错会穿过后来生长的p-GaN达到样品的表面。在生长InGaN量子阱区域的时候，由于其特定的生长温度，使得反应源在位错处特别容易被分解蒸发，因此，形成了V坑区域。但是后来的p-GaN高温生长条件下，反应源在样品表面迁移率较高，容易侧向迁移。因此，会把V坑处重新填平，如图2-38所示。但是，目前对于V坑的起源还存在争议，Kim等分别通过MBE和MOCVD法获得相同的InGaN/GaN多量子阱结构，研究了对应的V坑，认为只有混合位错和螺旋位错会在形成表面的V坑，而刃位错是不会出现在表面的。因此，关于与V坑形成相联系位错的类型的观点还有较大争议。虽然微观方面的起因还存在争议，但是宏观来讲，V坑的出现主要还是由于InGaN材料生长过程中应力的释放带来的结果。

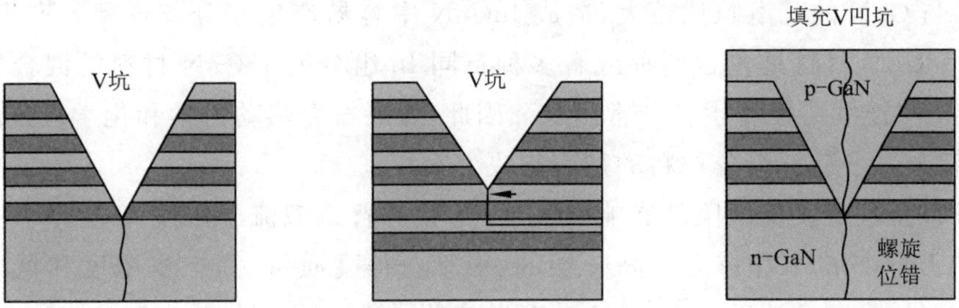

图2-38　“V坑”缺陷示意图

(2)In组分波动与相分离。InGaN材料另一个比较常见的问题是In组分的不均匀分布问题。这个问题主要是由于In元素和其他几个Ⅲ族金属元素在某些性质方面有较大的差异，包括原子半径、形成氮化物后的平衡态蒸气压、表面迁移势垒等。因此，这个问题也存在于所有含In的其他化合物当中，例如AlInN和AlInGaN。InN组分在空间上的分布不均匀会直接影响到InGaN材料的各项性能。特别是随着追求更长波长的发光器件，如绿光(530 nm)和红光(650 nm)，InGaN材料组分中InN的组分势必要增大，In组分的分布将更加不均匀，导致器件的发光谱展宽，光学性能下降。最严重的相分离情况将导致富In元素析出物的出现，与前面提到的局域态不同，这种析出物实际上属于晶体结构缺陷，不仅不能帮助发光，而且还会产生位错或者形成In金属的团簇，使得器件性能严重退化。

研究者们通过理论计算和实验都研究了InGaN材料相分离问题。Ho等通过理论模拟研究了InGaN材料中发生相分离边界组分与温度的关系，计算结果表明，在800 ℃下的平衡状态下，GaN中可以容纳的InN摩尔比例只有8%左右。而在其他实验中，通过氩气氛围下的退火实验发现对于$x>0.1$的InGaN材料，在600 ℃和700 ℃下都会出现相分离现象。因此，只能在非平衡状态下获得全部InN组分的InGaN材料，但是这些含有较高InN组分的样品在随后的退火实验(600 ℃和700 ℃)中仍然会分解为两个组分不同的InGaN合金相，即$In_{0.11}Ga_{0.89}N$和$In_{0.29}Ga_{0.71}N$。这说明InGaN材料在某些温度下存在着较大范围的不相容性，而这些组分和温度正好与我们制造 InGaN 材料时的环境温度和所需组分相类似，因此，在实际制造 InGaN 材料时必须考虑到退火对于 InGaN 材料的影响，这也是为什么上文提到的一些例子中在 InGaN 之后生长的 GaN 垒层或者 p-GaN 不能使用太高的温度或者生长时间过长，这样都会造成 InGaN 材料的相分离或者析出物的出现，使得材料的向光光电性质偏离我们所需要的方向或者带来新的缺陷，进而降低材料晶体质量。

2.2.6.5 InGaN 外延面临的技术挑战和趋势

（1）在材料的外延过程中缺少与 InGaN 晶格匹配的衬底。通常用与 InGaN 晶格常数最为接近的 GaN 薄膜作为衬底。但是，随着 In 组分的变大，InGaN 与 GaN 之间的晶格失配变大，而 InN 与 GaN 之间的晶格失配高达 10%。在 GaN 衬底上异质外延生长 InGaN 时，晶格失配导致产生失配位错和高密度缺陷，甚至导致表面不平整。对于 In 组分越高的 InGaN 外延材料，这种趋势越明显。因此，发现或者发展出与相应组分的 InGaN 材料匹配的衬底材料，是解决应力和晶格不匹配的途径之一。

（2）InN 与 GaN 的互溶隙比较大，造成 InGaN 中容易产生相分离现象。产生相分离后，使得实际的 InGaN 材料是包含两种或者多种不同 In 组分的 InGaN 材料的混合物，导致 InGaN 材料的带隙连续可控和生长非常困难。因此，发展符合热动力学和化学计量配比的生长方法是获得高质量、高 In 组分材料的彻底解决方案。

（3）由于氮空位或其他缺陷的影响，InGaN 薄膜的背景载流子浓度高达 $10^{17}\sim10^{18}\,cm^{-3}$。因此，一般的 InGaN 的 p 型掺杂是高补偿的，很难获得高质量、高空穴浓度和低电阻的 p 型层。因此高质量、高空穴浓度 p-InGaN 是也当前必须解决的问题。

（4）由于 InGaN 材料通常生长在 GaN 上面，因此受到了压应力。这种平面内的压应力会导致 InGaN 材料存在着巨大的压电极化效应，并且随着 In 组分的增加而增加。这种压电极化效应会一定程度上改变 InGaN 材料的能带形状，影响载流子的输运特性，例如对于长波长 InGaN 基 LED 和 LD，极化电场的存在极大地减弱了光电转换效率，影响了发光波长，因此对于后续器件的设计必须给予考虑。

2.2.7 氮化铝（AlN）和铝镓氮（AlGaN）外延生长

AlGaN 材料外延主要采用的衬底有（0001）面蓝宝石衬底、6H-SiC 衬底、（111）面硅衬底及 AlN 单晶衬底，其中蓝宝石衬底是最普遍应用的衬底。对于Ⅲ族氮化物的异质外延来说，一方面由于晶格失配的存在，外延层中积累的应变会通过在衬底和外延层界面处产生位错进行弛豫，因此导致了外延层中大量的失配和穿透位错；另一方面，由于热失配的存在，在升温或冷却过程中，由于衬底和外延层晶格形变的不匹配，因而会导致外延层的开裂及位错产生。为了缓解这一问题，低温 AlN 或 GaN 缓冲层被引入，作为初始成核层以降低位错密度，以及补偿热失配引起的外延层中的应变。

对于 GaN 的 MOCVD 生长，采用低温 GaN 或者 AlN 缓冲层的两步生长法能大大提高 GaN 基材料的晶体质量。然而常规的两步生长法对于在蓝宝石衬底上生长 AlGaN 材料并不是那么有效，日本名城大学的 S. Kamiyama 等人[52]发现，随着 Al 组分的增加，AlGaN 外延层质量急剧下降。在沉积的低温AlN缓冲层上生长高Al组分的AlGaN时，退火过程结束后开始生长外延层时很快过渡到准二维的生长模式，几乎看不到从三维向二维的过渡过程，这一点与低温缓冲层上生长GaN完全不同。该过程对于AlGaN材料中的穿透位错密度(TDD)有着极为重要的影响。采用高质量的GaN或AlN衬底可以有效解决解决这一难题，事实上，目前国际上已有研究机构通过这一方法获得了高质量的高Al组分AlGaN材料，但是由于目前GaN和AlN同质衬底相比于蓝宝石衬底还较为昂贵，尤其是高质量的AlN衬底，不仅单片价格高达数千美元，而且由于禁运等原因极难获得，因此国际主流研究小组大都采用蓝宝石基高质量GaN和AlN模板来外延AlGaN材料。

2.2.7.1 基于GaN模板的AlGaN材料外延

由于蓝宝石基GaN材料外延技术较为成熟，因此人们首先开展了基于GaN模板外延AlGaN材料的研究，这样获得的AlGaN材料晶体质量和表面形貌比在蓝宝石上面直接生长AlGaN外延层或者在蓝宝石上面采用低温AlN作为缓冲层生长的AlGaN外延材料确实要好很多。但是这一方法面临AlGaN外延层开裂的严峻挑战。室温下，AlN与GaN之间有着大约−2.4%的晶格失配，在高温外延生长时热失配更大(因为GaN的热膨胀系数比AlN大)。因此，在GaN上高温外延生长AlGaN材料时，AlGaN受到张应力，这个张应力随着AlGaN层厚度的增加或者是Al组分的增加而迅速增加，并且最终会导致裂纹的产生。针对这一问题，日本名城大学的S. Kamiyama和美国Sandia实验室的J. Han等人[53]分别提出了低温AlN和AlGaN插入层技术，获得了无裂纹的AlGaN外延层。但是这一方法也有缺陷，因为低温插入层的材料质量较低，会导致后续的AlGaN外延层质量的劣化，另外，如果插入多个低温缓冲层，会面临多个升降温过程，导致更多的热失配应力积聚，使得这种方法的效果打了折扣。中国科学院半导体研究所采用高温AlN插入层技术也成功获得了无裂纹的AlGaN外延层，相比于低温插入层，高温AlN插入层对于后续外延的AlGaN材料的质量更为有利。日本滨松光子学株式会社采用了一种异质晶面控制侧向外延(hetero facet-controlled epitaxial lateral overgrowth，hetero-FACELO)技术，在GaN模板上制备SiO_2条状掩模，并进一步侧向外延AlGaN材料，成功获得了Al组分高达30%的高质量无裂纹AlGaN外延层，并在此基础上实现了波长短至336 nm的紫外激光二极管(UV LD)的成功电致激射，这是目前为止电致激射波长最短的UV LD。

尽管上述这些技术都成功的在GaN模板上获得了高质量的AlGaN材料，但值得注意的是，这些研究结果中对应的Al组分大都不太高，最高大约30%，而对于Al组分超过40%的AlGaN材料，这些技术并不是那么有效。另外，对于紫外探测器来说应用比较多的是背照射探测器，这样有利于集成，然而采用GaN作为缓冲层生长出来的器件是不能用来作为背照射探测器的。而对于发光波长小于360 nm的紫外光LED，由于GaN模板会大量吸收有源区发出的深紫外光，会导致器件的光提取效率很低，因此无论GaN自支撑衬底还是基于蓝宝石衬底的GaN模板，都不是外延UV LD的AlGaN材料的优选衬底(模板)。相比之下，AlN衬底和模板则不存在这种吸收紫外光的问题，无论是背照式的紫外探测器，还是UV LED，都非常适合。

2.2.7.2 基于 AlN 模板的 AlGaN 材料外延

前文提到，AlN 自支撑衬底极其昂贵且难获得，因此基于蓝宝石衬底的高质量、高温 AlN 模板外延高 Al 组分 AlGaN 材料，近十年来逐渐成为主流研究趋势，并且在未来相当长的时间内也将会占据重要的地位。

蓝宝石基高温 AlN 模板外延的 AlGaN 材料质量很大程度上取决于 AlN 模板的晶体质量，因此提高高温 AlN 模板材料的质量是关键。AlN 和蓝宝石衬底之间有较大的晶格失配和热失配，此外相比于 GaN 的外延生长，AlN 及高 Al 组分 AlGaN 的外延生长难度更大。一方面由于 Al 原子表面黏附系数高，原子表面迁移率低，或者说 AlN 键能更高（AlN 为 2.88 eV，GaN 为 2.2 eV），倾向于三维岛状生长模式，与 GaN 的层状生长模式不同，三维岛状生长时原子倾向于滞留在初始的表面位置，而不是移动台阶和扭折等能量低的最有利的成核位置，造成高密度的晶界和位错等扩展缺陷，而且三维岛合并时产生的内部张应力容易造成 AlN 和 AlGaN 外延层的开裂现象。另一方面，Al 源与 N 源（NH_3）之间较容易进行预反应并产生气相络合物，影响正常的外延生长，降低 AlN 和 AlGaN 的材料质量，从而导致 AlN 和 AlGaN 材料中的位错密度变为 $10^{10}\sim10^{11}\ cm^{-2}$。针对这一难题，国际上提出了多种方法来降低外延层中的位错密度。

(1)脉冲原子层外延技术：美国南卡罗来纳大学的 Asif Khan[54] 早在 1992 年采用 SALE (switched atomic layer epitaxy)技术，通过调制Ⅲ族源和 N 源脉冲通入，增加Ⅲ族原子的表面迁移率，在蓝宝石衬底上外延生长高晶体质量和高表面形貌的 GaN、AlN 和 GaN/AlN 短周期超晶格；2001 年，Asif Khan 的研究小组又发展了脉冲原子层外延(pulsed atomic layer epitaxy，PALE)技术来外延生长 AlGaN 材料；2002 年，Asif Khan 的研究小组又采用 PALE 技术生长的 AlN/AlGaN 超晶格结构作为应力释放和位错过滤层，有效地降低了外延层中的应力和穿透位错密度，减少了外延层开裂的概率。

(2)迁移增强外延技术：2005 年，美国 SETi 公司和 Asif Khan 的研究小组又发展出迁移增强 MOCVD 技术(migration enhanced MOCVD，MEMOCVD)外延生长高质量的 AlN 模板和 AlN/AlGaN 超晶格，并改善了 AlGaN 的材料质量。2008 年起，日本京都大学的 Ryan G. Banal 等人采用迁移增强外延(migration enhanced epitaxy，MEE)和改进的 MEE(modified MEE)技术优化 AlN 成核过程，在 600 nm AlN/蓝宝石模板层上利用该技术获得高质量的 AlGaN/AlN MQWs，其内量子效率高达 36%。

(3)变Ⅴ/Ⅲ比外延生长：2006 年，日本名城大学的 Masataka Imura 等人在 9 μm AlN 的高温 MOCVD 生长过程中通过多次调制(依次降低)Ⅴ/Ⅲ比的方法，在阻止 AlN 的开裂的同时，使位错在生长模式转换过程中不断相互湮灭，其位错密度降低到 $3\times10^{8}\ cm^{-2}$ 以下。

(4)NH_3脉冲多层生长和多层 AlN 缓冲层技术：日本理化研究所的 Hideki Hirayama 在 2007 年、2008 年和 2009 年分别报道了通过 NH_3 脉冲多层生长和多层 AlN 缓冲层技术在蓝宝石衬底上获得低缺陷密度的高质量 AlN 和 AlGaN 外延层。

(5)脉冲侧向外延过生长：2006 年起，美国南卡罗来纳大学的 Asif Khan 的研究组采用 NH_3脉冲的方法，在微米级的沟槽型 AlN/蓝宝石模板层上，生长 10～20 μm 的脉冲侧向外延过生长的 AlN(pulsed lateral epitaxial overgrowth AlN,PLEO-AlN)。获得完全合并、表面平整的 AlN,使 290 nm UV LED 的发光效率、饱和特性和散热性能明显改善。

(6)迁移增强侧向外延技术:2008 年美国 SETi 公司的 R. Jain 和伦斯勒理工学院 M. S. Shur 等人采用 MEMOCVD 技术在微米级的沟槽型 AlGaN 模板上侧向外延生长 20 μm AlN,获得完全合并、表面平整的位错密度降低 AlN,其(002)和(102)的 XRD 摇摆曲线半峰宽分别为 157 弧秒和 291 弧秒,穿透位错密度降低至 $2.8\times10^{8}\ cm^{-2}$。

(7)高温侧向外延技术:2006 年起,日本名城大学 Isamu Akasaki 的研究小组通过联合高温生长和侧向外延技术在微米级沟槽型 AlN/蓝宝石模板和沟槽型蓝宝石衬底上,使 ELO-AlN 和 ELO-AlGaN 的穿透位错密度降低到 $10^{7}\ cm^{-2}$。其中,在沟槽型蓝宝石衬底上的 ELO-AlN 的(0002)和$(10\bar{1}0)$XRD 摇摆曲线的半峰宽分别只有 148 弧秒和 385 弧秒;在此基础上器件性能大大提高。

(8)NH_3脉冲侧向外延技术:2009 年,日本理化研究所的 Hideki Hirayama 等人在微米级沟槽型 AlN/蓝宝石模板上采用 NH_3脉冲通入的方法,使穿透位错密度降低到 $10^{8}cm^{-2}$量级,并实现了最大光输出 2.7 mW 级的 270 nm UVC LED。

2.2.7.3　基于 AlN 同质衬底的 AlGaN 材料外延

上述的这些方法是目前国际上异质外延高质量 AlN 和 AlGaN 材料的主要技术方法,通过这些技术制备的 AlGaN 材料成功支撑研制出了 UV A 至 UV C 各波段的深紫外光 LED 及深紫外探测器。而 DUV LD 则对高 Al 组分材料的质量提出了更高的要求,进一步提高 Al(Ga)N 质量和 UV LED 性能,高质量自支撑同质 AlN 衬底无疑是最佳的选择。目前,美国的 Crystal IS(2011 年被日本旭化成公司 Asahi Kasei 收购)、HexaTech、Nitride Solutions 和德国的 CrystAL-N 公司在 AlN 衬底生长 AlGaN 方面展示了出色的成果,并成功制备了高性能深紫外器件。Crystal IS 公司在 PVT 的 AlN 衬底上,将 $Al_{0.5}Ga_{0.5}N$ 的位错密度降低到 $7.5\times10^{5}\ cm^{-2}$以下。HexaTech 与日本 HVPE 开发商 Tokuyama 公司联合在 HVPE 的 AlN 衬底上,将 MQWs 的位错密度降低到 $10^{6}\ cm^{-2}$以下。

可以说,高质量 AlN 自支撑衬底代表着未来高质量 AlGaN 材料及高性能紫外光波段光电子器件的发展方向,但是高质量 AlN 衬底的制备远比 GaN 衬底的制备更为困难,在未来可见的 5～10 年内,预计 AlN 衬底的价格还都非常昂贵,因此蓝宝石衬底异质外延 AlGaN 材料的研究仍将是未来相当长一段时间内的重要课题。

2.2.8　硅(Si)衬底上 GaN 的外延生长

2.2.8.1　Si 衬底上 GaN 的优势

目前,在蓝宝石及 SiC 衬底上虽然已经可以实现高质量的 GaN 外延,以及相关的光电子器件、电子器件,但是依然存在成本高昂等问题。Si 作为当今最成熟的半导体材料,相对于 SiC 衬底以及蓝宝石衬底具有尺寸大、价格低等诸多优点。Si 衬底最大可达 8 英寸,可以大幅增加单个外延片上的器件数量,从而提高生产效率,降低生产成本;Si 衬底本身价格便宜,相对 SiC 和蓝宝石衬底有着明显的成本优势;在 Si 衬底上生长 GaN 材料还可以利用现有的 6 英寸或 8 英寸的 Si 自动化生产线来实现器件工艺,降低了工艺制造的成本。此外,Si 具有较高的热导率,能改善芯片的散热性能;Si 可以被腐蚀,易于实现衬底的减薄与剥离。在 Si 衬底上生长 GaN 材料可以实现 GaN 光电子器件与 Si 电子器件的集成,有着光明的前景。目前,各大厂商在 Si 衬底 GaN 领域的专利相对较少,还没有形成技术垄断,因此我国发展 Si 衬底 GaN 也有利于形成具有自主知识产权的产业链。

2.2.8.2 Si 衬底上 GaN 的制备难点

Si 衬底 GaN 的外延生长也存在着很大的挑战。首先,高温下 Ga 与 Si 会发生合金反应,在 Si 衬底上直接生长 GaN 会产生大量的回熔,严重破坏外延层,因此必须采用缓冲层阻挡 Ga 与 Si 衬底的直接接触。无 Ga 的 AlN, AlAs, AlO_x 等可用作防止回熔的阻挡层。AlN 由于具有良好的热稳定性及对 Si 表面良好的浸润性等优点,是目前最成功也是最常用的缓冲层。

最大的挑战来自于热失配以及晶格失配引入的残余应力,应力会导致外延片发生龟裂、翘曲等一系列问题(见图 2-39)。Si 衬底的热膨胀系数($2.6\times10^{-6}\ K^{-1}$)小于 GaN,如 LED 要求足够厚的 n-GaN 层以保证电流扩展的均匀性,电子器件也要求数微米厚度的外延层以防止器件通过 Si 衬底提前击穿。此外,外延片在应力作用下会出现翘曲,外延片的翘曲度正比于衬底直径的二次方,因此对于大尺寸的 Si 衬底,应力造成的翘曲也更加严重。

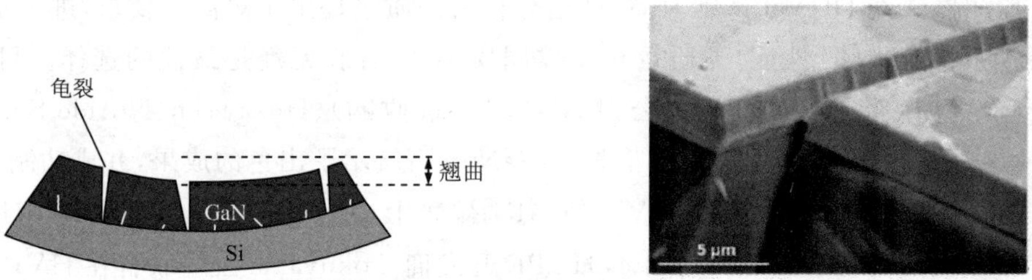

(a) 龟裂、翘曲示意图　　(b) 裂纹的SEM图

图 2-39　张应力导致的 Si 衬底 GaN 外延层龟裂、翘曲[55]

过大的翘曲将会使得外延片无法进行后续的器件工艺,并且生长过程中的外延片翘曲过大会导致均匀性劣化等问题。应力导致的龟裂及外延片的翘曲严重制约了 Si 衬底 GaN 的发展。GaN 的热膨胀系数为 $5.6\times10^{-6}\ K^{-1}$,而 MOCVD 一般采用 1 000 ℃ 以上的高温生长 GaN,因此外延片降至室温的过程中会产生很大的张应力(约 1 GPa)。在张应力作用下,生长的 GaN 外延层厚度往往不到 1 μm 表面就开始出现裂纹。实际应用中,无论是光电子器件还是电子器件均要求外延层有数微米的厚度以保证外延层的晶体质量及器件性能。

Si 和 GaN 之间的晶格失配也会在外延层中引入大量的缺陷,降低了材料的晶体质量及器件的性能。扩展到有源区的缺陷往往成为非辐射复合中心,降低光电子器件的发光效率,而且会成为漏电通道,导致器件漏电电流增加。目前,Si 衬底 GaN 材料的位错密度往往要远高于蓝宝石及 SiC 衬底的 GaN 材料,因此,如何降低 Si 衬底 GaN 的位错密度,同样存在一定的挑战。随着外延层厚度的增加，GaN 中的位错密度会逐渐降低，因此，为了减少外延层中的位错密度，同样需要增加 Si 衬底 GaN 外延层的厚度。

此外，Si 是一种吸光材料，降低了发电器件的出光效率，目前可以用衬底剥离的方法解决。Si 的临界电场较小，对于电子器件来说是器件提前击穿的通道，降低了器件的耐压特性，目前主要通过增厚外延层或者采用剥离 Si 衬底的方法来解决。

2.2.8.3　Si 衬底上 GaN 的应力调控

为了提高器件性能及降低生产成本，Si 衬底上 GaN 一直在朝着"厚膜化"和"大尺寸"的方向发展，实现这两个目标的关键是要进行有效的应力调控。应力调控的主要思路是在生长过程中通过缓冲层或者插入层引入压应力来平衡降温过程中的张应力。由于 AlN 的晶格常数小于 GaN 的晶格常数，如果在外延结构中引入 AlN 或 AlGaN 层，就可以利用晶格失配使得上层 GaN 在生长过程中处于压应力状态，具体的形式包括：AlN 缓冲层、AlGaN 渐变缓冲层、低温(LT)AlN 插入层、LT-AlGaN 插入层、AlN/GaN 超晶格、AlGaN/GaN 超晶格等含 Al 的结构。此外，图形衬底、选择区域外延、多孔 Si 衬底由于增加了应力释放的渠道，也可以减少外延层中的张应力。另外，在线 SiN_x 掩模、富 Ga 的 GaN 缓冲层等也具有减少应力的作用。

在 AlN 成核层与 GaN 之间加入一定厚度的 AlGaN 缓冲层是一种简单有效的应力调控方式。根据 AlGaN 组分变化方式的不同可以分为单一组分 AlGaN 缓冲层和渐变组分 AlGaN 缓冲层等。1999 年，Nagoya 大学的 H. Ishikawa 等人[56]在 AlN 成核层与 GaN 层之间加入了 250 nm 的 AlGaN 缓冲层，第一次在 2 英寸 Si 衬底上实现了 1 μm 厚无龟裂的 GaN 外延结构。Raghavan 等人采用渐变组分 AlGaN 缓冲层在 Si 衬底上生长无龟裂的厚膜 GaN，并研究了渐变 AlGaN 层厚度对 GaN 生长过程的应力的影响。在线曲率监控数据表明，没有 AlGaN 缓冲层时，GaN 在生长过程中处于张应力状态，当 AlGaN 缓冲层厚度大于 1 μm 时，上层 GaN 在生长过程中明显处于压应力状态，这有利于平衡降温过程中产生的张应力。采用渐变 AlGaN 缓冲层的 Si 衬底 GaN 的截面 TEM 图像如图 2-40 所示。

图 2-40　采用渐变 AlGaN 缓冲层的 Si 衬底 GaN 的截面 TEM 图像[57]

LT-AlN 插入层以及 LT-AlGaN 插入层同样具有很好的应力调控效果。1998 年，Amano 等人在两层高温生长的 GaN 层之间低温生长一薄层 AlN，该 LT-AlN 插入层可以减少蓝宝石上 GaN 的裂纹及外延层的位错密度。2000 年，Dadgar 等人[58]将该方法应用于 Si 衬底 GaN 的生长，实现了超过 1 μm 厚的无龟裂 Si 衬底 GaN 的外延生长，LT-AlN 插入层可以在外延结构中多次使用；2006 年，他们采用四层 LT-AlN 插入层，在 6 英寸的 Si 衬底上生长了 5.4 μm 厚的无龟裂外延层[59]，其在线曲率监控图如图 2-41 所示；2011 年，采用六层 LT-AlN 插入层后，无龟裂的外延层厚度达到了 14.3 μm。由于 LT-AlN 插入层良好的应力调控效果，人们对该方法的应力改善的机理及 LT-AlN 插入层生长温度及厚度的影响做了大量的研究工作。由于 AlN 插入层生长在 GaN 上，它的厚度影响了 AlN 晶格的弛豫量，进而影响了上层 GaN 受到的应力大小。当 AlN 厚度约为 12 nm 时(略大于位错形成的临界厚度)，GaN 在生长过程中受到的压应力较大，应力调控的效果较好。

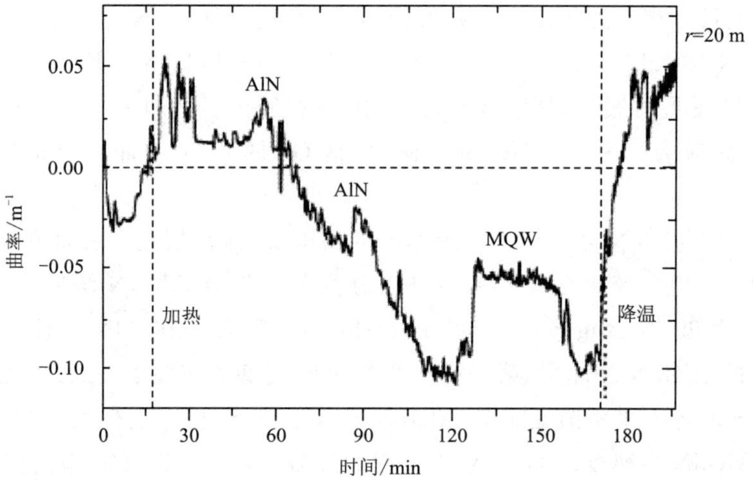

图 2-41　采用 LT-AlN 插入层的 Si 衬底 GaN 在线曲率监控图

超晶格缓冲层或插入层也是一种常见的 Si 衬底 GaN 应力调控的方法，如 AlN/GaN 超晶格，AlGaN/GaN 超晶格，AlN/AlGaN 超晶格等。2001 年，Feltin 等人采用四层 AlN/GaN 超晶格插入层在 Si 衬底上，生长了总厚度为 3.8 μm 外延层，最上层 GaN 的厚度约 2.5 μm，优化后的超晶格中 AlN、GaN 厚度分别为 3 nm 和 4 nm；2009 年，Selvaraj 等人[60]采用 AlN/GaN 超晶格作为 Si 衬底 AlGaN/GaN 异质节的缓冲层，在 4 英寸 Si 衬底上生长了总厚度达到了 9 μm 无龟裂的外延层。超晶格结构中的应力场能够引起位错的弯曲，因此能明显减少位错密度，提高材料的晶体质量。图 2-42 给出了采用 AlN/GaN 超晶格插入层的 Si 衬底 GaN 的截面 TEM 明场像[61]，可以看出上层 GaN 中的位错密度明显小于下层 GaN 的位错密度，AlN/GaN 超晶格起到了阻挡位错的作用。

引入 AlN 或 AlGaN 层进行应力调控时，需要平衡好外延层厚度与外延片的翘曲，因为生长过程中的压应力会导致外延片出现中间凸的翘曲，这也会导致外延片的均匀性变差，影响后续工艺等一系列问题。过大的翘曲甚至会使得衬底出现塑性形变。实际应用中，为了达到更好的应力调控效果，往往会结合多种应力调控手段。而不同类型的器件对 Si 衬底 GaN 材料的要求也有所不同。发光器件，如 LED 对材料的晶体质量要求较高，需要尽量降低材料中的位错密度，也需要足够厚度的 n-GaN 层以降低材料电阻，增加电流扩展。电子器件对缓冲层的绝缘性要求较高，需要一定量的刃型位错以增加材料的电阻。因此，对于不同类型的器件，应当根据实际的需要选取合适的应力调控层或缓冲层结构。大于 3 μm 无龟裂的 Si 衬底 GaN 的部分报道见表 2-4[62]。

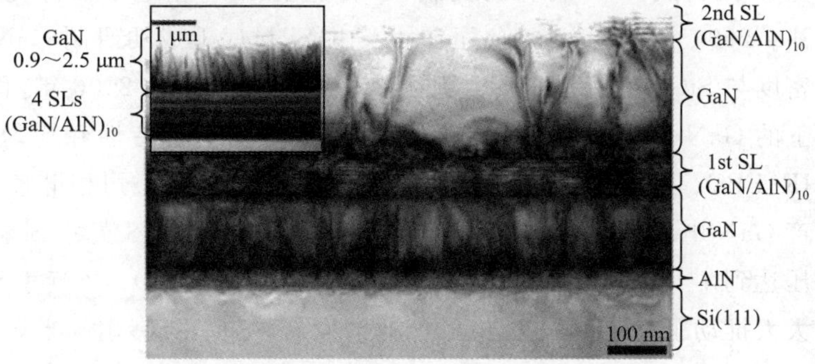

图 2-42　采用 AlN/GaN 超晶格插入层的 Si 衬底 GaN 的截面 TEM 明场像[61]

注：SL 指单层，即 single layer。

表 2-4　大于 3 μm 无龟裂的 Si 衬底 GaN 的部分报道

年　份	机　构	技术方法	外延层厚度/μm	衬底尺寸/英寸
2001	马格德堡大学，德国	选区域外延，AlGaN/GaN 插入层	3.6	2
2001	法国国家科学研究中心	GaN/AlN 超晶格	3.8	2
2005	南昌大学，中国	低温 AlN 缓冲层，富 Ga 的 GaN 缓冲层	4	2
2005	雷根斯堡大学，德国	渐变 AlGaN 缓冲层	3	2
2006	马格德堡大学，德国	低温 AlN 插入层	5.4	6
2009	名古屋大学，日本	GaN/AlN 超晶格	9	4
2011	三星，韩国	—	7	4 英寸或 8 英寸

2.2.8.4　Si 衬底上 GaN 基光电子、电子器件发展简况

随着 GaN 外延材料的进步，Si 衬底 GaN 基 LED 相继见诸报道。1998 年，Guha 等人首次报道了 Si 衬底上 GaN 基 LED 器件；2005 年，江风益等人在 2 英寸的 Si 衬底上制备了高亮度的 GaN 基蓝光 LED[63]；2006 年，Dadgar 等人采用多层 LT-AlN 插入层的方法在 6 英寸的 Si 衬底上制备了高亮度的 LED 器件[59]。晶能、欧司朗、三星、BridgeLux 等国内外半导体公司先后投入到了 Si 衬底 GaN 基 LED 器件的研发当中。2011 年，三星公司报道了 8 英寸 Si 衬底上的 GaN 基蓝光 LED，其材料质量和器件性能已经与蓝宝石衬底的 GaN 基 LED 相当，350 mA 电流下 LED 的内量子效率达到了 90%；2013 年，东芝公司报道的 8 英寸 Si 衬底上的 GaN 基 LED 在 350 mA 电流下光功率为 641 mW，达到了蓝宝石衬底的水平。目前 Si 衬底 GaN 基 LED 还主要处于研发阶段，市场上还没有能与蓝宝石衬底 LED 相竞争的产品出现。

Ⅲ族氮化物在电子领域的应用主要包括电力电子器件和微波功率器件。为了降低生产成本以应对来自 Si 基及 SiC 基器件的激烈竞争，必须采用大尺寸 Si 作为 GaN 的生长衬底。

随着 Si 衬底 GaN 材料的突破，Si 衬底上 GaN 基电子器件受到了学术界和产业界的广泛关注。2004 年，Nitronex 公司在 4 英寸 Si 衬底上成功研制 GaN 基射频功率器件，其功率输出密度与 SiC 衬底上的 GaN 基射频器件的性能相当；2006 年，程凯等人报道了 6 英寸 Si 衬底上的 GaN 基高迁移率晶体管，它具有极好的电学特性和均匀性；2009 年至 2011 年，美国的 IR、EPC、Transphorm，以及日本的松下、富士通等公司相继宣布在 6 英寸 Si 衬底上工业化生产 GaN 电力电子器件；2012 年，欧洲微电子中心在 8 英寸 Si 衬底上实现了高压结构，击穿电压达到 1 400 V，电子迁移率超过 1 800 $cm^2/(V \cdot s)$。8 英寸 Si 衬底上 GaN 外延技术的发展大大推动了 GaN 基电力电子产业的发展，三星、英特尔等半导体行业巨头也相继开展了 Si 衬底上 GaN 的研发工作。

2.3 Ⅲ族氮化物光电子器件及应用

2.3.1 蓝光、白光发光二极管(LED)及其半导体照明应用

2.3.1.1 LED 照明的重要性

基于氮化物 LED 的半导体照明技术具有高效节能、长使用寿命、宽光谱、智能化等特点，是继白炽灯、荧光灯之后照明光源的又一次革命，这为解决日益严峻的能源和环境问题提供了重要途径，被各国公认为最有发展前景的战略性新兴产业之一，图 2-43 为现代照明光源光效和技术手段变迁图。[64]

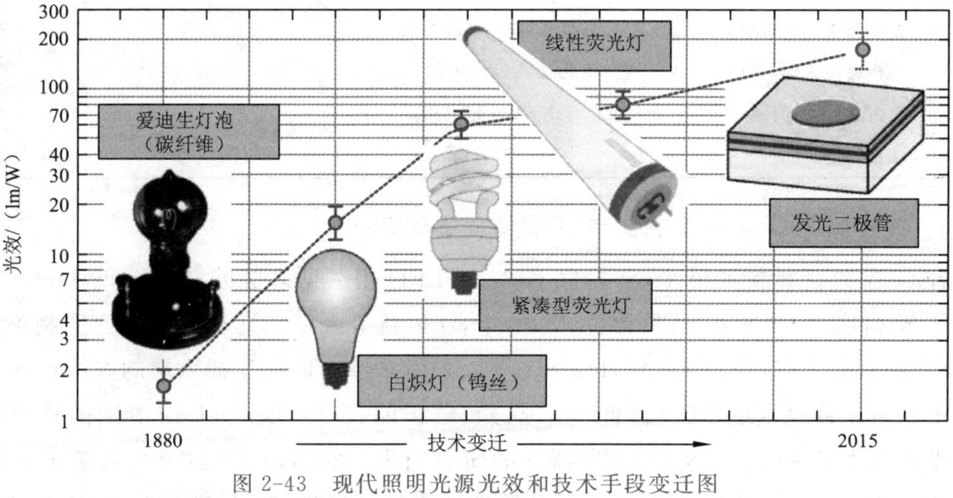

图 2-43 现代照明光源光效和技术手段变迁图

基于氮化物 LEDs 光源是理想的绿色照明光源（效率高、使用寿命长、安全和性能稳定）。在半导体照明技术还未兴起之时，全球 17%～20%的用电量被照明所消耗，这主要源于传统照明光源的高能耗，尤其是发光效率过低的白炽灯。采用发光二极管作为光源，理论上能耗相当于白炽灯的 10%左右，荧光灯的 50%。在使用寿命方面，LED 采用固态封装，工作电流为小注入电流，使用寿命长达 100 000 h。另外，相对于传统光源，LED 被称为冷光源，其发热

量低，可以安全触摸，能精确发光角度，不含汞、钠元素等可能危害健康的物质，内置微处理系统可以控制发光强度，调整发光方式，实现光与艺术的结合。目前，发光二极管已经广泛地应用于各种照明领域，如被白炽灯和荧光灯等传统光源占据的普通照明，计算机、电视、手机等液晶显示用背光源，户外显示和景观照明，道路照明和交通指示，以及植物培育和医疗。

面对半导体光源的巨大商机和新一代照明革命的浪潮，美国、日本、欧盟、韩国等相继推出国家半导体照明计划，投入巨资组织研究机构、大公司共同开展 LED 的研究开发工作。主要的厂商和研发机构有美国的 CREE 公司、欧洲的 OSRAM 公司和 PHILIPS 公司、日本的日亚化学公司和韩国的三星公司等。

我国是世界照明电器第一大生产国、第二大出口国，有一定的产业基础，但全固态白光照明技术的研究起步较晚，主要技术指标落后于几个主要发达国家。2003 年 6 月，我国正式启动了“国家半导体照明工程”，把半导体照明工程作为一个重大工程进行推动。2009 年，科技部推出“十城万盏”半导体照明应用示范方案，迅速提高了我国半导体照明产业的竞争力。历经 10 年，我国在半导体照明研发和产业方面均取得了巨大进展。预计到 2020 年，我国半导体照明产业规模将超过 1.6 万亿(数据来源：国家半导体照明研发及产业联盟调研报告)。

2.3.1.2　蓝光 LED 的发光原理和发展历程

最简单的发光二极管是 PN 结结构，在正向偏置电压下，非平衡载流子注入，发生辐射复合，释放出光子，如图 2-44 所示。辐射复合包括带与带之间的本征跃迁和有杂质或缺陷参与的非本征跃迁两种主要跃迁机制。

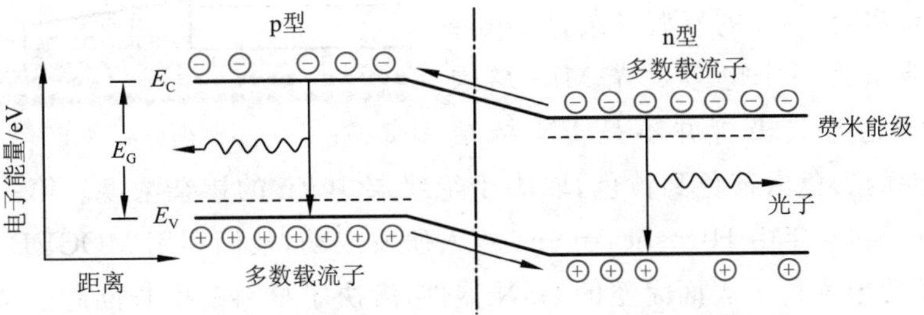

图 2-44　PN 结发光二极管发光机理示意图

发光波长取决于量子阱的禁带宽度，通过调整量子阱的禁带宽度可以得到不同波长的光。电子-空穴对自发辐射复合，释放出光子的过程满足能量守恒，在忽略 k(波耳兹曼常量)影响的情况下，光子能量约等于禁带宽度，即

$$hv = E_g \ (k \ll E_g) \tag{2-10}$$

式中，h 为普朗克常量，$h = 6.63 \times 10^{-34}\ \text{J} \cdot \text{s}$；$v$ 为光频率。

由此可以推算出相应半导体材料的发光波长为

$$\lambda = \frac{hc}{E_g} = \frac{1\ 240(\text{nm})}{E_g} \tag{2-11}$$

式中，c 为真空光速，$c = 3 \times 10^{14}\ \mu\text{m/s}$。

实际 LED 光谱峰值为

$$E=E_g+\frac{1}{2}k \tag{2-12}$$

以自发辐射复合为主的发光二极管半波宽比受激辐射的激光器要宽，一般为几十纳米，但相对于人眼视觉，仍然较窄，呈现出单色光。

在发生辐射复合的同时，不可避免地伴随着非辐射复合，即在复合过程中伴随着发射声子。晶体缺陷是最常见的非辐射复合机制，包括杂质、本征缺陷、位错等形成的杂质与缺陷能级，随温度升高，非辐射复合速率加快，相应的辐射复合效率下降，所以对于直接带隙半导体，在低温下效率更高；俄歇复合是另外一种非辐射复合机制，但通常在大注入情况下才会发生；表面非辐射复合是由于表面晶格不完整性及悬键的存在，使其在禁带内形成复合中心，表面少数载流子的非辐射复合导致器件发光效率降低，同时带来大量的热，在器件设计中，电流注入区应远离表面，通常将电流注入区限制在远离侧表面的区域内，另外，采用硫化物等钝化技术，可以一定程度上减少表面复合。

为了提高发光二极管的效率，应提高注入效率及辐射复合概率，为此，异质结、量子阱结构在高效器件中得以广泛应用。在异质结、量子阱结构中，非平衡载流子被限制在特定区域，非平衡载流子的浓度得以提高，辐射复合概率大大提高，如图 2-45 所示。

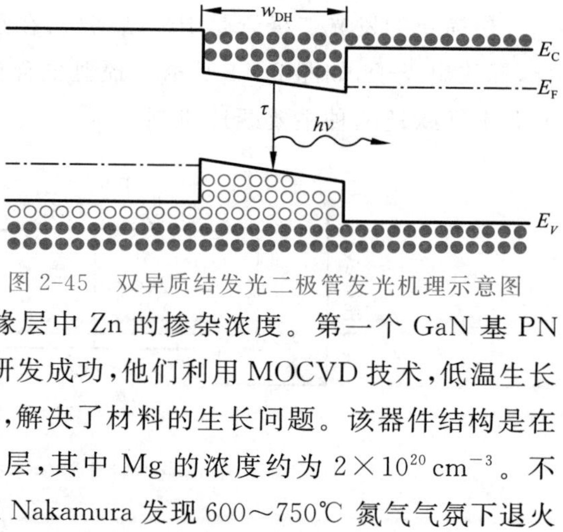

图 2-45　双异质结发光二极管发光机理示意图

GaN 基发光二极管已经有四十多年的发展历史，自从 GaN 材料解决了 GaN 材料生长和其 p 型掺杂两个重大基本问题之后，GaN 基发光二极管性能开始飞速提升。早在 1971 年，由于当时还没有实现 GaN 的 p 型掺杂，Jacques Pankove 等制造出第一个电激发光 MIS 结构 GaN 发光器件（这些二极管并不是 PN 结结构），该发光器件的颜色由蓝色到黄色，取决于绝缘层中 Zn 的掺杂浓度。第一个 GaN 基 PN 结发光二极管在 1986 年由 Hiroshi Amano 等人研发成功，他们利用 MOCVD 技术，低温生长 AlN 缓冲层，成功地生长了表面完整的 GaN 器件，解决了材料的生长问题。该器件结构是在不掺杂的 n 型 GaN 层上生长掺 Mg 的 p 型 GaN 层，其中 Mg 的浓度约为 $2\times10^{20}\ cm^{-3}$。不久，Hiroshi Amano 发现低能电子束辐照以及 Shuji Nakamura 发现 600～750℃ 氮气气氛下退火都可以激活 GaN 中 Mg 受主而获得较高空浓度的 p 型材料，解决了 p 型 GaN 的掺杂问题。稍后 Isamu Akasaki 等研制了 n-AlGaN/nGaN/p-AlGaN 的双异质结发光二极管，该发光二极管的光谱出现双峰，分别为 430 nm(p 型区的发光峰)和 370 nm(n 型区的发光峰)。日亚公司改进了上述结构，采用 n-AlGaN/InGaN:Zn/p-AlGaN 结构，将发光波长移到了蓝光区域，20 mA 工作电流下的发射波长为 450 nm，输出功率和外量子效率分别达到 1.5 mW 和 2.7%。1994 年 Shuji Nakamura 小组成功研制出高亮度的蓝光发光二极管。图 2-46 是一个典型的正装发光二极管的基本结构，有源层一般由数个周期 InGaN/GaN 量子阱组成，阱、垒厚度通常分别在 1～3 nm 和 8～15 nm范围内。

2.3.1.3 蓝光 LED 芯片制备

LED 芯片结构包含正装结构、倒装结构及垂直结构。以普通正装结构为例，制作流程主要包括以下几个环节：

(1)外延片清洗：清洗是半导体工艺中一个重要的步骤，每一步工艺之前都应该进行清洗。

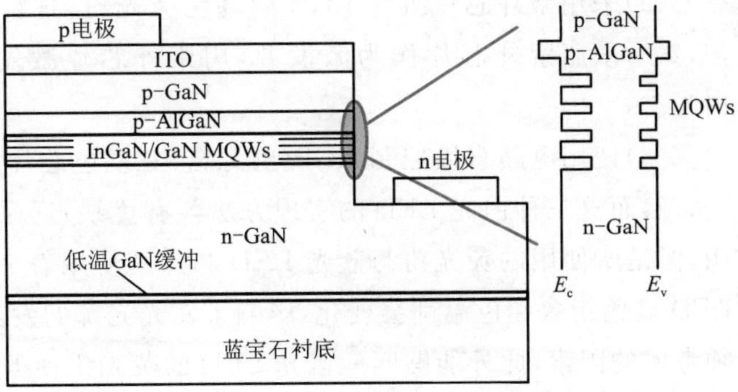

图 2-46　典型的正装发光二极管的基本结构

(2)台面刻蚀：PECVD 介质膜沉积作为刻蚀掩模，采用干法刻蚀技术制作台面。

(3)钝化膜沉积：台面刻蚀后，LED 有源区暴露在侧面，容易引入表面复合，同时金属沉积过程中引入的金属粒子也容易在刻蚀断面处引入导电通路，导致器件反向漏电增大。因此，在 n 电极制作完成后，在表面沉积 SiO_2 介质膜，作为钝化层。

(4)n 电极制作：采用电子束蒸发制作 n 电极。然后剥离(lift off)。进一步降低接触电阻，可对 n 电极进行合金处理。

(5)p 电极制作：为了增加出光，采用透明电极。

LED 芯片制作后工艺主要包括：蓝宝石衬底减薄、抛光、划片、裂片、测试、分拣等步骤。与前段的工艺不同，后段的工艺特点是：工艺稳定、生产率高、成品率高。制作完成后的单个 LED 芯片如图 2-47 所示。

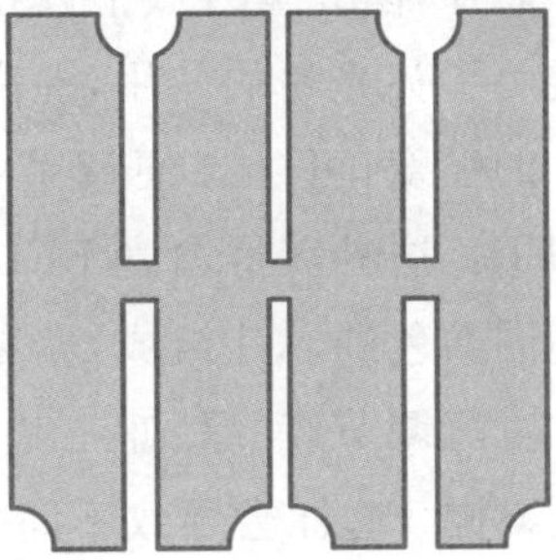
图 2-47　制作完成后的单个 LED 芯片

2.3.1.4 白光 LED 实现和发展现状

氮化物 LED 通常只发射一种单色光，例如蓝光或绿光等。而照明的主要形式是白光照明，所以单色 LED 需要首先合成白光。目前，已经较为成熟的白光 LED 的实现方法主要有三种(见图 2-48)：

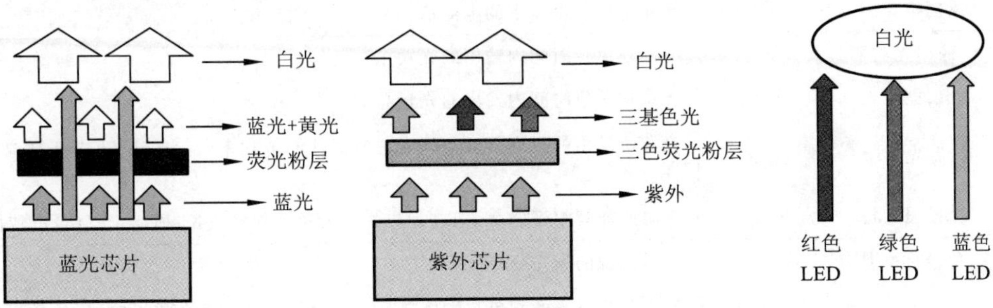

图 2-48　较为成熟的白光 LED 的实现方法

(1)蓝光芯片表面涂覆黄色荧光粉，由蓝光芯片发出的部分蓝光激发荧光粉产生长波长的黄红光，由蓝光激发荧光粉获得的黄光与其余部分的蓝光相混合，通过混色获得白光。

(2)采用紫外芯片激发 RGB 三基色荧光粉，这种方法是先将三基色荧光粉混合制备均匀，然后采用紫外芯片作为激发源，用紫外芯片激发三基色荧光粉，通过三基色混色获得白光。

(3)使用电路直接控制 RGB(红绿蓝)三基色芯片混色获得白光[65,66]。

然而这三种白光 LED 的实现方法各有优缺点，采用蓝光激发黄色荧光粉的方法最为常用，但是所使用的荧光粉与蓝光 LED 芯片的使用寿命匹配存在问题，随着时间的推移，白光 LED 显色指数和色温都会变化，影响了发光光源的发光质量。荧光粉的转换效率也是一个必须考虑的因素，此外能够匹配蓝光 LED 的荧光粉种类不多且涉及专利问题，目前荧光粉的专利主要掌握在少数公司手中，荧光粉的使用也必须考虑其对环境可能存在的污染问题。采用紫外光芯片激发三基色荧光粉的方法可以通过调节荧光粉的组成提高白光的显色指数，但是这种方法由于受到所使用的紫外光 LED 芯片发光效率的影响，所获得的白光的发光效率相对偏低，另外，高转换效率的三色荧光粉特别是高效红色荧光粉也难以获得，由于使用的是紫外芯片，防止紫外线泄露也是需要考虑的一个重要方面。直接采用 RGB 三基色芯片的方法避免了荧光粉的使用，提高了转换效率，降低了能量损失，且混色方便，通过调节各个发光芯片的强度，可以方便调节所获得白光的色温，容易获得高显色指数、高发光效率的暖白光 LED。这种获得白光 LED 的方法虽然有很多优点，但是也存在问题，一方面这种方法由多个不同颜色的芯片组成，安装结构复杂，各色 LED 的驱动电压、发光效率、配光特性不同，需通过电流调节红、绿、蓝三基色的强度，电路实现上较复杂；另一方面，不同颜色的 LED 老化特性不同，这样会导致不同颜色 LED 的光衰差异，影响混合所得的白光的稳定性[67]。

衡量白光 LED 的主要技术指标包括电学、光学和色度学参数，重要性能参数及含义见表 2-5。

表 2-5　LED 重要性能参数及含义

LED 参数		单位	参数含义
电学特性	正向电压(V_f)	V	输入工作电流所对应的输入电压值，一般给出典型值和最大值
	反向电流(I_r)	μA	在特定反向电压下的电流值
光学特性	输出光功率	W	光源在单位时间内输出的光功率
	光通量(Φ)	lm	光源在单位时间内发出的光量总和
	发光效率	lm/W	光源所发出的总光通量与该光源所消耗的电功率(瓦)的比值，表征光源的节能特性
	主波长(λ_d)	nm	人眼所能观察到的由 LED 发出的主要单色光的波长，描述 LED 色度特性
色度特性	色坐标(CIE)	—	表示光源的发光颜色
	相关色温(CCT)	K	当光源所发光的颜色与黑体在某一温度下辐射的颜色接近时，黑体的温度就称为该光源的相关色温
	显色指数(Ra)	—	把光源对物体真实颜色的呈现程度称为光源的显色性，以标准光源为准，将其显色指数定为 100，其余光源的显色指数均低于 100

就白光 LED 来说，其封装成品发光效率是由内量子效率、电注入效率、提取效率和封装

效率的乘积决定的。其中,内量子效率主要取决于 PN 结外延材料的品质,如杂质、晶格缺陷和量子阱结构,目前最高的内量子效率达 80%,甚至更高;电注入效率是由 p 电极和 n 电极间的半导体材料特性决定的,如欧姆接触电阻,半导体层的体电阻(电子的迁移率),对460 nm 蓝光(2.7 eV)LED,导通电压为 2.9~3.2 V,所以电注入效率达到 90%;提取效率由半导体材料间及其出射介质间的不同折射率引起界面上的反射,导致在 PN 结发射的光不能完全逸出 LED 芯片;封装效率由封装材料荧光粉的转换效率和光学透镜等决定。电注入效率和提取效率与 LED 芯片制造技术相关,内量子效率与 MOCVD 外延技术相关,封装效率与封装技术有关。

得益于各个国家的投入和支持,自从 1991 年第一支 GaN 基发光二极管诞生,该领域一直处于突飞猛进的快速发展时代,不断提升和突破氮化物外延、芯片制备及封装的各种关键技术。外延技术方面,蓝宝石图形衬底外延技术、SiC 衬底外延技术等外延技术改进,以及外延设备的更新换代,让外延材料的晶体质量不断提高,从而不断提升 LED 内量子效率;芯片制备方面,新型 p/n 电极体系减小器件的接触电阻和体电阻,提升电注入效率,通过芯片塑形、表面粗化、全角反射镜、键合及激光剥离、倒装芯片、光子晶体、薄膜芯片、AC LED 芯片等技术改善芯片光提取效率;封装方面,提升荧光粉的转换效率、降低封装体热阻。

各国纷纷实施了国家级半导体照明计划,如美国"国家半导体照明计划",日本"21 世纪光计划",欧盟"彩虹计划",韩国"GaN 半导体开发计划",我国台湾的"21 世纪照明光源开发计划"以及我国大陆的"半导体照明工程"。目前,我国在上海、大连、南昌、厦门和深圳五个城市建立了半导体照明产业化基地,半导体照明产业从外延片、芯片、封装到应用已形成成熟的产业链,与国外先进水平不断缩小。经过 20 多年的研究与发展,GaN 基功率型发光二极管的性能得到大幅度提升,价格不断下降,白光 LED 发光效率由最初的 5 lm/W,达到 303 lm/W(美国 CREE 公司报道)。表 2-6 是目前一些 LED 生产厂商和研究机构报道白光 LED 相关技术指标。

表 2-6　国内外白光 LED 相关技术指标(数据来源:中国科学院文献情报中心查新)

国外企业/机构	电流/mA	发光效率/(lm/W)	衬底
欧司朗	350	142	蓝宝石
飞利浦	350	135	蓝宝石
三星	350	155	蓝宝石
日亚化学	350	159	蓝宝石
新世纪光电	350	130	蓝宝石
迪源光电	350	140	蓝宝石
中国科学院半导体研究所	350	160	蓝宝石

然而,发光二极管在普通照明上全面取代传统光源,还要面临材料、器件、封装等各环节的重重挑战:

(1)外延质量及材料结构设计:GaN 外延片的质量是影响 LED 性能的根本性因素。目前的研究方向有:p 型掺杂优化,通过电子阻挡层及有源区结构设计来降低 Droop 效应,纳米图形衬底外延技术和同质外延技术等。

(2)芯片结构设计:芯片结构设计是影响发光二极管光学(提取效率)、电学(电流分布)及热学(散热性能)性能的重要因素。目前,提取效率低和可靠性差是制约 LED 发展的主要因素之一。

(3)高可靠的封装技术和驱动:不好的封装结构,很容易由于散热不良而导致器件失效。LED 封装技术应满足以下两个要求:提取效率尽可能高和热阻尽可能低。LED 灯具的可靠性和使用寿命很大程度上取决于光源驱动和灯具封装的质量,光源驱动和灯具是芯片之外需要花费更多精力的重要环节,只有这样,才能真正实现 LED 光源的长使用寿命。

2.3.1.5 LED 在照明领域的应用及前景

半导体照明发光二极管的应用场合包括通用照明、交通信号灯、显示屏、背光源、景观照明、投影仪等领域。

LED 作为点光源,具有很大的设计自由度,我们可以根据不同环境、场合的需求定制式地开发拥有高品质光线的灯具甚至智能灯具,这将成为下一步更受关注的焦点。下面总结半导体照明发光二极管的发展趋势:

(1) LED 芯片可以达到极高的光效,LED 光源的光效还有很大上升空间。同时,改善 LED 光源的光效和光品质后,未来将在普通照明领域全面取代传统照明光源。

(2) 光源驱动和灯具封装的质量改善,真正实现 LED 光源的长使用寿命。

(3) 源于半导体材料能带宽度可调的天然优势,在适当的条件下,一定范围内可实现芯片主波长轻易可调(光谱功率分布可调)。

(4) 发展无金线、无支架、无荧光粉、无电源、无散热的 LED 光源,进一步降低成本和提高性能。

(5) 人们通过开发半极性和非极性 GaN 基材料制备高光学偏振度的 LED 芯片,这在偏振光学应用当中显得非常有前景。

(6) LED 是一个高频率响应的器件,可以应用于可见光无线通信(light fidelity,LiFi)当中,开发智能照明系统。

(7) 特种光源研制,如用于医疗、植物培育等。

LED 就像一颗璞玉,工程师们打磨玉石的水平越高,就越能开发出高光学品质的 LED 光源。就像 E. Fred Schubert 所说,"固态光源是一个智能光源,可以满足不同应用环境的需求,会给照明、汽车、交通、通信、成像、农业、医药等领域带来极大益处"[68]。

2.3.2 蓝绿光激光器(LD)及其应用

2.3.2.1 GaN 基半导体激光器简述

半导体激光器又称激光二极管,是以半导体材料为工作物质的一类激光器件。自 1962 年问世以来广受关注和重视,成为世界上发展最快、应用最广泛、产值最大、最实用和最重要的一类激光器。从1970年代末开始，半导体激光器的发展有两个方向，一是以提高光功率为目的的功率型激光器，二是以传递信息为主的信息型激光器。

GaN基紫光激光器因其波长比较短，适用于高密度的光存储，以及彩色激光复印和打印机等方面；由于海水对蓝光的吸收远小于其他波长，绿光波段也是塑料光纤和海水光传输的低损耗窗口，故GaN基蓝光激光器可以用于水下通信，绿光激光器是局域网通信和水下探测的关键光源。特别是当前激光显示方兴未艾，国际显示巨头索尼、松下、日立、东芝、三菱、爱普生、三星和LG都纷纷加大在激光显示领域的研发力度，欲抢占技术源头。激光显示技术是以红绿蓝(RGB)三基色激光为光源的显示技术，其色域覆盖率可达自然色彩的90%，即NTSC标准的2倍以上，同时完全继承数字时代的高分辨率、数字信号等特征，甚至能在曲面上呈现清晰的画面，并且易于实现三维立体成像。所以，激光显示具有更大的色域、更高的对比度，能够最真实地再现客观世界丰富、艳丽的色彩，提供更具震撼的表现力，被称为“人类视觉史上的革命”。GaN基蓝光和绿光激光器是实现高效率便携式激光显示的RGB三基色光源的核心器件，在电视、家庭影院和投影机等领域具有巨大的应用前景。2013年激光微投影机市场约2 000万台，根据日本住友电工的调研与分析，以后将以每年2～3倍的速度增长。当前是发展GaN基蓝光和绿光激光器的重要契机。在刚刚结束的2014年国际氮化物会议(IWN2014)上，包括Nakamura在内的许多学者强调要重视GaN基激光器在强光照明方面的应用。总之，氮化物半导体激光器在高密度信息存储、激光显示、水下，以及塑料光纤通信、生物医学等民用和军用领域都有重要而广泛的应用，是光电子产业的龙头产品。

2.3.2.2　GaN基激光器的发展过程

1995年12月，当时在日本日亚公司的Nakamura等人[69]成功研制出电注入脉冲激射的InGaN/GaN多量子阱蓝紫光激光器，标志着短波长半导体激光器的实现。一年后，他们通过一系列结构优化，比如利用短周期的AlGaN超晶格作为包覆层，研制出脊形波导的激光器，室温连续工作时长接近30多小时。后来，通过采用侧向外延的生长技术，将GaN晶体中的位错密度大幅减少，在此基础上蓝紫光激光器的使用寿命达到几千到一万小时，并在1999年初步实现商业化。

21世纪初，众多研究机构和厂商投入巨资，形成GaN基紫光激光器研究的高潮。近几年来，受激光显示巨大市场需求的推动，GaN基激光器的研究重点转向蓝光和绿光激光器。

相比于紫光激光器，蓝、绿光激光器的一个关键问题是随着发光波长增加，波导层与有源层的折射率差减小，因而光学限制因子减小，造成模式增益减小而阈值电流密度增加。因此，需要设计蓝光激光器的新结构。此外，由于高In组分掺入，导致有源区量子阱中高的缺陷密度以及斯塔克效应造成的内量子效率低下等问题，都导致绿光激光器的进展相当缓慢。直到2009年，GaN基激光器激射波长才超过500 nm。在2009年，德国OSRAM公司报道了激射波长为515 nm的c面GaN基激光器的脉冲激射。日本日亚公司则实现了c面GaN基绿光激光器的连续激射，波长在510～515 nm之间，阈值电流为53 mA，在5 mW的室温连续工作模式下，使用寿命超过5 000 h。

在生长和制作非极性和半极性绿光激光器方面，2009 年 Sumitomo 公司在(20$\bar{2}$1)面衬底上实现了波长为 531 nm 的脉冲激射，这是第一只 GaN 基衬底上的绿光激光器。近几年，在半极性面和非极性面上生长制作 GaN 基绿光激光器取得了较大进展，主要集中于 Sumitomo、Soraa、Corning 公司及 UCSB 的研究小组。UCSB 的研究小组在 2012 年底报道了(20$\bar{2}$1)面上生长的绿光激光器，激射波长为 495 nm，阈值电流密度为 10.7 kA/cm^2，这个特性参数与早期的蓝光激光器的数值是相当的。

在国内，相对于大规模、高投入的氮化物 LED 研究，氮化物半导体激光器研究始终只集中于少数几个单位。2002 年初，国家高技术研究发展计划(863 计划)设立光电子材料与器件重大专项课题"GaN 基激光器"，并在全国进行招标，中国科学院半导体研究所和北京大学同时中标。从 2002 年初到 2004 年底，两个课题组各自独立地进行了艰苦的研究工作。北京大学于 2004 年 7 月在国内首次实现了光泵浦下波长为 410 nm 的 GaN 基多量子阱激光器受激发射；2004 年 11 月，半导体研究所宣布电注入条型 GaN 基激光二极管的受激发射，2004 年 12 月，北京大学同时实现了波长为 405 nm 的电注入条型和脊形波导 GaN 基激光二极管的受激发射。这标志着 863 计划项目所确定的目标，即我国 GaN 基激光器零的突破得以实现。此后，为期半年的 863 计划滚动项目实施过程中，北京大学又在激光器结构的优化设计、电学特性控制、掺杂技术、器件工艺等多方面都取得新的突破；提出了新型应变量子阱结构，并在国内首次实现基于一维光子晶体 DBR 腔镜面结构的 GaN 基激光器和超薄无支撑 GaN 基激光器两种新型原型器件半导体激光器的电注入受激发射。之后，中国科学院半导体研究所课题组于 2007 年 4 月在国内首次成功研制了室温连续工作的 GaN 基紫光激光器，2010 年 1 月与中国科学院苏州纳米技术与纳米仿生研究所合作，成功研制了脉冲条件下波长 450 nm 的蓝光激光器。目前，研制的蓝光激光器阈值电流密度约为 3 kA/cm^2，阈值电压为 5 V，接近国际先进水平。2013 年中国科学院半导体研究所研制出峰值功率达 15 W 的大功率 GaN 基紫光激光器(波长为 410 nm)。北京大学课题组也成功研制出 GaN 基蓝光激光器，开展了相关的材料、器件和物理等方面的研究，特别是对于在高应变、强极化条件下量子异质结构的能带特征、电子和空穴的输运性质、载流子辐射和非辐射复合过程等进行了深入的研究，不断取得进展。

2.3.2.3 GaN 基激光器的基本结构

GaN 基 LD 和 LED 同为半导体发光器件，其基本结构和工作原理有相似之处。但是，两者又有很大的不同。在阈值电流以下，LD 与 LED 都是利用注入有源区的载流子自发辐射复合发光；而在阈值电流以上，LD 是受激辐射复合发光，其光束具有高度的单色性、相干性、方向性和偏振性。从科学和技术的角度看，GaN 基 LD 和 LED 的研究是可以相互联系的，都面临诸如外延材料晶体质量、量子阱效率和 p 型掺杂等共同的问题。但是，GaN 基 LD 的结构更为复杂，对晶体质量要求更高，工艺加工更加困难，在科学、技术和工艺等多方面都面临更多的挑战。

InGaN/GaN 多量子阱 LD 结构示意图如图 2-49 所示。它需要具有完整的横向、纵向和侧向的三维结构，以实现对光和载流子的分别限制。以对光的限制为例，在横向，即出光方向形成谐振腔，一般是沿着特定晶面的自然解离面或者腔镜面镀膜形成 F-P 谐振腔；在纵向，即垂直于出光方向需要二维的光限制，通常是沿着生长方向利用波导层和光包覆层与有源层的折射率差形成光限制；在侧向，则通过刻蚀形成脊形波导结构。同时，脊形波导结构可以把电流限制在很小的区域内注入，从而提高有源区内的电流密度，易于实现激光激射所需要的粒子数反转这一个必要条件。所以，LD 与 LED 器件有很大的不同，下面就 LD 的特殊结构做进一步说明。

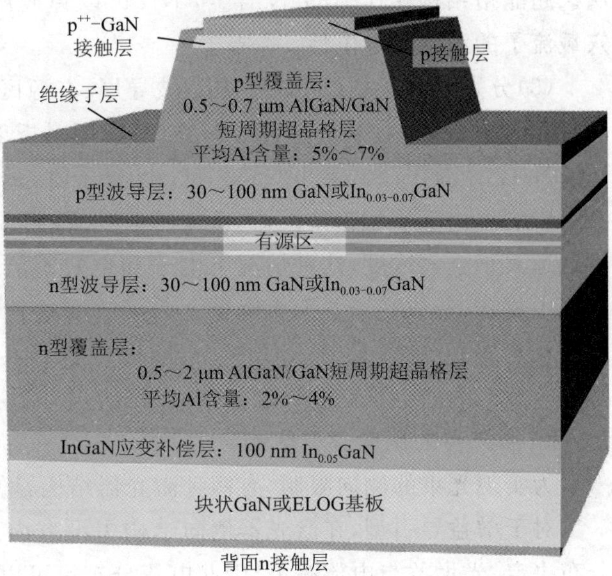

图 2-49 InGaN/GaN 多量子阱 LD 结构示意图

1. 纵向和横向外延结构

(1)衬底和缓冲层(buffer layer)。由于 GaN 没有天然的体单晶，而自然界也没有与之晶格匹配良好的衬底，因此人们不得不采用一些晶格失配较大、热膨胀系数有差别的衬底进行异质外延。在此情况下，由于衬底与外延晶体晶格的失配、热膨胀系数的差别及晶体极性的不同，难以获得晶格完整的高质量外延层。这是多年来阻碍氮化物研究的主要困难之一。

目前缓冲层或两步生长法工艺被广泛地用来解决衬底失配问题，以提高外延 GaN 的质量。这种方法在衬底和外延层之间沉积一个过渡层(缓冲层)，以此来释放晶格失配应力和热应力，或阻挡位错延伸进外延层从而得到高质量的外延层晶体。这种技术在所有的 GaN 基 LD 中都有使用。

近年来，随着 HVPE 等生长技术的进步，GaN 厚膜甚至大尺寸 GaN 衬底的获得，GaN 基 LD 的同质外延得以实现。GaN 量子阱晶体质量得到提高，内部损耗相应降低，因而可以减小激射所需的阈值电流密度，同时有效改善大电流产生的热效应，从而进一步提高器件的使用寿命。

(2)覆盖层(cladding layer)。覆盖层位于光波导层和电极接触层之间，其作用主要是将光场更加有效地限制在有源区内，提高限制因子。对于覆盖层必须根据有源区和波导区的带隙和折射率进行相应选择和设计，可以是对称结构，也可以是非对称结构。

对于可见光波的有源区一般采用 InGaN/GaN 量子阱，波导层可为 GaN 层，覆盖层则采用 AlGaN 合金。这里 Al 的含量可以调整，随着 Al 含量的改变，AlGaN 合金的带隙和折射率会相应发生变化，这样就可以通过在生长过程中调整 Al 组分来实现最好的光限制。然而，在生长 AlGaN 的过程中，由于 AlGaN 与 GaN 之间存在比较大的晶格失配，随着 Al 含量的升高，AlGaN 在生长到一定厚度时就会产生大量的裂纹，大大增加了线缺陷密度，同时造成后期工艺失败。于是就利用超晶格(super lattice)结构适当释放应力，以便生长出比较厚的覆盖层。超晶格结构相比 AlGaN 合金，不仅可以释放压力、降低位错密度，同时能有效地提高空穴载流子的浓度和导电性。

(3)分别限制异质(SCH)结构：波导层、有源区和电子阻挡层。波导层一般采用 GaN，它的带隙大于 InGaN/GaN 多量子阱有源区，同时折射率小于超晶格覆盖层。量子阱一般采用 InGaN/GaN 量子阱或者 InGaN/InGaN 量子阱，量子阱的个数和相应的阱垒宽度都对于光增益有影响。由于 p 型掺杂困难，载流子浓度低，而 LD 的工作电流大，使得有源区中的电子浓度远远大于空穴浓度，这种情况下电子和空穴不能有效地在有源区复合，而在 p 型波导和超晶格中复合，造成光增益大大降低。为了改变这种情形，在量子阱和 p 型波导之间加入一层带隙较宽的高 Al 含量的 AlGaN 合金，称为电子阻挡层。其作用主要体现在两个方面：一是阻挡有源区内的电子向波导层扩散；二是防止有源层在以后的高温生长中受到损害。

2. 激光器的侧向导引结构

为实现光束的侧向限制，有两种激光器结构：增益导引型和折射率导引型。

对于增益导引型，在激光器侧向结构中没有内建波导，侧模的控制完全由电流在侧向的分布决定，光增益与电流有关，因此电流分布也可以控制光场。激光器主要有两种结构：一是属于增益导引机制的条形结构，光的侧向控制是由侧向电流分布决定的，因此电流的变化就会带来光场模式的变化，所以增益导引结构激光器的光场模式很不稳定，且通常是多模工作。二是折射率导引结构，通过侧向脊形内外的折射率差而不是通过电流来控制光场模式，因此该结构对光的控制更好，光学模式更稳定，易于实现单模工作。

实现折射率导引的结构主要有脊形波导或掩埋脊形波导结构。脊形波导的主要特点是台面刻蚀到 p 型限制层，以利于电流的注入，具有较好的电流限制效果。但是，由于脊形的存在导致侧向折射率的变化，使得侧向光限制变差。掩埋脊形波导结构就是在脊形台阶两侧生长低折射率材料将脊形包围，利用激光器内外的折射率差形成波导结构。其主要特点是有源区被掩埋在低折射率的限制材料内，从而同时获得较好载流子限制和光限制。缺点是深刻蚀造成有源区的损伤，掩埋结构必须进行二次生长，工艺很复杂。

2.3.2.4 GaN 基激光器面临的挑战和发展展望

GaN 基激光器面临的挑战是多方面的，许多方面与 LED 面临的问题是类似甚至相同的，比如生长材料的缺陷控制、p 型掺杂等等，在此不再赘述，而主要讨论量子阱和激光器小型化问题。

1. 量子限制斯塔克效应(QCSE)与绿光缺口(green gap)

InGaN/GaN 多量子阱作为发光有源层是 LD 和其他 GaN 基光电子器件中的核心结构，其发光效率，尤其是其内量子效率，是决定器件性能的主要因素。而 InGaN/GaN 量子阱的研究涉及诸多复杂的物理过程和重要的科学问题。

具体地讲，纤锌矿结构的Ⅲ族氮化物为六方晶相结构，其对称性不及立方晶相结构，且为离子型半导体，因此具有极强的自发极化场；另外，激光器的有源层等均是异质结构，不同材料之间的晶格失配引起应变极化，产生很强的应变极化电场。研究表明，这种内建电场可高达 1～3 MV/cm。在 InGaN/GaN 量子阱中，由于大的极化电场，量子阱中的能带会发生倾斜而引起电子和空穴在空间的分离，如图 2-50 所示。这种具有量子限制效应的载流子与电场相互作用，可以类比为原子能级在电场下的斯塔克效应，称为量子限制斯塔克效应（quantum confined stark effect，QCSE）。此效应使得量子阱能带形状发生倾斜，实际发射出的光子能量比量子阱的禁带宽度要小，即发射波长红移；同时，量子阱中电子和空穴在空间分离，波函数交叠积分减小，辐射复合效率降低。从而导致发光器件的辐射复合寿命延长和内量子效率降低。

自 GaN 光电子器件研究之初，人们便开始研究减小 GaN 基量子阱中 QCSE 的诸多方法，极化电场对量子阱的作用和影响始终是不可回避的问题，现在仍然需要进行深入的研究。

从另一角度看，应变和极化改变能带形状，影响电子的能态和量子跃迁的选择规律，所以，应变和极化可以成为半导体能带工程的新的自由度，成为器件功能调控的新手段。鉴于此，从理论和实验两个方面研究应变和极化的规律和效应，确定高应变和强极化条件下 InGaN/GaN 量子阱的能带特征，通过应力调控改善 InGaN/GaN 多量子阱的内量子效率仍然是有待继续深入的研究工作。

InGaN/GaN 量子阱中 In 组分越高，自发极化及晶格失配造成的压电极化越强，随之量子阱中的极化电场越大，所以 QCSE 效应越显著，即长波长黄绿光的量子阱发光效率越低。同时，掺入 In 组分越高，生长量子阱时的晶体质量越差，会有更多的缺陷。因此，相比于 GaN 基蓝紫光发光器件的高发光效率，GaN 基绿光发光器件的效率很低，也低于传统的 InGaAsP 基红光发光器件的效率，这种现象称为绿光缺口（green gap），如图 2-51 所示。突破绿光缺口，研制高效的绿光 GaN 基激光器仍然是当前面临的巨大挑战。

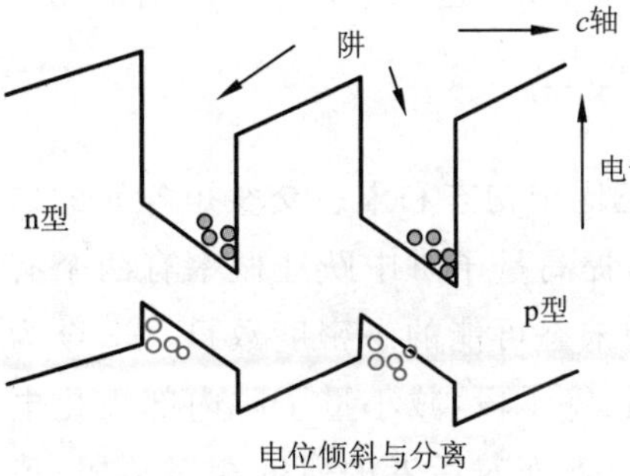

图 2-50　InGaN/GaN 量子阱中的 QCSE 现象

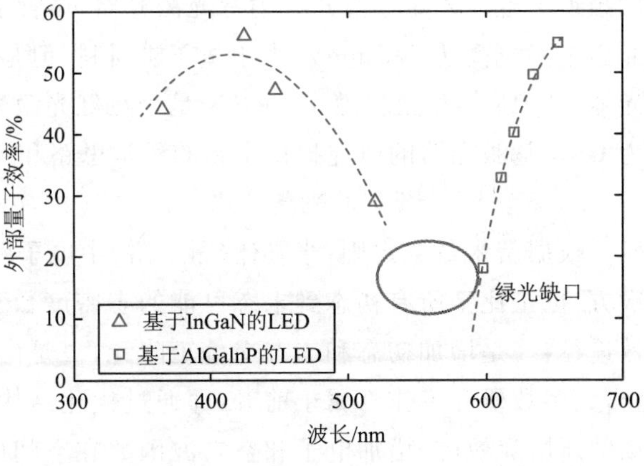

图 2-51　半导体大功率 LED(>1 W)的外量子效率

2. GaN 基量子点激光器

至今氮化物激光器主要采用 InGaN 量子阱结构作为有源区，由于氮化物材料的态密度高、极化效应强和缺陷密度高等材料固有特性，在突破其发光效率面临的绿光缺口瓶颈时困难重重。

首先，理论上 GaN 基量子阱激光器具有较高的阈值电流密度。这是由 GaN 基材料的固有性质决定的。GaN 基材料的电子和空穴有效质量较大，分别为 0.22 m_e、1.2 m_e（对砷化镓

GaAs，分别为 0.067 m_e、0.5 m_e，其中 m_e 是自由电子质量)，导致 GaN 基量子阱的态密度高，特别是价带的态密度比导带中的态密度更高，使得激光器需要非常高的透明载流子密度。其次，GaN 基量子阱的发光效率受极化效应影响很大，量子限制斯塔克效应显著，导致载流子复合概率降低。极化效应随着量子阱发光波长变长而急剧增大，尤其是在目前激光显示急需的绿光波段更加凸显，成为制约激光器性能的主要因素。再次，GaN 基量子阱的发光性能对缺陷很敏感。目前，即使是使用 GaN 衬底，其缺陷密度仍然比 GaAs 材料高出几个数量级，达到 $10^6 cm^{-2}$，甚至更高。尤其是在绿光波段，高 In 组分的 InGaN 材料失配更大，从而会形成更多的缺陷。缺陷的存在不仅会造成载流子的非辐射复合，增加激射阈值，而且是影响器件使用寿命的关键因素。因此，高缺陷密度是阻碍氮化物激光器性能提高的主要原因之一。

有鉴于此，应该从科学上寻求新的突破方向。根据量子力学原理，在一维限制量子阱的基础上，探索在更多维度上受限的氮化物半导体纳米结构，实现对载流子的调控。在此基础上，研究 GaN 基量子点半导体激光器，可预见的优势体现在以下方面：量子点异质结构中高密度载流子的高度局域化，可增强多体效应和激子效应，通过库仑力相互作用使增益得到极大的提高，理论上量子点的增益是量子阱增益的 10 倍左右；量子点态密度呈 δ 函数分布，对量子点激光器而言，受激辐射与电子和空穴的有效质量无关，可排除有效质量的影响，阈值电流密度有望降低两个数量级以上；量子点更容易通过弹性弛豫释放应力，大幅度降低极化效应，同时可以获得无失配位错的纳米异质结构；较之量子阱结构，高度局域化的载流子对体材料中的缺陷更不敏感，可以大大减少体材料中的缺陷引起的非辐射复合。

GaN 基量子点激光器的巨大优势已经得到实验证实。2011 年 6 月，美国密西根大学首次报道了电注入量子点边发射绿光激光器，尽管由于量子点的非均匀性造成材料的自发辐射光谱半高宽高达 243 meV，大于量子阱材料，但是，量子点激光器的性能全面超越了量子阱激光器。2013 年甚至报道了 InGaN 量子点红光激光器(λ=630 nm)，这些令人振奋的结果无疑为 GaN 基激光器的研究提供了新的科学思路和突破口。

3. 等离激元耦合发光新结构

根据费米黄金定则，半导体(量子阱)中电子跃迁概率正比于初态和末态交叠矩阵元的二次方，也正比于所有初态到末态可能的态密度数目。因此，提高量子阱中跃迁概率有两个有效途径：一是增加初态和末态交叠矩阵元，二是增加初态到末态可能的态密度数目。迄今为止，大多数研究工作都属于前者，即通过优化结构、改进生长等手段，减小量子阱内部极化电场的斯塔克效应，增加电子和空穴波函数在空间的交叠积分。而对后者的研究相对薄弱，值得予以重视。为增加初态到末态可能的态密度数目，可以尝试许多途径，例如，将有源层放入光学微腔中，比如共振腔、光子晶体及等离激元微腔等。

表面等离激元(surface plasmon，SP)是沿着金属/介质界面方向传播的电子疏密波，它通过金属损耗或者散射出光的方式耗散能量。当沿着传播方向波矢量很大时，SP 的色散关系与光子的有很大差异，特别是接近共振能量时，SP 态密度理论上可以达到无穷大。态密度的增加可以增加电子跃迁的概率，这种增强效应与微腔中的 Purcell 效应类似。同时，SP 可能通过界面不平整或者周期光栅散射出光进入自由空间，这种机制不受内全反射的影响，因而可以增加光萃取效率。然而 SP 的隐失波特性要求金属与有源区的距离较近，因为 SP 与电子-空穴耦合相互作用随着两者之间的距离呈指数衰减，在宏观上，表现为金属中的趋肤深度和介质中的穿透深度。如何设计合理的微纳尺寸结构，增强 GaN 基电注入发光器件的效率是关键问题之一。

此外，基于 SP 的器件在工作中不可避免地会因为金属的焦耳热损耗带来能量的耗散，这在有源器件中更为突出。特别是电注入的增益器件，只有模式增益大于损耗时才能工作。由于金属在 SP 共振能量附近的强损耗，需要注入大量的载流子来维持净增益，而此时的电流密度器件已无法承受。另一方面，SP 耦合的优势在于电磁场被限制在界面附近纳米尺度的范围内，理论上可以突破光学衍射极限来制备亚波长尺度的器件。但是，这种限制作用越强，电磁场在金属中的损耗越大，因此在模式增益和亚波长限制两者之间必须找到平衡点。

4. 表面等离激元耦合纳米 LD

自从半导体 LD 提出以来，器件尺寸的小型化一直是研究者关注的问题之一。传统的电介质材料 LD 由于光学衍射效应，在每个方向的尺寸应大于半波长。2007 年，Hill 等人利用金属/介电材料复合腔结构制备了电注入红外波段的纳米 LD。在此之后，纳米 LD 的制备均是利用等离激元金属复合腔，陆续实现了在可见光波段光泵浦的脉冲模式和连续模式激射，并实现了在红外通信波段三维方向亚波长的电注入纳米 LD。然而当波长减小，进入近红外和可见光波段时，金属的损耗非常大，因此可见光波段的电注入纳米 LD 目前尚未报道。

2.3.3　紫外光 LED 及其应用

2.3.3.1　紫外光 LED 概述

随着基于 InGaN/GaN 的可见光发光二极管日趋成熟并广泛应用于户外屏幕、平板显示、景观照明等商业领域，越来越多的研究机构和人员将目光转向基于 AlGaN 材料的紫外发光二极管(ultraviolet light-emitting diode，UV LED)。紫外光波段依据波长通常可以划分为：长波紫外或 UV-A(320～400 nm)、中波紫外或 UV-B(280～320 nm)以及短波紫外或 UV-C(200～280 nm)。AlGaN 材料的禁带宽度随着 Al 组分从 0 到 1 变化可以相应实现从 GaN 材料的 3.43 eV 到 AlN 材料的 6.04 eV 的调谐，对应发光波长覆盖了几乎从 UV-A 到 UV-C 的全波段。

紫外光 LED 在生化探测、杀菌消毒、聚合物固化、非视距通信及白光照明等领域都有重大应用价值。许多生物分子的化学键与 270～350 nm 波段的紫外光有强烈的光学共振。基于这一原理，使用紫外光 LED 可以实现各种生物探测，如基于荧光的 bioagent 识别等。深紫外光 LED 可以用于检测生化武器所释放的致命生化颗粒。在杀菌消毒方面，目前普遍使用低压汞蒸气灯来杀菌消毒，低压汞蒸气灯携带不方便，而且能耗也比较大，还极易造成环境污染。便携、全固态、能耗小、长使用寿命的深紫外光 LED 将会是低压汞蒸气灯的优良替代品。利用深紫外光 LED 的杀菌消毒可以净化水源，使之成为直接可饮用水。

紫外光 LED 作为固态光源，具有小巧便携、绿色环保、波长易调谐、电压低、功耗小等诸多优点，代表着未来紫外光源的发展趋势。根据 2012 年 Yole Dèveloppement 公布的市场调查显示，传统的紫外光源市场发展速度约为10%的复合年增长率，与此同时，紫外光LED市场份额将从2012年的12.7%发展扩大为2017年的34.7%，逐步替代传统的紫外光源，占据相关紫外光源市场。目前UV-A和UV-B波段的应用市场占了整个紫外光LED市场的89%，其中紫外固化占了最重要的市场份额，而UV-C波段的深紫外光LED市场却被器件相关的低输出功率和低量子效率限制了规模。

2.3.3.2 紫外光LED的国内外研究现状

从技术研发的角度看，紫外光LED相关研究迄今已有近20年。国际上关于紫外光LED的研究最早开始于20世纪90年代，这一时期对于紫外光LED的研究基本上是InGaN/GaN基蓝光LED往短波长方向的拓展，波长多在370～400 nm之间，尚属于近紫外光波段。由于日本在20世纪90年代率先发明了氮化物蓝光LED，在氮化物材料和器件领域的研究基础使得他们紫外光LED领域的研究起步较早，占据领先优势。而在20世纪初，美国DARPA启动了研制晶体管紫外光发射器的项目[该项目称为半导体紫外光源(semiconductor ultraviolet optical source，SUVOS)]，大大促进了对于紫外光LED光源，尤其是深紫外光LED光源的广泛而深入的研究，并使得美国超越日本，在该领域长期处于国际领先水平。

1998年，美国Sandia国家实验室的J. Han等人采用$Al_{0.2}Ga_{0.8}N$/GaN多量子阱(multiple quantum wells，MQWs)结构，制造出发光波长为353.6 nm的紫外光LED，这是第一只波长短于365 nm的紫外光LED。此后美、日的科学家们在紫外光LED的研制中不断取得突破和进展，相继报道了各种短波长的紫外光LED，发光波长的纪录一再被刷新。这其中的标志性进展包括：

2001年，美国南卡罗来纳州立大学的M. A. Khan等[70]人采用脉冲原子层外延(pulsed atomic layer epitaxy，PALE)技术，在蓝宝石衬底上外延生长了发光波长短至305 nm的紫外光LED，这是第一支UV-B波段的紫外光LED。

2002年，美国南卡罗来纳州立大学同一研究小组采用低缺陷密度的AlGaN缓冲层，以AlGaN单量子阱结构为有源区，实现了第一只UV-C波段的紫外光LED。

2006年，日本NTT基础研究实验室的Y. Taniyasu等人研制了p-i-n结构AlN基LED，并成功实现波长210 nm的发光，这是迄今为止所报道的最短波长氮化物LED。

目前人们已经可以实现从210～360 nm全波段的紫外光LED，随着发光波长变短，发光层中AlGaN材料的Al组分相应增大，从材料外延生长到器件制作的难度也随之增大，光输出功率逐渐降低。对于210 nm的AlN p-i-n LED，在40 mA电流的发光功率仅为0.02 μW。但通过研究人员十多年来的努力，紫外光LED的发光效率还是取得了长足的进步。例如，1998年美国Sandia实验室报道的353.6 nm紫外光LED在20 mA电流下的光输出功率仅为13 μW，而2006年美国Sensor Electronic Technology公司报道的280 nm LED在20 mA电流下的输出功率达到了2.5 mW，波长更短，但输出功率却高了百倍。

目前在UV-A波段，来自日本、韩国等企业的竞争激烈，如日亚化学、美国SemiLeds、韩国Seoul Semiconductor等，正加速UV-A LED的价格降低和应用推广。由于LED产能过剩，一些可见光LED厂商可能会转入UV LED市场。虽然UV-A LED的市场不是非常大，但是利润很高。

在 UV-B 和 UV-C 波段，目前，国际上 AlGaN 基紫外光 LED 材料和器件研究的主要机构有：南卡罗来纳大学、伦斯勒理工学院、西北大学、波士顿大学、北卡罗来纳大学、佐治亚理工学院、耶鲁大学、美国海军实验室、圣地亚国家实验室、德州理工学院、堪萨斯州立大学，美国 SETi 公司、Hextech 公司，日本名城大学、理化研究所、京都大学、东京大学、日亚公司、Crystal IS 公司，德国费迪南德-布劳恩研究所等。国内的研究机构主要有中国科学院半导体研究所、北京大学、厦门大学、青岛杰生电器公司等。

图 2-52 所示为 2009—2013 年 AlGaN 基深紫外光 LED 的 EQE 最新水平。尽管可见光和近紫外光 LED 的 EQE 已经达到优异的水平，然而波长小于 365 nm 的 AlGaN 基紫外光 LED 的 EQE 比可见光或近紫外光 LED 的要低至少一个数量级。

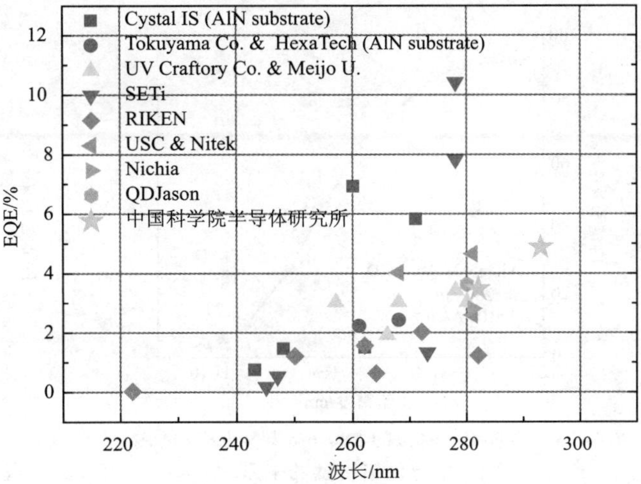

图 2-52　AlGaN 基深紫外光 LED 的 EQE 最新水平(2009—2013 年)

2.3.3.3　紫外光 LED 的核心技术难点

目前，AlGaN 基深紫外光 LED 的 EQE 仍然非常低，为 2%～3%的水平，这是因为仍然存在制约 AlGaN 基深紫外光 LED 效率的难题。具体如下：

1. AlGaN 外延材料中较高的位错密度

目前，由于缺乏合适的衬底(廉价、高质量、大尺寸的同质衬底)，平面的蓝宝石衬底是AlGaN 基紫外光 LED 的主要衬底选择。AlN 和AlGaN材料中的位错密度高达 10^{10}～10^{11} cm^{-2}，导致紫外光 LED量子效率低下。图 2-53 和图 2-54分别为 T Kolbe 模拟的 280 nm UV LED 的内量子效率与位错密度的关系和 Kazuhito Ban 等人报道的在弱激发和 1×10^{18} cm^{-3} 的载流子浓度下内量子效率与位错密度的关系。可以看出，当位错密度大于 10^{10} cm^{-2} 时，内量子效率只有百分之几，而当位错密度降低至 10^{9} cm^{-2} 量级时，280 nm UV LED 的内量子效率会提高到 10%～40%，而要将内量子效率提高到 40%以上，位错密度则要降低到 10^{8} cm^{-2}，甚至更低的水平(不同波长、不同载流子浓度、不同激励条件会有不同)。针对这些问题，国际上已经提出了多种方法来降低外延层中的位错密度，在前文中已经有讨论，这里不再赘述。

2. UV LED 的光提取效率低下

限制 AlGaN 基 UV LED 的 EQE 的另外一个主要因素是其较低的光提取效率。这主要原因如下：

(1)由于 p-GaN 对紫外光的强吸收，尤其是 UV-B 和 UV-C 波段，造成深紫外光 LED 的正面发出的光被大量吸收，因此深紫外光 LED 一般采用倒装结构，也有少量垂直结构的报道。

(2)由于平面蓝宝石衬底不能有效地降低内部全反射,以及蓝宝石衬底比较坚硬,缺乏简单有效的表面粗化方式,造成光提取困难。N Lobo 的模拟表明:无反射镜和无封装的倒装结构 UV LED 的光提取效率仅有 7%~9%的水平。

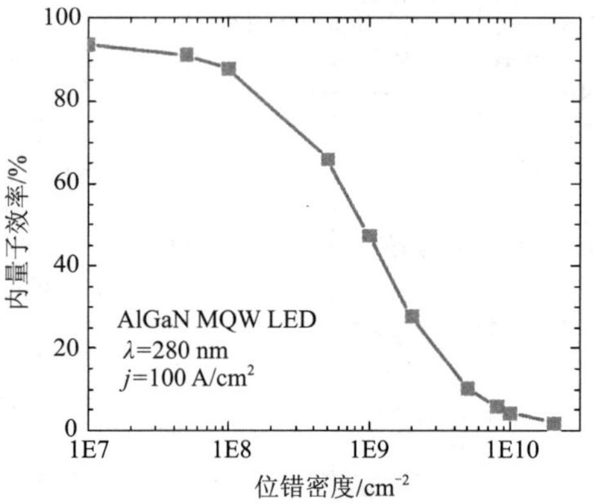

图 2-53 T Kolbe 模拟的 280 nm UV LED 的内量子效率与位错密度的关系

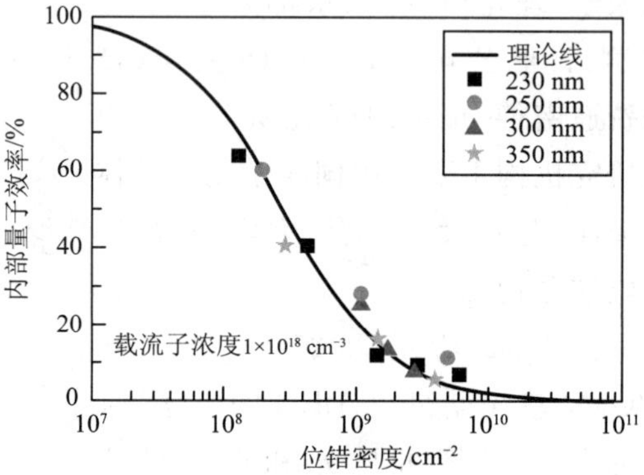

图 2-54 Kazuhito Ban 在弱激发和 $1\times10^{18}\ cm^{-3}$ 的载流子浓度下内量子效率与位错密度的关系

(3)对于可见光 LED 主要是 TE 模极化,而在 AlGaN 基 UV LED 中,随着 Al 组分的增加和波长的减小,TE 模向 TM 模转化。而对于生长 *c* 面蓝宝石上的 LED 来说,TE 模和 TM 模极化光分别在垂直和水平方向传播,因而 TE 模极化光比 TM 模极化光更容易从垂直方向提取,即 TE 模比 TM 模具有更高的提取效率。Han-Youl Ryu 的模拟表明:DUV LED 的 TM 模的光提取效率不到 TE 模的 1/10。所以,对于 AlGaN 基 UV LED,随着 Al 组分的增加和波长的减小,TM 模极化增加和 TE 模极化减少,成为其光提取效率低下的又一个重要因素。

3. 较低的电流注入效率

对于 AlGaN 等Ⅲ族氮化物,Si 和 Mg 分别是其最普遍的 n 型和 p 型掺杂元素。但是,随 Al 组分的增加,Si 施主能级不断加深,激活能持续增加,以及受主缺陷(Ⅲ族阳离子空位及其复合物、杂质、位错等)的形成对 Si 施主的补偿作用,导致难以获得高电导率和高载流子含量的 n 型 AlGaN。而 AlGaN 的 p 型掺杂则更为困难,由于 AlGaN 中 Mg 的深受主特性,随 Al 组分的增加,其激活能从 GaN 的 160 meV 几乎线性增加到 AlN 的 510~600 meV,从而导致非常低的 p 型激活效率,因此造成 p 型 AlGaN 的低空穴浓度和低电导率,空穴浓度远低于其 n 型的电子浓度。对于 AlGaN 基光电子器件,较低和不对称的电子和空穴浓度则会导致注入到有源区的电子泄露到 p 型区,使空穴注入效率降低,降低了量子阱中有效复合发光,引起 p 型区的长波寄生复合发光,以及 n 型和 p 型区电流扩展差,产生电流拥堵效应和热量的积累,最终降低了器件的发光效率和可靠性。

此外,基于 *c* 面蓝宝石的紫外光 LED 也像极性面蓝光 LED 一样受到氮化物极化效应的影响，金属极性的 AlGaN 材料具有较强的自发极效应，并且随 Al 组分增加其自发极化增强，以及 AlGaN/AlGaN MQWs 的阱和垒的 Al 组分的较大差异，沿 c 轴方向的异质结界面或量子阱区域产生强极化电场(内建电场)，导致能带弯曲，电子和空穴波函数的空间分离，即所谓的量子限制斯塔克效应。QCSE 导致载流子寿命增加，辐射复合效率降低，引起发光波长的红移。即使没有外界偏压的作用，由自发极化和压电极化电场也会高达 MV/cm，虽然二维电子气的形成对于 HEMT 等场效应器件有利，但是对于光电子器件来说，将会大大降低内量子效率。

总体而言，目前 AlGaN 材料质量和 p 型掺杂可以说是困扰紫外光 LED 的核心问题，尽管已有研究小组基于高质量 AlN 同质衬底展示了高性能深紫外光 LED 器件，但是考虑到未来相当长时间内 AlN 同质衬底的高昂价格，蓝宝石基紫外光 LED 仍然将占据主流地位。而一旦紫外光 LED 的 p 型掺杂技术获得突破，紫外光 LED 的量子效率和应用市场都将获得飞跃式的进展。

2.3.4　紫外光激光器及其应用

2.3.4.1　AlGaN 基紫外光激光器的前景及应用

Ⅲ族氮化物可见光、紫外光波段发光器件以其多样的应用领域和巨大的潜在市场引起人们极大兴趣。自从 1996 年 Shuji Nakamura 在日亚化工公司报道了 InGaN 基多量子阱激光二极管之后[71]，Ⅲ族氮化物的激光器随着 GaN 材料的外延生长技术的进步，低缺陷衬底材料的实现、成熟的器件设计和工艺条件的优化而得到蓬勃的发展，高性能 InGaN/GaN 基蓝光、绿光激光器已经在 GaN 同质衬底上实现产业化。另一方面，与 KrF、ArF 准分子激光器或 Nd:YAG 倍频固体激光器相比，AlGaN 基紫外光激光器拥有电光转换效率高、调制频率高、体积小和成本低的潜在优势。然而，AlGaN 基紫外光激光器的研究一直受限于高 Al 组分 AlGaN 材料的晶体质量、高效掺杂等瓶颈问题，目前的研究还处于实验室阶段。紫外光激光器在高密度储存、空气和水净化、精密光刻、印刷和检测、空间紫外通信(非视距传输)、化学传感等方面有很大的潜在的应用，对 AlGaN 基紫外光激光器的研究有助于加深对Ⅲ族氮化物材料和器件的理解，进一步提高器件性能，推动其市场化的脚步，使其获得更广泛的应用。

2.3.4.2　AlGaN 基紫外光激光器的研究进展

Ⅲ族氮化物的激光器从泵浦源上可以划分为光泵浦和电泵浦两大类。光泵浦的器件主要是采用光子能量大于增益介质的带边发光波长的光源激发增益介质产生光生载流子的复合发光，在注入光场能量足够强的情况下，完成谐振腔中增益介质的受激辐射发光而产生激光；电注入的器件主要是通过大电流密度的注入，使能带结构中的电子和空穴达到能带反转的情形，从而实现谐振腔中增益介质的受激辐射发光而产生激光。

在 AlGaN 基紫外光电子器件中，深紫外光 LED(200～320 nm)已经有产品上市，而深紫外光 LD 始终停留在光泵浦的水平。尽管早在 2006 年就已经实现了 AlN 材料在 214 nm 的光泵浦激射[72]，电泵浦激射的最短波长目前仍然只能达到2008年报道的336 nm。而要实现在电注入条件下激射的深紫外激光二极管，仍有待于核心外延材料技术水平和新型器件结构设计的突破进展。

1. 光泵浦AlGaN基紫外光激光器

AlGaN基紫外光激光器研究在光泵浦方面已经完成了波长短至AlN的激射波长的实验研究，在这方面的工作主要是研究AlGaN材料受激辐射特性，同时为电注入的激光器结构做光限制方面的验证。常规结构的F-P谐振腔类型的紫外光激光器的器件结构的有源区一般采用$Al_xGa_{1-x}N/Al_yGa_{1-y}N$的量子阱结构，谐振腔一般通过刻蚀或是解理的方法制作。光泵浦的器件结构相对于电注入器件而言相对简单，一般不需要电流注入层，通常直接采用高功率密度的深紫外激光源泵浦解理后的低密度位错的量子阱结构实现。

随着AlGaN材料体系的Al组分升高，从图2-55的统计数据可以看出，光泵浦激射波长往更短波长方向推进，光功率阈值密度急剧增加。由于AlN单晶衬底技术限制，早期AlGaN基紫外光激光器的衬底为蓝宝石或是SiC等异质衬底，由于异质外延的晶格失配导致的高位错密度和高质量激光器腔面解理困难，早期AlGaN基紫外光激光器的光泵浦阈值密度很高。随着AlN单晶衬底制备技术的突破，越来越多的实验组在AlN衬底上外延低位错密度的AlGaN紫外光激光器结构，并通过自然解理获得高质量腔面，从而实现器件激射的低光功率阈值密度。

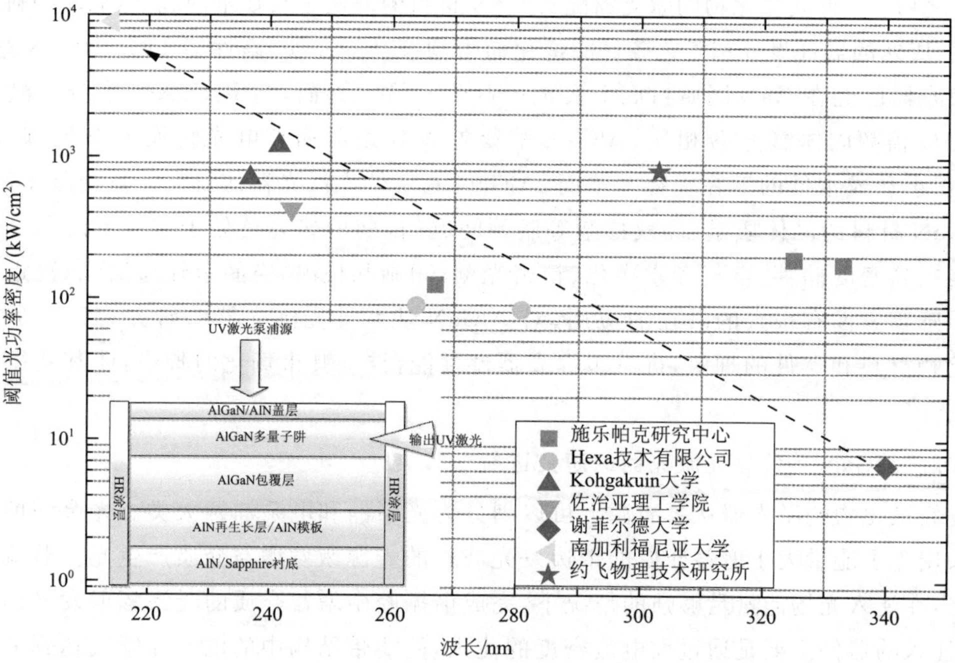

图2-55　光泵浦的AlGaN基紫外光激光器的研究进展

早在2004年，日本工学院大学(Kohgakuin University)的Takayoshi Takano等人在室

温下实现 $Al_xGa_{1-x}N$ 多量子阱激光器的脉冲光泵浦激射，激射波长为 241.5 nm[73]，光功率的阈值密度达到 1.2 MW/cm^2；在 20 K 的温度下激射的波长为 231.8 nm，阈值光功率密度为 710 kW/cm^2。激光器的结构采用 SiC 衬底，在生长 AlN/GaN 多缓冲层结构和高质量 AlN 层的基础上外延激光器的结构，激光器的腔面是通过将衬底磨抛到 60～70 μm 后通过解理得到，腔长为 450 μm。后续在光泵浦的工作大部分都沿袭这一器件结构和技术路线，采用的衬底除了 SiC 之外，还有蓝宝石和 AlN 单晶同质衬底。

2006 年，南卡罗来纳大学的 Asif Khan 研究组实现侧向外延生长低密度位错的 AlN 材料的受激辐射，发光波长短至 214 nm[72]，但阈值光功率密度高达 9 MW/cm^2。异质衬底外延最大的障碍是高的位错密度，后续的各个实验组研究思路主要是通过改善异质外延生长工艺提升 AlGaN 材料的质量实现光泵浦的激射。来自于 Ioffe Physical-Technical Institute 的 V. N. Jmerik 等人在 MBE 上于 2010 年通过改进 AlGaN 多量子阱的光波导结构实现 303 nm 的紫外光激射，阈值光功率密度为 0.8 MW/cm^2，在 2013 年，他们通过 GaN 插入层的生长工艺的改进提升材料质量，实现 289 nm 的紫外光激射[74]，阈值光功率密度为 590 kW/cm^2。Michael Kneissl 等人分别在蓝宝石衬底和 AlN 衬底上外延生长得到位错密度不同的 AlGaN 量子阱结构，对比其激射情况，只有低位错密度的情形下才能实现短波长的紫外光的激射，在此基础上他们实现了 279 nm 的紫外光的激射[75]。

由于蓝宝石衬底与 GaN 的晶格失配系数约为 16%，由此导致了 GaN 或是 AlN 缓冲层中的高密度的位错，针对这一问题，帕罗奥多研究中心(Palo Alto Research Center，PARC)的研究人员改变其起初以蓝宝石为衬底的做法，通过生长体材料的 AlN 作为衬底，然后 MOCVD 外延紫外光激光器的全结构。他们在 2007 年首次报道了相关实验，采用 AlN 作为衬底，生长紫外光波段的激光器的全结构，实现波长短至 368 nm 的脉冲电流注入激射[89]，其阈值电流密度为 13 kA/cm^2。2012 年，PARC 在 AlN 单晶衬底上，实现了波长范围在 267～291 nm 的光泵浦深紫外光激光器；在波长为 267 nm 时，阈值光功率密度为 126 kW/cm^2[76]。

来自佐治亚理工学院(Georgia Institute of Technology)的研究组在高质量的 AlN 衬底上外延峰值波长为 243.5 nm 的多量子阱结构和 AlN 盖帽层，通过 m 面解理的方式获得腔长为 1.23 mm 的谐振器，在 193 nm 的 ArF 准分子激光器的光泵浦测试下，其室温条件下阈值光功率密度为 427 kW/cm^2。同样采用 AlN 作为衬底，HexaTech 公司(HexaTech Inc.)和南卡州立大学(North Carolina State University，NCSU)合作，在 HexaTech 公司提供的高质量的 AlN 衬底基础上外延紫外光激光器结构，在波长为 264 nm 和 280 nm 测试光泵浦的阈值光功率密度为 85 kW/cm^2，并且采用高精度的光谱仪详细分析了激射光谱的单模特性。

2. 电泵浦 AlGaN 基紫外光激光器

电注入的 AlGaN 基紫外光激光器的研究进展和常见器件结构如图 2-56 所示。电注入局限的波长还停留在 300 nm 以上。

日本滨松光子学株式会社(Hamamatsu Photonics K. K.)的 Harumasa Yoshida 等人在 2008 年报道了波长为 342 nm[77](通过刻蚀形成腔面，腔长 900 μm)和 336 nm(通过刻蚀形成

腔面，腔长 500 μm）的 AlGaN 基多量子阱在脉冲电流注入下激射的结果，对应的阈值电流密度为 8.7 kA/cm^2 和 17.6 kA/cm^2。在此基础上，Yoshida 等人又采用纯 GaN 材料作为势阱的 $GaN/Al_{0.1}Ga_{0.9}N$ 的多量子阱结构，结合窄阱中的波长漂移获得了脉冲电流注入激射波长为 345 nm 紫外激光输出[78]，但是阈值电流密度却在 47 kA/cm^2，远大于 2008 年得到的波长为 342 nm 的激射结果（8.7 kA/cm^2），他们认为在高密度的电流注入的情形下，紫外光激光器的发光波长的漂移提供了一种向更短波长进发的路线。

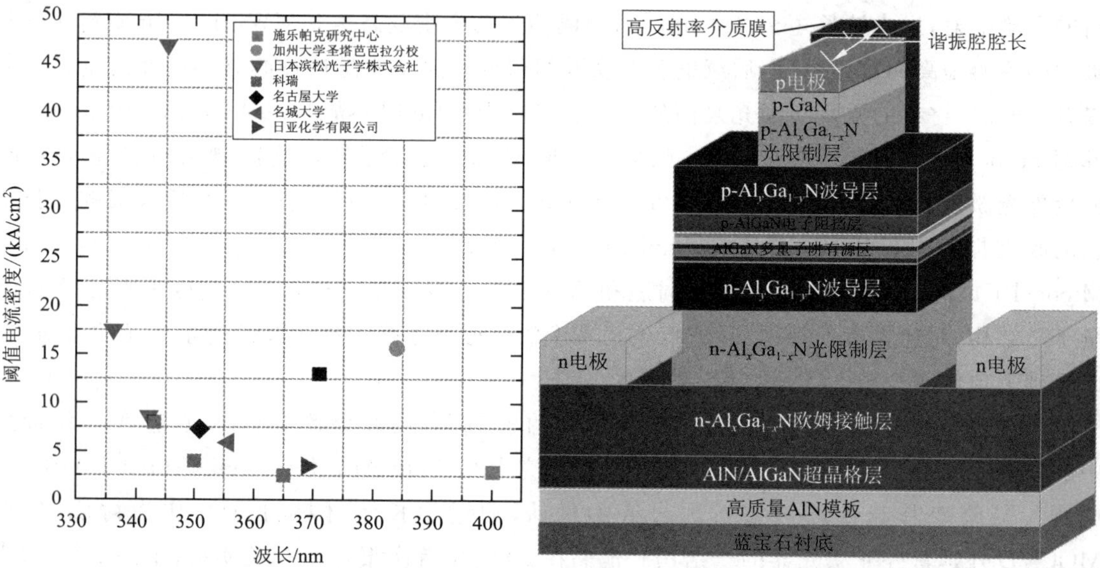

图 2-56　电注入的 AlGaN 基紫外光激光器的研究进展和常见器件结构

其他的研究机构如日本的名城大学 Hiroshi Amano 等人在 2005 年报道了波长为 350.9 nm 有源区 $GaN/Al_{0.08}Ga_{0.92}N$ 的电注入的紫外光激光器的结果[79]，其器件脊条宽度为 5.5 μm，腔长为 500 μm，阈值电流密度为 7.3 kA/cm^2，并且给出了 GaN 阱宽和激射波长之间的关系。在 2010 年，该组又通过优化器件结构[80]，将阈值电流密度降至 6 kA/cm^2。

2007 年，PARC 首次采用 AlN 单晶衬底生长紫外光波段的激光器的全结构，实现波长短至 368 nm 的脉冲电流注入激射，其阈值电流密度为 13 kA/cm^2。

另外，以电子束激发方式实现的"电泵浦"AlGaN 基紫外光激光器也有报道。2010 年，日本京都大学的 Takao Oto 等人用电子束激发 AlGaN 多量子阱，实现 238 nm 紫外光输出，光功率达到 100 mW[81]，证明电子束激发是制作高亮度 GaN 基半导体光源的方式之一。2012 年，波士顿大学的 A. Nikiforov 等人采用分子束外延的技术在 SiC 衬底上生长 AlN/AlGaN 多量子阱激光器结构，通过能带起伏在量子阱中引入团簇状 AlGaN，提升内量子效率，在电子束泵浦下发光波长为 235～250 nm，激射的阈值光功率密度为 20～40 kW/cm^2。

2.3.4.3　我国Ⅲ族氮化物紫外光激光器的研究现状

我国 GaN 基激光器研究开始于 2002 年中国科学院半导体研究所杨辉研究员和陈良惠

院士领导的研究团队承担的国家 863 重大项目“氮化镓基激光器(GaN-LD)”;2004 年 11 月 16 日,由中国科学院半导体研究所首次在中国大陆实现氮化镓基激光器脉冲激射;2007 年 4 月 30 日,首次实现室温连续激射的氮化镓半导体蓝光激光器,在此基础上通过衬底改进和结构优化取得一系列进展。此外,还有北京大学、中国科学院苏州纳米技术与纳米仿生研究所等单位也成功研制出 GaN 基激光二极管,在氮化物材料外延和激光二极管器件制备方面积累了良好的基础,但是这些研究组的进展主要集中在蓝光波段,目前并还没有实现紫外光波段激光器的激射。值得一提的是,厦门大学的研究组和半导体研究所的王启明领导的研究组与厦门三安公司合作制作 GaN 基垂直面发射激光器(vertical cavity surface emitting laser, VCSEL),在 2008 年,在室温光泵浦条件下观察到波长为 449.5 nm 的蓝光的激射,并在 2009 年实现波长为 397.4 nm 的蓝紫光的光泵浦 VCSEL[82],这是目前国内在氮化物 VCSEL 领域取得的最短波长的纪录。

2.3.4.4　AlGaN 基紫外光激光器的挑战及展望

当前的研究难点主要集中在电注入的深紫外光激光器上面,电注入紫外光激光器波长限制在 340 nm 波段。电注入的紫外光激光器大多采用的是分离限制(SCH)的结构,由于 AlGaN和 GaN 之间较小的折射率差(AlN～GaN, $\Delta n=0.4$),需要各光限制层的 Al 组分很高,或是厚度要求很大,才能得到较高的光限制因子。但是高 Al 组分的导电性变差,特别是 p 型掺杂的效率较低的情形下,其导电性更是制约阈值电流密度的因素之一。由于当前 AlGaN材料的生长主要采用蓝宝石作为衬底的异质外延,从而高密度位错始终是阻碍其光电子器件的一大障碍。但是 AlN 同质衬底的价格昂贵,且很难获得,很多实验组还是在传统的蓝宝石衬底上外延紫外光激光器的结构,蓝宝石衬底与 GaN 系材料之间晶格失配导致高密度的位错,严重影响晶体质量。同时,由于蓝宝石和 GaN 材料晶体结构的差异,激光器的腔面不能通过单纯的解理直接获得,常常采用感应耦合等离子体(ICP)刻蚀或是聚焦离子束(FIB)等工艺获得,这样采用蓝宝石作为衬底使得工艺变得更复杂。电注入的紫外光激光器在器件结构上通常采用脊形结构,窄条宽(1～8 μm)的脊形通过传统的刻蚀工艺得到,要获得很好的、侧向的、光分布的限制需要脊形条具有很高的垂直度,这也是工艺中的难点之一。以上难点大大限制了电注入紫外光激光器的发展。

目前,紫外光激光二极管的研究还面临许多困难,特别是往深紫外光短波长方向推进的难题还很多。对于深紫外光波段对应的宽禁带半导体材料发光体系而言,首要问题就在于电注入的效率受限于 p 型的掺杂,可以说这是目前深紫外光激光器最核心的难题;其次 AlGaN 材料体系的折射率差小,常规的激光器结构的光限制作用差。此外,常规的异质外延带来的高密度位错使得增益介质的损耗严重。而随着近年来本领域研究受到越来越多的重视,无论是材料制备技术还是结构设计都在不断进展,有更多的科学家和技术人员将注意力专注于这些核心难题的攻克上。在 p 型掺杂方面,共掺杂及能带工程的结合或许能为宽禁带材料的电导性提供解决方案;在光限制方面,AlInN、AlInGaN 合金材料有望得到更好的效果,而近年来其材料制备设备和技术也在不断发展。因此,可以期待更短波长的深紫外光激光二极管会诞生在不久的将来。

2.3.5 紫外光电探测器及其应用

2.3.5.1 宽禁带半导体紫外光电探测器简介和分类

宽禁带Ⅲ族氮化物半导体是近年来国内外重点研究和发展的新型半导体，具有禁带宽度大、导热性能好、电子饱和漂移速度高以及化学稳定性优等特点，用于抗辐射、耐高温的高频大功率器件以及工作于紫外光波段的光探测器件，具有显著的材料性能优势。其中，$Al_xGa_{1-x}N$ 材料随 Al 组分的变化其带隙在 3.4～6.2 eV 之间改变，对应波长变化范围为 200～365 nm，覆盖了大气臭氧层吸收光谱区，特别适合制备新一代高性能紫外光电探测器件。基于 AlGaN 宽禁带半导体的光电探测器与传统的硅基紫外光电探测器和紫外光电倍增管相比具有明显的优势。例如：和硅基紫外光电探测器相比，宽禁带半导体紫外光电探测器具有更高的灵敏度；可直接实现日盲，无需加增滤光片；可在高温、强辐射等恶劣环境下工作；响应波长窗口可调等系列优点。同时，紫外光电倍增管由于具有体积大、工作电压高、功耗和成本也非常高等缺点，限制了其在紫外成像系统方面的应用。

由于宽禁带Ⅲ族氮化物半导体紫外光电探测器具有以上显著的综合优势，因此，这一前沿技术近十年来一直是国际化合物半导体领域竞相研究和开发的热点。AlGaN 基紫外光电探测器在未来军用和民用等核心领域的关键应用如下：

军用领域：高 Al 组分日盲 AlGaN 基紫外光电探测器能具有高选择比地探测 280 nm 以下日盲波段的紫外光，不受背景太阳光的干扰，因此，相应紫外探测预警系统能有效跟踪导弹飞行尾焰，为地面武器装备提供预警。此外，高性能 AlGaN 基紫外光电探测器还可用于区域紫外光高保密性通信技术，利用高灵敏度紫外光电探测器和紫外发射源可以构建特殊的紫外通信系统，由于紫外通信使用日盲区深紫外光作为信号载体，所以不会受到各种背景辐射和人为电磁干扰的影响；同时，大气对深紫外光具有较强的吸收作用，紫外光通信范围只在千米范围之内，不易被敌方窃听，有很强的保密性和机动灵活性。

民用领域：在医学方面，AlGaN 基紫外成像系统可用来检测癌细胞、微生物、血色素、白血球和细胞核等，其检测过程不但快速、准确，而且直观、清晰。在环境监测方面，可利用大部分有机污染物和空气中有害气体在 200～365 nm 波段范围有较强特征吸收峰的特点，采用(Al)GaN 基紫外光电探测器对水质和大气环境中污染物的类型和浓度进行有效的在线监测。在其他方面，紫外光电探测器和阵列成像系统还可广泛用于火焰探测、荧光分析、光谱分析、高速流体分析、天文研究、同步辐射、粒子探测以及闪光照相等诸多领域。

目前，已经被研究与开发的宽禁带半导体紫外光电探测器如图 2-57 所示。

1. 光电导型紫外光电探测器

光电导型紫外光电探测器是由一个薄膜半导体及两端的欧姆接触构成。与其他结构的紫外光电探测器相比，光电导型紫外光电探测器的主要优点是结构简单、内部可以具有较高的光电流增益。但是，光电导型紫外光电探测器的增益是和器件的速度相互矛盾的，体现在器件的响应速度慢，往往存在持续光电导效应；同时，光电导型紫外光电探测器的紫外光/可见光抑制比往往偏低。

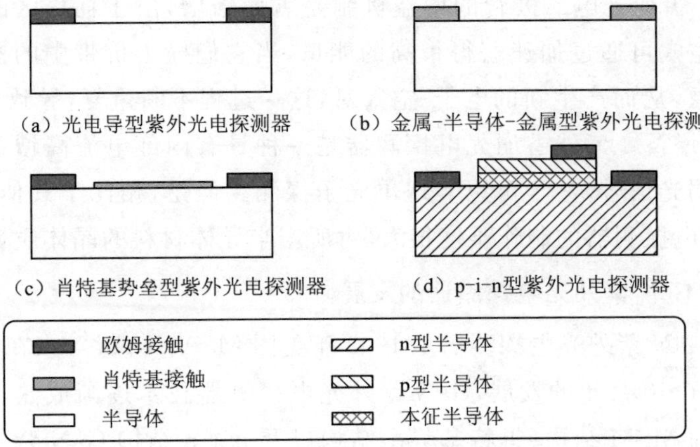

图 2-57 已经被研究与开发的宽禁带半导体紫外光电探测器

2. 金属-半导体-金属(MSM)型紫外光电探测器

MSM 型紫外光电探测器由两个背对背的共平面肖特基接触构成。当外加偏压时,一个肖特基结为正向偏置,另一个肖特基结为反向偏置,因此暗电流较小。金属接触通常被做成叉指型电极,光在金属接触之间的间隙内被吸收。改进型的 MSM 结构探测器采用半透明的叉指型电极,光同时可以部分穿过金属接触电极被吸收,这样大大提高了光敏区域的有效面积。MSM 型紫外光电探测器的主要优点为低电容、本征高速、制作简单并且与 FET 工艺兼容。

3. 肖特基势垒型紫外光电探测器

肖特基势垒结构是半导体紫外光电探测器的一种常用结构。肖特基势垒型紫外光电探测器包含一个半透明的肖特基接触和一个欧姆接触。该探测器一般在短波区依然具有较平滑的响应光谱,这主要是由于肖特基势垒型紫外光电探测器的空间电荷区位于半导体表面,即使随着光子能量增加穿透深度减小,光生载流子依然形成于耗尽区,易于被耗尽区中的强场分开,形成光电流。该结构的紫外光电探测器具有高的响应度及较低的暗电流,同时具有响应速度快、无需 p 型掺杂等优点。

4. p-i-n 型紫外光电探测器

p-i-n 型紫外光电探测器是在 PN 结中间插入一个本征吸收层,是最常用的紫外光电探测器结构。当光子被本征吸收层吸收后,所产生的光生电子和空穴在 PN 结内建电场的作用下分别向阴极和阳极漂移,在回路中形成光电流。为了确保待测光被有效吸收,其本征层厚度应大于吸收长度;但若考虑载流子渡越时间对响应速度的影响,其本征层厚度又应尽量小。因此,通过调节耗尽区的宽度能得到最佳的量子效率和响应速度。p-i-n 结构紫外光电探测器通常工作在零偏或者低的反向偏压下,具有低暗电流、快速响应和较高量子效率等诸多优势。

5. 紫外雪崩光电探测器

紫外雪崩光电探测器(APD)的结构通常与 p-i-n 或 PN 结光电二极管相似,强反向电场施加于 PN 结两端。雪崩光电二极管的增益机制是雪崩倍增，由于耗尽区的电场足够高，由光子激发的电子和空穴可通过加速获得很高的能量，当它们撞击价带中的被束缚电子时，就会引发雪崩离化现象，从而产生新的电子-空穴对，这一过程不断重复，导致更多的电子-空穴对产生，即产生雪崩增益。紫外雪崩光电探测器是一种具有内部电流高增益的光电二极管，特别适用于探测微弱光信号，甚至可以实现单光子探测。但是，相比于其他类型的紫外光电探测器，紫外雪崩光电探测器的制作难度很大，对所用半导体材料的晶体质量有很高的要求。

2.3.5.2 可见光盲 GaN 紫外光电探测器的发展

世界上第一只 GaN 紫外光电探测器是 1992 年美国 M. A. Khan 等人在绝缘的 GaN 材料上制作的[83]。经历了 20 余年的发展，GaN 紫外光电探测器技术逐渐成熟，国际上多个小组先后报道了高性能的 MSM 结构、肖特基势垒结构以及 p-i-n 结构 GaN 紫外光电探测器，并已经出现了商业化的 GaN 紫外光电探测器产品。目前，影响 GaN 紫外光电探测器性能的关键因素之一仍是材料的晶体质量：由于大的晶格失配与热失配，异质外延 GaN 材料普遍具有很高的缺陷密度（位错密度为 $10^8 \sim 10^{10}\ cm^{-2}$）。这些缺陷是非辐射复合中心、漏电通道、陷阱中心，会大幅增加探测器暗电流，弱化其噪声特性和可靠性。因此，大多数的探测器研究工作是围绕着提高 GaN 材料的晶体质量展开的。南京大学团队等利用在图形化蓝宝石衬底上生长 GaN 紫外光电探测器结构，有效降低了 GaN 外延材料中的位错密度，研制出了外量子效率高达 65%(360 nm)且综合性能优异的 GaN 紫外光电探测器[84]。基于上述 PSS 和其他专有器件技术，南京大学团队还在国内率先实现了高灵敏度 GaN 紫外光电探测器的产业化，可批量供应多种封装形式的 GaN 紫外光电探测器产品。此外，国际上还有韩国的 Genicom 公司和日本的 Kyosemi 公司可以批量供应 GaN 紫外光电探测器，其中 Genicom 公司已经推出了多款 GaN 紫外光电探测器的模块化应用产品。

2.3.5.3 日盲 AlGaN 基紫外光电探测器的发展

高 Al 组分 $Al_xGa_{1-x}N(x>0.35)$材料在制作截止波长在 290 nm 以下的日盲探测器方面具有显著的材料性能优势。但是，同样由于缺少合适的同质外延或者晶格匹配的衬底，使得异质外延 AlGaN 材料具有非常高的晶格缺陷，这些结构缺陷会严重影响探测器的性能和可靠性；另外，高 Al 组分 AlGaN 材料中施主、受主掺杂激活能均随 Al 组分的增加而增大，使得对 AlGaN 材料进行有效掺杂变得越发困难。国际上对高 Al 组分 AlGaN 半导体的研究起步于 20 世纪 90 年代，其驱动力更多是来源于发展 AlGaN 基紫外发光二极管的需要，之后发展到日盲 AlGaN 基紫外光电探测器的应用领域。随着 AlGaN 材料外延生长技术的改进，常规日盲 AlGaN 基紫外光电探测器的研究进展很快。美国、日本等的一些研究机构在基于 AlGaN材料的肖特基势垒型、MSM 型和 p-i-n 型紫外光电探测器的研制方面都有一些工作报道。其中，美国西北大学的 Razeghi 研究组在Ⅲ族氮化物半导体紫外光电探测器领域的工作较为全面，该研究组早在 2003 年就报告了基于 p-i-n 结构的日盲 AlGaN 基紫外光电探测器，其峰值响应度达到 136 mA/W，对应外量子效率为 60%[85]；2012 年，该研究组又进一步报道了日盲 AlGaN 基 320×256 焦平面成像阵列，并实现了一些近距离物体的紫外成像。国内对高Al组分的AlGaN材料和日盲紫外光电探测器的研究一直非常重视，涉及的主要研究单位包括南京大学、北京大学、中山大学、华中科技大学、中国科学院上海技术物理研究所、长春光机所和中国科学院半导体研究所等。南京大学在此领域的研究基础较为雄厚，已在国际上报道了芯片尺寸最大、暗电流密度最低的MSM结构日盲AlGaN基深紫外光电探测器；并实现了高量子效率（>60%）、高日盲/紫外抑制比的p-i-n结构日盲AlGaN基深紫外光电探测器[86]。

2.3.5.4　AlGaN基紫外雪崩光电探测器的研究进展

由于常规类型的宽禁带半导体紫外光电探测器已经趋向成熟，将来发展的重点将逐渐转移到APD领域。这是因为，对于许多核心和新兴应用领域，真正需要实现的是对微弱紫外信号的快速测量，这就意味着所用的半导体紫外光电探测器必须具有强烈的增益，满足这一要求的理想器件唯有基于宽禁带半导体的紫外雪崩光电探测器。高性能的APD可具有纳秒量级的响应速度、10^6以上的增益，甚至可在单光子探测模式（Geiger模式）下工作。紫外雪崩光电二极管是可以取代真空光电倍增管在紫外光探测领域内应用的一种固体探测器。目前，国际上用来发展紫外雪崩光电二极管的材料主要为SiC、GaN和AlGaN等宽带隙化合物半导体。

目前，国际上有关Ⅲ族氮化物紫外雪崩光电探测器的报道主要来自美国西北大学、麻省理工学院、佐治亚理工学院等著名科研机构。美国西北大学的Razeghi课题组在同质衬底上制备的GaN紫外雪崩光电二极管已达到了很高的水平，其内部增益已超过10^5，雪崩点暗电流密度在10^{-6} A/cm^{2}量级，并已实现单光子的探测与计数。相关研究得到了美国NASA和DARPA等国防项目的支持。国内南京大学团队通过GaN同质外延生长研究，获得了位错密度在10^6 cm^{-2}的低缺陷密度GaN外延材料，并借此首先研制出MSM结构GaN紫外雪崩光电探测器，该探测器是迄今为止国际上报道的芯片尺寸最大(1 mm×0.4 mm)的GaN基雪崩光电探测器[87]。国际上，有关AlGaN基紫外雪崩光电探测器的公开报道相对较少。2005年，美国西北大学研制出了p-i-n结构日盲AlGaN基雪崩光电探测器，但所制备的器件雪崩增益较低，在10^3以下，且雪崩点暗电流密度较高，在10^{-3} A/cm^{2}量级；随后，2007年土耳其学者报道了雪崩增益为1 560的p-i-n结构日盲AlGaN基雪崩光电探测器，将雪崩点暗电流密度降低到了10^{-5} A/cm^{2}量级。在国内，有关Ⅲ族氮化物紫外雪崩光电探测器的研究开展稍微晚一些，中国科学院上海技术物理所、南京大学、中山大学、华中科技大学、清华大学都有从事这方面的研究，就目前所公开报道的结果来看，南京大学和中山大学在日盲AlGaN基雪崩光电探测器研究领域在国际上稍处于领先地位，中山大学报道的日盲AlGaN肖特基雪崩光电探测器其增益超过4 000，p-i-n结构的探测器增益超过2 500；南京大学先后报道了不同结构设计的p-i-n-i-n吸收-倍增区分离的背入射日盲AlGaN基雪崩光电探测器，将其雪崩增益从最初的3 000提高到21 000，将雪崩点暗电流密度降低到了10^{-6} A/cm^{-2}量级，有望实现单光子探测。

2.3.5.5　总结和未来研发方向

随着近年来以GaN发光二极管为代表的半导体照明产业的飞速发展和大规模的生产、

研发投入，GaN 器件的制备技术日趋成熟，其生产成本也大幅度降低。这一背景为发展高性价比的 GaN 紫外光电探测器创造了契机，相关技术在国际范围内得到了广泛应用。已有的典型应用包括：环境监测、食品消毒、引用水净化、火焰探测、紫外固化、国防预警等；未来紫外光电探测器在智能手机和智能穿戴领域可能有更大的应用市场。

由于常规结构宽禁带半导体紫外光电探测器已经进入产业化阶段，未来的研发重点将逐步集中到宽禁带半导体紫外雪崩光电探测器，特别是紫外单光子探测器领域。目前，发展高性能的日盲 AlGaN 基雪崩光电探测器所需要解决的最主要问题是如何制备低位错密度的 AlGaN 材料；若想把材料内部的位错密度降低到所需要的 $10^5\ cm^{-2}$ 以下，还有很多难点需要突破。发展 AlGaN 模板技术和图形衬底技术以及一些新的纳米结构衬底制备技术有可能有效降低 AlGaN 材料的位错密度。在 AlGaN 的 p 型掺杂问题上，现已发展了一些方法可以有效提高 p 型掺杂效率，如 δ 掺杂技术、AlGaN/GaN 超晶格掺杂技术、极化辅助的掺杂技术等。但即使采用这些技术，在极高掺杂浓度情况下（接近 $10^{20}\ cm^{-3}$ 量级），所能获得的 p-AlGaN 的空穴浓度也难以达到 $10^{18}\ cm^{-3}$ 量级，还不能满足发展高性能器件对 p-AlGaN 空穴浓度的要求。因此，提高 p-AlGaN 的掺杂效率也是发展日盲 AlGaN 基雪崩光电探测器亟待解决的问题。另外，AlGaN 材料的空穴/电子离化率比值接近 1，采用传统 p-i-n 结构发展低噪声雪崩光电探测器有较大难度，而采用只有一种载流子触发碰撞离化的吸收-倍增区分离结构的雪崩二极管能有效降低雪崩过载噪声，提高日盲 AlGaN 基雪崩光电二极管的探测能力。最后，通过设计特殊的异质结构，利用Ⅲ族氮化物特有的强极化效应来提高雪崩光电探测器性能也是一个重要研究思路。例如：通过在倍增区设计 AlGaN 异质结构来调节自发极化与压电极化，引入与反偏电场一致的极化电场，可有效降低雪崩所需要的外加电压，从而降低器件由于局部电场过高而提前击穿的风险和减少总的暗电流；同时，这种极化增强结构可在不影响光谱响应特征情况下采用相对低 Al 组分的 p-AlGaN，缓解高 Al 组分 p-AlGaN 掺杂困难这一难题。

2.4 Ⅲ族氮化物电子器件及应用

2.4.1 GaN 基异质结构中二维电子气的电学性质

Ⅲ族氮化物半导体具有宽的直接带隙，优异的物理、化学稳定性，高饱和电子漂移速率，高击穿场强等优越性能，是发展高频、高温、高功率电子器件的最优选材料。GaN 具有最高的表征高频器件材料适合性的约翰逊优值，Si 的约翰逊优值为 1，GaAs 为 2.96，SiC 为 22，GaN 最高为 37。在Ⅲ族氮化物材料体系中，$Al_xGa_{1-x}N$/GaN 异质结构是迄今为止研制高温、高频、大功率电子器件最重要和最基本的材料体系，特别适合用来制备微波功率器件以及电力电子功率开关器件。因此，$Al_xGa_{1-x}N$/GaN 异质结构材料与器件研究已成为当前国际半导体科学与技术的前沿领域和研究热点。

Ⅲ族氮化物异质结构界面可形成高浓度 2DEG 系统，成为至今能提供最高 2DEG 浓度的半导体材料体系，如图 2-58 所示。由于Ⅲ族氮化物材料能隙相差悬殊，异质结构界面导带存在巨大的能带偏移（ΔE_c），可形成深量子阱。$Al_xGa_{1-x}N$/GaN 异质结构是典型的高导带阶跃、强极化电场半导体低维结构体系，其 $Al_xGa_{1-x}N$ 势垒层中压电极化强度为传统 $Al_xGa_{1-x}As$/GaAs 异质结构中的 5 倍之多，感生的压电场强达 2 MV/cm。如此强的极化效应以及 $Al_xGa_{1-x}N$/GaN 界面大的导带偏移，在 GaN 层形成一个很深的量子阱，即使不掺杂，也可感生高达 10^{13} cm^{-2}浓度的 2DEG。异质结构中 2DEG 迁移率直接反映了结构界面质量及晶体质量。目前 $Al_xGa_{1-x}N$/GaN 异质结构液氦温度下 2DEG 迁移率超过 100 000 cm^2/(V・s)，室温下 2DEG 迁移率达 2 500 cm^2/(V・s)。高的 2DEG 浓度和电子迁移率为高性能电子器件的研制奠定了材料基础。

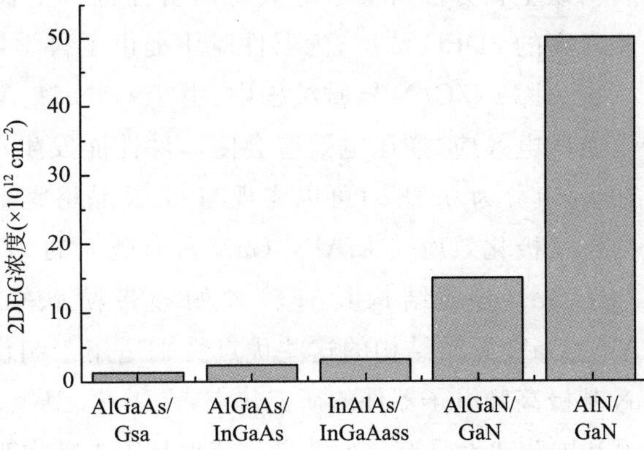

图 2-58　半导体异质结构 2DEG 浓度对比

在半导体材料与器件的物理研究过程中，输运测量一直是研究精细能带结构和载流子性质的重要研究手段。$Al_xGa_{1-x}N$/GaN 异质结构是用来制作高电子迁移率晶体管的重要材料结构，对其中子带占据和散射的研究对于 2DEG 迁移率的提高非常重要。多个子带占据会引起子带间散射，影响电子迁移率的提高。郑泽伟等人首次观察到 $Al_{0.22}Ga_{0.78}N$/GaN 异质结构 SdH 振荡的双周期现象，揭示了异质界面量子阱双子带占据行为。发现当异质结构中 2DEG 浓度达到 7.3×10^{12} cm^{-2}时，异质界面量子阱中的第二子带开始被 2DEG 占据。确定了这种异质结构界面量子阱中第一子带和第二子带之间的能量间距为 75 meV。唐宁[88]等人在双子带占据 $Al_{0.22}Ga_{0.78}N$/GaN 异质结构中观察到子带间散射引起的磁电阻振荡。多个子带占据会引起子带间散射，影响迁移率的提高。由于 $Al_xGa_{1-x}N$/GaN 异质结构特殊的电学性质，使得该异质结构内的电子输运与传统的 $Al_xGa_{1-x}As$/GaAs 系统之间存在很大的不同。对于相对高 Al 组分和高 2DEG 浓度的 $Al_xGa_{1-x}N$/GaN 调制掺杂异质结构，由于电子被限制在距离界面更近的区域，合金无序散射和界面粗糙散射这两种散射机制对 2DEG 迁移率的作用将变得更加重要，甚至成为主要的散射机制。如果增加 2DEG 的浓度，则可使异质结构三角势阱中的高激发子带被电子占据，这时的第二子带中的电子相对于第一子带将远离界面，因而第一子带中电子受到的界面散射明显大于第二子带中的电子，因而迁移率小于第二子带中的电子[89]。

高铝组分 $Al_xGa_{1-x}N$ 势垒材料的生长一直是国际上的难点，刘思东等人研究了以 AlN/GaN 超晶格为势垒（替代高铝组分 $Al_xGa_{1-x}N$ 势垒）的 GaN 基异质结构中 2DEG 的量子输运性质。测定异质结构中 2DEG 浓度可以达到 2×10^{13} cm^{-2}，双子带占据的能级差高达 180 meV，远大于通常的 $Al_xGa_{1-x}N$/GaN 异质结构。通过测定两个子带中电子量子散射时间的巨大差异，表明界面粗糙度散射成为决定 2DEG 迁移率的最主要散射机制。量子输运结果表明该生长方法解决了等效高铝组分材料生长的难题，在保证高的迁移率的同时，可以获得非常高的2DEG浓度，为器件应用提供了科学依据。

在AlGaN/GaN异质结构中，由于GaN和AlGaN晶格不匹配，之间存在一定的应力而产生逆压电效应，逆压电效应会使器件性能发生严重退化。$In_xAl_{1-x}N$三元合金外延薄膜由于在In组分为0.18时可以实现与GaN晶格完全匹配，有效地抑制了逆压电效应。此外，极强的自发极化效应使InAlN/GaN具有更大的2DEG浓度，可以有效降低势垒层厚度。同时，InAlN/GaN异质结构具有较大的导带阶跃（ΔE_c），可以增强2DEG的空间限域特性。InAlN/GaN异质结构的这些优点特别适用于制作高频率、高功率的毫米波器件，是目前研制GaN基极高频电子器件的研究热点，在雷达、卫星、通信等领域有着广泛的应用，对于国民经济建设和国防建设具有重大意义。苗振林等人首次观察到了$In_{0.18}Al_{0.82}N$/GaN异质结构中2DEG的双子带占据，测定异质结构中第一和第二子带中的2DEG浓度分别为1.92×10^{13} cm^{-2}和1.67×10^{12} cm^{-2}，两个子带的能量差高达191 meV，甚至大于上述AlGaN/GaN异质结构。两个子带中电子量子散射时间的巨大差异，表明界面粗糙度散射是决定2DEG迁移率的最主要散射机制，为设计InAlN/GaN极高频电子器件材料结构提供了依据。

随着器件特征尺寸不断缩小到纳米尺度，沟道中的电场不断增加，强电场下的载流子的输运行为对器件性能的影响日趋明显，这成为制约器件性能提高的关键瓶颈之一；另一方面，在材料生长及器件微加工过程中不可避免地在材料体内、表面及界面中存在着一些缺陷，而器件的长期可靠性与材料体系中的缺陷及其在强电场下的演化行为有很大关联。总之，国际上在InAlN/GaN异质结构的材料制备方面逐步向更薄势垒层方向发展，由单一沟道向双沟道发展。而在材料缺陷研究方面，更加关注表面态等微观局域特性，同时深入研究材料和器件在高场下的新奇特性，如热电子效应、热声子效应等规律也是提高器件可靠性的一个必然趋势。

2.4.2 微波功率电子器件及其应用

与传统的半导体材料相比，GaN基材料具有宽带隙、高电子漂移速率、高热导率、耐高电压、耐高温、抗腐蚀、耐辐照等突出优点。宽禁带材料制作的器件工作电压很高，所以能得到很高的功率密度。此外，GaN材料体系易于形成如AlGaN/GaN等异质结构，在异质结界面上存在极强的自发极化与压电极化效应，诱导产生的2DEG的浓度高达10^{13} cm^{-2}，且同时具有高达2 000 $cm^2/(V\cdot s)$的电子迁移率[90]，因此基于异质结构的晶体管往往又称高电子迁移率晶体管，即HEMT。高电子迁移率的特性适合用来制作高频微波器件。图2-59所示为几种半导体材料的应用范围和潜力，可以输出

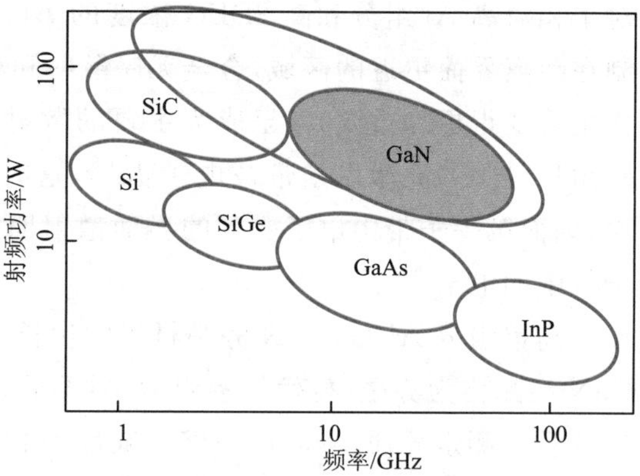

图2-59 几种半导体材料的应用范围和潜力

大功率的只有 SiC 和 GaN，而在高频可输出大功率的只有 GaN。研究表明，SiC MESFET 适合在 7 GHz 以下的频率范围内使用，而基于 GaN 的 HEMT 器件被认为是 1～50 GHz 范围内最理想的微波功率器件，另外，目前国际上基于 InAlN/GaN 异质结构的 HEMT 器件的截止频率已达到 400 GHz，已显示出其在更高频率，如 THz 器件的应用潜力。

在军事国防应用领域，GaN 基微波功率器件可用于有源相控阵雷达、导弹和军用无线电通信等方面。

(1)有源相控阵雷达。有源相控阵雷达由几千个独立的微小雷达单元组成，这些微小雷达单元可以任意组合以执行多任务，采用电子扫描，由计算机协调它们的运行，通过使用宽频带、高功率的微波功率器件，有源相控阵雷达具有低可探测性(隐形)，是军用雷达的发展方向。GaN 基微波功率器件将极大地促进有源相控阵雷达的发展，使每个雷达单元功率更高，探测距离更远，跟踪目标更多，可承担的任务更多样，其巨大的组合功率甚至可以直接烧毁敌方武器的电子部件，使之在接触之前退出战斗，从而全面改变未来战场的作战样式。另外，GaN 基微波功率器件还可以工作在极端环境中，如高温、高辐射场合，很适合战场应用。

(2)导弹。导弹引头大量工作在毫米波波段，该波段适用于精确定位，但是毫米波频率高(Ka 波段)，现在主要由真空电子管产生，Si 或 GaAs 器件在这样高频率下难以提供足够的功率，而 GaN 器件可在此频率发出很强功率，使半导体替换电子管成为可能，从而促进毫米波导弹引头得以大规模生产和应用。

(3)军用无线电通信。保密通信主要使用扩频通信，占用频带宽、工作频率高，另外，军用通信作用距离远，需要强大的射频功率，GaN 基微波功率器件正好满足要求。

GaN 基微波功率器件具有输出功率密度大、耐高温、耐辐照等特点，能满足下一代军用电子装备对微波功率器件更大功率、更高频率、更小体积以及更高温度下工作的要求，随着军用电子装备技术的发展，GaN 基微波功率器件越来越受到重视。

在民用商业应用领域，GaN 基微波功率器件可用于无线基础设施(基站)、卫星通信、有线电视和功率电子等方面。例如：在基站方面，随着移动互联网技术市场的迅猛发展，系统运营商面临巨大的网络扩容压力，能耗越来越大，对功率器件的效率更加敏感。国际绿色通信组织对通信行业 CO_2 释放量做过统计，71%来自于基站。中国移动、电信、联通的基站每年用电量合计约 350 亿 kW·h。同 LDMOS 技术相比，基于 GaN 基微波功率器件在效率方面有明显的优势。CREE 和 ETA 公司公布的 GaN 射频放大器在取代 LDMOS 后，可以降低 60%的电力损耗，相当于在中国每年节约电量 210 亿 kW·h。此外，基于 GaN 基微波功率器件还具有更宽的带宽和更好的线性度，将成为无线通信基站放大器的主流选择。另外，GaN 基微波功率器件同时具备高频、高功率的优点还特别适用于卫星通信、超宽频带通信(如有线电视)、微波中继通信等各种商用无线通信领域。

由于 GaN 基微波功率器件技术的重要战略地位，各国竞相将其列为发展的重点方向。GaN 基微波材料与器件产业正在成为世界主要发达国家战略性新兴产业，是全球第三代半导体工业化进程中的战略制高点。

1994 年 Khan 等[90]利用低压 MOCVD 生长出 AlGaN/GaN 异质结构，成功制造出了第一个具有微波特性的 AlGaN/GaN HEMT。当栅长为 0.25 μm 时，其截止频率 f_T 和最大振荡频率 f_{max} 分别为 11 GHz 和 35 GHz。2005 年，Y. F. Wu 等采用双场板结构进一步将4 GHz 下的输出功率密度提高到了 40 W/mm^2，效率达 60%，漏端偏置电压高达 135 V。该团队于 2007 年报道了输出功率密度达 13.7 W/mm^2（30 GHz），输出功率 5.5 W 的毫米波功率放大器。2006 年，M. Higashiwaki 等人[91]利用极短栅长（0.06～0.2 μm）、高 Al 组分（40%）和极薄的 AlGaN 势垒层（8 nm），另外，采用 2 nm 厚的 cat-CVD 技术生长的 SiN 作为钝化层和栅介质层，获得了很好的频率特性，截止频率 f_T 达到 163 GHz，最大振荡频率 f_{max} 达到 192 GHz，皆为当时的世界纪录。此后，他们又将器件的栅长减小为 30 nm，使得器件的截止频率提高到 180 GHz。2010 年，HRL 实验室的 K. Shinohara 等通过采用双沟道、T 型栅以及再生长欧姆接触等技术，获得了截止频率 f_T 高达 220 GHz 以及最大振荡频率 f_{max} 为400 GHz 的 GaN HEMT。该器件源-漏间距只有 1 μm，栅长 40 nm，$f_T \times L_g$（栅宽）为8.8 GHz·μm。UCSB 的 U. K. Mishra 等于 2009 年报道了氮面 GaN/AlGaN MIS-HEMT，栅长 130 nm 的晶体管获得了迄今为止最高的 16.8 GHz·μm 的 $f_T \times L_g$。2013 年，HRL 实验室[92]在 AlN/GaN 异质结构上制备的 20 nm 栅长器件的 f_{max} 超过 500 GHz，这是目前为止 GaN 电子器件频率响应的最高值。

为了使 GaN HEMT 功率器件达到超高频率，如毫米波甚至太赫兹波段，需要进一步减少 AlGaN 势垒层的厚度以此来降低短沟道效应。但是，减小 AlGaN 势垒层的厚度会导致 2DEG 的浓度下降，为了保持较高的 2DEG 浓度和较薄的势垒层厚度，就必须增大 AlGaN 层中的 Al 组分。然而，高 Al 组分的 AlGaN 和 GaN 的晶格失配较大，晶格失配导致的应力会加速 AlGaN 势垒层的弛豫，使 AlGaN/GaN 的界面粗糙度增大，从而降低 2DEG 的迁移率。该应力还会产生逆压电效应，在结构内部形成缺陷，严重影响器件的工作性能，以及长时间处在高温高压的工作状态下器件的可靠性。因此，有必要发展新型的面向超高频率波段器件应用的 GaN 基异质结构材料。2001 年，Kuzmík 首先提出利用 InAlN 势垒层代替 AlGaN 势垒层[93]，通过调节 In 组分（约 18%）可以实现 InAlN 和 GaN 的晶格常数匹配，有效地抑制逆压电效应。同时保留了很高的 Al 组分，使 InAlN/GaN 具有很高的导带阶跃（ΔE_c），增强了 2DEG 的空间限域特性，用很薄的 InAlN 势垒层厚度就能维持很高的电子密度。这些优点使 InAlN/GaN 异质结构材料成为目前研制 GaN 基毫米波，乃至更高频电子器件的研究热点。

2006 年，M. Gonschorek 等人成功制备出较高质量的 InAlN/GaN 异质结构，面电子密度达到 2.6×10^{13} cm^{-2}。2013 年，圣母大学[94]同时报道了 SiC 衬底上实现 f_T 和 f_{max} 均大于 300 GHz 的增强型和耗尽型 InAlN/AlN/GaN HEMT，器件栅长为 27 nm，击穿电压超过 10 V；并成功制备出 GaN 环形振荡器集成电路。在热稳定性方面，InAlN/GaN HEMT 可以实现在 1 000 ℃（真空）的环境下连续工作 25 h，且没有观察到明显的性能退化现象[95]。在输出功率方面，S. Tirelli 等人[96]通过采用 GaN 盖帽层，InAlN/GaN HEMT 的输出功率达到 5.8 W/mm^2（40 GHz），这是目前报道的 40 GHz 下的最大功率值。2014 年，美国海军实验室的 B. P. Downey 等人[97]通过 MBE 沉积一层高质量的 SiN 介质层，在减少栅漏电的同时增大了 2DEG 浓度，制备的 MIS-HEMT 的 Johnson 优值达到 10.8 THz·V（f_T = 114 GHz,

u_{BK} = 95 V),这也是目前 GaN HEMT 报道的最好结果。对于厚度在 5 nm 以下的超薄 InAlN势垒层,表面局域态和缺陷是限制器件性能的主要因素,研究这些因素对 InAlN/GaN 异质结构电学性质的调控非常有必要,将对 GaN 基超高频 HEMT 器件的开发与应用具有非常重要的指导意义。

2.4.3 电力电子器件及其应用

2.4.3.1 GaN 基电力电子器件的主要特点

基于Ⅲ族氮化物材料 GaN 基电力电子器件,特别是基于 AlGaN/GaN 异质结构的 HEMT 器件十分适合应用于制备电力电子器件。其主要特点包括:

(1)禁带宽度大。GaN 的禁带宽度高达 3.4 eV,材料的本征电子浓度很低,相同温度下比 Si 材料小四个数量级。因此,GaN 基电子器件的工作温度可以超过 400 ℃,而传统的 Si 器件只有 150 ℃。高工作温度大大降低了功率转换系统中冷却系统的负担,可以达到轻量化、小型化以及高集成度。宽禁带同时导致碰撞电离能量阈值的增加,增加了器件击穿电场,极大地提高了器件的击穿电压。或者说,同样击穿电压下,极大地降低了器件的导通电阻,从而减小了开关的导通损耗。

(2)GaN 基材料体系具有极强的自发极化和压电极化效应。自发极化强度和压电极化强度可分别达到 3 MV/cm 和 2 MV/cm,甚至更高。AlGa(In)N/GaN 异质结界面具有不连续的极化电场,即使在没有掺杂的情形下,AlGaN/GaN 异质界面沟道中 2DEG 的浓度可以轻松到达 10^{13} cm^{-2}。与此同时,由于二维输运的特点,电子经历的散射过程很少,电子迁移率可达 2 000 $cm^2/(V \cdot s)$。高电子浓度以及高电子迁移率大大降低了 2DEG 沟道的电阻,进一步降低了开关的导通损耗。另外,高电子饱和速率和电子迁移率还能提高器件的开关速度,从而降低了电力电子器件的开关损耗,提高了转换效率。

(3)GaN 基 HEMT 器件一般是多子器件,在开关过程中不存在少数载流子的复合过程,器件的关闭时间达纳秒量级,器件的开关损耗比传统的 Si 器件低很多,开关速度可达兆赫量级。基于以上优点,在相同阻断电压下,GaN 基 HEMT 器件的比导通电阻理论上比 Si 器件低三个数量级,比 SiC 器件低一个数量级,突破了传统器件的材料理论极限,在功率开关器件领域具有材料物理特性的巨大优势。

总的来说,GaN 基电力电子器件具备比传统器件低至近千分之一的导通电阻、高几十倍的开关速度。可以将电源的损耗降至传统器件 1/10,给社会节省大量的电能。还可以将电源的体积减小至传统电源的 1/10,节省大量的铜等战略物资。GaN 基电力电子器件具有的这些优异特性,使之成为了下一代高效、高功率开关器件最有希望的竞争者之一,也是目前新型功率开关器件研究的国际热点。

相对于另一个第三代半导体的典型代表 SiC,GaN 基电力电子器件的突出优势是开关速度快,生产成本低廉;相对难点是 HEMT 类型器件是平面型器件,其击穿电压比 SiC 垂直型器件低。生产 GaN 基电力电子器件与生产 GaN LED 的原材料完全一致,而 LED 产业已蓬勃发展,产业链健全,GaN LED 原材料的成本已非常低。更重要的是,GaN LED 可以在 Si 衬底上异质生长。Si 衬底的价格远低于 SiC 衬底的价格，而且 Si 衬底的尺寸远大于 SiC 衬底。这样既保证了单位面积的 GaN 材料成本低廉，又能够利用成熟的微电子工业的产业基础，大规模地生产市场需求巨大的电力电子器件。通过实践，行业一般认为，GaN 材料适合制作电压为 200～1 200 V 的器件，这个电压范围的市场容量大概占电力电子器件总市场容量的 2/3，将超过 1 000 亿元人民币。

2.4.3.2　GaN 基电力电子器件的应用

如图 2-60 所示，基于 GaN 基电力电子器件有望在以下领域得到广泛应用：

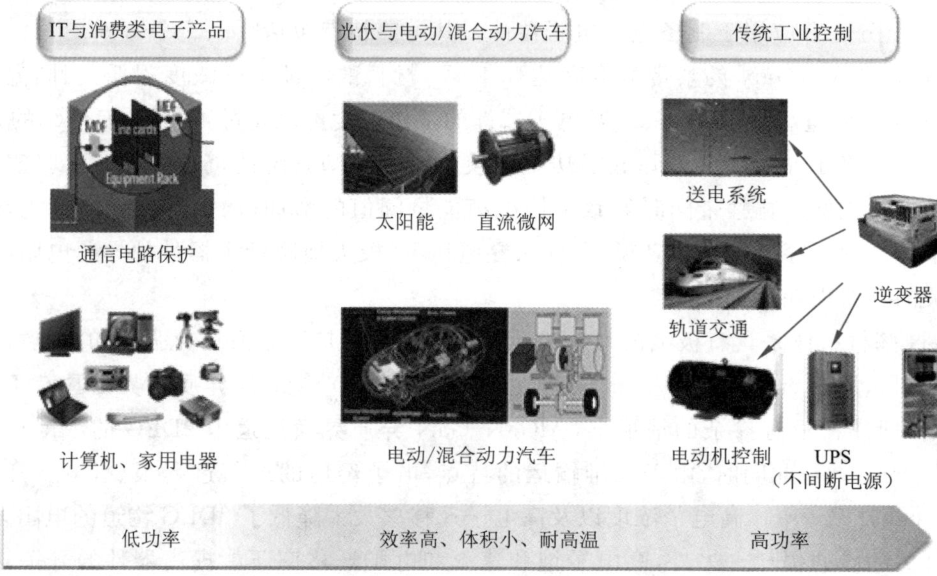

图 2-60　基于 GaN 基电力电子器件的应用领域

（1）IT 与消费类电子产品：家庭拥有的电器总量惊人，各类家电通常都需要各种不同的功率开关器件控制；公共场所空调、照明、装饰、显示、计算机、自动控制等也需要大量的功率开关器件；虽然单个功率开关器件能耗不大，但其使用数量庞大，能耗总和相当惊人。

（2）光伏领域：为了摆脱对化石燃料的依赖、减少温室气体的排放，各国都开始大力发展可再生能源产业。太阳能发电过程中产生的是直流电，需要转换为交流电才能并网使用。由于风能的不稳定性，风力发电机输出非固定频率的交流电，需要进行交-直-交的转换才能并网使用，以上应用的电流直-交转换中都需要用到高压功率开关器件。

（3）电动/混合动力汽车领域：功率开关器件可应用于电源充电器、直流电压转换器和动力传动系统等方向。GaN 逆变器的效率更高，可以增加车辆充电后的行驶距离。Si 基逆变器能承受的温度低于 150 ℃，所以现在主流设计需要两个独立的冷却系统。而如果采用 GaN 器件，逆变器可以工作在发动机旁边，仅需一个冷却系统。此外，GaN 技术可以提升功率密度和工作频率，因而大大节省系统的体积和质量，提高车辆的加速性能。

（4）传统工业控制领域：交流电动机、逆变器、继电器、开关电源、变频器、工业传动装置、机车与列车用电源以及供暖系统传动装置等都需要功率开关器件，主要特点是高电压、大电流。要求开关器件具有电压型控制、驱动功率小、开关响应速度快、工作频率高、安全工作区大等特点。

考虑到现有的基于 GaN 的功率开关器件主要采用平面型结构，耐压的提高完全依赖漂移区的长度，高压器件的实现将大大增加器件的面积。在民用市场特别注重性价比的前提下，一般认为基于 GaN 基功率开关器件的应用电压范围将低于 1 500 V。基于 GaN 基功率开关器件将工作在 200～1 200 V 电压范围，特别是电动汽车、电动机控制、高性能服务器、基站、笔记本式计算机、平板显示等对性能要求较高的领域对现有的基于 Si 基功率器件形成强有力的挑战。据 Yole Dèveloppement 公司 2010 年发布的市场分析报告预测，采用先进的 GaN 基功率开关器件，开关电源转换效率比采用 Si 基功率器件高 3%～10%。据此估算，如果我国所用功率开关器件效率平均提高 5%，每年节约的电能相当于两个三峡大坝的年发电量，节能效果十分明显。

2006 年，松下公司在 IEDM 上报道了世界上第一个拥有电导调值的 Si 基增强型 AlGaN/GaN HEMT，减小了导通电阻，称为 gate injection transistor (GIT)，器件比导通电阻为 2.6 mΩ · cm^2，击穿电压为 640 V。2009 年，松下公司在 IEMD 上再次报道了利用 GIT 实现的 GaN 基单片逆变器集成电路，集成了六个 GIT 单元，用作电动机驱动，芯片大小只有 2.7 mm×2.5 mm，外延片为 6 英寸 Si 衬底上利用 MOCVD 生长的 GaN 异质结构，器件采用 Fe 的离子注入，实现器件隔离，击穿电压提高到 900 V。与采用 Si 的 IGBT 相比，整体效率提高 1%～2%，2013 年更是将效率提高到 99.3%[98]，证明了 GaN 器件的巨大潜力。香港科技大学[99]在 F 处理技术制备增强型 GaN HEMT 方面做了一系列工作，并利用 F 处理技术在 Si 基 AlGaN/GaN 外延片上研制出开关电源用转换器，集成了横向场效应整流器以及常闭型 HEMT。除了实验室研究之外，目前有多家公司已经推出 GaN 基功率开关器件的产品，如美国 IR 公司、EPC 公司，日本的松下公司等，产品主要集中在 600 V 以下的应用范围。

2.4.3.3　GaN 基电力电子器件应用所面临的挑战

作为一种新兴的半导体材料与器件，GaN 基电力电子器件在得到大规模应用前还面临着一些技术挑战，主要如下：

(1)在大尺寸 Si 衬底上异质生产 GaN 材料需要克服 GaN 与 Si 之间巨大的晶格常数失配，与高温生长时巨大的热失配。这些失配会引起衬底的翘曲，不利于生产的工艺稳定性。另外，MOCVD 生长时气流的不均匀性会导致大尺寸衬底上材料生长与特性的不均匀。这些问题都限制了当前大规模稳定地生产 GaN 器件。

(2)生长的失配还会在 GaN 材料中生成大量的缺陷。这些缺陷会降低器件的击穿电压；引起高速开关动作时的电流崩塌效应，严重降低开关速度；缺陷还会带来长期的可靠性问题。

(3)GaN 基 HEMT 自然是一种常开型器件。当电源电压接入时，如果核心的开关器件是导通的，瞬时电流将很快烧毁开关器件本身和电源。所以，行业都在寻找比较实用而且可靠的制作常闭型(增强型)器件的方法。现在比较常用的进行商业化尝试的方法有 p 型帽层和 cascode 两种技术。这两种技术都没有在外延材料生长之后对栅结构进行大的工艺调整，使得它们具有较高的一致性以及规模化生产能力，但这两种技术很大程度上限制了 GaN 基材料特性的充分发挥。其他增强型实现技术，如 F 处理、栅刻蚀等在栅形成这一步工艺调整幅度较大，而栅极周围电场最为集中，决定了栅极的可靠性较差，难以实现大电流器件。

(4) HEMT 是一种单载流子器件，整个器件结构中只有 n 型材料，没有 p 型材料。这个特点不像硅 MOS 器件，在衬底上不能自然形成一个反向的 PN 结，所以无法自然附带一个反向泄流二极管。在很多电源变换器电路拓扑中，开关器件需要一个反向泄流二极管，当开关截止时，能防止反向过冲电压烧毁器件。

以上技术挑战在广大技术人员的努力下，正在逐步得到克服或解决，GaN 基电力电子器件优异的开关特性已快速地在电源系统中应用与检验。在不久的将来，GaN 基电力电子器件产业将会迎来蓬勃的发展。

2.5 国内外Ⅲ族氮化物材料产业发展现状及趋势

2.5.1 GaN 基 LED 照明材料产业

2.5.1.1 半导体照明节能产业发展现状

随着各国相继发布白炽灯等低效照明灯具的禁限令，以及 2013 年签署国际汞公约，规定 2020 年前禁止生产和进出口含汞类产品，其中包括荧光灯产品，半导体照明技术已公认为是新一代的照明技术。各国政府高度重视，纷纷将半导体照明作为新兴产业，立足国家战略层面推动技术研发和产业发展。近年来，全球半导体照明节能产业发展迅猛，技术突破日新月异，应用领域不断拓宽。

1. 国际半导体照明产业高速增长

随着技术进步，半导体照明的应用领域不断拓宽，市场规模不断扩大，渗透率加快。据美国产业研究机构 Strategies Unlimited 2016 年发布的报告显示，2015 年，LED 器件营收约 147 亿美元，预计 2016 年约 152 亿美元；2020 年超过 180 亿美元。LED 器件照明应用仍是主流应用，占 30%以上，并稳步增长；LED 在汽车以及农业等应用逐年扩大。同时，OLED 技术也日趋成熟，其应用领域不断拓展，从手机等小尺寸显示的应用向计算机、电视等大尺寸显示发展，已经开始应用于通用照明领域，此外，在军工、航天等领域的应用也有较大空间。据 IHS 信息咨询公司 2015 年的报告显示，2015 年，LED 安装数量在整体照明产品在用量中的渗透率仅为 6%，预计未来几年有较快增长，到 2022 接近 40%；Strategies Unlimited 预计 2020 年 LED 销售数量在整体照明产品中的渗透率为 42%，安装数量在整体照明产品在用量中的渗透率接近 1/3，而其销售额在整体照明市场的市场份额为 76%。

2. 半导体照明技术进步日新月异

2015 年，国际上大功率白光 LED 产业化的光效水平已经超过 160 lm/W。根据美国能源部(DOE)2016 年发布的半导体照明研发计划，2015 年冷白 LED 器件的光效达到 168 lm/W，

LED 灯具整体光效达 108 lm/W；预计 2016 年冷白 LED 器件的光效将达到 184 lm/W，LED 灯具整体光效达 125 lm/W，至 2020 年冷白 LED 器件的光效可以达到 218 lm/W，LED 灯具整体光效达 196 lm/W；而目标是 LED 器件的光效达到 255 lm/W，LED 灯具整体光效达 230 lm/W。而 OLED 的光效也在不断提升，2015 年 OLED 面板的光效达到 60 lm/W，预计 2017 年达到 100 lm/W，至 2020 年达到 125 lm/W，2025 年达到 160 lm/W，而目标是 OLED 面板的光效达到 190 lm/W。

3. 竞争格局不断调整

从全球整体格局来看，LED 产业主要分布在美国、日本、中国大陆、中国台湾地区、韩国以及欧洲。由于经济的全球化，LED 产业发展也在逐步形成国际分工，技术含量最高的外延、芯片的生产主要在美国、日本、欧盟等发达国家；封装应用主要分布于中国大陆、中国台湾地区、韩国等。但随着国际照明巨头飞利浦、欧司朗、GE、三星、东芝等重组半导体照明业务，中国企业强势参与国际竞争，印度等新兴经济体重点布局，使得全球半导体照明供应链不可避免向东转移，全球半导体照明制造和供应格局将随之发生改变，中国作为全球最大的半导体照明生产和出口基地将面对更多的机会。

4. 我国半导体照明关键技术不断进步

目前，我国产业化技术取得重大突破，部分单项技术国际领先。2016 年，我国功率型白光 LED 产业化光效 160 lm/W（国际厂商为 176 lm/W）；LED 室内灯具光效超过 90 lm/W，室外灯具光效超过 110 lm/W；具有自主知识产权的功率型硅基 LED 芯片产业化光效为 150 lm/W，硅基黄光 LED(565 nm)光效达到 130 lm/W，硅基绿光 LED(520 nm)光效超过 180 lm/W，达到国际领先水平；深紫外 LED 技术进一步提升，280nm 深紫外 LED 室温连续输出功率超过 20 mW，处于世界先进水平。封装及应用技术达到国际水平；创新应用已成为新的研发热点，LED 在医疗、农业、航空航天、南极科考等领域开展了多项应用示范，取得了良好的效果；“十城万盏”半导体照明试点示范工作促进了 LED 灯具光学设计、散热、驱动等技术集成。

5. 产业规模突破 5 000 亿元

2016 年，我国半导体照明产业整体产值达到 5 216 亿元，较 2015 年同比增长 22.8%，虽然与“十二五”期间 30%的年均增长率有所下降，但增长率较 2015 年的 21%有小幅提升。其中，上游外延芯片规模约 182 亿元，同比增长 20%；中游封装规模达到 748 亿元，同比增长 21.5%；下游应用规模为 4 286 亿元，同比增长 23%。上中游芯片、器件价格整体上涨；下游市场需求的放量增长，原材料、配件及人工成本的上升推动供应链全线涨价。2016 年下半年以来，LED 上游芯片产品价格上涨平均幅度为 10%～15%，中游封装器件价格提升幅度在 5%～10%。2016 年我国 LED 产业链各环节产业规模如图 2-61 所示。

6. 应用市场快速增长

2016 年，半导体照明应用环节继续保持快速发展，细分应用领域呈现不同特点。通用照明、景观应用、显示等传统替代应用市场稳步增长，农业照明、汽车照明等新兴应用快速成长，智慧路灯、小间距显示、灯丝灯、UV-LED、IR-LED 等成为应用市场热点。2016 年我国半导体照明应用领域分布如图 2-62 所示。

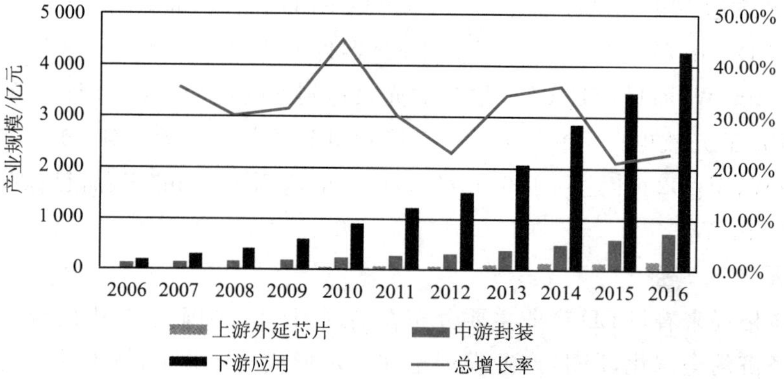

图 2-61　2016 年我国 LED 产业链各环节产业规模(数据来源:CSA Research)

7. 标准检测认证工作取得阶段性进展

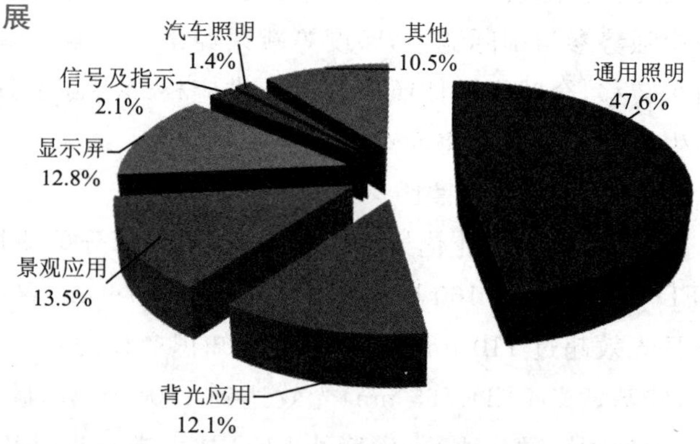

图 2-62　2016 年我国半导体照明应用领域分布
(数据来源: CSA Research)

2016 年,国家标准工作改革逐步推进,团体标准试点成效显著。发布国家标准 9 项,包括《空间科学照明用 LED 筛选规范》《普通照明用 LED 产品和相关设备 术语和定义》等;正在制定 LED 筒灯、LED 射灯、LED 路灯、LED 隧道灯国家强制性能效标准;新立项 LED 标准涉及测试方法、夜景照明、体育照明等。协会、学会等行业组织纷纷成立标委会,开展团体标准工作。作为第一批团体标准试点之一,国家半导体照明工程研发及产业联盟标委会 2016 年发布团体标准 4 项,涉及健康照明、植物光照等。CSA 016—2013《LED 照明应用接口要求:自散热、控制装置分离式 LED 模组的路灯/隧道灯》获得国家质检总局、国家标准委"中国标准创新贡献奖二等奖(2016)",是唯一获奖的团体标准。

2.5.1.2　半导体照明技术发展趋势

半导体照明技术持续向更高光效、更低成本、更高可靠性、更高光品质的方向发展,并逐步开始跨领域的交叉融合,形成更高技术含量与产品附加值,并呈现以下趋势:

(1)光效达 200 lm/W。突破下一代外延、芯片等核心专利,进一步提高光效,降低成本。

(2)实现智能化。随着互联网、物联网以及云技术等 IT 技术的迅猛发展,LED 照明将成为智慧家居、智慧城市的重要组成部分。

(3)按需照明和超越照明应用。基于 LED 照明数字化、可控性强等特性,未来灯具的形式和照明方式将会发生变革,"按需照明"成为发展方向,同时 LED 还将广泛应用于光通信、可穿戴、农业、医疗等超越照明领域。

(4)标准检测认证进程加快。标准化重点逐步转向体现 LED 技术特点的可靠性测试、接口要求、智能控制、系统能效、健康舒适照明评价等方向。

(5)产业爆发性增长，整合速度加快。全球半导体照明产业规模以超过 20% 的速率增长，亚洲引领全球产业，中国是亚洲的核心地区之一。同时，产业格局不断调整，优势资源逐步向行业巨头集聚。

2.5.2　GaN 基微波半导体材料与器件产业

由于 GaN 基半导体自身的优势以及在微波、毫米波领域的广泛应用前景，氮化物已经成为全球微波半导体产业的前沿和热点，是各国竞相占领的战略技术制高点。美、日、欧和中国相继在 GaN 基微波功率器件领域启动了相关基础及应用研究项目，推动 GaN 基微波功率器件的产业化进程。经过十多年的快速发展之后，GaN 基微波功率器件已经开始进入实用阶段，并且向更高频(如 W 波段)方向发展。

美国在 GaN 基电力电子器件发展初期的研究计划有着鲜明的军事应用需求，先后制订了两个庞大的研究计划。2002 年，美国国防部先进研究项目局(Defense Advanced Research Projects Agency，DARPA) 意识到 GaN 材料在微波、毫米波段领域的巨大潜力，制订了"宽禁带半导体技术创新(wide bandgap semiconductor technology initiative，WBGSTI) 计划"。到 2010 年，分三个阶段完成：开发高质量、大直径的碳化硅(SiC)衬底；实现高效率、高可靠性、高性能的 GaN 单片微波集成电路(MMIC)，并将其应用于几种类型的模块中；逐步将器件与电路模块应用于各种商用系统，包括雷达、智能武器、电子对抗和通信系统等。最终实现工作频率达 40 GHz，使用寿命超百万小时的 GaN 基微波功率器件。为了把 GaN 技术再向前推进一步，DARPA 其后又启动了"氮化物电子下一代技术(nitride electronic next-generation technology，NEXT)计划"。其目的是研发能够同时实现极高频率和电压(约翰逊品质因数大于 5 THz・V)的 GaN 制造工艺，并且该工艺能满足大规模集成的要求。NEXT 计划的最终目标是实现适用于 500 GHz 高速混合信号处理的、超过 1 000 个晶体管的高良率 GaN(增强型/耗尽型模式)集成电路技术。

日本新能源产业综合开发机构(New Energy and Industrial Science Development Organization，NEDO)于 1999—2002 年启动了"移动通信和传感器领域 GaN 基半导体器件应用开发区域性联合项目(regional consortium project on development of nitride semiconductor electronic devices for mobile communication and sensors)"。此后，于 2002 年启动了"氮化镓半导体低功耗高频器件开发(development of a low-power high-frequency device using a nitride semiconductor)计划"。该计划的主要目的是开发 GaN 晶圆评价、分析技术，在此基础上开发大功率的微波 HEMT 及其制造技术，目标是 2006 年底在 5 GHz 以及 26 GHz 下分别实现 200 W 以及 20 W 的射频输出。

欧洲防卫机构(EDA)于 2005 年启动了面向国防和商业应用的 key organization for research on integrated circuits in GaN(KORRIGAN)计划，涉及从衬底到模块的所有领域。KORRIGAN 计划是在欧盟框架内组织的一个大规模多国联合科研项目，目的是创建一条独立的 GaN 微波器件供应链，为欧洲防务提供可靠的、最先进的 GaN 晶圆制造服务。而欧洲航天局(ESA)资助的是面向高可靠航天应用的 GREAT2 计划,侧重于提高 GaN 基器件在空间应用中的可靠性。为了进一步提高 GaN 基 HEMT 的散热,欧洲还启动了 advanced GaN packaging(AGAPAC)计划,目的是解决 GaN 基器件在空间卫星应用中的封装问题,在 2011 年底建立与空间应用兼容的 GaN 基微波功率器件封装供应链。欧洲 GaN 基 HEMT 器件供应链示意图如图 2-63 所示。

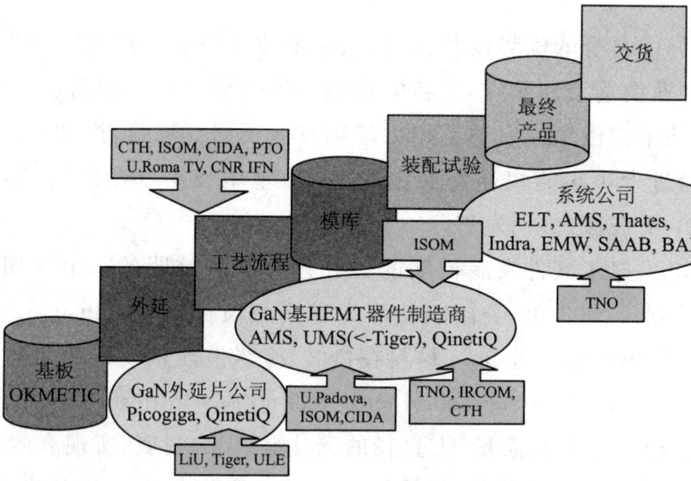

图 2-63 欧洲 GaN 基 HEMT 器件供应链示意图

中国于 2008 年启动了国家科技重大专项“核心电子器件、高端通用芯片及基础软件产品”(01 专项,简称“核高基”),其中核心电子器件的一个重要领域就是 GaN 基微波功率器件的研发,目的是支持国内的研究机构建立 GaN 基础理论研究、材料生长、器件设计和射频电路设计的完整体系,并应用到总装备部“十一五”雷达探测项目——新型宽禁带功率器件固态发射系统技术研究中。另一个国家科技重大专项“新一代宽带无线移动通信网”(03 专项)在 2014 年度开启的“高性能射频功率放大管研发”课题支持了 GaN 射频功率放大管的研发,并与 01 专项支持过的高效率、线性宽带功放研究成果结合,提升无线移动通信基站产品的竞争力,摆脱对进口的依赖。其研究目的是突破射频功率放大管的关键技术,自主研发满足 2G/3G/4G 移动通信要求的 GaN 射频功率放大管,并通过验证。科技部主导的国家高技术研究发展计划(863 计划)也于 2014 年专门设立了“新一代移动通信基站氮化镓射频功率放大器”项目,支持 GaN 在商用移动通信中的应用。以上两个项目的目标基本一致,都是在 4G 通信频段,开发出满足可靠性要求的、大于 250 W 输出的无线通信基站用 GaN 高功率射频功率放大管。

各大国的研究与发展计划极大地推动了 GaN 基微波功率器件的技术进步与产业发展。从器件性能角度,基本实现了第三代半导体相对于以前半导体的大跨越。如在 4 GHz 下功率密度已突破 40 W/mm^2;大栅宽器件在 S 波段功率高达上千瓦;在 2.1 GHz E 类放大效率达 80%,X 波段 E 类放大效率达 75%;在 Ku 波段输出功率大于 60 W,效率达 45%。GaN MMIC 超宽带放大器在 2～20 GHz 频段能输出 26 W;GaN MMIC 放大器在 Ka 波段输出

18 W,W 波段输出 1.7 W,并在 95 GHz 功率合成输出 100 W。GaN HEMT 的栅长尺度已缩小至 30～40 nm,f_T已高达 370 GHz,f_{max}达 400 GHz,开始进入 GaN 高速数-模集成电路发展新阶段。从可靠性角度,多个厂商已宣布其 GaN 基微波功率器件在 200 ℃温度下平均无故障时间(MTTF)超过 1 000 万 h,高于行业标准的 100 万 h,最高达 7 000 万 h;多个模块产品也演示了连续无故障工作 1 000 h,甚至更高。从制造成熟度角度,TriQuint 公司已出货 17 万件 GaN 器件产品,而 Cree 公司 2014 年初就宣布其销售量已超过 100 万件。雷神公司的 GaN 产品已达到美国国防部的制造成熟度评估(MRA)的第 8 级,而 TriQuint 公司已达到 MRA 的最高级(第 9 级),意味着 GaN 基微波功率器件的制造工艺已满足最佳性能、成本和容量的目标要求,并已具备支持全速率生产的能力。GaN 基微波功率器件产业已基本成熟。

GaN 基高功率放大器件从 2010 年开始缓慢进入移动通信基站市场,首先应用于小体积、高线性度等高端基站设备。2013 年销售额大约为 1.6 亿美元。随着 4G 无线网络建设的全面铺开,2014 年 GaN 的应用明显增多,而 2 GHz 以上 Si 基 LDMOS 器件的市场占有率从 92%下降至 76%。中国首家微波半导体器件公司苏州能讯高能半导体公司也于 2014 年正式推出了用于 LTE 基站的,输出功率高达 300 W 的功率放大管。业界预计,未来无线通信频率开始超过 3 GHz,GaN 的应用将出现蓬勃发展的势头。之后,GaN 器件的市场份额将持续升高,至 2020 年达到占基站微波市场的 20%以上,约合 16 亿美元。在防卫市场,雷神公司 2014 年宣布在"爱国者"防空系统成功演示了使用 GaN 模块的先进雷达;日本也宣称在搜索雷达、气象雷达等开始广泛使用 GaN 器件;中国电子科技集团下属 13、55 所也在 2014 年批量供应,在雷达上正式使用 GaN 器件。中国防卫市场微波功率器件总容量随着国防事业的发展在急剧扩充,其中 GaN 器件的份额在稳步提升。另外,在卫星通信、CATV、北斗系统等领域也得到了很好的应用。

2.5.3　GaN 基电力电子器件及材料产业

2001 年美国 UCSB 的 Mishra 研究小组首次报道了基于 GaN 基 HEMT 高压电力电子开关器件。随后,以美、日、欧为代表的西方强国都投入大量经费开始 GaN 基新型电力电子器件(又称功率开关器件)的研发,正在形成继 LED 与微波功率器件之后的第三个 GaN 研究热点。日本在投入大量资金和人力后,此方向的发展速度最快。其特点是,除大学研究院所外,众多大公司,如松下、东芝、富士通和古河等均加入 GaN 基 HEMT 高压电力电子开关器件的研发队伍,以期占领先进功率开关器件的制高点。其实,由于 GaN 基电力电子器件的应用主要在商用领域,其发展在各国都是以市场推动为主,政府引导为辅。

有数据显示,世界排名前 15 的半导体公司有 8 家开始了 GaN 基功率开关器件的研制工作,包括 ST Micro、Toshiba、Renesas、Fuji、IR、Shindengen、Sanken、Panasonic。在北美,GaN 基功率开关器件已经形成一条新的供应链。材料生长供应商有 Kyma Technologies、IQE、TDI/Oxford、Nitronex 等,器件设计公司包括 GaN Systems、EPC 等,代工厂有 TriQuint、Episil 等;另外 IR、Transform、Velox 等涉及整个供应链。欧洲外延片生长商包括从 IMEC 分离出来的 EpiGaN、Picogiga/SOITEC、AZZURRO、IMEC、Tyndall National Institute 等,

UMS、MicroGaN 等涉及器件设计和晶圆加工，STMicro、Ⅲ-V Lab、Ferdinand Braun Inst. 等涉及整个供应链。日本意识到 GaN 基电力电子器件是在宽禁带半导体领域赶上美国的绝佳机会，加上半导体工业基础雄厚，众多公司都投入到了这一领域的研发。外延生长公司有 Hitachi Cable、Powerdec、Dowa、NTT-AT 等，器件设计和制造公司有 Toshiba、Fujitsu Electronics、Fuji Electric、Renesas、Panasonic 等，Furukawa Electric、Toyota、NTT、Sumitomo SEI 等则涉足从材料到器件加工的所有过程。中国企业在这个领域的发展紧跟国际步伐，以海归技术人员为主带领 GaN 基电力电子器件行业的发展。苏州晶湛、江苏能华等公司主营外延生长，捷芯威、中航微电子、士兰微电子、能讯等公司在积极开发 GaN 基电力电子器件。多个中国公司将正式推出 GaN 基电力电子器件商用产品。

GaN 基电力电子器件的发展晚于微波功率器件，可以依托微波器件的材料制备方法与制造工艺，但相对也有两个突出的技术难点：一是为降低生产成本，用于电力电子的外延材料必须在 Si 衬底上生长；二是电力电子系统要求增强型的器件形态。大部分公司都是围绕这些课题展开技术与产品开发的，以构造自己的知识产权体系。

2013 年底，苏州晶湛公司推出了 8 英寸 Si 衬底上生长的 GaN 基 HEMT 结构外延材料，击穿电压超过 1 000 V，标志着大尺寸硅上 GaN 材料开始进入产业化。2013 年 5 月 EPC 发布了开发板 EPC9004，该板使用了 200 V 的 eGaN 器件 EPC2012，已开始供货；6 月发布了降压变换器演示板 EPC9107，该演示板使用了 eGaN 器件 EPC2015 和 TI 的栅驱动 LM5113，已开始样品供货。2012 年，Transphorm 发布了耐压 600 V 的 GaN 类功率二极管、功率晶体管和功率模块；2013 年 5 月，宣布业界首次通过 JEDEC 标准检验的 600 V 的 GaN 晶体管 TPH3006PS 用于电源设计，转换效率高达 97.5%；同时产品 TPH3006PS、TPH3006PD、TPS3410PK 和 TPS3411PK 开始对外发售。Fujitsu 于 2012 年 11 月发布实现 2.5 kW 的基于 GaN 功率器件的服务器电源单元；2013 年 7 月展出了耐压 30 V、150 V 和 600 V 的三款 Si 上 GaN 功率器件，已开始样品供货，同时展出了采用 600 V 耐压产品的服务器电源试制品。2014 年 5 月，GaN Systems 推出了倒装级联结构的增强型器件，采用 PQFN 封装，封装总电感小至 0.6 nH，100 V 器件的导通电阻低至 5 mΩ。2014 年 3 月，Yaskawa 推出 4.5 kW 逆变器，相比于使用硅器件，该逆变器体积缩小了 40%，电力损失降低了一半；下半年开始量产。

吸引硅功率器件企业、化合物半导体企业、集成电路企业、LED 企业，还有初创企业纷纷投身 GaN 基电力电子器件开发的最大动力是其在未来节能型社会中广阔的应用前景与巨大的市场机会。比如美国全年的电能消费中有约 10% 损耗在转换过程中，相当于浪费了全美所有可再生能源总发电量。硅器件效能已非常接近其物理理论极限，从而给予了第三代半导体尤其是 GaN 基电力电子器件一个充分的发展空间。Yole Dèveloppement 公司预计至 2020 年功率器件的市场总量将高达 357 亿美元，连其使用的外延材料的市场都高达 26 亿美元。其中，最适宜 GaN 器件使用的电压范围是 0～900 V 耐压的器件，其容量占以上市场的 2/3（见图 2-64）。图 2-65 给出了 2010—2020 年 GaN 基电力电子器件全球产值的预期，发展非常迅速。

总的来说，随着 GaN 基微波功率器件产业的成熟与大规模应用的开始，展望 GaN 基电力电子器件的巨大市场应用潜力，GaN 材料与器件产业迎来了继 LED 产业的又一个大发展的机遇期。Yole Dèveloppement 预测，下一个五年中，LED 的产值将进入一个稳定期，并且维持比较大的市场总量。同时，GaN 基微波功率器件和电力电子器件开始进入批量销售和应用时期，市场份额稳步提升。2020 年之后开始逐渐形成 GaN 基光电子器件与电子器件平分秋色的市场格局。GaN 材料与器件以其广泛的用途和庞大的市场，将成为仅次于硅半导体的第二大半导体产业。

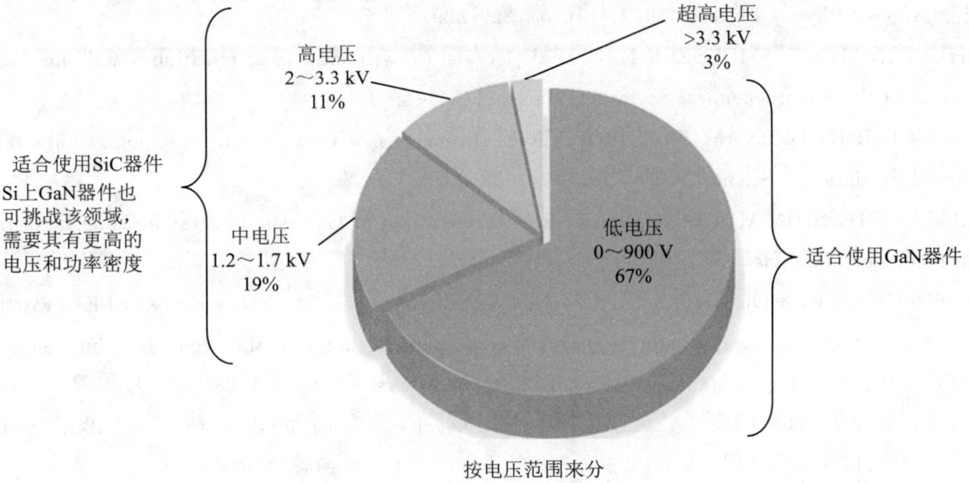

图 2-64　GaN 基电力电子器件适用的电压范围

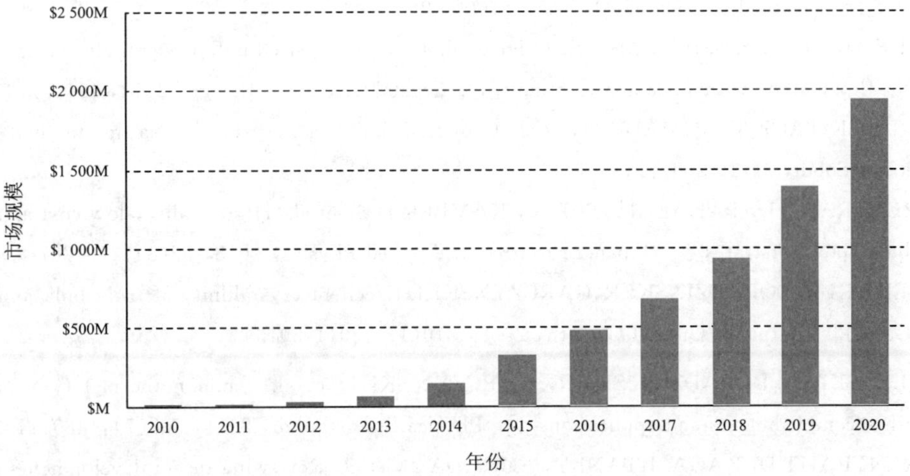

图 2-65　2010—2020 年 GaN 基电力电子器件全球产值的预期(数据来源：Yole Développement)

参考文献

[1]　莱温施泰因. 先进半导体材料性能与数据手册[M]. 北京：化学工业出版社，2003.

[2]　YU K M，HALLER E E，WU J，et al. Unusual properties of the fundamental band gap of InN[J]. Office of Scientific & Technical Information Technical Reports，2002，80(21)：3967-3969.

[3] BERNARDINI F, FIORENTINI V, VANDERBILT D. Spontaneous polarization and piezoelectric constants of Ⅲ-V nitrides[J]. Physical Review B Condensed Matter, 1997, 56(16):10024-10027.

[4] ILEGEMS M J. A large potential for liquid crystal display backlighting application[J], Journal of Crystal Growth,1972,13: 360-364.

[5] BAN V S. Mass spectrometric studies of vapor phase crystal growth I. [J]. Journal of the Electrochemical Society, 1971, 118(9):1473-1478.

[6] MARUSKA H P, TIETJEN J J. The preparation and properties of vapor-deposited single-crystal GaN [J]. Applied Physics Letters, 1969, 15(10):327-329.

[7] CHU T L, ITO K, SMELTZER R K, et al. Crystal growth and characterization of gallium nitride[J]. Journal of the Electrochemical Society, 1974, 121(1):159-162.

[8] CROUCH R K, DEBNAM W J, FRIPP A L. Properties of GaN grown on sapphire substrates[J]. Journal of Materials Science, 1978, 13(11):2358-2364.

[9] YAMANE H, SHIMADA M J, CLARKE S. Preparation of GaN single crystals using a Na flux[J]. Chemistry of Materials, 1997:9(2): 413-416.

[10] KAWAMURA F, MORISHITA M, OMAE K, et al. Novel liquid phase epitaxy (LPE) growth method for growing large GaN single crystals: introduction of the flux film coated-liquid phase epitaxy (FFC-LPE) method[J]. Japanese Journal of Applied Physics, 2003, 42(8):879-881.

[11] KANGAWA Y, TOKI R, YAYAMA T, et al. Novel solution growth method of bulk AlN using Al and Li_3N solid sources[J]. Applied Physics Express, 2011, 4(9):544-548.

[12] YANO M, OKAMOTO M, YAP Y K, et al. Growth of nitride crystals, BN, AlN and GaN by using a Na flux[J]. Diamond & Related Materials, 2000, 9(6):512-515.

[13] IMADE M, MURAKAMI K, MATSUO D, et al. Centimeter-sized bulk GaN single crystals grown by the Na-flux method with a necking technique[J]. Crystal Growth & Design, 2012, 12(12):3799-3805.

[14] MORI Y, KITAOKA Y, IMADE M, et al. Growth of bulk GaN crystals by Na flux method[J]. Physica Status Solidi, 2011, 8(8):1445-1449.

[15] EHRENTRAUT D, PAKALAPATI R T, KAMBER D S, et al. High quality, low cost ammonothermal bulk GaN substrates[J]. Japanese Journal of Applied Physics, 2013, 52(8):279-287.

[16] DWILINSKI R,DORADZINSKI R,GARCZYNSKI J. Excellent crystallinity of truly bulk ammonothermal GaN[J]. Journal of Crystal Growth, 2008, 310(17):3911-3916.

[17] DWILIŃSKI R, DORADZIŃ2SKI R, GARCZYŃSKI J, et al. Ammonothermal GaN substrates: growth accomplishments and applications[J]. Physica Status Solidi, 2011, 208(7):1489-1493.

[18] EHRENTRAUT D, KAGAMITANI Y, FUKUDA T, et al. Reviewing recent developments in the acid ammonothermal crystal growth of gallium nitride[J]. Journal of Crystal Growth, 2008, 310(17):3902-3906.

[19] SLACK G A, MCNELLY T F. AlN Single Crystals[J]. Journal of Crystal Growth, 1977, 42: 560-563.

[20] MIZUHARA N, MIYANAGA M, FUJIWARA S, et al. Growth of high-quality 1-inch diameter AlN single crystal by sublimation method[J]. Physica Status Solidi, 2007, 4(7):2244-2247.

[21] 齐海涛，洪颖，王香泉，等. 物理气相传输法制备大面积 AlN 单晶[J]. 硅酸盐学报，2013，41(6):

803 -807.

[22] DWILINSKI R, DORADZINSKI R,GARCZYNSKI J. Recent achievements in AMMONO-bulk method [J]. Journal of Crystal Growth,2010:312(18):2499-2502.

[23] ROST H J, SICHE D, MLLER R, et al. Investigations of the growth conditions for GaN-bulk crystals grown by the sublimation technique[J]. Physica Status Solidi, 2007, 4(7):2219-2222.

[24] CHEN K M, YEH Y H, WU Y H, et al. Method for modulating the wafer bow of free-standing GaN substrates via inductively coupled plasma etching[J]. Journal of Crystal Growth, 2010, 312(24):3574-3578.

[25] MOTOKI K, OKAHISA T, HIROTA R, et al. Dislocation reduction in GaN crystal by advanced-DEEP[J]. Journal of Crystal Growth, 2007, 305(2):377-383.

[26] YOSHIDA T, OSHIMA Y, ERI T, et al. Fabrication of 3-in GaN substrates by hydride vapor phase epitaxy using void-assisted separation method[J]. Journal of Crystal Growth, 2008, 310(1):5-7.

[27] FUJITO K, KUBO S, NAGAOKA H. Bulk GaN crystals grown by HVPE[J]. Journal of Crystal Growth, 2009, 311(311):3011-3014.

[28] LUO W, WU J, GOLDSMITH J, et al. The growth of high-quality and self-separation GaN thick-films by hydride vapor phase epitaxy[J]. Journal of Crystal Growth, 2012, 340(1):18-22.

[29] MARTINEZ-CRIADO G, KUBALL M, BENYOUCEF M, et al. Free-standing GaN grown on epitaxial lateral overgrown GaN substrates[J]. Journal of Crystal Growth, 2003, 255(3):277-281.

[30] RICHTER E, Ch. H, WANG L, et al. Optimization of HVPE growth of freestanding c-plane GaN layers using (100) γ-LiAlO2 substrates[J]. Physica Status Solidi, 1966, 107(43):2024-2027.

[31] LI X, WU J, LIU N, et al. Self-separation of two-inch-diameter freestanding GaN by hydride vapor phase epitaxy and heat treatment of sapphire[J]. Materials Letters, 2014, 132(132):94-97.

[32] YOSHITAKA T, MAKOTO K, TOSHIKI M. An aluminium nitride light-emitting diode with a wavelength of 210 nanometres. [J]. Nature, 2006, 441(7091):325-328.

[33] YIM W M, STOFKO E J, ZANZUCCHI P J, et al. Epitaxially grown AlN and its optical band gap[J]. Journal of Applied Physics, 1973, 44(1):292-296.

[34] SLACK G A, MCNELLY T F. AlN single crystals[J]. Journal of Crystal Growth, 1977, 42:560-563.

[35] MIZUHARA N, MIYANAGA M, FUJIWARA S, et al. Growth of high-quality 1-inch diameter AlN single crystal by sublimation method[J]. Physica Status Solidi, 2007, 4(7):2244-2247.

[36] BONDOKOV R T, MUELLER S G, MORGAN K E, et al. Large-area AlN substrates for electronic applications: An industrial perspective[J]. Journal of Crystal Growth, 2008, 310(17):4020-4026.

[37] BLISS D F, TASSEV V L, WEYBURNE D, et al. Aluminum nitride substrate growth by halide vapor transport epitaxy[J]. Journal of Crystal Growth, 2003, 250(1):1-6.

[38] 陆大成. 金属有机化合物气相外延基础及应用[M]. 北京:科学出版社, 2009.

[39] AMANO H, SAWAKI N, AKASAKI I, et al. Metalorganic vapor phase epitaxial growth of a high quality GaN film using an AlN buffer layer[J]. Applied Physics Letters, 1986, 48(5):353-355.

[40] NAKAMURA S, MUKAI T, SENOH M. High-brightness InGaN/AlGaN double-heterostructure blue-green-light-emitting diodes[J]. Journal of Applied Physics, 1994, 76:8189-8191.

[41] NAKAMURA S. GaN Growth Using GaN Buffer Layer[J]. Japanese Journal of Applied Physics,

1991, 30(10):1705-1707.

[42] GOTZ W, JOHNSON N M, CHEN C, et al. Activation energies of Si donors in GaN[J]. Applied Physics Letters, 1996, 68(22):3144-3146.

[43] KROST A, DADGAR A, STRASSBURGER G, et al. GaN-based epitaxy on silicon: stress measurements[J]. Physica Status Solidi, 2003, 200(1):26-35.

[44] KOZODOY P, XING H, DENBAARS S P, et al. Heavy doping effects in Mg-doped GaN[J]. Journal of Applied Physics, 2000, 87(4):1832-1835.

[45] PATRICK M W. MBE deserves a place in the history books. [J]. Nature Nanotechnology, 2007, 2(5): 259-261.

[46] WANG X, YOSHIKAWA A. Molecular beam epitaxy growth of GaN, AlN and InN[J]. Progress in Crystal Growth & Characterization of Materials, 2004, 48(1):42-103.

[47] 王占国. 半导体材料研究进展[M]. 北京:高等教育出版社, 2012.

[48] NAGATOMO T, KUBOYAMA T, MINAMINO H, et al. Properties of $Ga_{1-x}In_xN$ Films Prepared by MOVPE[J]. Japanese Journal of Applied Physics, 1989, 28(8):1334-1336.

[49] YUE H, XUE J, ZHANG J. The pollen-stigma interaction in the grasses. 2. Pollen-tube penetration and the stigma response in Secale[J]. Acta Botanica Neerlandica, 2009, 30(11):4970-4975.

[50] PISCOPIELLO E, CATALANO M, ANTISARI M V, et al. Influence of the N_2/H_2 ratio on the structural features of $In_xGa_{1-x}N$/GaN films grown by MOCVD[J]. Materials Science & Engineering B, 2001, 87(3):237-243.

[51] STRICHT W V D, MOERMAN I, DEMEESTER P, et al. Study of GaN and InGaN films grown by metalorganic chemical vapour deposition[J]. Journal of Crystal Growth, 1997, 170(4):344-348.

[52] KAMIYAMA S, IWAYA M, HAYASHI N. Low-temperature-deposited AlGaN interlayer for improvement of AlGaN/GaN heterostructure[J]. Journal of Crystal Growth, 2001, 223(1):83-91.

[53] HAN J, WALDRIP K E, LEE S R, et al. Control and elimination of cracking of AlGaN using low-temperature AlGaN interlayers[J]. Applied Physics Letters, 2001, 78(78):67-69.

[54] KHAN A, BALAKRISHNAN K, KATONA T. Ultraviolet light-emitting diodes based on group three nitrides[J]. Nature Photonics, 2008, 2(2):77-84.

[55] KROST A, DADGAR A. GaN-based optoelectronics on silicon substrates[J]. Materials Science & Engineering B, 2002, 93(3):77-84.

[56] ISHIKAWA H, ZHAO G Y, NAKADA N, et al. GaN on Si substrate with AlGaN/AlN intermediate layer[J]. Japanese Journal of Applied Physics, 1999, 38(5):492-494.

[57] ABLE A, WEGSCHEIDER W, ENGL K, et al. Growth of crack-free GaN on Si(111) with graded AlGaN buffer layers[J]. Journal of Crystal Growth, 2005, 276(4):415-418.

[58] DADGAR A, BLASING J, DIEZ A, et al. Metalorganic chemical vapor phase epitaxy of crack-free GaN on Si (111) exceeding 1 μm in thickness[J]. Japanese Journal of Applied Physics, 2000, 39(2): 1183-1185.

[59] DADGAR A, HUMS C, DIEZ A. Growth of blue GaN LED structures on 150-mm Si(111)[J] . Journal of Crystal Growth, 2006, 297: 279-282.

[60] SELVARAJ S L, SUZUE T, EGAWA T. Breakdown enhancement of AlGaN/GaN HEMTs on 4-in

silicon by improving the GaN quality on thick buffer layers[J]. IEEE Electron Device Letters, 2009, 30(6):587-589.

[61] FELTIN E, BEAUMONT B, LAUGT M, et al. Stress control in GaN grown on silicon (111) by metalorganic vapor phase epitaxy[J]. Applied Physics Letters, 2001, 79(20):3230-3232.

[62] DADGAR A, POSCHENRIEDER M, CONTRERAS O, et al. Bright, crack-free InGaN/GaN light emitters on Si(111)[J]. Physica Status Solidi, 2002, 192(2):308-313.

[63] MO C, FANG W, PU Y, et al. Growth and characterization of InGaN blue LED structure on Si(111) by MOCVD[J]. Journal of Crystal Growth, 2005, 285(3):312-317.

[64] JONGKYU K, E FRED S. Transcending the replacement paradigm of solid-state lighting[J]. Optics Express, 2008, 16(26):21835-21842.

[65] LEE H Y, LIN Y C, CHEN I H, et al. Effective Color Conversion of GaN-Based LEDs via Coated Phosphor Layers[J]. IEEE Photonics Technology Letters, 2013, 25(8):764-767.

[66] HAN L, WANG Y, JIA Z, et al. Enhancement of red emission intensity of $Ca_9Y(VO_4)_7:Eu^{3+}$ phosphor via Bi co-doping for the application to white LEDs[J]. Materials Chemistry & Physics, 2013, 139(1):87-91.

[67] TREW R J, GREEN D S, SHEALY J B. AlGaN/GaN HFET reliability[J]. IEEE Microwave Magazine, 2009, 10(4):116-127.

[68] FRED S E, KYU J K. Solid-state light sources getting smart. [J]. Science, 2005, 308(5726):1274-1278.

[69]NAKAMURA S, SENOH M, NAGAHAMA S I, et al. InGaN multi-quantum-well-structure laser diodes with cleaved mirror cavity facets[J]. Japanese Journal of Applied Physics, 1996, 35(2):217-220.

[70] KHAN A, BALAKRISHNAN K, KATONA T. Ultraviolet light-emitting diodes based on group three nitrides[J]. Nature Photonics, 2008, 2(2):77-84.

[71] NAKAMURA S, SENOH M, NAGAHAMA S I, et al. InGaN-based multi-quantum-well-structure laser diodes[J]. Japanese Journal of Applied Physics, 1996, 35(2):74-76.

[72] SHATALOV M, GAEVSKI M, ADIVARAHAN V, et al. Room-temperature stimulated emission from AlN at 214 nm[J]. Japanese Journal of Applied Physics, 2006, 45(50):1286-1288.

[73] TAKANO T, NARITA Y, HORIUCHI A, et al. Room-temperature deep-ultraviolet lasing at 241.5 nm of AlGaN multiple-quantum-well laser[J]. Applied Physics Letters, 2004, 84(18):3567-3569.

[74] JMERIK V N, LUTSENKO E V, IVANOV S V. Plasma-assisted molecular beam epitaxy of AlGaN heterostructures for deep-ultraviolet optically pumped lasers[J]. Physica Status Solidi, 2013, 210(210):439-450.

[75] MARTENS M, MEHNKE F, KUHN C, et al. Performance characteristics of UV-C AlGaN-based lasers grown on sapphire and bulk AlN substrates[J]. IEEE Photonics Technology Letters, 2014, 26(4):342-345.

[76] WUNDERER T, CHUA C L, NORTHRUP J E, et al. Optically pumped UV lasers grown on bulk AlN substrates[J]. Physica Status Solidi, 2012, 9(3):822-825.

[77] YOSHIDA H, YAMASHITA Y, KUWABARA M, et al. A 342 nm ultraviolet AlGaN multiple-quan-

tum-well laser diode[J]. Nature Photonics, 2008, 2(9):551-554.

[78] YOJI Y, MASAKAZU K, KOUSUKE T, et al. A 340-nm-band ultraviolet laser diode composed of GaN well layers. [J]. Optics Express, 2013, 21(3):3133-3137.

[79] KAMIYAMA S, IIDA K, KAWASHIMA T, et al. UV laser diode with 350.9-nm-lasing wavelength grown by hetero-epitaxial-lateral overgrowth technology[J]. Selected Topics in Quantum Electronics IEEE Journal of, 2005, 11(5):1069-1073.

[80] NAGATA K, TAKEDA K, NONAKA K, et al. Reduction in threshold current density of 355 nm UV laser diodes[J]. Physica Status Solidi, 2011, 8(5):1564-1568.

[81] OTO T, BANAL R G, KATAOKA K, et al. 100 mW deep-ultraviolet emission from aluminium-nitride-based quantum wells pumped by an electron beam[J]. Nature Photonics, 2010, 4(11):767-770.

[82] ZHANG J Y, CAI L E, ZHANG B P, et al. Blue-violet lasing of optically pumped GaN-based vertical cavity surface-emitting laser with dielectric distributed bragg reflectors[J]. Journal of Lightwave Technology, 2009, 27(1):55-59.

[83] KHAN M A, KUZNIA J N, OLSON D T, et al. High-responsivity photoconductive ultraviolet sensors based on insulating single-crystal GaN epilayers[J]. Applied Physics Letters, 1992, 60(23):2917-2919.

[84] WANG G, LU H, CHEN D, et al. High quantum efficiency GaN-based p-i-n ultraviolet photodetectors prepared on patterned sapphire substrates[J]. IEEE Photonics Technology Letters, 2013, 25(25):652-654.

[85] MCCLINTOCK R, YASAN A, MAYES K, et al. High quantum efficiency AlGaN solar-blind p-i-n photodiodes[J]. Applied Physics Letters, 2004, 84(8):1248-1250.

[86] XIE F, LU H, CHEN D, et al. Ultra-low dark current AlGaN-based solar-blind metal-semiconductor-metal photodetectors for high-temperature applications[J]. IEEE Sensors Journal, 2012, 12(6):2086-2090.

[87] XIE F, LU H, CHEN D J, et al. Metal-semiconductor-metal ultraviolet avalanche photodiodes fabricated on bulk GaN substrate[J]. IEEE Electron Device Letters, 2011, 32(9):1260-1262.

[88] TANG N, SHEN B, ZHENG Z W, et al. Magnetoresistance oscillations induced by intersubband scattering of two-dimensional electron gas in $Al_{0.22}Ga_{0.78}N$/GaN heterostructures[J]. Journal of Applied Physics, 2003, 94(8):5420-5422.

[89] ZHENG Z W, SHEN B, GUI Y S, et al. Transport properties of two-dimensional electron gas in different subbands in triangular quantum wells at $Al_xGa_{1-x}N$/GaN heterointerfaces[J]. Applied Physics Letters, 2003, 82(12):1872-1874.

[90] KHAN M A, KUZNIA J N, OLSON D T, et al. Microwave performance of a 0.25 μm gate AlGaN/GaN heterostructure field effect transistor[J]. Applied Physics Letters, 1994, 65(9):1121-1123.

[91] HIGASHIWAKI M, MATSUI T, MIMURA T. AlGaN/GaN MIS-HFETs with f T of 163 GHz using cat-CVD SiN gate-insulating and passivation Layers[J]. Electron Device Letters IEEE, 2006, 27(1):16-18.

[92] SHINOHARA K, REGAN D C, TANG Y, et al. Scaling of GaN HEMTs and schottky diodes for submillimeter-wave MMIC applications[J]. IEEE Transactions on Electron Devices, 2013, 60(60):

2982-2996.

[93] YUE H, XUE J, ZHANG J. The pollen-stigma interaction in the grasses 2 pollen-tube penetration and the stigma response in secale[J]. Acta Botanica Neerlandica, 2009, 30(11):4970-4975.

[94] SCHUETTE M L, KETTERSON A, SONG B, et al. Gate-recessed integrated E/D GaN HEMT technology with f_T/f_{max}>300 GHz[J]. IEEE Electron Device Letters, 2013, 34(6):741-743.

[95] MEDJDOUB F, ALOMARI M, CARLIN J F, et al. Barrier-Layer Scaling of InAlN/GaN HEMTs[J]. IEEE Electron Device Letters, 2008, 29(5):422-425.

[96] TIRELLI S, LUGANI L, MARTI D, et al. AlInN-based HEMTs for large-signal operation at 40 GHz [J]. IEEE Transactions on Electron Devices, 2013, 60(10):3091-3098.

[97] DOWNEY B P, MEYER D J, KATZER D S, et al. SiN_x/InAlN/AlN/GaN MIS-HEMTs With 10.8 THz · V Johnson Figure of Merit[J]. IEEE Electron Device Letters, 2014, 35(5):527-529.

[98] ISHIDA M, UEDA T, TANAKA T, et al. GaN on Si Technologies for Power Switching Devices[J]. IEEE Transactions on Electron Devices, 2013, 60(10):3053-3059.

[99] CHEN W, WONG K Y, CHEN K J. Single-Chip Boost Converter Using Monolithically Integrated AlGaN/GaN Lateral Field-Effect Rectifier and Normally Off HEMT[J]. IEEE Electron Device Letters, 2009, 30(5):430-432.

第3章 SiC半导体材料

1824年，瑞典科学家Jöns Jacob Berzelius在人工生长金刚石的过程中发现了SiC。1885年，Acheson用焦炭和硅石的混合物以及一定量的氯化钠在熔炉中高温加热，生长出了小尺寸SiC晶体，但是其中存在大量缺陷。1905年，法国科学家Moissan在美国Dablo大峡谷陨石里发现了天然的SiC单晶，从而使人们对SiC代替天然金刚石以及其在电子学方面的应用产生了极大的兴趣。1907年，美国电子工程师Round制造出第一支SiC发光二极管。1920年，SiC单晶作为探测器应用于早期的无线电接收机上。但由于SiC单晶的生长技术难度高，SiC的发展曾一度停滞，Si材料却由于容易生长出高质量、大尺寸的单晶而得以迅速发展。1955年，飞利浦实验室的Jan Antony Lely发明了一种采用升华法生长高质量SiC的新方法，使SiC半导体材料的研究再焕生机。

20世纪60年代中期到70年代中期，SiC的研究主要在苏联进行。1978年，Tairov和Tsvetkov发明了改良的Lely法，可以获得较大尺寸的SiC晶体。这一发现，使SiC半导体材料和器件的研究进入了新的历史阶段。1979年，第一支SiC蓝色发光二极管问世。1981年，Matsunami发明了在硅衬底上生长SiC单晶的工艺技术。1991年，Cree公司采用升华法生长出商品化的6H-SiC单晶片，并在1994年获得4H-SiC单晶片。这一突破性进展引发了SiC器件及相关技术研究热潮。

近年来，随着SiC单晶生长技术不断进步，单晶直径已经达到6英寸，晶体缺陷密度不断下降，如4英寸单晶微管密度小于$0.1cm^{-2}$，穿透性螺位错和基平面位错密度控制在10^2cm^{-2}量级。单晶生长技术的进步促进了SiC功率器件的研制，各种器件不断投放市场，目前市场可用的以SiC半导体材料为衬底的器件包括：AlGaN/GaN/SiC HEMT器件，SBD，MOSFET等。而且从近年SiC市场井喷式的发展可以预见：未来SiC单晶及相关器件在半导体市场上将占有重要的地位。

为使SiC单晶材料生长、外延和器件制备的研究工作者和其他关心SiC半导体产业的相关人员对SiC半导体材料有所了解，我们编写了本章，主要内容包括：SiC半导体材料的基本性质，SiC半导体材料的制备技术，SiC半导体器件及相关应用，国内外SiC半导体材料产业发展现状及趋势等。

3.1 SiC半导体材料的基本性质

3.1.1 SiC的晶体结构

SiC具有优良的机械、热学、电学、物理和化学性质，是制备下一代电力电子和光电子器件的新型半导体材料之一。SiC 独特的性质与其结构密切相关，为此首先需要了解 SiC 的结构。

SiC 有超过 200 多种多型结构，最普通的是立方 3C，六角 4H 和 6H，菱方 15R。这些多型结构以 Si-C 双原子为结构的基本单元，采用不同的堆垛方式排列而成，如图 3-1 所示[1,2]。

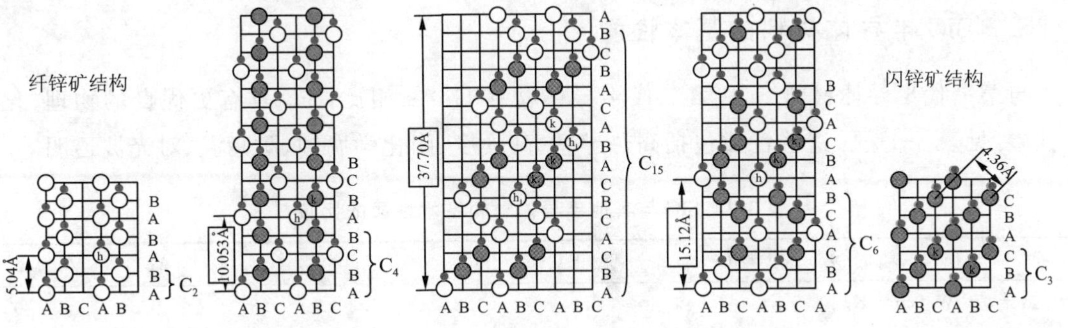

（a）2H　（b）4H　（c）15R　（d）6H　（e）3C

图 3-1　五种不同 SiC 多型结构示意图(从[11-20]方向看)[2]

从结构示意图可以看出：2H 具有最简单的六角结构(纤锌矿结构)，其堆垛顺序为 AB；技术上最重要的材料 4H、6H 的堆垛顺序分别为 ABCB 和 ABCACB；3C 具有最简单的立方闪锌矿结构，其堆垛顺序为 ABC；15R 具有菱方结构，如果用六角晶系描述，其沿 c 向的堆垛顺序为 ABCACBCABACABCB。

在图 3-1 中，如果考察某一原子层上下相邻堆垛层的原子位置，可以看出：对于 6H-SiC，Si-C 双原子层在 A 位置上与其最近邻的上下层呈六方堆垛关系，而 B 和 C 位置与各自最近邻的上下层均呈立方堆垛关系。因此，在 6H-SiC 中，称 A 位置为六方位置；而 B 和 C 位置称为立方位置。6H-SiC 结构中，六角和立方结构比例分别为 33％和 67％；对 4H-SiC 结构来说，Si-C 双原子层在 A 和 C 位置上与其最近邻的上下层呈六方堆垛关系，而 B 位置则与其最相邻的上下层均呈立方堆垛关系。因此，在 4H-SiC 结构中，称 A、C 位置为六方位置(标记为 h)；而 B 位置为立方位置(标记为 k)。4H-SiC 结构中，六角和立方结构各占 50％的比例。

SiC 的带隙与 Si-C 双原子层的堆垛方式有关。图 3-2 所示为不同多型结构的 SiC 在布里渊区各 K 点带隙的理论和实验数据。对于 M 和 L 位置，带隙理论值随六角的比例增加而增加；而对于 K 位置，带隙则随六角的比例增加而减少。六角比例超过 90％时，K 位置有最窄的

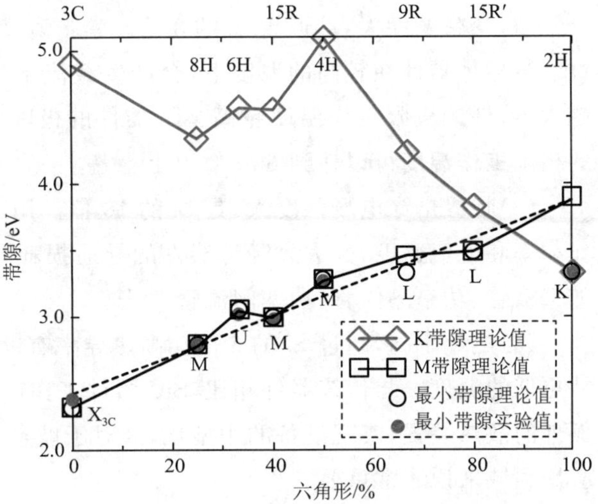

图 3-2　最普通的 SiC 多型结构带隙的理论和实验值[3]

带隙[3]。

目前商用的体块单晶衬底仅有4H和6H-SiC。采用物理气相传输或升华法生长的SiC单晶的结构控制依赖于生长参数,如生长温度和压力[4,5],温度梯度[6],晶体生长的籽晶面[7]等。

3.1.2 SiC半导体材料的基本性质

与第一代半导体材料Si和第二代半导体材料GaAs相比,SiC具有更优良的物理、化学等性质,见表3-1[8]。这些性质包括高热导率、高硬度、耐化学腐蚀、耐高温、对光波透明等。

表3-1 SiC与其他半导体材料基本性质的比较[8]

性质/材料	4H-SiC	6H-SiC	GaN	Si	GaAs	Al_2O_3	AlN
热导率/[W/(cm·K)]	4.9	4.9	1.3	1.3	0.5	0.3	2.0
带隙/eV	3.2	3.0	3.44	1.12	1.42	>8.5	6.2
本征材料是否透明	是	是	是	否	否	是	是
可用掺杂	n,p	n,p	n,p	n,p	n,p	绝缘	绝缘
饱和电子速率/(10^7 m/s)	2.0	2.0	2.7	1.0	2.0	—	—
电子迁移率/($cm^2 \cdot V \cdot s^{-1}$)	1 000	600	900	1 450	8 500	—	—
E_b/(MV/cm)	9.7	10.0	12.2	11.8	12.8	9.4	8.9
晶格常数/10^{-10} m	3.073	3.081	3.189	3.84	4.00	2.747	2.5
与GaN的晶格失配/%	3.8	3.5	0	−17	−22	16	2.5
与GaN的热失配/%	−0.11	−0.12	0	−0.17	0.11	0.30	0.01

表3-1列出了Si、GaAs、SiC等的主要性质参数。SiC相对于Si而言拥有更为优越的物理性质,具体如下:

(1)禁带宽度大,接近于Si的3倍。禁带宽度大,可以保证器件在高温工作下的长期可靠性。半导体器件在较高的温度下,会产生载流子的本征激发现象,造成器件失效。禁带宽度越大,器件的极限工作温度越高。Si器件的极限工作温度一般不能超过300 ℃,而SiC器件的极限工作温度可以达到600 ℃以上[8,9]。

(2)临界击穿电场强度大,是Si的10倍。用SiC制备器件可以极大地提高耐压容量、工作频率和电流密度,并大大降低器件的导通损耗,使得SiC适用于制备高压、大功率器件,比如二极管、功率晶体管、功率闸流管[10,11]。

(3)热导率高,超过Si的3倍。高热导率有助于SiC器件的散热,在同样的输出功率下保持更低的温度。与传统器件相比,SiC器件工作产生的热量可以很快地从衬底散发,而不需要额外的散热装置,实现设备的小型化,这对于航空航天、军用雷达等对设备质量有严格要求的应用领域来说非常重要。

(4)饱和电子漂移速率大,是Si的2倍。这决定了SiC器件可以实现更高的工作频率和更高的功率密度[12]。

因为这些特点,SiC器件的使用极限性能远远优于Si器件,可以满足高温、高频、大功率等苛刻条件下的应用需求。SiC 半导体材料的高硬度和高化学稳定性也保证了 SiC 器件的稳定性。

此外,SiC 还是外延生长 GaN 的优质衬底材料[13],在 GaN 微波功率器件和半导体照明领域也占有重要地位。

SiC 作为半导体材料,有着重大的应用价值和广阔的应用前景,具有非常重要的研究意义。

3.1.3 SiC 单晶材料的研究进展

如上所述,SiC 单晶是宽带隙半导体材料的典型代表,是制备高温、高频、大功率电子器件的关键材料,同时又是制备绿、蓝、紫外光 LED 的理想衬底材料。

第一支蓝光 LED 的成功制备,大大加快了 SiC 单晶商品化的进程。而 SiC 半导体器件技术的发展又得助于 SiC 衬底的商品化,特别是单晶直径的不断扩大,晶体质量日益提高。因此,材料与器件两者是相辅相成,互相促进的。当前 SiC 器件的进展包括:

(1)以 SiC 为衬底的高亮和超高亮度蓝绿 InGaN 基 LED,器件利用了 6H-SiC 导电特性。

(2) SiC 肖特基势垒管(Schottky barrier diode, SBD)已经商品化,器件的阻断电压和导电电流不断增加,从最初的 300 V/10 A 和 600 V/6 A 实际增加到 600 V/20 A 和 1.2 kV/50 A,而且商品化的 3.3 kV SiC 肖特基势垒管已经可用。因此,未来在 600 V～3 kV 的范围内,SiC 肖特基 SBD 可最终取代 Si 的 p-i-n 功率整流管。

(3) SiC MOSFET 已经商品化,其中 Cree 可提供 1.2 kV、33 A 的 SiC MOSFET;Rohm 则能供应 35 A、1.2 kV、80 mΩ 包埋式的 SiC MOSFET。

(4)p 型沟道 SiC IGBT,在温度 200 ℃,$V_G=-20$ V 时,开通阻抗为 24 mΩ · cm^2。25℃下,p 型沟道阻断电压为 10.2 kV,漏电流密度为 1.0 μA/cm^2。

(5)在半绝缘 SiC 衬底上制备的 GaN/AlGaN 高电子迁移率晶体管(HEMT)在 2.9 GHz 下总的输出功率为 800 W,在 3.5 GHz 下输出功率超过 500 W[14]。

上述器件利用了 SiC 独特的电学和热物理性质,这些性质包括:高温下工作时材料的宽带隙;高功率输出时材料具有高临界击穿电场;高频工作时材料具有高饱和电子迁移率;高功率器件工作时材料具有高热导率。

要使 SiC 单晶衬底成功应用于光电子或电力电子器件的制备并产业化,衬底直径的扩大是一个关键因素,因为随直径的扩大,单片衬底的器件数目增加。一方面通过规模生产,可以大大降低器件的价格;另一方面可以利用现有的 Si 和 GaAs 的生产线,减少投资。但是,由于 SiC 结构及生长方法的特殊性,生长高质量 SiC 非常困难。因此,在 SiC 单晶生长研究初期,直径的扩大非常缓慢。生长技术取得突破后及器件研究的需要,加快了 SiC 单晶研究进展。图 3-3 是 SiC 单晶直径扩大发展历程与 Si 和 GaAs 比较示意图。从中可以看出:SiC 单晶生长从 20 世纪 70 年代末至 90 年代初,单晶直径未有大的突破。随晶体生长技术有所突破,单晶直径从 90 年代初小于 2.54 cm(1 英寸)发展到现在的 5.24 cm(6 英寸),这个过程仅用了 20 年左右的时间,直径扩大的速度要快于 Si 和 GaAs。目前商用 SiC 单晶以 7.62 cm(3

英寸)和 7.62 cm(4 英寸)为主,多型结构为 6H 和 4H。其中制备光电子器件以 6H 为主,制备电力电子器件以 4H 为主。2012 年,美国的 Cree 已经将 6 英寸的 n 型 4H-SiC 投向市场,其他公司如 Dow Corning、Ⅱ～Ⅵ均有 6 英寸 SiC 的生产能力。

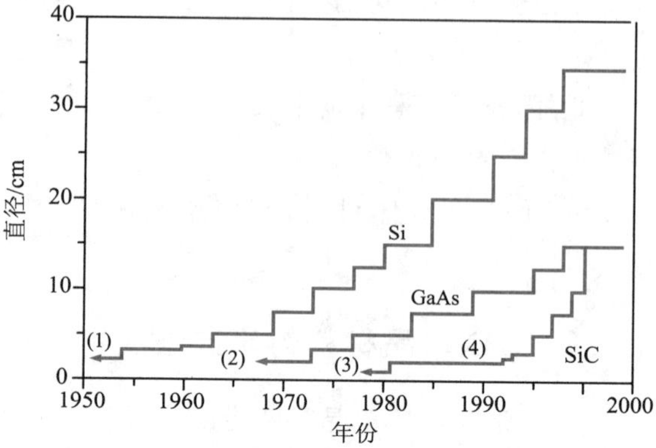

图 3-3 SiC 单晶直径扩大发展历程与 Si 和 GaAs 比较示意图

影响衬底使用的另一个关键因素是晶体的完整性。早期研制的 SiC 单晶在晶体的周边存在高密度小角晶界,这是晶体扩径所造成的,随生长条件不断优化,小角晶界密度不断降低。图 3-4 表示的是不同时期生长的 SiC 单晶的应力双折射像[15]。从中可以看出:早期生长的晶体在扩径的周边存在高密度小角晶界,但经多次生长优化后,小角晶界可以消除。

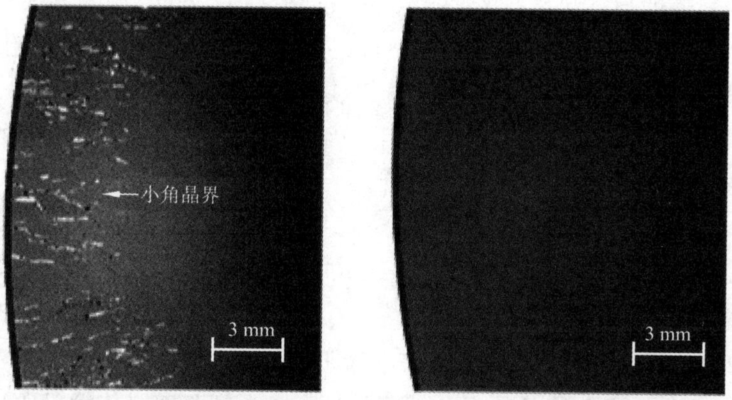

(a) 早期生长的晶体存在小角晶界　　(b) 工艺优化后无小角晶界

图 3-4 不同时期生长的 SiC 单晶的应力双折射像[22]

在小角晶界的问题解决后,降低微管密度成为晶体生长工作者的工作重心。微管被认为是 Burgers 矢量巨大的超螺位错,直径从几十纳米至几十微米。在超螺位错的中心区域由于存在高应变,使中心区域的原子优先蒸发,产生中空管道。根据 Frank 理论:微管的直径与 Burgers 矢量的二次方成正比。微管一般沿 c 向延伸并贯穿整个晶棒。采用原子力显微镜、微分干涉显微镜已经观察到微管与原生晶体表面的生长丘密切相关,从而推断微管是超螺位错[16,17]。图 3-5 是一原生 SiC 单晶表面的典型微管的原子力显微镜照片,由此可以看出:微管的中心是空的,表面有一系列生长台阶,这些台阶的高度通常为晶格常数的整数倍。为验证 Frank 理论中微管直径与 Burger 矢量的关系,人们采用多种手段系统观察和研究了微管的直径、Burgers 矢量大小,实验技术包括微分干涉显微术、应力双折射、AFM(原子力扫描显微镜)、同步辐射 X 射线形貌术等[17~23]。一般认为,产生微管的临界 Burgers 矢量为 $3c$,$1c$ 和 $2c$ 的螺位错核心为实心。微管的存在对于器件应用是致命的,已经发现高压器件工作时会在微管处产生微等离子体并使器件击穿，因此，微管对于高质量 SiC 器件的制备是最主要的障碍。制备不同器件对 SiC 单晶衬底的最低微管密度要求不同，图 3-6 表示各种器件对 SiC 衬度微管密度的要求[24]以及 Cree 公司不同时期 SiC 衬底的微管密度[18]。

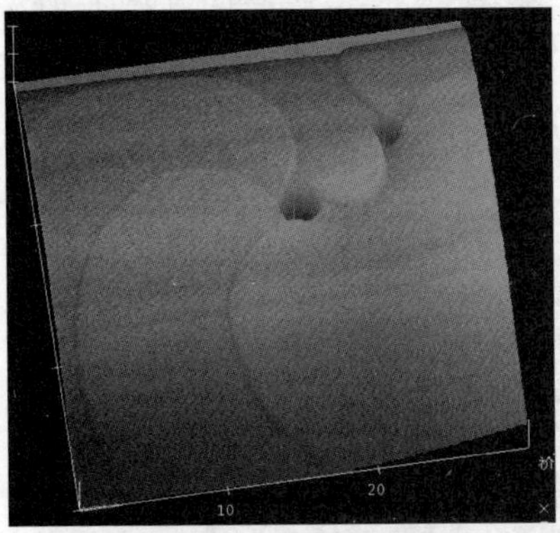

图 3-5　原生 SiC 单晶表面的典型微管的原子力显微镜照片

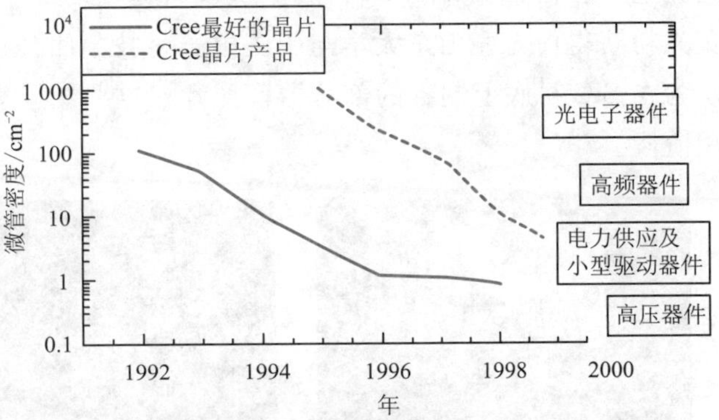

图 3-6　各种器件对 SiC 衬底微管密度的要求以及 Cree 公司不同时期 SiC 衬底的微管密度

从图 3-6 中可以看出，光电子器件对微管密度的要求最为宽松，而高压器件要求微管密度小于 1 cm^{-2}。Cree 公司在微管密度的控制方面做了较大的努力，用了不到十年的时间，微管密度从 100 cm^{-2}降低到小于 1 cm^{-2}，当前质量最高的 4 英寸衬底其微管密度可以到零。

国内目前进行 SiC 单晶生长研究的单位有：山东大学、中国科学院物理研究所、中国科学院上海硅酸盐研究所、中国电子科技集团公司第 46 研究所等单位。其中，山东大学从 21 世纪初开始 SiC 单晶生长研究，单晶尺寸从最初的 1.5 英寸发展到现在的 3 英寸和 4 英寸，微管缺陷密度从 100 cm^{-2}降低到小于 0.1 cm^{-2}，SiC 单晶加工技术也取得了突破。经化学机械抛光后衬底的表面粗糙度小于 0.5 nm，清洗封装后可以开盒即用。图 3-7 所示为山东大学不同直径的 SiC 单晶照片，目前山东大学研发的 SiC 单晶晶型包括 6H 和 4H，导电类型有 n 型和半绝缘，单晶尺寸为 2 英寸、3 英寸和 4 英寸，6 英寸单晶正处于研发中。

图 3-7　山东大学不同直径的 SiC 单晶照片

更重要的是，单晶衬底应用取得进展，其中山东大学与中国电子科技集团公司第 13 研究所合作，在半绝缘 SiC 衬底上成功研制出 AlGaN/GaN/SiC 高电子迁移率晶体管(HEMT)，四胞器件在 8 GHz 下的输出功率达 64.4 W。山东大学与中国科学院半导体研究所和山东华光光电子公司合作，在 SiC 衬底上成功外延 InGaN/GaN，并获得蓝光；在蓝光的基础上加入荧光粉获得白光。山东大学与中国电子科技集团公司第 55 研究所合作获得 SBD。图 3-8 所示为在 SiC 衬底上制备的部分器件照片。这些结果充分说明：国产 SiC 衬底材料已经进入应用阶段。

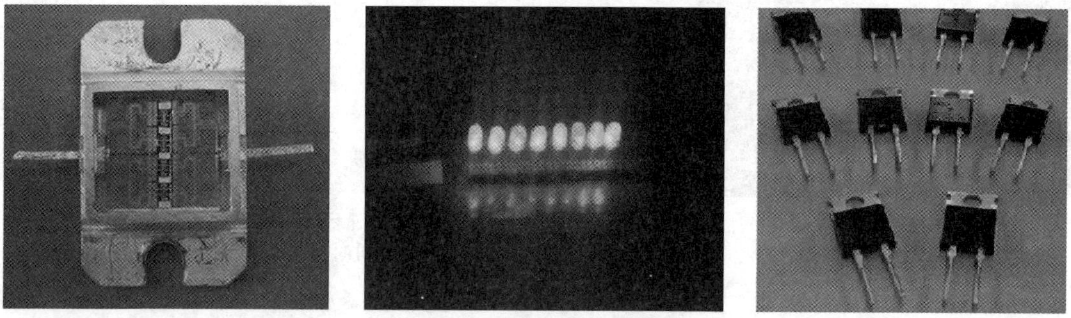

(a) AlGaN/GaN/SiC HEMT四胞器件　(b) InGaN/GaN/SiC蓝光LED　(c) SBD 600 V/10～30 A

图 3-8　在 SiC 衬底上制备的部分器件照片

综上所述，SiC 单晶材料的发展从 20 世纪 70 年代末开始经历了 10 年左右的发展停滞阶段，至 20 世纪 90 年代初开始进入快速发展阶段。单晶尺寸从最初的不到 1 英寸发展到当前的 6 英寸；微管密度从 100 cm^{-2} 下降到小于 0.1 cm^{-2}；衬底价格以 4H-SiC 为例，从 1994 年的 650 \$/cm^2 降低到目前的不到 50 \$/cm^2。这些发展预示 SiC 将很快进入各种器件应用新阶段。

根据 Yole Dèveloppement 对 SiC 单晶衬底市场的统计和预测，2014 年衬底市场总的规模为 9 180 万美元，到 2020 年将突破 2.964 亿美元。表 3-2 的数据来自该公司的统计和预测。对比 2010 年和 2020 年的数据可以看出：SiC 单晶衬底市场 10 年内增长超过 500%。

表 3-2　2010—2020 年 SiC 单晶衬底市场(单位：百万美元)

SiC 单晶衬底市场	2010	2011	2012	2013	2014	2015	2020
功率因数校正器	18.9	20.2	21.5	22.8	23.4	24.1	28.9
电动汽车或混合动力汽车	0	0	0	0	0	1.3	88.2
电动机驱动器	0	0	0	0	0	1.3	19.9
不间断电源	0.1	0.2	0.2	0.4	0.6	1.9	9.8
光伏逆变器	2.2	3.9	10.7	14.6	17.6	21.2	68.8
风力涡轮机	0	0	0	0	0	1.2	9.5
射频	16	17.3	18.8	20.3	22	23.8	35.5
机车牵引	0	0	0	0.2	0.8	1.5	6.8

续表

SiC 单晶衬底市场	2010	2011	2012	2013	2014	2015	2020
舰船驱动	0	0	0	0	0	0.1	0.4
电网	0	0	0	0	0	0.3	4.0
其他	3.5	7	11	14	17	20	20
研发	15.9	14.3	12.9	11.6	10.4	9.4	5.5
总计	56.6	62.9	75.1	83.9	91.8	106.0	296.4

注：以上仅为衬底市场，外延片的市场未统计在内。

3.2　SiC 半导体材料的制备技术

目前商用 SiC 单晶基本上都采用升华法生长，其主要原因是使用这种生长方法，单晶生长具有合适的生长速率，这对单晶的规模化生产非常重要。升华法生长 SiC 单晶经历了两个不同的发展阶段：早期是 Lely 法；由于 Lely 法生长的单晶尺寸有限，晶体的多型结构无法控制，后来在此基础上发展了籽晶升华技术或改进 Lely 法。以下先详细介绍这两种实验方法，之后介绍低微管、低位错密度 SiC 单晶生长探索、不同导电类型 SiC 单晶的生长和加工、SiC 同质外延生长。

3.2.1　SiC 单晶生长技术

目前 SiC 体块单晶生长技术包括改进 Lely 法、高温 CVD 法、溶液法，其中商用 SiC 单晶生长大多数均采用改进 Lely 法生长。由于篇幅所限，在这里仅对 Lely 法和改进 Lely 法进行介绍，对高温 CVD 法和溶液法不再详述。

3.2.1.1　Lely 法

1955 年，飞利浦实验室的 Lely[25] 提出了一种生长高质量单晶的方法——Lely 法，又称升华法。Lely 法是生长体块 SiC 单晶的开创方法。现在多数 SiC 单晶是在以 Lely 法为基础的方法上获得的。

Lely 认为，如果建立一个准封闭的容器，在混合物部分分解升华条件下，其中大多数挥发性成分的蒸气压等于该成分在确定温度下平衡状态分解的蒸气压。在这种情况下，分解将被拟制，导致物质自容器高温部分向低温部分输送并凝聚结晶。据此，设计出一个空心圆筒状石墨坩埚，如图 3-9 所示。最外层是石墨坩埚，内置多孔石墨环。将具有工业级纯度的 SiC 粉料放入石墨坩埚与多孔石墨环之间，加热到 2 500 ℃，在此温度下，SiC 发生分解与升华，产生

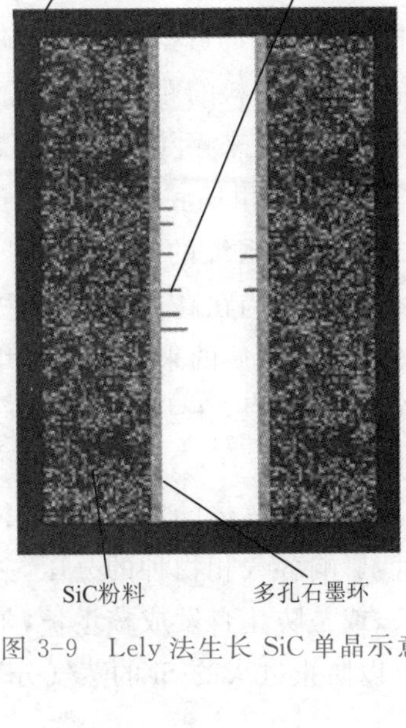

图 3-9　Lely 法生长 SiC 单晶示意图

一系列的气相物种，如 Si、Si_2C、SiC_2 等。由于坩埚内壁与多孔石墨环之间存在温度梯度，这些气相物种将在多孔石墨环内壁上随机地结晶成核。用这种方法生长的 SiC 晶体，由于生长的各向异性，沿[0001]方向尺寸较小，垂直于[0001]方向尺寸较大，可以达到 1～2 cm 量级。总的来说，该方法生长的晶体尺寸小、产率低、难以控制成核、有各种多型结构，而且生长温度过高。这时期生长的 SiC 单晶，由于尺寸的限制，没有获得较大的应用。

3.2.1.2 改进 Lely 法

改进 Lely 法，有时又称籽晶升华法或物理气相传输法(physical vapor transport，PVT)，由苏联科学家 Tairov 和 Tsvetkov[26,27] 在 1978 年提出，是现在生长体块单晶 SiC 普遍采用的方法。与 Lely 法比较，改进 Lely 法使用了籽晶。该方法使成核的过程得以控制，生长温度在 1 800～2 600 ℃，载气(Ar 气)压力为 1.33×10^{-8}～1.013 MPa(1×10^{-4}～760 Torr)。改进Lely法通常使用的生长设备是中频感应加热单晶炉，如图 3-10 所示。工作频率一般是 10～100 kHz。外围的圆圈代表感应加热线圈，由外向内依次是双层石英管(内通循环冷却水)、保温材料、坩埚。坩埚一般使用高纯、高密、各向同性石墨。籽晶粘接于坩埚盖的下表面，原料可使用高纯 SiC 粉末或者多晶，置于坩埚底部。有两个测温窗口，用色温计测定坩埚顶部和底部的温度，从而估计温度梯度。

SiC 生长中涉及的参数很多，主要参数如下：

(1)温场的设计。温场主要取决于坩埚的形状及坩埚在线圈中的位置。要获得高质量的单晶，使用合适的温场是关键所在。最常见的设计是将原料放置于坩埚的底部，面向生长晶面。这种结构是 SiC 粉料与籽晶距离最短的设计，但是会使 SiC 粉料受热不均。将 SiC 粉料置于坩埚壁两侧可以减小这种受热不均，使气体从多孔石墨环中传输出来，但这种设计的缺点是由于较大的籽晶和 SiC 粉料的距离使得生长速率较低，而且多孔石墨会带来污染。两者相比，普遍还是采用 SiC 粉料置于坩埚底部的设计。

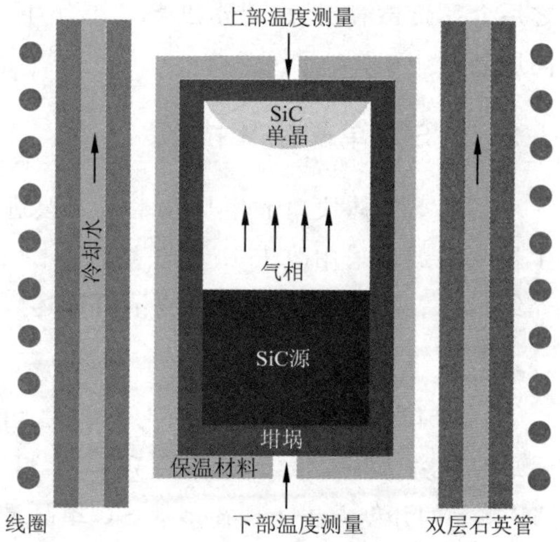

图 3-10 SiC 生长炉炉体示意图

(2)生长系统的纯度。SiC 生长需要非常干净的环境，因为在高温下，即使极微量的杂质都会对晶体的质量产生影响，并进一步影响其半导体性质。杂质的来源一般是坩埚、原料以及氩气中未除净的非碳硅系统元素(故意掺杂情况除外)。所以，在生长前需要净化坩埚和氩气，另外对原料的纯度有较高的要求，通常在半导体级别。

(3)惰性气体的压力大小。根据气体自由程与腔内压力成反比的关系，生长过程中通入氩气，影响各气相物种的分压，并由此可以控制反应速度。在生长初期，为了阻止其他多型的生长，或是防止自发成核生长，加大氩气量，可以减缓生长速率，以完成理想的成核阶段。同时可以防止过大的 Si 的蒸气分压导致整个系统在生长后期处于贫 Si 状态。

(4) SiC 粉料到籽晶的传输距离(L)和温度梯度(ΔT)。物理气相传输最重要的是物质的传输,传输距离就是粉料到籽晶的距离,温度梯度是物种传输的根本驱动力。传输距离 L 和温度梯度 ΔT(包括轴向温度梯度和径向温度梯度)加上背景气体压力参数的选取与生长率、生长质量关系非常密切,通过改变它们,可以控制生长过程。

SiC 单晶生长可分为以下几个阶段:低温高真空阶段,高压升温阶段,高压保温成核阶段,降压生长阶段,恒压、恒温生长阶段,升压冷却阶段等六个基本阶段。

在低温高真空阶段,主要是为了去除生长室中的水氧。在这一阶段,温度应控制在 1 400 ℃以下,真空度小于 0.01(100 nbar)。真空度不高,将对生长室的保温材料和坩埚造成损伤。

在高压升温阶段,主要增大背景气体压力,防止在高温下,SiC 分解产生的气相物种 Si、Si_2C、SiC_2 等具有较大的分压,将升华速率、生长速率控制在较低的水平,以利于 SiC 在籽晶上能较好地成核。

在高压保温成核阶段,主要是确保 SiC 在籽晶上较好地成核。理想的情况下,应获得具有一定面积的小面,保持生长形态稳定,避免结构缺陷的产生。有时也可以利用坩埚与线圈的相对移动来控制成核。

在降压生长阶段,SiC 成核完成后,可进行降压生长,以获得合适的生长速率,提高生长效率。从当前压力降低到目标压力,降压速率一般满足式(3-1)的指数关系:

$$p = p_0 e^{-\frac{t}{\tau}} \tag{3-1}$$

式中,p、p_0 分别代表当前压力和目标压力;τ 为常数。

在恒压、恒温生长阶段,当背景气体压力达到目标压力后,进入恒压、恒温生长阶段,在这一阶段,应尽量保持生长条件的相对稳定。理想条件下,这时小面应逐渐增大。

在升压冷却阶段,一定时间的恒压、恒温生长后,应估算获得的晶体长度,达到预计的长度后,可进入升压降温阶段;将生长室温度逐渐降低到室温。至此,整个生长过程结束。

籽晶升华法一般以(0001)面的籽晶面,与外延生长表面取向要求一致,这种情况下晶体的利用率比较高。图 3-11 所示为山东大学采用籽晶升华法生长的 6 英寸 4H-SiC 单晶衬底。

3.2.1.3　低微管、低位错密度 SiC 单晶生长探索

随 SiC 单晶生长技术不断完善,晶体的完整性大大提高,主要表现为:微管密度大大降低、小角晶界基本消除、包裹体数目减少等,但晶体中仍然存在少量的微管,一定密度的刃型、螺型和基平面位错,这些缺陷仍然对 SiC 电力电子器件的效率和可靠性有一定影响,为此需要进行低微管、低位错密度 SiC 单晶生长探索。

对于 Si 和 GaAs 材料,由于使用熔体法生长,利用缩颈技术可以获得无位错单晶。而 SiC 单晶生长采用气相生长,缩颈技术并不适用,主要原因

图 3-11　山东大学采用籽晶升华法生长的 6 英寸 4H-SiC 单晶衬底

是:如果使用小籽晶,在短时间内扩径并生长成大直径单晶是绝对不可能的。由于微管与螺位错沿[0001]方向延伸,而一般 SiC 单晶生长采用(0001)籽晶面,微管与螺位错的延伸方向与晶体生长方向相同。这种情况下,微管与螺位错一旦产生,将贯穿整个晶棒。基于这种考虑,采用其他方向的籽晶来生长 SiC 单晶,有可能降低微管的位错密度。目前主要有重复 *a* 面法和菱面籽晶面法,下面分别介绍:

1. 重复 *a* 面法

D. Nakamura[28] 提出重复 *a* 面法生长超高质量 SiC 单晶。采用重复 *a* 面法,晶体生长方向与微管和螺位错延伸方向垂直,通过优化工艺,可以减少微管和螺位错密度。图 3-12 为重复 *a* 面法生长 SiC 单晶原理示意图。第一步,从常规 *c* 面生长的 SiC 单晶中加工出 *a* 面籽晶,如{11-20}面籽晶,单晶沿⟨11-20⟩方向生长;第二步,从第一步 *a* 面生长的单晶中,加工出另一块 *a* 面籽晶,如{10-10}面籽晶,单晶沿⟨10-10⟩方向生长。依此类推,从{10-10}面生长的单晶中加工{11-20}面籽晶并进行生长;而从{11-20}面生长的单晶中加工{10-10}面籽晶并进行生长,这样不断重复。若干次这种重复生长后,从第 *N* 步生长的单晶中加工出 *c* 向籽晶,籽晶方向朝着垂直于前一步的生长方向和 *c* 向(即其中一个 *a* 向)有几度的偏离。最后以 *c* 面为籽晶面进行常规的 SiC 单晶生长,即可获得低缺陷密度的 SiC 单晶。

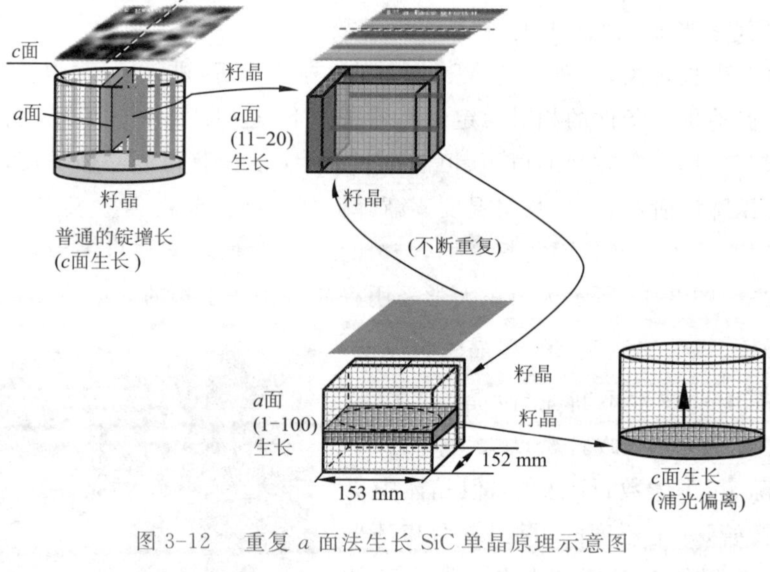

图 3-12　重复 *a* 面法生长 SiC 单晶原理示意图

目前,采用重复 *a* 面法已经能够生长 6 英寸 4H-SiC 单晶。图 3-13 所示为采用重复 *a* 面法生长的 6 英寸 4H-SiC 腐蚀形貌像。采用光学显微镜观察统计,6 英寸面积内总的腐蚀坑密度为 2 912 cm^{-2},其中穿透性螺位错的密度为 302 cm^{-2},基平面位错的密度为 324 cm^{-2}。晶体的结构质量也得到进一步改善,图 3-14 所示为采用重复 *a* 面法生长的 6 英寸 4H-SiC 单晶同步辐射单色 X 射线形貌像。

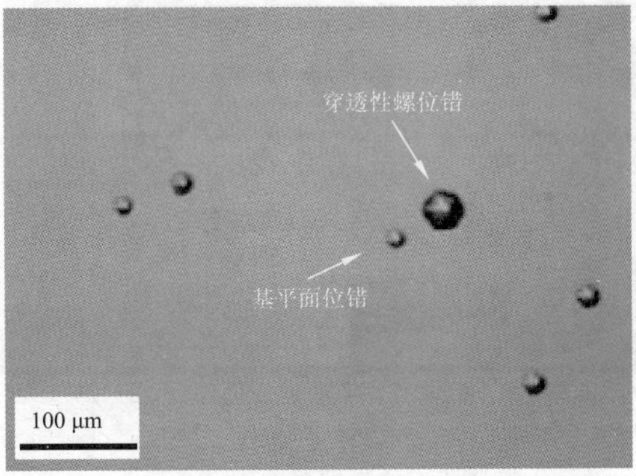

图 3-13　重复 a 面法生长的 6 英寸 4H-SiC 腐蚀形貌像

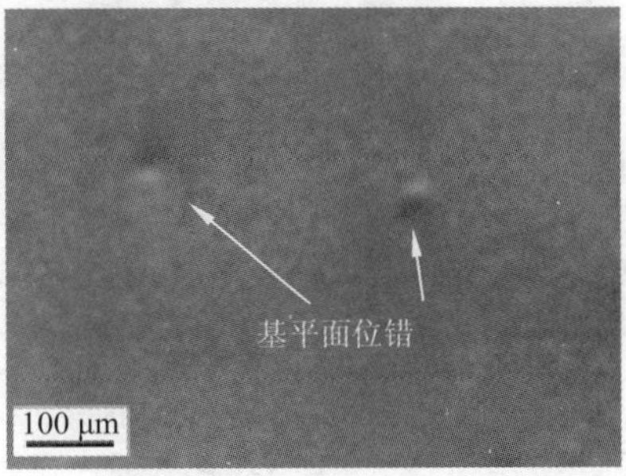

图 3-14　采用重复 a 面法生长的 6 英寸 4H-SiC 单晶同步辐射单色 X 射线形貌像

从图 3-14 可以看出：重复 a 面法生长的单晶的结构质量大大提高，晶体有很高的均匀性，位错密度很低。另外，从单晶的晶格常数的变化看：边缘区域的晶格常数大于中心区域；不同区域晶格常数大小变化在 0.002%～0.006%之间，说明晶体的结构质量很高。

2. 菱面籽晶面法

为降低微管和螺位错密度，除选择 a 面籽晶外，还可以选择与 c 面成一定夹角的菱面为籽晶，籽晶面必须是一个低能面，由于 SiC 的低能面比较多，经过对比性研究和筛选，对于 6H-SiC 和 4H-SiC，通常分别选择(10-15)和(10-14)作为籽晶面，籽晶面与 c 面的夹角分别为 48°和 43°。Filip 等[29]报道了采用菱面籽晶法生长高质量 6H-SiC 和 4H-SiC 单晶。对于 6H-SiC，采用(10-15)籽晶面生长单晶，并加工成不同取向的晶片后，采用化学腐蚀法，评价单晶质量。图 3-15 所示为采用(10-15)籽晶面生长的 6H-SiC 腐蚀形貌像，为了揭示基平面位错的特征，晶片与 c 面呈不同夹角。

从图 3-15 所示的腐蚀形貌像可以看出：腐蚀坑均具有贝壳形态，且方向性一致，这些腐蚀坑产生于(0001)面内位错，即基平面位错(basal plane dislocation，BPD)。在近籽晶一侧，BPD 集中分布在一些区域，或者说，沿[10-10]方向排列，如图 3-15(a)所示；在近表面一侧，BPD 的分布更均匀，而且几乎所有的 BPD 的位错线平行于[10-10]方向，如图 3-15(b)、(c)所示；在图 3-15(d)的纵切片腐蚀形貌像中可以看出：在籽晶中出现的微管全部中断于籽晶和晶体的界面上，生长的晶体中没有任何微管；在(10-15)生长面的腐蚀形貌中，仅看到大量的沿[11-20]方向延伸的线状缺陷，这些线状缺陷呈非均匀分布形态。有人误以为这些线状缺陷来源于单晶中的层错，事实上，如果这些线状缺陷存在于体块晶体中，那么与(0001)面呈较大角度的切片如图 3-15(c)所示，应该可以观察到类似的线状缺陷，而实际上，在其他切片中并没有观察到这种线状缺陷，因此它应该是一种表面效应。Filip 提出：由于晶体加工，如切割、研磨过程中的外应力的作用，容易诱发晶体表面基平面位错的分解，会进一步导致在相邻基平面上的不全位错的攀移，最终诱发层错的成核和扩展。

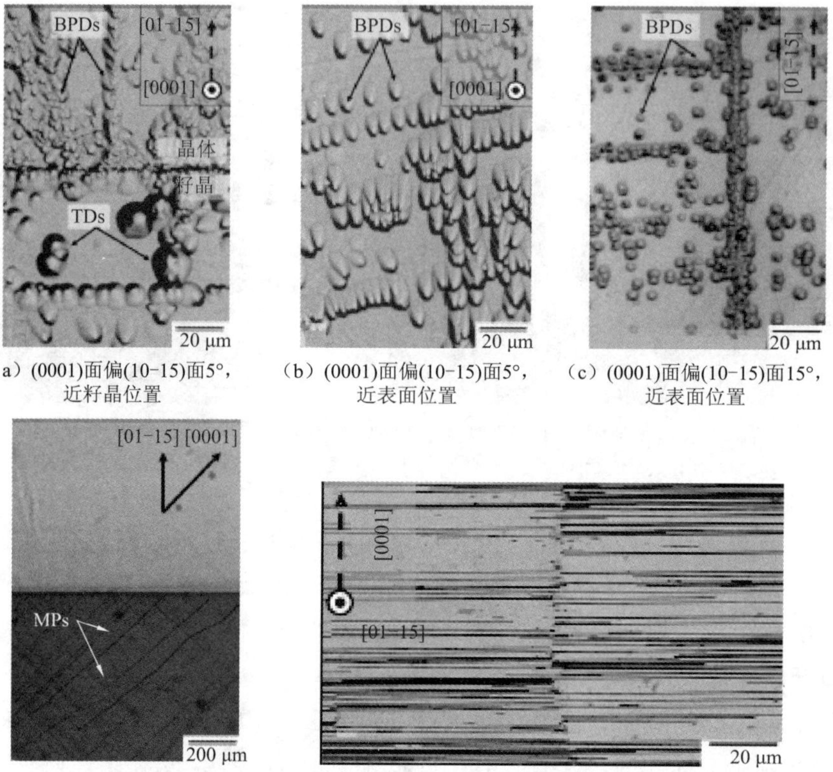

（a）(0001)面偏(10-15)面5°，近籽晶位置　（b）(0001)面偏(10-15)面5°，近表面位置　（c）(0001)面偏(10-15)面15°，近表面位置

（d）(11-20)纵切片　（e）{10-15}生长面

图 3-15　采用(10-15)籽晶面生长的 6H-SiC 腐蚀形貌像

同样，对于 4H-SiC 单晶，采用(10-14)籽晶面生长单晶，并加工成不同取向的晶片后，采用化学腐蚀法，评价了单晶质量。图 3-16 所示为采用(10-14)籽晶面生长的 4H-SiC 单晶(0001)面偏(10-14)面 3°的腐蚀形貌像。腐蚀形貌与 6H-SiC 有少许不同之处。在近籽晶区域[见图 3-16(a)]，BPD 起源于籽晶/晶体界面，沿[10-10]方向延伸。其中，一条小角晶界起源于籽晶并贯穿整个生长晶体，在小角晶界上，聚集了高密度穿透性位错，随着离籽晶距离增加，穿透性位错密度逐渐降低；而在近表面区域[见图 3-16(b)]，BPD 的密度有所降低，与 6H-SiC 不同的是：4H-SiC 单晶中的 BPD 沿三个等价的晶体学方向⟨10-10⟩延伸；在纵切片中，籽晶中的大多数微管在籽晶/晶体的界面上中断，其中一根起源于籽晶的微管在籽晶/晶体的界面上改变了方向，由[0001]方向转变为生长方向，随着晶体生长，这根微管逐渐分解，并中断于晶体内。(10-14)生长面[见图 3-16(d)]的腐蚀形态非常类似于 6H-SiC 的(10-15)生长面的腐蚀形态，存在大量不均匀分布的线状缺陷，只是密度要低于 6H-SiC，如前所述，这种线状缺陷主要源于 BPD 在应力作用下的分解，因此 BPD 的密度与线状缺陷密度相一致。

为研究(10-14)籽晶面生长的 4H-SiC 单晶中的结构缺陷的稳定性，Filip[29] 以偏 *c* 面 43°的籽晶生长了另一块 4H-SiC 单晶，但偏向不再是朝(10-10)面，而是朝(11-20)面，与上一块单晶不同的是，这次是非小面生长。图 3-17 所示为籽晶面为 *c* 面朝(11-20)面偏 43°生长的 4H-SiC 单晶腐蚀形貌像。从近籽晶区域的腐蚀形貌可以看出：BPD 起源于籽晶/晶体界面，而且聚集形成小角晶界。随着与籽晶距离的增加，腐蚀坑逐渐改变形态，主要表现为坑逐渐变宽，形态不再拉长。这意味着，位错线从面内逐渐向生长方向弯曲，BPD 弯曲后，增加了其穿透性位错的特征，这个过程中，形成穿透性位错串，如图 3-17(a)所示。随着与籽晶距离超过 30 μm，这些位错主要以穿透性位错的形式聚集形成小角晶界，如图 3-17(b)所示。此外，在近籽晶区和近表面区，还观察到了微管，这些微管均沿 c 轴方向延伸。

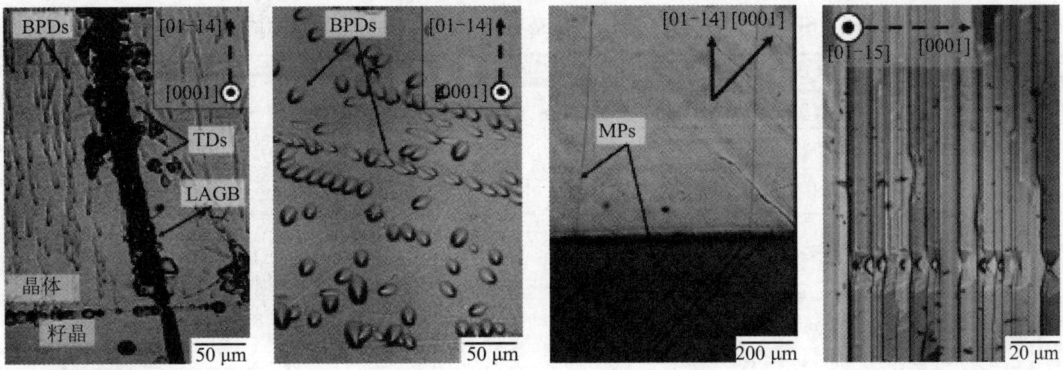

(a) (0001)面偏(10-14)面3°，近籽晶区　(b) (0001)面偏(10-14)面3°，近表面区　(c) (11-20)纵切片　(d) (10-14)生长平面

图 3-16　采用(10-14)籽晶面生长的 4H-SiC 单晶(0001)面偏(10-14)面 3°的腐蚀形貌像

从上面的对比性研究可以看出：尽管 4H-SiC 单晶生长均采用与 c 面夹角为 43°的籽晶，但籽晶的偏向非常重要。采用 c 面朝(10-10)面偏 43°的籽晶，籽晶面为(10-14)面，是一个小面，所生长的单晶基本无微管；而采用 c 面朝(11-20)偏 43°的籽晶，籽晶面是一个非小面，所生长的单晶不能避免微管的形成。

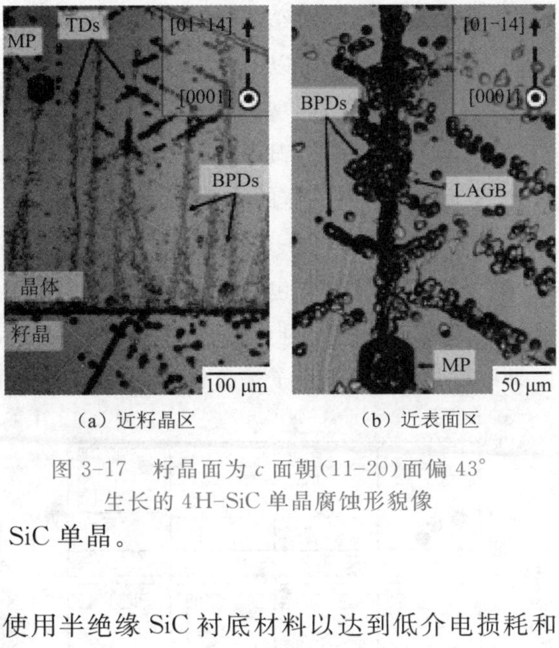

(a) 近籽晶区　(b) 近表面区

图 3-17　籽晶面为 c 面朝(11-20)面偏 43°生长的 4H-SiC 单晶腐蚀形貌像

3.2.1.4　不同导电类型 SiC 单晶生长

作为一种半导体材料，我们希望材料具有不同的导电类型，使材料能满足制造不同器件的要求，因此需要生长半绝缘、n 型和 p 型 SiC 单晶。

1. 半绝缘 SiC 单晶生长技术

基于 SiC 和 GaN 的高功率、高频器件需要使用半绝缘 SiC 衬底材料以达到低介电损耗和低器件寄生响应。要使生长的 SiC 单晶具有半绝缘电学性质，有两种生长方法：掺杂半绝缘 SiC 单晶生长和高纯半绝缘 SiC 单晶生长。

1)掺杂半绝缘 SiC 单晶生长

作为残留杂质的电荷补偿，V 在 SiC 中可以分别作为深能级受主和深能级施主，在后一种情况下，电阻率可以达到 10^{15} Ω·cm。为了保证整个晶棒具有半绝缘性质，掺杂的均匀性是一个关键技术点。而由于 V 在 SiC 中的溶解度仅为 $3\times10^{17}\sim5\times10^{17}\ cm^{-3}$，一方面掺杂浓度不能超过溶解度，否则会形成杂质的包裹体；另一方面晶体中残留杂质浓度要降低到 $10^{16}\ cm^{-3}$ 量级，以保证有意掺杂的杂质浓度足够补偿残留杂质浓度。

Bickermann[30] 等系统研究了名义不掺杂、B 掺杂和 V 掺杂 6H-SiC 单晶的生长。对比了原料中的杂质浓度与生长晶体中的杂质浓度，他们的实验结果见表 3-3。

表 3-3　SiC 原料名义不掺杂、B 掺杂和 V 掺杂 6H-SiC 单晶中的杂质浓度

单位($\times10^{-6}$)(wt%)		B	N	Al	S	P	Ti	V	Cr	Co	Ni	Cu
名义不掺杂	源	0.28	<500	0.5	1.5	0.17	0.13	0.02	0.5	<0.05	0.62	2.0
	晶体	0.08	6	0.02	0.11	0.03	0.015	<0.005	0.5	<0.05	0.04	0.1
B 掺杂	源	26.0	<500	0.13	0.9	0.09	0.14	<0.005	0.5	<0.05	0.08	2.5
	晶体	5.4	2-8	<0.06	<0.12	<0.02	<0.015	<0.005	<0.3	<0.05	<0.04	<0.06
V 掺杂	源	0.47	<500	2.0	0.5	0.13	0.12	3 200	1.2	<0.05	0.14	0.75
	晶体	0.35	<10	0.15	0.05	<0.01	0.03	11.0	<0.3	<0.05	<0.01	<0.05

从表 3-3 中可以看出：生长晶体中杂质的浓度远低于原料中的杂质浓度。因此，生长的晶体对杂质有提纯作用。在对名义不掺杂 6H-SiC 单晶的载流子浓度测量时发现：晶体呈 n 型导电，载流子浓度随结晶体积分数的增加呈指数下降，如图 3-18 所示。

从图 3-18 中还可以看出：载流子浓度随结晶体积分数的变化与生长晶体所用籽晶的极性无关。由于名义不掺杂晶体中的导电杂质主要是 N，载流子浓度随晶体生长的变化规律说明：N 来源于有限的杂质源，与原料、石墨坩埚、石墨保温材料等吸附的 N 有关，随生长的进行，N 逐渐耗尽，使晶体的载流子浓度快速下降。

在对 B 掺杂的 6H-SiC 单晶生长研究时发现：B 在原料中的上限为 300×10^{-6}，高于上限，生长的晶体将出现包裹体或多晶；当 N_A-N_D(受主浓度-施主浓度)超过 $10^{16}\ cm^{-3}$ 时，B 掺杂的晶体显灰蓝色；而当掺杂浓度超过 $2\times10^{19}\ cm^{-3}$，晶体会变得不透明。B 掺杂 6H-SiC 晶体呈 p 型导电，其载流子浓度随结晶体积分数的变化如图 3-19 所示。

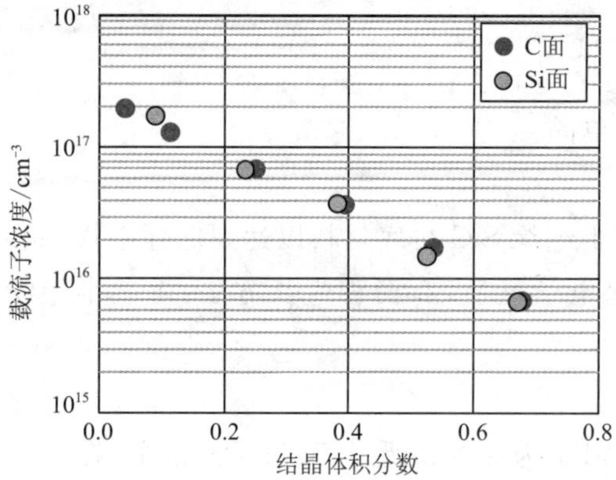

图 3-18　名义不掺杂 6H-SiC 单晶中载流子浓度随结晶体积分数的变化

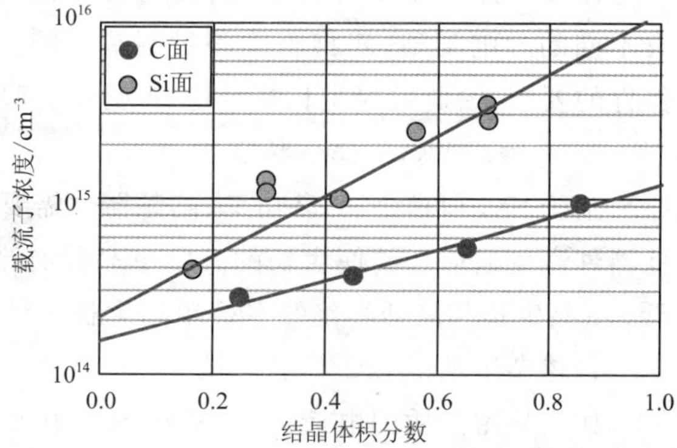

图 3-19　B 掺杂 6H-SiC 单晶载流子浓度随结晶体积分数的变化

从图 3-19 可以看出：B 掺杂晶体载流子浓度（空穴浓度）结晶体积分数的变化与晶体的极性有关，在相同的体积分数下，C 面籽晶生长晶体的载流子浓度低于 Si 面籽晶生长的晶体。而且随结晶体积分数的增加，Si 面籽晶生长晶体的载流子浓度增加的速率快于 C 面籽晶生长的晶体。之所以出现上述结果，是由于采用 C 面籽晶生长晶体时，晶体中 B 的含量减少，N 的浓度增加。B 掺杂晶体中空穴浓度随晶体生长的时间延长而增加，与生长腔 N 的逐渐耗尽有关。但这只能解释晶体生长初期的依赖关系（$g<0.3\sim0.4$），在晶体生长中后期 N 的影响基本可以忽略，因此空穴浓度的增加与 B 在晶体中的浓度增加有关。但 GDMS（辉光放电质谱）测量的结果表明：在原料中 B 的浓度随晶体生长进行是逐渐减少的，这与晶体中 B 的浓度增加矛盾，因此 B 在晶体中的浓度随晶体生长进行而增加这种现象值得进一步研究。

在对 V 掺杂 6H-SiC 生长研究发现：随 V 浓度的增加，晶体表现不同的电学和光学特性。在低 V 掺杂的晶体中，N 为主要的残留杂质，晶体的电学特性类似于名义不掺杂晶体；随 V 在晶体中的浓度增加，晶体的电阻率增加到 $10^5\sim10^7\ \Omega\cdot cm$，晶体在波长分别为 460 nm 和 500 nm 处有两个明显的光吸收峰，衬底仍保留光学透明性；V 在晶体中的浓度进一步增加，在近红外区有几个明显的吸收峰（1 310 nm、1 350 nm、1 387 nm），这归因于 V^{4+} 的内壳层跃迁，这时衬底表现为橘黄色；当 V 掺杂浓度超过其在晶体中的溶解度时，晶体中将出现 V 的沉淀。

晶体半绝缘特性的判据是电阻率大于 $10^5\ \Omega\cdot cm$，但如果材料作为高温或大功率器件使用，应考虑电阻率随温度的变化，V 掺杂半绝缘 6H-SiC 单晶电阻率随温度的变化如图 3-20 所示[31]。从图 3-20 中可以看出：随温度升高，晶体的电阻率呈指数下降，因此器件设计时必须考虑温度对电阻率的影响。

2）高纯半绝缘 SiC 单晶生长

在半导体器件，特别是高温半导体器件设计和制备时，人们希望使用本征半绝缘 SiC 单晶材料，以保证器件运行的可靠性，这就促使人们探索高纯半绝缘 SiC 单晶生长技术。高纯半绝缘单晶生长技术的关键是去除晶体中的 B、N 这两种杂质。B 是与石墨共生的杂质，而石墨坩埚、保温材料、SiC 原料都会吸附 N，因此去除这两种杂质有一定困难。在实际晶体生长工艺中，一般在晶体生长前，将石墨坩埚、保温材料、SiC 原料等在高温下焙烧可以有效去除这些材料中的金属杂质，有时为了保证原料具有较高的纯度，可以使用 CVD 生长的 SiC 原料。为了去除和抑制材料和原料中的 N 进入晶体，也可以采用通 H_2 的技术。

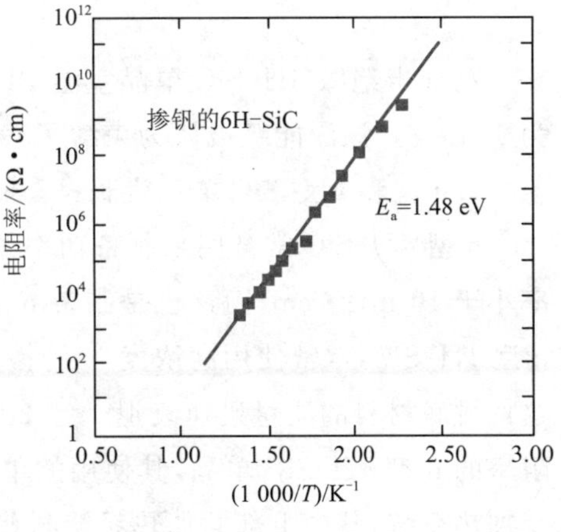

图 3-20　V 掺杂半绝缘 6H-SiC 单晶电阻率随温度的变化

Shiomi[32] 等探索了高纯半绝缘 6H-SiC 单晶生长技术。在将 B、N 的浓度控制在 $1\times10^{15}\ cm^{-3}$ 以下时，晶体的电阻率可达 $1\times10^{10}\ \Omega\cdot cm$。图 3-21 所示为 6H-SiC 晶体 U-I 特性曲线与纯度的关系。由此可以看出：由于浅能级杂质浓度的降低，晶体的电阻率达 $10^{10}\ \Omega\cdot cm$。

同 V 掺杂半绝缘 6H-SiC 单晶相比，高纯半绝缘单晶具有良好的电阻率均匀性，图 3-22

为两种半绝缘 6H-SiC 单晶电阻率分布对比示意图。由此可以看出：掺 V 的半绝缘单晶电阻率分布范围为 $1\times10^{6}\sim1\times10^{10}$ Ω·cm，有四个量级的变化，其主要原因是 V 在原料中的浓度是逐渐耗尽的；而高纯半绝缘单晶的电阻率基本保持不变。

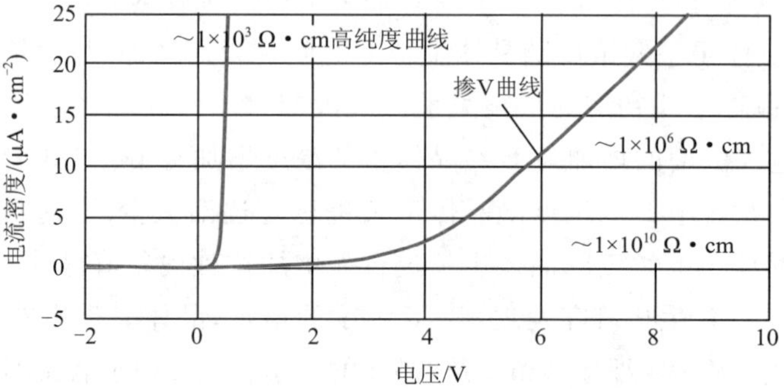

图 3-21　6H-SiC 单晶 U-I 特性曲线与纯度的关系

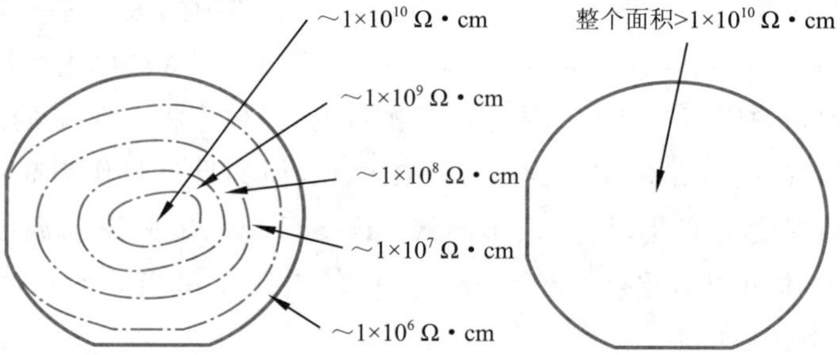

图 3-22　两种半绝缘 6H-SiC 单晶电阻率分布对比示意图

高纯半绝缘 6H-SiC 单晶室温 PL 谱如图 3-23 所示。谱线以深能级发光为主，峰值能量为 1.3 eV。该深能级被认为束缚了残留载流子，导致晶体材料具有半绝缘特性。

2. n 型和 p 型 SiC 单晶生长

n 型 4H-SiC 常被用来制备功率器件，其电阻率是材料的重要特性，器件要求衬底的电阻率小于 10 mΩ·cm，而这也是制备 n 型 4H-SiC 半导体材料的难点所在。要制备低电阻率的 n 型 4H-SiC，常常使用高浓度 N 的掺杂，但随着掺杂浓度的提高，单晶中层错密度逐渐升高，这使衬底材料的质量迅速衰退[33]。2014 年，Kato[34]等采用 N、Al 共掺技术，生长了具有低电阻率的 n 型 4H-SiC 单晶，其使用的单晶生长炉的工作原理如图 3-24 所示。该生长炉共有两套加热系统，其中上部的加热系统与普通升华法加热系统相同，主要对 SiC 原料加热并为 SiC 单晶生长提供合适的温度场，下部的加热系统为 Al 原料加热。两套加热系统可以独立工作，以便分别控制单晶生长的温度场和 Al_4C_3 的分解温度，Al 原料与生长腔通过管道连接。通过对生长压力、N 流量、Al 原料加热温度进行设定，可以对 N、Al 在整个生长系统中的分压进行控制和调整，以便实现有效的 N、Al 共掺。

通常情况下，当 N 在 SiC 中的浓度超过 $2\times10^{19}\sim4\times10^{19}$ cm^{-3}，晶体中将产生层错，而且层错的密度随 N 浓度的升高而增加。而采用 N、Al 共掺技术，即使 N 浓度超过上述限度，也不会产生层错。图 3-25 对比了常规 N 掺杂技术生长和 N、Al 共掺技术生长的 4H-SiC 单晶的截面腐蚀形貌像。

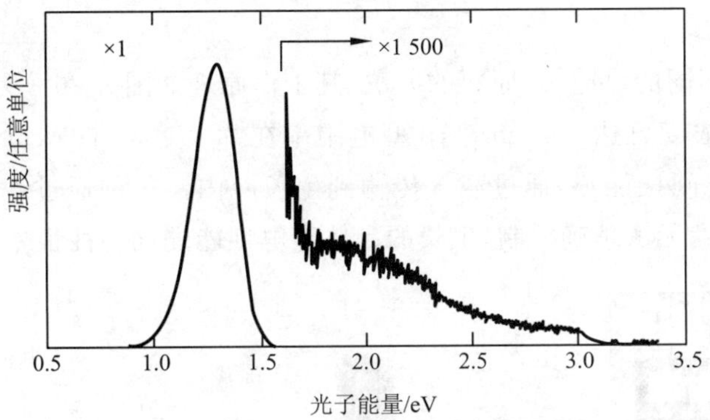

图 3-23　高纯半绝缘 6H-SiC 单晶室温 PL 谱

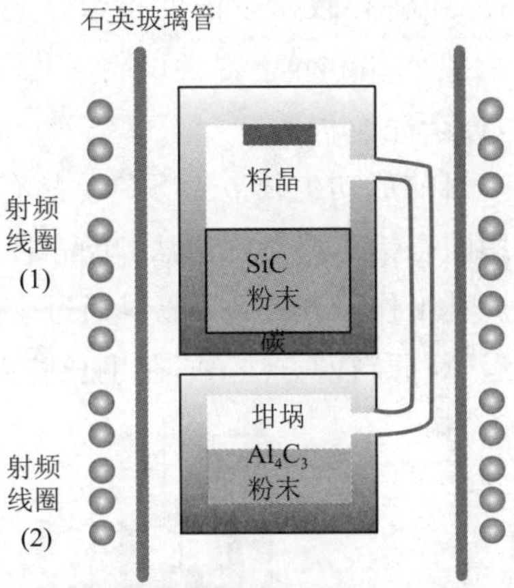

图 3-24　单晶生长炉的工作原理

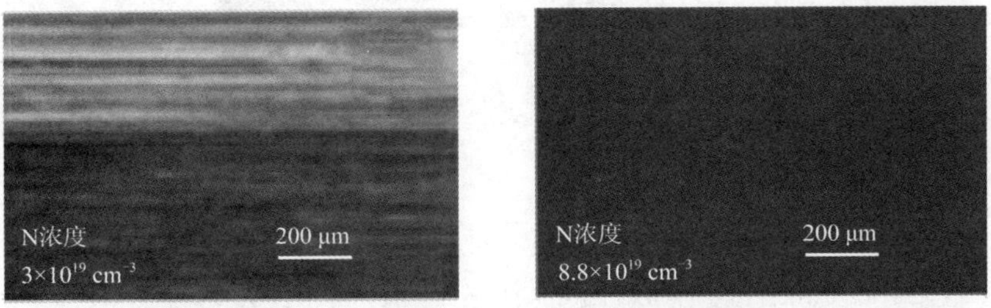

（a）采用常规N掺杂技术生长的4H-SiC单晶，N浓度为3×10^{19} cm^{-3}

（b）采用N、Al共掺技术生长的4H-SiC单晶，N浓度为8.8×10^{19} cm^{-3}

图 3-25　N-型 4H-SiC(10-10)面的腐蚀形貌像

对于常规 N 掺杂技术生长的 4H-SiC 单晶，N 浓度为 3×10^{19} cm^{-3}，可看出条纹状层错的存在；而采用 N、Al 共掺技术生长的 4H-SiC 单晶，即使 N 浓度达到 8.8×10^{19} cm^{-3}，也看不出任何层错出现的迹象。经过系列实验证实：采用 N、Al 共掺技术生长的 4H-SiC 单晶，其产生层错的 N 浓度的临界值为 8.8×10^{19} cm^{-3}，超过该浓度将产生层错。当 4H-SiC 单晶中 N 和 Al 的浓度分别为 3.5×10^{19} cm^{-3} 和 9.0×10^{18} cm^{-3} 时，单晶的载流子迁移率为 2.8×10^{19} cm^{-3}，电阻率为 7.3 mΩ・cm。因此采用 N、Al 共掺技术，通过优化 N、Al 在单晶中的浓度，可以获得无层错、低电阻率的 4H-SiC 单晶。

p 型 SiC 单晶衬底一般用于制备功率器件，如 IGBT，p 型 SiC 单晶一般采用 Al 掺杂生长技术。目前，由于 p 型 SiC 单晶的电阻率一般在 100 mΩ・cm 量级，直接用于功率器件的研究受到很大限制，因此要使 p 型 SiC 衬底达到实用的水平，仍然是一个巨大的挑战。

Al 掺杂 SiC 单晶生长的困难在于以下几方面：

(1)含 Al 的气源，如三甲基铝具有很高的活性，不能像其他气体如氮气那样引导到生长界面上；

(2)由于 Al 的蒸气分压远高于 SiC 分解的气相物种的分压[35,36]，如果在原料中加入 Al 原料，一方面，生长初期 Al 的浓度太高，缺陷或小角晶界非常容易形成；另一方面，Al 原料很快耗尽，将导致掺杂浓度指数性地下降[37]；

(3)Schulze[36]曾尝试将 Al 原料置于石墨坩埚温度较低处，结果导致 SiC 向 Al 原料处生长，掺杂完全失败。

目前成功生长 p 型 SiC 单晶有两种不同的供应 Al 原料的办法，其工作原理如图 3-26 所示。采用固态铝源掺杂的方法，单晶中 Al 的浓度可达 10^{20} cm^{-3}，p 型电阻率在 0.1～0.2 Ω·cm 之间。其工作原理是：Al 原料通过生长系统间接加热，通过载气传输到生长腔内。这种通过载气输运 Al 原料的方法，Al 在生长腔内的浓度无法精确控制，生长的晶体导电性能的均匀性很差。

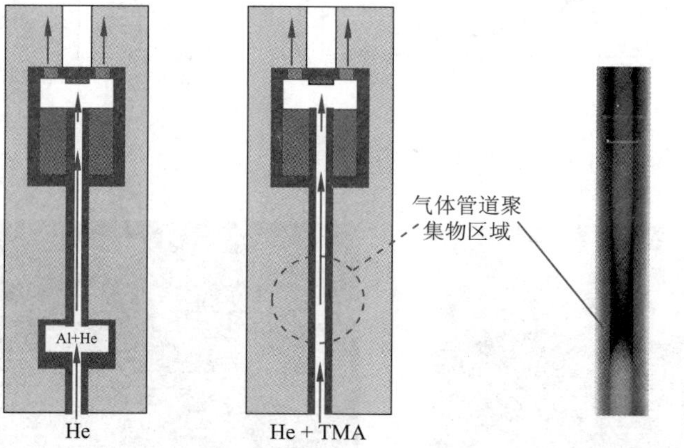

（a）固态Al原料　（b）气态Al原料　（c）采用气态Al原料生长一段时间后，气体管道聚集物

图 3-26　Al 掺杂生长 P 型 SiC 原理示意图

而采用气态 Al 原料生长 SiC 单晶，以三甲基铝为 Al 掺杂原料，其主要的优势在于掺杂源的流量可以长时间精确控制，掺杂剂具有很高的纯度。其不利的方面在于：经过长时间的单晶生长，三甲基铝通往生长腔的通道容易被三甲基铝与石墨反应所产生的聚集物堵塞，如图 3-26(c)所示。

图 3-27 所示为采用气态 Al 原料生长的 6H-SiC 单晶纵切片的光学照片，生长过程中采用间歇供应 Al 原料的方法，以获得在不同三甲基铝流量下，p 型 SiC 的电阻率。

实验中，供应 Al 原料的方式为：0%、33%、0%、66%、0%、100%。在图 3-27 中，第一根黑条纹，对应于非有意掺杂，这是因为，当流量计开关第一次打开时，气体流量存在过冲现象。另外三根稍淡的黑条纹分别对应三甲基铝流量为 33%、66%和 100%的 Al 掺杂。

从生长运动学的观点看：SiC 单晶结构中，Si 的位置有利于 Al 的掺杂；而 C 的位置有利于 N 的掺杂，后者会引起 p 型 SiC 单晶中显著的受主补偿，即使补偿率在 3%～5%的范围内，载流子迁移率也会显著下降[38]。

为探索补偿作用对载流子迁移率的影响，Hen 等比较了 Si 面和 C 面籽晶生长的 6H-SiC 单晶载流子迁移率与浓度之间的关系，结果如图 3-28 所示。

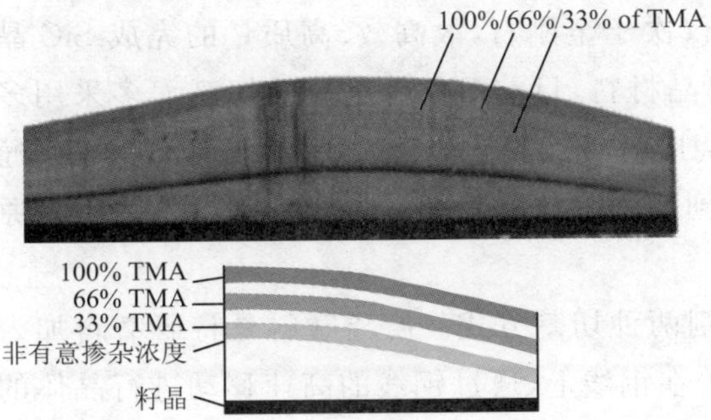

图 3-27　采用气态 Al 原料生长的 6H-SiC 单晶纵切片的光学照片

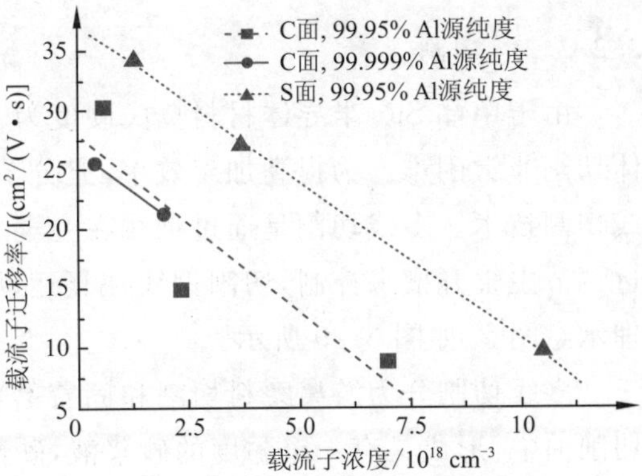

图 3-28　Si 面和 C 面籽晶生长的 6H-SiC 单晶载流子迁移率与浓度之间的关系

从图 3-28 中可以看出：与 C 面籽晶生长的 SiC 相比较，Si 面籽晶生长 SiC 单晶的 Al 的非有意受主补偿受到抑制，这显然源于前面提到的生长运动学效应。补偿抑制的结果使载流子迁移率大大提高，因此电导率提高 2 倍。对于 p 型 SiC 单晶生长来说，载流子迁移率是一个十分重要的参数，所以 p 型 SiC 单晶生长过程中，如果对补偿抑制效应加以利用，则可以大大改善单晶的电学性质。

3.2.2　SiC 单晶衬底加工技术

单晶 SiC 半导体材料莫氏硬度为 9.2，仅次于金刚石，而且脆性高，属于典型的硬脆材料。这种物理性质导致高合格率的 SiC 晶片加工非常困难。SiC 化学性质也很稳定，传统的机械抛光的方法很难获得高质量的抛光表面。只有通过切割、研磨、抛光，得到透明、无损伤层、低粗糙度的 SiC 晶片，才能够满足使用和研究的要求，否则无法优化生长工艺或作为衬底使用。类似于其他半导体材料，SiC 单晶衬底的加工工艺包括以下流程：

3.2.2.1　粗加工

由于生长出来的 SiC 晶锭并非标准的形状，而是具有一定凸率的类似蒙古包状的晶锭。要将晶锭加工成为标准的圆柱体，需要通过外圆磨床和平面磨床进行加工，选择合适的金刚石砂轮和加工工艺至关重要。

首先通过平面磨床，将晶片上下表面加工成所需要的具有一定晶向的表面，一般为(0001)面。加工过程中需要借助 X 射线定向仪来确定晶向。然后通过外圆磨床，将晶锭侧面滚圆至标准直径，各尺寸 SiC 晶片直径和表面取向要求见表 3-4。

表 3-4　各尺寸 SiC 晶片直径和表面取向要求

<table>
<tr><th>尺　寸/英寸</th><th>直　径/mm</th><th>表 面 取 向</th></tr>
<tr><td>2</td><td>50.8±0.38</td><td rowspan="3">(0001)±0.2°；
(0001)朝着〈11-20〉偏 4°±0.5°
(0001)朝着〈11-20〉偏 8°±0.5°</td></tr>
<tr><td>3</td><td>76.2±0.38</td></tr>
<tr><td>4</td><td>100±0.5</td></tr>
</table>

3.2.2.2 切割

由于单晶 SiC 半导体材料莫氏硬度为 9.2，仅次于金刚石，故高效、高质量的完成 SiC 晶体切割非常困难。为提高加工效率，充分节省单晶材料，目前 SiC 单晶片的切割大多采用多线切割技术。多线切割是通过钢线在主辊上缠绕成为一张上下平行的线网，线网间距可以通过调节主辊开槽来控制，切割钢线往复运动，达到切割晶体的目的。多线切割设备的工作原理示意图[39]如图 3-29 所示。

多线切割分为游离磨料切割和固着磨料切割两种切割方式。游离磨料是将研磨料加入切削油中，形成具有一定黏度的砂浆液，砂浆附着在钢线上，通过钢线的高速移动进行晶体的切割，切割原理示意图[40]如图 3-30 所示。游离磨料切割的优点在于对晶体的冲击力小、切割表面粗糙度小，可以达到微米级别；缺点在于切削力低、效率不足、砂浆污染环境。

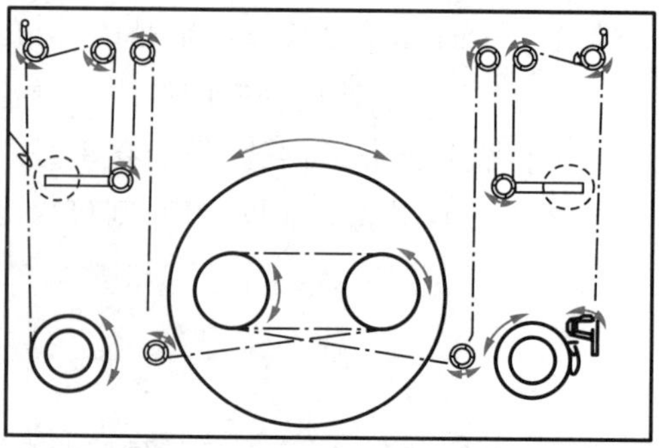

图 3-29 多线切割设备的工作原理示意图

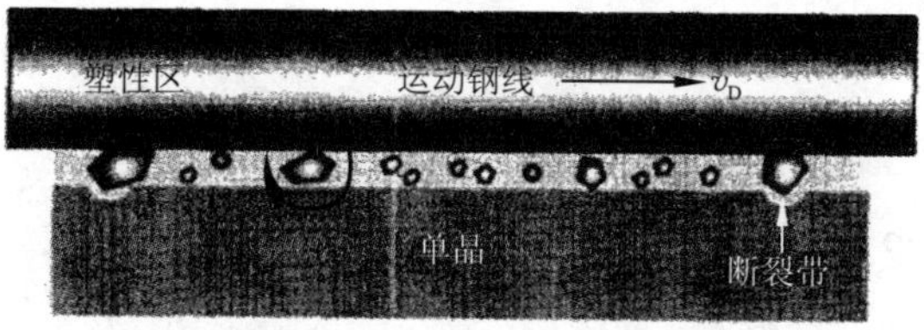

图 3-30 游离磨料切割原理示意图

固着磨料切割技术是通过各种方法将金刚石颗粒直接固定在锯丝表面，目前使用最多的是电镀金刚石线锯。制作方法是在钢丝上电镀一层金属层（镍），通过金属层将金刚石颗粒固定在钢线上，从而形成金刚石线锯，如图 3-31所示。这种固着磨料切割相比游离磨料切割，减少了能量传输步骤，大大提高了切割效率。

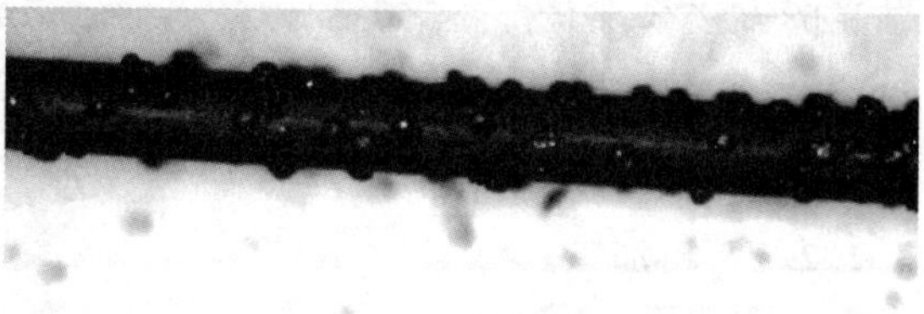

图 3-31 显微镜下观察金刚石线锯（表面凸起为金刚石颗粒）

SiC 切割片面型指标为整体厚度差值（TTV）＜20 μm、弯曲度（BOW）＜20 μm、翘曲度（warp）＜30 μm。目前使用的 SiC 晶片表面为（0001）面，切割后晶片表面偏角应小于±0.2°。

3.2.2.3 研磨

由于 SiC 晶体切割过程中受到的冲击力，SiC 切割片表面损伤层较深，而且有不同程度的线痕，这就需要通过研磨的方式去除。

研磨方式为游离磨料研磨，具体作业方式为晶片通过游星轮固定在上下两个铸铁盘之间，通过上下铸铁盘以及内外齿圈的相对转动，晶片围绕设备中心轴持续做自转和公转。设备运转的同时将研磨液通入上下铸铁盘面之间，通过磨料、SiC 切割片、上下铸铁盘之间的作用，达到磨削去除的目的。

研磨后晶片的粗糙度可以达到 100 nm 以下，研磨片表面 5 μm^2 范围，研磨后 AFM（原子力显微镜）观察的 SiC 研磨片表面形貌像如图 3-32 所示。

3.2.2.4　化学机械抛光（CMP）

在研磨和机械抛光过程中，会引入划痕损伤层，而划痕损伤层的存在会对后续外延工艺产生影响，导致外延层出现延伸缺陷，影响器件合格率及使用寿命。SiC 机械抛光后 AFM 观察的晶片表面形貌像如图 3-33 所示。

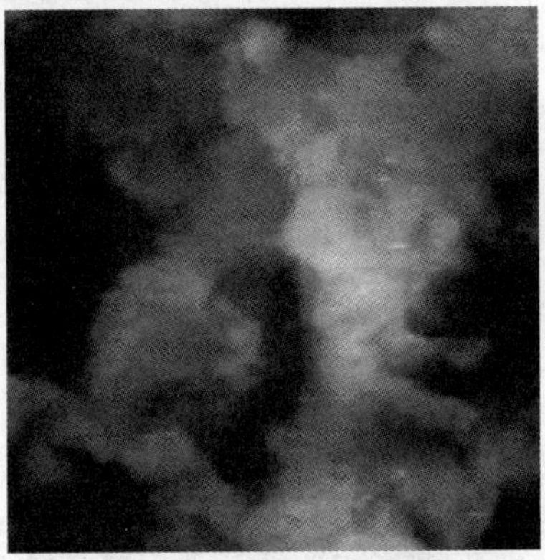

图 3-32　研磨后 AFM 观察的 SiC 研磨片表面形貌像

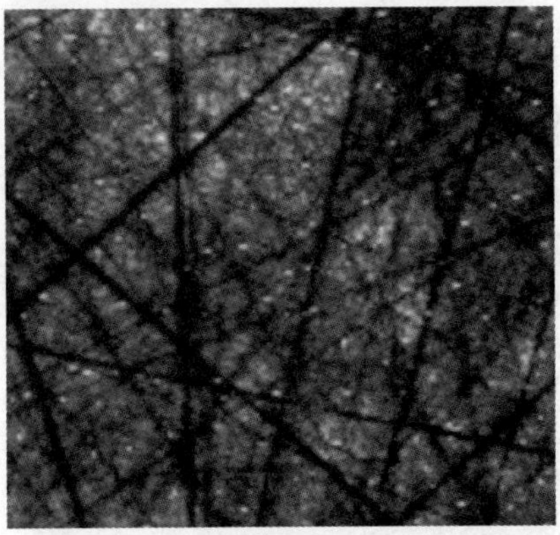

图 3-33　SiC 机械抛光后 AFM 观察的晶片表面形貌像

为消除机械抛光引入的表面损伤，需要采用化学机械抛光（CMP）的方式进行精密抛光。通过 CMP 可以使用质软的微小颗粒获得高质量的晶片表面，同时能够保证足够高的去除效率。CMP 不同于机械抛光的地方在于抛光液中加入了酸、碱、氧化剂等化学试剂，目的是将晶片表面腐蚀氧化，生成易于去除的氧化物或者盐，然后通过抛光液中的磨料粒子去除表面的反应层。

Ling Zhou[41] 报道过使用 SiO_2 进行 SiC 晶片 CMP 的工艺，获得了表面粗糙度低于 0.5 nm 的抛光表面。

Su Jianxiu[42] 等人在碱性条件下使用 Al_2O_3 进行了 SiC 晶片的抛光，研究了 pH、颗粒粒度等对 CMP 去除率的影响。

H. S. lee[43] 等人使用纳米金刚石微粉和 SiO_2 颗粒配置成混合抛光液进行 SiC 晶片 CMP，确保粗糙度低于 0.5 nm 的同时，最大去除率可以达到 500 nm/h，甚至更高，为 SiC 晶片 CMP 提供了新的思路。

CMP 是一种非常有效的全局平坦化工艺，由于抛光过程中既有物理作用又有化学作用，反应过程非常复杂。主要影响因素有：抛光液（pH、颗粒种类及尺寸、颗粒浓度、氧化剂种类及浓度）、抛光垫、压力、转速、温度等。

SiC 晶片 CMP 后，表面透亮，没有划痕、橘皮、坑等缺陷，表面粗糙度小于 0.5 nm，如图 3-34所示。实际生产过程中，需要综合考虑晶片质量、加工效率、生产成本，选择合适的

CMP 工艺。

山东大学 SiC 晶片硅面 CMP 后 AFM 测试表面，原子台阶清晰可见，粗糙度达到 0.2 nm 以下，如图 3-34 所示。

由于 SiO_2 抛光液不能对 C 面进行有效抛光，通过改变抛光液，优化各个抛光参数，优化方法同 Si 面，追踪各个时段表面划痕的去除情况，直至 6 h 后全部消失。因此，随着抛光时间的延长，划痕数量逐渐减少，深度变浅。通过 AFM 测得 CMP 后表面光滑，无划痕，表面粗糙度小于 0.5 nm。图 3-35 所示为 SiC 的 C 面经 CMP 后 AFM 观察的表面形貌像。与 Si 面相比较，原子台阶不是非常明显。说明经化学机械抛光后 C 面的表面质量不如 Si 面，C 面的化学机械抛光难度更大。

图 3-34　SiC 化学机械抛光后 AFM 观察的表面形貌像

图 3-35　SiC 的 C 面经 CMP 后 AFM 观察的表面形貌像

3.2.2.5　清洗封装

SiC 晶片在 CMP 之后，为达到开盒即用，需要在百级超净间中进行清洗，将晶片表面的污渍、颗粒清洗干净后，使用专用的净化袋进行真空充氮封装。

通过以上加工流程，最终可以获得面型精度高、表面质量好、洁净的 SiC 晶片，以满足外延生长的技术需要。

综上所述，SiC 单晶经粗加工、切割、研磨、化学机械抛光、清洗封装后，可以直接进入外延生长阶段。

3.2.3　SiC 化学气相沉积法(CVD)外延生长技术

SiC 功率器件制造的快速发展得益于 SiC 偏晶向衬底上外延生长技术——“台阶流动控制外延(step-controlled epitaxy)”、原位掺杂技术以及表面缺陷控制技术的成功实现。因此 SiC 外延生长技术是 SiC 功率器件制造中的关键。虽然 SiC 有多种外延生长方法，但是经过多年的发展，CVD(化学气相沉积)生长已成为 SiC 外延生长的主要方法。与 3C-SiC 和 6H-SiC 相比，4H-SiC 禁带宽度更大、载流子迁移率更高、各向异性最小。因此，更适合于制造新一代高温、大功率 SiC 功率器件。这里主要介绍 4H-SiC 偏晶向衬底上的外延生长方法和原理、外延设备与材料表征、原位掺杂，以及 4H-SiC 外延生长的最新进展。

3.2.3.1　4H-SiC CVD 外延生长

4H-SiC CVD 外延生长就是利用载气（H_2）将反应源气体（如 SiH_4、C_3H_8 等）输送到生长室内的热区，源气体被热分解成单个原子或一两个原子团，进而通过扩散、迁移过程连续不断地到达衬底表面而生成所需要的薄膜材料的方法。4H-SiC CVD 外延生长典型温度为 1 550 ℃。实验证实，只有当反应气体流动状态为层流时，才能确保 4H-SiC 外延材料质量最高，如表面平整、外延层中无夹杂（含 3C-SiC 晶型）、结晶度高等。

层流状态下反应气体的流速及其在生长室内的分布是 4H-SiC CVD 外延生长的重要参数。反应气体流速由载气流速决定，在反应气体进入生长室后，气体流速将由一个常量逐渐变化为抛物线性分布，反应生长室腔道中心处流速最大，在靠近腔壁的地方流速为零。如图 3-36所示，水平向右箭头长度表示气体流速大小，指向为气体流动方向。在近壁处，气体受到腔壁作用而形成一个滞留层，如图 3-36 中弯曲线所覆盖的区域，滞留层内气体处于流动性很低的状态，该滞留层的厚度与反应气体流速和黏滞性系数有关，反应气体在滞留层内通过扩散过程到达 4H-SiC 衬底表面。4H-SiC CVD 生长过程归结起来可分为四个主要步骤：

（1）反应气体通过滞留层的扩散过程；

（2）气体分子在衬底表面的吸附过程；

（3）气体分子在衬底表面上的分解及原子在衬底表面上的迁移过程；

（4）反应副产物的脱附及通过滞留层的外扩散过程，如图 3-37 所示。

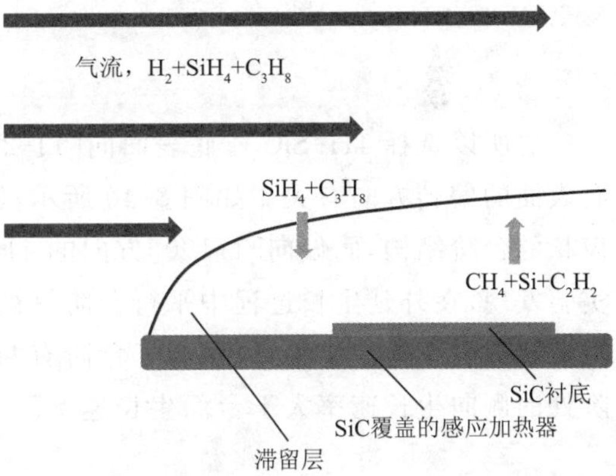

图 3-36　CVD 生长室内气体流动、近壁处滞留层及气体扩散过程

1986 年，日本京都大学研究发现，在一定偏角的 6H-SiC 衬底上可外延出单晶的 6H-SiC 外延材料，温度只有 1 400～1 500 ℃。由于 6H-SiC 晶型可以用偏晶向衬底表面上出现的原子台阶来控制，因此将该生长命名为台阶流动控制外延生长（step-controlled epitaxy）。同样，4H-SiC 外延生长也采用了偏晶向衬底上的台阶流动控制外延生长的方法。

如图 3-38 所示，偏向[11-20]方向 8°的 4H-SiC(0001)衬底表面由两部分构成，一部分称为台面（terraces），即(0001)晶面；另一部分称为台阶（steps），与〈0001〉晶向平行。与共晶面 4H-SiC(0001)衬底相比较，偏晶向衬底表面出现了高密度的 C-Si 双原子层台阶，该台阶密度与衬底表面沿[11-20]方向的偏转角度有关，偏转角度越大，台阶密度越高；反之，偏转角度越小，台阶密度越低。

偏晶向衬底上 4H-SiC 外延生长机理与共晶面衬底不同，如图 3-39 所示，在共晶面衬底上只存在台面，4H-SiC 外延是通过台面上的二维成核进行的，此时 SiC 外延层的晶型完全取决于生长条件，其中主要是生长温度，如果生长温度不够高，外延层就可能是 3C-SiC 晶型，而且有高密度的双晶畴晶界缺陷，表面粗糙，这是 4H-SiC 外延生长所不希望的。在偏晶向衬底上，高密度的双原子层台阶使得台面长度大大缩短，在一定的生长条件下，反应气体分子通过扩散、吸附、分解、迁移过程，将所需要的 Si 原子和 C 原子输送到偏晶向 4H-SiC 衬底表面上的原子台阶处，并使其分别与暴露在表面上的 C 原子和 Si 原子发生键合，形成新的 SiC 晶体。此时 SiC 外延生长表现为 C-Si 双原子层台阶的侧向流动，其本质是 SiC 外延层“继承”了 4H-SiC 衬底结构，与衬底具有完全相同的晶型。

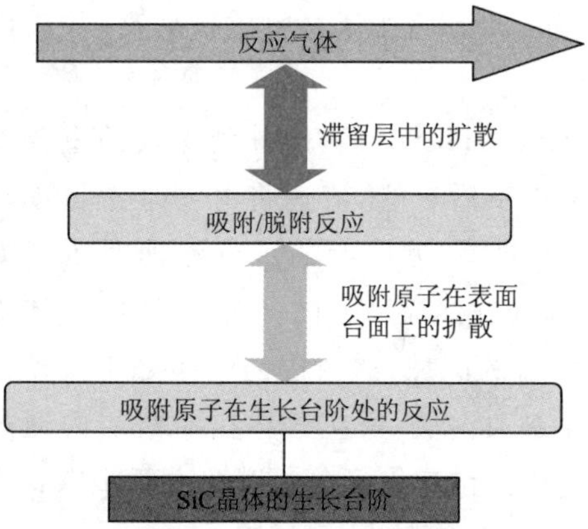

图 3-37　4H-SiC CVD 生长过程示意图

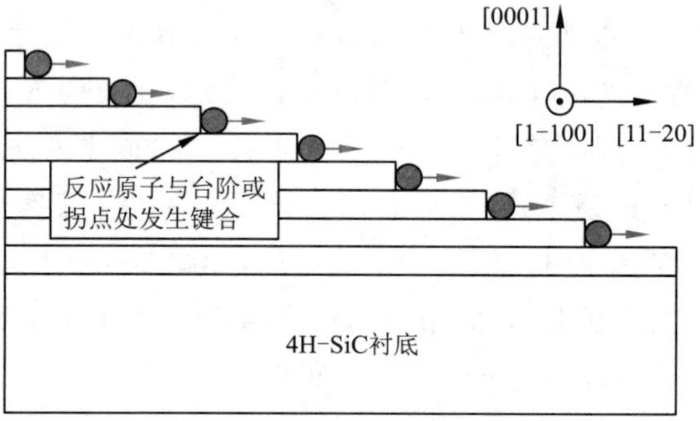

图 3-38　偏晶向 4H-SiC 衬底表面上原子台阶及台阶流动示意图

之所以选择 4H-SiC 衬底表面向[11-20]方向偏转，是因为 4H-SiC 外延层表面形貌与衬底表面的偏转方向有关。如图 3-40 所示，偏向[11-20]方向的 4H-SiC 衬底表面上出现了锯齿状的台阶结构，而偏向[1-100]方向的 4H-SiC 衬底表面上则出现了相互平行的台阶结构。实验发现，在外延生长过程中平行台阶易被集结在一起，对 SiC 外延层表面形貌产生影响；而锯齿状台阶不易被集结，因该原子台阶有两个方向，外延生长过程中台面面积不会增大，且台阶处的侧向生长速率大于台面生长速率。

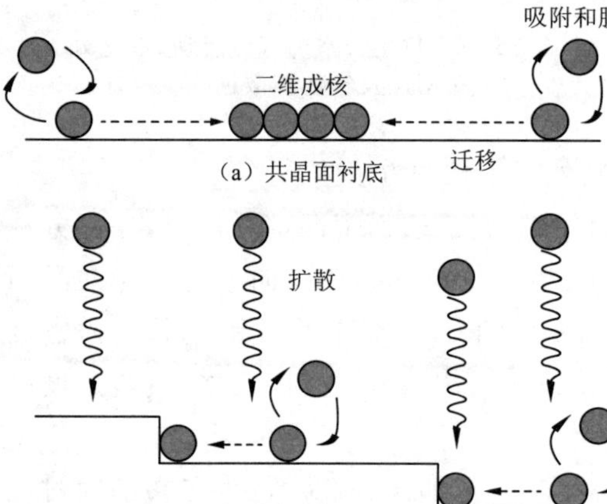

图 3-39　共晶面和偏晶向衬底上 4H-SiC 生长过程比较

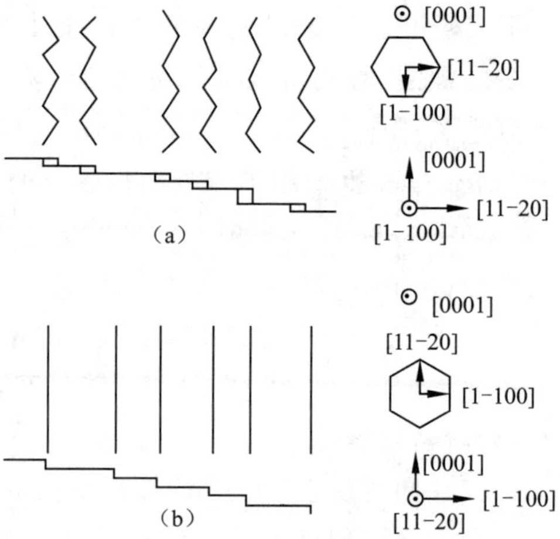

图 3-40　4H-SiC 表面分别偏向(a)[11-20]和(b)[1-100]方向的台阶结构

随着 4H-SiC 晶体尺寸的不断增大，偏向角度也发生了变化。过去 2 英寸衬底多采用 8°

偏角，现在 3～6 英寸则多采用 4°偏角，未来更大尺寸衬底偏角可能会更小。偏角的减小，意味着台面长度的增大。根据“台阶流动控制外延生长”模型，只有当原子在表面上的迁移长度大于台面长度，或者衬底表面上的台阶密度足够高时，外延生长才表现为原子台阶的侧向流动生长。当台面长度增大到一定程度，上述条件不能再得到满足时，台阶侧向流动生长模式就会被打破。此时，为了继续能够实现台阶侧向流动生长模式，外延生长条件就需要做出相应优化，如提高生长温度、加载附加气体或改变反应源气体类型等。

4H-SiC 外延生长主要采用 $H_2+SiH_4+C_3H_8$ 混合气体，有时需要加入 HCl 气体作为附加气体。如图 3-41 所示，外延生长主要过程包括升温、原位刻蚀、外延生长和降温。H_2 是载气，其作用有两个，一是作为载气将低流量的反应气体输运到 4H-SiC 衬底表面；二是活泼的氢原子在高温下对 4H-SiC 衬底表面进行原位刻蚀，可去除衬底表面上存在的划痕和外来颗粒物。需要调整的主要工艺参数有气相中 C/Si 原子比率、H_2 流量、生长室气体压力、生长温度等。其中 C/Si 原子比率是一个重要工艺参数，C/Si 原子比率的变化不但能影响外延层的背景掺杂浓度、改变外延层的导电类型，而且外延生长速率、外延缺陷密度及外延层表面粗糙度等与 C/Si 原子比率也有较强的依赖关系。

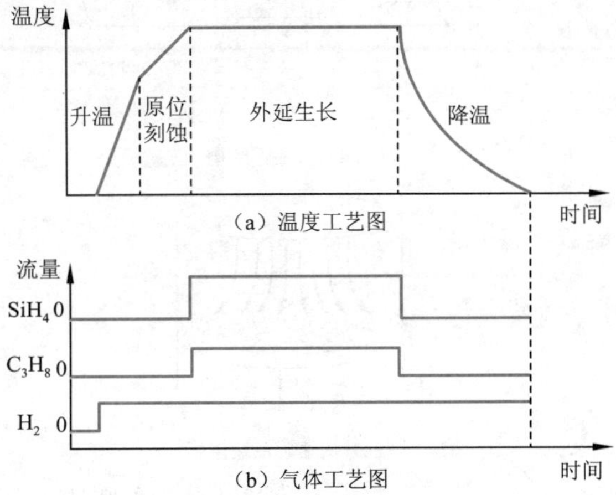

图 3-41　4H-SiC 外延生长温度和气体工艺图

3.2.3.2　SiC 外延设备与材料表征

SiC 外延设备是实现 SiC 外延材料的重要手段。经过 20 多年的发展，SiC CVD 外延设备的发展经历了多次变革。概括起来，SiC CVD 外延设备发展经历了三个主要发展阶段：一是最早期的高温外延生长实验设备，典型温度为 1 700～1 800 ℃；二是 20 世纪 90 年代中期的单片和三片 2 英寸水平石英管外延设备，典型温度为 1 500～1 600 ℃；三是 2000 年后的行星盘式 SiC 外延设备，如 2006 年前后容量为七个 3 英寸和六个 4 英寸和近几年容量为十个 4 英寸(或四个 6 英寸)的 SiC 外延设备。

CVD 外延生长室主要有四种结构，如图 3-42 所示。前三种结构属于“冷壁”(cold-wall) CVD 生长室，所谓“冷壁”是指将衬底放置在加热盘(托)上，而与生长表面面对的方向上不再有加热盘(或热源)的 CVD 生长室结构。“冷壁”CVD 生长室生长温度高，存在热辐射效应严重、加热效率低、SiC 外延层结晶质量不高、SiC 外延层表面粗糙等缺点。因此不再使用“冷壁”CVD 生长室结构。

1993 年，瑞典 Linkoping 大学开发出“热壁”CVD 生长室结构，其核心是 CVD 生长室，它是一个置于水平石英管内并自身带有中空腔道的水平加热器(石墨材质)，采用感应加热方式。为了进一步减小热辐射效应，在感应加热器外部包覆有保温材料。SiC 衬底放置在中空腔道的内侧底面上，反应源气体在载气的携带下从腔道的一端引入，从另一端排出。由于腔道高度仅有几厘米，长度远大于 SiC 衬底晶片直径，尽管存在开放的进气端口与排气端口，但是 SiC 衬底所处的四周环境温度基本相同。

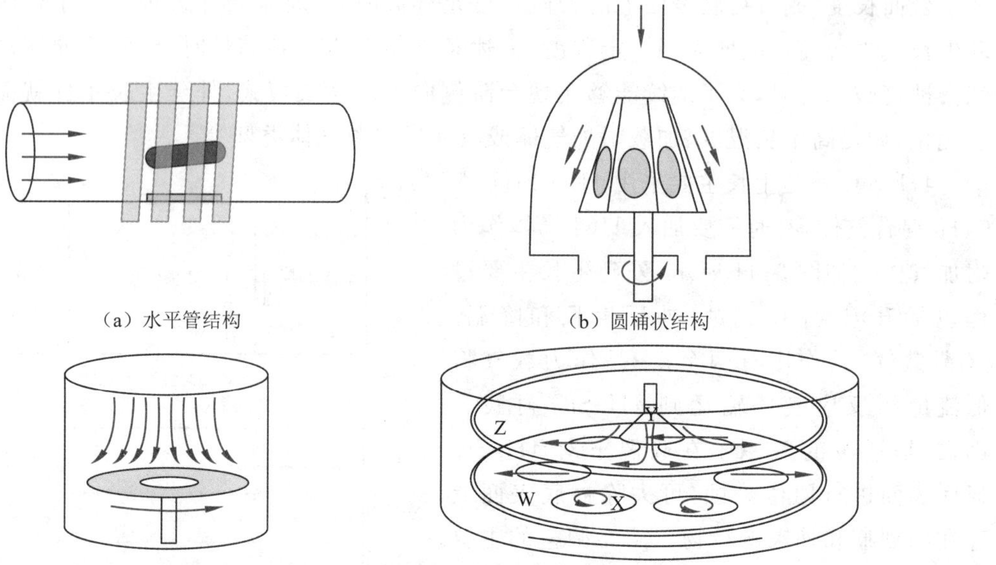

（a）水平管结构　（b）圆桶状结构
（c）快速旋转结构　（d）行星盘式结构

图 3-42　四种典型的 CVD 外延生长室结构示意图

“热壁”CVD 生长室的最大优点是加热效率高、温度场分布均匀、反应气体热分解充分，尤其是 SiC 外延层纯度高、表面平整、结晶度高等。鉴于“热壁”CVD 生长室的结构优势，不但水平式“热壁”CVD 生长室自身结构得到进一步优化，而且在此以后的 SiC CVD 外延设备的开发中都采用了该“热壁”概念。如对于图 3-42(d)所示的行星盘式结构，通过对下底盘 W 和上顶盘 Z 直接加热，开发出行星盘式“热壁”CVD 生长设备。另外，通过间接加热上顶盘 Z 的方法，又开发出近似于“热壁”概念的“温壁”(warm-wall)CVD 外延设备。图 3-43 给出了国际上主要 SiC CVD 外延设备的发展历程。目前国际上共有三家 SiC 外延设备商，分别是德国 Aixtron 公司、意大利 LPE 公司和日本 TEL 公司。前者主营行星盘式“温壁”CVD 外延设备，后两者主营水平石英管式“热壁”CVD 外延设备。为了提高 SiC 外延生长速率，国际上还开发出具有垂直结构的“热壁”CVD 生长室结构。

中国科学院半导体研究所的 SiC CVD 外延设备发展历程是国内的典型代表。20 世纪 90 年代中期，中国科学院半导体研究所成为国内第一家从事 SiC 外延设备研发与外延生长技术研究单位，至今 SiC CVD 外延生长设备研制已经历了四代的发展过程。如图 3-44 所示，1999 年成功研制出国内第一台兼有 CVD 和 MBE 性能的 SiC 外延设备，2002 年研制出水平“冷壁”CVD 系统，2004 年研制出实验型水平“热壁”CVD 系统。为了实现大面积(2～4 英寸)SiC 外延生长，通过中国科学院设备/仪器改造项目，于 2009 年成功研制出 n 型和 p 型双室“热壁”CVD 外延设备，载片容量为一片 4 英寸、一片 3 英寸或三片 2 英寸。2010 年，中国科学院半导体研究所与东莞市天域半导体科技有限公司成立了“中国科学院半导体研究所天域碳化硅技术研究院"，通过引进德国 Aixtron 公司的 Aix2800 WW G4 型和意大利 LPE 公司的 PE1O6 型外延设备，开始了 4H-SiC 外延晶片产业化研究工作。

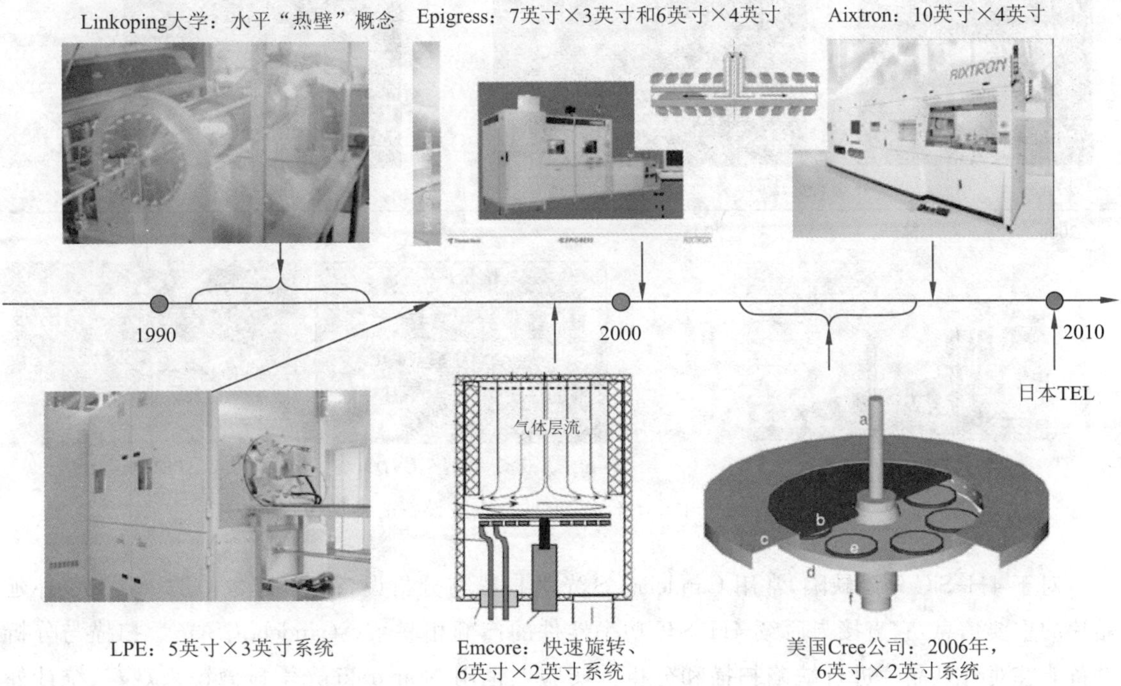

图 3-43　国际上主要 SiC CVD 外延设备的发展历程

4H-SiC 外延晶片有四个主要参数需要表征，即外延层厚度及其均匀性、掺杂浓度（载流子浓度）及其均匀性、外延层表面粗糙度（RMS）和外延层表面形貌（外延）缺陷。

对于 4H-SiC 外延层厚度，常用检测方法是傅里叶变换红外（FTIR）反射谱。FTIR 是一个无损伤检测方法，反射谱是包含有厚度信息的连续干涉条纹，外延层厚度是根据反射谱干涉条纹的极值位置和 4H-SiC 光学常数计算得到的。按照标准检测晶片上规定点的外延层厚度，可获得外延层厚度均匀性。实验上，也经常使用电子扫描电镜（SEM）来确定外延层厚度，不过，该方法需要通过对晶片解理来获得一个断面，不但属于破坏性测试方法，而且测试范围小、成本高，不能表征整个晶片的厚度及均匀性。

对于 4H-SiC 外延层掺杂浓度，常用检测方法是汞（Hg）探针 C-V 法。Hg 与 4H-SiC 外延层表面接触形成肖特基（Schottky）势垒，在反向偏压下，Schottky 势垒宽度随偏压增大而增宽，通过检测该变化关系，来获得外延层掺杂浓度。该方法不但对外延层没有损伤，而且可以在很大的范围内实现外延层掺杂浓度的测试，如 $10^{13}\sim10^{19}\ cm^{-3}$。同样，按照标准检测晶片上规定点的掺杂浓度，可获得外延层掺杂浓度均匀性。实验上也经常使用 Hall 测试方法来确定外延层载流子浓度和迁移率，该方法的缺点是需要制备四个欧姆接触电极、不易获得外延层掺杂浓度均匀性。

对于 4H-SiC 外延层表面粗糙度，常用原子力显微镜（AFM），扫描范围一般为 10 μm×

10 μm。

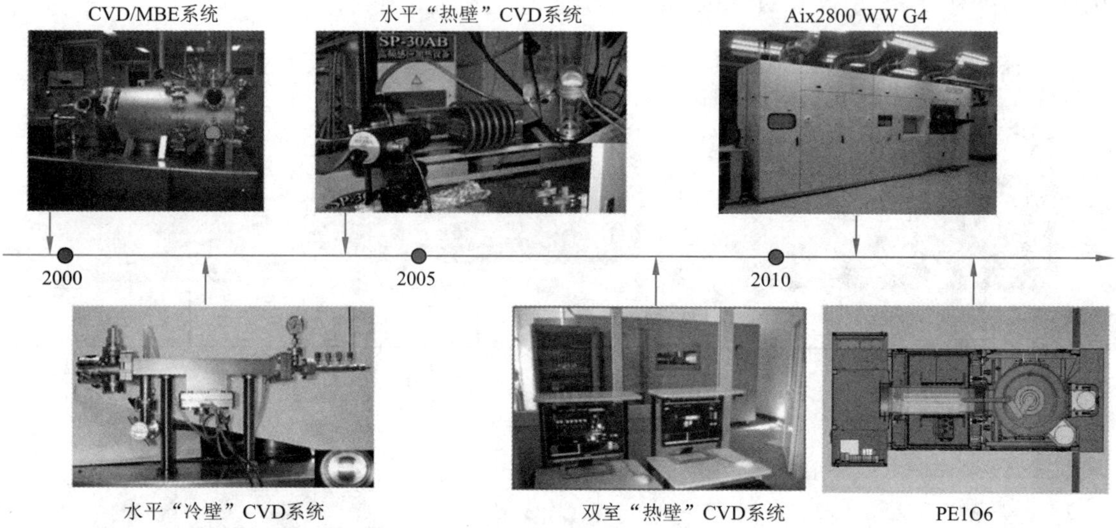

图 3-44　国内主要 SiC CVD 外延生长设备的发展历程

对于 4H-SiC 外延缺陷，常用 Candela CS 光学扫描与分析设备。外延缺陷是 4H-SiC 外延晶片的重要信息，它直接与后续 4H-SiC 功率器件的产额相联系。Candela CS 光学扫描与分析设备能够对外延晶片进行缺陷扫描和分析。实验上也用 Nomarski 光学显微镜来观察、统计外延缺陷，虽然该方法耗时多且不能实现自动记录，但可以清晰观察、确认外延缺陷形貌与结构。

另外，还常用共聚焦拉曼(Raman)散射技术和光致发光(PL)等光学测试方法以及缺陷选择性腐蚀技术来确定 4H-SiC 衬底及外延材料结构缺陷等。

3.2.3.3　4H-SiC CVD 原位掺杂

对于单极型功率器件材料，只需在 n^+-4H-SiC 衬底上外延一层低掺杂浓度的 n 型外延层即可，虽然中间还需要缓冲层，但仍是 n 型导电。因此，单极型 4H-SiC 功率器件材料生长仅需 n 型 CVD 原位掺杂技术即可。对于双极型功率器件材料，尤其是诸如 npnp 结构的4H-SiC GTO 晶闸管等复合型功率器件材料，至少需要四层外延层，其中不但有 n 型掺杂层，而且还有 p 型掺杂层。更为重要的是，不但需要极低掺杂浓度(典型值：2×10^{14} cm^{-3})的 p 型层，而且还需要极高掺杂浓度(典型值为$>10^{19}$ cm^{-3})的 p 型层。因此，为了获得双极型功率器件材料，在背景掺杂浓度足够低(典型值为$<5\times10^{13}$ cm^{-3})的条件下，除了需要 n 型 CVD 原位掺杂技术外，还需要 p 型掺杂浓度能够在五个数量级的范围内实现可控的 p 型 CVD 原位掺杂技术。

常用 SiC 施主杂质是氮元素(N)，受主杂质是铝元素(Al)。在 4H-SiC 外延生长源气体中加入 N_2，可以将 N 原子引入到 4H-SiC 晶格中，通过改变 N_2 流量，可在 $10^{15}\sim10^{19}$ cm^{-3} 的浓度范围内实现 n 型掺杂浓度控制。同样，加入 TMA(三甲基铝，H_2 携带)可以将 Al 原子引入到 SiC 晶格中，通过改变携带气体(H_2)流量，可在 $10^{15}\sim10^{19}$ cm^{-3} 的浓度范围内实现 p 型掺杂浓度控制。

表 3-5 给出了 3C-、4H-和 6H-SiC 晶型中 N 施主原子的电离能。N 施主的电离能不但与 SiC 晶型有关，而且与晶位（h：六角晶位，k：立方晶位）有关。

表 3-5 3C-、4H-和 6H-SiC 晶型中 N 施主原子的电离能

SiC 多晶型体	不等价晶位	电离能/meV
3C-SiC	k	57.0
4H-SiC	h	45.0
	k	95.0
6H-SiC	h	81.0
	k1	137.6
	k2	142.4

表 3-6 给出了 3C-、4H-、6H-SiC 晶型中 Al 受主原子的电离能。同样，Al 受主的电离能与 SiC 晶型有关，但与晶位的依赖关系不像 N 施主那样强烈。

表 3-6 3C-、4H-、6H-SiC 晶型中 Al 受主原子的电离能

SiC 多晶型体	不等价晶位	电离能/meV
3C-SiC	k	254
4H-SiC	h	200
	k	200
6H-SiC	h	249
	k1	239
	k2	239

Larkin 等人[44]提出了位置竞争外延技术。位置竞争外延是一种基于调整气相中 Si/C 原子比率，以控制 SiC 晶位上替代式杂质原子数量的掺杂控制技术。在 n 型 4H-SiC 外延生长过程中，N 原子和 C 原子竞争 C 位。根据该竞争原理，在气相中 N 原子浓度不变的条件下，随着 C 源流量的增加，C 原子占据 C 位的概率增大，N 原子占据 C 位的概率减小，外延层中 N 原子浓度减小；反之，外延层中 N 原子的浓度增大。同样，在 p 型 4H-SiC 外延生长过程中，Al 原子和 Si 原子竞争 Si 位。在气相中 Al 原子浓度不变的条件下，随着 Si 源流量的增加，Si 原子占据 Si 位的概率增大，Al 原子占据 Si 位的概率减小，外延层中 Al 原子浓度减小；反之，外延层中 Al 原子浓度增大。

利用这个技术，4H-SiC 外延层背景载流子浓度不但可以控制在 $10^{14}\ cm^{-3}$ 以下，而且还可以得到简并重掺杂的 n^+ 型 4H-SiC 外延层。值得注意的是，4H-SiC 掺杂特性与晶面有较大关系。随着 C/Si 比率的增大，Si(0001)晶面上 n 型掺杂浓度减小，p 型掺杂浓度增大，而 C(000-1)晶面上 n 型和 p 型掺杂浓度均不随 C/Si 原子比率变化。

图 3-45 给出了 4H-SiC 外延层背景掺杂浓度随 C/Si 原子比率的变化关系，随着 C/Si 原子比率从 1.05 增大到 1.55，背景掺杂浓度由 2.2×10^{16} cm^{-3}减小到 4.8×10^{14} cm^{-3}。

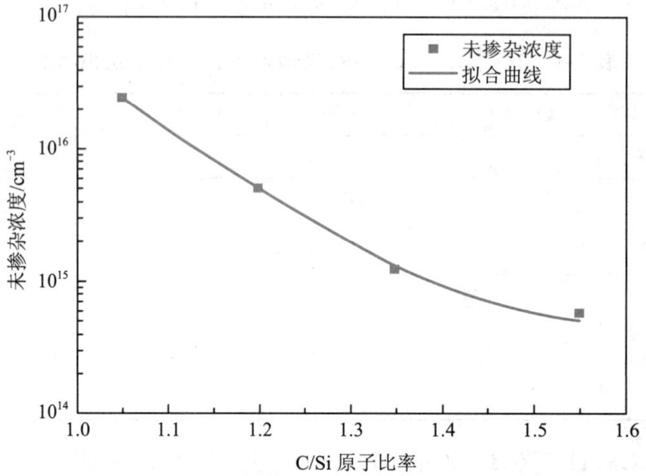

图 3-45　4H-SiC 外延层背景掺杂浓度随 C/Si 原子比率的变化关系

图 3-46 给出了用 SIMS 和汞探针 C-V 两种测试方法得到的 4H-SiC 外延层中 N 掺杂浓度随 N_2 流量的变化关系。随着 N_2 流量从 15 sccm（气体流量单位，标准毫升/分钟）增大到 4 000 sccm，N 掺杂浓度从 8×10^{15} cm^{-3} 增大到 2×10^{19} cm^{-3}。SIMS 是一种破坏性检测方法，但可以定量检测 N 掺杂浓度；虽然 C-V 是一种非破坏性检测方法，但是检测结果却具有相对性。通过建立两者之间的联系，可实现对外延层掺杂浓度的控制。

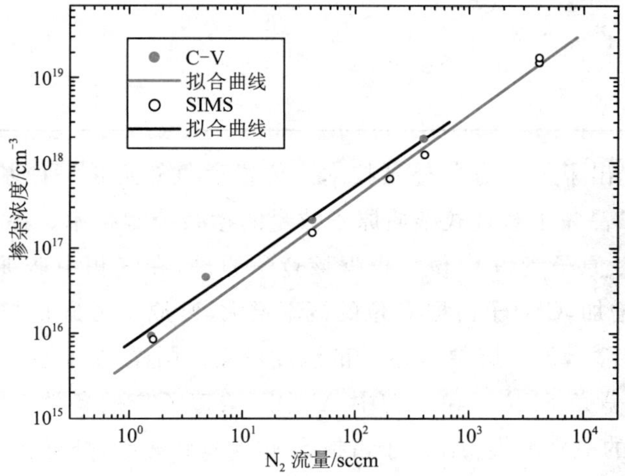

图 3-46　N 掺杂浓度随 N_2 流量的变化关系

图 3-47 给出了 Al 掺杂浓度随 TMA（三甲基铝，以 H_2 作为载气）流量的变化关系。随着 TMA 流量从 0.16 sccm 增大到 400 sccm，对于 SIMS 测试，Al 掺杂浓度从 3×10^{15} cm^{-3} 增大到 1×10^{19} cm^{-3}；对于 C-V 测试，Al 掺杂浓度则从 2×10^{15} cm^{-3} 增大到 2×10^{18} cm^{-3}。SIMS

测试结果与 C-V 测试结果有一个偏差，这是 Al 原子发生不完全电离所致，通过建立 SIMS 和 C-V 两种测试的联系，实现 p 型外延层中 Al 掺杂浓度的控制。

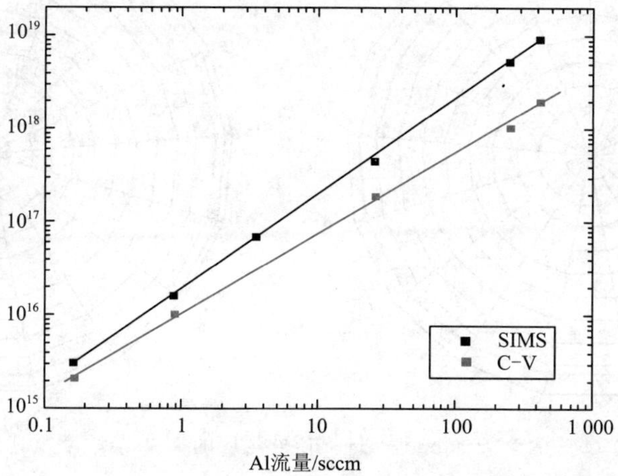

图 3-47　Al 掺杂浓度随 TMA(三甲基铝)流量变化关系

图 3-48 给出了一个具有 pnpn 结构的 4H-SiC 外延层中 p 型 Al 掺杂浓度和 n 型 N 掺杂浓度的深度分布。该材料共有五个外延层和一个缓冲层，其中三个 p 型层的掺杂浓度分别为 8.0×10^{18} cm^{-3}、1.5×10^{19} cm^{-3} 和 7.0×10^{17} cm^{-3}；两个 n 型层的掺杂浓度分别为 1.0×10^{17} cm^{-3} 和 2.0×10^{16} cm^{-3}；缓冲层掺杂浓度为 1.2×10^{18} cm^{-3}。

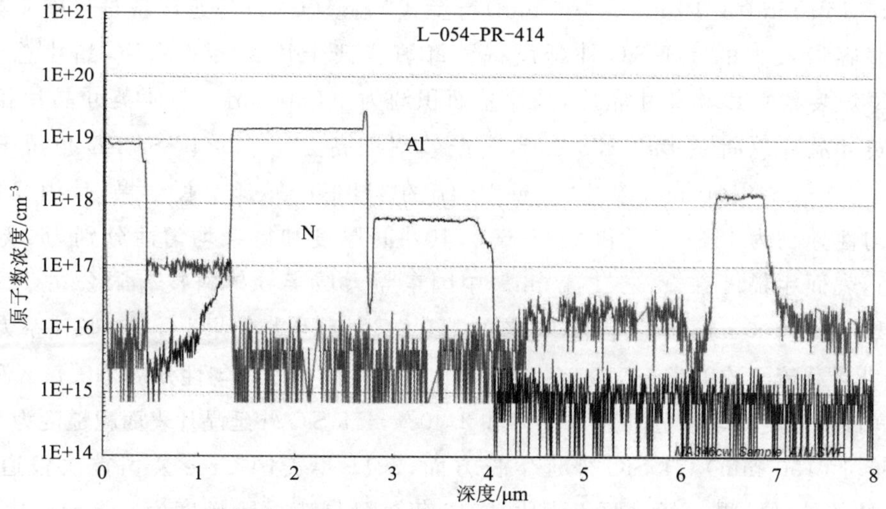

图 3-48　pnpn 结构的 4H-SiC 外延层中 p 型 Al 掺杂浓度和 n 型 N 掺杂浓度的深度分布

图 3-49 给出了两个 100 μm 厚 4H-SiC 外延层的 N 掺杂浓度及其均匀性，平均 N 掺杂浓度分别为 9.09×10^{15} cm^{-3} 和 1.05×10^{16} cm^{-3}，均匀性分别为 1.73% 和 2.08%。

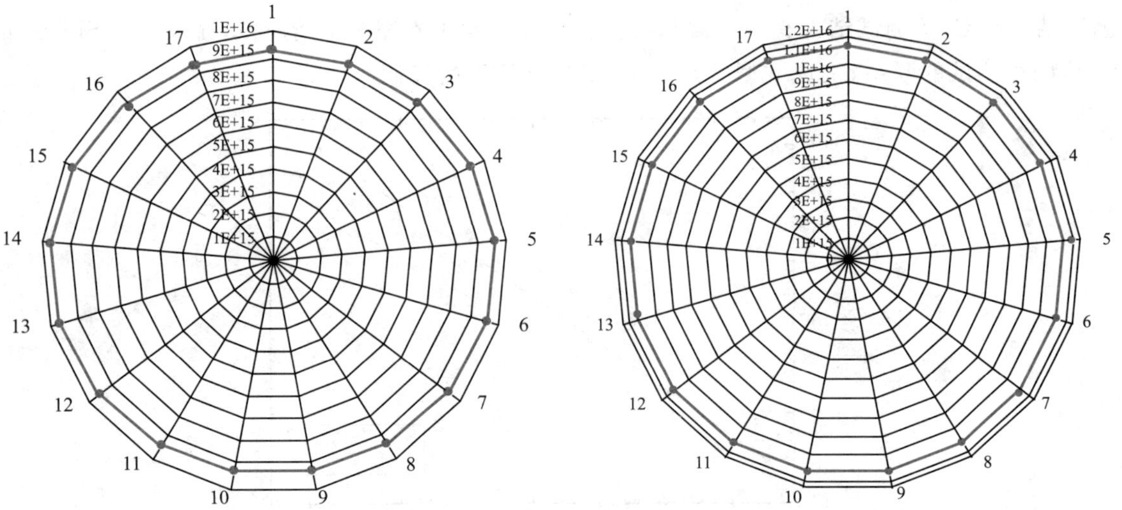

图 3-49　两个 100 μm 厚 4H-SiC 外延层的 N 掺杂浓度及其均匀性

3.2.3.4　4H-SiC 外延生长的最新进展

国际上从事 SiC 外延的国家主要有美国、日本、意大利、德国、瑞典、韩国和中国，知名 SiC 外延公司有美国 Cree 公司、Dow Corning 公司，日本 Showa Denko 公司，意大利 ETC 公司，中国东莞天域和厦门翰天天成。4H-SiC 外延晶片已经实现商品化，整个 4H-SiC 外延晶片产业也初具规模。

6 mm×150 mm（或 10 mm×100 mm）行星式“温壁”CVD 外延设备是目前 4 英寸、6 英寸晶片装载容量最大的 4H-SiC 外延设备。每炉装载十片 4 英寸晶片，晶片总面积约为 785 cm^2；每炉装载六片 6 英寸晶片，晶片总面积约为 1 060 cm^2。与 4 英寸晶片相比较，每炉六片 6 英寸晶片总面积多出 275 cm^2，生产效率提高 35%。德国 SiCED 公司于 2009 年首先报道了 10 mm×100 mm 多片“温壁”系统的 4H-SiC 外延生长结果，片内厚度均匀性和掺杂均匀性分别为 1%～2%和 2%～6%，其片间厚度和掺杂均匀性分别为 2%～3%和 4%～10%，表面粗糙度在 0.2～1.1 nm。中国东莞天域半导体科技有限公司于 2012 年首次报道了 10 mm×100 mm 多片“温壁”系统的 4H-SiC 外延生长结果[45]，在生长速率为 10 μm/h 的条件下，背景载流子浓度为 4.05×10^{14} cm^{-3}，片内和片间厚度均匀性分别为 0.71%和 0.50%，片内和片间掺杂浓度均匀性分别为 3.88%和 3.40%，4H-SiC 外延晶片表面粗糙度为 0.2 nm。

在 6 英寸（150 mm）4H-SiC 外延生长方面，2011 年美国 Cree 公司首次报道 6 mm×150 mm系统的外延结果。经过两年优化，2013 年外延层表面粗糙度为 0.3 nm，片内厚度和掺杂均匀性分别为 1.7%和 5.1%，片间掺杂均匀性小于 3%，形貌缺陷密度小于 0.4 cm^{-2}，面积为 5 mm×5 mm 的芯片产额达到 93%。2013 年在日本举行的 SiC 及其相关材料国际会议上，国际上 6 英寸 4H-SiC 外延生长趋于活跃。虽然在 2013 年国际会议上，中国没有单位报道 6 英寸 4H-SiC 外延材料，但是 2014 年初，国内 6 英寸 4H-SiC 外延工作已经开展。东莞天域半导体科技有限公司于 2014 年 5 月推出 6 英寸 4H-SiC 外延晶片，11 μm 的 4H-SiC 外延晶片厚度均匀性为 0.5%，掺杂浓度为 $5\times10^{15}\ cm^{-3}$，掺杂均匀性小于 6.0%，表面粗糙度为 0.2 nm，外延缺陷密度达到 $0.3\ cm^{-2}$。

10 kV 级 4H-SiC 功率器件制造很早就受到关注，如 2001 年开发出 12～19 kV 超高压 p-i-n二极管，2003 年研制出 10 kV 级 JBS 器件[46]。2014 年又报道了 20 kV 级 p-i-n 二极管和 n 型沟道 IGBT 器件[47]。高耐压器件需要一较厚的低掺杂浓度漂移层。2011 年 Cree 首次报道了 6 英寸 110 μm 厚 4H-SiC 外延材料，表面粗糙度为 1.2 nm，缺陷密度为 $5\sim6\ cm^{-2}$，面积为 5 mm×5 mm 的芯片产额仅为 55%～62%。2014 年，天域公司使用"热壁"CVD 生长系统，在 85 μm/h 的生长速率下得到了 100 μm 厚 4H-SiC 外延材料，背景掺杂浓度小于 $5\times10^{13}\ cm^{-3}$，掺杂均匀性为 1.73%，表面粗糙度约为 2.00 nm，缺陷密度小于 $0.5\ cm^{-2}$。面积分别为 3 mm×3 mm 和 5 mm×5 mm 芯片产额分别为 98.78%和 96.83%，如图 3-50 所示。

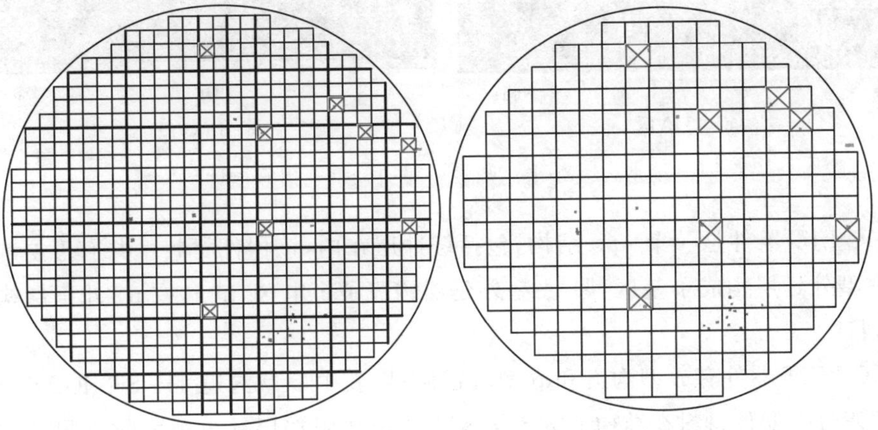

(a) 3 mm×3 mm　　(b) 5 mm×5 mm

图 3-50　3 mm×3 mm 和 5 mm×5 mm 器件芯片与三角形缺陷分布

4H-SiC 不但可以制造出性能优异的新一代功率半导体器件，而且还可以制造出传统 Si 基功率半导体所具有的各种结构与类型的单极型和双极型功率器件，尤其是性能优异的 MOSFET 和 IGBT 器件。4H-SiC 单极型器件有 SBD(包括 JBS 和 MPS)、MOSFET、JFET 和 SIT 等；双极型器件有 p-i-n、BJT、IGBT、GTO 和晶闸管等。因此，4H-SiC 功率器件材料生长技术一直受到关注。

4H-SiC SBD 二极管器件是一种单极型功率器件，其材料结构由同是电子导电的轻掺杂 n^- 型 4H-SiC 外延层和重掺杂 n^+ 型 4H-SiC 衬底构成，两层材料之间通常有一薄缓冲层，厚度为 0.5 μm，掺杂浓度约为 $1.0\times10^{18}\ cm^{-3}$。轻掺杂 n^- 型 4H-SiC 外延层(称为漂移层)主要起反向阻断电压作用，其厚度与掺杂浓度取决于所设计的阻断电压。MOSFET、JFET、SIT 等单极型功率晶体管材料结构与 SBD 基本相同，外延生长仅需要 n 型掺杂技术。所不同的是晶体管材料沟道层参数与漂移层参数不完全相同。

4H-SiC p-i-n 器件材料由 n^+ 衬底及其上生长的低掺杂浓度漂移层(n^-)和 p^+ 或 p^+p 型欧姆接触层构成。其中 i 层是电压阻挡层，其厚度和掺杂浓度与设计的反向阻断电压相联系。

如图 3-51 所示，两个 4H-SiC p-i-n 二极管漂移层厚度（120 μm）一样，但是由于掺杂浓度不同，其阻断电压也不同，分别为 13 kV 和 16 kV，对应的掺杂浓度分别为 $5.0\times10^{14}\ cm^{-3}$ 和 $2.0\times10^{14}\ cm^{-3}$。

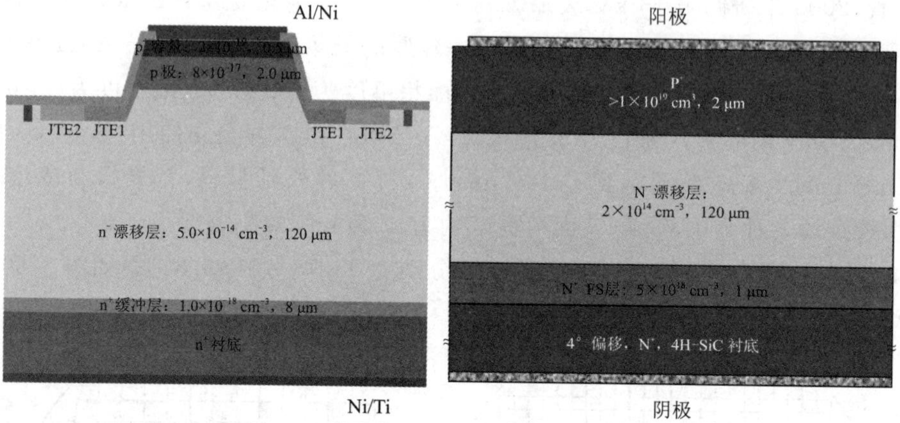

（a）13 kV级　　（b）16 kV级

图 3-51　13 kV 和 16 kV 级 4H-SiC p-i-n 二极管器件结构[48,49]

4H-SiC BJT 器件是一个 npn 结构，包括缓冲层在内，该器件材料一共有五层或四层外延层，其中 p-型外延层构成了基区，厚 n-型外延层构成了集电区，n^+ n 或 n^+ 外延层构成了 BJT 器件的发射区。

4H-SiC IGBT 器件有 n 型沟道和 p 型沟道两种，其中 p 型沟道 4H-SiC IGBT 器件材料与 4H-SiC MOSFET 器件材料在结构上的差异来自于电压阻挡层导电类型的不同，即在 n^+-4H-SiC 衬底上外延生长 p^--4H-SiC 外延层。n 型沟道 4H-SiC IGBT 器件材料与 4H-SiC MOSFET 器件材料在结构上的差异来自于衬底导电类型的不同，即在 p^+-4H-SiC 衬底上外延生长 n^--4H-SiC 外延层，衬底与漂移层之间有一缓冲层或电场阻止层，如图 3-52 所示。15 kV 级的 p 型沟道 IGBT 器件外延漂移层厚度为 140 μm，掺杂浓度为 $2.0\times10^{14}\ cm^{-3}$；20 kV 级的 n 型沟道 IGBT 器件外延漂移层厚度为 160 μm，掺杂浓度为 $2.0\times10^{14}\ cm^{-3}$。对于相同阻断电压等级的 p 型沟道 4H-SiC IGBT 器件，当 p^--4H-SiC 外延层厚度不同时，其掺杂浓度也不相同。

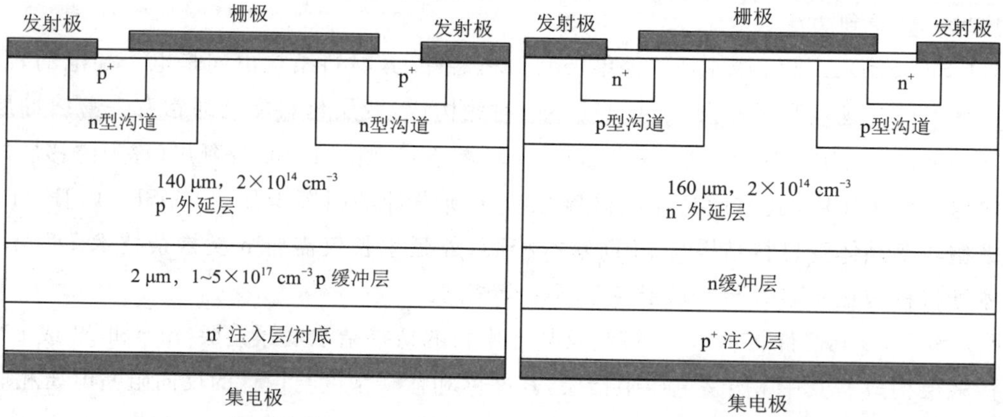

（a）15 kV级p型沟道　　（b）20 kV级n型沟道

图 3-52　15 kV 级 p 型沟道和 20 kV 级 n 型沟道 4H-SiC IGBT 晶体管器件材料结构[50,51]

图 3-53 给出了另一个 15 kV 级的 p 型沟道 4H-SiC IGBT 器件材料结构，与图 3-52(a)相比，两个器件的外延漂移层厚度分别为 140 μm 和 152 μm，对应的掺杂浓度分别为 $2.0\times 10^{14}\ cm^{-3}$ 和 $5.2\times 10^{14}\ cm^{-3}$。

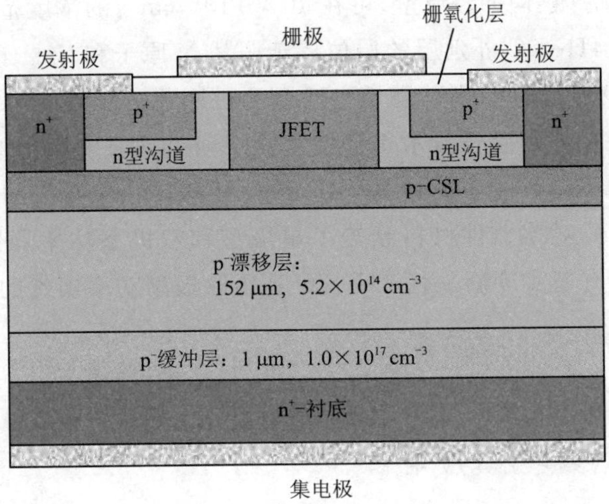

图 3-53 另一个 15 kV 级 p 型沟道 4H-SiC IGBT 晶体管器件材料结构[52]

4H-SiC GTO 晶闸管器件材料是最复杂的 npnp 结构。不但有 n 型外延层，而且还有 p 型外延层，两者交替变化。因此该器件材料生长的难度在于对各外延层材料参数的控制，其中包括导电类型、厚度、掺杂浓度及界面过渡层厚度等。图 3-54 给出了 15 kV 级和 12 kV 级的两个 4H-SiC GTO 晶闸管器件材料结构，采用 n^+-4H-SiC 衬底，连续生长五层 4H-SiC 外延层。除此之外，还有其他类型的复合功率器件，如 SiC GCT(门极换流自关断晶闸管)等，其材料结构与 GTO 晶闸管类似。

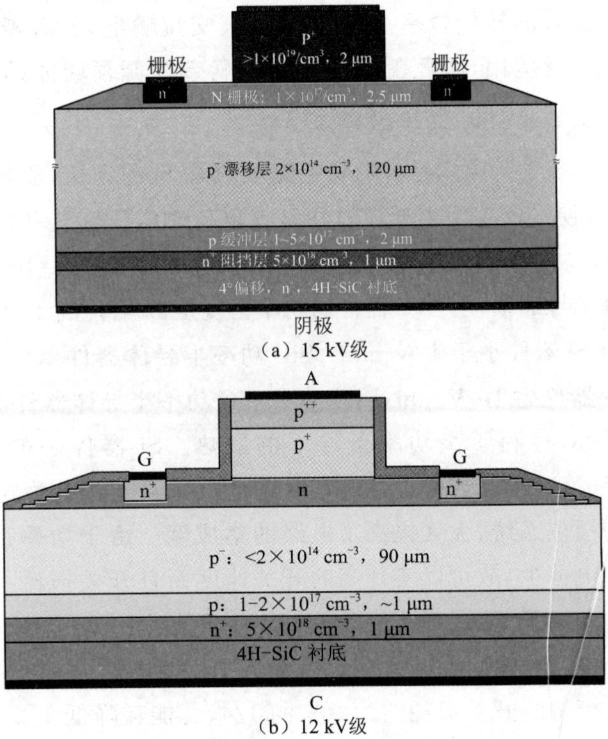

图 3-54 15 kV 级和 12 kV 级 4H-SiC GTO 晶闸管器件材料结构[53,54]

本节主要论述了 4H-SiC 偏晶向衬底上的外延生长、外延设备与材料表征、原位掺杂，以及 4H-SiC 外延生长的最新进展。4H-SiC 外延生长是 4H-SiC 功率器件制造的关键工艺，主要采用偏向〈11-20〉方向 4°偏晶向衬底上“台阶流动控制外延生长”方法，气相中 C/Si 原子比率是一个重要的工艺参数，原子比率的变化不但会影响到4H-SiC外延层的背景掺杂浓度，而且还会改变未掺杂4H-SiC外延层的导电类型。4H-SiC的n型施主杂质和p型受主杂质分别是Ⅴ族N元素和Ⅲ族Al元素，通过改变N_2流量，可在$10^{15}\sim10^{19}\ cm^{-3}$的浓度范围内实现n型4H-SiC掺杂浓度控制，通过改变携带气体(H_2)流量，可在$10^{15}\sim10^{19}\ cm^{-3}$的浓度范围内实现p型4H-SiC外延层掺杂浓度控制；4H-SiC外延层的原位掺杂服从N原子和C原子对C位的竞争以及Al原子和Si原子对Si位的竞争原则。随着4H-SiC衬底尺寸不断扩大、晶体质量不断提高，4H-SiC外延生长设备及外延生长技术得到快速发展，4英寸4H-SiC外延晶片产品已经产业化，适用于10 kV级功率器件的4英寸100 μm级外延材料和6英寸4H-SiC外延层材料质量得到快速提升。4H-SiC功率器件材料涵盖了单极型和双极型功率器件，随着外延层中基晶面位错密度得到控制，有望实现新一代4H-SiC高压双极型功率器件的商业化。

3.3 SiC半导体器件及相关应用

3.3.1 功率半导体器件及其应用

以碳化硅(SiC)为代表的宽禁带半导体大功率电力电子器件是目前在电力电子领域发展最快的功率半导体器件之一。SiC半导体材料以其优异的物理和化学特性决定了SiC基电力电子器件在高压、高温、高效率、高频率、抗辐射等应用领域具有极大的优势，极大地提高了现有能源的转换效率。不仅在直流、交流输电，不间断电源，开关电源，工业控制等传统工业领域广泛应用，而且在太阳能、风能等新能源领域也具有广阔的应用前景。

3.3.1.1 SiC功率半导体器件

SiC半导体材料的禁带宽度约是Si的3倍，临界击穿电场是Si的8倍，热导率是Si的3倍，使SiC功率半导体器件具有很高的耐压容量和电流密度[55]。在相同的击穿电压条件下，SiC功率半导体器件的导通电阻只有Si器件的1/100～1/200，极大地降低了SiC功率半导体器件的导通损耗。SiC器件的功率密度是Si器件的10倍甚至数十倍，电流密度为$5\sim10\ A/mm^2$，而Si器件小于$1\ A/mm^2$；SiC功率半导体器件单位外延层厚度的击穿电压为100 V/μm，而Si器件为10 V/μm；因此单个SiC功率半导体器件能实现更高的电流和电压。SiC具有高热导率，有利于高功率条件下的散热。Si器件一般在85 ℃工作，而SiC器件可以工作在250 ℃，甚至更高的温度下不退化。高温工作的稳定性节约了系统和模块成本，可以减少冷却散热系统，大大提高了电路的集成度。由于功率密度大、器件面积小、工作层薄、电容和储存电荷少，故可以实现高的开关速度而且开关损耗小，因此高功率SiC器件可以工作在较高的频率下，能达到几百千赫，而Si只能达到10 kHz。高开关频率减少了无源元件和滤波器件，体积和数量均大幅减少，降低了模块的整体成本。与Si元件构成的电源模块相比，SiC电源模块的开关损耗约为原来的1/4，总能耗降低1/2。而在相同能耗的情况下，开关频率是原来的4倍。SiC功率半导体器件替代Si器件可使能耗至少降低33.6%，在峰值功率下工作效率大于96%。SiC器件抗中子辐射能力至少是Si器件的4倍，抗γ辐射能力至少是Si器件的 100 倍[56]。因此，SiC 功率半导体器件可以使电力电子系统的功率、温度、频率和抗辐射能力倍增，效率、可靠性、体积和质量方面的性能也会大幅度改善。

3.3.1.2　SiC 功率二极管

1. SiC 肖特基二极管(SBD)

SiC 肖特基二极管是速度最快的高压肖特基二极管，在开关应用中，几乎没有反向恢复时间，可大幅降低开关损耗、提高开关频率，有可能在高频、中等电压功率开关的应用上代替 Si p-i-n 二极管。但是由于高电压下 SiC 的肖特基势垒比 Si 薄，进一步提高 SiC 肖特基势垒二极管的阻断电压就会受到隧穿效应所导致的反向漏电流的限制，这大大限制了 SiC 肖特基势垒二极管的更高压应用。

2. 结势垒肖特基二极管(JBS)

为了充分发挥 SiC 临界击穿电场强度高的优势，满足高压、高速应用，降低反向漏电流，同时拥有 SBD 和 p-i-n 优点的器件是最好的选择。这种器件称为结势垒肖特基二极管（简称"JBS 二极管"），是在肖特基二极管的漂移区集成网状的 p^+ 区，金属阳极在 n 型漂移区上形成肖特基接触，在 p^+ 区上形成欧姆接触。JBS 二极管相比于 SBD 二极管在正向模式下有更高的浪涌电流容限，反向模式下泄漏电流更低，阻断电压高。由于 JBS 二极管 PN 结的面积相对较小，相比于 p-i-n 二极管，其导通电阻、关态损耗更低，反向恢复特性较好。SiC JBS 已成为一种耐高压、耐高温、高速的理想开关管。

3. p-i-n 二极管(p-i-n)

作为最早应用于高压系统的 p-i-n 二极管，可以通过增加漂移区宽度和降低漂移区掺杂浓度，提高反向阻断电压。SiC p-i-n 二极管一般分平面型和台面型。相比于肖特基二极管，p-i-n 二极管的优势在于它有更小的反向漏电流和很高的击穿电压，因而广泛应用于高压低频功率开关上。

3.3.1.3　SiC 功率晶体管

1. SiC 金属-氧化物-半导体场效应晶体管(MOSFET)

MOSFET 在目前的超大规模集成电路(VLSI)中占有极其重要的地位，而 SiC 是唯一一种本征氧化物，是 SiO_2 的化合物半导体。这就使得 MOSFET 在 SiC 功率电子器件中具有重要的战略意义。作为单极功率器件的 SiC MOSFET，在阻断电压 300～4 500 V 范围内，由于其低导通电阻、高输入阻抗、高开关速度等优势将成为理想的高压功率开关器件，完全有可能取代 Si IGBT 器件，并可提高系统的整体效率以及开关频率。Cree、GE 等公司都有了 1 200 V/10～20 A 的 SiC MOSFET 商业样片，在空调产品、铁路机车牵引中的应用已显示出优异的性能。日本三菱电机通过采用 SiC MOSFET 和肖特基二极管开发出一台 11 kW 的逆变器，相比于传统的 Si 器件逆变器，功率损耗可降低 70%。

2. SiC 结型场效应晶体管(JFET)

同样作为单极功率器件的 JFET 不需要栅氧化层，能提供相对较高的输入阻抗（虽然没有 MOSFET 的高），回避了目前 SiC MOSFET 存在的沟道迁移率低、栅氧化层质量等问题，制备工艺相对 MOSFET 要简单。但 JFET 通常是常开型(耗尽型)器件,而大多数功率控制系统要求是常闭型(增强型)器件,这导致其在电力电子器件的应用上受到了限制。

3. SiC 双极型晶体管(BJT)

SiC 可以制造出导通电阻较低,阻断电压高达数十千伏的双极型晶体管器件。对于 4.5 kV 和更高阻断电压的应用,SiC 双极型功率半导体器件将比单极型 SiC 功率半导体器件更有实际应用价值。BJT 与大多数场效应晶体管相比具有更高的载流子处理能力和更低的导通电阻,而且它是其他双极型器件的重要组成部分。在许多情况下 SiC BJT 比 SiC 功率 MOSFET 更容易制备。更重要的是,SiC BJT 毕竟不像 MOSFET 那样会遇到氧化层品质严重影响器件特性的问题。但是,BJT 是电流控制器件,在开态有较高的输入驱动电流和较低的输入阻抗。这会带来额外的功率耗散,使驱动电路的设计复杂化。

4. SiC 绝缘栅双极晶体管(IGBT)

在超高压应用领域(>5 kV),SiC 单极器件由于没有类似双极器件的少子注入产生的电导调制效应,随着器件击穿电压的提高,其导通电阻急剧增大,极大地限制了其在超高压系统的应用。电力电子技术和微电子技术相结合而产生的全控型、高频化的电力电子器件——绝缘栅双极晶体管(IGBT),是基于金属-氧化物-半导体场效应晶体管(MOSFET)和双极型晶体管(BJT)制备而成的复合型器件,集 MOSFET 的栅极电压控制特性和 BJT 的低导通电阻特性于一身,兼具有场效应晶体管和双极型晶体管的优点,其驱动功率小、工作频率高、开关损耗低、导通电阻低、电流密度大等,是目前应用最广泛的功率器件之一。SiC IGBT 适用于超高电压(5 kV 以上)低频领域。作为高压直流输电换流站中变换器的全控型核心器件,IGBT 可实现在直流输电过程中交直流的高效快速转换。SiC IGBT 是最有希望应用到高压直流输电、舰船驱动等领域的高效节能的宽禁带半导体器件[57]。

5. SiC 晶闸管

SiC 晶闸管可应用于高压直流功率系统。这种器件在兼顾开关频率、功率处置能力和高温特性方面最能发挥 SiC 材料的特长。SiC 晶闸管相对于 Si 晶闸管有着更低的正向压降、更快的转化速度、更高的阻断电压和更高的工作温度,因而备受关注。与 SiC 功率 MOSFET 相比,对 3 000 V 以上的阻断电压,其通态电流密度可以高出几个数量级,因而特别适合于交流开关方面的应用。对于直流开关方面的应用则是 SiC GTO(门极可关断晶闸管)之所长[58]。

3.3.1.4 SiC 功率半导体器件的应用

SiC 功率半导体器件比 Si MOSFET 更快,比 Si 晶闸管的功率更大,可将器件容量扩展到几千伏、几千安,频率达到几百千赫。按电压等级分为低电压应用(<1.2 kV)、中电压应用(1.2~1.7 kV)和高电压应用(1.7~10 kV),如图 3-55 所示。低电压应用对象主要是功率因数校正器;在中电压应用领域,电动汽车/混合动力汽车、光伏逆变品将成为 SiC 产业上升的生力军;在高电压应用领域,风力发电机功率转换器、机车牵引、高压直流输电、舰船驱动正逐步受到瞩目[59],如图 3-56 所示。

图 3-55　SiC 功率器件应用领域的电压等级

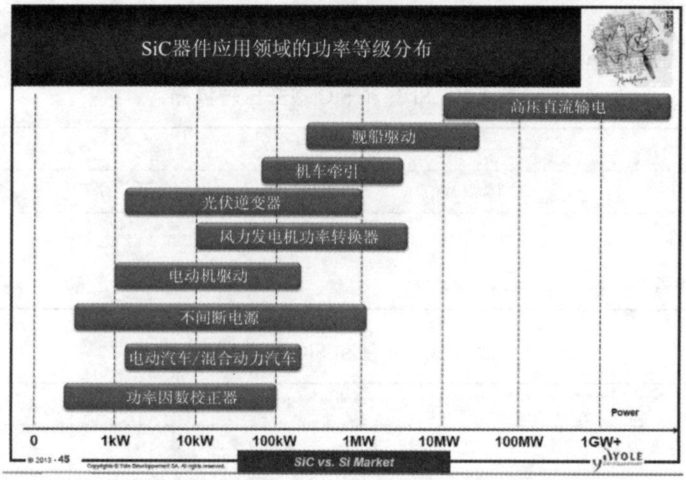

图 3-56　SiC 器件应用领域的功率等级分布

1. SiC 功率半导体器件的低电压应用

功率因数校正器(PFC)是 SiC 器件最早进入的产品,不仅减少了电路中功率器件的应用数量,而且取消了原电路中不必要的电荷存储元器件,提高了整个电路的效率。SiC 基 PFC 电路的动态输出特性中没有电压过冲和 RF(射频)振荡现象,具有很好的可靠性保障;大幅度降低了电路的规模、体积和质量,并且拥有更高的功率密度,更加适合系统集成的应用。

SiC 功率半导体器件在 PFC 应用市场中主要需求的是 6～12 A/600 V 肖特基二极管,SiC 肖特基二极管具有接近 0 s 的恢复时间(Si 基二极管需要 15～30 ns)、高结温、更小的无源元件需求、更小的风冷和热沉需求、低损耗以及高效率,可提升 2.4%的功率转换效率,降低 50%的损耗以及模块大小。SiC 基 PFC 电路在大幅度降低了电路的规模、体积和质量的同时,拥有更高的功率密度,更加适合系统集成的应用,主要面对的是高端应用领域,数据服务器、通信系统等对可靠性和安全性要求较高的系统。

2. SiC 功率半导体器件的中电压应用（1.2～1.7 kV）

SiC 功率半导体器件在中电压的应用主要包括：电动汽车（EV）和混合动力汽车（HEV）、太阳能转换器或变频器、不间断电源（UPS）、工业交流电动机驱动器、空调等。

1）EV/HEV

进入 2013 年以来，由于汽油价格的上涨，电动汽车（EV）和混合动力汽车（HEV）市场增长迅速，已经成为之后汽车发展的风向标。不同类型的电动汽车或混合动力汽车都将快速增长，市场预估从 2010 年的 360 万美元增长到 2020 年的 4 600 万美元。SiC 器件应用于 HEV 中的 DC-DC 升压转换器，可降低电路的尺寸、质量，无源器件的成本以及冷却系统的需求，明显地降低了整个系统的质量和体积（减小 40%～70%）；应用于 DC-AC 逆变器，可降低开关损耗，简化电路的热处理系统，可以取消 HEV 中的第二个水冷系统，从而降低成本、质量、大小以及功率逆变器的复杂性。全 SiC 电路会提升 20%的整车电利用效率。对于升压转换器，当工作频率从 20 kHz 提升到 100 kHz 时，SiC 基电路的优势更加突出，体积和质量都比 Si 基电路降低了 60%，见表 3-7、表 3-8。

表 3-7　Si 基和 SiC 基升压转换器

项　目	20 kHz		100 kHz	
	体积/cm^3	质量/kg	体积/cm^3	质量/kg
Si 基升压转换器	760	2.0	1 970	5.3
SiC 基升压转换器	590	1.6	830	2.2

表 3-8　Si 基和 SiC 基逆变器

项　目	体积/cm^3	质量/kg
Si 基逆变器	2 000	5.4
SiC 基逆变器	600	1.6

HEV 中需要高击穿电压、低导通电阻、高电流能力、高工作结温的常闭型纵向功率晶体管。满足该条件的 SiC 晶体管还需要若干年的时间才能完全成熟。目前，用于 EV/HEV 的 SiC 基逆变器成本依然高于 Si 材料。但是，从 2017 年到 2020 年，成本差值会从 45%降低到 30%，从而带来显著的高效率和质量/体积比的减小。

2）太阳能转换器或变频器

SiC 基功率器件对于太阳能新型能源发电系统效率的提高以及有效的利用具有天然的优势。如今，PV 逆变器和 PFC 已经成为 SiC 器件最大的需求产品。从现在直至 2018 年，SiC 基的 PV 逆变器的价格仍然会高于 Si 基的 PV 逆变器，但是，由于高效率所节省下来的电能消耗能弥补额外的成本，最大的投资回报仅仅八个月。当工作频率从 12 kHz 上升到 32 kHz 时，SiC 基的 PV 逆变器会比 Si 基的 PV 逆变器便宜，将会大幅度降低电路中无源器件的大小和成本。我们期待今后 PV 逆变器会成为 SiC 功率开关器件的主要应用领域。

3)不间断电源(UPS)和工业交流电动机驱动咕器

SiC 基功率器件更适合在中高压领域(5 kV 或者更高)进入不间断电源市场(UPS)市场,用于数据中心、通信设备、互联网数据中心等。从 2015 年开始,SiC 功率模块已逐渐进入 UPS 市场,并抢占分立器件的市场份额。

在高功率(>40 kW)、超高功率(600 kW 及以上)领域的工业交流电动机驱动器中,如电风扇、电泵、输送机、起重机等,SiC 器件价格压力较小,它的高效率具有更显著的应用价值。

3. SiC 功率半导体器件的高电压应用

SiC 功率半导体器件在高电压(1.7～10 kV)应用领域具有更显著的优势。在这个领域,GaN 无法达到,现任硅技术也正在慢慢达到自己的极限。在风力发电机、机车牵引、高压直流输电、船舰驱动等此类高压、高功率系统中 SiC 器件具有不可替代的优势,特别是 10 kV 及以上,SiC 器件必然占据主导地位。

(1)风力发电机功率转换器。用于风力发电机功率转换器的器件电压范围是 1 200～6 500 V,功率范围是 1 MW～10 MW,这个领域的 SiC 器件市场规模在 2014 年以后逐渐上升,呈线性增长。预计在 2018 年将实现 SiC 全转换器风力发电机。

(2)机车牵引。高速机车、电车、地铁其功率范围为 100 kW～10 MW,在该领域,SiC 功率模块所占比例在逐年上升。采用 SiC 基功率器件替代现有的 Si 基器件后,能够明显增强模块的工作效率,降低系统体积,提高车辆的运载负荷。英飞凌 1 700 V SiC MOSFET 的使用已经在地铁和电车上打开了铁路牵引应用的大门。三菱是提出铁路牵引电源模块的第一家公司,2013 年 3 月发布了一款 1.7 kV/1 200 A 的 SiC/Si 混合模块,是 SiC 用在机车牵引上的一个标志。可以预见,SiC 基功率器件在铁路机车牵引方面的应用具有广阔的上升空间,尤其是 2.5 kV、4.5 kV 以及最终 6.5 kV 器件和模块。

(3)高压直流传输、船舰驱动系统。功率器件在智能网络中的应用包括电力运输和配送。随着用电需求的迅速增长,供电市场在管理流量上需要更高的品质和可靠性,不同国家能源网络的相互依靠等,对智能电源网络的功率管理提出更高的要求。这其中高压直流传输(HVDC)是一个重要部分。从 2010 年每年高压直流传输需求超过 12 000 MW,功率达到 500 MW。电源转换器中需要高耐压、高功率的 SiC IGBT 或晶闸管。

高功率、高频率 SiC 变电器电路能实现百兆瓦级以上的高效率、高度集成的电力电源系统;SiC 功率模块可简化系统散热装置,减小质量与体积,提高系统海上工作的生存能力和可靠性。船舰驱动系统中对 IGBT 模块有大量的需求,预计到 2020 年该领域 SiC 功率模块的市场将达到 143 万美元。

3.3.2　SiC 紫外光电探测器及其应用

SiC 半导体材料优异的热学特性和抗辐照特性,使 SiC 成为制备紫外光电探测器的首选材料之一。尤其针对高温、强辐射、宇宙空间等特殊环境,常规的 Si 基器件显然无法适应,SiC 半导体材料势在必行。

3.3.2.1 SiC 紫外光电探测器简介

与当前使用较为广泛的光电倍增管相比，尽管常见几种类型 SiC 紫外光电探测器的增益均较小，需要后续的放大电路，但是其制造工艺简单，成品率较高，拥有更高的灵敏度，同时功耗更低，使用寿命更长。

相比于同类结构的 Si 紫外光电探测器，SiC 紫外光电探测器的优势也十分明显。首先，SiC 为宽禁带半导体，3.26 eV 的禁带宽度对应于 380 nm 的紫外光波长，对可见光及红外光自然屏蔽；而 Si 的禁带宽度仅为 1.12 eV，其光谱响应包含可见光区，使用前需要加上滤光片以减小或消除可见光或者红外线对探测结果的影响。其次，紫外光在 Si 中的透入深度很浅，受表面复合的影响，Si 紫外光电探测器的量子效率较低。最后，SiC 半导体材料的抗辐射能力明显强于 Si 材料，辅之以优异的热特性（热导率约为 Si 的 3 倍，且电学性质基本不受温度影响），使得 SiC 紫外光电探测器应对特殊环境的能力以及使用寿命都远远超出 Si 紫外光电探测器。

1. 基于 PN 结的光电二极管

基于 PN 结的光电二极管主要有如下几类器件：PN 结光电二极管、p-i-n 光电二极管、APD 雪崩光电二极管、SAM-APD 吸收区与倍增区分离的雪崩光电二极管。该类探测器的基本原理都是基于光生伏特效应的。

在外加电压条件下，光电探测器与普通二极管一样具有单向导电特性。如果暗电流（无光照时的电流）大于有光照时的光电流，将使光电探测器无法表现其光电特性。故器件一般工作在反向偏压条件下，反向偏压下不仅可以减少载流子的渡越时间和二极管电容，提高灵敏度，而且可以增加光的有效吸收区域，增大光电流。但对于普通的 PN 结光电二极管而言，反偏电压太高将引起击穿，于是就提出来 p-i-n 光电二极管。此类结构特点是在 p 型半导体和 N 型半导体之间引入一层较厚的极低掺杂的半导体（i 层）。这样空间电荷区明显展宽，结电容减小，光电探测器响应时间减短，输出光电流也会得到一定程度的提升。

上述的两种器件并没有光电流增益，难以胜任微弱信号和单光子信号探测的工作，因此提出了利用二极管雪崩效应增加光电流输出的雪崩光电二极管（APD）。APD 的工作电压较高，响应迅速且自带电流增益。有报道称，APD 内部增益最大可以达到 3×10^6[60]。与 Si APD 相比，SiC APD 的热导率高、热稳定性好，以及高饱和载流子漂移速度，为提升器件的特性起到了极大的作用。考虑到 APD 在工作过程中会出现大电流的情况，进而产生大热量，Si 器件的工作性能将迅速退化。

为了解决一些 APD 器件理论和实际应用中出现的问题，缓解量子效率、响应时间和击穿电压之间的矛盾，引入了 SAM-APD 结构，即吸收区与倍增区分离的雪崩光电二极管。通过合理设计，使倍增区吸收的光子数与吸收区吸收的光子数相比可以忽略；吸收区足够长，以提高器件的量子效率和光谱响应速度；同时，倍增区内电场迅速到达雪崩所需的电场强度，在高电场下产生统一的雪崩倍增，最终使击穿电压有所下降。

2. 基于肖特基结的光电二极管以及 MSM 光电探测器结构

（1）基于肖特基结的光电二极管。其探测原理与 PN 结光电二极管相同，但利用金属与半导体的肖特基接触形成空间电荷区。该结构的优势在于响应时间短，缺点是其暗电流较之于 pn 结光电二极管的更大，这在一定程度上限制了该结构紫外光电探测器的进一步发展。另外，光通过金属电极或透明的衬底背面入射进入半导体，入射损失较大，再加上深能级表面态会加速光生载流子的复合。因此，这类探测器的量子效率相对较低。

(2)MSM 光电探测器结构。这种光电探测器的结构是用平面叉指电极与半导体材料形成"背靠背"的双肖特基势垒。当加上直流偏置电压时，一个势垒正向偏置，另一个势垒则反向偏置，因此暗电流极小。1985 年，德国半导体电子研究所率先发明了横向叉指电极的肖特基光电二极管，改善了传统光电二极管的性能[61]。

3.3.2.2　SiC 紫外光电探测器的应用

电磁波频谱中，紫外辐射波长的范围定义为 10～400 nm。伴随着紫外光频率的变化，紫外线的特性和相关效应都将发生变化，其应用范围也各不相同，见表 3-9。

表 3-9　紫外辐射波长范围及其对应的光子能量

区域名称	波长范围/nm	光子能量/eV
长波紫外线	400～320	3.1～3.87
中波紫外线	320～280	3.87～4.43
短波紫外线	280～200	4.43～6.20
真空紫外线	200～10	6.2～124

研究表明，由于大气层中的氧原子强烈地吸收小于 200 nm 的紫外辐射，只有太空才会存这一谱区的紫外辐射。另一方面，由于地球平流层中的臭氧(O_3)对波长小于 300 nm 的紫外线具有强烈的吸收作用，太阳紫外辐射中只有波长为 300～400 nm 的长波紫外线能够到达地球表面。

一般而言，SiC 紫外光电探测器可以取代目前绝大多数的紫外探测器，其主要的工作波段为 210～380 nm。

1. SiC 紫外光电探测器在长波紫外光波段的应用

SiC 紫外光电探测器在该波段主要用于环境监控、火灾防范等。利用其对可见光和红外线不敏感的特性，直接探测和监控地表附近的紫外线强度，为环境监控、天气预报等工作提供帮助。由于物质燃烧的过程中，除了释放大量红外线外，也会释放出一定量的长波紫外线，因而 SiC 紫外光电探测器可以起到火灾防范的作用，同时也一定程度降低了虚警率。

2. SiC 紫外光电探测器在中短波紫外光波段的应用

SiC 紫外光电探测器在该波段的首要应用是紫外预警和紫外追踪。大多数导弹以及飞行器发动机产生的烟羽会向空间辐射大量的中短波紫外线。因此，通过紫外探测系统就可以提供预警信号；另一方面，利用日盲的特性，探测器可以避免干扰，探测器检测紫外信号后，将信号传输进入计算机系统，再由中央处理器依据目标特征及预定算法对输入信号进行识别和加工，从而实现对目标的精确追踪。

另一个重要应用则是紫外光通信。它通常采用波长为 200～280 nm 的紫外光作为传输载体。经过大气的散射作用，到达接收端的光信号非常微弱。选择合适的紫外光电探测器，实现对微弱光信号的检测是紫外光通信系统的关键作用之一。

早期紫外光通信系统通常选择光电倍增管。光电倍增管存在一些问题，例如，体积偏大、成本高、易损坏、需要上千伏的高压偏置，这些因素同时制约了紫外光通信系统的生产和应用。

4H-SiC 基 APD 具有对“日盲”紫外光反应量子效率高、增益大、暗电流低等特性，这使得它较为适合用作对紫外光的探测。同时，4H-SiC 基 APD 也表现出了良好的对微弱光信号的探测能力，可探测到的最微弱的连续光功率大约为 20 fW[62]。

3. SiC 紫外光电探测器在真空紫外光波段的应用

该波段的应用主要集中在紫外天文学等方面。在这一波段，SiC 器件的优势尤为明显。由于宇宙空间中充满各类辐射和高能粒子，Si 器件在使用的过程中就必须附带大量的滤波设备和保护设备，而长时间工作带来的热积累效应也会影响其性能，因而需要配置相关的冷却设施；相比之下，SiC 器件对此类外设的要求则要低很多。

另一方面，由于真空紫外光波段探测器的光谱响应能力普遍较低，而需要观测的真空紫外辐射强度大多极其微弱，因而高增益成为真空紫外光波段探测器的首要指标，半导体紫外光电探测器的使用则相对较少。

3.3.3 SiC 高温传感器及其应用

传统的压力传感器以弹性元件的形迹指示压力，以机械结构的器件为主。随着半导体技术与 MEMS 技术的发展，压力传感器能够以体积小、质量小、准确度高、温度特性好占据主要地位。但是，随着使用范围的扩展，尤其是恶劣环境下（如高温、强辐射等条件），以 Si 材料为基础的压力传感器已不堪重任。Si 材料本身的禁带宽度、化学性质、机械性能都不足以满足这些要求。

3.3.3.1 SiC 高温传感器简介

1. 高温温度传感器

肖特基势垒二极管的正向压降与器件温度变化之间存在线性关系。肖特基势垒二极管的正向 U-I 曲线特性符合热电子发射理论，即

$$I=I_s\cdot\left[\exp\left(\frac{qU}{nkT}\right)-1\right] \tag{3-2}$$

式中，$I_s=A_{eff}\cdot A^*\cdot T^2\cdot\exp(-\Phi_{bn}/kT)$是反向饱和电流；$A_{eff}$为有效肖特基接触面积，单位为 cm^2；$A^*=4mqk^2/h^3$为理查逊常数；k 为波尔兹曼常数；T 为绝对温度；Φ_{bn}为肖特基二极管的势垒高度；n 为器件的理想因子，理想因子 n 接近 1；U 为器件两端的正向压降；I 为器件的正向电流；q/kT 在常温下为 1/26 mV 或者计算为小数。

因此，由式(3-2)可近似为，只要热电子发射理论成立，在一定温度范围内，当电流保持不变时，器件正向压降与温度变化之间存在线性关系。

实际研究表明，在 0～500 ℃的范围内，SiC 肖特基二极管的正向压降与温度变化之间存在的线性关系是成立的[63]。图 3-57 所示为典型的 SiC 肖特基二极管正向压降与温度变化之间的关系。

2. 高温压力传感器

MEMS 结构的高温压力传感器从结构上来划分，有光学式结构、电容式结构和压阻式结构。其基本原理在于，利用外界压力的变化，使窗口材料产生相应的形变，这种形变进一步转化为其他信号，利用形变造成光路的变化称为光学式结构；利用形变造成电容的变化称为电容式结构；利用形变造成电阻的变化称为压阻式结构。光学式结构和电容式结构由于结构复杂等原因严重制约了其应用，目前研究及成果最多的是压阻式高温压力传感器。

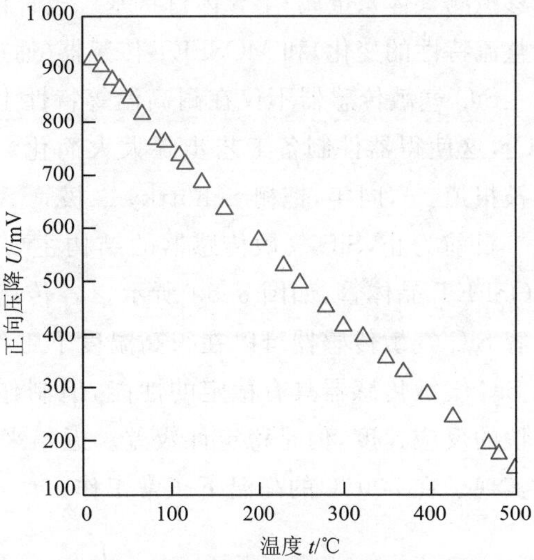

图 3-57　典型的 SiC 肖特基二极管正向压降与温度变化之间的关系

传统 Si 压阻式高温压力传感器工艺成熟且性能优异，但它受 PN 结耐温限制，只能用于 120 ℃以下的工作温度，采用 SOI(silicon on insulator)和 SOS(silicon on sapphire)结构的 Si 高温压力传感器最高使用温度可达到 350 ℃，但这对于很多应用场合是不够的。随着科技的发展，在许多领域迫切需要能用于高温高压下的压力传感器，如石油钻探、汽车电子、航空航天等。

在压阻式高温压力传感器方面有一定研究成果的主要代表是德国柏林工业大学和美国 NASA Glenn 研究中心。他们全部采用的是 6H-SiC 半导体材料，NASA Glenn 研究中心能够达到的最高检测温度为 600 ℃，而柏林工业大学已有报道能够检测的最高温度为 400 ℃[64]，如图 3-58 所示。

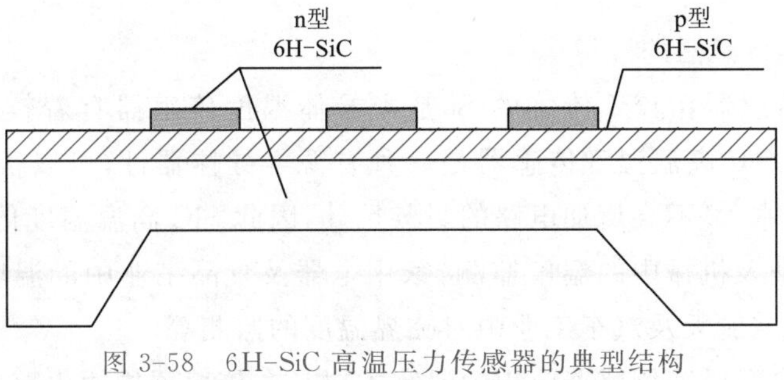

图 3-58　6H-SiC 高温压力传感器的典型结构

3. 高温气敏传感器

半导体气敏传感器主要分为两大类：电阻型和非电阻型。早在 20 世纪中期，人们就已经发现了半导体薄膜也是有气敏效应的，此后，电阻型半导体材料的传感器不断发展，各种各样新型气敏材料不断出现。在可预见的将来，以金属氧化物为主的电阻型半导体传感器，仍将是传感器的主要种类之一。

非电阻型半导体气敏传感器则是利用气体吸附及反应引起的势垒高度变化进而引起电流或者电压的漂移来检测气体的，它可分为 MOS 电容型传感器(用 MOS 结构，通过 C-V 特性的漂移检测气体)、金属-半导体肖特基二极管传感器(利用金属在半导体界面上吸附气体时,二极管整流特性的变化)和 MOSFET 传感器(通过 MOSFET 的阈值电压变化检测气体)。

SiC 气敏传感器不仅在耐高温等特性上表现突出,更重要的是它可以进行原位氧化生成 SiO_2,这使得器件制备工艺步骤大大简化。第一个铂(Pt)栅电容式 SiC 气体传感器在 1992 年被报道[65],同年,钯栅 Schottky 二极管 SiC 气体传感器也研制成功。

目前为止,SiC 气敏传感器的结构主要有 MOS 电容、SBD 二极管(以及 MISiC 结构)和 MOSFET 晶体管,如图 3-59 所示。各传感器的结构不同,优缺点也不同。总的来说,MOS 电容 SiC 气敏传感器可以在很高温度下工作,但它的外围测试电路非常复杂;MOSFET 晶体管 SiC 气敏传感器具有稳定的性能,但制作过程比较困难;SiC SBD 二极管气敏传感器具有较快的反应速度,但是稳定性较差。近年来,通过对 SiC 气敏传感器不断深入的研究,器件已经实现了在 500 ℃的高温下正常工作。

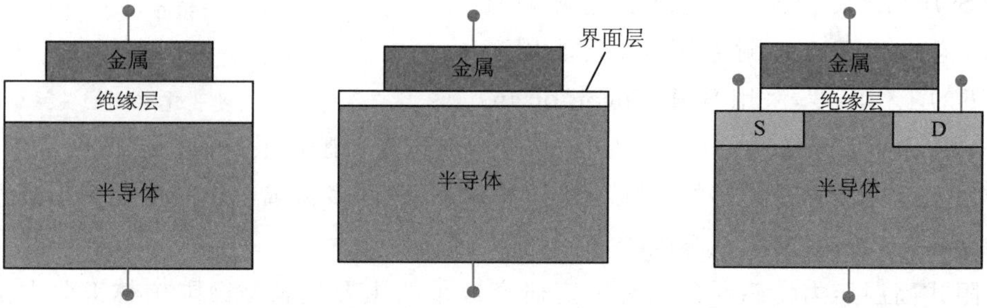

(a) MOS电容型气敏传感器　(b) MISiC结构气敏传感器　(c) MOSFET晶体管气敏传感器

图 3-59　各种 SiC 气敏传感器的结构示意图

3.3.3.2　SiC 高温传感器的应用

1. SiC 高温温度传感器的应用

SiC 高温温度传感器相较于传统的 Si 基半导体温度传感器有着较大的测温范围(0～500 ℃),而且,因为 SiC 高温温度传感器是一种有源半导体器件,可以很容易地集成在电路中,既节约了电路成本,又不会增加电路的封装尺寸,因此 SiC 高温温度传感器被应用于很多领域中,如:加工工业及机械中的温度监测,家用电器及食品工业中的温度控制,石油化工工业中的温度监测,航空航天及汽车工业中对临界温度的监测等。

目前针对 SiC 高温温度传感器应用的研究主要是在传感器周边电路的研究上,主要是考虑到周边电路在高温下是否能够正常工作,高温温度传感器得到的电信号能否正常读取。一般来说,用 SiC 半导体制造耐高温传感器时,从数据读取电路一方看到的传感器电极电阻会升高。如果把读取电路放在非高温环境下,并利用很长的导线,那么导线的电阻便会影响传感器信号,导致难以准确测量。美国凯斯西储大学提出了用基于 MEMS 的微机械开关来构成变频电路,这样的电路不依赖于半导体特性,因此在高温下也能工作。

2. SiC 高温压力传感器的应用

SiC 高温压力传感器在军用和民用两方面均有可观的前景:在军用方面,主要用于喷气发动机、坦克发动机、舰艇发动机、风洞、航天器外壳等的压力测量；在民用方面，主要用于测量锅炉、管道、油井、高温反应容器内的压力和各种发动机腔体内的压力。这些都要求 SiC 高温压力传感器能够工作在更高的温度下，能够经受强辐射的影响。

随着 6H-SiC、4H-SiC 半导体材料的衬底制备、外延、氧化、掺杂、刻蚀技术的日趋成熟，完全采用 SiC 半导体材料制作高温压力传感器成为研究的重点。它可以克服早期 SOI 结构中 Si 材料在高温下的热形变问题，提高高温压力传感器的工作温度范围。最早实现这一目标的是在 1996 年报道的由 R. S. Okojie 等人在 26～260 ℃下工作的 6H-SiC 高温压力传感器。由美国国家航空航天局（NASA）和库莱特公司（Kulite semiconductor products）支持。在随后的工作中，他们又继续改进，使之最终工作温度达到 600 ℃。

3. SiC 高温气敏传感器的应用

传统的气敏传感器主要针对有毒、有害气体，所检的气体大概可以分为三类：大气污染气体，如温室气体、氮氧化物等；有毒气体，如盐酸、氯气、硫化氢等；可燃气体，包括烷烃等其他有机物、煤气、天然气、H_2、汽油、CO 等。针对不同的测试环境和测试气体，一般采取不同的传感器和测量方式。

目前的研究结果表明，SiC 高温气敏传感器（特别是电容式传感器）能在直到 1 000 ℃的高温下工作，且响应时间在毫秒数量级。近年来，通过对 SiC 气敏传感器不断深入的研究，各类器件均已经实现了在 500 ℃的高温下正常工作，这已基本满足内燃机监控、汽车尾气和航天器喷气发动机排气诊断以及其他高温应用的要求。

当前研究的主流 MISiC 结构器件则主要用于探测 H_2 和 C_xH_y 等含氢化合物，同时，还对 NO_x 敏感。图 3-60 所示为典型的 MISiC SBD 氢敏传感器的电流-电压特性。

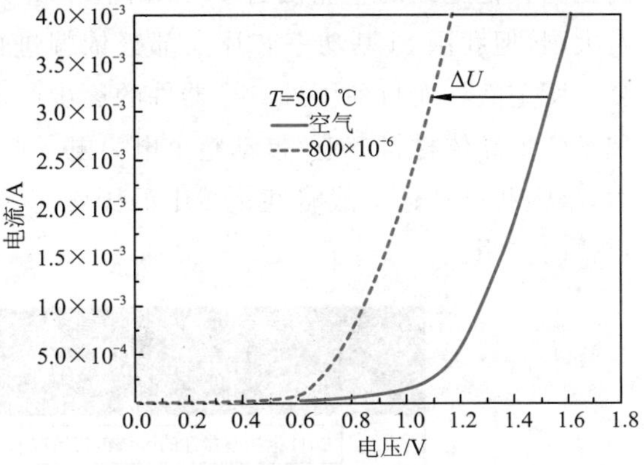

图 3-60　典型的 MISiC SBD 氢敏传感器的电流-电压特性

温度为 500 ℃时，氢气用氮气稀释携带，浓度为 800×10^{-6}。当然，选用恰当的气敏材料（如 TiO_2），辅之以适当的结构及结构参数，同样可以实现 SiC 基氧敏传感器，或是对其他气体敏感的高温气敏传感器。

3.4　国内外 SiC 半导体材料产业发展现状及趋势

3.4.1　SiC 半导体材料产业的市场

SiC 器件制作主要包括 SiC 衬底材料制备，外延层的生长及器件制备的工艺。半绝缘的 4H-SiC 和 6H-SiC 半导体材料可作为衬底材料用于 GaN 异质外延和 SiC 同质外延，所得到的外延材料可用于制作射频和微波器件，如HEMT、MESFET和SIT。n型4H-SiC和6H-SiC半导体材料也可作为衬底材料用于GaN异质外延和SiC同质外延。其中，用4H-SiC或6H-SiC作为衬底的GaN外延材料可用于制作光电子器件，如高亮度的蓝光二极管和白光二极管；4H-SiC或6H-SiC同质外延材料可用于制作单极和双极的功率器件。因此SiC衬底材料的市场巨大，并且增长迅速。2012年，全球SiC衬底供应商收入突破7 500万美元，到2020年，SiC衬底产品(包括n型衬底和半绝缘衬底)的市场将达到3亿美元。

由于SiC功率器件的优异性能，必然会在整个电力电子市场中占有一席之地，2012年SiC器件产业的市场总额接近1.2亿美元。2012年整个电力电子产业的市场总额突破105亿美元，2013—2015年EV/HEV在汽车电子领域的应用，以及可再生能源和智能电网系统的应用迅速提升。2017年以后，整个电力电子产业的市场将稳定在10%的增长率，2020年市场总额将达到200亿美元。SiC功率器件市场在整个市场的比例将逐年上升，2020年将达到整个电力电子产业的3.5%，即7亿美元的销售市场。而SiC功率模块的市场份额随着电动汽车领域的快速发展，到2020年将达到10亿美元的规模。

在整个SiC产业市场中亚洲占据了主要的市场份额，达到了65%。消费市场大多数来自中国、日本、韩国。然而电力电子企业半数以上来自于北美和欧洲，日本占据42%，日本之外的亚洲其他地区的企业仅占2%，如图3-61所示。这意味着中国是整个电力电子产业中的消费大国，但我国Si基功率芯片大部分依赖进口，制造技术难以实现突破，关键技术被国外大公司所垄断。而目前国外SiC器件的逐步产业化为我们缩短差距提供了机遇。由此可见，发展SiC半导体材料产业，带动整个电力电子产业有助于全面提升我国在该领域的原始创新能力，增强我国在这一战略性领域中的国际竞争力，对于我国国民经济的可持续发展具有至关重要的作用。

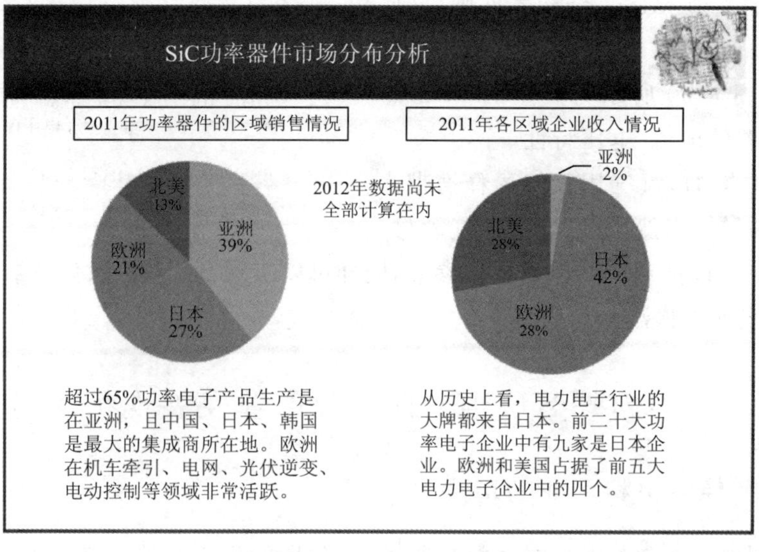

图3-61　SiC功率器件市场分布

虽然电力电子市场从 2011 年开始相当低迷，2012 年经历了 −20%～−16%的负增长。然而，SiC 器件市场却一直保持每年 38%的增速。如今，SiC 技术已被普遍认为在电力电子市场中是一项可靠的，即将替代 Si 的技术。大多数功率模块和电源逆变器制造商都将 SiC 放在他们的技术路线图上。

目前全世界已有超过 30 家公司已经具有了专门的 SiC 器件制造能力，并从事相关商业活动。几乎所有其他现有 Si 电力器件制造商也或多或少地活跃在 SiC 领域。器件集成制造商主要是四大巨头，Cree、ST(意法半导体)、Rohm(日本)、Microsemi(美)，系统应用主要是三菱牵头，而晶圆加工则是 Cree 独大。目前，Cree、ST、Rohm、三菱已进入批量生产阶段。

Aytheon、Ascatron、IBS 和 Fraunhofer IISB 公司几乎同时决定推出 SiC 晶圆加工服务。这种商业模式的建立有助于解决未来 SiC 缺少晶圆加工企业和设计公司的困难。同时，他们也可以成为半导体集成器件制造商(IDM)在生产过剩的情况下的第二个销售来源。亚洲的松下和东芝都是 SiC 市场的竞争者，他们为三菱电机开发了 SiC 功率模块，富士电机的新型 SiC 生产线正在运行。美国的 Global Power Device 和 USCi 已经正式在 SiC 市场上亮相，并希望抢夺更多的市场份额。日本在今后几年的市场份额可能迅速上升，亚洲其他地区已逐渐开始起步。到 2020 年，日本、美洲、欧洲基本三足鼎立，亚洲其他地区也逐渐占据一席之地。虽然目前中国还没有 SiC IDM 厂商出现，但预期将很快出现。

2012 年，光伏逆变器和 PFC 一起成为 SiC 器件最大的消费市场。由于微型逆变器的应用，2011 年和 2012 年 SiC 二极管业务上升迅速。相信 JFET 和 MOSFET 都将快速追赶，并将成为 SiC 市场营收的中坚力量。2014 年以后，SiC 产业的市场年增长率达到 39%，之后光伏逆变器市场相对稳定，PFC 的市场份额明显降低，而 EV/HEV 的市场规模急剧增长。到 2020 年 EV/HEV 将占据最大的市场规模，其次是光伏逆变器、功率因数校正器、高温应用等。

3.4.2　SiC 衬底的产业现状和发展趋势

SiC 晶体生长技术有升华法、高温化学气相淀积、气液凝固法、液相外延法。升华法的生长速率为 300～400 μm/h，生长温度为 2 200～2 500 ℃，可用于生长 4H-SiC 和 6H-SiC。采用升华法进行 SiC 生长的主要厂商包括：美国的 Cree、Ⅱ-Ⅵ、Dow Corning，德国的 SiCrystal，日本的 Nippon Steel、Bridegestone、DENSO，韩国的 POSCO、SKC，俄罗斯的 N-Crystal 和中国的 TankeBlue、SICC。高温化学气相淀积(HTCVD)的生长速率约为 300 μm/h，生长温度为 2 200 ℃，可用于生长 4H-SiC 和 6H-SiC。采用高温化学气相淀积进行 SiC 生长的厂商有瑞典的 Norstel 和日本的 DENSO。气液凝固法(VLS)的生长速率约为 100 μm/h，生长温度为 1 100 ℃，可用于生长 3C-SiC。目前，只有法国的 CRHEA 公司采用气液凝固法进行 SiC 生长。液相外延(LPE)的生长速率可达 500 μm/h，生长温度为 1 400～1 800 ℃，可用于生长 4H-SiC 和 6H-SiC。采用液相外延进行 SiC 生长的主要厂商有日本的 Sumitomo Metal Industries 和 Toyota。

全球的 SiC 半导体材料厂商主要分布在美国、德国、瑞典、法国、中国、日本和韩国等国家。2012 年,全球 SiC 衬底供应商收入突破 7.5 亿美元,市场份额排名前四的 Cree、Ⅱ-Ⅵ、Dow Corning 和 SiCrystal 公司占据了超过全球 SiC 衬底市场的 80%。在全球 SiC 衬底市场的竞争中,Cree 仍然保持领先,但由于 Dow Corning、II-VI、SiCrystal 等厂商的快速发展,Cree 占据的市场份额正在下降。即使是这样,在全球 n 型和半绝缘 SiC 半导体材料市场中,Cree 仍然占据了 40%的市场份额。

SiC 晶片生产厂商现阶段的商业模式主要有两种:第一种商业模式是单纯地生产 SiC 晶片和外延产品或者是单纯地利用自己生产的晶片制作器件,这一类商业模式的厂商多为 SiC 晶片市场份额和营业收入较低的厂商。第二种商业模式是在生产 SiC 晶片的同时也进行 SiC 器件的制作,这一类厂商的 SiC 晶片营业收入和市场份额都较高,如 Cree 和 SiCrystal。

随着 SiC 半导体材料生长水平的提高,用于制作功率器件的 n 型 SiC 衬底的直径也在逐渐增大。2005 年,Cree 的 n 型 SiC 晶片尺寸主要为 3 英寸,用于进行 GaN 外延的 n 型 SiC 衬底尺寸主要为 2 英寸;2007 年,Cree 的 4 英寸产品开始商业化,一年之后,Cree 的 4 英寸晶片产量已达到所有晶片产量的 50%;2013 年,Cree 的 6 英寸 SiC 晶片产品开始商业化。预计到 2020 年,Cree 的 6 英寸晶片产量将达到所有晶片产量的 95%,用于 GaN 外延的 n 型 SiC 衬底产品将全部为 6 英寸的晶片产品。随着半绝缘 SiC 半导体材料生长水平的提高,用于制作 GaN 基射频器件的半绝缘 SiC 衬底的直径也在逐渐增大,预计到 2020 年,6 英寸半绝缘 SiC 衬底产品将商业化。

随着 SiC 晶片的尺寸及产量的增加,SiC 衬底的成本和销售价格将会大幅下降,如图 3-62 所示。到 2020 年,SiC 衬底产品(包括 n 型衬底和半绝缘衬底)的市场将达到 30 亿美元。SiC 衬底产品在电动汽车(EV)和混合动力汽车(HEV)、工业交流电动机驱动器、智能电网和风力发电机等领域将得到大量应用。

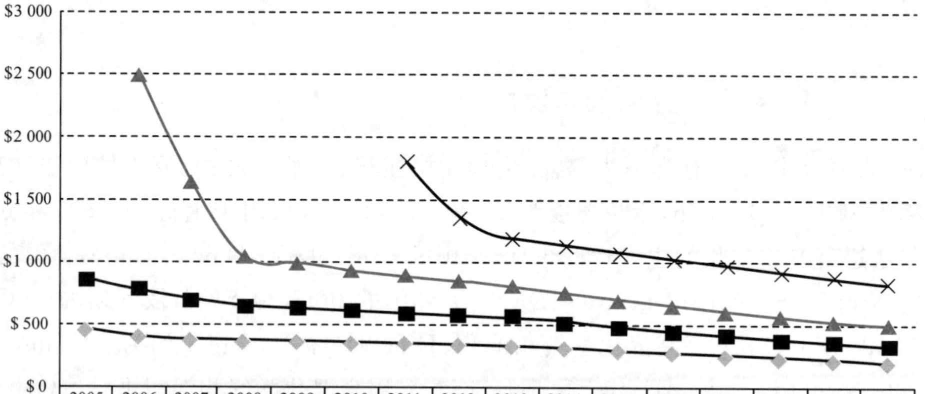

	2005	2006	2007	2008	2009	2010	2011	2012	2013	2014	2015	2016	2017	2018	2019	2020
n型2英寸	$ 470	$ 410	$ 390	$ 382	$ 374	$ 367	$ 359	$ 352	$ 345	$ 321	$ 298	$ 278	$ 258	$ 240	$ 223	$ 208
n型3英寸	$ 870	$ 780	$ 700	$ 650	$ 631	$ 612	$ 593	$ 575	$ 558	$ 519	$ 483	$ 449	$ 418	$ 388	$ 361	$ 336
n型4英寸		$2 500	$1 650	$2 500	$ 998	$ 948	$ 900	$ 855	$ 812	$ 756	$ 703	$ 654	$ 608	$ 565	$ 526	$ 489
n型6英寸							$1 800	$1 350	$1 190	$1 131	$1 074	$1 020	$ 969	$ 921	$ 875	$ 831

中、大订单的平均售价,即:
n型衬底大于100片/月;
半绝缘衬底大于30片/月。

图 3-62 SiC 衬底价格走势(数据来源:Yole Développement)

3.4.3　SiC 分立器件的产业现状和发展趋势

功率分立元件或组件由一个独立封装的功率器件组成，包括一个半导体芯片、互连、带有若干个引脚的引线框、塑料封装。其在功率市场中占据很大的份额。半导体器件包括晶体管（MOSFETS、IGBT、JFET 等）和二极管。

英飞凌公司于 2001 年最先发布第一代 SBD 产品，随后是 Cree 公司。直至 2009 年，其他半导体公司大批量地涌进 SiC 市场。Cree 公司已经发布的 SBD 产品有 600 V/1～20 A，1 200 V/2～40 A，1 700 V/10～25 A。在低电压应用领域中 SiC 器件面临的最大挑战是价格因素，相关市场分析表明，SiC 二极管必须降到 0.2 美元/A 才能获得更大的市场。如今 SiC 二极管的价格已经低于 0.17 美元/A，预期 2020 年，SiC SBD 的市场价格将降低至 0.1 美元/A。预期 SiC 肖特基二极管的市场将持续升温，到 2020 年将达到每年销售 1.2 亿只，销售额达到 8 000 万美元。

Rohm、Cree 和 Cissoid 已经有了 SiC MOSFET 的商业化产品。2013 年一季度，Cree 单片1 200 V/12 A、17 A、24 A、33 A 的 SiC MOSFET 售价从 38 美元到 90 美元不等。Cissoid 1 200 V/10 A的 SiC MOSFET，51～200 单元售价 287.38 欧元。英飞凌的 JFET，GeneSiC 的 BJT、晶闸管器件也发布了商业化产品。主要厂商所研发的 SiC 器件产品对应的电压范围如图 3-63 所示。

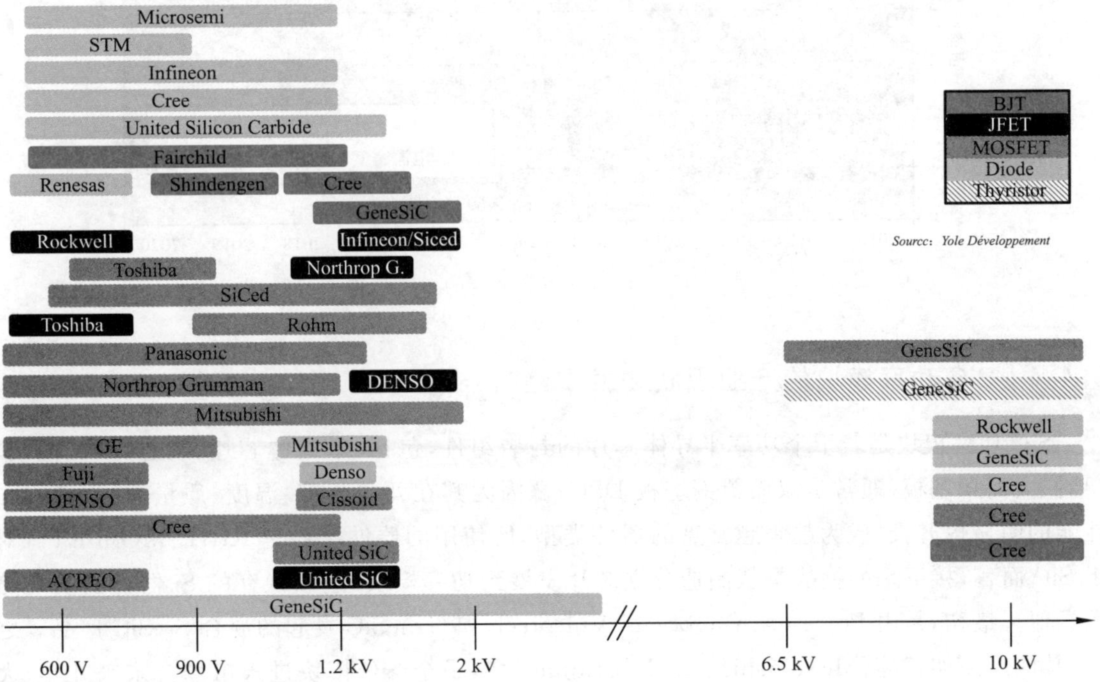

图 3-63　主要厂商所研发的 SiC 器件产品对应的电压范围

对于功率器件而言，芯片面积和电流密度（A/mm^2）有关，外延层厚度和击穿电压有关。相对保守地估计，通常 SiC 功率器件电流密度为 2.5 A/mm^2，单位外延层厚度的击穿电压为

100 V/μm。因为外延生长速率很低，高阻断电压的功率器件会更昂贵。电流密度和有源区面积有很大关系，因此微管密度是非常关键的因素。随着 SiC 单晶和外延质量的提高，工艺水平的迅速发展，SiC 器件的电流密度逐年上升，到 2020 年，1 200 V 器件的电流密度将增大到 6 A/mm^2。SiC 器件电流密度的发展预测如图 3-64 所示。SiC 器件的价格对电流等级较为敏感，价格随反向耐压的增幅相对较低，因此通过提高器件电压来提高功率要比提高电流来提高功率成本更低。随着 SiC 晶片面积的增大，SiC 芯片的价格逐年降低，从 2011 年到 2012 年，每年价格降低 7%；从 2013 年到 2016 年，因为引入了 6 英寸晶圆，同时成品率提高，每年价格降低 9%；从 2017 年到 2018 年因为订单量增大，每年价格降低 10%；从 2019 年到 2020 年每年价格降低 8%，内嵌二极管的 SiC MOSFET 器件对成本差值的缩小会有非常大的改善。如果能够实现上述预测，2020 年 SiC 基系统的成本会和 Si 基系统成本相差不大。

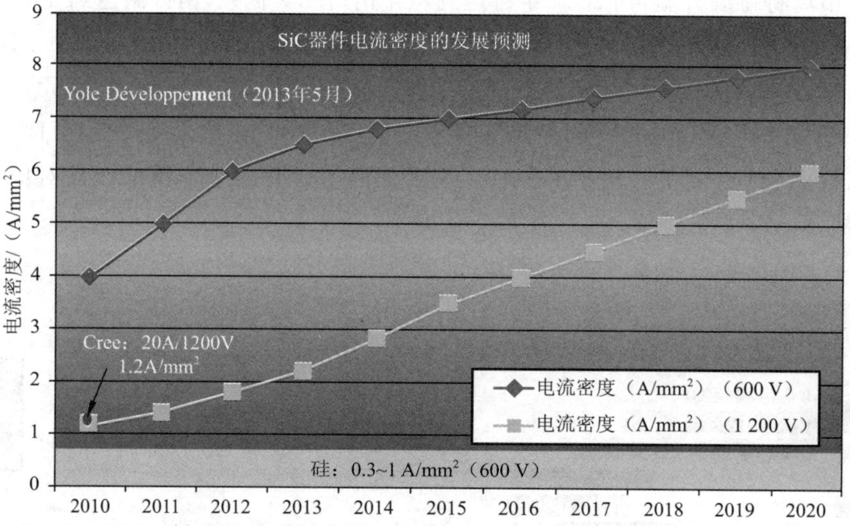

图 3-64 SiC 器件电流密度的发展预测

3.4.4 SiC 功率模块的产业现状和发展趋势

SiC 功率模块是若干个功率半导体芯片的封装组件，包括：半导体芯片、互连、填充凝胶、塑封、大面积基板（通常是双面覆铜基板 DBC）。因为其在开关速度、温度、质量、成本等方面性能的明显提升，已成为越来越常见的器件类型，所使用的器件主要是 IGBT、MOSFET。对于 SiC 而言，接下来的挑战是从制造分立芯片发展到功率模块，这和现存的 Si 器件的发展路径类似。最初，是由 Powerex、MicroSemi Vincotech 和 GeneSiC 发起的混合 Si/SiC 产品。之后，其他厂商如三菱（Mitsubishi）、GPE 和 Rohm 发展了全 SiC 模块进入市场。未来几年，大功率模块（一般大于 3 kW）将成为主流。2015 年基于 SiC 的功率模块市场规模超过 1 亿美元，2020 年将达到 8 亿美元。

现在采用 SiC 器件的功率模块主要还是使用 Si 基的 IGBT 和 SiC 基的 SBD 作为续流二极管。Enphase 公司的 M215 逆变器，采用 Cree 公司的两个 1 200 V/5 A SiC 二极管；Power

One公司在DC-DC升压变换器中采用两个SiC二极管（1 200 V/22 A），最大电压900 V，最大电流36 A，最高效率97.8%。目前正逐步从混合Si/SiC产品向全SiC模块过渡。SMA、RefuSol和Delta三家公司已经有了自己的全SiC逆变器产品。三菱电机和Rohm制造出使用SiC基开关器件和SiC SBD的全碳化硅功率模块。Microsemi公司使用了Semisouth的JFET器件开发的600 V/65 A半桥功率模块，导通电阻80 mΩ（250 ℃），使用Au金属层做管芯粘接和键合，可应用在250 ℃或更严苛的环境下。APEI公司采用Cree公司的MOSFET和SBD制备的1 200 V/120 A的功率模块，应用目标为汽车领域。

SiC器件在高温下的应用可以减小尺寸和降低散热系统的质量，因此SiC功率模块需要支持至少175 ℃，高至250 ℃的工作温度。这种封装技术正逐渐由烧结技术逐渐取代引线键合技术，但目前还不成熟。通常功率模块的失效是由热循环导致的。CTE（热膨胀系数）的不匹配使不同层之间脱离。胶质填充主要是为了解决CTE不匹配的问题，但在高温下，其胶质特性失效，反而成为封装开裂的原因之一。另外，我们期望SiC有着比Si更高的开关频率，因此接触技术和键合技术需要和高频率匹配，这一点还需要探索解决方案。为了驱动SiC功率模块，一些公司设计制造了支持SiC器件的驱动IC，一方面和Si基功率模块驱动程序一样需要较大的驱动电流，另外一方面需要驱动IC能工作在较高的温度，否则SiC功率模块的高温特性将无法实现。因此，SiC基功率模块的设计和制造还有大量的工作要做。

我国高度重视SiC电力电子器件和装置的发展，在863计划、自然基金、国家02重大专项分别启动SiC单晶、外延材料和器件研制以及装置的探索工作，国内多家科研院所开展了SiC电力电子器件和工艺的研发，包括西安电子科技大学、中国科学院微电子研究所、中国电子科技集团公司第十三研究所、中国电子科技集团公司第五十五研究所、电子科技大学等。在4英寸单晶、外延技术和SiC肖特基二极管、场效应晶体管等方面取得了一些突破。国内在SiC单晶衬底材料方面进展很快，主要有中国科学院物理研究所、北京天科合达蓝光半导体有限公司、山东天岳先进材料科技有限公司，已经可以提供3英寸、4英寸n型SiC单晶衬底，并积极探索6英寸SiC单晶生长技术。中国南车株洲电力机车研究所在国家重大专项支持下，与西安电子科技大学、中国科学院微电子研究所、电子科技大学合作，建立一条4～6英寸的SiC电力电子器件研制线和中高压模块中试线，现已完成1 200～300 V SiC肖特基二极管研制、4 500 V SiC MOSFET原型器件研制、12 000 V SiC IGBT设计与工艺开发。但与国际领先水平相比，我国尚存在一定的差距：器件主要集中在中低电压领域。必须针对高效、高电压SiC电力电子器件应用需求，开展SiC器件新机理、新结构方面的基础科学问题研究，为SiC电力电子器件发展提供理论基础和支撑。

参考文献

[1] NAKASHIMA S, HANGYO M. Raman intensity profiles and the stacking structure in SiC polytypes [J]. Solid State Communications, 1991, 80(1):21-24.

[2] FISHER G R, BARNES P. Towards a unified view of polytypism in silicon carbide[J]. Philosophical Magazine Part B, 1990, 61(61):217-236.

[3] RESHANOV S A. Growth and high temperature performance of semi-insulating silicon carbide[J]. Diamond & Related Materials, 2000, 9(6):480-482.

[4] KANAYA M, TAKAHASHI J, FUJIWARA Y, et al. Controlled sublimation growth of single crystalline 4H-SiC and 6H-SiC and identification of polytypes by X-ray diffraction[J]. Applied Physics Letters, 1991, 58(1):56-58.

[5] AUGUSTINE G, HOBGOOD M, BALAKRISHNA V, et al. Physical vapor transport growth and properties of SiC monocrystals of 4H polytype[J]. Physica Status Solidi, 1997, 202(1):137-148.

[6] STRAUBINGER T L, BICKERMANN M, HOFMANN D, et al. Stability Criteria for 4H-SiC Bulk Growth[J]. Materials Science Forum, 2001, 353-356:25-28.

[7] STEIN R A, LANIG P. Control of polytype formation by surface energy effects during the growth of SiC monocrystals by the sublimation method[J]. Journal of Crystal Growth, 1993, 131(2):71-74.

[8] POWELL A R, ROWLAND L B. SiC materials-progress, status, and potential roadblocks[J]. Proceedings of the IEEE, 2002, 90(6):942-955.

[9] NEUDECK P G, OKOJIE R S, CHEN L Y. High-Temperature Electronics: A Role for Wide Bandgap Semiconductors[J]. Proceedings of the IEEE, 2002, 90(6):1065-1076.

[10] 钱照明，盛况. 大功率半导体器件的发展与展望[J]. 大功率变流技术，2010(1):1-9.

[11] SHENOY J N, COOPER J A, MELLOCH M R. High-voltage double-implanted power MOSFET's in 6H-SiC[J]. IEEE Electron Device Letters, 1997, 18(3):93-95.

[12] COOPER J A. Structure for increasing the maximum voltage of silicon carbide power transistors: US, US 6180958 B1[P]. 2001.

[13] LIU L, EDGAR J H. Substrates for gallium nitride epitaxy[J]. Materials Science & Engineering R Reports, 2002, 37(3):61-127.

[14] PENGELLY R S, WOOD S M, MILLIGAN J W, et al. A review of GaN on SiC high electron-mobility power transistors and MMICs[J]. IEEE Transactions on Microwave Theory & Techniques, 2012, 60(6):1764-1783.

[15] M LLER S G, GLASS R C, HOBGOOD H M, et al. The status of SiC bulk growth from an industrial point of view[J]. Journal of Crystal Growth, 2000, 211(4):325-332.

[16] GIOCONDI J, ROHRER G S, SKOWRONSKI M, et al. An atomic force microscopy study of super-dislocation/micropipe complexes on the 6H-SiC (0 0 0 1) growth surface[J]. Journal of Crystal Growth, 1997, 181(4):351-362.

[17] HEINDL J, DORSCH W, STRUNK H P, et al. Dislocation Content of Micropipes in SiC[J]. Physical Review Letters, 1998, 80(4):740-741.

[18] GIOCONDI J, ROHRER G S, SKOWRONSKI M, et al. An atomic force microscopy study of super-dislocation/micropipe complexes on the 6H-SiC (0 0 0 1) growth surface[J]. Journal of Crystal Growth, 1997, 181(4):351-362.

[19] HEINDL J, DORSCH W, STRUNK H P, et al. Dislocation Content of Micropipes in SiC[J]. Physical Review Letters, 1998, 80(4):740-741.

[20] NING L, HU X, XU X, et al. Birefringence images of micropipes viewed end-on in 6H-SiC single crystals[J]. Journal of Applied Crystallography, 2008, 41(5):939-943.

[21] HUANG X R, DUDLEY M, VETTER W M, et al. Direct evidence of micropipe-related pure superscrew dislocations in SiC[J]. Applied Physics Letters, 1999, 74(3):353-355.

[22] CURIEL M D. Hollow-core screw dislocations in 6H-SiC single crystals: A test of Frank's theory[J]. Journal of Electronic Materials, 1997, 26(26):128-133.

[23] HUANG X R, DUDLEY M, VETTER W M, et al. Superscrew dislocation contrast on synchrotron white-beam topographs: an accurate description of the direct dislocation image[J]. Journal of Applied Crystallography, 2007, 32(32):516-524.

[24] SPENCER M G, PALMOUR J, CARTER C. Substrate and epitaxial issues for SiC power devices[J]. IEEE Transactions on Electron Devices, 2002, 49(5):940-945.

[25] LELY J A, Darstellung von einkristallen von silicium carbid und beherrschung von art und menge der eingebautem verunreingungen[J] Ber. Deut. Keram. Ges. ,1955,32: 229-236.

[26] TAIROV Y M, TSVETKOV V F. Investigation of growth processes of ingots of silicon carbide single crystals[J]. Journal of Crystal Growth, 1978, 43(2):209-212.

[27] TAIROV Y M, TSVETKOV V F. General principles of growing large-size single crystals of various silicon carbide polytypes[J]. Journal of Crystal Growth, 1981, 52(81):146-150.

[28] DAISUKE N, ITARU G, SATOSHI Y, et al. Ultrahigh-quality silicon carbide single crystals. [J]. Nature, 2004, 430(7003):1009-1012.

[29] FILIP O, EPELBAUM B M, LI J, et al. Growth on rhombohedral (01-1n) plane: An Alternative for Preparation of High Quality Bulk SiC Crystals[J]. Materials Science Forum, 2009, 603:23-26.

[30] BICKERMANN M, EPELBAUM B M, HOFMANN D, et al. Incorporation of boron and vanadium during PVT growth of 6H-SiC crystals[J]. Journal of Crystal Growth, 2001, 233(1):211-218.

[31] HOBGOOD H M, GLASS R C, AUGUSTINE G, et al. Semi-insulating 6H-SiC grown by physical vapor transport[J]. Applied Physics Letters, 1995, 66(11):1364-1366.

[32]SHIOMI H, KINOSHITA H, FURUSHO T, et al. Crystal growth of micropipe free 4H-SiC on 4H-SiC {0 3 3^- 8} seed and high-purity semi-insulating 6H-SiC[J]. Journal of Crystal Growth, 2006, 292(2):188-191.

[33] KATO T, MIURA T, WADA K, et al. Defect and growth analysis of SiC bulk single crystals with high nitrogen doping[J]. Materials Science Forum, 2007, 557:239-242.

[34] KATO T, ETO K, TAKAGI S, et al. Growth of low resistivity n-type 4H-SiC bulk crystals by sublimation method using co-doping technique[J]. Materials Science Forum, 2014, 780:47-50.

[35] RASTEGAEV V P, AVROV D D, RESHANOV S A, et al. Features of SiC single-crystals grown in vacuum using the LETI method[J]. Materials Science & Engineering B, 1999, 62(98):77-81.

[36] SCHULZE N, GAJOWSKI J, SEMMELROTH K, et al. Growth of highly aluminum-doped p-type 6H-SiC single crystals by the modified Lely method[J]. Materials Science Forum, 2001, 356:45-48.

[37] STRAUBINGER T L, BICKERMANN M, WEINGRTNER R, et al. Aluminum p-type doping of silicon carbide crystals using a modified physical vapor transport growth method[J]. Journal of Crystal Growth, 2002, 240(2):117-123.

[38] CONTRERAS S, ZIELINSKI M, KONCZEWICZ L et al. Results of SIMS, LTPL and temperature-dependent Hall effect measurements performed on Al-doped α-SiC substrates grown by the M-PVT

method[J]. Materials Science Forum, 2006,529: 633-636.

[39] 常美茹. 线切割机加工半导体晶片质量控制的研究[J]. 半导体技术, 2006, 31(3):176-179.

[40] 任丙彦, 王平, 李艳玲, 等. Si片多线切割技术与设备的发展现状与趋势[J]. 半导体技术, 2010, 35(4):301-304.

[41] ZHOU L. Chemomechanical polishing of silicon carbide[J]. Journal of the Electrochemical Society, 1997, 144(6):161-163.

[42] JIANXIU S U, JIAXI D U, LIU H, et al. Research on material removal rate of CMP 6H-SiC crystal substrate (0001) Si surface based on abrasive alumina (Al_2O_3)[J]. Procedia Engineering, 2011, 24(8):441-446.

[43] LEE H S, KIM D I, AN J H, et al. Hybrid polishing mechanism of single crystal SiC using mixed abrasive slurry (MAS)[J]. CIRP Annals-Manufacturing Technology, 2010, 59(1):333-336.

[44] LARKIN D J, NEUDECK P G, POWELL J A, et al. Site-competition epitaxy for superior silicon carbide electronics[J]. Applied Physics Letters, 1994, 65(13):1659-1661.

[45] DONG L, SUN G S, YU J, et al. 10 mm × 100 mm 4H-SiC epitaxial growth by warm-wall planetary reactor[J]. Materials Science Forum, 2013, 742:239-242.

[46] ZHAO J H, ALEXANDROV P, LI X. Demonstration of the first 10-kV 4H-SiC Schottky barrier diodes[J]. IEEE Electron Device Letters, 2003, 24(6):402-404.

[47] RYU S H, JONAS C, CAPELL C, et al. 1200 V 4H-SiC DMOSFET with an Integrated Gate Buffer [J]. Materials Science Forum, 2014, 780:939-942.

[48] OKAMOTO D, TANAKA Y, MIZUSHIMA T, et al. 13-kV, 20-A 4H-SiC PiN diodes for power system applications[J]. Materials Science Forum, 2014, 780:855-858.

[49] CHENG L, AGARWAL A, OLOUGHLIN M, et al. 16kV, 1cm^2, 4H-SiC PiN diodes for advanced high-power and high-temperature applications[J]. Materials Science Forum, 2013,742: 895-898.

[50] RYU S, CAPELL C, JONAS C et al. 15 kV IGBTs in 4H-SiC[J]. Materials Science Forum, 2013, 740: 954-957.

[51] RYU S, CAPELL C, JONAS C et al. 20 kV 4H-SiC N-IGBTs[J]. Materials Science Forum, 2014, 780: 1030-1033.

[52] DEGUCHI T, KATAKAMI S, FUJISAWA H et al. Effect of current-spreading layer formed by ion implantation on the electrical properties of high-voltage 4H-SiC p-channel IGBTs. [J]Materials Science Forum,2014,780: 1038-1041.

[53] CHENG L, AGARWAL A, CAPELL C et al. 15 kV, Large area (1 cm^2), 4H-SiC p-type gate turn-off thyristors[J]. Materials Science Forum, 2013,742: 978-981.

[54] ZHANG Q J, AGARWAL A K, CAPELL C, et al. 12 kV, 1 cm^2 SiC GTO thyristors with negative bevel termination[J]. Materials Science Forum, 2012, 720:1151-1154.

[55] COOPER J, AGARWAL A. SiC power-switching devices-the second electronics revolution[J]. Proceedings of the IEEE, 2002, 90(6):956-968.

[56] WRIGHT N G, HORSFALL A B, VASSILEVSKI K. Prospects for SiC electronics and sensors[J]. Materials Today, 2008, 11(2):16-21.

[57] MATSUNAMI H. Current SiC technology for power electronic devices beyond Si[J]. Microelectronic

Engineering, 2006, 83(1):2-4.

[58] SINGH R. Reliability and performance limitations in SiC power devices[J]. Microelectronics Reliability, 2006, 46(5):713-730.

[59] RAYNAUD C, TOURNIER D, MOREL H, et al. Comparison of high voltage and high temperature performances of wide bandgap semiconductors for vertical power devices[J]. Diamond & Related Materials, 2010, 19(1):1-6.

[60] YAN F, LUO Y, ZHAO J H, et al. 4H-SiC visible blind UV avalanche photodiode[J]. Electronics Letters, 1999, 35(11):929-930.

[61] 张军琴. 宽禁带半导体 MSM 结构紫外探测器的研究[D]. 西安:西安电子科技大学, 2009.

[62] BAI X, GUO X, MCINTOSH D C, et al. High detection sensitivity of ultraviolet 4H-SiC avalanche photodiodes[J]. IEEE Journal of Quantum Electronics, 2008, 43(12):1159-1162.

[63] 胡林辉, 谢家纯, 徐军, 等. 一种 SiC 高温温度传感器[J]. 传感器与微系统, 2003, 22(12):32-33.

[64] WIECZOREK G, SCHELLIN B, OBERMEIER E, et al. SiC Based Pressure Sensor for High-Temperature Environments[J]. Sensors IEEE, 2007, 28:748-751.

[65] ARBAB A, SPETZ A, LUNDSTRM I. Gas sensors for high temperature operation based on metal oxide silicon carbide (MOSiC) devices[J]. Sensors & Actuators B Chemical, 1993, 15(3):19-23.

第4章 宽禁带氧化物半导体材料

4.1 引　　言

4.1.1 氧化物半导体材料的基本概况

氧化物半导体是由金属元素，包括碱土金属和过渡金属元素与氧元素形成的具有半导体特性的化合物材料。氧化物半导体材料的晶体结构与金属和氧元素两者间的负电性差密切相关。若负电性差较大，则这些氧化物半导体共价键成分较小，在结构上往往更接近离子晶体；反之，若负电性差较小，共价键成分较多，则氧化物半导体通常属于纤锌矿-闪锌矿结构的四面体配位。这种结构特征导致其相对较大的禁带宽度和较大的激子结合能。如金属氧化物的氧化锌（ZnO）禁带宽度为 3.4 eV，碱土金属氧化物的氧化镁（MgO）禁带宽度为 7.3 eV，过渡金属氧化物二氧化钛（TiO_2）禁带宽度约为 3 eV，氧化亚铜（Cu_2O）禁带宽度为 1.82～2.08 eV 等。因此，氧化物半导体大多属宽禁带半导体，甚至是绝缘体（例如，类金属氧化物的二氧化硅禁带宽度为 9 eV）。

人们对氧化物半导体的研究已经历了漫长的历史，对早期半导体材料的器件应用和物性认识在某些方面起了一定的先导作用。例如，人们对半导体器件的研究最早可追溯到 1927 年 Grondahl 和 Geiger 首次开展 Cu_2O 整流器的研究。随后人们通过对 Cu_2O 和 ZnO 霍尔效应的测量，Cu_2O 显示“正”的霍尔信号，ZnO 则显示“负”的霍尔信号，据此揭示了半导体施主和受主的掺杂特性。又如 1933 年，Lilienfeld 提出 Cu_2S 半导体的场效应器件设想[1]，同期，Heil 发展了这一设想，采用的是 Cu_2O 这种氧化物半导体，但这些设想当时基本还停留在原理上，在实际场效应器件的研制中由于表面态的问题导致器件性能调控的巨大困难。再如，在 20 世纪 60 年代，Weimer 将Ⅱ-Ⅵ族化合物多晶 CdS 薄膜引入场效应晶体管器件，停滞了几十年的薄膜场效应器件才真正从原理走向了实验，薄膜场效应器件的基础与应用研究才真正开始[2]，并继续将 CdSe 引入，进一步促进了 TFT 器件的发展。与此同时，人们也将氧化物半导体，如 ZnO 和 SnO_2 作为薄膜晶体管研究的主要研究对象，并开发出相应的第一个 TFT 器件[3]。TFT 液晶显示技术的发明揭开了氧化物半导体 TFT 发展的新机遇。但它却被 20 世纪 80 年代初发展起来的非晶硅半导体薄膜所取代。然而，在随后的半导体研究发展热潮中，氧化物半导体未能取得重要突破，与元素半导体及Ⅲ-Ⅴ族化合物半导体材料相比，总体上进展缓慢，究其原因主要是受制于氧化物半导体材料的质量。

4.1.2 氧化物半导体材料的基本问题

从原理上讲，氧化物半导体材料制备技术并不算复杂，甚至还比较简单，但其材料物理化学性质和结构特性给材料和器件制备带来了诸多困难。主要有以下几方面：

1. 材料化学计量配比偏离

由于氧化物中金属原子和氧原子之间的电负性差别较大，化学键离子性成分较强，破坏这样一个离子键要比共价键容易，因此易于偏离化学计量配比而导致它们倾向于形成本征点缺陷，这种本征点缺陷的浓度依赖于材料生长温度及其气相中元素的分压，从而增加了材料生长条件苛刻性需求，样品的制备必须用合适的高温，以保证晶体和周围环境之间能快速达到近热平衡状态。偏离化学计量配比也将导致材料中的单晶晶粒之间形成晶界，晶界的存在也被认为是氧化物半导体材料的一个重要特征，对其结构与性质具有非常重要的影响，因此对晶界的控制是高质量氧化物半导体制备的关键。

2. 材料导电性难以有效调控

因为化学计量配比的微小偏差，在氧化物半导体中就会产生高浓度的施主和受主，从而影响氧化物半导体的导电性。如化学计量配比偏差缺氧时（或金属过剩时），则此氧化物半导体材料即呈现 n 型导电，此时氧空位或间隙金属离子形成施主能级而提供电子，属于此类氧化物半导体材料的有 ZnO、CdO、TiO_2、Al_2O_3、SnO 等，就像 ZnO 在化学计量比偏离缺氧时的表现；与上述相反，则现呈 p 型导电，即金属空位或氧填隙形成受主能级而提供空穴，属于此类氧化物半导体材料的有 Cu_2O、NiO、CoO、FeO、Cr_2O_3 等，就像 NiO 在富氧时的状态。这种化学计量配比偏差造成的本征缺陷导致施主或受主的产生，其补偿行为也限制了氧化物半导体中有效的 p 型和 n 型掺杂调控技术的实现。另外，与所有半导体材料一样，材料的纯度也是一个非常重要的问题。氧化物半导体的电学特性强烈依赖于所含有的杂质量，因此要精确实现氧化物半导体中的电学性质控制，必须尽量降低其杂质含量。但氧化物半导体材料的提纯技术却远远落后于像锗、硅元素半导体材料的先进提纯技术。因此，通常所揭示的相关半导体性质则是来自于材料中所存在的晶格缺陷、杂质或残留的外来掺杂原子，因为这些缺陷、杂质和掺杂原子都可能成为施主或受主。另外，化学计量配比的偏差也将导致氧化物半导体的电学性质对环境气氛和温度的敏感特征，导致其化学性质表现出复杂的变化特征。据此，氧化物半导体也成为气体或温度传感器的优选材料，可用于研制各种气体或温度传感器。

3. 晶体生长难度大

氧化物半导体单晶生长的困难在于其熔点往往高于其分解温度，同时倾向于偏离化学计量配比也使得单晶生长的工艺条件需要非常严格的控制，如果所制备的单晶或薄膜材料的纯度和晶体质量不够高，将导致相关实验数据的可靠性问题。

4.1.3　氧化物半导体材料的整体发展状况

尽管Ⅵ族化合物包括氧化物半导体材料的研究存在上述困难，但人们对氧化物半导体，特别是宽禁带氧化物半导体的努力与兴趣却依然在坚持着。伴随着 20 世纪 90 年代同为宽禁带半导体的 GaN 材料技术取得关键性突破，特别是同样具有双性掺杂困难的 GaN p 型掺杂的技术突破所导致的 GaN 基结构材料与光电子器件的迅速发展和巨大的产业化应用，使得人们对具有类似结构与性质却具有单晶衬底和更佳的光电性能的宽禁带氧化物半导体寄予了极大的期望，期望以其独特的性能在突破第一、第二代半导体材料的高温限制和短波限制的某些方面，开拓新的应用领域，满足当前以及将来高科技发展的需求。

21 世纪以来，宽禁带氧化物半导体在材料制备技术方面的不断改进和物性研究的不断深入，也使得宽禁带氧化物半导体的光电性能优势得到了越来越多的展示，展现了它们在光电子器件和电子电力器件领域潜在的战略价值和广泛的应用前景，极大地吸引了研究界和产业界的广泛关注。本章主要关注其中最具战略价值和意义的几种氧化物半导体材料。

4.1.3.1 氧化锌(ZnO)

在宽禁带氧化物半导体中，具有宽的直接带隙的 ZnO 是其中的突出代表。ZnO 被认为是发展短波长光电子器件的优选材料，其激子结合能高达 60 meV，有望用来发展激子型激光器。因此，ZnO 半导体材料被认为是第三代宽禁带半导体材料中的一种重要材料，受到人们的关注。在 ZnO 室温光泵激射现象的鼓舞下，近十几年 ZnO 材料研究发展迅速，在诸如单晶衬底、材料外延、掺杂及能带工程等重要的材料研究方向取得了令人振奋的重要进展。但 ZnO 的光电子器件应用依然面临着巨大的技术困难，其中高质量 ZnO 的 p 型掺杂是其中最主要的技术难点，也是目前制约 ZnO 半导体材料进一步发展的主要障碍。对 n 型 ZnO，通过Ⅲ族元素如 Al、Ga、In 等的 n 型掺杂很容易实现，但 p 型 ZnO 的制备却异常的困难。尽管目前已有实现较高质量 ZnO 的 p 型掺杂，ZnO 同质 PN 或 p-i-n 二极管及其电致发光，但低的发光效率和过宽的发光峰，使得其发光来源存在争议。另外，也已有一些同质结或异质结中观察到随机电泵激射的初步报道。这使得人们对宽禁带 ZnO 的发展心存担忧，但同时也增加了将 ZnO 材料技术向前进一步推进的动力和信心。有关宽禁带 ZnO 材料的基本情况和研究进展将在本章 4.2 节进行论述。

4.1.3.2 铟镓锌氧(IGZO)

在最初 ZnO 和 SnO_2 的薄膜场效应器件的研究探索 40 多年后，2003 年具有优越性能的 ZnO TFT 器件的问世标志着除元素 Si 之外的又一具有使用价值的技术的诞生[4]，而一种新型氧化物半导体材料——IGZO 透明氧化物材料的出现则大大推进了氧化物半导体材料与器件的发展及其产业化进程。2003 年，日本 Nomura(细野秀雄)在 ZnO 材料研究基础上发展了一种新型宽禁带透明氧化物半导体材料，即 InGaZn 氧化物半导体材料(简称“IGZO 材料”)[5]。IGZO 材料的导电机制与 Si 材料不同，在 IGZO 材料中 In^{3+} 形成 5s 电子轨道，有利于载流子高速传输，而共价键结构的 Si 材料是靠 sp 杂化轨道，结构的无序对电子迁移率有很大影响。因此，即便 IGZO 是一种非晶态材料，其电子迁移率仍高达 80 $cm^2/(V \cdot s)$，远远高于非晶硅半导体薄膜材料。Nomura 将低温生长制备的非晶 IGZO 引入，作为薄膜晶体管(TFT)器件有源层，具有电子迁移率高、均一性好、透明以及宽广的掺杂调节范围(最小可低于 $10^{15}\,cm^{-3}$，最大可超过 $10^{19}\,cm^{-3}$)等优点。尽管其性能比不上多晶 Si TFT，但由于该非晶材料的性能对其结构无序较弱的敏感性，使其电子迁移率远高于非晶硅薄膜，已显示出较强的技术优势[6]。这种非晶 IGZO TFT 具有高电子迁移率和极低的关断电流，有利于实现高精度的分辨率，减少显示刷新频率和降低系统的功耗。特别是随着有机发光器件显示技术的迅速进展，作为主动矩阵驱动单元的氧化物，TFT 器件的应用得到了巨大的发展，使得 IGZO TFT 技术已成为目前氧化物半导体技术中趋于成熟和应用的主要技术。目前，宽禁带氧化物半导体 TFT 已成为驱动超高精细液晶面板、有机电致发光(EL)显示面板以及电子纸等新一代显示器的 TFT 材料最佳候选之一，将来还将成为具备“柔性”和“透明”等特点的电子元件的实现途径。有关宽禁带 IGZO 材料与器件的相关内容将在本章 4.3 节进行论述。

4.1.3.3　氧化镓(Ga_2O_3)

近年来，另一种宽禁带氧化物半导体材料——氧化镓(Ga_2O_3)也受到了人们极大的关注。三氧化二镓(Ga_2O_3)与作为新一代功率半导体材料的 SiC 和 GaN 相比，有望以低成本制造出高耐压且低损耗的功率电子器件。β-Ga_2O_3的带隙很宽，达到 4.8～4.9 eV，这一数值为 Si 的 4 倍多，而且也超过了 SiC 及 GaN，其击穿电场强度估计为 8 MV/cm 左右，相当于 Si 的 20 多倍，相当于 SiC 及 GaN 的 2 倍以上。同时，由于 Ga_2O_3的巴利加优值较高，在制造相同耐压的单极型功率电子器件时，其导通电阻理论上可降至使用 SiC 时的 1/10 和使用 GaN 时的 1/3。除了材料的性能优异外，Ga_2O_3还具有一个非常重要的优势，即低成本制备 Ga_2O_3单晶衬底的成熟技术，采用类似于蓝宝石单晶的制备工艺可以轻易地实现低成本、高质量 Ga_2O_3单晶的大规模生产。

低成本、高质量的 Ga_2O_3单晶衬底不仅可用于上述的电力电子器件，而且还可用于 LED 芯片以及各种传感器元件及摄像元件等。采用 Ga_2O_3为衬底的 GaN 基 LED 芯片的工作电压低，能够减少大电流驱动时的发热量，该芯片的热阻很低，同时该芯片的电流分布非常均匀，使得 Ga_2O_3衬底的 LED 芯片非常适合大电流、大功率的应用。另外，与现有蓝宝石衬底相比，Ga_2O_3衬底的性能更加优异，紫外光及可见光的透射率均为 80%，并具有良好的导电性。有关宽禁带 Ga_2O_3材料与器件的相关情况将在本章 4.3 节进行论述。

4.1.3.4　钙钛矿结构材料

目前，还有一种与氧化物半导体紧密相关的半导体材料受到科技界和产业界的巨大关注，它就是钙钛矿结构材料。严格来说，本书主要关注的钙钛矿化合物为卤化物，并不是氧化物，并且其禁带宽度也较窄，并不是宽禁带。但由于这种结构与名称的来源均来自于钙钛矿氧化物，并且其应用前景非常诱人，所以将其与钙钛矿氧化物合并在一起进行介绍。钙钛矿(Perovskite)晶体结构是世界上最为常见的化合物材料结构。钙钛矿结构的元素构成通常为 ABX_3。在理想钙钛矿结构当中，每个 A 离子和 B 离子分别与 12 个和 6 个 X 阴离子配位。其中 A 和 B 均为阳离子，前者一般为简单金属或碱土金属原子，离子半径往往较大；后者由过渡金属元素组成，离子半径相对较小；X 为阴离子，通常为卤素原子或者氧原子，与 A、B 阳离子衔接构筑出八面体空间结构。在钙钛矿化合物材料中，钙钛矿氧化物材料具有较宽的禁带宽度，是由于氧原子与过渡金属原子之间较大的电负性差所致，而越过禁带的电子激发实际上就是从处于价带顶的 O 原子的 2p 态向处于导带底的过渡金属 A 原子的 d 态之间的电子转移。而过渡金属 B 导致钙钛矿氧化物呈现铁电特性。钙钛矿氧化物(如 $SrTiO_3$)在光发射和光电探测器件以及电子器件等领域已经展现了良好的发展态势,显示了较好的应用前景。

与钙钛矿氧化物的宽禁带相比,钙钛矿卤化物由于其相对较小的禁带宽度而能更充分地吸收太阳光而受到了特别的关注。这种材料在太阳能电池的研制中正不断地创造全新的纪录。20 世纪 90 年代,美国 IBM 研究中心的物理学家 David Mitzi 使用钙钛矿半导体制成了薄膜晶体管和发光二极管。更为重要的是,这类钙钛矿发光材料同样具有良好的光吸收性能,因此也被认为是制备太阳能电池的优选材料。大约在 10 年之后,日本科学家 Tsutomu Miyasaka 应用了一层薄薄的钙钛矿材料作为光吸收层,成功地研制出第一个钙钛矿太阳能电池,其能效达 3.8%[7]。但遗憾的是,钙钛矿材料在液态电解质中极易分解,这种太阳能电池中采用了液态电解质,从而导致钙钛矿材料的快速溶解和太阳能电池的失效。之后,瑞典科学家 Michael Gratzel 与韩国成均馆大学的 Nam-Gyu Park 合作迈出了坚实的下一步。2012 年,他们使用固态电解质取代了原来的液态电解质,研制出新型全固态结构的钙钛矿太阳能电池,能效接近 10%[8]。在此基础上,近年来钙钛矿太阳能电池在电极注入层、材料结构、元素替代和能效提升等诸多方面不断地取得快速的进展,2014 年其最高的能效已达到了 19.3%[9]。人们预计,如果将钙钛矿太阳能电池与硅电池板相结合,还可以制造出能效达 30%,甚至更高的串联电池。有关钙钛矿结构材料及器件应用的相关情况将在本章 4.5 节进行论述。

4.1.3.5 二氧化钛(TiO_2)

TiO_2也是一直受到人们关注的一种宽禁带氧化物半导体材料,它的禁带宽度取决于材料制备方法,不同晶形有不同的禁带宽度,如锐钛矿型为 3.2 eV,金红石为 3.0 eV,由于其独特的光物理和光化学性质,具有多方面的技术应用价值。早在 1972 年,日本 Akira Fujishimo 发现 TiO_2催化光解水现象,即金红石型 TiO_2材料无须加电流,在紫外光照射下即可以分解水[10]。1985 年,Matsunaga 揭示了 TiO_2具有抗菌效果,光激发 Pt/TiO_2产生的电子-空穴对与环境中的氧和水发生作用,产生活性氧自由基与细胞中的有机物分子发生化学反应,进而分解细胞达到抗菌作用,可杀灭微生物病毒、细菌、真菌等。后来发现 Cu 离子掺杂的 TiO_2薄膜的光催化杀菌效果更佳[11]。1991 年,瑞士科学家 Gratzel 提出基于 TiO_2的染料敏化太阳能电池,以纳米 TiO_2多孔膜作为半导体电极,以有机金属化合物作为光敏化染料,染料分子吸收太阳光能量,染料分子中的电子受激发跃迁到激发态,进而注入到 TiO_2导带流出电极,形成光电流输出[12]。近年来,TiO_2的催化光解水和染料敏化太阳能电池作为新能源技术深受重视并不断取得了重要进展,但由于篇幅的限制这里不作详述。

本章将对宽禁带氧化物的主要代表氧化锌(ZnO)、铟镓锌氧(IGZO)和氧化镓(Ga_2O_3),以及在结构上与其紧密关联并极具应用前景的钙钛矿化合物材料这四种半导体材料的晶体结构、基本性质、研究进展等进行较为详细的论述,同时也将结合目前宽禁带氧化物半导体材料所存在的关键问题以及目前器件研究的状态,对其预期或未来的可能应用按三个层次进行初步分析和展望。

4.2 氧化锌(ZnO)半导体材料及器件

4.2.1 ZnO 的晶体结构与基本性质

4.2.1.1 ZnO 的晶体结构

ZnO 和 BeO 通常具有稳定的六方对称的纤锌矿结构，其原子配位具有和立方闪锌矿结构几乎相同的四面体近邻结构。以纤锌矿结构的 ZnO 为例，如图 4-1(b)所示，氧原子按六方密集堆积排列，锌原子填充半数的四面体空隙，$Zn\text{-}O_4^{6-}$ 四面体以顶角相连接，沿 c 轴呈层状分布，原子堆积顺序为 AaBbAaBbAaBb。在具有闪锌矿结构的 ZnS 或 GaAs 衬底上，可形成亚稳态的闪锌矿 ZnO，原子沿[111]方向按照 AaBbCcAaBbCc 顺序堆积，其中 A(a)、B(b)和 C(c) 代表阳离子(阴离子)，如图 4-1 (a)所示。MgO 和 CdO 则是典型的岩盐矿结构，其三角晶格(aCb)(AcB) (aCb)(AcB)沿着[111]方向排列，如图 4-1 (c) 所示。由于Ⅱ族氧化物具有不同的晶体结构，当合金组分超过一定程度时会出现相分离现象，一定程度上限制了氧化物半导体合金在异质结光电子器件方面的应用。

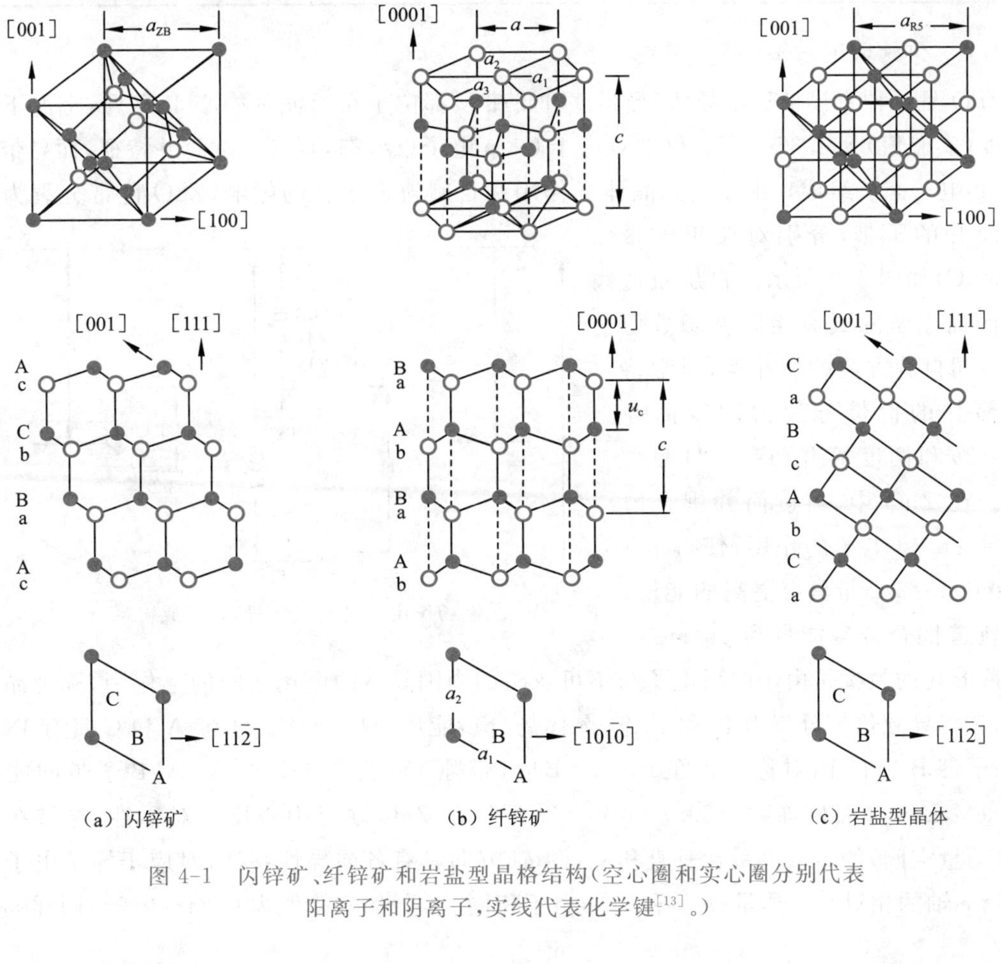

(a) 闪锌矿　　(b) 纤锌矿　　(c) 岩盐型晶体

图 4-1 闪锌矿、纤锌矿和岩盐型晶格结构(空心圈和实心圈分别代表阳离子和阴离子，实线代表化学键[13]。)

对于理想的纤锌矿结构，其晶格常数 a 和 c 的关系为 $c/a=\sqrt{8}/3=1.633$，参数 $u=3/8=0.375$。表 4-1 给出了Ⅱ族氧化物的晶格常数。实验测得 ZnO 的晶格常数为 $a=3.250$ Å 和 $c=5.204$ Å。由于纤锌矿结构的 ZnO 具有部分离子晶体特征，如图 4-1(b) 虚线所示，A-b 或者 a—B 的键长小于 A—a 和 b—B 的键长，因此参数 u 通常大于理想值 0.375，其实验值为 0.381 7～0.385 6，对应的 c/a 的实验值在 1.593～1.603 5 范围内。沿着[0001]方向阴离子和阳离子形成相对偏移，从而产生自发极化。与 GaN 相比，BeO 和 ZnO 等氧化物具有更强的自发极化和离子晶体特性。阴离子和阳离子的电负性相差越大，c/a 值越偏移理想值，自发极化系数越大。

表 4-1　Ⅱ族氧化物的晶格常数[10]

项　目	a/Å	c/Å	u	c/a	a_{ZB}/Å	a_{RS}/Å
BeO	2.698	4.377	0.378	1.622	3.81	3.648
MgO	3.43	4.11	0.5	1.198	—	4.216
ZnO	3.250	5.204	0.382	1.601	4.60	4.271
CdO	3.66	5.86	0.35	1.601	—	4.77
GaN	3.189	5.185	0.376	1.626	4.50	—
Al_2O_3	4.758	12.99	—	—	—	—

4.2.1.2　ZnO 的能带结构

ZnO 是一种直接带隙半导体，导带底和价带顶都位于布里渊区中心 Γ 点处，室温下的带隙宽度(实验值)为 3.376 eV。价带对应于 O 2p 电子束缚态，具有六重简并特征，而导带则是由Zn 4s电子态所组成。由于受到晶体场作用和自旋轨道耦合的影响，ZnO 价带分裂为三个双重简并的子带，分别对应于子带 A、B 和 C，如图 4-2 所示。自旋轨道耦合倾向于解除具有相同波函数但具有不同自旋方向的简并度，通常将六度简并的价带分裂为四度简并 ($j=3/2$) 和两度简并 ($j=1/2$) 两个子带。在 ZnO 中，自旋简并耦合由于价带 Zn 3d 电子的作用，使得 $j=1/2$ 带比 $j=3/2$ 带具有更高的能量，自旋轨道耦合分裂能量为 16 meV。

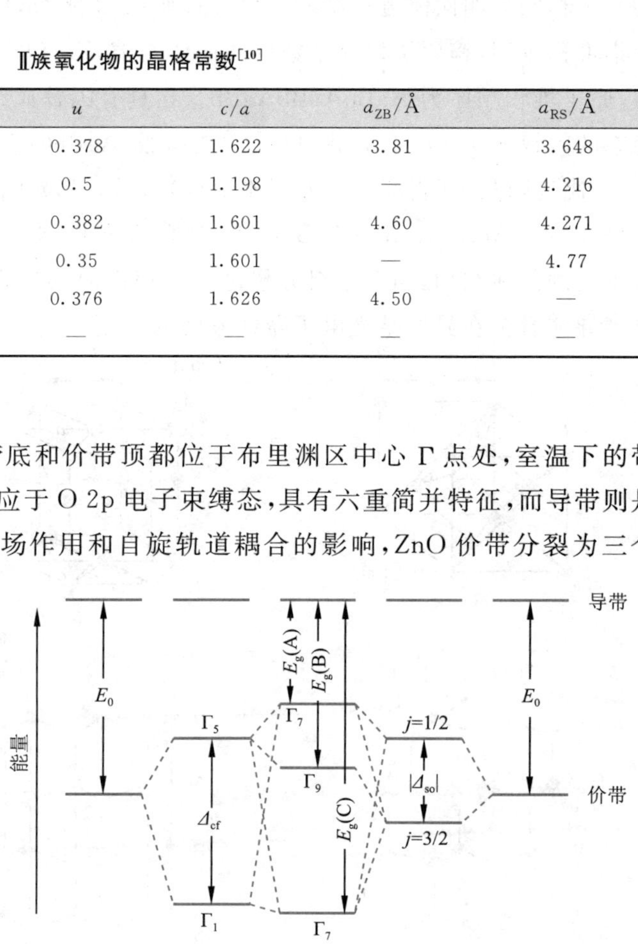

图 4-2　晶体场作用和自旋-轨道耦合造成价带分裂的示意图

另一种形式的微扰是由于内层电子与不可忽略的周围晶格的电场之间的互作用，称为晶体场作用，它将导致价带分裂为 Γ_5 和 Γ_1 态，晶体场分裂能量为43 meV。子带 A 和 C 具有 Γ_7 对称性，而子带 B 具有 Γ_9 对称性。在 $T=4.2$ K时，带隙 E_{GA} 为 3.437 6 eV，A、B 子带间能隙为 9.5 meV，B、C 子带间能隙为39.7 meV[14]。纤锌矿 ZnO 缺乏中心反演对称性，导带在倒易空间(动量空间)的色散关系在垂直和平行 c 轴方向具有各向异性特征，对应于导带电子垂直和平行 c 轴的相对有效质量($m_e^{\perp}$ 和 $m_e^{/\!/}$)也不相同。$m_e^{\perp}$ 的实验值为 0.24～0.28，同样 $m_e^{/\!/}$ 在

0.24～0.3 之间[15]。由于色散关系的不同，价带每个子空穴带也表现出不同的有效质量，其空穴的平均有效质量约为 $0.59m_0$（m_0 代表真空中静止电子的有效质量）。

4.2.1.3　ZnO 的电学性质与掺杂调制

1. 非故意掺杂 ZnO 的电学性质

非故意掺杂 ZnO 晶体总是呈现 n 型，典型的施主浓度为 10^{16}～$10^{17}\ cm^{-3}$ 量级。ZnO 生长在特定的环境温度和氧气压力下，总是形成偏移理想化学计量配比的 $Zn^{1+\delta}O$。因此 ZnO 晶体中总是存在一定浓度的氧空位和间隙锌等本征缺陷，从而在导带底附近引入施主能级。目前实验已证实：氧空位属于深施主能级，而间隙锌的能级相对较浅，其离化能约为 0.04 eV，有可能是 ZnO n 型导电的原因之一[16]。同时，理论上预测 H 在 ZnO 中形成浅施主能级，其能级在导带底为 0.03～0.04 eV，并已得到实验佐证[17,18]。这些施主型缺陷在 p 型掺杂材料中会产生“自补偿效应”，使得 p 型转型存在困难。

Albrecht 等人从理论上预言 ZnO 晶体在室温（300 K）下的电子迁移率约为 300 $cm^2/(V\cdot s)$[19]。目前 ZnO 体单晶报道的室温最高电子迁移率为 205 $cm^2/(V\cdot s)$，其载流子浓度为 $6.0\times10^{16}\ cm^{-3}$[20]。与 GaN 相比，ZnO 室温的电子迁移率较小，主要是因为 ZnO 中电子有效质量较高的缘故。图 4-3(a)所示为 ZnO 体单晶的霍尔迁移率随测量温度的变化关系。光学声子散射、声学声子散射、形变压电散射、离化杂质散射和位错散射为主要散射机制。理论计算和实验结果非常吻合，最高电子迁移率在 50 K 时约为 2 000 $cm^2/(V\cdot s)$。图 4-3(b)所示为 ZnO 体单晶的霍尔载流子浓度的变温曲线。采用双施主能级模型进行拟合发现，类氢浅施主浓度约为 $1.0\times10^{17}\ cm^{-3}$，对应的热激活能为 60 meV；受主浓度为 $2.0\times10^{15}\ cm^{-3}$，补偿度仅为 0.02。另一施主能级的热激活能为 31 meV，其浓度约为 $1.0\times10^{16}\ cm^{-3}$，通过高能电子辐射实验证实这一浅施主能级是由间隙锌或者其复合体所形成的[21]。大多数 ZnO 单晶外延薄膜的电子迁移率为 80～150 $cm^2/(V\cdot s)$。曾有报道，在 $ScAlMgO_4$ 衬底上利用 MgZnO 缓冲层制备的 ZnO 外延层具有 440 $cm^2/(V\cdot s)$ 的室温电子迁移率，但这可能来源于 ZnO/MgZnO 界面的二维电子气，因此不能判断理论计算的室温电子迁移率上限被突破[22]。

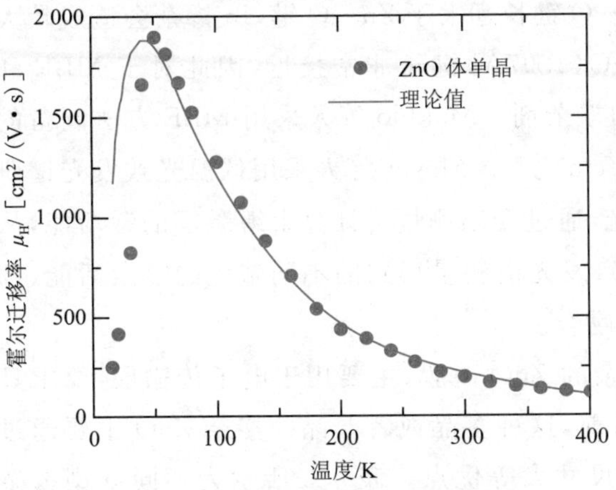

（a）霍尔迁移率-温度变化曲线

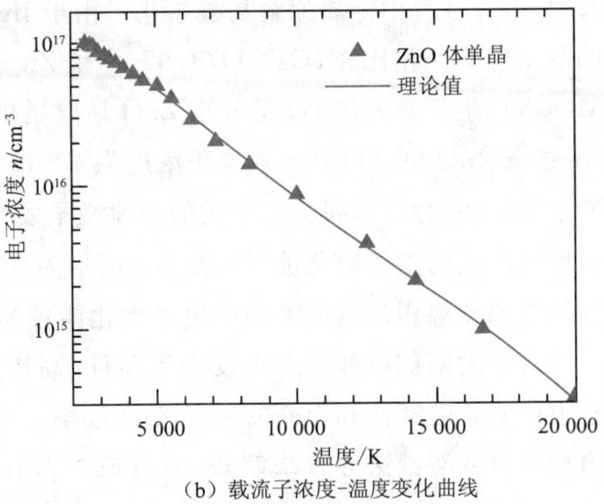

（b）载流子浓度-温度变化曲线

图 4-3　ZnO 体单晶的霍尔迁移率和载流子浓度的温度变化曲线

在高场强下，ZnO 具有和 GaN 相当的电子饱和漂移速率和高击穿场强。图 4-4 为蒙特卡罗方法计算的 ZnO 和 GaN 材料的电子漂移速率和场强的关系。电子漂移速率微分曲线在50 kV/cm处发生变化，主要因为电子动能大于 ZnO 极化纵向光学声子能量(72 meV)。当电场增加到200 kV/cm时，ZnO 的电子漂移速率大于 GaN 的电子漂移速率，并且在 250 kV/cm 时达到最大值 3×10^7 cm/s。GaN 材料比 ZnO 在更低场强条件下(约 150 kV/cm)即达到电子饱和漂移速率的极大值，可能和 GaN 导带谷间电子转移或 ZnO 中更强的电子-极化声子耦合作用有关[22]。

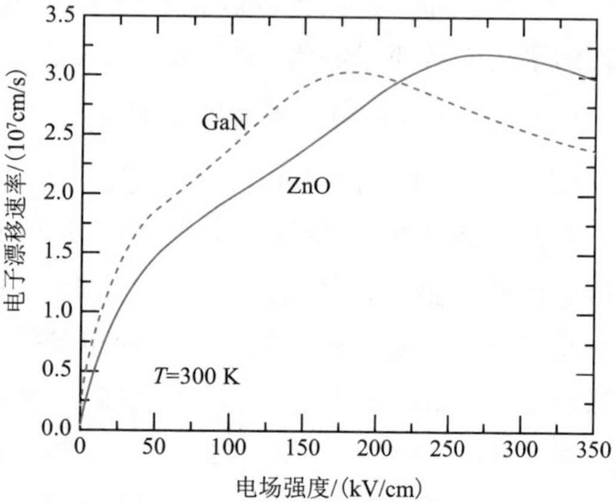

图 4-4　蒙特卡罗方法计算的 ZnO 和 GaN 材料电子漂移速率和场强的关系[22]

2. n 型掺杂

对于宽带隙半导体而言，掺杂呈现出很大的不对称性，即实现 n 型和 p 型掺杂的难易程度不同。例如 ZnO 和 GaN 很容易实现 n 型掺杂，但 p 型掺杂较为困难，而 ZnTe 则较难实现 n 型掺杂，而 p 型材料则较易获得。掺杂的困难主要取决于掺杂剂的固溶度限制、掺杂的能级位置及自补偿效应等。由于 ZnO 的费米钉扎能级位置远远高于 ZnO 导带底，因此 ZnO 的 n 型掺杂较容易实现，掺杂元素包括Ⅲ主族元素 B、Al、Ga、In，Ⅲ副族元素 Sc、Y 和Ⅳ主族元素 Si、Ge、Sn。这些元素掺杂后替代 Zn 的位置从而释放未配对的 s 价电子，也有实验报道采用Ⅶ主族元素 F、Cl 和 I 替代 ZnO 中的 O 而形成 n 型掺杂[23]。

n 型 ZnO 可通过磁控溅射、溶胶-凝胶、MOCVD、PLD 和 MBE 等多种生长方法获得，而制备高质量的 n 型单晶 ZnO 则需要考虑掺杂导致的应变对晶格的破坏。以 MBE 生长为例，Ⅲ族元素比Ⅶ族元素具有更低的饱和蒸气压，因此掺杂过程更容易控制。金属 Al 较为活泼，MBE 生长过程中金属原料易被氧化。由于 In—O 键长远大于 Zn—O 键，In 掺杂会造成较大的晶格应变。相比较，Ga—O(1.92Å)和 Zn—O(1.97Å)键长非常接近，因此对于 MBE 和 MOCVD 生长等方法 Ga 是 n 型 ZnO 最合适的掺杂剂。Makino 等人采用 MBE 方法制备的 Ga 掺杂 ZnO 单晶薄膜的载流子浓度为 6×10^{20} cm^{-3}[24]。Meyer 等人采用低温光致发光谱研究了 ZnO 中对应不同施主杂质的束缚激子发光，通过变温测量可计算束缚激子的激活能，从而推出施主的电子离化能[25]，表 4-2 所示为光致发光谱测量得到的不同施主的热激活能，部分数据和变温霍尔效应测得的电子离化能较为吻合。

对于太阳能电池和有机发光等器件，高掺杂的 ZnO 薄膜，主要用于电子传输层，要求具有很好的导电特性和很高的可见光透过率。目前，这种多晶或者非晶的掺杂 ZnO 主要通过磁控溅射或溶液法等方法制备，具有成本低和尺寸大等优点。表 4-3 所示为不同 n 型掺杂 ZnO 的掺杂浓度和电阻率、霍尔迁移率、载流子浓度对比[25]。

表 4-2　光致发光谱测量得到的不同施主的热激活能[26~28]

元　素	结　构	能量($E_{CB}-E$)/meV	掺杂类型
Al	Al_{Zn}	65/53	施主
B	B_{Zn}	—	施主
Cr	Cr_{Zn}	—	施主
Ga	Ga_{Zn}	54.5	施主
H	H_i	37/46	施主
In	In_{Zn}	63.2	施主
Li	Li_i	—	施主
O	V_O	300	施主
Zn	Zn_i	46	施主

研究发现，Ⅲ族元素 B、Al 和 Ga 的掺杂效果最好，载流子浓度超过 10^{21} cm^{-3}，且电子迁移率保持较高，因此 ZnO：B 和 ZnO：Al 导电薄膜已成功在 CIGS 薄膜太阳能电池中得到应用。除了采用 Al 和 Ga 传统的掺杂，形成高电导 ZnO，亦可将 ZnO 和 In_2O_3、SnO_2、CdO、Ga_2O_3等 n 型宽带隙氧化物形成合金体系，尤其是 ZnO-SnO_2体系，可避免大量使用稀有金属 In，有利于降低光电子器件的成本，有利于相关产业的可持续发展。其中，最近十年 In-Ga-Zn-O(IGZO)体系的 n 型非晶氧化物薄膜的发展最为迅速。研究发现，IGZO 中 In 组分决定载流子浓度和电导率，而 Ga 组分则决定材料的结晶状态。通过改变 In 和 Ga 的组分可以实现载流子浓度可控、霍尔迁移率超过50 cm^2/(V·s)的 IGZO 薄膜。2004 年，细野秀雄于《自然》杂志上首次展示塑料基板上非晶态 IGZO TFT，引发了各国研发单位的技术竞争。以 IGZO 为代表的非晶金属氧化物薄膜晶体管已开始取代 a-Si TFT 应用于平板显示和智能电视等商品。

表 4-3　不同 n 型掺杂 ZnO 的掺杂浓度和电阻率、霍尔迁移率、载流子浓度对比[29]

掺 杂 剂	掺杂量/%	电阻率/($\times10^{-4}$ Ω·cm)	霍尔迁移率/[cm^2/(V·s)]	载流子浓度/($\times10^{20}$ cm^{-3})
Al	1.6～3.2	0.85	49.0	15.0
Ga	1.7～6.1	1.2	35.9	14.5
B	4.6	2.0	57.8	5.4
Sc	2.5	3.1	30.1	6.7
Si	8.0	4.8	14.8	8.8
V	0.45～2.7	5.0	25.5	4.9
F	0.5	4.0	31.2	5.0

重掺杂 n 型多晶 ZnO 的电子散射主要以晶界散射和离化杂质散射为主，而位错散射和中性杂质散射等机制在多晶甚至非晶氧化物半导体中的贡献较小。多晶半导体在晶界处总会呈现一定高度的势垒。假定电子通过势垒的输运主要采用热激发方式，考虑到晶界势垒高度随晶粒不同而呈现高斯分布特征，载流子迁移率受到晶界散射的影响主要由晶界势垒和晶粒大小所决定，而晶界势垒的高度则取决于载流子浓度(n)和晶界陷阱(N_t)的相对关系。

重掺杂的 n 型多晶 ZnO 中多数载流子（电子）的另一主要散射机制为离化杂质散射，载流子迁移率主要由载流子浓度和掺杂浓度的相对关系及载流子有效质量所决定。考虑到非抛物线型导带色散关系，电子有效质量随载流子浓度增大而增大。研究表明，晶界陷阱密度对低载流子浓度材料的载流子迁移率影响较大，而离化杂质散射对高载流子浓度材料的载流子迁移率限制作用较强。

3. p 型掺杂

和 n 型掺杂相比，p 型 ZnO 的制备非常困难。p 型 ZnO 的掺杂剂主要包括Ⅵ主族元素 N、P、As 和 Sb 以及第一主族元素 Li、Na、K 等。由于 N 原子大小和 O 原子差异最小，因此起初被认为是最有希望实现 p 型导电的掺杂剂，然而 N 元素在 ZnO 中的溶解度较低，其本质是由于 Zn—N 键在高温下不能稳定存在，因此通常采用等离子体 N 源在非平衡状态下实现掺杂。2005 年，Tsukazaki 等人采用低温掺杂和高温外延相结合的方法成功实现了 N 掺杂的 p 型 ZnO 和同质 p-i-n 结蓝光 LED[29]。为解决低固溶度的问题，共掺方法被认为是一种可行的解决方案。为了增强 N 元素的固溶度，人们合成了 Al-N、Ga-N 和 In-N 共掺的 ZnO 薄膜，利用 N-Ga-N 等复合结构实现 p 型转型，理论计算也显示共掺方式将显著提高 N 元素的固溶度及降低 N 受主的离化能，然而 Al、Ga 和 In 都是浅施主元素，引入它们的同时又会强烈补偿薄膜中的 N 受主。采用等电子掺杂可有效规避施主的补偿作用，例如采用 Mg-N 共掺方式，但 Mg—O 键合较强，会拉低 ZnO 的 O 2p 电子价带，从而增加 N 受主的离化能。另外，曾有报道 Be-N 或者 Te-N 等电子掺杂，Be 和 Te 均引起 ZnO 相关合金价带顶上移，从而有效降低受主激活能。然而共掺方式将额外引入杂质，显著降低薄膜的晶体质量和光电特性，不利于实现高性能光电子器件。

此外，理论计算认为 N 在 ZnO 中替代 O 形成深受主，其离化能很大，无法释放空穴而形成 p 型导电。虽然如此，人们并没有放弃通过 N 掺杂实现 p 型 ZnO。2012 年，Liu 等人通过理论研究发现，N 掺杂 ZnO 中的受主可以 O(N)-VZn 形式存在，其受主能级深度仅为 160 meV左右，是一个室温有效的受主。随后，北卡罗莱纳大学的研究人员在实验上实现了基于这种受主的 p 型 N 掺杂 ZnO，测得受主深度与理论预期很好的相符。

理论计算的不同掺杂剂的键长、能级位置及受主束缚激子的离化能见表 4-4。

表 4-4　理论计算的不同掺杂剂的键长、能级位置及受主束缚激子的离化能[30]

项　目	元　素	键长/Å	E_i/eV	ΔE/eV
ⅠA	Li	2.03	0.09	0.21
	Na	2.10	0.17	1.04
	K	2.42	0.32	1.38
ⅤA	N	1.88	0.40	0.13
	−0.46	P	2.18	0.93
ⅤA	As	2.22	1.15	−0.18
ⅡB	Zn	1.97	—	—

P、As 和 Sb 等其他Ⅴ族元素由于原子半径较大，替换 O 位的形成能较大，因此更容易替代 Zn 位。为解释 p 型 ZnO 的形成机理，Limpijumnong 等人提出用 As 占据 Zn 位，并和两个 Zn 空位形成 V_{Zn}-As-V_{Zn}复合结构，理论计算显示，该复合结构比 As_O受主具有更小的形成能和更低的空穴离化能(150 meV)，和实验测得的 As 掺杂 p 型 ZnO 的离化能(0.12 eV)较为吻合[31]。类似理论计算 Sb-2V_{Zn}的形成能为 160 meV，并在 Sb 掺杂的 p 型 ZnO 中得到证实。除了Ⅴ族元素，理论计算显示，Ⅰ族元素(Li、Na、K)可形成比Ⅴ族元素更低的离化能，见表 4-4[30]。早期实验结果发现 Li 掺杂容易形成高阻 ZnO 甚至具有铁电特性，这是由于 Li 容易形成间隙性缺陷，对替位型 Li_{Zn}形成高度补偿效应，而有报道显示 Li 掺杂的 ZnO 不仅能实现 p 型导电特性，且具有室温铁磁性，其稳定性和可靠性仍然值得研究[32,33]。而 Na—O 和 K—O 比 Zn—O 键大很多，晶格应变会导致大量本征施主缺陷的形成，从而造成对受主掺杂形成补偿。

由于掺杂的补偿度较高，ZnO 材料的空穴高度局域化，载流子迁移率非常低。同时空穴浓度也无法达到较高的水平，因此在进行霍尔测量时，霍尔电压较小，霍尔效应测试系统的准确性会降低。此外，霍尔测试对薄膜均匀性要求较高，薄膜生长方向以及薄膜平面内的掺杂不均匀性也会导致测量不准，而且晶界或者衬底类型会对霍尔系数的正负起到关键影响。因此，获得可靠、稳定的 p 型 ZnO，首要关键是如何实现 ZnO 高质量的二维外延，而二维生长大多需要在高温平衡条件下实现，这将会大大限制掺杂的固溶度。另外，p 型 ZnO 的稳定性在器件制备过程中亦受到挑战，譬如干法刻蚀会对晶体表面造成损伤，或金属合金化会导致明显互扩散，这些过程将引入大量形成能较低的施主形成，其补偿效应将会使得 p 型掺杂在器件制备过程中失效。

4.2.1.4　ZnO 的光学性质

随着材料制备手段的不断发展，ZnO 晶体质量得到显著提高，其光学性质也得到了充分的研究，包括激子在不同维度 ZnO 中的复合机制，轨道、激子和声子等元激发之间的相互作用，体内和表面缺陷引起的深能级复合发光等。

1. 自由激子与束缚激子

根据 4.2.1.2 中能带结构的描述，ZnO 导带主要是 s 态，具有 Γ_7 对称性，而价带为 p 态，受到晶体场分裂和自旋-轨道耦合作用而劈裂为 ABC 三个子带，因而 ZnO 的本征带边吸收和发光谱是由导带至三个价带子带的跃迁所主导。其中，导带至重空穴带、轻空穴带和晶体场分裂带之间的跃迁分别对应于 A、B 和 C 三个自由激子的跃迁，对称性分别为 A-Γ_7、B-Γ_9和 C-Γ_7。根据群论得知，三个自由激子遵循跃迁选择定则，表现出明显的各向异性特征。当处于 σ 偏振($\boldsymbol{E}\perp c$ 和 $\boldsymbol{k}\perp c$)和 α 偏振($\boldsymbol{E}\perp c$ 和 $\boldsymbol{k}/\!/c$)模式下，三个自由激子的跃迁均被观察到，而在 π 偏振模式下($\boldsymbol{E}/\!/c$ 和 $\boldsymbol{k}\perp c$)，自由激子 C 主导带边跃迁，自由激子 A 被禁止，而自由激子 B 跃迁较弱[34]。利用低温吸收谱、反射谱、光致发光谱和调制反射谱等可以确定 ZnO 带隙能量为 3.437 1 eV，自由激子跃迁基态能量分别为 $FX_A=3.377\ 1$ eV，$FX_B=3.389\ 8$ eV 和 $FX_C=3.419\ 8$ eV[35]，以及自由激子 A 的激子束缚能(约为 60 meV)、激子吸收系数(约为 $2.9\times10^5\ cm^{-1}$,77 K)、激子波尔半径(1.8 nm)、激子有效质量($0.31m_0$)、自旋-轨道耦合能(0.014 eV)和晶体场分裂能(0.048 eV)等物理参数[34~36]。

一般而言,低温下(4.2 K) ZnO 的带边发射谱主要是束缚激子的辐射复合,而自由激子的贡献相对较小。图 4-5 所示为典型的非故意掺杂 ZnO 晶体的低温光致发光谱。实验发现,4K 时束缚激子的光学跃迁优先发生在 $\boldsymbol{E}\perp c$ 偏振条件下,一般中性施主束缚激子(D^0X)和中性受主束缚激子(A^0X)对应的跃迁能量比自由激子 A 低约 10 meV 和 25～30 meV[35]。同时束缚激子易和纵向声子(LO)相互耦合,在光致发光谱中表现为多阶 LO 声子伴线,其能量差约为 72 meV。B. K. Meyer 等人系统地研究了 ZnO 材料中束缚激子和施主-受主对 (DAP)的复合机制,通过双电子卫星峰(two-electron satellite transitions,TES)的位置确定了 ZnO 中 H、Al、Ga、In 等六种浅施主的束缚激子的结合能[36]。在 ZnO 表面和纳米 ZnO 结构的低温 PL 中,在 3.365～3.372 eV 处会观察到束缚激子的发光,其能量位于 D^0X 和 FX 之间,这是表面束缚激子(SX)辐射复合[37]。随着温度的升高,表面束缚激子发光迅速衰减,并转化为自由激子发光,表明表面态对激子的束缚能较小。而在 3.2～3.25 eV 能量附近,大多数低温 PL 谱会观察到施主-受主对(DAP)复合发光及其 LO 声子伴线。由于 ZnO 中激子发光特性较为复杂,因此在指认发光起源时必须考虑到系统的分辨率、测试温度,同时需要结合变温、变激发功率等方式或者其他测试手段等综合判定施主或受主特征。

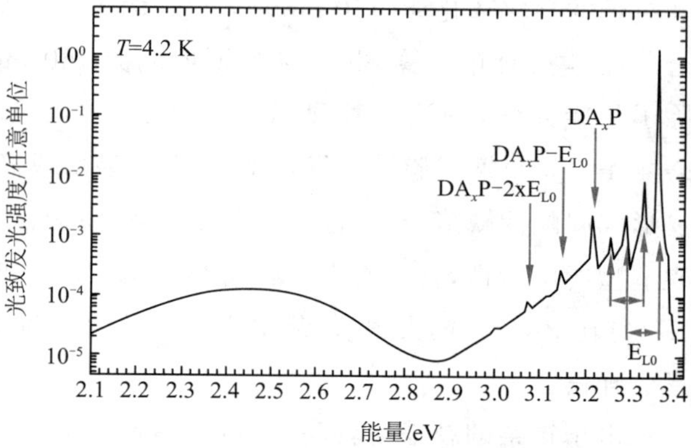

图 4-5　典型的非故意掺杂 ZnO 晶体的低温光致发光谱

2. 缺陷复合发光

ZnO 材料中的可见光发射非常复杂,目前已报道的可见光发光峰位主要集中在:紫带发光 (3.06 eV)、绿带发光(2.45 eV)、黄带发光(2.2 eV) 和红带发光(2.0 eV)[38]。这些发光峰位由不同的发光中心和发光机制造成,而不同发光中心是由不同类型的本征或者杂质缺陷充当,例如间隙位锌(Zn_i)、氧空位(V_O)、锌位氧(Zn_O)等施主型缺陷和锌空位(V_{Zn})、间隙位氧(O_i)、氧位锌(O_{Zn})等受主型缺陷。对于 2.45 eV 的绿带发光在 ZnO 薄膜、粉末和纳米结构中最为常见,大多数研究者认为这是材料中氧空位缺陷能级跃迁引起的发光[38],但最近更多理论和实验结果倾向于和锌空位有密切关系[39,40]。

ZnO 中缺陷的形成能强烈依赖于生长条件。理论计算表明,ZnO 中主要以空位形式的缺陷的形成能较低。当费米能级靠近导带时,即在 n 型 ZnO 中,锌空位的形成能远远低于氧空位,因此在非故意掺杂的 ZnO 中观察到的绿光发光不能直接归结于氧空位缺陷。图 4-6 所示为理论计算的不同缺陷在 ZnO 禁带中的热激活能级位置,这和缺陷相关的光致发光谱及深能级瞬态谱实验结果较为接近。通过光致发光谱、电子顺磁共振、正电子湮灭和深能级瞬态谱相结合，可量化分析深能级缺陷类型、缺陷浓度和价态特征等。例如在 Cu 掺杂、N 掺杂或非故意掺杂的 ZnO 中，2.5 eV 的绿光发射通常伴有精细结构，研究发现其零级声子发射在 2.859 eV 处[41~43]，而无精细结构的绿光发射则认为和锌空位缺陷相关[39,40]。位于 2.2 eV 的黄光发射在 Li 掺杂 ZnO 和水热法制备的 ZnO 体单晶中均被观察到。另外，ZnO 的表面极不稳定，一般会通过吸附外来离子或者表面重构降低表面能，尤其对于纳米结构 ZnO，表面能带弯曲或者表面电荷的分布等会对材料的发光和导电特性产生较大影响。

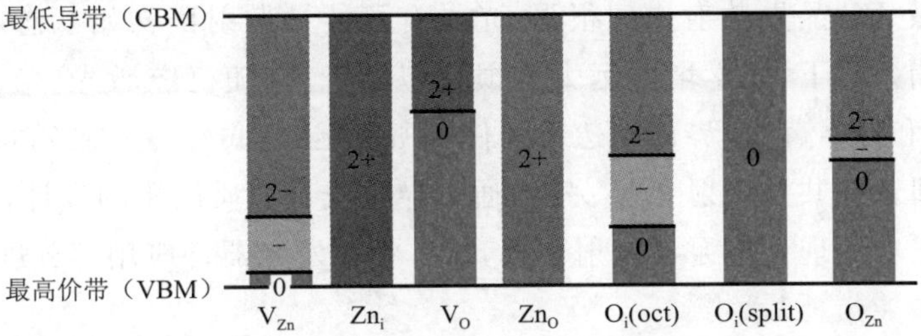

图 4-6　理论计算的不同缺陷在 ZnO 禁带中的热激活能级位置

注：O_i(oct)为氧原子八面体间隙缺陷；O_i(split)为氧原子分裂间隙缺陷。

3. 量子阱发光及非极性 ZnO 的发光

量子限制效应可以提供更大的共振长度和激子束缚能，且工作波长可调节。由于 ZnO 中激子波尔半径很小，只有当束缚方向的尺寸非常小的时候量子限域效应才变得显著。很多研究小组报道了 ZnO/MgZnO 量子阱的制备和光学性质，量子阱的阱层厚度可控制在 1.5 个晶胞尺度或以下，量子限域效应及极化场导致的斯塔克效应已得到研究。Morhain 等人通过 $Zn_{0.22}Mg_{0.78}O$/ZnO 量子阱发光衰减寿命与阱宽的变化关系计算出内建电场为 0.9 MV/cm，而 Park 等人的研究显示，当 Mg 组分低于 0.2，且阱层厚度小于 4.6 nm 时，由于自发极化和压电极化方向相反而导致内建电场可忽略不计，电子-空穴对波函数充分重叠，激子更加稳定，因此相比于 AlGaN/GaN 体系，ZnMgO/ZnO 量子阱受激辐射增益更高，受激阈值更低。

为减小内建电场的影响，人们尝试在不同衬底上制备非极化或者半极化 ZnMgO/ZnO 量子阱结构。例如在 *R* 面或 *m* 面蓝宝石衬底上可分别制备出 *a* 面或 *m* 面 ZnO。和 GaN 一样，非极性面 ZnO 呈现非常明显的偏振依赖特性，已有报道偏振度高达 93%。

4. 受激辐射

室温下，ZnO 的紫外发光通常是由自由激子自发辐射复合发光引起的，但当激发强度高于一定阈值，激子、声子和自由电子等相互作用，非线性光学过程占据主导地位。Bagnall 等人[44]利用 He-Cd 紫外光激光器作为泵浦光源激发 ZnO 薄膜。实验发现，低激发强度下，发光谱主要是由自由激子的自发辐射复合所主导；当处于中等程度激发强度下，激子-激子和激子-自由电子间的相互耦合，导致 3.18 eV 处的发光强度迅速增加，线宽变窄，位置低于自由激子能量 $3/2kT$；当激发强度高于 1 MW/cm^2 时，直接跃迁引起的电子-空穴对密度超过 Mott 密度（约 3.7×10^{19} cm^{-3}）时，激子波函数相互重叠，相空间填充和库仑相互作用导致激子特征消失，而表现为电子-空穴等离子体(EHP)。由于多体效应引起的能带重整化效应及激子相互散射作用的增强，EHP 激射明显展宽，且能量红移。激子-激子散射引起的受激辐射比 EHP 受激辐射阈值更低，并且具有更大的光学增益，激射现象可一直保持到 550 K 以上，这十分有利于实现高温、低阈值紫外光激光器[45]。而量子阱、量子点、纳米线或纳米管中，由于量子限制效应的作用，激子的束缚能增大而变得更加稳定，尤其是当尺寸和激子波尔半径相当时，激子分子或 EHP 在较小激发强度下就能形成，受激辐射的阈值更低。

类似激射现象也在 ZnO 多晶薄膜和粉末材料中得到验证。当激发强度超过一定值，自由激子的自发辐射转变为受激辐射，且随着激发强度的增加出现更多的激光峰。由于多晶材料中载流子或者激子的晶界散射作用很强，光子有可能被散射回初始状态，从而形成相干回路。在高强度泵浦条件下，光学增益远大于损耗，从而产生随机腔激光。激光共振则由光增益系数、晶粒尺寸和分布、散射界面和边界条件等所决定。Chen 等人在 ZnO 六方纳米柱中通过光泵浦实现了回音壁共振激射[46]。另外，通过异质或者同质结构的设计，人们在 ZnO 薄膜和纳米结构中也成功实现了电泵浦激射现象，具体将在发光器件应用部分进行介绍。

5. 合金工程和能带剪裁

能带工程是剪裁半导体材料光电性能和发展新型器件的重要前提，ZnO 的带隙可通过阳性晶格离子的等价置换进行调节从而制备异质结构。譬如，ZnO 可通过和 MgO 或 BeO 将带隙提高至 5 eV 以上，而和 CdO 合金则可以将带隙减小至 2.0 eV 左右，能带调节范围覆盖深紫外至可见光波段，应用前景非常广泛。通常三元合金带隙随组分变化关系可表示为

$$E_g(x)=(1-x)E_{ZnO}+xE_{AO}-bx(1-x)$$

式中，E_{ZnO}和 E_{AO}分别代表 ZnO 和氧化物（MgO、CdO 和 BeO）的带隙；b 为能带弯曲系数，主要取决于合金成分之间电负性的差别。

如前所述，BeO 和 ZnO 具有相同的纤锌矿结构，因此，理论上 Be 组分的任意改变不会导致 $Be_xZn_{1-x}O$ 出现明显相分离。BeO 的带隙为10.6 eV，其晶格常数为 $a=2.698$ Å 和 $c=3.377$ Å。Ryu 等人率先采用混合束沉积方法制备出了 Be 组分高达 60%的 BeZnO 合金，其带隙宽度为 7.8 eV，并且实现了以 BeZnO/ZnO 多量子阱为有源层的同质 PN 结紫外发光二极管。然而由于 Be 毒性较大，相关合金制备的研究较少。

ZnMgO 合金的研究较为系统。图 4-7 (a) 总结了全组分变化条件下 $Zn_{1-x}Mg_xO$ 合金的带隙与组分的依赖关系。组分 $x<0.4$ 时，带隙和 Mg 组分几乎呈现线性关系，弯曲系数 b 接近于 0，$E_g(x)=(3.37+2.51x)$[47]；$0.68<x<1$ 之间，$Zn_{1-x}Mg_xO$ 呈现岩盐矿结构，$E_g(x)=(7.6\pm0.5)-(7\pm1)x+(7\pm1)x^2$；而在 $0.4<x<0.68$ 时，具有相同组分的 ZnMgO 带隙因为岩盐矿和纤锌矿结构的差别具有 1 eV 左右的不连续性。另外，$Zn_{1-x}Mg_xO$ 合金的热稳定性随 Mg 组分的增大而降低，当 $x=0.15$ 时，ZnMgO 合金可在 1 000 ℃保持带隙不变[47]。

Cd 在 ZnO 中的固溶度只有 4%，因此大多数实验采用低温非平衡生长以增加 Cd 的组分。采用 PLD 方法制备的单晶 $Zn_{1-y}Cd_yO$ 薄膜，Cd 最高组分为 7.3%，最小带隙为2.99 eV，带隙随组分的变化关系为 $E_g(y)=3.29-4.40y+5.93y^2$，晶格常数对 Cd 组分的依赖关系为 $a(y)=3.252+0.143y-0.147y^2$ 和 $c(y)=5.204+0.956y-5.42y^2$[48]。通过等离子体增强 MOCVD 低温生长方法可以将 Cd 组分提高到 70%，最小带隙为 1.85 eV。组成异质结构的界面导带和价带不连续是能带剪裁必须考虑的主要参数。研究发现，ZnBeO/ZnO，ZnMgO/

ZnO 和 ZnO/ZnCdO 异质结均属于Ⅰ型结构。ZnMgO/ZnO 异质结构的导带与价带带阶的大小比为 0.6/0.4[49]，而 CdZnO/ZnO 的导带与价带的带阶比约为 0.56。由于 ZnMgO 及 ZnCdO 面内晶格常数均大于 ZnO，因此选择合适的 Mg 及 Cd 组分可形成晶格匹配。具有较大能带偏移的 ZnMgO/ZnCdO 异质结，可增强对载流子的限制效用。

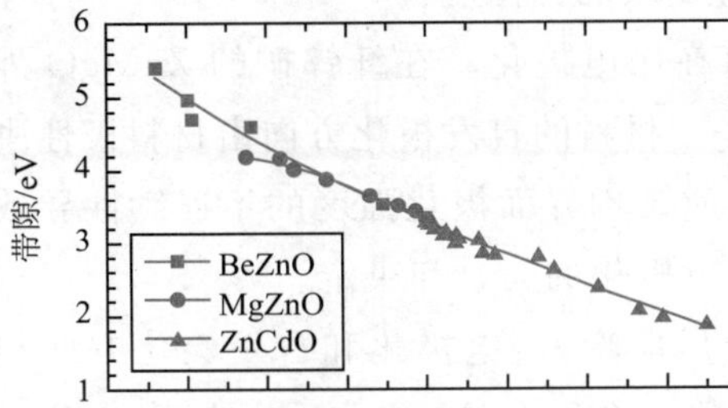

(a) ZnMg(Be，Cd)O合金带隙

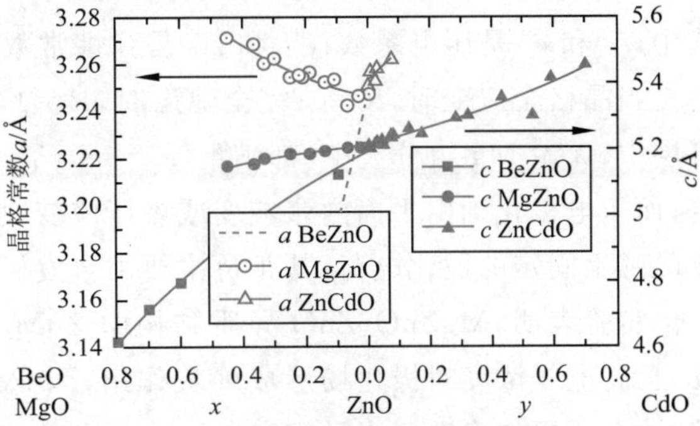

(b) 晶格常数与组分的变化关系

图 4-7 ZnMg(Be,Cd)O 合金带隙和晶格常数与组分的变化关系

ZnO 也可以通过和 ZnS、ZnSe 等具有闪锌矿结构的Ⅱ-Ⅵ族半导体形成三元合金。由于 O 和 S、Se 的电负性和原子半径具有较大差异，且 Zn—S、Zn—Se 键具有共价性而 Zn—O 键更偏向离子性，因此称为高失配合金，其带隙随组分变化的弯曲系数更大，并呈现负值。实验报道，$ZnO_{1-x}S_x$ 和 $ZnO_{1-x}Se_x$ 合金的能带弯曲系数大小分别为 3 eV 和 7 eV[50]。

4.2.1.5 极化效应

1. 自发极化与压电极化

如前所述，ZnO 总是呈现[0001]和[000$\bar{1}$]两种相反的原子层排列方向。平行 c 轴的 Zn—O 键和四面体的其他三个 Zn—O 键长不一致，从而形成一电偶极子，其极化场方向指向 Zn 原子。通常定义极化正方向为沿 c 轴从阳离子(Zn)指向最近邻阴离子(O)的方向，即自发极化方向与[0001]方向相反。表 4-5 中列出了 ZnO 等材料的自发极化系数、压电系数和弹性常数。在低 Mg 组分情况下，$Zn_{1-x}Mg_xO$的自发极化可表示为 $P_{SP}(Zn_{1-x}Mg_xO)=-(0.057+0.066x)(C/m^2)$。

表 4-5 纤锌矿结构 ZnO、BeO、MgO 和 CdO 的自发极化系数、压电系数和弹性常数[11,49,51]

项 目	ZnO	BeO	MgO(纤锌矿)	CdO(纤锌矿)
$P_{SP}/(C/m^2)$	−0.057	−0.045	−0.144	−0.11
$e_{33}/(C/m^2)$	0.89	0.02	—	1.67
$e_{31}/(C/m^2)$	−0.51	−0.02	—	−0.48
$C_{13}/(GPa)$	105.1	77	88	61
$C_{33}/(GPa)$	210.9	488	222	105

除了自发极化，ZnO 还具有很好的压电特性。压电矢量 P_{PE} 由压电系数和应变张量的乘积决定。在应变 ZnMgO/ZnO 异质结的 c 轴方向，ZnMgO 应变层中的压电极化强度可表示为

$$P_{PE}(\mathrm{ZnMgO})=2(1-R)\frac{a(\mathrm{ZnMgO})-a(\mathrm{ZnO})}{a(\mathrm{ZnO})}\left(e_{31}-e_{33}\frac{C_{13}}{C_{33}}\right)$$

式中，e_{33} 和 e_{31} 是压电系数；C_{13} 和 C_{33} 是弹性常数；R 为应变层的弛豫度。

当晶格全应变时，$R=0$；完全弛豫时，$R=1$，即不存在压电极化。在纤锌矿的 ZnMgO 外延层中，无论 Mg 组分大小，都满足 $(e_{31}-e_{33}C_{13}/C_{33})<0$。材料的自发极化方向由材料极性决定，而压电极化则由平面内张应变或者压应变决定。异质结构界面极化强度的不连续性导致界面感生固定的极化电荷，其正负主要由自发极化和压电极化的矢量和决定。

实验表明，MgZnO/ZnO 异质结构中 ZnMgO 处于压应变，压电极化和自发极化方向相反，且高电子浓度对极化场形成屏蔽作用，因此低 Mg 组分的 ZnO/MgZnO 量子阱中内建场较弱，激子更加稳定。当阱宽和激子波尔半径相当时，如 $Zn_{0.73}Mg_{0.27}O$/ZnO (1.8 nm)量子阱中，激子束缚能高达 115 meV。而在应变 ZnCdO/ZnO 量子阱中，ZnCdO 和 ZnO 晶格失配较大，压电极化强度为 $P_{PE}(Zn_{1-y}Cd_yO)=-0.29y(C/m^2)$，自发极化强度为 $P_{SP}(Zn_{1-y}Cd_yO)=-0.15y(C/m^2)$。自发极化和压电极化强度均远超过 ZnMgO/ZnO 量子阱，且极化方向相同，因此极化导致的内建电场大小为 6×10^9 V/m，和 InN/GaN 内建电场大小相当。由极化导致的量子限制斯塔克效应在 ZnCdO/ZnO 量子阱中非常显著。时间分辨光致发光谱显示，当 ZnCdO/ZnO 阱宽从 1.5 nm 增加到 3.2 nm，激子复合发光衰减寿命从 0.53 ns 增加到 74 ns。

2. 二维电子气（2DEG）

和Ⅲ族氮化物类似，ZnO 基异质结构界面在强极化诱导作用和巨大能带带阶作用下会形成强局域化的高浓度二维电子气系统。ZnO 本身兼具过渡金属氧化物的电子强关联特征，因此 ZnO 异质结构界面电子气由于受到对称性的破缺，电子、晶格、轨道和自旋等自由度相互作用，会导致更加丰富的物理现象。以 ZnMgO/ZnO 和 LAO/STO 为代表的极性氧化物界面电子系统是研究低维量子输运的理想体系，而且具有极其重要的技术应用价值，有利于发展高性能二维电子气电子器件。

图 4-8 所示为不同应变条件下 ZnMgO/ZnO 异质结中自发极化和压电极化方向及其极化电荷分布。对于图 4-8(a)、(c)、(f)三种情况，界面极化净电荷为正，电子将被吸引至界面

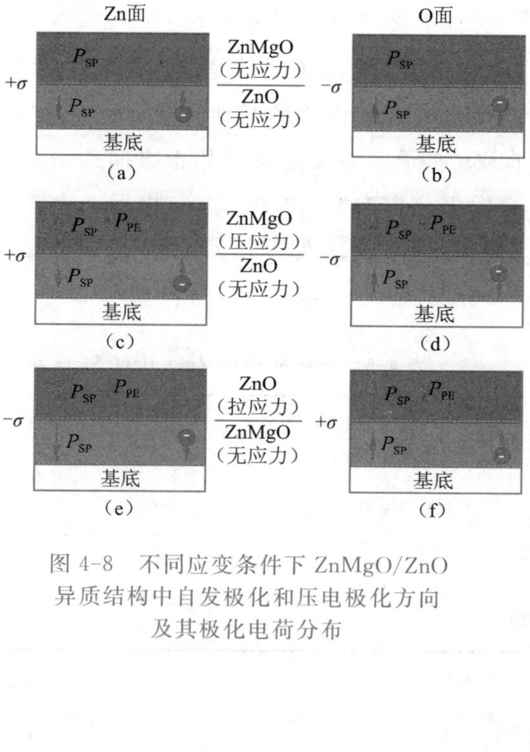

图 4-8 不同应变条件下 ZnMgO/ZnO 异质结构中自发极化和压电极化方向及其极化电荷分布

形成二维电子气；相反，对于图 4-8(b)、(d)、(e)三种情况，界面感生负极化电荷，吸引空穴。若 ZnMgO 势垒层完全弛豫，则如图 4-8(a)、(b)所示，只存在自发极化。正如图 4-8(c)、(f)两种情况所预计，在 O 面 ZnO(张应变)/ZnMgO 和 Zn 面 ZnMgO(压应变)/ZnO 两种异质结中均实验观察到高迁移率二维电子气[52]。以 Zn 面 ZnMgO/ZnO 为例，ZnMgO 处于压应变状态，压电极化方向反平行于自发极化。考虑较厚的 ZnO 外延层应力完全释放，界面感生的极化电荷密度可表示为

$$\sigma=\Delta P_{SP}+\Delta P_{PE}=P_{SP}(ZnMgO)-P_{SP}(ZnO)-P_{PE}(ZnMgO)$$

式中，极化强度近似和 Mg 组分成正比，$\Delta P_{SP}=0.066x(C/cm^2)$和 $\Delta P_{PE}=-0.037x(C/cm^2)$。因此界面极化电荷密度可表示为 $\sigma=0.029x(C/cm^2)$，x 为 Mg 组分含量。

因此，即使不掺杂，通过极化诱导的电子面密度高达 $10^{13}\ cm^{-2}$，可和Ⅲ族氮化物异质结中 2DEG 浓度相比拟。

实验表明，二维电子气浓度不仅取决于极化电荷的密度，它与异质结构中 Mg 组分、势垒层厚度、应变和掺杂等有很强的依赖关系。综合文献报道，当 ZnMgO 全应变时，2DEG 浓度随着 Mg 组分的增加而增加，其变化率为 $1.83\times10^{13}\sim1.98\times10^{13}\ cm^{-2}$，这是由于 ZnMgO 势垒层极化增强导致界面正极化电荷密度增加，其次是异质界面导带带阶增大，三角形量子阱加深，对载流子的限制作用增强。当 Mg 组分固定时，2DEG 浓度随 ZnMgO 厚度增加而增加，并逐渐达到饱和。这一现象已通过基于表面态模型的理论自洽计算获得证实，说明界面电子起源于表面施主态。若 ZnMgO 中 Mg 组分是线性渐变增加的，由极化强度 $\Delta P(=|\Delta P_{SP}|-|P_{PE}|<0)$判断，未被中和的极化电荷为正，其体密度 $N_{D\pi}=\nabla P=\sigma_{\pi}/dq$。这些固定极化电荷将会吸引电子以满足泊松方程和局域电中性特征，从而诱导具有体材料特征的高迁移率的三维电子气[53]。

影响 ZnMgO/ZnO 异质结构中载流子的散射机制主要包括合金无序散射、离化杂质散射、界面粗糙度散射、声学声子散射、极化光学声子散射、贯穿位错散射和电偶极子散射(dipole scattering)等。Falson 等人[54]报道，当 2DEG 浓度低于 $1.4\times10^{11}\ cm^{-2}$时，载流子迁移率随着浓度增大而增大，即表现为载流子迁移率和浓度的关系，这是因为载流子浓度增加对残余的离化杂质进行屏蔽，从而降低了离化杂质散射概率，提高载流子迁移率；当 2DEG 浓度高于 $1.4\times10^{11}\ cm^{-2}$时，迁移率随着电子浓度增加而下降，这是由界面粗糙度散射所主导的。

Kawasaki 等人率先在 ZnMgO/ZnO 异质结构中观察到整数和分数量子霍尔效应，如图 4-9所示，二维电子气低温迁移率接近 $10^6\ cm^2/(V\cdot s)$。和Ⅲ族氮化物 2DEG 相比，氧化物界面电子气系统表现出更多新奇量子输运特性，包括自旋极化、有效质量奇异增大和较长自旋相干时间。这使得 ZnO 基氧化物界面电子气系统在未来自旋光电子器件和量子信息器件等方面具有非常重要的应用前景[55]。然而，目前对 ZnMgO/ZnO 2DEG 的研究仍处于零散、孤立的发现阶段，缺乏系统认识。这些新奇输运特性对现有的半导体载流子输运理论提出了新的问题和挑战。

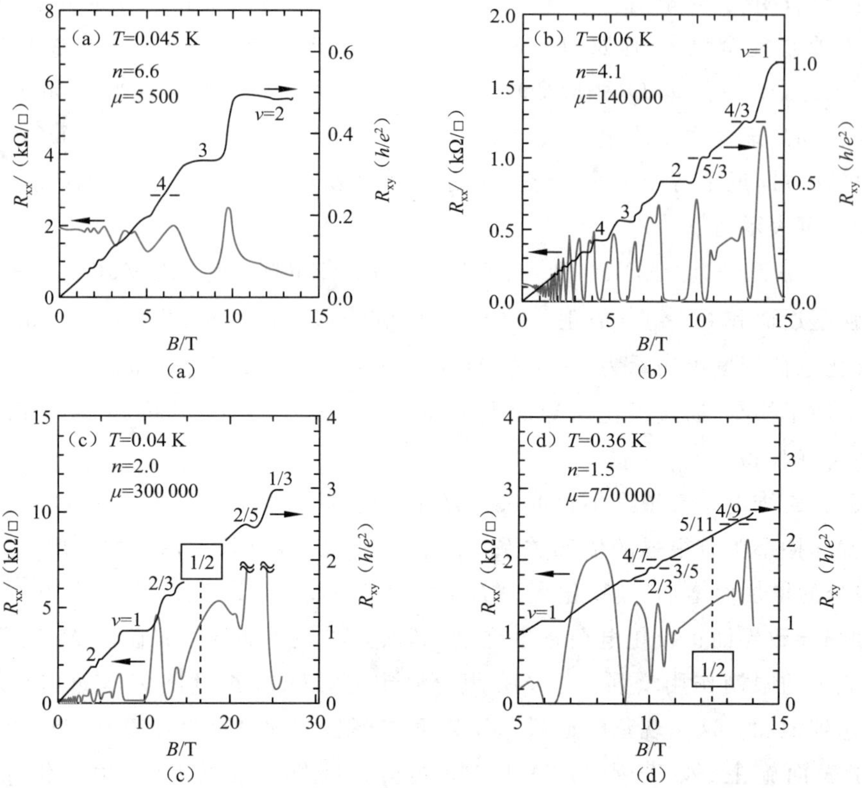

图 4-9 ZnMgO/ZnO 低温整数量子霍尔效应和分数量子霍尔效应

4.2.2 ZnO 材料制备

ZnO 材料可通过多种制备技术获得。采用不同的衬底、不同的制备技术，材料的晶体质量和光电特性也存在很大差异。以下将简要介绍 ZnO 及其相关材料的体单晶、外延薄膜和纳米结构的制备技术及其相关研究进展。

4.2.2.1 ZnO 单晶生长

ZnO 单晶的生长方法主要包括水热法、气相传输法和熔融法。采用水热法，可以从 KOH 和 LiOH 混合水溶液中生长 ZnO 晶体。选用适当的前驱物放置在银坩埚中，溶液放置在坩埚和高压釜的间隙中，前驱物需要保持在某一温度，并与籽晶区保持一定的温度梯度。水热法生长的晶体完整性较好，生长速率相对较低，生长温度为 300～400 ℃，气压为 70～100 MPa。水热法制备的 ZnO 单晶尺寸目前最大可达到 4 英寸，ZnO (0002) 晶向的 XRD 摇摆曲线半宽最小仅为 8 弧秒[56]。溶剂造成的污染是水热法和溶剂生长技术的严重问题，因此水热法生长的 ZnO 晶体呈浅绿色或浅黄色，杂质主要包括 Li、Na、K、Mg、Al、Si、Cd 和 Fe 等，浓度在 10^{15}～10^{17} cm^{-3} 不等。采用高温退火、化学抛光和表面腐蚀等后续处理工艺可使得 Li、Na、K 等杂质浓度大大降低，电子背景浓度为 1×10^{14} cm^{-3}，迁移率为 200 $cm^2/(V\cdot s)$[57]。另外，人们也尝试使用水热法实现原位掺杂和合金，包括 Mg (5.5 mol%)、In、Al、N、Co 及其他三价或二价金属离子，其掺杂浓度为$10^{18}\sim10^{20}\ cm^{-3}$，但掺杂效率不高且难以控制。

气相生长方法可以获得更纯和更高质量的 ZnO 衬底。在物理气相输运中，由 Zn 和 O 反应生成的 ZnO 颗粒放置在以石英管的高温端作为生长的原料，H_2 作为载气不仅在高温端与 ZnO 反应生成气态 Zn 和 H_2O，同时将气态 Zn 带入到低温端。在低温端，相反的反应过程将气态 Zn 转变成 ZnO，并在衬底上生长出来。在生长过程中，应通入适量的 H_2O 以保证合适的化学计量配比。气相传输的生长速率为 70 μm/h，ZnO(0002)摇摆曲线半宽约为 30 弧秒，背景电子浓度约为 $10^{16}\ cm^{-3}$ 或更低，迁移率室温下为 205 $cm^2/(V\cdot s)$，而在 50 K 左右可达到2 000$cm^2/(V\cdot s)$，主要杂质为 Si 和 N 等。目前气相生长方法主要存在的问题在于晶体尺寸仍然达不到工业化生产的要求。另外，Cermet Inc 采用射频加热方式可使得高压坩埚达到 1 900 ℃，将高纯 ZnO 粉末熔融形成 ZnO 单晶[58]。利用 V_2O_5、B_2O_3、MoO_3 等助熔剂，可以把生长温度降低到 1 100 ℃以下，但所得晶体质量较差[59]。熔融法的优点在于高生长速率(1～5 mm/h)、能满足多晶向生长及原位掺杂，而主要缺点在于残余杂质浓度高、电子背景浓度高、载流子迁移率偏低。相比而言，三种方法各具优劣，而共同的挑战是实现大尺寸、高质量的非极性单晶衬底的制备，以及原位掺杂和合金的可控性以满足工业化生产的需求。

4.2.2.2　ZnO 外延生长

由于 ZnO 单晶较为昂贵且尺寸受到限制，大多数 ZnO 薄膜的外延都是采用异质材料作为衬底。目前异质衬底的选择有两类：一类是失配率较大的蓝宝石和硅；另一类是晶格匹配的 GaN、SiC 和 $ScAlMgO_4$ 尖晶石等，但此类材料的单晶衬底价格昂贵，因此主要以蓝宝石衬底为主。高质量的 ZnO 外延技术主要包括 MBE、PLD(L-MBE)、MOCVD 和 HVPE 等方法。以下将结合相关研究进展对外延制备技术及生长机理进行简要介绍。

1. 分子束外延(MBE)

分子束外延技术由于其固有的原子尺度的控制水平和强大的监测功能已成为 ZnO 材料生长，特别是开展 ZnO 材料的极性控制与物理研究的有效手段。和传统的用于Ⅲ～Ⅴ族或Ⅳ族半导体材料外延的 MBE 系统相比，氧化物 MBE 系统的技术要求较高。由于氧在 800 ℃以下裂解效率较低，因此通常配备射频或微波等离子体或者臭氧作为氧源。对于 ZnO 外延，需要的衬底温度要求较高，因此氧分压下，Zn 和其他金属原料需要特殊防氧化措施以保证外延过程中稳定的束流。高温下，加热衬底的电阻丝容易被氧化，因此需要考虑特殊金属或者涂覆 SiC 半导体材料，也可通过射频或激光加热等方式解决。生长温度窗口主要集中于 400～500 ℃低温区及 800～1 000 ℃高温区。典型 Zn 束流为 $6.67\times10^{-5}\sim1.33\times10^{-3}$ Pa($5\times10^{-7}\sim1\times10^{-5}$ Torr)，生长速率最高可达 1.16 μm/h。

研究发现，在 GaN 衬底上，由于晶格几乎匹配，450 ℃以上就能实现 ZnO 二维生长。在蓝宝石衬底上 MBE 方法直接外延获得的 ZnO 表面极性取决于平面内晶向，并强烈依赖于生长温度和生长速率，高温下为 O 面，而低温下为 Zn 面，O 面 ZnO 晶体质量通常优于 Zn 面 ZnO 晶体质量[60]。通常对于蓝宝石衬底，一般采用氧气等离子体气体进行高温处理[61]，但也有研究发现，在 c 面蓝宝石衬底上预淀积 2～3 个 Ga 原子层，可实现 ZnO 二维层状生长，并消除 30°晶畴旋转现象，大大减小材料中刃位错密度[62]；而在非氧化物衬底(如 Si 和 GaN)上，则采用 Zn 的预淀积，可避免表面形成非晶氧化物影响材料的初期成核生长。ZnO 与蓝宝石衬底间存在较大的晶格失配(18.4%)和热膨胀系数失配(−34%)。研究发现，生长于 c 面蓝宝石衬底上的 ZnO 处于压应变状态，当厚度超过 200 nm 时，双轴压应力开始释放；当厚度超过 500 nm 后，残余压应变减小为稳定值，这是由生长降温过程热失配所引起的。

为克服外延层与衬底间的晶格失配和热失配，大多数外延技术均会采用缓冲层以减小外延层的应力，而缓冲层的选择与处理直接影响外延层的生长模式和晶体质量等。MBE 系统制备 ZnO 时则常采用 MgO 作为缓冲层。当 MgO 缓冲层淀积完，通常会在氧气氛下进行 800～1 000 ℃的高温退火处理，以增强原子的表面迁移能力，增大台阶宽度，减小表面粗糙度，有利于高温 ZnO 二维层状生长[63]。同时，MBE 生长的 ZnO 表面形貌强烈依赖于 O/Zn 摩尔比，当生长处于富氧状态，ZnO 呈现二维层状生长模式，可观测到明显的生长台阶；当生长处于富锌状态，ZnO 表面出现六边形凹坑[61]，或三角与六角稳定柱状结构[64]，表面粗糙度增加。电子迁移率是判断材料质量优劣的最严苛的指标，缺陷浓度、位错、合金无序、界面粗糙等都会增强对载流子的散射作用而降低电子迁移率。Kawasaki 课题组在 ZnO 单晶衬底上外延制备的 ZnMgO/ZnO 异质结构界面 2DEG 电子迁移率最高接近 10^6 $cm^2/(V \cdot s)$，是目前 ZnO 外延技术的最高纪录[65]。这为 ZnO 及其异质结构基本性质的深入研究提供了高品质的材料平台。

2. 激光脉冲沉积(PLD)

激光脉冲沉积法是近年迅猛发展的真空物理沉积工艺，也是最早用于制备高品质 ZnO 的外延方法。其优点是可精确控制化学计量、合成与沉积同时完成、对靶的形状与表面质量无要求和原位即时监控等。生长原理和溅射法类似，高能短波长脉冲激光辐射靶材而获得高能氧化物分子的等离子体，并在一定温度的衬底上沉积化学组分匹配的氧化物材料。通常的 PLD 系统的背景真空度和工作气压一般为 1.33×10^{-6} Pa(10^{-8} Torr)和 1.33×10^{-3}～13.3 Pa(10^{-5}～10^{-1} Torr)。当背景真空度小于 10^{-10} Torr，且采用臭氧或者等离子体氧源时，工作气压小于 10^{-5} Torr，粒子的平均自由程可能超过靶材至衬底的距离，和 MBE 中分子束流的输运类似，因此也被称为激光-分子束外延(L-MBE)。激光能量、激光脉冲频率、生长温度、氧分压及衬底处理是 PLD 或 L-MBE 技术中决定外延薄膜质量的主要因素。文献报道的 ZnO 的 PLD 的生长温度范围较大，从350 ℃至 1 000 ℃。研究表明，当生长温度为 1 000 ℃时，ZnO 单晶质量有显著提高，可明显观察到 0.26 nm 的 ZnO 原子台阶，室温载流子浓度为 2.8×10^{16} cm^{-3}，迁移率为119 $cm^2/(V \cdot s)$[66]。采用晶格失配仅为 0.09%的 $ScAlMgO_4$ 尖晶石单晶衬底，Tsukazaki 等人在1 000 ℃高温下制备出具有原子层平整度的高品质 ZnO 单晶薄膜，ZnO (0002) 和 (10$\bar{1}$1) 面的 XRD 摇摆曲线半宽仅为 39 弧秒和 34 弧秒，说明材料中螺旋位错和刃位错密度得到进一步降低。值得指出的是，许多重要发现都是率先来自于 PLD 制备的 ZnO 单晶薄膜，包括首次在 PLD 制备的 ZnO 薄膜中观察到室温紫外受激辐射(公认的首次实现 p 型及 p-i-n 结 LED，是 2004 年底 2005 年初日本东北大学 kawasaki 采用 MBE 实现的，实验中采用的激光只是用来快速加热衬底，而不是用来溅射靶材)和首次在 ZnMgO/ZnO 2DEG 中观察到整数量子霍尔效应等。

3. 金属有机气相外延(MOCVD)

MOCVD 是利用金属有机化合物作为前驱物进行金属输运的气相外延。相比于 MBE 和 PLD 等真空物理沉积方法,MOCVD 是利用化学反应制备半导体薄膜,并具有大面积生长、对组分或厚度能精确控制、可重复、能调节反应室压力、高淀积速率、能覆盖复杂形状、可进行气体的快速切换、可制备多层膜的陡峭界面等显著特点,是半导体产业化的优选技术方法。常用的 Zn 源是 DMZn(二甲基锌)和 DEZn(二乙基锌),而氧源的可选择性较大,包括 CO_2、N_2O、O_2、H_2O 和叔丁醇等。衬底通常选用 c 面或 a 面蓝宝石、GaN 或 Si 等。目前报道 ZnO 的 MOCVD 制备主要是低于 700 ℃以下的低温外延,晶体质量较差,仅有少数课题组利用 MOCVD 高温近平衡外延技术制备 ZnO 单晶薄膜。高温外延面临的主要挑战是如何克服与异质衬底之间的较大晶格失配和热失配问题,以及如何控制高温下的气相预反应。以 c 面蓝宝石外延 ZnO 为例,通常采用低温缓冲层和高温外延相结合的两步生长法。采用氮气或者氩气作为载气和缓冲气体,二甲基锌(DMZn)作为锌源,叔丁醇和 N_2O 分别用于低温缓冲层和高温外延层的氧源。低温缓冲层的优化生长温度约为 480 ℃,高温外延层的温度窗口在 850～1 000 ℃之间,生长压力保持为 9 999 Pa(75 Torr),典型生长速率为 1.6 μm/h。经过优化获得的 ZnO 单晶外延层的 XRD (0002) 面摇摆曲线半宽约为 183 弧秒,载流子浓度为 $2\times10^{16}\ cm^{-3}$,迁移率为 143 $cm^2/(V\cdot s)$。另外,利用 As 等表面活化剂,可有效提高表面吸附原子的迁移长度,改善 ZnO 的二维层状外延,从而进一步降低螺旋位错密度和背景载流子浓度(约 $8\times10^{15}\ cm^{-3}$)。MOCVD 技术也常被用于 n 型和 p 型 ZnO 的原位掺杂,n 型主要利用 TMGa、TMIn、TMAl 等Ⅲ族金属有机源实现,其电阻率可低于 $10^{-4}\ \Omega\cdot cm$[64]。N、P、As、Sb 的 p 型掺杂也被多个研究小组报道,但 p 型掺杂仍存在不稳定性问题,近年来进展非常缓慢[67]。另外,MOCVD 外延的 ZnMgO/ZnO 和 ZnCdO/ZnO 量子阱等高质量异质结构已被报道,其界面 2DEG 在低温下的迁移率超过 3 000 $cm^2/(V\cdot s)$[68]。

4. ZnO 极性控制及非极性外延

由于 O 面和 Zn 面极性的 ZnO 材料的物理和化学特性存在较大差异,包括掺杂效率、表面形貌、电学输运、表面吸附、表面重构与缺陷、发光特性和肖特基接触等,因此极性控制对材料质量和最终光电子器件的性能都具有非常重要的影响。在蓝宝石(0001)衬底上制备的 ZnO 一般表现为 O 面极性。目前通过 MBE 方法实现对极性的控制研究相对较多,譬如通过对衬底氮化、氧等离子高温处理或金属预沉积可实现材料的极性反转。Kato 等人的研究发现,MgO 缓冲层的厚度控制 ZnO 外延层的表面极性和生长模式。MgO 浸润层呈现 S-K 生长模式,临界厚度仅为 2～3 nm[69]。当 MgO 厚度小于 2 nm,则为纤锌矿结构,ZnO 则实行二维层状生长,表面极性为 O 面,ZnO 与蓝宝石存在 30°晶畴旋转;当 MgO 厚度超过 3 nm,由于晶格应力释放而转化为岩盐矿结构的 MgO (111),后续 ZnO 为 Zn 面极性生长,且 30°晶畴旋转现象消失。另外研究发现,在 CrN 层上预沉积 Zn 可防止 CrN 被氧化,ZnO 表现为 Zn 面极性;相反,CrN 被氧等离子体氧化后形成 Cr_2O_3(0001),后续的 ZnO 外延层极性为 O 面极性。如图 4-10 所示,Park 等人采用选择性外延方式在图形化的蓝宝石衬底上通过控制 MgO 厚度或者 CrN/Cr_2O_3界面层实现了 ZnO 周期性极性控制外延,并且这种横向周期性结构表现出明显的二阶非线性现象。

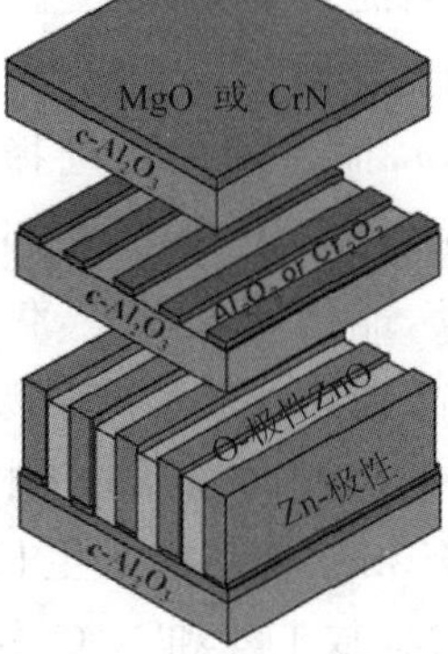

（a）周期性极性反转（PPI）结构示意图

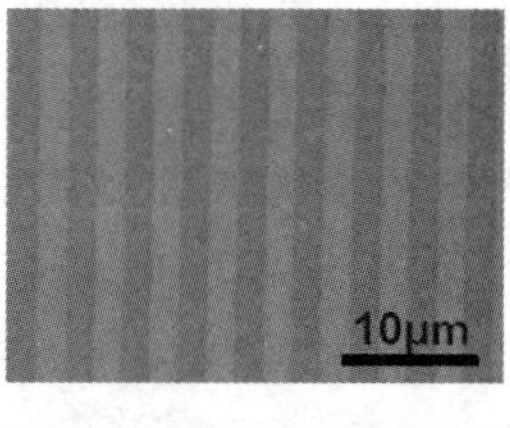

（b）ZnO PPI结构的压电扫描电镜

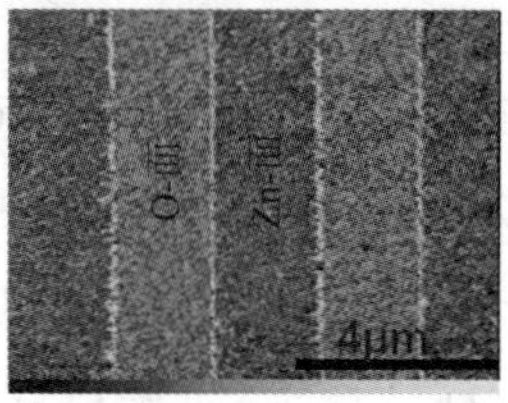

（c）原子力显微镜图

图 4-10　ZnO 周期性控制外延

目前绝大部分 ZnO 单晶及异质结构表面为(0001)或者$(000\bar{1})$。和 GaN 类似，ZnO 的非极性面主要为 a 面$(11\bar{2}0)$和 m 面$(1\bar{1}00)$，理论计算其表面能分别为 1.25 eV 和 1.15 eV，均远远小于 ZnO (0001) 的表面能(2.15 eV)。在 R 面蓝宝石衬底上可获得取向单一的 a 面 ZnO，面内外延关系表现为ZnO[0001]//$Al_2O_3[\bar{1}101]$及ZnO$[\bar{1}100]$//$Al_2O_3[11\bar{2}0]$。表面形貌显示强烈的各向异性，主要是由于不同方向的晶格失配不同所导致，面内晶畴主要沿 c 轴方向生长，而在 m 轴方向则存在大量层位错结构[70]。而在 m 面 GaN、m 面蓝宝石或者 MgO 及 $LiAlO_2$衬底上可获得 m 面 ZnO 材料。m 面蓝宝石上生长 m 面 ZnO 的面内外延关系为 ZnO[0001]//$Al_2O_3[\bar{2}110]$及ZnO$[\bar{2}110]$//$Al_2O_3[0001]$。相比于 a 面 ZnO，m 面 ZnO 的外延较为困难，晶体质量及表面粗糙度相对差一些。研究发现，生长条件和生长方法的差异会导致形成(0001)或$(01\bar{1}3)$等混合晶向，譬如 PAMBE 方法可在 MgO (001)衬底上形成 m 面 ZnO，而 PLD 方法则导致 c 面 ZnO 极性生长。目前，非极性 ZnMgO/ZnO 等非极性量子阱结构的制备及其器件应用还处于初步阶段。需要指出的是，目前极性 ZnO 的晶体单晶质量几乎超过极性 GaN 材料，而非极性的生长则较为落后。通过横向外延生长可提高非极性面材料的单晶质量，这在 ZnO 外延中还未有报道。

4.2.2.3　ZnO 多晶和非晶氧化物生长

对于多晶或非晶透明氧化物的生长，工业上发展较为成熟的是溅射法。采用溅射法能在高生长速率条件下获得表面平坦度好且很透明而又高度取向的 ZnO 薄膜。和 PLD 技术类似，溅射法为真空物理沉积技术，主要包括直流(DC) 溅射、射频(RF)磁控溅射等技术。以 Zn 或 ZnO 为靶，在 O_2或 O_2/Ar 气氛下，利用射频或磁控射频溅射，将 ZnO 沉积在一定温度的衬底上。近年来，人们也努力通过优化溅射生长条件，譬如衬底预处理及提高生长温度等，提高 ZnO 的外延质量，并通过在靶材中添加不同的掺杂剂实现对 ZnO 的 p 型掺杂，但晶体质量还远未能达到人们的期望值[71]。目前，由于综合生长成本、生长效率和工业化的要求，溅射法被广泛用于 Al、Ga、In 和 Sn 掺杂的 ZnO 透明氧化物的制备[72]。最新发展的 IGZO 非晶氧化物薄膜晶体管的沟道层通常采用溅射法在低于 200 ℃温度下制备获得[73]。另外，近年来通过溶胶-凝胶或水溶液化学方法也可获得了质量可靠的 IGZO 等透明导电氧化物，其薄膜晶体管的场效应迁移率超过 10 $cm^2/(V \cdot s)$[74]，远超过非晶硅 TFT 的迁移率，极大程度上推动了液晶显示（LCD）和有机发光（OLED）显示行业的发展。目前大尺寸、低功耗、高分辨率和触摸敏感显示面板和智能电视已开始商用化。

4.2.2.4　ZnO 纳米结构制备

由于量子限制等物理效应和较大的表-体比，半导体低维纳米结构比体材料表现出更为新奇的物理特性，不仅有助于研究低维体系下的输运特性，也为研制纳米尺寸的光电子器件提供了平台。相比其他半导体材料，ZnO 纳米结构的制备较为容易，成本较低，因此受到了广泛的关注和研究。ZnO 纳米结构的形貌强烈依赖于制备方法及生长条件，包括纳米线、纳米带、纳米环、纳米管，甚至纳米螺旋结构等。很多体单晶或薄膜制备技术已用于 ZnO 纳米结构的制备，包括气相传输法、水热法、金属有机气相外延和分子束外延等，而生长机理主要是通过催化辅助的气-液-固相（VLS）或者无催化辅助的气-固相（VS）两种形成机理。

气相传输方法采用 VLS 生长机理，生长腔体通常为水平结构。生长源为 ZnO 和碳粉的混合剂，在 800～1 000 ℃温度下反应形成 Zn 蒸气，再由载气输送到 500～700 ℃的衬底表面，在衬底表面金属的催化作用下形成纳米结构。纳米结构的形貌、密度和取向等主要由不同的生长条件所决定。Au 是 ZnO 纳米线生长常用的催化剂，而其他金属，如 Fe、Sn、In，甚至采用 Zn 液滴的自催化效应辅助 ZnO 纳米线的 VLS 生长[75,76]。纳米带或纳米线在无催化剂辅助下也能实现自支撑生长，由于 ZnO（0001）相对于$\{01\bar{1}0\}$和$\{2\bar{1}\bar{1}0\}$等非极性面表面能较高，生长发现一般表现为沿 c 轴生长，而 In 或者 Li 等掺杂会改变自发极化引起的表面势，从而影响纳米结构的生长取向和形貌。而水热法则采用液-固(LS)形成机理，属于液相化学法。通常采用旋涂法或原子层沉积等方法在基板上形成 ZnO 籽晶，然后在 $Zn(NO_3)_2$ 溶液中水热生长 ZnO 纳米线或者纳米柱。影响水热合成的因素主要有反应温度、反应时间、反应物浓度和 pH 值等。另外，可通过添加不同的掺杂剂溶液实现 n 型和 p 型的原位掺杂。水热法具有生长温度低、成本低、内部缺陷少和热应力较小等优点，但晶体质量及其热稳定性相对较差。

同时，金属有机气相外延(MOCVD)和分子束外延(MBE)等方法也用于制备 ZnO 纳米结构。实验发现，在 350～450 ℃温区内，通过 MOCVD 法在 c 面蓝宝石衬底上无催化辅助的条件下仍然能制备出高度 c 轴取向的纳米线和纳米管结构，纳米线直径和密度等参数可通过生长气压调控[77]。而在 700～1 050 ℃高温区，在 a 面蓝宝石衬底上无 Au 催化剂的区域，纳米柱的取向非常一致；而在有 Au 覆盖衬底部分及 c 面蓝宝石、Si、$SrTiO_3$ 等衬底上的纳米线取向相对无序。因此，ZnO 纳米柱的 MOCVD 生长不完全遵循 VLS 生长机理[78]。相对地，ZnO 纳米线的有序阵列可在图形化的 Au/蓝宝石衬底上通过 MBE 的低温选择性外延获得，生长机理仍属于 VLS 方式。另外，人们也尝试采用水溶液化学生长等低温、低成本方法获得 ZnO 纳米线有序阵列、核-壳结构异质结构或同质 PN 结等。虽然 ZnO 纳米结构对生长参数非常敏感，可控性和可靠性相对较低，但高质量纳米线的生长、掺杂及其复杂异质结构制备都取得了长足的进步，并随着微纳工艺技术的提高，纳米场效应晶体管、纳米发光二极管和压电传感器等新概念纳米光电子器件已得到实现[79]。

4.2.3 ZnO 半导体器件应用及研究进展

如上所述，ZnO 及其合金材料具有宽禁带、高激子束缚能、高击穿场强、高电子漂移速率、强自发极化、环境友好等优点，兼具第三代宽带隙半导体和电子强关联体系的双重特征，是发展紫外光电子器件和功率电子器件的优选材料，在压电传感器、记忆存储和柔性电子器件应用方面亦取得了重要进展。

4.2.3.1 ZnO 基肖特基二极管

肖特基结是单极半导体器件的基本结构之一，对发展漏电流低、击穿电压高的金属-半导体-金属光电探测器和高电子迁移率晶体管至关重要。

由于 n 型 ZnO 存在较多的本征缺陷，使得表面存在较高浓度的施主能级，因此肖特基接触比欧姆接触难以形成。目前已有较多文献报道了 ZnO 的肖特基接触，Au、Ag、Pd、Ir、Pt 等均与 ZnO 形成肖特基接触，但通过伏安特性（I–U）、电容-电压特性（C–U）和光发射等方法测出的肖特基势垒差异较大，主要和 ZnO 晶体本身内部缺陷和表面性质有关。实验统计结果显示，对于采用同样的金属，如 Pt、Au 或 Ta，表面处理和金属沉积技术的不同会导致势垒从 1.2 eV 到欧姆接触，因此难以用窄带隙半导体中常用的表面费米能级钉扎效应解释。若采用金属 Pt、Pd、Ir 和 Ag 等，伏安特性理想因子大多都大于 1.5，且肖特基势垒明显偏低，甚至形成欧姆接触，而采用相应的金属氧化物，如 PtO_x、PdO_x、AgO_x 和 IrO_x 等，伏安特性理想因子非常接近理想值 1，肖特基势垒大小为 1.0 eV 左右，甚至更高。这是由于界面超薄金属氧化层不仅降低了金属-半导体界面互扩散效应，提高了势垒的均匀性，同时充分补偿了氧空位等 ZnO 中施主缺陷，有效阻挡了势垒隧穿和界面复合等不利因素。另外，两种极性表面具有不同的重构特征，表面吸附和深能级缺陷的类型和浓度也不同。研究表明，采用相同金属，如 Au、Pt 和 Zn 面肖特基势垒会比 O 面高 0.15～0.4 eV 不等。且采用 Pt 或 Pd 等催化作用较强的金属，H 扩散至金属-半导体接触界面会形成反向电偶极子，降低势垒，并在界面形成电子积累层。采用功函数 5.0 eV 的导电透明的高分子聚合物 PEDOT：PSS 替代贵重金属与 ZnO 形成接触，伏安特性理想因子为 1.02，肖特基势垒为 1.1 eV。

研究发现，应变、光照及环境氛围对肖特基特性有很大影响，尤其是金属-纳米线的肖特基接触。Wang[125] 等人率先发现对纳米线施加应变，会导致不同极化电荷在界面处聚集，从而改变势垒的高度，甚至将肖特基接触转化为欧姆接触，并发现紫外光照会导致 ZnO 纳米线肖特基势垒的降低。相比于薄膜材料，ZnO 纳米线中应力调控灵活性较强，压电调制势垒的方法可应用于提高紫外探测器的响应性能和太阳能电池光电转换效率。

4.2.3.2　ZnO 基紫外探测器

ZnO 及 ZnMgO 合金的带隙可覆盖日盲波段(220～280 nm),并具有比Ⅲ族氮化物更好的抗辐射损伤能力,因此在空间和国防上具有非常重要的应用价值。早期的 ZnO 基紫外探测器由于难以形成很好的肖特基,通常为光电导类型。研究发现,ZnO 基光电导探测器的响应速度由快、慢两个响应通道决定。其中,光生电子-空穴的复合决定了快速响应速度,而 ZnO 表面氧的化学吸附和解吸附过程及 ZnO 内部缺陷会造成电子陷阱,导致载流子具有较长的响应时间,即持续光电导效应 (PPC)。ZnO 内部深能级载流子陷阱可通过 Al、Ga、Ag、N 等故意掺杂得到补偿。利用 MOCVD 或 MBE 低温外延方式制备 Mg 组分大于 50%的纤锌矿或立方相的外延薄膜可用于高性能日盲探测器的研制。由于 Mg 的补偿效应及带隙的增大,ZnMgO 基探测器具有更小的漏电流和更快的响应速度。目前 MOCVD 制备的立方相 $Mg_{0.52}Zn_{0.48}O$ 具有最短响应截止波长(253 nm),而 Jiang 则报道了具有最高探测率(1.37×10^{11} cm $Hz^{1/2}$/W)的低噪声 $Mg_{0.4}Zn_{0.6}O$ 日盲光电导型探测器。

相对于日盲光电导型探测器,光伏型探测器具有更快的响应速度和很高的探测率,主要包括肖特基二极管、肖特基型 MSM、PN 和 p-i-n 结构等。Zn(Mg)O 基 PN 和 p-i-n 紫外探测器已有不少报道,但由于难以制备高质量 p 型 ZnO,大部分实验采用 ZnO 和 p 型衬底,如 Si、NiO、GaN 和 SiC 等,形成异质结构。由于异质界面态密度高等原因,目前所报道的性能较好的 ZnO 基紫外光电探测器仍以肖特基结构为主。Nakano 等人报道了具有和 AlGaN p-i-n 紫外探测器性能相比的 PEDOT:PSS/$Zn_{1-x}Mg_xO$ (x=0～0.43)形成肖特基型紫外光电探测器。如图 4-11 所示,该探测器在紫外和深紫外光波段具有和 Si p-i-n 二极管相当的响应率,最短响应截止波长为 315 nm,漏电流约为 10^{-12} A,响应率为 0.2 A/W,量子效率接近于 1 280 nm处的探测率为 2.4×10^{14} cm $Hz^{1/2}$/W,与当时报道的 AlGaN p-i-n 紫外探测器的最好性能相当。研究发现,表面吸附、表面极性对肖特基势垒的影响会导致紫外探测响应率和增益的差异。利用无机金属 Ag_xO 或者 Pt_xO 制备的肖特基二极管探测器的响应率的最高报道值为 0.1 A/W,探测率为 1.29×10^{11} cm $Hz^{1/2}$/W[80]。Liu 等人则制备出了具有超高响应率(约 2 600 A/W)和内部增益(9×10^4)的 Au-ZnO-Au 紫外探测器。Yu 等人报道了 Au-MgO-ZnO-MgO-Au 结构和日盲型 Au-MgO-$Mg_{0.44}Zn_{0.56}$O-MgO-Au 雪崩探测器,高增益主要是由高场强下 MgO 层中碰撞电离所导致。目前,MgZnO 基日盲紫外探测器主要还是以肖特基或 MIS 结构为主,而 PN 或 p-i-n 结构的日盲紫外探测器仍报道较少,主要是由于高组分 MgZnO 材料 p 型导电难以实现的原因。通过和 p 型硅等其他衬底形成异质 PN 结构是实现

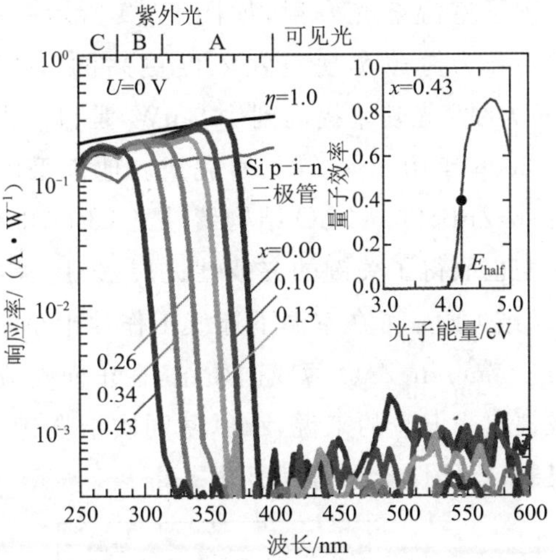

图 4-11　PEDOT:PSS/$Zn_{1-x}Mg_xO$ (x=0～0.43)形成肖特基型紫外光电探测器的光响应谱

日盲探测的另一途径。如利用 Si 衬底与组分渐变 MgZnO 外延层能带偏移形成的非对称势阱，构建了一种新颖的制作紫外区可控双色探测器的技术方案，通过改变工作偏压的极性就可以获取日盲区或者光盲区不同的紫外光信号，从而实现 Si 基单片集成双色紫外探测器原型器件的制备。

随着 ZnO 基紫外探测器的发展，部分器件性能已和 GaN 基探测器相当，多带探测、波长选择性紫外探测器都已得到实现。而要实现更高性能、更低成本的 ZnO 紫外探测器，必须考虑能带剪裁和极化调制因素，另外，制备出可靠、高质量 P 型材料也是需要解决的瓶颈问题之一。

4.2.3.3 ZnO 基发光器件及激光器

自 ZnO 室温紫外受激辐射的发现，人们一直致力于发展 ZnO 基电注入发光器件。然而，由于实现可重复、稳定、高效、低阻的 p 型 ZnO 具有较大挑战性，只有少数 ZnO 同质结 LED 发光和室温电致激光的报道，而大部分研究则尝试将 n 型 ZnO 和其他 p 型材料结合形成异质结构，并成功实现电致发光甚至受激辐射。

日本东北大学 ZnO 同质 PN 结室温蓝光发射通常被认为是 ZnO 基 LED 研究的里程碑工作。2005 年，Kawasaki 课题组在 $ScAlMgO_4$ 采用 PLD 方法制备出了 ZnO 同质 p-i-n 结，实现了室温蓝光发射，如图 4-12 所示。他们进一步采用 MBE 方法在 ZnO 单晶衬底上以 NH_3 作为氮源实现空穴浓度更高的 p-MgZnO 并提高了 p-MgZnO/n-ZnO 界面品质。该 LED 的发光功率提高到 100 μW，是目前报道的 ZnO 基同质发光的最高值。另一里程碑工作是 2006 年由 Ryu 等人所完成。他们采用混合束外延方式制备出 p-ZnO/p-ZnBeO/多量子阱/n-ZnBeO/n-ZnO 结构紫外光 LED，电致发光波长为 388 nm 和可见光波段。我国科学家同期也取得了关键的突破性进展，采用 MOCVD 和 MBE 等方法通过 N 掺杂实现 ZnO 同质 PN 结 LED，可在室温下连续工作数十小时[81]。2010 年，研究人员通过 MBE 方法制备 Sb 掺杂 p-ZnO/n-ZnO 薄膜同质结，在正向电流为 50 mA 时，在 c 轴方向观察到了 F-P 模式的受激辐射。但总的来说，ZnO 基同质结发光及受激辐射方面的进展仍受到 p-ZnO 电学参数的限制，器件性能未得到显著提高[82]。

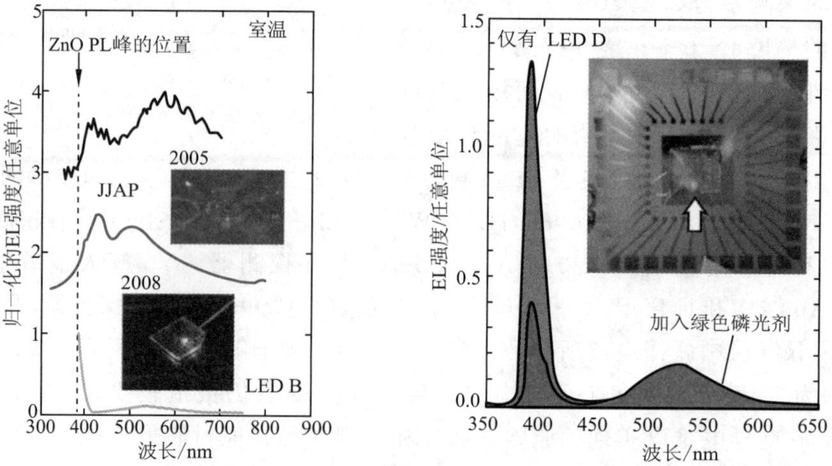

图 4-12 Kawasaki 课题组制备的 ZnO LED 发光谱

目前 ZnO 基 LED 结构不断改进，从同质结到异质结结构、多异质结结构，使得 LED 的性能（包括输出功率、量子效率、光谱质量等）都有很大提高。比较普遍采用的 p 型材料为 p-Si 或 p-GaN。实验证实，ZnO 和 Si 界面的超薄 SiO_2 形成有效的电子阻挡层，使得电子-空穴在 ZnO 层复合获得紫外发射。n-ZnO/p-GaAs 和 CdTe 量子点修饰的 n-ZnO/p-GaN 异质结实现了室温白光发射，这对白光固态照明工程提供了新的途径[83]。很多课题组报道了采用水热法、MOCVD 或者溅射法等将 n-ZnO 薄膜或纳米线与 p-GaN 形成异质结，电致发光谱中均无一避免地包含了来自 Mg 掺杂 p-GaN 的发光贡献[84~86]。另外，研究者尝试采用 MgZnO/ZnO/AlGaN/GaN，MgZnO/ZnO 多量子阱/GaN，及 ZnO/ZnCdO/GaN 单量子阱等结构，有效地将载流子限制在有源层中，提高了电子-空穴辐射复合概率和器件的内量子效率。

通过异质或者同质 PN 结构的设计，人们在 ZnO 薄膜和纳米结构中也成功实现了电泵浦激射现象，主要包括电泵浦紫外随机激光、法布里-珀罗模式激光和回音壁模式激光。例如，利用 n-ZnO/p-GaN、p-ZnO/n-GaN、n-ZnO/MgO/p-GaN 等，科学家成功实现了室温随机电致激光，其受激辐射阈值电流为 0.8～63 mA 不等[87~89]。表面金属纳米颗粒，如 Ag 或 Au 会和有源层中载流子耦合形成等离激元共振，进一步提高激光增益。回音壁模式 ZnO 微纳激光器由于具有更低阈值和高品质因子等优点，引起了人们的足够重视。Dai 等人首次报道了 ZnO 微米棒/GaN 薄膜异质结的室温 WGM 激光[88]，虽然品质因数仍然远落后光泵浦 WGM 激光，通过优化结构可进一步降低光学损耗，有利于提高激射的品质。传统半导体激光器需要材料结构的精控制备，ZnO 电致激射表明可在无序或多晶 ZnO 半导体系统中实现激子型低阈值、低成本紫外光激光器，为光电子集成电路的发展提供了有效途径。

4.2.3.4　ZnO 基场效应晶体管

随着透明氧化物半导体材料研究的深入，人们已尝试利用 ZnO 等透明氧化物半导体材料作为场效应晶体管的沟道层。沟道层包括 ZnO 异质界面二维电子气、ZnO 薄膜或多层结构及纳米线等。

以 2DEG 为沟道层的 ZnMgO/ZnO 高电子迁移率场效应晶体管主要由 MBE、PLD 和 MOCVD 等先进外延手段制备获得。由于高电子饱和速率和宽带隙等特点，ZnO 基 HEMT 在高功率电子器件方面具有潜在的重要应用。Tsukazaki 等人制备的 MgCaO/ZnO HFET 的室温场效应迁移率 250 $cm^2/(V\cdot s)$，亚阈值摆幅较小（$-0.1\sim0.2$ V/dec），并且通过控制栅压有效调制界面 2DEG 浓度，在 1.5 K 观察到了量子霍尔效应和金属-绝缘体转变等量子现象。Sasa 等人在 a 面蓝宝石衬底上制备出栅宽为 1 μm 的 ZnO/ZnMgO HEMT，其跨导最大为 71 mS/mm，电流增益截止频率为 1.75 GHz，功率增益最大截止频率为 2.45 GHz[89]。Zhu 等人采用 MOCVD 制备的 ZnMgO/ZnO MISFET 的场效应迁移率高达 182 $cm^2/(V\cdot s)$[90]。Ye 等人首次报道 ZnO/$Mg_{0.5}Zn_{0.5}O$ 增强型 HFET，由于未有效形成界面二维电子气，场效应迁移率为 21 $cm^2/(V\cdot s)$，跨导为 44 mS/mm，开关比为 10^5，暗电流为 1.33×10^{-8} A/mm。目前只有极少数课题组在 ZnMgO/ZnO 界面形成高迁移率 2DEG，相关器件的研究仍处于初步阶段，性能仍未达到预期要求。相比 GaN 材料，ZnO 半导体环境友好，且对溶液极性和气体分子相对敏感，Inoue 等人则将 ZnMgO/ZnO HFET 成功用于探测溶液的 pH 值及离子浓度。研究显示，2DEG 来源于表面态，被探测分子或离子通过和 ZnMgO 表面电荷相互作用，可调节界面 2DEG 的浓度。由于源-漏电导对 2DEG 的变化具有放大作用，因此可用于研发高灵敏度化学和生物传感器。

相对于 ZnMgO/ZnO 2DEG，ZnO 多晶或非晶薄膜的制备工艺简单、衬底要求低。研究发现，通过在玻璃和柔性衬底上也可制备出迁移率超过 50 $cm^2/(V \cdot s)$的 ZnO 薄膜。2003 年，Hoffman 等人率先报道了以 ZnO 薄膜为沟道层的 N 型沟道增强型 ZnO 基透明 TFT，从此，以 ZnO 半导体为基础的透明氧化物半导体材料，如 MgZnO、ZnSnO(ZTO)、InZnO(IZO)等被广泛研究[91]。研究发现，在 ZnO 薄膜中掺入具有$(n-1)d^{10}ns^0(n\geqslant 4)$电子结构的重金属阳离子(如 In 和 Ga 等)形成非晶氧化物半导体，由于 ns 轨道重叠概率很高，具有较高的迁移率。同时，非晶金属氧化物半导体具有较好的均匀性、较高的透过率、低的制备温度和低成本等优点。

4.2.3.5 ZnO 基纳米结构器件

以一维纳米线为代表的 ZnO 低维纳米结构由于其优异的单晶特性、界面和量子限制效应等而具有新奇的光学、电学和光电性能，使得此种构型的 ZnO 微纳器件在显示、光通信、光存储、生物传感和检测领域具有广阔的应用前景，目前主要包括发光二极管、激光器、纳米发电机、纳米线晶体管、太阳能电池和紫外探测器等。这些器件的研究进展已在上述内容进行阐述，这里主要举例突出 ZnO 纳米结构与薄膜材料在器件性能上的差异。与 ZnO 薄膜晶体管相比，以 ZnO 纳米线作为沟道的场效应晶体管具有较高的场效应迁移率，最高报道值约为 1 000 $cm^2/(V \cdot s)$，表面钝化后提高到近 4 000 $cm^2/(V \cdot s)$，主要是由于 ZnO 纳米线优越的单晶特性[92]。ZnO 纳米线表面能带通常表现为向上弯曲，因此可通过表面处理或者掺杂调控纳米线的耗尽状态，从而实现由耗尽型 FET 转化为增强型 FET。目前以 ZnO 纳米线 FET 为单元的简单逻辑电路已得到实现，例如反相器和与非门等。同时，由于纳米线表面-体积比较大，表面吸附、应变、光照和热辐射及其综合作用如同施加栅极偏压，将有效调制 ZnO 纳米线沟道的导电特性，因此基于 ZnO 纳米线 FET 的高灵敏度气体传感器、生物和化学传感器、紫外探测器和压力传感器等应运而生。

基于 ZnO 纳米线的材料和器件的系统研究，Prof. Wang 研究组提出了压电电子学和压电光电子学的概念，并指出在人机界面、主动式传感器、主动式柔性电子学、微型机器人、智能电子签名、智能微纳机电系统以及能源技术等领域具有重要应用。例如，2007 年 Wang 等在 GaN 和蓝宝石衬底上分别生长了 ZnO 纳米线，并将涂有 Pt 的锯齿形 Si (001)电极覆盖在纳米线上，制成了能输出电流的纳米发电机。通过超声波作用于电极，电极移动造成 ZnO 纳米线弯曲，利用 ZnO 的压电特性将机械能转化为电能[93]。Yang 等人在 p-GaN 衬底上制备n-ZnO纳米线阵列，研究发现，对 ZnO 纳米线施加-0.093%的压应变，导致电致发光效率提高了 4.25 倍，其物理机制是由于压应变导致极化电荷在 n 型 ZnO 纳米线中重新分布，从而使得 ZnO/GaN 界面处能带弯曲，将电子-空穴限制在空间电荷区附近，增强了电子-空穴复合概率[94]。类似地，应变导致极化场会造成纳米线中光生电子-空穴的分离，从而提高探测器响应率和太阳能电池的转换效率[95]。随着纳米线材料和器件制备手段的不断完善，对 ZnO 纳米结构的物理认识将不断深入，因此新概念器件也将应运而生，并最终改变人们的生产生活方式。

4.3　铟镓锌氧(IGZO)透明氧化物材料及器件

4.3.1　IGZO 薄膜材料的结构与性质

非晶 IGZO 材料及其薄膜晶体管是由日本东京工业大学的细野秀雄率先提出并研究的[96~98]。非晶 IGZO 的禁带宽度约为 3.2 eV，在可见光范围内基本是全透明的，是真正的透明半导体薄膜，而目前液晶显示驱动用的非晶硅材料的禁带宽度仅为 1.7 eV，导致对可见光的敏感性。更为重要的是，单晶硅结构的分子排列最有规律，因而具有较高的电子迁移率，而非晶硅结构无序导致其较低的电子迁移率。这主要是因为半导体单晶硅的导带底主要由硅原子的外层电子通过 sp^3 杂化轨道而形成，具有高度的空间各向异性，而 sp^3 杂化轨道的交叠程度对硅原子的空间排列很敏感，高度无序的原子排列导致非晶硅中 sp^3 杂化轨道的交叠程度比单晶硅低很多，如图 4-13(a)、(b)所示[98]，这导致导带的展宽较小，电子有效质量较大，导致较低的电子迁移率。另外，载流子在输运过程中受到晶格无序势场的散射概率很高，将进一步降低电子迁移率。与此同时，原子之间未饱和成键将导致大量的悬挂键等缺陷，形成深能级局域态和带尾态，导致对输运电子的俘获和费米能级钉扎现象，从而对非晶硅薄膜中的电学性质产生较大的影响。

与硅中的载流子输运情形不同，在 IGZO 材料中，晶态结构(多晶或非晶)对其电子迁移率的影响相对较小。这是因为透明氧化物 IGZO 的导带底主要由铟离子的 5s 轨道组成，O 离子的 2p 轨道对导带的形成贡献较少。In^{3+} 的 5s 轨道是球形的，具有各向同性的空间分布，并具有较大的主量子数，大的离子半径增加其空间分布范围，甚至与次邻近的 In^{3+} 之间的 5s 轨道仍有交叠，这就导致了非晶 IGZO 的导带展宽较大，电子有效质量较小，电子迁移率较大。并且，尽管非晶 IGZO 相对于单晶 IGZO 的原子排列具有晶格无序性，但 In^{3+} 的 5s 轨道的交叠程度不受晶格无序性的影响，如图 4-13(c)、(d)所示[98]，有利于形成载流子的输运轨道，使载流子在输运过程中受晶格无序势场的散射作用较小，对其电子迁移率的影响较小。另外，相对于非晶硅中较高密度的悬挂键和带尾态，非晶 IGZO 中仅存在低的带尾态密度，不存在费米能级钉扎现象，费米能级容易超过迁移率边，扩展态导电成为主要导电机制，从而具有较高的电子迁移率。

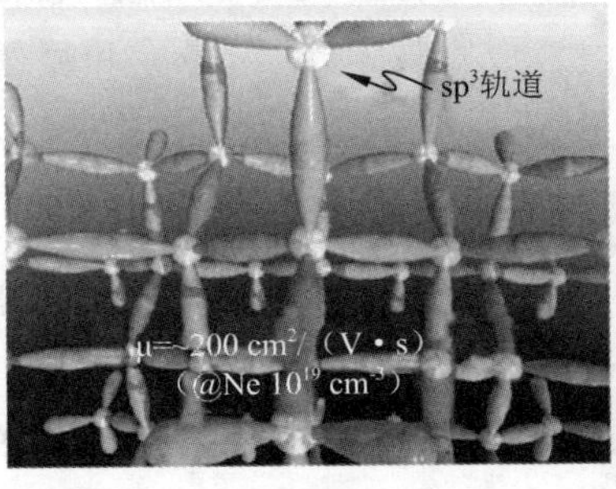

(a) 单晶硅

(b) 非晶硅

图 4-13　半导体硅和 IGZO 的结构示意图

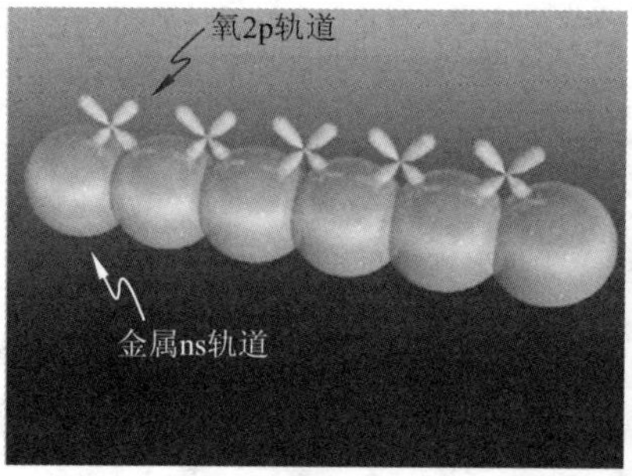

（c）单晶IGZO

（d）非晶IGZO

图 4-13　半导体硅和 IGZO 的结构示意图(续)

更为有趣的是，在通常的单晶半导体中，由于离化杂质对载流子的散射，载流子的迁移率将随载流子浓度的增加而下降，而在非晶 IGZO 材料中存在独特的载流子输运机制，即当费米能级超过迁移率边时，其迁移率随着载流子浓度的增加而上升，如图 4-14 所示[98]。这种独特的输运机制是由所谓的渗流导电引起的。一般认为，非晶 IGZO 材料结构的无序性在导带底附近形成了一系列局域化的带尾态，从而导致导带底出现一系列势垒，较低的掺杂浓度时只有少数被禁带中的缺陷态捕获的载流子通过热激发的方式激发到导带底参与导电，迁移率较低。当带尾态被电子填充后，在外加电场作用下，载流子将沿导带底电阻最小的渗流路径输运，随着掺杂浓度的提高，载流子受到势垒散射的概率降低，多数载流子在导带中输运，电子迁移率显著提高。

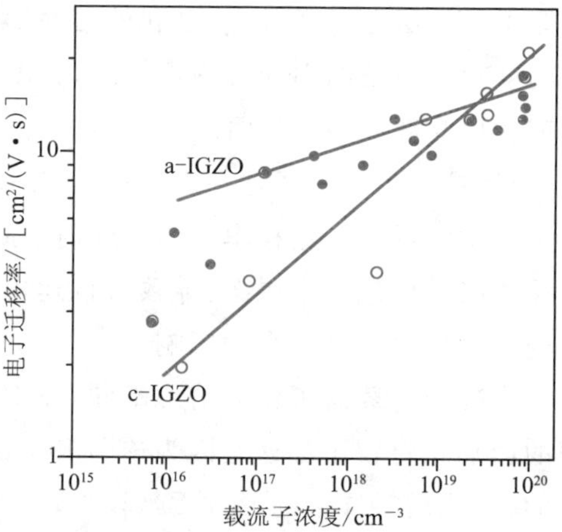

图 4-14　单晶与非晶 IGZO 薄膜中电子迁移率随载流子浓度的变化关系

4.3.2　IGZO 薄膜的制备技术

非晶 IGZO 薄膜的制备技术包括真空制备技术和非真空制备技术，其中真空制备技术主要包括磁控溅射技术和脉冲激光沉积技术。目前也已有金属有机化学气相沉积技术制备 IGZO薄膜的报道，而非真空制备技术主要采用溶液成膜技术，通过悬涂和喷墨印刷技术在基片上成膜来实现薄膜制备。

4.3.2.1　磁控溅射技术

磁控溅射技术是一种目前被工业界广泛采用的、沉积技术最为成熟的非晶 IGZO 薄膜制备技术，沉积的薄膜有较好的厚度均匀性，基板面积大，成本较低。通过调节工艺技术参数(如射频溅射功率、基板温度和反应室气压等)能够很容易地控制薄膜的厚度和性能。通常溅射气体为氩气和氧气的混合气体，Ar^+ 被用来轰击非晶 IGZO 靶材，去除靶材表面原子，氧气则用来调节非晶 IGZO 的化学计量比，抑制非晶 IGZO 薄膜中出现的氧空位。采用不同成分比的靶材，对溅射沉积所得到的薄膜电学性能有显著的影响，而合适的溅射功率密度也是 IGZO薄膜制备的关键参数。溅射功率密度低会导致沉积速率低，但是，太大的溅射功率密度会导致沉积速率过快，使 IGZO 薄膜中缺陷增多。另外，反应室气压对 IGZO 薄膜的生长速率有较大的影响，在低气压范围内，沉积速率随气压的升高而增大；而当气压进一步增加，沉积速率变慢。与此同时，氧分压对沉积速率和薄膜性质影响也较大，沉积速率随氧分压的增加而减小，较多的氧空位会导致非晶 IGZO 薄膜晶体管沟道呈导电型，较少的氧空位会导致非晶 IGZO 薄膜晶体管沟道呈绝缘型。

4.3.2.2　脉冲激光沉积技术

脉冲激光沉积(PLD)是将脉冲激光器所产生的高功率脉冲激光聚焦于具有可控组分的 IGZO 靶材表面，使其表面产生高温及烧蚀，并进一步产生高温高压等离子体，形成羽状物，在基片上沉积出 IGZO 薄膜的生长技术。PLD 生长技术具有灵活的换靶装置、较低的沉积温度和合适的生长速率等显著的技术特点。通过控制靶材组分、反应室氧气氛压力、基片温度等可实现对 IGZO 薄膜结构、质量以及电学性质的有效控制。与磁控溅射技术一样，PLD 生长技术也是目前研究 IGZO 薄膜生长与器件应用的重要技术之一，但由于它存在制备薄膜面积较小的明显缺点，严重限制了 PLD 技术在产业化的应用前景。

4.3.2.3　MOCVD 制备技术

MOCVD 制备技术是Ⅲ族氮化物薄膜制备产业化应用的主流与关键技术，其主要的技术与方法在第 2 章和本章 4.2 节针对Ⅲ族氮化物与 ZnO 薄膜的制备进行了较详细的论述。相对于传统的固定靶材组分比例的磁控溅射技术和脉冲激光沉积技术，采用 MOCVD 方法制备 IGZO 薄膜拥有显著的技术优势，它可以精确调控 IGZO 薄膜材料的组分，并可根据器件的性能要求对薄膜中组分分布与结构灵活设计，同时 IGZO 薄膜的结构与质量以及电子迁移率也可以得到改善，使得 IGZO-TFT 的技术性能获得显著提升。但目前该技术制备 IGZO 薄膜仅有极少的报道，其制备的技术难度依然较大，未来的技术发展与应用前景还有待进一步的探索和发展。

4.3.2.4　溶液成膜技术

与真空制备技术相比，非真空制备技术的溶液成膜技术具有极高的低成本优势，它主要包含旋涂和喷墨印刷两种方法。这一技术最大的应用障碍在于其成膜质量和电学性能远低于真空溅射技术。其中，旋涂技术是利用包含特定化学成分的液体前驱物来沉积薄膜，具有低成本、高产出、前驱物成分比例调整容易和能够在大基板上制备 IGZO 薄膜的优点。其具体流程如图 4-15 所示[99]，其中膜厚可以通过旋涂时间和溶胶的浓度来调节。由于成膜质量较低，并需要采用额外退火过程去除膜中水分和溶剂，导致 IGZO 薄膜中孔洞的形成和较低的电子迁移率，采用两步退火法(先低温退火，后高温退火)能够减少孔洞的形成，以提高 IGZO 薄膜的质量。

溶液喷墨印刷是一种可以在基板上一步直接图案化薄膜的制膜技术，如图 4-16 所示[99]，已被广泛用来制备有机薄膜和聚合物薄膜。在制备薄膜晶体管的过程中，这种成膜方法不需要光刻和刻蚀过程，将含 IGZO 材料的墨水溶液按设计图形印刷到基片上，直接制备出非晶 IGZO 薄膜晶体管，因此将具有更高的低成本优势和产业化前景。

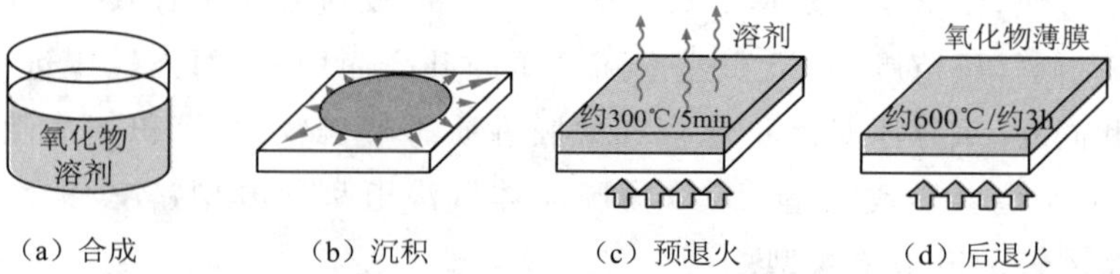

图 4-15　溶液旋涂技术制备 IGZO 薄膜的过程示意图

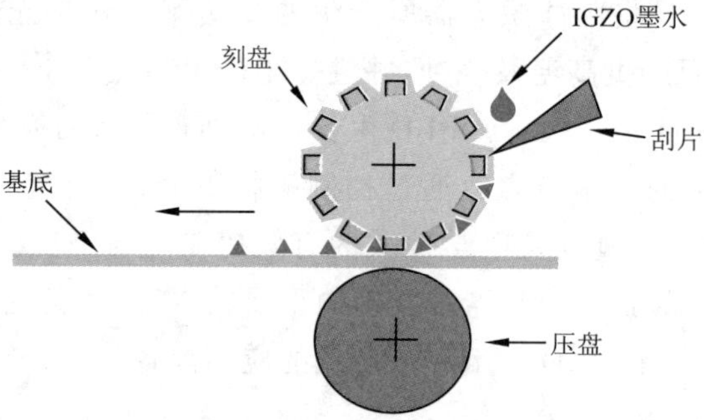

图 4-16　溶液喷墨印刷制备 IGZO 薄膜的示意图

4.3.3　IGZO 薄膜晶体管(TFT)器件制备及其性质

采用非晶 IGZO 透明氧化物薄膜制备 TFT 器件的结构示意图如图 4-17 所示。按照所采用的控制栅结构类型的不同，TFT 器件可分为顶栅极、底栅极和双栅极三种类型。采用顶栅极结构可以制作高迁移率非晶金属氧化物 IGZO TFT，但是制作工艺复杂；采用底栅极结构制作非晶金属氧化物 IGZO TFT 与现有制作非晶硅薄膜晶体管工艺匹配性好，但在背沟道刻蚀工艺中会对非晶金属氧化物 IGZO 造成破坏，影响非晶金属氧化物 IGZO TFT 的性能；而采用双栅极结构可以得到最优的沟道性能控制，但工艺复杂，成本较高。非晶 IGZO 薄膜材料的霍尔迁移率为 10 $cm^2/(V \cdot s)$，比非晶硅的载流子迁移率大一个数量级，而制备的 IGZO TFT的饱和迁移率为 6～9 $cm^2/(V \cdot s)$。图 4-18 所示为典型的非晶 IGZO TFT 器件输出特性曲线和转移特性曲线示意图[98]，显示良好的电学输出特性和转移特性。更为重要的是，在室温条件下，采用射频磁控溅射技术也可以制备出较高质量的非晶 IGZO 薄膜材料，以其作为沟道层制作成高性能薄膜晶体管(TFT)，通过改变 $O_2/(O_2+Ar)$的比例，使非晶IGZO 薄膜的电导率得到较好的控制，从而在柔性衬底上获得高质量薄膜晶体管的半导体材料。而在电极制备之前对 IGZO 薄膜进行退火处理，可以显著提高薄膜晶体管的场效应迁移率，降低开启电压，使器件性能有明显改善。

在 IGZO TFT 器件结构中，栅极绝缘层成膜的质量直接影响着非晶金属氧化物 IGZO

TFT 器件的性能。一般来说，栅极绝缘层表面粗糙度越低，表面的缺陷态越少，成膜质量越高，在其上形成非晶金属氧化物 IGZO TFT 器件的性能越好。非晶金属氧化物 IGZO 上面保护层成膜的质量也直接影响着非晶金属氧化物 IGZO TFT 器件的性能，并有效阻挡外界氧气和水分子对非晶金属氧化物 IGZO 的损坏，从而提高非晶金属氧化物 IGZO TFT 器件性能。另外，为了改善非晶金属氧化物 IGZO TFT 器件的性能，可以在非晶金属氧化物 IGZO 和保护层形成的界面处使用等离子体处理。另外，在使用磁控溅射技术制备非晶IGZO薄膜时，其工艺条件，如通入氧气流量的大小等对非晶 IGZO TFT 的器件性能影响很大，因此薄膜生长工艺参数的优化是制备高性能非晶金属氧化物 IGZO TFT 器件的先决条件。

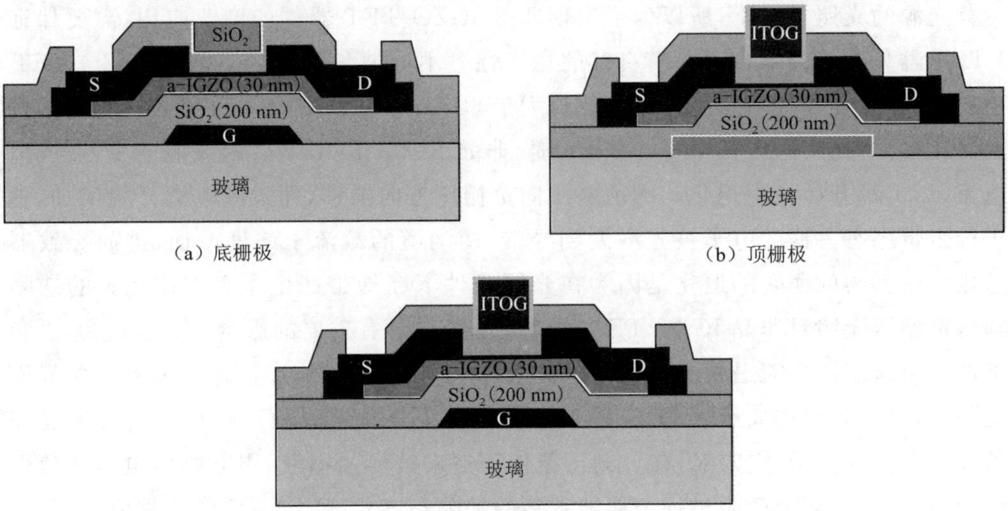

（a）底栅极　（b）顶栅极

（c）双栅极

图 4-17　采用非晶 IGZO 透明氧化物薄膜制备 TFT 器件的结构示意图

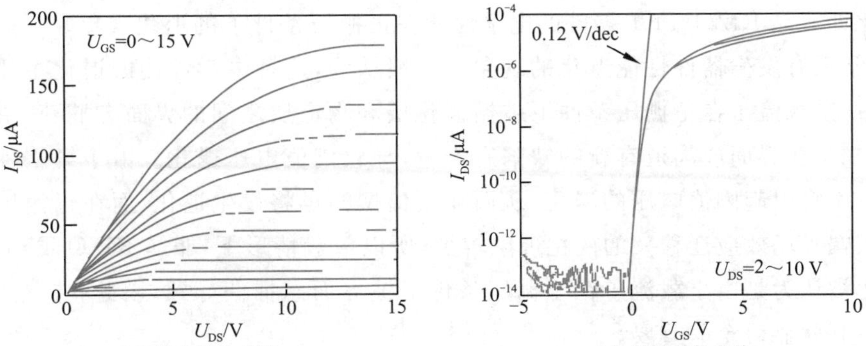

（a）输出特性曲线　（b）转移特性曲线

图 4-18　典型的非晶 IGZO TFT 器件的输出特性曲线和转移特性曲线示意图

4.3.4　IGZO TFT 器件的电学稳定性

由于具有高的迁移率、高的光学透过率、低的漏电流、低的生长温度和低成本等优点，非晶 IGZO 呈现出逐渐取代非晶硅薄膜晶体管的快速发展趋势，并在高分辨率、高开关速度、大尺寸有源矩阵液晶显示和透明电子纸上显示了独特而广泛的应用前景。经过多年的研究和发展，目前器件的性能已经得到很大改善并且接近产业应用的水平，但是器件的稳定性和可靠性的问题目前依然困扰着研究界和产业界。影响非晶 IGZO TFT 电学性能的因素主要主要包括光照、栅偏压、温度、水汽等[100,101]，由此导致的电学性能的不稳定性将对平板显示的均匀性产生重要影响，进而导致非晶 IGZO TFT 器件应用的诸多限制。

4.3.4.1 光退化

光退化即光照条件下电学性能的退化现象。在商用的 AM-LCD 中，开关 TFT 器件持续工作在背光源的光照条件下，所以为了实现非晶 IGZO TFT 器件的商业应用，需要保证非晶 IGZO TFT 器件在光照条件下具有良好的稳定性。不同波长的光照对非晶 IGZO TFT 器件电学稳定性具有不同的影响，当光照的波长大于 600 nm，非晶 IGZO TFT 器件的电学性能没有发生变化；而当光照的波长小于 500 nm 时，非晶 IGZO TFT 器件的阈值电压、亚阈值摆幅和漏电流（I_{off}）都开始发生退化。阈值电压向负栅压方向漂移，而关断电流开始增加，这主要是由于价带带尾态占据的电子被光激发到导带，使沟道的载流子浓度增加，进而导致器件性能的退化。而亚阈值摆幅的退化是因为在光照条件下在导带产生了氧空位相关的缺陷态所致；同时，负栅压光照对非晶 IGZO TFT 器件电学稳定具有重要的影响。一般认为，在负栅压光照条件下引起器件性能退化主要有两种机制：一是空穴被捕获在沟道与栅氧化层界面或者上氧化层中，二是氧空位离子（VO^{2+}）积累在沟道与栅氧化层界面。这里的空穴主要来自于光照条件下产生的电子-空穴对，在负栅压条件下空穴被界面捕获，引起阈值电压向负栅压方向漂移，而在氧空位离子产生过程中伴随着新的缺陷态产生，所以不仅导致阈值电压的退化，同时也引起亚阈值摆幅的退化。

4.3.4.2 电退化

电退化即非晶 IGZO TFT 器件的电学性能在正栅压条件下的退化现象。一般在负栅压条件下，通常没有发生器件性能退化的现象。一般认为，这种电学性能的退化主要由于以下两个原因：一是载流子在正栅压条件下被栅氧化层和沟道层之间的界面态捕获，引起的阈值电压漂移；二是在界面或沟道有新的缺陷态产生，导致阈值电压退化。由于第二种情形下新的缺陷态产生将引起阈值电压的退化，从而亚阈值摆幅也将发生退化，而在正栅压条件下发生亚阈值摆幅和场效应迁移率的变化现象较少，所以一般情形下，非晶 IGZO TFT 器件的阈值电压退化被认为是由于载流子在正栅压条件下被界面态捕获导致，因此，非晶 IGZO 界面态密度的控制就显得至关重要。

4.3.4.3 环境退化

环境退化即其电学性能由于其表面对环境气氛的吸附而导致的退化现象。一般情况下，金属-氧化物半导体对环境气体总是非常敏感的，例如，器件在空气的条件下，会吸附氧气或水汽，进而影响器件的稳定性。金属氧化物表面吸附氧气将会引入受主的表面态，而表面吸附的水汽将会引入施主的表面态，进而引起非晶 IGZO TFT 器件电学性质的退化。通常可以通过对器件表面进行钝化来解决表面吸附所导致的环境退化问题。

4.3.5　IGZO TFT 器件的显示技术应用

4.3.1 节中已指出，非晶 IGZO 氧化物材料作为 TFT 器件有源沟道层，可明显地提高 TFT 器件性能。与非晶硅 TFT 器件相比，IGZO TFT 器件具有较高的迁移率和较大的开关电流比，能够显著提高显示器的响应速度，进而在高分辨率、高开关速度、大尺寸有源矩阵液晶显示上有显著的应用前景。非晶 IGZO TFT 器件不仅具有高电子迁移率的显著优势，同时具有极低的关断电流，有利于减少显示刷新频率，从而降低系统的功耗。相对于硅基 TFT 器件，IGZO 材料实现的 TFT 器件对可见光敏感度低，有利于降低制造成本和延长产品的使用寿命。另外，良好的均匀性以及简单的制备工艺也显著提升了非晶 IGZO TFT 器件的竞争优势，成为目前研究和开发的热点。值得指出的是，IGZO 材料制备温度较低，可在不同衬底材料上制备 IGZO 材料，已有报道在有机柔性塑料衬底上制备的非晶 IGZO TFT 器件饱和迁移率也达到 9 $cm^2/(V \cdot s)$，阈值电压为 1.6 V，开关电流比为 10^3，有望实现可弯曲的柔性显示。

综上所述，IGZO TFT 器件的 LCD 显示具有三大优势，即高精度、低功耗与高触控性能。

4.3.5.1　高精度

由于 IGZO 的电子迁移率大约是 a-Si TFT 的 20～50 倍，可提高背光利用率，因此分辨率可以是普通 TFT 屏幕的 2 倍以上；因为采用栅-源极布线细线化技术，驱动晶体管的面积可以降低到原来的 1/4，并保持原有的透光率。IGZO TFT 器件的电子迁移率、开关电流比、阈值电压及 TFT 元件体积等方面的特性均明显好于传统非晶硅和低温多晶硅液晶面板。基于以上技术优势，利用 IGZO 技术可以制成超小型化、超细线化的薄膜晶体管，从而提高单位像素的光透过量，在相同透过率的情况下，精细度可提高 2 倍。这也意味着 IGZO 屏幕有更好的节电性能，也可以在更小的尺寸下实现超高的分辨率。

4.3.5.2　低功耗

IGZO TFT 器件与 a-Si TFT、LTPS TFT 相比，漏电流只有不到 1 pA，驱动频率由原来的 30～50 Hz 减少到了 2～5 Hz，虽然减少了 TFT 的驱动次数，但还是可以维持液晶分子的配向，不影响画面，所以可以达到原来液晶面板 1/5～1/10 的耗电量（不包括背光组件）。此外，IGZO 面板具备“液晶怠速停止”功能，它可以让画面不更新的时候停止刷新，并持续显示静止图像。普通的液晶显示器是以 60 次/s（60 Hz）的频率刷新画面，即使是静止画面，也需要对同样的图像数据不断刷新，因此需要持续地提供电流；而 IGZO 液晶显示静止画面时，把刷新速度降至 1 次/s（1 Hz），带来更低的电量消耗，从而得到更出色的整体续航能力。

4.3.5.3　高触控性能

IGZO TFT 器件与电容型触摸面板组合时，还可提高触摸检测灵敏度。这是由于在 TFT 驱动休止时仍然会检测触摸，此时抑制了 TFT 驱动产生的噪声影响，提高了触摸精度。由于“液晶怠速停止”功能，面板在显示静止画面的时候并不需要持续加载电压，电流串扰几乎为零，使得输入灵敏度大大提高，对于触摸屏的灵敏度有极大的提升。

近年来，IGZO TFT 器件产业发展极其迅速。随着对非晶 IGZO TFT 器件研究的深入，器件性能的提高以及器件制备工艺的成熟，自 2008 年以来越来越多的厂商开始开发和生产基于非晶 IGZO TFT 的液晶显示器。夏普首款使用 IGZO 屏幕的 32 英寸显示器 PN-K321 在 2012 年 CES 展上亮相，这款显示器采用 4k 分辨率，有望在未来成为主流产品。三星电子采用 IGZO TFT 技术开发了 70 英寸液晶显示屏，驱动频率达到 240 Hz，解析度可以达到 4 k×2 k水平，并支持专用眼镜的 3D 显示。而从 2012 年开始，友达光电和奇美电子都将生产线改造为氧化物 TFT，并投入 IGZO 金属氧化物的研发。友达已经发布 65 英寸 4k×2k IGZO 超高解析度液晶电视屏，其 6 代线和 8 代线都已经具备生产 IGZO 的能力。在 2013 年 CES 展上，大量采用 IGZO TFT 技术的显示产品也被推出。在中国，IGZO TFT 技术也被广泛关注。京东方、南京熊猫液晶、华星光电、彩虹（佛山）平板显示有限公司、广州新视界光电科技有限公司以及天马微电子等企业都在开发 IGZO TFT 技术，为新显示产品开发进行技术准备。

与此同时，IGZO TFT 技术也是目前最适合发展主动矩阵元的 AMOLED 面板显示技术，实现无需 LED 背光的超低功耗、高响应速度、高分辨率、高对比度、广视角和柔性屏的显示技术。2014 年初，日本半导体能源研究所已成功研发出全球首款可折叠的 OLED 面板，借助在电路基板上使用 IGZO 进而实现了面板的柔软性和高画质性能，并计划于 2020 年研发出可完全卷曲、随身携带的 8k 电视用柔性面板。另外，人们也进一步拓展非晶 IGZO TFT 器件的应用领域，成功研制出基于 IGZO TFT 器件的透明集成电路、存储器、探测器等新型电路和器件。

4.4　氧化镓（β-Ga_2O_3）材料及器件

近年来，氧化镓材料已经吸引了越来越多的关注，氧化镓（Ga_2O_3）是一种宽禁带半导体材料，在光电子器件方面有广阔的应用前景，包括透明导电材料、平板显示、钝化覆盖层、高温气体探测器和深紫外探测器；氧化镓材料在功率电子器件方面也开始受到研究机构的重视。同时，作为一种有潜力的衬底材料，氧化镓能通过提拉法快速制备；作为衬底材料，既可用来制备大功率 GaN 基 LED，也可以利用同质外延制备新型氧化镓基功率电子器件，是一种很有潜力的新型宽禁带半导体材料。

4.4.1　β-Ga_2O_3晶体的结构和基本性质

氧化镓（Ga_2O_3）有五种同分异构体，包括 α、β、γ、δ、ε-相。在这些晶型中，β-Ga_2O_3是热力学上最稳定的相，而其他的晶型都属于亚稳态晶体结构。因此，在下面的论述中，主要以β-Ga_2O_3为主。β-Ga_2O_3具有单斜结构，晶格参数分别为 a=12.23 Å，b=3.04 Å，c=5.80 Å，$\alpha=\gamma=90°$，$\beta=103.7°$，而空间群是 C2/m。作为一种宽禁带半导体材料，β-Ga_2O_3具有优良的化学性质和热稳定性，其熔点大约为 1 820 ℃。

β-Ga_2O_3是一种深紫外透明半导体氧化物，禁带宽度在4.9 eV左右，β-Ga_2O_3在280～1 100 nm范围内是高度透明的，折射率在1.88～1.94之间。在25 ℃的温度下，密度为2.44 g/mL，介电常数为10.2～14.2。通过掺杂锡与硅等可以将材料的n型载流子浓度控制在10^{16}～10^{19} cm^{-3}之间。目前还没有有关p型Ga_2O_3的报道。

4.4.2　β-Ga_2O_3晶体的主要生长方法

β-Ga_2O_3的生长可以分为两类：β-Ga_2O_3单晶衬底材料的生长和β-Ga_2O_3单晶薄膜的生长。下面具体介绍这两类生长方法。

4.4.2.1　β-Ga_2O_3单晶衬底材料的生长

β-Ga_2O_3晶体是一种在光电子器件和电学器件的应用方面有着巨大潜力的衬底材料。β-Ga_2O_3单晶衬底材料的生长方法有升华法、提拉法（熔体法）和HVPE等，其中提拉法（熔体法）生长具有成本相对较低的优势。提拉法是J. Czochralski在1917年发明的一种通过从熔体中提拉、生长制备高质量单晶的一种晶体生长方法。2000年，德国的Y. Tomm成功利用提拉法生长了β-Ga_2O_3单晶[102]。2010年，Z. Galazka等采用提拉法制备出了直径为18～22 mm，长度为40～65 mm的棒状β-Ga_2O_3单晶材料[103]。目前，生长衬底多采用熔体导模法，这种方法是在提拉法基础上发展出的一种更为先进的晶体生长方法。日本的Tamura公司和Koha公司，已经采用熔体导模法开发出2英寸的β-Ga_2O_3单晶衬底。β-Ga_2O_3作为衬底材料的一个显著的优势是成本低。目前广泛用于半导体照明技术的蓝宝石衬底就是采用这种方法生长出来的，而SiC和GaN等半导体材料由于不能通过溶液生长法制作单晶基板，必须采用其他成本很高的办法制备衬底，例如，升华法、高压法等。由于可以利用较低成本的熔体导模法生长，因此β-Ga_2O_3单晶制造所需的成本就可以大幅度降低，适合大规模生产。而且，与升华法不同，采用熔体法生长β-Ga_2O_3不会产生微孔缺陷，和其他生长方法相比，对于大尺寸衬底的制备，熔体导模法具有明显的优势，只需通过简单升级生产设备的办法即可解决。根据日本情报通信研究所的估计，相比SiC的升华法来说，β-Ga_2O_3的衬底，单位面积的生产能耗可降低为前者的1/3。β-Ga_2O_3作为衬底材料的另一个显著的优势是它可以通过掺杂技术使衬底材料具备高的导电性能，相比蓝宝石上的GaN基LED，在β-Ga_2O_3衬底上可以实现生长GaN基垂直结构LED。与横向结构相比，不仅能降低元件电阻及热阻，而且还容易使电流分布均匀化，从而减少LED芯片产生的热量，因此它适合大功率GaN基蓝绿光及紫外光LED的制备。日本Tamura公司和Koha公司已经开发出了使用β-Ga_2O_3衬底的GaN基LED，与采用横向结构的普通的蓝宝石衬底产品相比，β-Ga_2O_3衬底单位面积的光输出功率估计可达到10倍，甚至更高。因此，它在大功率高亮度发光器件中的应用前景广阔。

4.4.2.2　β-Ga_2O_3单晶薄膜的生长

上述方法适合衬底的生长，对于器件结构的生长，主要的生长技术有金属有机气相沉积法（MOCVD）和分子束外延法（MBE）。目前，半导体照明生产厂家均采用这种MOCVD法制备

GaN 基蓝绿光 LED 晶片。MOCVD 法的特点是生长速率快，适合大规模生产。山东大学物理学院采用 MOCVD 法在蓝宝石 (0001) 面衬底上成功地生长了 β-Ga_2O_3 单晶[104]。生长采用的金属有机源为三甲基镓，氧源为高纯氧气，生长温度为 550～700 ℃。实验结果表明，采用 MOCVD 法可以生长出 β-Ga_2O_3 单晶薄膜。Kohei Sasaki 等采用 MBE 法也成功实现了 β-Ga_2O_3 单晶衬底上的同质外延[105]，MOCVD 和 MBE 是外延生长光电子器件和电子器件的主要方法，采用这些方法成功地生长出 β-Ga_2O_3 单晶薄膜，对 β-Ga_2O_3 基光电子器件和功率电子器件的研发和进一步开展异质结构和低维结构的生长研究奠定了基础。纳米结构，如纳米颗粒、纳米薄膜、纳米管和纳米线具有材料比表面积大、表面活性高、吸附能力强、灵敏度高等特点，在传感器方面有着广泛的应用前景。采用脉冲激光沉积(PLD)可以生长出氧化镓纳米线结构。除上述方法外，热氧化法制备氧化镓材料也受到了广泛的关注，这种方法是在 GaN 衬底或模板上通过热氧化的方法形成氧化镓薄膜。北京大学宽禁带半导体研究中心的研究表明[106]，适当的热氧化条件下，在 GaN 模板表面可以形成高度取向的 β-Ga_2O_3(见图 4-19)。在 GaN 上形成高质量的 β-Ga_2O_3 层对于制备 GaN 基金属-氧化物-半导体异质结场效应晶体管是非常必要的。

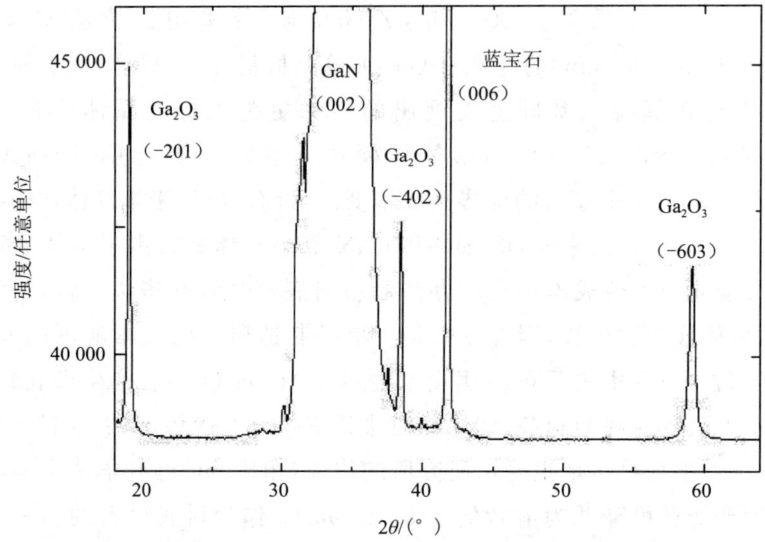

图 4-19 β-Ga_2O_3/GaN 薄膜的 XRD 衍射谱

4.4.3 β-Ga_2O_3 晶体在透明导电氧化物薄膜方面的应用

透明导电氧化物薄膜在液晶显示器、太阳能电池、半导体照明等领域有着广泛的应用前景，已成为研究的热点之一。例如，在 GaN 基 LED 等领域使用较多的是锡掺杂氧化铟 ITO 透明导电膜，而这些传统的透明导电氧化物 ITO 和 ZnO 在深紫外光波段(300 nm)是不透明的，然而随着紫外和深紫外光电子器件的迅速发展，需要对紫外及深紫外光透明的新型透明导电膜材料。

下面举例说明透明导电膜在紫外器件方面的应用。对于电注入的发光二极管，载流子的注入通过正负电极来实现，但考虑到出光问题，需要电极对出射光是透明的，因此，目前的蓝绿光 LED、p 型电极都采用 ITO 透明导电膜。对于紫外光发光器件，有源区发出的光从芯片表面发射出来，需要出光的电极对经过的紫外光是透明的，但对于波长小于 300 nm 的深紫外光 LED，ITO 是不透明的，需要能透过深紫外光的透明导电膜。采用氧化镓作为紫外透明电极是一个很好的选择。作为透明导电膜，不一定采用单晶结构的氧化镓薄膜，也可以采用多晶的氧化镓材料。在生长上，除采用上述方法外，也可以采用溅射和电子束蒸发的方法制备。综上所述，氧化镓材料研究是透明电子学的一个非常重要的内容。它在透明显示技术、紫外探测器及太阳能电池等领域有着非常广泛的应用前景。

4.4.4　β-Ga_2O_3晶体在日盲紫外探测器及气体传感器方面的应用

紫外光波段通常可以划分为 320～400 nm（近紫外，NUV），200～300 nm（中紫外，MUV），100～200 nm（远紫外，FUV），10～100 nm（超紫外，EUV）。通常，将波长小于 300 nm 的光辐射称为深紫外光。太阳是最重要的天然紫外光源，由于大气平流层中的臭氧对 290 nm 以下的紫外光辐射有很强的吸收作用，所以，来自太阳辐射中的紫外线，只有波长为 290～400 nm 的近紫外线能通过大气层到达地面，于是人们就形象地将这一被大气吸收较小的谱区称为大气的紫外窗口。而将紫外辐射几乎被完全吸收的谱区（240～290 nm）称为太阳光盲区，按此波长研制的探测器就称为日盲紫外探测器。

氧化镓薄膜由于其禁带宽度为 4.9 eV 左右，对应的吸收波长为 253 nm，处在太阳光盲区（240～290 nm）波段中，因此是制备太阳光盲深紫外探测器的理想材料。通过与氧化铟合金，可以对铟镓氧的禁带宽度进行调节，从而可以选择合适的吸收波长。氧化镓基深紫外探测器具有价格便宜且制备方法简单，便于批量生产等优点。利用氧化镓在高温下的化学稳定性，可以制成能在高温下工作的火焰探测器。

2007 年，日本的 Yoshihiro Kokubun 等人采用溶胶-凝胶法成功制备了 β-Ga_2O_3 基紫外探测器，探测器采用了平面的光电导型结构。欧姆接触由真空镀膜的方法在 β-Ga_2O_3 表面形成 Au 接触，Au 接触之间的间距为 1.5 mm。探测器的截止波长小于 270 nm（见图 4-20），对应于太阳光盲区波段。

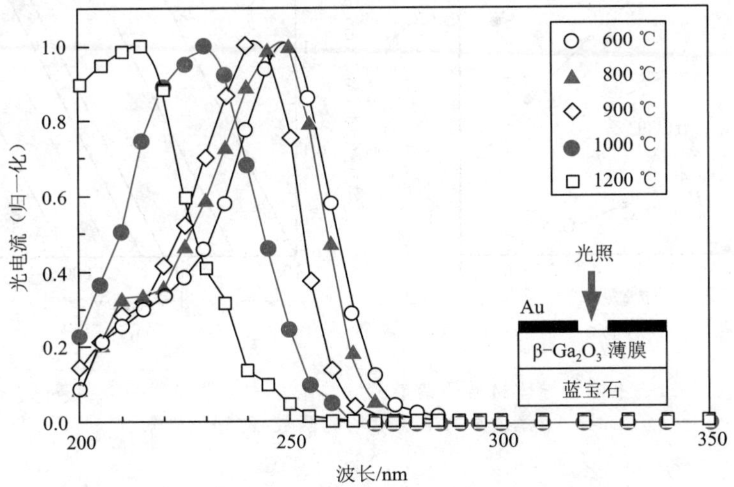

图 4-20　不同温度下制备的 β-Ga_2O_3 基紫外探测器的光谱响应

国内也有许多研究机构开展了 β-Ga_2O_3基深紫外探测器的研究工作,北京邮电大学采用激光分子束外延(L-MBE)技术在蓝宝石衬底上外延生长了 β-Ga_2O_3薄膜,并发现该材料具有很好的光电响应,通过对氧空位的调控,可以实现电极与 β-Ga_2O_3薄膜从欧姆接触到肖特基接触的转变,发现肖特基接触更有利于快速的光电响应。

气体传感器也是 β-Ga_2O_3的重要应用之一。随着温度升高,β-Ga_2O_3的载流子浓度随外界气体成分不同和浓度的不同而变化。所以,氧化镓纳米材料在制备高灵敏度的气体传感器方面有着非常大的潜力,可广泛用于探测包括 O_2、H_2、CH_4等各种气体,β-Ga_2O_3气体传感器的特点是可以在高温下工作。通过采用纳米颗粒、纳米薄膜、纳米管和纳米线等结构,可以大幅度提高其探测灵敏度。

4.4.5 β-Ga_2O_3晶体在功率电子器件方面的应用

能源问题关系到国家的发展和安全。为了确保稳定的能源供应,一方面需要不断开发和使用新能源替代化石燃料;另一方面,应通过更多地采用低能耗产品,达到节能降耗的目的。使用效率更高的功率电子器件是实现节能降耗的一个非常有效的手段。与硅材料相比,宽禁带半导体材料具有更优异的材料性能,例如,更高的击穿电压、更低的功率损耗,所以开发宽禁带的新型功率电子器件是非常必要的。

β-Ga_2O_3具有宽禁带半导体材料的物理性能,作为一种用于高耐压、低损耗功率电子器件方面的新型半导体材料已经开始引起研究人员的重视。图 4-21(a)为不同半导体材料的禁带宽度与击穿电场之间的关系示意图,从图 4-21(a)中可以看出,β-Ga_2O_3的禁带宽度比 SiC 和 GaN 的禁带宽度大,所以相比而言,电子器件的击穿电压与效率都会更高。图 4-21(b)所示为导通电阻(作为击穿电场的函数)的理论极限,从图 4-21(b)中可以看出,在相同的击穿电压下,β-Ga_2O_3基器件的导通电阻比 SiC 与 GaN 基器件要低一个数量级,因此 β-Ga_2O_3具有比 SiC 和 GaN 更好的优势来制作功率器件。

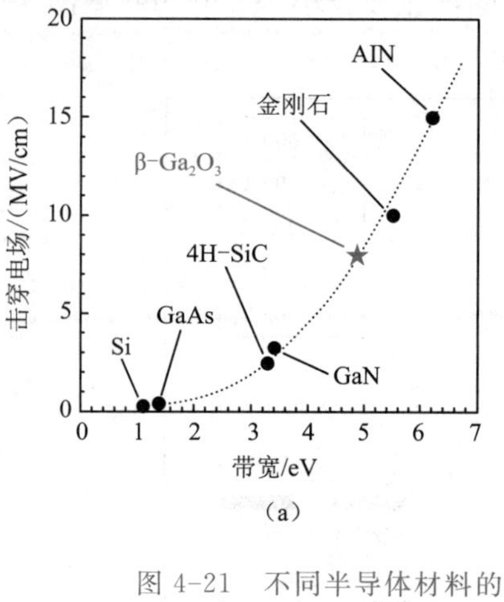

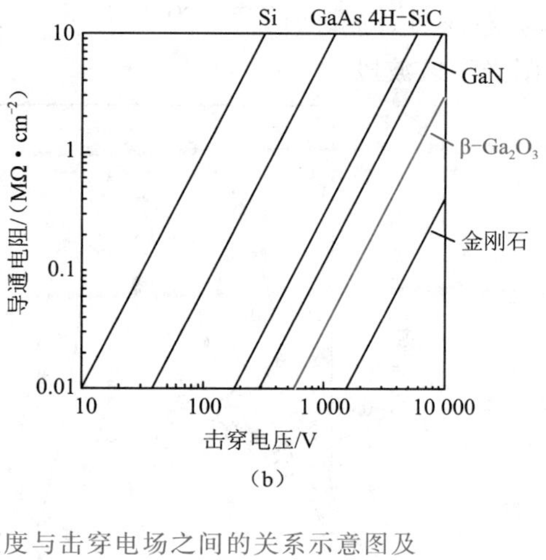

图 4-21 不同半导体材料的禁带宽度与击穿电场之间的关系示意图及导通电阻(作为击穿电场的函数)的理论极限

表 4-6 给出了几种主要半导体材料和 β-Ga_2O_3的材料性质。巴利加优值作为表征或评价材料适合功率器件的程度和潜力的基本参数。巴利加优值(Baliga's FOM)更依赖于击穿电场，这一指标和击穿电场的三次方成正比，与电子迁移率只是线性关系。制造相同耐压的单极功率器件时，器件的导通电阻比采用 SiC 及 GaN 材料低很多。降低导通电阻有利于减少电源电路在导通时的电能损耗。日本情报通信研究所、Tamura 制作所及 Koha 公司合作，已经开发出新型宽禁带半导体材料 β-Ga_2O_3单晶基板，并在 β-Ga_2O_3(010)衬底上采用 MBE 方法成功制备了 MOSFET 晶体管，β-Ga_2O_3-MOSFETs 显示了非常优异的器件特性，包括具有高的开态漏极电流(39 mA/mm)、高的关态耐压(370 V 以上)、非常小的漏电流(测量极限数 pA/mm 以下)、高的开关电流比(10 位数以上)等。这种使用新型的宽禁带半导体材料 β-Ga_2O_3的半导体场效应晶体管的开发将为新的高性能功率器件在高压和低压的应用上铺平道路，不仅能直接对节能降耗做出贡献，而且对中国的经济特别是半导体产业也是一个新机遇。预计 β-Ga_2O_3功率器件的研发将越来越受到全球研究机构和产业界的关注。

表 4-6　几种主要半导体材料和 β-Ga_2O_3的材料性质

项　目	Si	GaAs	4H-SiC	GaN	金刚石	β-Ga_2O_3
带宽 E_g/eV	1.1	1.4	3.3	3.4	5.5	4.8～4.9
击穿电场 E_c/(MV/cm)	0.3	0.4	2.5	3.3	10	8
电子迁移率μ/[cm^2/(V·s)]	1 400	8 000	1 000	1 200	2 000	300
相对介电常数 ε_s	11.8	12.9	9.7	9.0	5.5	10
巴利加优值 $\varepsilon\mu E_c^3$	1	15	340	870	24.664	3 444

目前，β-Ga_2O_3材料及器件还存在着一些问题，例如：晶体质量还有待提高；器件的性能距实用化还有不小的距离，但随着研究的深入以及 β-Ga_2O_3这种新型的宽禁带半导体材料的晶体质量的不断改善，有希望成为继氮化物半导体后一个新的研究热点。

4.5　钙钛矿材料及器件

4.5.1　钙钛矿材料晶体结构

钙钛矿(Perovskite)晶体结构是世界上最为常见的化合物材料结构。它最早发现于 1839 年，以俄罗斯著名矿物学家 L. A. Perovski 的名字命名。钙钛矿结构的元素构成通常为 ABX_3。如图 4-22(a)所示，在理想钙钛矿结构当中，每个 A 离子和 B 离子分别与 12 个和 6 个 X 阴离子配位。其中，A 和 B 均为阳离子，前者一般为简单金属(simple metal)或碱土金属(alkaline earth metal)原子，离子直径往往较大；后者由过渡金属(transition metal)元素组成，离子直径相对较小；X 为阴离子，通常为卤素(halogen)原子或者氧原子，与 A、B 阳离子衔接构筑出八面体空间结构，如图 4-22(b)所示。常见的钙钛矿结构晶体有 $SrTiO_3$、$KMoO_3$、$KTaO_3$、$PbTiO_3$、$KMnF_3$、$KFeF_3$、$KCoF_3$、$KCuF_3$等。其中，还包括不含过渡元素的特殊的钙钛矿晶体，如 $NaMgF_3$。而在有的钙钛矿(如 Na_xWO_3)中，配比值 x 在 0～1 的范围之间。这意味着在晶格中存在着随机分布的简单金属元素空位。

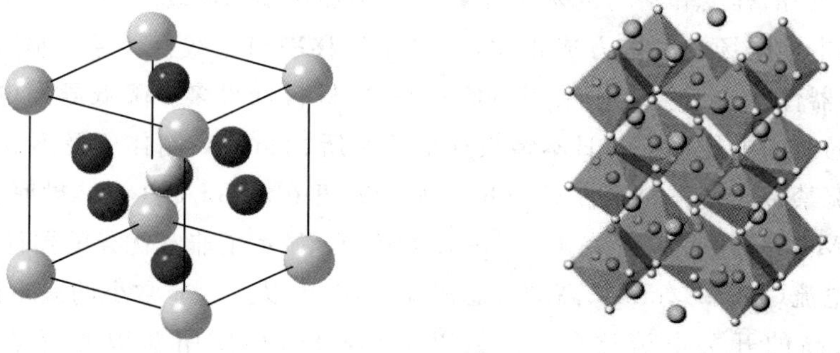

(a)　　(b)

图 4-22　理想钙钛矿 ABX_3 结构原子构架示意图[104]

实际上，图 4-22(a)所示的立方晶格在钙钛矿结构中通常略微形变(distorted)，此形变量 d 通常定义为

$$d=\frac{r_A+r_X}{\sqrt{2}(r_B+r_X)}$$

式中，r_A、r_B 和 r_X 分别为 A、B 阳离子和 X 阴离子的离子半径。

当 d 趋近于 1.0 时，钙钛矿晶格基本接近于理想的立方晶格；但是，当 $d \leqslant 0.81$ 时，由于 A 阳离子半径偏小于理想的占据空间，会导致 BX_6 八面体原胞框架发生倾斜，去填充多余的空间。对于稳定的钙钛矿结构，形变值一般为 $0.78 \leqslant d \leqslant 0.81$。值得指出的是，由于以上公式没有考虑钙钛矿结构中的晶格共价键的贡献，所以对于某些稳定的特殊晶体结构，形变量也有可能超出以上范围。

元素周期表中大约 90% 的金属元素都可以形成稳定的钙钛矿结构。而理想钙钛矿结构中 A、B 阳离子还可能被多种混合元素组合替代，形成 $A_{1-x}A'_xB_{1-y}B'_yX_3$ 结构。同时，钙钛矿结构中阴离子 X 除了氧原子、卤素原子外，还可以是各种氮原子(如 Ca_3GeN)、氢原子(如 $BaLiH_3$)、碳化物(如 $MgCNi_3$)和氮氧混合物(如 $BaTaO_2N$)等。各种钙钛矿结构材料在催化、传感、光电和电子器件应用中占据着重要的地位。

取决于组分原子之间的价电子匹配情况，钙钛矿材料既可以是金属性的良好导体，也可以是绝缘体。具体而言，当 A 和 B 原子所提供的总共价电子数恰好能完整地填充三个氧原子(或卤素原子，如 F、I、Br 等)所需的六个(或三个)p-壳层电子空位时，此钙钛矿结构就是绝缘体材料。例如，在 $SrTiO_3$ 中，Sr 原子的两个价电子加上 Ti 原子的四个价电子正好满足三个氧原子对六个价电子的需求，从而成为一种绝缘性材料。与之相对应的是另外一种配位情况，即当 A 和 B 原子的总价电子数超过了 X 原子所需要的配位数，此时钙钛矿结构可以展现出良好的金属导电特性。例如，在 $KMoO_3$ 中，K 原子提供的一个价电子加上 Mo 的六个价电子超过了与三个氧原子所配位的电子数，故而成为一种金属性的导体材料。然而，还存在一种更为复杂的例外情况，如在钙钛矿材料 $KFeF_3$ 中，K 原子核 Fe 原子能提供总共九个价电子，除了满足三个 F 原子的电子填充外，剩余六个电子由于 Fe 原子轨道的强耦合局域化作用无法形成有效的自由传输载流子，故而展示出绝缘特性。

4.5.2　钙钛矿材料及其发光特性

4.5.2.1　无机钙钛矿材料的制备和发光特性

钙钛矿金属氧化物（如 $SrTiO_3$）作为宽禁带发光材料有着重要的应用前景。DAISUKE KAN 最早于 2005 年报道绝缘体 $SrTiO_3$ 衬底在 Ar 离子辐照下，表层大约 20 nm 深度范围内会发生“绝缘体-金属特性”转变[107]。通过高分辨 TEM 和电子衍射 XRD 结构分析发现，Ar 离子辐照除了在浅表层 3 nm 内形成非晶层外并没有导致表层晶格结构的显著变化，而是在 $SrTiO_3$ 晶格中引入了大量的氧空位。氧空位的出现，在 $SrTiO_3$ 禁带中引入靠近 Ti 原子 3d 轨道形成的导带底浅能级，从而导致明显 n 型掺杂效果和良好的金属导电特性。与此同时，具有大量氧空位掺杂的 $SrTiO_3$ 晶格在室温下出现显著的蓝光波段荧光（PL）发射。如图 4-23(a)所示，发光峰位出现在 2.9 eV(430 nm)附近，发光强度随着 Ar 离子的辐照时间增加而增加，并在 15 min 之后达到饱和。图 4-23(b)所示为随着温度降低，辐照后的 $SrTiO_3$ 晶体的 PL 发光强度先是在 160 K 之前逐渐增强，然后下降并分裂成一个在 2.3 eV 处的宽谱发光峰和在一个位于 3.2 eV 的尖锐发光峰。前者来源于本征 $SrTiO_3$ 晶格在低温下的自限制激子(self-trapped exciton)发光；而后者则来源于辐照掺杂后 $SrTiO_3$ 晶格中的氧空位浅能级与价带顶之间的跃迁发光。基于微区 Ar 离子注入而实现的微纳尺度阴极荧光发射图案预示着此类技术将在微纳光电子器件中有着重要的器件应用前景。

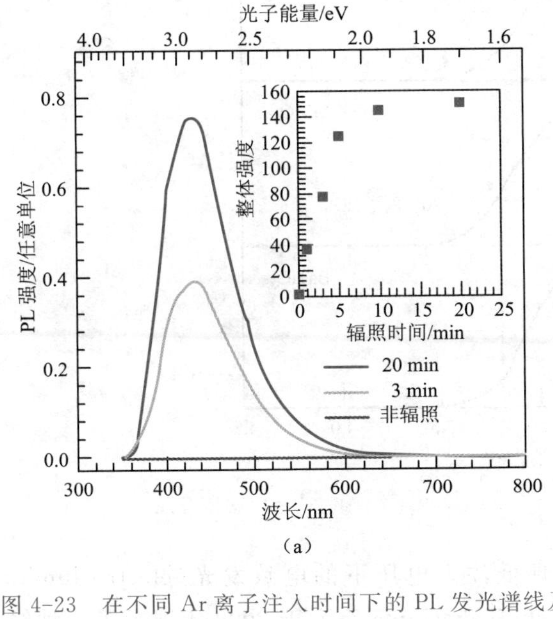

(a)

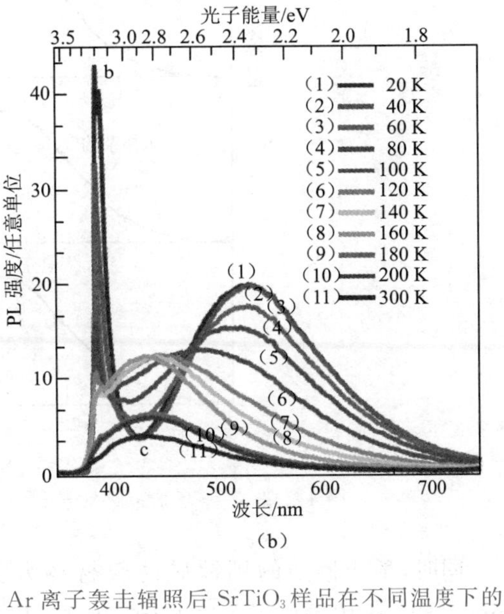

(b)

图 4-23　在不同 Ar 离子注入时间下的 PL 发光谱线及 Ar 离子轰击辐照后 $SrTiO_3$ 样品在不同温度下的发光峰位变化

后续研究发现，类似的发光和 Ar 离子轰击后发光增强特性在一系列其他的宽禁带的钙钛矿半导体材料中，如 $KTaO_3$、$BaTiO_3$、$LiNbO_3$、$LiTaO_3$、$InSrTiO_3$、$KTaO_3$ 和 $BaTiO_3$，也有广泛的报道[108~111]。这些材料都是非直接带隙半导体，由未填充的 d-轨道构成导带底能级，而电子填充的 2p-轨道作为价带顶。在室温下，所有的这些晶体材料的本征发光都很弱或者根本没有发光，而在低温下通过杂质缺陷和电子-声子耦合自限制效应实现 PL 荧光发射，发光峰位通常具有较大的斯托克斯红移(stokes red-shifting)而且发光峰较宽。通过 Ar 离子轰击辐照引入电子掺杂能级都能有效地增强发光特性，如图 4-24 所示。$SrTiO_3$ 晶体较为特殊的一点是由于电子在晶格中具有较高的迁移率，在低温下通过(吸收和发射)声子的辅助可以实现带边之间(band-to-band)的跃迁而实现较为尖锐的发光峰[112]，这一点是其他钙钛矿宽禁带半导体所没有的。

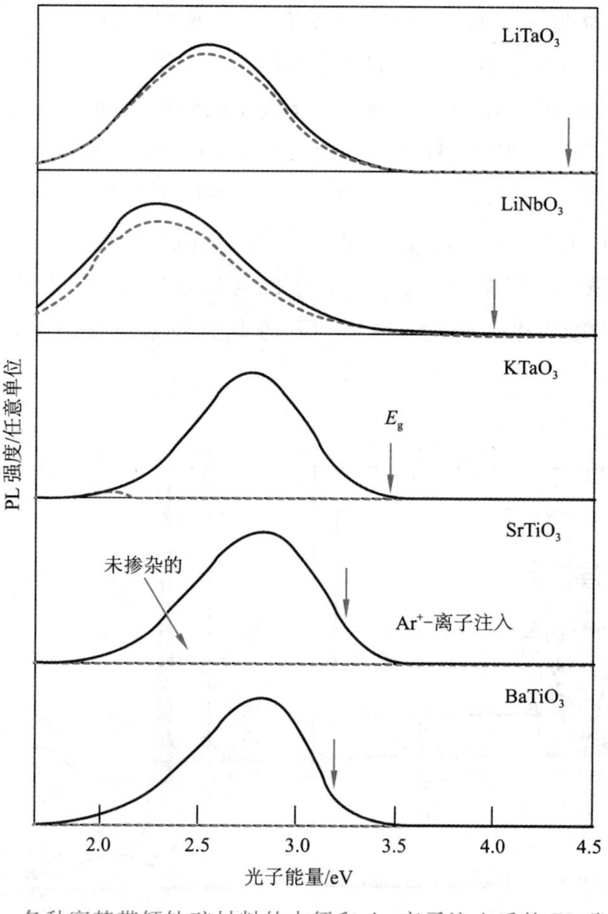

图 4-24　各种宽禁带钙钛矿材料的本征和 Ar 离子注入后的 PL 发光特性

同时，稀土掺杂的钙钛矿薄膜材料为实现低注入电压下的电致发光(electro luminescence，EL)应用提供了关键基础。例如，Hiroshi Takashima 等人于 2009 年展示了一种结构十分简单的 $SrTiO_3/((Ca_{0.6}Sr_{0.4})_{0.997}Pr_{0.002})TiO_3/SrTiO_3$ 薄膜电致发光器件。如图 4-25(a)中右下角所示，整个结构在常规的 ArF 准分子脉冲激光溅射(pulsed-laser deposition method using an ArF excimer laser)系统中淀积。衬底为导电 Nb 掺杂 $SrTiO_3$(100)晶体，之上先外延生长 500 nm $SrTiO_3$ 绝缘层，再生长 1.2 mm 厚的荧光层$((Ca_{0.6}Sr_{0.4})_{0.997}Pr_{0.002})TiO_3$，之后是 100 nm CeO_2 缓冲层加上 500 nm $SrTiO_3$ 的符合顶绝缘层。最后淀积 400 nm ITO 透明导电层作为顶电极，以方便薄膜 EL 发光从顶部出射。整个 EL 器件结构如图 4-25(a)右上角所示。选用$((Ca_{0.6}Sr_{0.4})_{0.997}Pr_{0.002})TiO_3$ 作为荧光层材料主要考虑到它与 $SrTiO_3$ 晶格常数十分接近，分别为 0.386 nm 和 0.390 nm，能够保证高质量的晶格外延和原子量级平整度的外延界面。如图 4-25(b)所示，在外加交变电场(1 kHz)激励下，随着外加电压逐渐增加到 12 V 以上，可以获得较强的 613 nm 附近红光发射。其发光机理主要来源于 $SrTiO_3/((Ca_{0.6}Sr_{0.4})_{0.997}Pr_{0.002})TiO_3/SrTiO_3$ 多层结构中，荧光层$((Ca_{0.6}Sr_{0.4})_{0.997}Pr_{0.002})TiO_3$ 材料室温下的电介质常数($\varepsilon_p=5$)远低于作为绝缘层的 $SrTiO_3$ 的电介质常数($\varepsilon_{STO}=51$)。故而在 EL 激励下，电压降主要集中在荧光层上，在薄膜内形成较高的加速电场，使得具有较高冲击能量的载流子能够激发其中的 Pr^{3+} 发光离子中心。值得一提的是，与通常的有机发光相比，如图 4-25(b)所示，通过如此简单的 $SrTiO_3/((Ca_{0.6}Sr_{0.4})_{0.997}Pr_{0.002})TiO_3/SrTiO_3$ 钙钛矿薄膜器件所获得的红光发射在 CIE 1931 色品图谱(chromaticity diagram)上更为接近理想的单色红光源，因而有可能在高品质发光二极管和平板显示中有所应用。

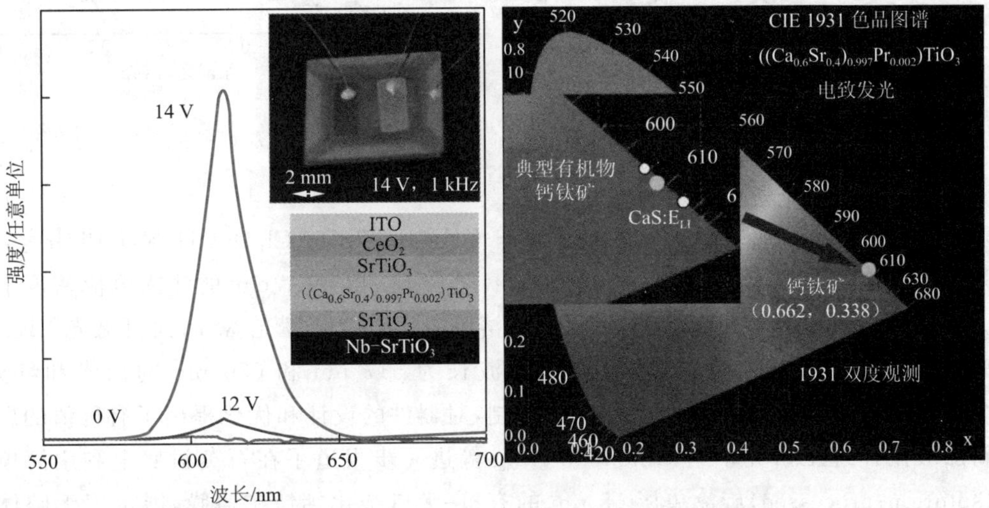

(a)　　　　　　　　　　(b)

图 4-25　$SrTiO_3/((Ca_{0.6}Sr_{0.4})_{0.997}Pr_{0.002})TiO_3/SrTiO_3$ 钙钛矿薄膜结构的电致发光谱线、器件结构示意图及发射的红光峰位在 CIE 1931 色品图谱的对应位置[113]

4.5.2.2　有机-无机杂化卤化物钙钛矿材料发光和激射

有机-无机杂化卤化物钙钛矿(organo-lead mixed halide)材料由于其出色的光电特性，在 20 世纪 90 年代就受到了关注[114]。近年来，通过简单方便的旋涂技术(spin-coating)可以获得光吸收强，且具有超长平衡载流子扩散长度(微米以上)的薄膜材料[115,116]，在光电子器件领域有着重要的应用前景[117]。

在作为发光材料方面，有研究报道，通过旋涂技术制备的 $CH_3NH_3PbI_{3-x}Cl_x$ 卤化物钙钛矿结构[见图 4-26(b)左上角]可以获得十分高效的发光特性。在高激发功率密度情况下

(>500 mW/cm^2),室温下光子能量在 1.6 eV 位置的 PL 发光量子效率可以达到 70%。这主要受益于材料本身较长的光生载流子的寿命,以及在高激发辐照激励下,非辐射复合中心态被填充饱和,故而以辐射发光复合为主。在一个简单的平面垂直腔体结构中,如图 4-26(a)右上角所示,随着激发功率的增加,可以看到 PL 发光峰逐渐从一个宽广的发光分布转变成为尖锐的激光(lasing)发射。与此同时,图 4-26(b)给出的 PL 发射强度和泵浦光功率关系也显示在 0.2 μJ 附近有一个明显的超线性(superlinear)激射能量阈值。基于此室温下的高 PL 发光量子效率、方便的电荷注入结构和有利的电子-空穴传输特性,$CH_3NH_3PbI_{3-x}Cl_x$ 卤化物钙钛矿材料为开发新一代高效 LED 和激光光源提供了一种全新的实现途径[116]。

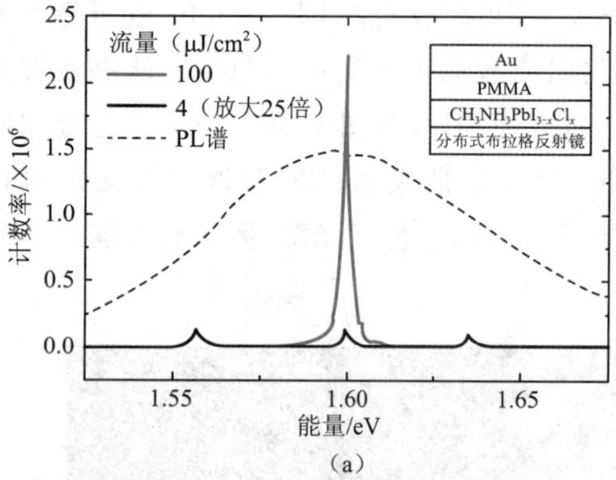

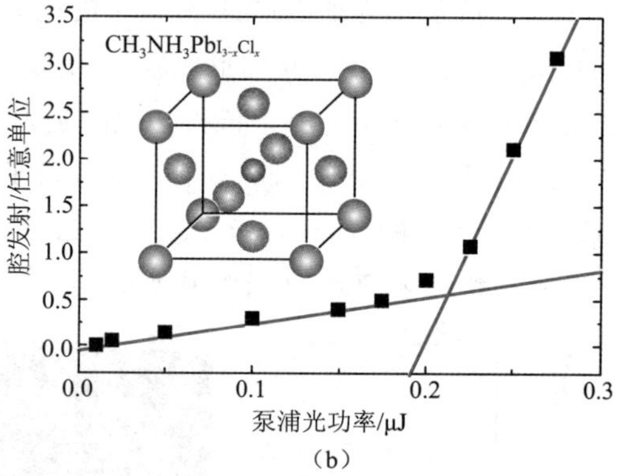

图 4-26 不同泵浦光强度下的 PL 谱线、PL 发射强度和泵浦光功率关系及 $CH_3NH_3PbI_{3-x}Cl_x$ 卤化物钙钛矿材料的晶体结构

随后,该小组[117]通过旋涂技术实现了基于 $CH_3NH_3PbI_{3-x}Cl_x$ 和 $CH_3NH_3PbBr_{3-x}I_x$ 材料的红外和可见光的 LED 器件。其中,红外 LED 器件在 363 mA/cm^2 的注入电流密度下达到了 13.2 W/(sr·m^2)的红外光照度,堪比一些溶胶量子点红外发光器件;而可见光 LED 器件由于改变了卤族元素的混合比例,发射出了波长为 517 nm 和 630 nm 的绿光和红光(见图 4-27),实现了对钙钛矿发光器件的能带调制,对器件的设计和优化提出了有价值的思路。

新加坡南洋理工研究小组 Guichuan Xing 等进一步报道了在石英衬底上利用简单的溶液法(solution-processed)旋涂单层 65 nm 的有机-无机杂化钙钛矿薄膜,展示了无腔体辅助的放大自发辐射(amplified spontaneous emission, ASE)现象[118]。如图 4-28(a)所示,随着泵浦光强的增加,在原自发辐射(spontaneous emission, SE)发光峰红移端一侧逐渐出现了位于 788 nm 的尖锐 ASE 发光峰,与之相应的还有发光峰半高宽(full width at half maximum, FWHM)和发光寿命在越过激射阈值后的急速下降,如图 4-28(b)所示。值得一提的是,根据 PL 发光强度和泵浦光源能量超线性增长关系[见图 4-28(c)],可得出在此 $CH_3NH_3PbI_3$ 薄膜中实现激射的能量密度阈值仅为 12 μJ/cm^2 左右,明显低于相关报道的CdSe/ZnCdS球壳结构溶胶量子点(core/shell colloidalquantum dot films)薄膜中实现激射的能量密度阈值(90 μJ/cm^2)[119]。由于在 $CH_3NH_3PbI_3$ 钙钛矿薄膜材料中激发载流子具有较长的扩散距离[114],表面缺陷复合和俄歇复合作用对增强自发辐射现象的影响较小。为了比较表面复合对激射发光的影响,还制备了 $CH_3NH_3PbI_3$/PCBM 薄膜结构来模拟极高表面/界面复合的情况。实验发现，虽然高界面复合中心的确导致了 PL 发光强度的急剧下降，但是并不影响实现激射的能量密度阈值[118]。

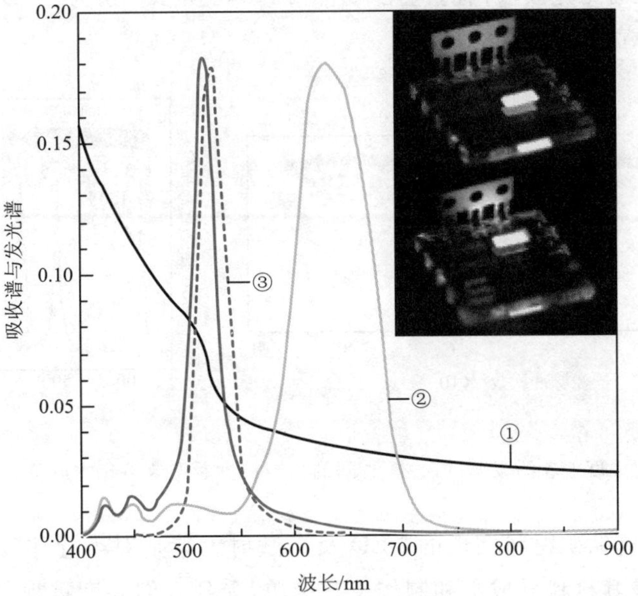

图 4-27　绿光 LED 器件的吸收谱(①)和 EL 发光谱(绿实线)PL 发光谱(③)，以及红光 LED 的 EL 发光谱(②)及绿光和红光 LED 实物图

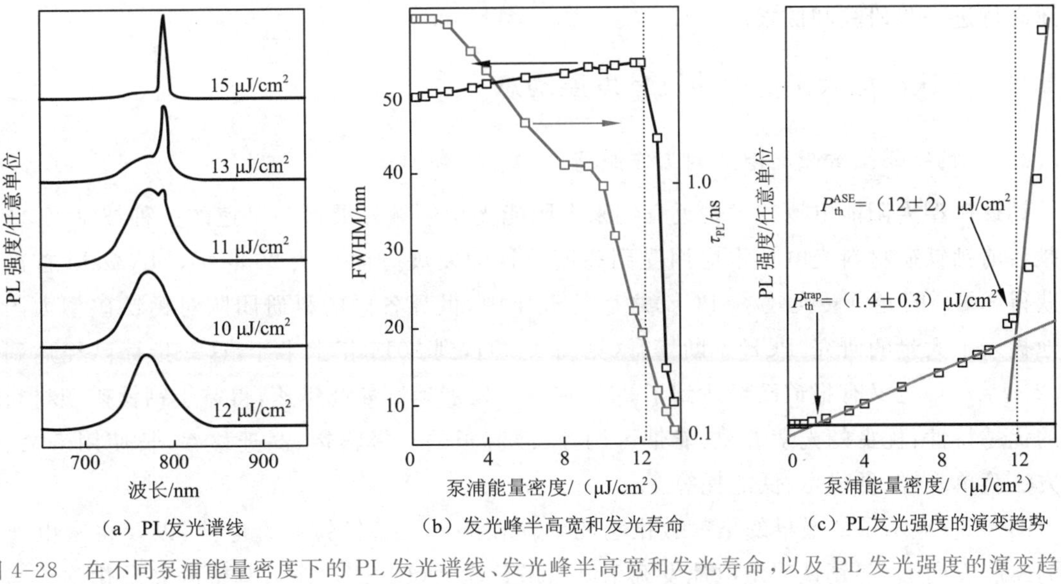

图 4-28　在不同泵浦能量密度下的 PL 发光谱线、发光峰半高宽和发光寿命，以及 PL 发光强度的演变趋势

在器件应用方面，采用低温溶液法制备的 $CH_3NH_3PbI_3$ 薄膜材料作为增益介质，激射强度在至少 26 h(10^8 脉冲激发)激发条件下依然能保持光强稳定，如图 4-29(a)所示。这与目前最好的有机半导体薄膜材料的 50%/10^7 脉冲[120] 和溶胶量子点结构的 50%/10^6 脉冲的衰退特性相

比，展示出了良好的激射稳定特性。另外，通过调节钙钛矿晶体中卤化元素的调配比例，例如，$CH_3NH_3PbCl_3$、$CH_3NH_3PbCl_{1.5}Br_{1.5}$、$CH_3NH_3PbBr_3$、$CH_3NH_3PbBrI_2$和$CH_3NH_3PbI_3$，还可以方便地实现发光峰位在可见光波段内的调控，如图 4-29(b)所示。这为进一步实现电泵浦的高性能光谱可调相干光源奠定了良好的基础。

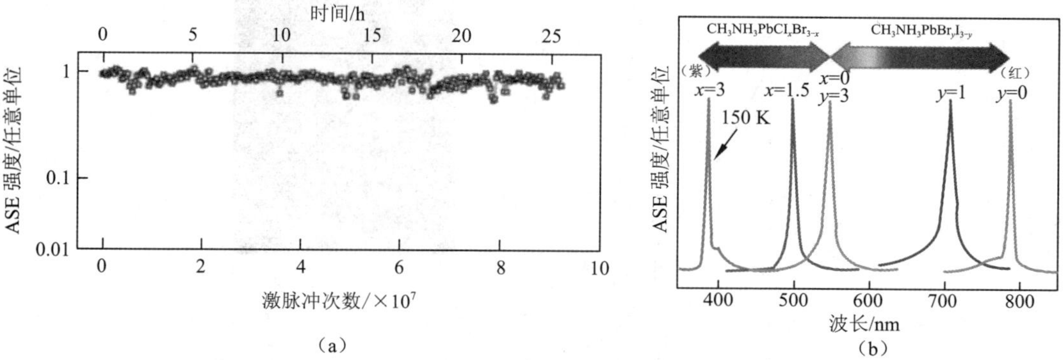

图 4-29 放大自发辐射强度随着激发脉冲次数/时间的稳定特性及调节卤化物成分对发光峰位实现可控调节

如上所述，基于钙钛矿材料实现的 LED 及光激射无疑是对半导体发光材料及发光技术的重大突破。特别是其材料低成本和制作工艺简单，受到人们高度重视，如钙钛矿 LED 灯的制备过程十分简单，只需要备好钙钛矿溶液，将其旋涂于基片上面，不需要高温加热步骤，也不需要高真空环境，因此有望实现低成本、大规模生产。当然，钙钛矿 LED 及光激射的实用化还有待进一步研究和探索。

4.5.3 钙钛矿型太阳能电池及其发展动态

4.5.3.1 钙钛矿型太阳能电池的工作原理

钙钛矿型太阳能电池技术是近五年来太阳能光伏领域发展最为迅速的一种技术[121~123]，也是目前钙钛矿材料光电技术应用受到高度重视的发展方向。从 2009 年，Miyazaki 首次报道获得 3.8%的光电转换效率(PCE)之后的五年中，世界各国的科研团队对钙钛矿型太阳能电池投入了大量的研究，PCE 不断攀升(见图 4-30)，到 2014 年上半年，这一指标已经达到了 16.2%[124]，最近又有报道已经达到了 20%左右。发展速度如此迅速，得益于钙钛矿型材料本身的优越特性：优良的光学参数、能带可调控、载流子的双极输运、高迁移率、长使用寿命、制备方法简单多样、低成本、低能耗等。

图 4-31 展示了从最早的染料敏化电池到现在的介孔型钙钛矿型电池，以及将来电池可能的发展方向[125]。钙钛矿型电池发源于染料敏化电池(DSSC)，作为其中的光敏化剂。当时的电池结构基于液态电解质，电池厚度达 10 μm，甚至更高，而且敏化剂存在着稳定性差的问题。随着高效的固态电解质的应用，电池厚度减少到约 2 μm。用超薄层敏化剂代替颗粒敏化剂之后，光吸收效率大大提升，因此用于吸附敏化剂并作为电子传输材料(ETM)的 TiO_2 介孔层厚度进一步减薄。此后，钙钛矿敏化剂开始大量应用，同时绝缘的 Al_2O_3 介孔层优于传

统的导电 TiO_2 的特性也被发掘了出来，电池效率和厚度都得到进一步优化。随着人们对电池结构的进一步认识和优化，未来也许可以把其他半导体材料生长在介孔层表面来作为光吸收层；甚至 Al_2O_3 介孔层可能也会被取代，以钙钛矿纳米介孔层或平面结构与空穴传输材料(HTM)一起构成的最简单的 PN 或 p-i-n 结构可能是很有前途的发展方向。

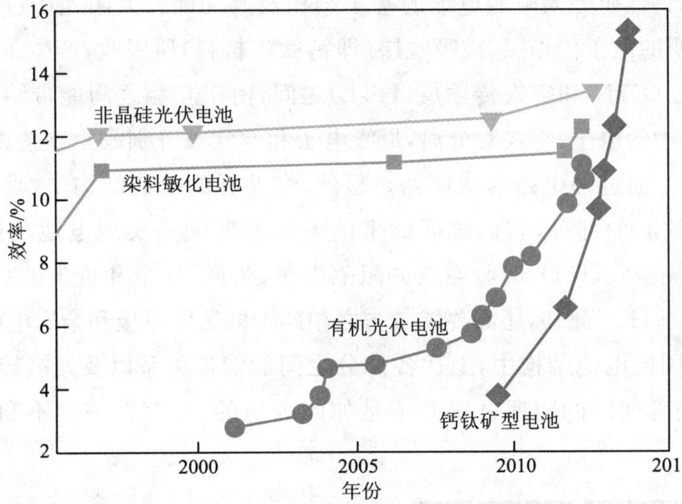

图 4-30　不同类型太阳能电池效率的发展

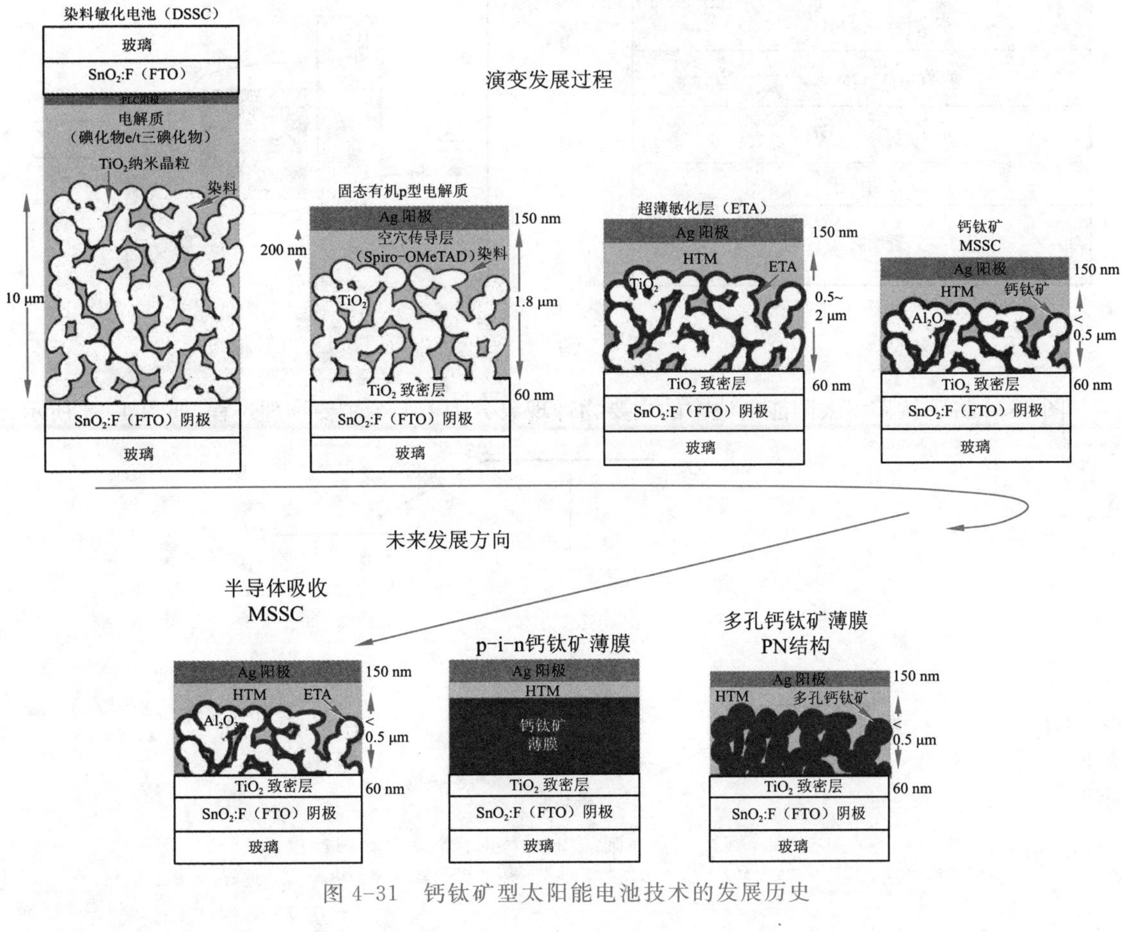

图 4-31　钙钛矿型太阳能电池技术的发展历史

钙钛矿型太阳能电池总体上依次经历了:基于液态电解质的介孔 DSSC,基于固态有机 P 型电解质的介孔 DSSC,以超薄敏化剂层替代颗粒敏化剂的 DSSC,以绝缘的 Al_2O_3介孔材料架构的钙钛矿 DSSC。将来的三种发展方向:半导体吸收介孔电池,钙钛矿介孔 PN 异质结结构,钙钛矿平面 p-i-n 结构。

图 4-32 所示为钙钛矿型太阳能电池的基本结构及其功能。太阳光透过透明衬底、透明电极(光电阳极)和透明的电子传输层,被吸收层(即钙钛矿材料)所吸收,产生了电子-空穴对。吸收层位于电子传输层(ETL)和空穴传输层(HTL)之间,由于互相之间能带结构的差异,产生了内建电场,将吸收层中的电子-空穴对分离,最终电子和空穴被分别收集到透明电极(光电阳极)和金属电极(对电极),通过外电路形成回路。显然,在这样的电池结构中,吸收层、电子传输层和空穴传输层是最核心的部分,它们之间能带的差异和匹配是实现电池功能的驱动力所在。ETL 吸收电子并阻隔空穴,HTL 吸收空穴并阻隔电子,为此,导带和价带的高低顺序都应该遵循:HTL>吸收层>ETL。此外,还需要能带与之相匹配的透明电极和金属电极材料。

在钙钛矿型太阳能电池结构中,上述各部分之间的能带关系以及光电转换过程如图 4-33 所示。然而,电池内部实际的物理过程并不是如此理想的,还存在一些不利因素在影响着电池的转换效率。

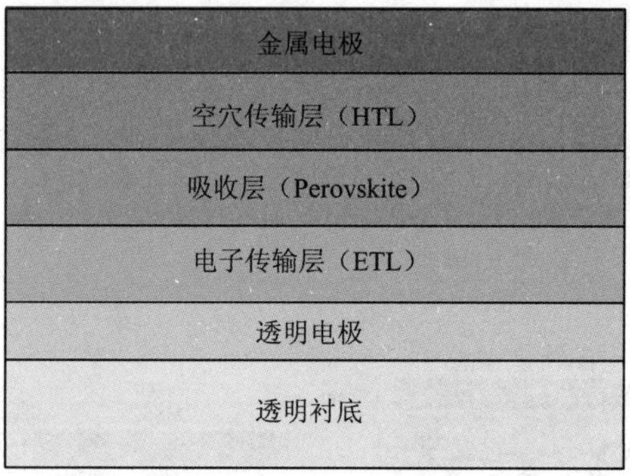

图 4-32 钙钛矿型太阳能电池的基本结构及其功能

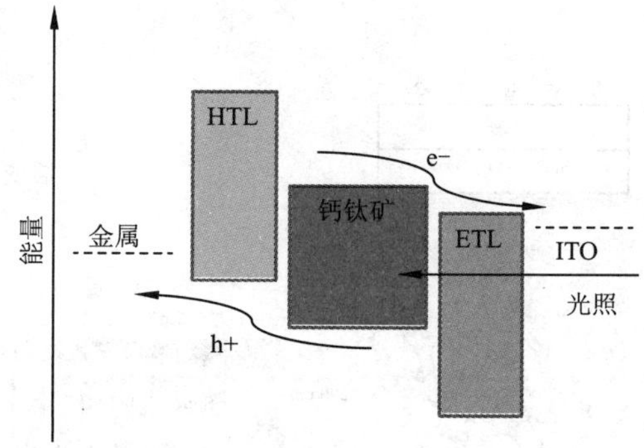

图 4-33 钙钛矿型太阳能电池能带关系以及光电转换过程

图 4-34 将钙钛矿型太阳能电池中的主要物理现象分为了七个主要物理过程,如图 4-34 所示。

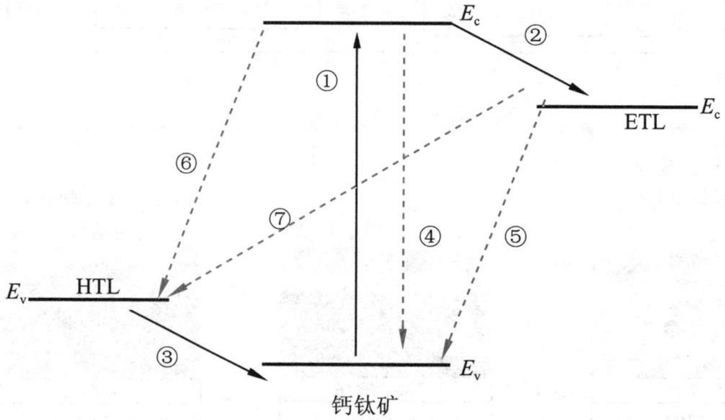

图 4-34 钙钛矿型太阳能电池中的七个主要物理过程

(其中实线箭头代表电子-空穴对的产生和传输过程;另一种箭头代表有害的电子流动过程,即复合过程)

① 吸收层中光激发产生电子-空穴对；

② 光生电子从吸收层进入电子传输层；

③ 光生空穴从吸收层进入空穴传输层；

④ 吸收层中电子-空穴的复合；

⑤ 吸收层和电子传输层之间的复合；

⑥ 吸收层和空穴传输层之间的复合；

⑦ 电子传输层和空穴传输层之间的复合。

其中，过程①②③是电子-空穴对的产生和传输过程，过程④～⑦是复合过程。过程④是由于吸收层中光激发产生的电子-空穴对没有及时地向两极传输，或者说过程①②③的速率太低，导致复合速率显得相当可观，这个过程需要从材料特性的角度进行抑制；过程⑤和⑥可能是由于不同物质界面之间有一些缺陷，形成了复合中心，这两个过程需要从界面控制的角度进行抑制；而过程⑦发生在电子传输层和空穴传输层的有物理接触的情况下，两者所收集的电子和空穴在接触区域发生复合，这个过程一般采用阻挡层隔离的方法来进行抑制，因此致密层也是钙钛矿型太阳能电池中除了吸收层、传输层以外非常重要的组成部分。

4.5.3.2　钙钛矿型太阳能电池的设计及其发展动态

如前所述，钙钛矿型太阳能电池的性能与器件吸收层、空穴传输层、电子传输层以及致密层材料及其结构密切相关。因此，通过对吸收层、空穴传输层、电子传输层以及致密层材料与结构的优化设计，可获得较高的光电转换效率(PCE)、开路电压(V_{oc})、短路电流(I_{sc})和填充因子(FF)特性。下面将介绍高性能钙钛矿型太阳能电池吸收层、空穴传输层、电子传输层以及致密层材料及其结构的优化设计和钙钛矿型太阳能电池的发展动态。

1. 吸收层设计

钙钛矿材料是指一系列具有钙钛矿型(perovskite)晶体结构的材料，其化学式通常写成 ABX_3，晶体结构如图 4-35 所示。通常在太阳能电池领域中，A 基团采用一价阳离子基团，如 $CH_3NH_3^+$，B 离子采用 Pb 或 Sn，X 离子采用卤族阴离子(Cl^-、Br^-、I^-)。其中应用最多的是 $CH_3NH_3PbI_3$，禁带宽度约 1.55 eV，能够吸收 300～800 nm 的光子，介电常数约为 6.5，激子束缚能为 50 meV[126]，接近室温离化能(26 meV)，因此室温下光照即可将激子分离，产生大量自由载流子并获得较大的开路电压，这是作为太阳能电池吸收层最重要的特性。

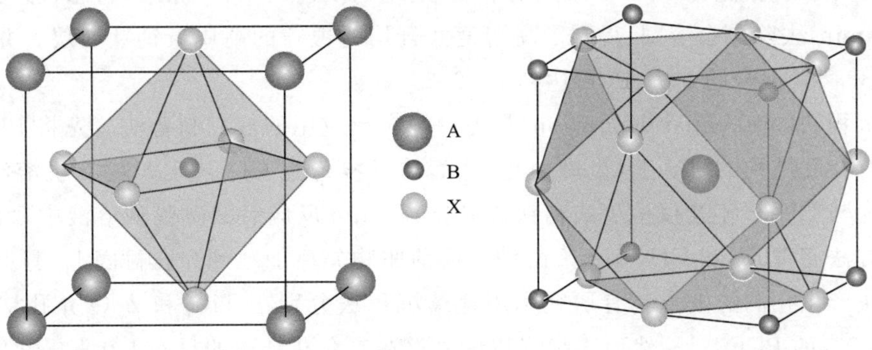

图 4-35　钙钛矿型晶体结构，由 BX_6 八面体结构(左图)和 AX_{12} 立方八面体结构(右图)嵌套构成[127]

为了获得更好的性能，研究人员已经尝试用各种基团和离子来构成 ABX_3 晶体结构。Miyazaki 首次用 $CH_3NH_3PbI_3$ 和 $CH_3NH_3PbBr_3$ 分别获得了 3.8% 和 3.1% 的 PCE，后者带宽过大，长波吸收边只到 570 nm，但由于导带能级 E_c 很高，因此 V_{oc} 较高。Samuel D. Stranks 等[128]尝试用 Cl 部分替代 I，形成 $CH_3NH_3PbI_{3-x}Cl_x$ 混合卤素钙钛矿型结构，通过时间分辨 PL 谱（TRPL）分析发现，$CH_3NH_3PbI_{3-x}Cl_x$ 中电子和空穴的扩散长度均超过了 1 μm，而在 $CH_3NH_3PbI_3$ 中只有约 100 nm，这说明 $CH_3NH_3PbI_{3-x}Cl_x$ 中电子和空穴有更长的寿命，不易发生复合，由此，$CH_3NH_3PbI_{3-x}Cl_x$ 允许有比 $CH_3NH_3PbI_3$ 更大的薄膜厚度，从而更充分地吸收入射光。在各自的优化厚度下，混合和单一卤素电池的 PCE 分别为 12.2% 和 4.2%。Giles E. Eperon 等[129]发现用半径较大的甲脒基团（$HC(NH_2)_2^+$）替换甲胺基团能使材料禁带宽度变小，同时电子和空穴扩散长度分别提高到 177 nm 和 813 nm；添加 Br 元素形成 $HC(NH_2)_2PbIBr_2$ 型钙钛矿后，禁带宽度并没有像 $CH_3NH_3PbBr_3$ 那样明显变大，而 PCE 却可达到 14.2%。现在，混合卤素型钙钛矿提高载流子扩散长度的这一优点已经被广泛认可，得到了大量的应用。

$CH_3NH_3PbX_3$ 材料的制备方法分为液相法和气相法两类，但其核心都是同一个化学反应：$CH_3NH_3X + PbX_2 = CH_3NH_3PbX_3$。

旋涂法（spin-coating）是最简单、经济的液相制备法。首先将 CH_3NH_3X 和 PbX_2 两种粉末按照一定比例溶解在同一种有机溶剂中，比如 DMF（N，N-dimethylformamide，二甲基甲酰胺）、GBL（γ-butyrolactone，γ-羟基丁酸内酯）、DMSO（dimethyl sulfoxide，二甲基亚砜）等。然后将混合溶液旋涂在长有纳米介孔结构的衬底上，最后 100 ℃左右蒸干。在有机溶剂被蒸干的过程中，溶液中的 CH_3NH_3X 和 PbX_2 发生了自组装的化学反应，形成了 $CH_3NH_3PbX_3$ 薄膜[118]。为了保证生成薄膜的质量和稳定性，溶液的配制和薄膜的制备甚至后期保存都应该在隔绝氧气、水汽的环境下进行[130,131]。

单纯使用旋涂法虽然可以快速简便地得到钙钛矿型薄膜，但无法满足大面积的薄膜生长需要，而且由于反应速度过快，生成的薄膜质量存在一定缺陷，不能 100% 地覆盖衬底[130]，这些不能覆盖的区域都很可能造成 ETL 和 HTL 的直接接触，从而造成载流子复合损失。

值得一提的是，2014 年 Nam Joong Jeon 小组[131]不再使用单一有机溶剂，而使用 GBL 和 DMSO 混合溶剂来溶解 CH_3NH_3X 和 PbX_2 两种粉末，在介孔 TiO_2 层上旋涂并保持一定的转速，滴入甲苯或氯仿，随着 DMSO 溶剂的蒸发，剩余物质进入一种“冻结”状态，然后在 100 ℃下烘烤 10 min，去除剩余溶剂，得到了高密度并且均匀覆盖的高质量钙钛矿层。并且他们采用了 I 和 Br 卤素混合的方法，PCE 达到了 16.2%。

连续沉积法（sequential deposition）是另一种广泛应用的液相制备法。先将 PbX_2 前驱物旋涂在长有介孔结构的衬底上，烘烤固化，然后将其浸泡在 CH_3NH_3X 的有机溶液中，PbX_2 将会迅速地与 CH_3NH_3X 反应生成钙钛矿晶体，将充分反应后的薄膜从溶液中取出、烘干即可。这种方法将 PbX_2 和 CH_3NH_3X 两种反应前驱物先后加载到介孔衬底上，避免了旋涂法中反应过快产生孔洞的缺点。有研究利用连续沉积法分别在 TiO_2 和 ZnO 介孔层上获得了 15% 和 15.7% 的 PCE[115]。然而连续沉积法要求在有介孔结构的衬底上生长，并不适合生长平面钙钛矿吸收层。

气相沉积法(vapour deposition)是目前生长钙钛矿薄膜质量最好的一种方法,它不需要介孔层来为钙钛矿提供支持,可以在平面衬底上直接生长出高质量的平面钙钛矿吸收层。Henry J. Snaith 小组[132]用 $PbCl_2$ 和 CH_3NH_3I 两种源共蒸,得到了大尺寸、厚度均匀的钙钛矿层,通过扫描电子显微镜(SEM)对比湿法生长的薄膜,气相沉积法得到的平面和剖面质量都更为优越,电池 PCE 最高达到 15%,甚至更高。在半导体行业中气相沉积法已经非常成熟,可以和晶硅电池、化合物薄膜电池工艺相兼容,因此在两者的基础上制备"顶层电池",实现串联(tandem)从而得到更高的 PCE,也许将成为钙钛矿型太阳能电池未来发展的一大热点。

然而,气相沉积法制备工艺较为复杂,要求高真空度,有一定的能耗。结合气相沉积法的优点和连续沉积法的思想,Yang Yang 的小组[133]利用晶体生长动力学原理,设计出了一种气相辅助液相生长工艺(vapour-assisted solution process),将液相旋涂烘干后的平面 PbI_2 层放在含有 CH_3NH_3I 的 N_2 气氛中 150 ℃退火 2 h,在气相下充分反应形成钙钛矿层。从 SEM 和 AFM 图像来看,晶粒尺寸达到 1 μm,而粗糙度只有 23 nm,良好的晶体质量改善了传输特性,使得电池的 PCE 达到了 12.1%。

2. 空穴传输层设计

空穴传输层(HTL)的作用是传输空穴并阻挡电子,因此,对其材料的要求有:能级与吸收层能级匹配;对入射光吸收较小;很好的空穴传输率;物理和化学稳定性好。应用于钙钛矿电池的 HTL 材料主要分为三类:有机小分子空穴传输固态电解质、空穴导电聚合物电解质、无机 P 型半导体固态电解质。

Spiro-OMeTAD 是一种有机小分子空穴传输固态电解质,从燃料敏化电池的时代开始就是一种非常热门的材料。在钙钛矿电池研究中,采用 Spiro-OMeTAD 作为 HTL 获得高效率的报道也层出不穷[115,132,134]。对 Spiro-OMeTAD 材料本身的研究相当盛行,因为纯的 Spiro-OMeTAD 材料本身空穴电导率较低,载流子复合严重,但是,通过加入一些添加剂,例如 t-BP、LiTFSI,可以明显抑制复合[135],而 Co(Ⅲ)等配合物的掺杂可以明显提高电导率[129]。Nam Joong Jeon 等通过改变 Spiro-OMeTAD 分子中甲氧基(O-Me)官能团的位置,改善了载流子的传输特性,电池的 PCE 达到了 16.7%。

这些研究都取得了显著的成果,然而 Spiro-OMeTAD 材料的价格非常昂贵,不可能应用于大规模的工业生产,因此寻找性能接近而成本低廉的替代物就显得至关重要。Nam Joong Jeon 等[136]通过用一种廉价而易得的芘芳基胺衍生物(pyrene arylamine derivatives)来替代 Spiro-OMeTAD 中的"螺旋双芴环"核心,而保留了真正发挥导电作用的甲胺基官能团,实现了 12.4%的 PCE。

空穴导电聚合物电解质方面,Dongqin Bi[137]等分别用 Spiro-OMeTAD、P3HT、DEH 三种材料作为 HTL 材料,电池 PCE 分别为 8.5%、4.5%、1.6%,原因是材料中载流子寿命的不同。Bing Cai[138]采用 $CH_3NH_3PbBr_3$ 作为吸收层,PCBTDPP 作为 HTL,获得了 5.55%的 PCE。也有研究人员采用高导电性的 PEDOT:PSS 作为 HTL,PCE 达到了 11.5%[139],但事

实上，PEDOT:PSS 的价格也非常昂贵。

p 型 CuI 半导体是具有代表性的无机 p 型半导体固态电解质，具有较高的电导率。Jeffrey A. Christians[140]将 CuI 溶液缓慢滴加到 $CH_3NH_3PbI_3/TiO_2$ 上，使之充分浸润和填充，并保持加热，成形后的电池获得了 6%的 PCE。尽管载流子复合比较严重，但其电导率比 Spiro-OMeTAD 高两个数量级，因此填充因子 FF 较高。

由于钙钛矿材料本身优越的性能，不仅可以产生载流子，还是良好的传输材料（双极性材料），因此在一些电池结构中，出于简化结构和工艺的目的，可以省略 HTL。Etgar[141]等人首次实现了无 HTL 的电池结构，并达到了 5.5%的 PCE。Jiangjian Shi 等制备的 $TiO_2/CH_3NH_3PbI_3/Au$ 结构的钙钛矿型太阳能电池，PCE 达到了 10.49%。

3. 电子传输层和阻挡层设计

电子传输层(ETL)的功能和对材料的要求与空穴传输层类似。ETL 通常采用介孔结构(mesoporous)，因为介孔结构为钙钛矿的液相制备提供框架，还可以对入射光进行散射，增强钙钛矿对光的吸收。

具有高导电性和高透光性的 TiO_2 是作为 ETL 最常见的理想材料。Sabba Dharani[142]对比了具有 TiO_2 纳米纤维结构和平面结构的两种电池，PCE 分别为 9.82%和 3.11%，巨大差别的原因可能在于前者可以承载更多的钙钛矿型物质。

Zonglong Zhu[143]等在钙钛矿型吸收层和 TiO_2 之间插入石墨烯量子点(GQD)，这些量子点可以加快钙钛矿吸收层中电子的分离和传输速率，从而减少载流子冷却能量损失和发生复合的概率，电池的 PCE 从 8.81%提高到了 10.51%。

随着研究的深入，人们对钙钛矿型太阳能电池的结构有了新的设想，用平面 TiO_2 作为 ETL，在其上方用 Al_2O_3 介孔层（绝缘材料）来作为钙钛矿生长框架。James M. Ball[139]用液相法实现了这样的结构，PCE 达到 12.3%。同时，实验证实，基于 Al_2O_3 介孔结构的电池对水汽、氧气等的抵抗性远优于 TiO_2[144]。

阻挡层(compact layer)通常采用和 ETL 相同的材料来充当，在物理上隔绝 HTL 和收集电子的光阳极。

Yongzhen Wu[145]介绍了 TiO_2 阻挡层的三种制备方法：旋涂法、喷雾裂解法(spray pyrolysis)和原子层沉积法(ALD)。三种方法的效果差异明显，ALD 法制备的 TiO_2 阻挡层效果最好(PCE 达到 12.56%)，然而成本最高；旋涂法最为简单，但效果较差；喷雾裂解法效果和成本都适中。

生长 TiO_2 阻挡层通常需要 500 ℃的高温烧结，为了做到低能耗、低成本，Kumar[146]等人先用电沉积法(electro deposite)制备 ZnO 阻挡层，然后用化学浴沉积(chemical bath deposition)生长出 ZnO 纳米柱结构，同样实现了 8.9%的 PCE。同时，由于工艺温度不高，柔性聚合物衬底的使用也成为可能，他们在柔性 PET 衬底上实现了 2.62%的 PCE。

Wang[147]用石墨烯和 TiO_2 混合作为平面 ETL，然后先后生长 Al_2O_3 介孔层和钙钛矿吸收层，整个工艺基于液相法，避开了 TiO_2 阻挡层通常所需的高温工艺，PCE 达到了 15.6%。

4.5.4　钙钛矿材料电学特性和器件应用

从 20 世纪 90 时代开始，以过渡金属氧化物为主的一系列钙钛矿材料开始应用在场效应晶体管等电学器件中[148~150]。

Pallecchi 等人[151]利用单晶外延技术，实现了单晶 $SrTiO_3$ 为导电层，MgO 为栅极的 MIS 场效应晶体管。Ueno 小组等人[152]对此进行了改进，获得了基于 $KTaO_3$ 单晶的场效应晶体管，开关比率达到 10^4，室温下电子迁移率达到 0.4 $cm^2/(V\cdot s)$，超过了通常的 $SrTiO_3$ 晶体管。

Mathews 等人[153]用脉冲激光沉积法（PLD），在 n 型 $LaAlO_3$ 衬底上异质外延出 p 型 $La_{0.7}Ca_{0.3}MnO_3$ 半导体层和 $PbZr_{0.2}Ti_{0.8}O_3$ 铁电栅绝缘层，得到了全钙钛矿结构的铁电场效应晶体管，解决了许多高 k 绝缘层和硅半导体之间界面态难以抑制的问题，对沟道的调制效应明显增强（见图 4-36）。

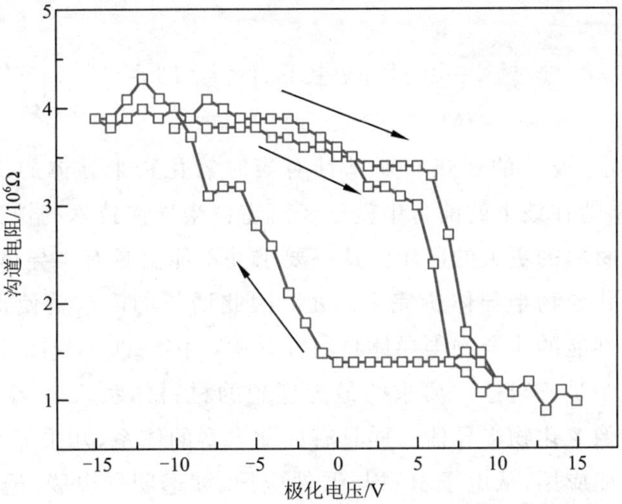

图 4-36　全钙钛矿铁电场效应晶体管的沟道电阻滞回线

A. Saif[154]用溶胶凝胶法（sol-gel）制备出基于 $Ba_xSr_{1-x}TiO_3$ 铁电绝缘层的 MISFET 存储器件，并研究了变化的 Ba 组分对器件 CV 特性、漏电流和记忆性能的影响。Rajib Nath 等人在 SiO_2/Si 衬底上制备了纳米结构的 $La_{0.85}Ca_{0.15}MnO_3$（LCMO）沟道，在其上方以 PEO 聚合物/$LiClO_4$ 作为栅电偶层（electric double layer gate），在一定的栅压作用下，电偶层对 LCMO 晶粒边界的空穴浓度进行调制，出现了非线性传输特性，室温下栅压为±5 V 时，对沟道电导率的调制幅度可达±40%（见图 4-37）。

T. Yajima[155]实现了基本的 STO/ LSMO/Nb:STO 晶体管结构，并详细分析了其中的增益机制、量子阱效应以及界面调制，对器件的制备和结构设计提出了新的思路。

探测器方面，钙钛矿材料（如 $BaTiO_3$、$CsPbBr_3$ 等）由于其优越的光电性能以及制备工艺方面的巨大优势，已经得到了大量的关注，其中 $CsPbBr_3$ 已被认为是很好的室温 X 射线和 γ 射线探测器[156]，具有高衰减系数、高电阻率等优点，其迁移率寿命乘积（μτ）指标优于商业化

的 $Cd_{0.9}Zn_{0.1}Te$ 探测器，并具有制备工艺方面的优势。

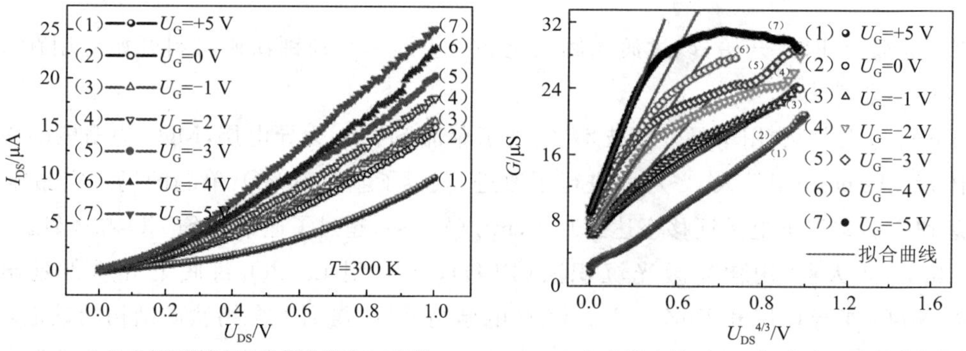

（a）电偶层调制FET沟道的静态I–U特性　　（b）沟道电导G与U_{DS}在不同栅压下的变化关系

图 4-37　电偶层调制 FET 沟道的静态 I–V 特性及沟道电导与 V_{DS} 在不同栅压下的变化关系

4.6　宽禁带氧化物半导体材料的应用展望

还是在四十多年前，波兰的亚热布斯基针对当时氧化物半导体的快速发展状态出版了《氧化物半导体》一书，他在该书的前言中就已经写道："半导体技术的快速发展要求具有不同的物理和物化性质的材料的更大的应用。这一要求并不能由具有半导体性质的元素半导体，也不能由已知的少数化合物半导体所完全满足，因此增长的需求就使得人们去关注人们所知甚少的具有半导体性能的化合物半导体材料。其中，由金属原子与氧原子所形成的化合物即氧化物半导体被认为是符合这一要求的最为理想的材料体系。"[151]事实上，确实也没有其他任何半导体材料能像氧化物半导体一样具有如此丰富的体系，几乎能完全覆盖半导体材料所应该具有的所有功能应用，从电子材料与器件应用，如透明导电膜、透明导电晶体管、压电器件（声表面波器件）乃至电力器件，到光电子材料与器件应用，如各类发光器件、探测器件、太阳能电池等，另外，各类生物和化学传感器以及磁性能等应该也是氧化物半导体独特的功能应用。

尽管氧化物半导体具有如此丰富的功能应用前景，但几十年来氧化物半导体的研究发展基本上是按照与现有的元素半导体和其他化合物半导体的功能补充和性能提升这两个方向而开展的，即作为现有半导体材料与技术的补充和发展，它至今仍未能成为取代性和主导性的半导体材料，这也是目前氧化物半导体发展的现实反映。氧化物半导体由于其天然属性和可制造性使其一直是半导体性能研究与器件研制的第一选择和研究的先导，引领着半导体材料的发展和器件的进步，但材料的自身特性也注定了最终在固态电子器件领域取得突破性进展并真正走向应用的并不是氧化物半导体。它所引导的固态电流控制器件的发展导致了第一代半导体，即元素半导体的兴盛，最终让人们走进了集成电路和信息化时代；它所引导的光电子性能与器件的发展也推动了第二代半导体的诞生，引领人们走进了固态发光器件的光电子领域；而进一步在蓝光及紫外光电子领域的发展则诞生了第三代半导体，让人们进入了固态照明的新时代。目前,氧化物半导体作为第三代半导体的重要内容和Ⅲ族氮化物的补充,又在进一步展示它的独特性能优势和巨大潜力。

本章论述的四种类型的氧化物半导体或者与之紧密相关的钙钛矿结构材料均具有无可比拟的性能优势和功能特点,从而确立了它们在第三代半导体材料中自身独特的优势和地位。但是,作为氧化物半导体的一员或相关方,它们也不可避免地具有通常氧化物半导体所具有的结构与性质的弱点与技术障碍,例如,较强的离子性特征导致宽禁带氧化物半导体ZnO和Ga_2O_3材料所具有的双性掺杂的困难,使得高效稳定的p型掺杂至今依然很难实现;同时这也导致ZnO具有很高的激子束缚能,这使得该类氧化物半导体材料确实具有非常突出的光电性能,非常适合于研制紫外激光二极管。尽管如此,在无需双性掺杂的MSM日盲紫外探测器研究与应用方面,ZnO及其合金体系还是已经展示了其重要的应用价值和发展前景。钙钛矿氧化物材料具有较宽的带隙和较小的吸收系数,这使得其在太阳能电池领域缺乏竞争优势,但在紫外探测器方面也有其自身的价值。与之相对的,卤化物钙钛矿结构材料的带隙就要窄了许多,与太阳光谱非常匹配,这使之具有了研制高性能太阳能电池的独特性质,被认为是下一代太阳能电池的优选材料。

宽禁带氧化物半导体材料所具有的优异的光电性能以及在材料技术方面所存在的技术困难与障碍决定了其在光电子与电子器件等方面具有重要的应用前景,但也存在巨大的技术瓶颈需要克服。如果所面临的技术困难一旦获得突破,未来氧化物半导体将真正有机会从后补和补充的位置走向前台,成为取代性和主导性的功能材料。与此同时,氧化物半导体的部分先进的功能应用,如透明薄膜晶体管等,实际上也已经存在于人们的生活中了。基于此,本节对氧化物宽禁带半导体的应用展望将不按照本章前面几节的材料分类来展开,而将针对目前研究和产业界对其技术与产业的应用前景的远近的预期,按近期、预期以及潜在应用这三个层次与各方面来进行分类与展望。

4.6.1 宽禁带氧化物半导体的近期应用

宽禁带氧化物半导体的近期应用为第一层次的应用,为已经与即将产生的应用。这一类应用主要包括衬底材料(ZnO和Ga_2O_3)及透明导电膜与透明薄膜晶体管的应用。

较为成熟的单晶衬底技术是氧化物半导体的突出优势之一,由于氧化物半导体与本书前一章论述的第三代半导体材料的主要代表GaN的晶格常数和光电性质相接近,可作为GaN基光电子器件和电子器件的重要的衬底材料。由于具有单晶质量高、成本相对较低、电导率可控、热阻低、紫外透明等特别的性能特点,采用ZnO或Ga_2O_3单晶衬底研制高性能的GaN基器件与目前广泛使用的蓝宝石衬底相比,还具有特定的优势。其中,ZnO与GaN的晶体结构与性质均非常接近,但ZnO在GaN外延生长的温度和气氛中易分解和腐蚀,从而严重制约了ZnO衬底这一潜在应用。Ga_2O_3也具有与GaN类似的结构与性质,而且采用类同于蓝宝石的单晶制备技术,有望生产出低成本、大尺寸的高质量Ga_2O_3单晶和衬底基板。

近年来,Ga_2O_3单晶衬底已开始用于高性能GaN基LED芯片制作。日本NICT研究小组采用高质量的Ga_2O_3衬底成功制备出高质量大功率LED芯片。该芯片的工作电压低,能够减少大电流驱动时的发热量；热阻很低，电流分布也非常均匀，芯片内部温差极小，使Ga_2O_3衬底的 GaN LED 芯片非常适合大电流用途。与使用蓝宝石底板的 LED 器件相比，该 LED 芯片每单位面积可流过 10 倍以上的电流，有望用于前照灯及投影仪等高亮度产品。另外，Ga_2O_3衬底紫外光及可见光的透射率高，均可达 80%，而且具有良好的导电性，电阻率约为 0.005 Ω·cm，有利于制备垂直结构 LED 器件。因此，Ga_2O_3衬底材料对发展大功率 GaN 基 LED 器件有重要应用前景。

透明导电膜与透明薄膜晶体管是氧化物半导体的又一重要和关键应用。以 ZnO 为基础的铟镓锌氧化合物(IGZO)是其中的主要代表，它具有迁移率高、均一性好、透明以及宽广的掺杂调节范围(从小于 10^{15} cm^{-3} 到 10^{19} cm^{-3} 以上)等优点。在 IGZO 材料中，影响电子迁移率的因素与硅基材料不同，它是由于 In^{3+} 可以形成 5s 电子轨道，有利于载流子高速传输。以这类非晶铟镓锌氧透明薄膜为基础的透明薄膜晶体管 a-IGZO TFT 首先由日本东京工业大学前沿技术研究中心与应用陶瓷研究所教授细野秀雄所发明。这种 a-IGZO TFT 具有高电子迁移率和极低的关断电流，这有利于实现高精度的分辨率，减少显示刷新频率和降低系统的功耗。而且 a-IGZO TFT 器件工艺与目前传统的非晶硅 TFT 器件的制造工艺兼容，可节省产业化的投资成本。a-IGZO TFT 作为新一代技术，目前已经在液晶与有机发光显示的驱动电路中获得应用，已成为目前产业界关注的焦点和投资的热点。a-IGZO TFT 技术还有望在未来柔性和弯曲显示领域获得应用。例如，日本半导体能源研究所已成功研制出全球首款可折叠的 OLED 面板，就是在电路基板上使用 a-IGZO TFT 实现了 6 寸面板的柔软性和高画质性能，并计划于 2020 年前研发出可完全卷曲、随身携带的高清晰度的电视用软性面板，从而开拓透明薄膜晶体管应用的全新领域和广阔市场。但目前 a-IGZO TFT 技术尚属发展中的技术，还有许多问题有待解决，如 a-IGZO 材料存在很高的缺陷态密度；TFT 界面问题复杂，导致存在偏压条件下、光照条件下以及气氛条件下的稳定性问题。

与此同时，基于非晶态铟镓锌氧的优异性能以及存在的严重问题，一种新的沿 c 轴方向的铟镓锌氧单晶材料(CAAC-IGZO)进一步吸引了人们的关注，这种新型的单晶材料采用高温退火技术将生长在 YSZ 衬底上的非晶铟镓锌氧薄膜在 1 400 ℃下转变为沿 c 轴周期排列的 InO_2-GaO(ZnO)n 的超晶格结构，该结构具有非常优异的电学性能，如具有较高的迁移率和极低的关断电流，并且将可避免非晶铟镓锌氧材料存在的稳定性问题。这种轴向单晶材料最早在 1985 年被 Kimizuka 所报道；并且在 2003 年，Nomura 采用该轴向单晶材料研制出具有极低关断电流的第一个透明薄膜晶体管；而在 2011 年，Yamazaki 将该单晶应用于非挥发存储器的研制，并在 2013 年报道了亚微米和深亚微米尺寸的 TFT 器件，显示出优越的性能优势，有望与单晶硅集成在一起，从而结合 Si TFT 的高的开态特性和氧化物半导体器件的关断电流的优势，显示出优异的开关特性，显示出该轴向晶体铟镓锌氧晶体管未来巨大的技术优势和产业化前景。

4.6.2 宽禁带氧化物半导体的预期应用

宽禁带氧化物半导体的预期应用为第二层次的应用，是指技术前景诱人但有一定技术困难的重要应用。这一类应用主要包括如钙钛矿化合物材料与 Ga_2O_3 单晶薄膜材料在太阳能电池和光电器件以及功率电子器件中的应用。

Ga_2O_3 半导体是近几年开始受到关注的氧化物半导体材料，其中带隙很大，达到 4.8～4.9 eV，这一数值为 Si 的 4 倍多，而且也超过了 SiC 的 3.3 eV 及 GaN 的 3.4 eV，其击穿电场强度估计为 8 MV/cm 左右，达到 Si 的 20 多倍，相当于 SiC 及 GaN 的 2 倍以上。同时，由于巴利加优值较高，在制造相同耐压的单极功率器件时，其导通电阻理论上可降至使用 SiC 时的 1/10、使用 GaN 时的 1/3。日本信息通信研究机构 NICT 成功研制了 Ga_2O_3 晶体管，与 SiC 和 GaN 相比，Ga_2O_3 在低成本、高耐压且低损耗方面显示出较大的潜力，备受业界关注。该金属半导体场效应晶体管，尽管采用保护钝化膜的简单结构，但是样品已经显示出耐压高、泄漏电流小的特性。

2012 年 1 月，NICT 和村田制作所宣布开发出使用 Ga_2O_3 单晶底板的晶体管，与已开始用于电力半导体领域的 SiC 和 GaN 相比，这一技术可大幅削减制造成本。该晶体管是一种肖特基结的金属栅电极的 MESFET，但要想实现产业化，首先要试制出能够常闭型工作的 MOSFET 晶体管。

钙钛矿结构材料也是目前极受关注的太阳能光电转换材料，但这种钙钛矿在液体电解质中的稳定性是一个严重的问题。一开始人们采用一层薄薄的吸光钙钛矿层，能效达 3.8%。但不幸的是，这种电池也包含液体电解质，会在几分钟内溶解钙钛矿，以致电池失效。后来，到 2011 年年底，新电池的能量转换效率翻了一番，达到 6.5%，并且人们使用固体取代了原来的液体，提高了稳定性，能效也接近 10%，而到 2013 年，能量转换效率达到了 15%，而到 2014 年通过进一步优化材料结构与界面性质，已经将能量转换效率推到了 19.3%，接近于经过数十年发展的商业硅太阳能电池的性能，显示出钙钛矿型太阳能电池巨大的发展潜力。钙钛矿型太阳能电池具有很多优点，如钙钛矿材料具有近乎完美的结晶度，其扩散长度大约是传统的有机太阳能电池扩散长度的 100 倍；材料成本很低，工艺简单，能在 80 ℃下制成；太阳能电池的电压损失较低，与商业硅太阳能电池相当，仅为 0.4 V；钙钛矿材料在吸收蓝色和绿色光子方面比硅更好；另外，钙钛矿的生成温度比玻璃的熔点低，可以直接铺在硅电池玻璃涂层的顶端，从而与目前商用的硅太阳能电池结合起来，实现更高的能效转换。

总之，钙钛矿型太阳能电池与目前商用的硅太阳能电池相比，在性能价格比上颇具竞争优势，但钙钛矿型太阳能电池进入市场还有很长的路要走。首先，目前实验室里研制的大部分电池面积小，仅几平方厘米；另外，目前高能效的钙钛矿型太阳能电池采用的空穴传输层为价格昂贵的 Spiro-OMeTAD 材料，不可能应用于大规模的工业生产，因此寻找性能接近而成本低廉的替代物就显得至关重要；而目前所寻找的若干代替材料要么价格昂贵，要么大幅度降低了电池的能量转换效率，同时，还必须解决电池的耐久性问题。钙钛矿电池对氧气非常敏感，会与其发生化学反应，进而破坏晶体结构，并产生水蒸气，溶解盐状的钙钛矿；另外，目前能效最好的钙钛矿材料中包含铅会造成污染，发展无铅的电池技术备受人们的青睐。在巨大的全球太阳能电池市场推动下，相信钙钛矿型太阳能电池最终将推向市场。

4.6.3 宽禁带氧化物半导体的潜在应用

宽禁带氧化物半导体的潜在应用为第三层次的应用，是指应用前景重大但技术障碍也非常巨大的应用。这一类应用主要包括 ZnO 和 Ga_2O_3 的光电子发光器件以及激光器件方面的应用。

氧化物半导体最关键的技术应用依然是如何与目前已经成熟的 GaN 基光电子材料进行有效的竞争，最终实现其光电性能的优势，在光电子器件特别是激光器件领域发挥其重要应用。但目前碰到的技术难题是如何实现氧化物半导体的双性掺杂，如何实现高效稳定的 p 型掺杂，这是最终实现发光器件和激光器件应用的关键。

在光电子器件应用方面，特别要强调的是 ZnO 材料具有高达 60 meV 的激子束缚能，并且在量子阱中将达到 100 meV，甚至更高，从而超过了 ZnO 的声子能量。这表明，即使在较高的温度下也将具有有效的电子-空穴对向光子的转换效率，被认为是发展激子基激光器件的优选材料。光致发光谱的测量显示，室温带边激子复合发光的内量子效率要比外延的 GaN 高一个数量级。

通过准分子激光技术、分子束外延和金属有机源化学气相外延等技术目前已有实现 ZnO 的 p 型掺杂的各种报道，研制出 ZnO 同质 PN 二极管并实现了电致发光，同时也已有一些同质结或异质结中观察到随机电激射的初步报道。如在 2005 年，Tsukazaki 等人利用 MBE 技术和晶格匹配衬底，采用高低温重复调制的方法生长出 N 掺杂 p 型 ZnO 薄膜，从而制备出 ZnO 基 LED，首次观察到了室温电致发光[152]。随着这一创新研究工作的启发，国内外多个研究小组均制备出了 ZnO 同质 PN 结 LED，并相继实现低温或室温下的电致发光。尤其是在蓝宝石衬底上室温 ZnO LED 的实现，使未来 ZnO 基 LED 的大规模生产成为可能。另外，国际上关于 As 和 Sb 的掺杂也被广泛报道，并取得了较好的研究进展，不仅以 ZnO：As 为 p 型层实现了 ZnO 同质 PN 结的室温电致发光，而且还观察到了多量子阱结构的激光发射现象。以 ZnO：Sb 薄膜为 p 型层，ZnO：Ga 薄膜为 n 型层，结合 ZnMgO/ZnO 多量子阱结构，制作出了 ZnO 基激光器(LD)原型器件。当电流由 30 mA 增加至 60 mA 时，在 380 nm 附近的发光带中，有一些很窄的尖锋明显得到增强，且数量逐渐增加，强度得到增强，产生随机激光发射。随后又有相关的采用 Sb 或 N 掺杂所实现的 p 型 ZnO 薄膜，以及以之为基础所研制的 ZnO 基的激射现象的报道，但发射效率都很低，并且均为随机发射。

尽管已有上述多种外延技术研制出的 ZnO 基 LED 发光器件的众多报道，但非常低的注入效率与发光效率应该是由于 ZnO 层中很弱的 p 型导电特性，其真实的 p 型掺杂浓度应该远低于文献报道所声称的数值。因此，到目前为止，由于有效 p 型掺杂的困难和异质结量子阱材料质量的限制，导致在 ZnO 基 LED 器件上的进展距离实用化还有相当遥远的距离。

由于以上得到的各类 p 型掺杂的研究结果，以及发光甚至激光发射的现象目前还较难得到国际同行的公认，能满足器件性能要求的高性能 p 型掺杂的实现还需要科研工作者更多的理论与实验探索。由于过去五年缺乏真正的突破性进展，使得未来商用 ZnO 的前途在短期来看还比较渺茫，在这种情况下，人们最好的方法是继续这些材料的外延技术的进步和努力，对掺杂和杂质的控制获得更好的了解，从而在减弱自补偿和杂质的情形下改进 p 型掺杂的水平。到目前为止，尽管早期计算显示孤立的代位 N 为深受主，但后期的理论与实验均证明 N 的复合结构为有效的浅受主，因此代位 N 依然被认为实现受主 p 型掺杂的最可能途径。理论预计，如果 Zn 被其他Ⅱ族元素的等电子掺杂或者与其他Ⅲ族施主形成复合体或者与 H 形成复合体等均可以显著降低 N 掺杂的离化能。与此同时，Ⅱ～Ⅵ族化合物材料中阴离子局部的成键环境将对掺杂原子的固溶度与离化能有显著影响。因此，可以预期，如果采用Ⅴ族原子与Ⅵ族等电子原子共掺的技术将导致离化能的偏移。因此 Te-N 共掺技术，或者更进一步地采用(Zn,Mg)(Te,O)的掺杂体系将可能是实现受主 p 型掺杂的另一有效途径[153]。

20 世纪 90 年代初期正是 GaN 的 p 型掺杂技术的重大突破，最终导致了当时已经停滞了二十多年的宽禁带 GaN 基材料与器件研究的快速发展和光电子产业的兴盛。人们有理由相信这样的突破也完全可以出现在宽禁带 ZnO 上。尽管目前 ZnO 由于 p 型掺杂的技术障碍而处于非常的困难时期，但人们依然有信心并且期待在未来若干年内在 ZnO 中实现高效稳定的 p 型掺杂的技术突破，使得作为宽禁带氧化物半导体的主要代表 ZnO 材料最终能发展成为紫外光电子器件特别是激光器件的主体材料，从而释放出 ZnO 作为激子基半导体所具有的独特的功能与能量。

参考文献

[1] EDGAR L J. Device for controlling electric current：US，US1900018[P]. 1933.

[2] WEIMER P K. The TFT A New Thin-Film Transistor[J]. Proceedings of the Ire，1962，50(6)：1462-1469.

[3] KLASENS H A，KOELMANS H. A tin oxide field-effect transistor[J]. Solid-State Electronics，1964，7(9)：701-702.

[4] ZHAO W，DONG X，ZHAO L，et al. ZnO-based transparent thin-film transistors with MgO gate dielectric grown by in-situ MOCVD[J]. Chinese Physics Letters，2010，27(12)：210-212.

[5] KENJI N，HIROMICHI O，KAZUSHIGE U，et al. Thin-film transistor fabricated in single-crystalline transparent oxide semiconductor[J]. Science，2003，300(5623)：1269-1272.

[6] KENJI N，HIROMICHI O，AKIHIRO T，et al. Room-temperature fabrication of transparent flexible thin-film transistors using amorphous oxide semiconductors[J]. Nature，2004，432(7016)：488-492.

[7] AKIHIRO K，KENJIRO T，YASUO S，et al. Organometal halide perovskites as visible-light sensitizers for photovoltaic cells[J]. Journal of the American Chemical Society，2009，131(17)：6050-6051.

[8] KIM H S，LEE C R，IM J H，et al. Lead iodide perovskite sensitized all-solid-state submicron thin film mesoscopic solar cell with efficiency exceeding 9%[J]. Scientific Reports，2012，2(8)：591.

[9] HUANPING Z，QI C，GANG L，et al. Photovoltaics. Interface engineering of highly efficient perovskite solar cells[J]. Science，2014，345(6196)：542-546.

[10] FUJISHIMA A，HONDA K. Electrochemical photolysis of water at a semiconductor electrode[J]. Nature，1972，238(5358)：37-38.

[11] KAYANO S，TOSHIYA W，KAZUHITO H. Bactericidal activity of copper-deposited TiO_2 thin film under weak UV light illumination[J]. Environmental Science & Technology，2003，37(20)：4785-4789.

[12] OREGAN B, GRAETZEL M A low-cost, high-efficiency solar cell based on dye-sensitized colloidal titanium dioxide films[J]. Nature, 1991, 353(6346):737-740.

[13] YAO T, HONG S K. Oxide and Nitride Semiconductors[M]. Springer Berlin Heidelberg, 2009.

[14] REYNOLDS D C, LOOK D C, JOGAI B, et al. Valence-band ordering in ZnO[J]. Physical Review B Condensed Matter, 1999, 60(60):2340-2344.

[15] ZORIN A B, LOTKHOV S V, ZANGERLE H, et al. Coulomb blockade and cotunneling in single electron circuits with on-chip resistors: Towards the implementation of the R pump[J]. Journal of Applied Physics, 2000, 88(5):2665-2670.

[16] BAWENDI M G, SUNDAR V C. Composite material including nanocrystals and methods of making: US, US7690842[P]. 2010.

[17] WALLE C G V D, NEUGEBAUER J. Universal alignment of hydrogen levels in semiconductors, insulators and solutions[J]. Nature, 2003, 423(6940):626-628.

[18] SHI G A, SABOKTAKIN M, STAVOLA M, et al. "Hidden hydrogen" in as-grown ZnO[J]. Applied Physics Letters, 2004, 85(23):5601-5603.

[19] ALBRECHT J D, RUDEN P P, LIMPIJUMNONG S, et al. High field electron transport properties of bulk ZnO[J]. Journal of Applied Physics, 1999, 86(86):6864-6867.

[20] LOOK D C, CLAFLIN B B, CANTWELL G, et al. Electrical properties of ZnO[J]. Solid State Communications, 1998, 105(6):399-401.

[21] LOOK D C, HEMSKY J W, SIZELOVE J R. Residual native shallow donor in ZnO[J]. Physical Review Letters, 1999, 82(12):2552-2555.

[22] TSUKAZAKI A, OHTOMO A, KITA T, et al. Quantum Hall effect in polar oxide heterostructures [J]. Science, 2007, 315(5817):1388-1391.

[23] MINAMI T. Chapter five-transparent conductive oxides for transparent electrode applications[J]. Semiconductors & Semimetals, 2013, 88:159-200.

[24] MAKINO T, SEGAWA Y, YOSHIDA S, et al. Gallium concentration dependence of room-temperature near-band-edge luminescence in n-type ZnO: Ga[J]. Applied Physics Letters, 2004, 85(5): 759-761.

[25] MEYER, SANN, HOFMANN, et al. Shallow donors and acceptors in ZnO[J]. Semiconductor Science & Technology, 2005, 20(4):62-66.

[26] ERHART P, KLEIN K A R. First-principles study of intrinsic point defects in ZnO: role of band structure, volume relaxation, and finite-size effects[J]. Physical Review B, 2006, 73(20):5203.

[27] HOFMANN D M, ALBRECHT H, FRANK L, et al. Hydrogen: a relevant shallow donor in zinc oxide[J]. Physical Review Letters, 2002, 88(4):131-140.

[28] LANDER J J. Reactions of Lithium as a donor and an acceptor in ZnO[J]. Journal of Physics & Chemistry of Solids, 1960, 15(3):324-334.

[29] TSUKAZAKI A, OHTOMO A, ONUMA T, et al. Repeated temperature modulation epitaxy for p-type doping and light-emitting diode based on ZnO[J]. Nature Material, 2004, 4(1):42-46.

[30] PARK C H, ZHANG S B, WEI S H. Origin of p-type doping difficulty in ZnO: The impurity perspective[J]. Physical Review B, 2002, 66(7):429-436.

[31] RYU Y R, LEE T S, WHITE H W. Properties of arsenic-doped p-type ZnO grown by hybrid beam deposition[J]. Applied Physics Letters, 2003, 83(83):87-89.

[32] YI J B, LIM C C, XING G Z, et al. Ferromagnetism in dilute magnetic semiconductors through defect engineering: Li-doped ZnO[J]. Physical Review Letters, 2010, 104(13):1041-1093.

[33] LEE J S, CHA S N, KIM J M, et al. P-type conduction characteristics of lithium-doped ZnO nanowires[J]. Advanced Materials, 2011, 23(36):4183-4187.

[34] THOMAS D G. The exciton spectrum of zinc oxide[J]. Journal of Physics & Chemistry of Solids, 1960, 15(60):86-96.

[35] TEKE A, OZGUR U, DOGAN S, et al. Excitonic fine structure and recombination dynamics in single-crystalline ZnO[J]. Physical Review B Condensed Matter, 2004, 70(19):3352-3359.

[36] CHICHIBU S F, SOTA T, CANTWELL G, et al. Polarized photoreflectance spectra of excitonic polaritons in a ZnO single crystal[J]. Journal of Applied Physics, 2003, 93(1):756-758.

[37] WISCHMEIER L, VOSS T, R CKMANN I, et al. Dynamics of surface-excitonic emission in ZnO nanowires[J]. Physical Review B Condensed Matter, 2006, 74(19):3840-3845.

[38] STUDENIKIN S A, GOLEGO N, COCIVERA M. Fabrication of green and orange photoluminescent, undoped ZnO films using spray pyrolysis[J]. Journal of Applied Physics, 1998, 84(4):2287-2294.

[39] FABBRI F, VILLANI M, CATELLANI A, et al. Zn vacancy induced green luminescence on non-polar surfaces in ZnO nanostructures[J]. Scientific Reports, 2014, 4(6):956-965.

[40] TON-THAT C, WESTON L, PHILLIPS M R. Characteristics of point defects in the green luminescence from Zn-and O-rich ZnO[J]. Physical Review B Condensed Matter, 2012, 86(11):2757-2764.

[41] DINGLE R. Luminescent transitions associated with divalent copper impurities and the green emission from semiconducting zinc oxide[J]. Physical Review Letters, 1969, 23(11):579-581.

[42] REYNOLDS D C, LOOK D C, JOGAI B. Combined effects of screening and band gap renormalization on the energy of optical transitions in ZnO and GaN[J]. Journal of Applied Physics, 2000, 88(10): 5760-5763.

[43] CHEN H, GU S, TANG K, et al. Origins of green band emission in high-temperature annealed n-doped ZnO[J]. Journal of Luminescence, 2011, 131(6):1189-1192.

[44] BAGNALL D M, CHEN Y F, ZHU Z, et al. High temperature excitonic stimulated emission from ZnO epitaxial layers[J]. Applied Physics Letters, 1998, 73(8):1038-1040.

[45] CHEN Y, TUAN N T, SEGAWA Y, et al. Stimulated emission and optical gain in ZnO epilayers grown by plasma-assisted molecular-beam epitaxy with buffers[J]. Applied Physics Letters, 2001, 78(11):1469-1471.

[46] RUI C, BO L, XIAO WEI S, et al. Room temperature excitonic whispering gallery mode lasing from high-quality hexagonal ZnO microdisks[J]. Advanced Materials, 2011, 23(19):199-204.

[47] OHTOMO A, KAWASAKI M, KOIDA T, et al. $Mg_xZn_{1-x}O$ as a II-VI widegap semiconductor alloy [J]. Applied Physics Letters, 1998, 72(19):2466-2468.

[48] MAKINO T, CHIA C H, TUAN N T, et al. Radiative and nonradiative recombination processes in lattice-matched (Cd,Zn)O/(Mg,Zn)O multiquantum wells[J]. Applied Physics Letters, 2000, 77(11): 1632-1634.

[49] WESTON L, CUI X Y, DELLEY B, et al. Band offsets and polarization effects in wurtzite $ZnO/Mg_{0.25}$

$Zn_{0.75}O$ superlattices from first principles[J]. Physical Review B, 2012, 86(20):80-82.

[50] MEYER B K, POLITY A, FARANGIS B, et al. Structural properties and bandgap bowing of $ZnO_{1-x}S_x$ thin films deposited by reactive sputtering[J]. Applied Physics Letters, 2004, 85(21):4929-4931.

[51] BATEMAN T B. Elastic moduli of single-crystal zinc oxide[J]. Journal of Applied Physics, 1962, 33(11): 3309-3312.

[52] TSUKAZAKI A, AKASAKA S, NAKAHARA K, et al. Observation of the fractional quantum Hall effect in an oxide[J]. Nature Materials, 2010, 9(11):889-893.

[53] YE J, LIM S T, BOSMAN M, et al. Spin-polarized wide electron slabs in functionally graded polar oxide heterostructures[J]. Scientific Reports, 2012, 2(7): 533.

[54] FALSON J, MARYENKO D, KOZUKA Y, et al. Magnesium doping controlled density and mobility of two-dimensional electron gas in $Mg_xZn_{1-x}O$/ZnO heterostructures[J]. Applied Physics Express, 2011, 4(9):544-548.

[55] KOZUKA Y, TSUKAZAKI A, KAWASAKI M. Challenges and opportunities of ZnO-related single crystalline heterostructures[J]. Applied Physics Reviews, 2013, 1(1):251-265.

[56] EHRENTRAUT D, SATO H, KAGAMITANI Y, et al. Solvothermal growth of ZnO[J]. Progress in Crystal Growth & Characterization of Materials, 2006, 52(4):280-335.

[57] AKASAKA S, NAKAHARA K, YUJI H, et al. Preparation of an epitaxy-ready surface of a ZnO (0001) substrate[J]. Applied Physics Express, 2011, 4(3):945-952.

[58] NAUSE J, NEMETH B. Pressurized melt growth of ZnO boules[J]. Semiconductor Science & Technology, 2005, 20(4):45-48.

[59] OHASHI N, SEKIGUCHI T, AOYAMA K, et al. Band-edge emission of undoped and doped ZnO single crystals at room temperature[J]. Journal of Applied Physics, 2002, 91(6):3658-3663.

[60] ZHU S, SU C, LEHOCZKY S, et al. Polarity elects of substrate surface in homoepitaxial ZnO" lm growth[J]. Journal of Crystal Growth, 2000, 219(4):361-367.

[61] CHEN Y, KO H J, HONG S K, et al. Morphology evolution of ZnO(0001$^-$) surface during plasma-assisted molecular-beam epitaxy[J]. Applied Physics Letters, 2002, 80(8):1358-1360.

[62] ZHANG B P, MANH L H, WAKATSUKI K, et al. Epitaxial growth and polarity of ZnO films on sapphire (0001) substrates by low-pressure metal organic chemical vapor deposition[J]. Japanese Journal of Applied Physics, 2003, 42(4):2291-2295.

[63] SETIAWAN A, KO H J, YAO T. Effects of annealing of MgO buffer layer on structural quality of ZnO layers grown by P-MBE on c-sapphire[J]. Materials Science in Semiconductor Processing, 2003, 6(6):371-374.

[64] MURPHY T E, WALAVALKAR S, PHILLIPS J D. Epitaxial growth and surface modeling of ZnO on cc-plane Al_2O_3[J]. American Institute of Physics, 2004, 85(26):6338 - 6340.

[65] OLEYNIK N, DADGAR A, BLASING J, et al. Metal Organic Vapor Phase Epitaxy of ZnO on GaN/Si(111) Using Tertiary-Butanol as O-Precursor[J]. Japanese Journal of Applied Physics, 2003, 42(12):7474-7477.

[66] KAIDASHEV E M, LORENZ M, WENCKSTERN H V, et al. High electron mobility of epitaxial ZnO thin films on c-plane sapphire grown by multistep pulsed-laser deposition[J]. Applied Physics Letters, 2003, 82(22):3901-3903.

[67] ZHAO J Z, LIANG H W, SUN J C, et al. Electroluminescence from n-ZnO/p-ZnO : Sb homojunction light emitting diode on sapphire substrate with metal organic precursors doped p-type ZnO layer grown by MOCVD technology[J]. Journal of Physics D Applied Physics, 2008, 41(19):3080-3090.

[68] CHOI Y S, KANG J W, KIM B H, et al. Optical Properties of ZnO/MgZnO Multiple Quantum Wells Grown by Metallorganic Chemical Vapor Deposition[J]. Ecs Journal of Solid Stateence & Technology, 2012, 2(1):21-23.

[69] KATO H, MIYAMOTO K, SANO M, et al. Polarity control of ZnO on sapphire by varying the MgO buffer layer thickness[J]. Applied Physics Letters, 2004, 84(22):4562-4564.

[70] LEE J W, HAN S K, HONG S K, et al. Characterization of microstructure and defects in epitaxial ZnO films on Al_2O_3 substrates by transmission electron microscopy[J]. Journal of Crystal Growth, 2008, 310(18):4102-4109.

[71] LIM J H, KANG C K, KIM K K, et al. UV electroluminescence emission from ZnO light-emitting diodes grown by high-temperature radiofrequency sputtering[J]. Advanced Materials, 2006, 18(20): 2720-2724.

[72] ELLMER K. Past achievements and future challenges in the development of optically transparent electrodes[J]. Nature Photonics, 2012, 6(12):809-817.

[73] FORTUNATO E, BARQUINHA P, MARTINS R. Oxide semiconductor thin-film transistors: a review of recent advances[J]. Cheminform, 2012, 43(34):2945-2986.

[74] ADAMOPOULOS G, BASHIR A, GILLIN W P, et al. Structural and electrical characterization of ZnO films grown by spray pyrolysis and their application in thin-film transistors[J]. Advanced Functional Materials, 2011, 21(3):525-531.

[75] HOCHBAUM A I, YANG P. Semiconductor nanowires for energy conversion[J]. Chemical Reviews, 2010, 110(1):527-46.

[76] LU W, LIEBER C M. Semiconductor Nanowires[J]. Cheminform, 2007, 38(22):387-406.

[77] PARK W I, KIM D H, JUNG S W, et al. Metalorganic vapor-phase epitaxial growth of vertically well-aligned ZnO nanorods[J]. Applied Physics Letters, 2002, 80(22):4232-4234.

[78] PERILLAT-MERCEROZ G, THIERRY R, JOUNEAU P H, et al. Compared growth mechanisms of Zn-polar ZnO nanowires on O-polar ZnO and on sapphire[J]. Nanotechnology, 2012, 23(12): 4089-4091.

[79] WANG Z L, WU W. Piezotronics and piezo-phototronics: fundamentals and applications[J]. National Science Review, 2014, 1(1):62-90.

[80] DAI J N, HAN X Y, WU Z H, et al. Effects of growth temperature on properties of nonpolar a-plane ZnO films on GaN templates by pulsed laser deposition[J]. Journal of Electronic Materials, 2011, 40(4):446-452.

[81] LIU J S, SHAN C X, LI B H, et al. MgZnO p-n heterostructure light-emitting devices[J]. Optics Letters, 2013, 38(12):2113-2115.

[82] SHENG C, GUOPING W, WEIHANG Z, et al. Electrically pumped waveguide lasing from ZnO nanowires[J]. Nature Nanotechnology, 2011, 6(8):506-510.

[83] Tan S T, Zhao J, Iwan S, et al. n{-ZnO}/n{-GaAs} Heterostructured white light-emitting diode: nanoscale interface analysis and electroluminescence studies[J]. IEEE Transactions on Electron De-

vices, 2010, 57(1):129-133.

[84] PARK W, YI G C. Electroluminescence in n-ZnO nanorod arrays vertically grown on p-GaN[J]. Advanced Materials, 2004, 16(16):87-90.

[85] SHENG X, CHEN X, YING L, et al. Ordered nanowire array blue/near-UV light emitting diodes[J]. Advanced Materials, 2010, 22(22):4749-4753.

[86] CHOI Y S, KANG J W, HWANG D K, et al. Recent advances in ZnO-based light-emitting diodes[J]. IEEE Transactions on Electron Devices, 2010, 57(1):26-41.

[87] HAI Z, SHAN C X, YAO B, et al. Ultralow-threshold laser realized in zinc oxide[J]. Advanced Materials, 2009, 21(16):1613-1617.

[88] JUN D, CHUN X X, XIAO W S. ZnO-microrod/p-GaN heterostructured whispering-gallery-mode microlaser diodes[J]. Advanced Materials, 2011, 23(35):4115-4119.

[89] SHIGEHIKO S, TAKESHI M, YUTO F, et al. Microwave performance of ZnO/ZnMgO heterostructure field effect transistors[J]. Physica Status Solidi Applications & Materials, 2011, 208(2):449-452.

[90] 朱振邦，顾书林，朱顺明，等. ZnO/ZnMgO 异质结场效应管的制备与性能研究[J]. 发光学报，2012(4):449-452.

[91] HOSONO H. Exploring electro-active functionality of transparent oxide materials[J]. Japanese Journal of Applied Physics, 2013, 52(9):2963-2967.

[92] CHANG P C, LU J G. ZnO Nanowire Field-Effect Transistors[J]. IEEE Transactions on Electron Devices, 2008, 55(11):2977-2987.

[93] WANG X, SONG J, LIU J, et al. Direct current nanogenerator driven by ultrasonic wave[J]. Science, 2007, 316(5821):102-105.

[94] YANG Q, WANG W, XU S, et al. Enhancing light emission of ZnO microwire-based diodes by piezo-phototronic effect[J]. Nano Letters, 2011, 11(9):4012-4017.

[95] YANG Y, GUO W, ZHANG Y, et al. Piezotronic effect on the output voltage of P_3HT/ZnO micro/nanowire heterojunction solar cells[J]. Nano Letters, 2011, 11(11):4812-4817.

[96] KIMIZUKA N, MOHRI T. Spinel, $YbFe_2O_4$, and $Yb_2Fe_3O_7$ types of structures for compounds in the In_2O_3 and Sc_2O_3、A_2O_3、BO systems [A: Fe, Ga, or Al; B: Mg, Mn, Fe, Ni, Cu, or Zn] at temperatures over 1000°C[J]. Journal of Solid State Chemistry, 1985, 60(3):382-384.

[97] YAMAZAKI S. A possibility of crystalline indium-gallium-zinc-oxide to very large scale integration [J]. Ecs Transactions, 2013, 54(1):85-96.

[98] KAMIYA T, HOSONO H. Material characteristics and applications of transparent amorphous oxide semiconductors[J]. Npg Asia Materials, 2010, 2(1):15-22.

[99] KIM S, YOON S, KIM H. Review of solution-processed oxide thin-film transistors[J]. Japanese Journal of Applied Physics, 2014, 53(2):368-378.

[100] OHTA H, NOMURA K, ORITA M, et al. Single-crystalline films of the homologous series $InGaO_3(ZnO)_m$ grown by reactive solid-phase epitaxy[J]. Advanced Functional Materials, 2003, 13(2):139-144.

[101] HUANG X, WU C, LU H, et al. Temperature and gate bias dependence of carrier transport mechanisms in amorphous indium-gallium-zinc oxide thin film transistors[J]. Solid-State Electronics, 2013,

86(4):41-44.

[102] TOMM Y, REICHE P, KLIMM D, et al. Czochralski grown Ga_2O_3 crystals[J]. Journal of Crystal Growth, 2000, 220(4):510-514.

[103] GALAZKA Z, UECKER R, IRMSCHER K, et al. Czochralski growth and characterization of β-Ga_2O_3 single crystals[J]. Crystal Research & Technology, 2010, 45(12):1229-1236.

[104] Lv Y, Ma J, Mi W, et al. Characterization of β-Ga_2O_3 thin films on sapphire (0001) using metal-organic chemical vapor deposition technique[J]. Vacuum, 2012, 86(12):1850-1854.

[105] SASAKI K, HIGASHIWAKI M, KURAMATA A, et al. MBE grown Ga_2O_3 and its power device applications[J]. Journal of Crystal Growth, 2013, 378(7):591-595.

[106] WEI W, QIN Z X, ZHAO S, et al. Structural properties of β-Ga_2O_3 formed by dry thermal oxidization process on GaN[J]. Materials Science in Semiconductor Processing, 2012, 15(5):578-581.

[107] KAN D, TERASHIMA T, KANDA R, et al. Blue-light emission at room temperature from Ar^+-irradiated $SrTiO_3$[J]. Nature Materials, 2005, 4(11):816-819.

[108] YAMADA Y, KANEMITSU Y. Photoluminescence spectra of perovskite oxide semiconductors[J]. Journal of Luminescence, 2013, 133(1):30-34.

[109] ÇABUK, S LEYMAN, MAMEDOV A. Urbach rule and optical properties of the $LiNbO_3$ and $LiTaO_3$ [J]. Journal of Optics A Pure & Applied Optics, 1999, 1(4):424-427.

[110] CAPIZZI M, FROVA A. Optical gap of strontium titanate (deviation from urbach tail behavior)[J]. Physical Review Letters, 1970, 25(18):1298-1302.

[111] YAMADA Y, KANEMITSU Y. Band-to-band photoluminescence in $SrTiO_3$[J]. Physical Review B Condensed Matter, 2010, 82(12):2058-2064.

[112] TAKASHIMA H, SHIMADA K, MIURA N, et al. Low-driving-voltage electroluminescence in perovskite films[J]. Advanced Materials, 2009, 21(36):3699-3702.

[113] ERA M, MORIMOTO S, TSUTSUI T, et al. Organic norganic heterostructure electroluminescent device using a layered perovskite semiconductor $(C_6H_5C_2H_4NH_3)_2PbI_4$[J]. Applied Physics Letters, 1994, 65(6):676-678.

[114] XING G, MATHEWS N, SUN S, et al. Long-range balanced electron- and hole-transport lengths in organic-inorganic $CH_3NH_3PbI_3$[J]. Science, 2013, 342(6156):344-347.

[115] JULIAN B, NORMAN P, SOO-JIN M, et al. Sequential deposition as a route to high-performance perovskite-sensitized solar cells[J]. Nature, 2013, 499(7458):316-319.

[116] DESCHLER F, PRICE M, PATHAK S, et al. High photoluminescence efficiency and optically pumped lasing in solution-processed mixed halide perovskite semiconductors[J]. Journal of Physical Chemistry Letters, 2014, 5(8):1421-1426.

[117] ZHI-KUANG T, REZA SABERI M, MAY LING L, et al. Bright light-emitting diodes based on organometal halide perovskite[J]. Nature Nanotechnology, 2014, 9(9):687-692.

[118] GUICHUAN X, NRIPAN M, SWEE SIEN L, et al. Low-temperature solution-processed wavelength-tunable perovskites for lasing[J]. Nature Materials, 2014, 13(5):476-480.

[119] DANG C, LEE J, BREEN C, et al. Red, green and blue lasing enabled by single-exciton gain in colloidal quantum dot films[J]. Nature Nanotechnology, 2012, 7(5):335-339.

[120] GRIVAS C, POLLNAU M. Organic solid-state integrated amplifiers and lasers[J]. Laser & Photonics Reviews, 2012, 6(4):419-462.

[121] HODES G. Perovskite-Based Solar Cells[J]. Science, 2013, 342(6156):317-318.

[122] SERVICE R F. Perovskite solar cells keep on surging[J]. Science, 2014, 344(6183):458.

[123] Service R F. Turning up the light[J]. Science, 2013, 342(6160):794-797.

[124] JEON N J, NOH J H, KIM Y C, et al. Solvent engineering for high-performance inorganic-organic hybrid perovskite solar cells[J]. Nature Materials, 2014, 13(9):897-903.

[125] SNAITH H J. Perovskites: The emergence of a new era for low-cost, high-efficiency solar cells[J]. Journal of Physical Chemistry Letters, 2013, 4(21):3623-3630.

[126] TANAKA K, TAKAHASHI T, BAN T, et al. Comparative study on the excitons in lead-halide-based perovskite-type crystals $CH_3NH_3PbBr_3CH_3NH_3PbI_3$[J]. Solid State Communications, 2003, 127(10):619-623.

[127] KIM H S, SANG H I, PARK N G. Organolead halide perovskite: new horizons in solar cell research [J]. Journal of Physical Chemistry C, 2014, 118(11):5615-5625.

[128] STRANKS S D, EPERON G E, GIULIA G, et al. Electron-hole diffusion lengths exceeding 1 micrometer in an organometal trihalide perovskite absorber[J]. Science, 2013, 342(6156):341-344.

[129] EPERON G E, STRANKS S D, MENELAOU C, et al. Formamidinium lead trihalide: a broadly tunable perovskite for efficient planar heterojunction solar cells[J]. Energy & Environmental Science, 2014, 7(3):982-988.

[130] EPERON G E, BURLAKOV V M, DOCAMPO P, et al. Morphological control for high performance, solution-processed planar heterojunction perovskite solar cells[J]. Advanced Functional Materials, 2014, 24(1):151-157.

[131] NIU G. Study on the stability of $CH_3NH_3PbI_3$ films and the effect of post-modification by aluminum oxide in all-solid-state hybrid solar cells[J]. Journal of Materials Chemistry, 2013, 2(3):705-710.

[132] QI C, HUANPING Z, ZIRUO H, et al. Planar heterojunction perovskite solar cells via vapor-assisted solution process[J]. Journal of the American Chemical Society, 2014, 136(2):622-625.

[133] KRUGER J, PLASS R, LE C, et al. High efficiency solid-state photovoltaic device due to inhibition of interface charge recombination[J]. Applied Physics Letters, 2001, 79(13):2085-2087.

[134] LIU D, KELLY T L. Perovskite solar cells with a planar heterojunction structure prepared using room-temperature solution processing techniques[J]. Nature Photonics, 2014, 8(2):133-138.

[135] JULIAN B, AMALIE D, FLORIAN K, et al. Tris[2-(1H-pyrazol-1-yl)pyridine]cobalt(Ⅲ) as p-type dopant for organic semiconductors and its application in highly efficient solid-state dye-sensitized solar cells[J]. Journal of the American Chemical Society, 2011, 133(45):18042-18045.

[136] NAM JOONG J, JAEMIN L, JUN HONG N, et al. Efficient inorganic-organic hybrid perovskite solar cells based on pyrene arylamine derivatives as hole-transporting materials[J]. Journal of the American Chemical Society, 2013, 135(51):19087-19090.

[137] BI D, YANG L, BOSCHLOO G, et al. Effect of different hole transport materials on recombination in $CH_3NH_3PbI_3$ perovskite-sensitized mesoscopic solar cells[J]. Journal of Physical Chemistry Letters, 2013, 4(9):1532-1536.

[138] CAI B. High performance hybrid solar cells sensitized by organolead halide perovskites[J]. Energy & Environmental Science, 2013, 6(5):1480-1485.

[139] BALL J M. Low-temperature processed meso-superstructured to thin-film perovskite solar cells[J]. Energy & Environmental Science, 2013, 6(6):1739-1743.

[140] CHRISTIANS J A, FUNG R C M, KAMAT P V. An inorganic hole conductor for organo-lead halide perovskite solar cells. Improved hole conductivity with copper iodide[J]. Journal of the American Chemical Society, 2014, 136(2):758-764.

[141] ETGAR L, GAO P, XUE Z, et al. Mesoscopic $CH_3NH_3PbI_3/TiO_2$ heterojunction solar cells[J]. Journal of the American Chemical Society, 2012, 134(42):17396-17399.

[142] DHARANI S, MULMUDI H K, YANTARA N, et al. High efficiency electrospun TiO_2 nanofiber based hybrid organic-inorganic perovskite solar cell[J]. Nanoscale, 2013, 6(3):1675-1679.

[143] ZONGLONG Z, JIANI M, ZILONG W, et al. Efficiency enhancement of perovskite solar cells through fast electron extraction: the role of graphene quantum dots[J]. Journal of the American Chemical Society, 2014, 136(10):3760-3763.

[144] LEIJTENS T, EPERON G E, PATHAK S, et al. Overcoming ultraviolet light instability of sensitized TiO_2 with meso-superstructured organometal tri-halide perovskite solar cells[J]. Nature Communications, 2013, 4(1):94-105.

[145] WU Y, YANG X, CHEN H, et al. Highly compact TiO_2 layer for efficient hole-blocking in perovskite solar cells[J]. Applied Physics Express, 2014, 7(5):782-786.

[146] KUMAR M H, YANTARA N, DHARANI S, et al. Flexible, low-temperature, solution processed ZnO-based perovskite solid state solar cells [J]. Chemical Communications, 2013, 49 (94): 11089-11091.

[147] WANG T W, BALL J M, BAREA E M, et al. Low-temperature processed electron collection layers of graphene/TiO_2 nanocomposites in thin film perovskite solar cells[J]. Nano Letters, 2014, 14(2): 724-730.

[148] Stroud R M, Kim J, Eddy C R, et al. Fabrication of $YBa_2Cu_3O_7-\delta/SrTiO_3/La_{0.7}Sr_{0.3}MnO_3-\delta$ junctions for the control of supercurrent by spin-polarized quasiparticle current injection[J]. Journal of Applied Physics, 1998, 83(11):7189-7191.

[149] MANNHART J. High-transistors[J]. Superconductor Science & Technology, 1996, volume 9(2): 49-67.

[150] AHN C H, TRISCONE J M. Local, nonvolatile electronic writing of epitaxial $Pb(Zr_{0.52}Ti_{0.48})O_3/SrRuO_3$ heterostructures[J]. Science, 1997, 276(5315):1100-1103.

[151] PALLECCHI I, GRASSANO G, MARRE D, et al. $SrTiO_3$-based metal-insulator-semiconductor heterostructures[J]. Applied Physics Letters, 2001, 78:2244-2246.

[152] UENO K, INOUE H, YAMADA T, et al. Field-effect transistor based on $KTaO_3$ perovskite[J]. Applied Physics Letters, 2004, 84(19):3726 - 3728.

[153] MATHEWS S, BENEDETTO J. Ferroelectric field effect transistor based on epitaxial perovskite heterostructures[J]. Science, 1997, 276(5310):238-240.

[154] SAIF A A, POOPALAN P. Electrical properties of metal-ferroelectric-insulator-semiconductor struc-

ture using $Ba_xSr_{1-x}TiO_3$ for ferroelectric-gate field effect transistor[J]. Solid-State Electronics, 2011, 62(1):25-30.

[155] YAJIMA T, YASUYUKI H, HWANG H Y. A heteroepitaxial perovskite metal-base transistor[J]. Nature Materials, 2011, 10(3):198-201.

[156] STOUMPOS C C, MALLIAKAS C D, PETERS J A, et al. Crystal growth of the perovskite semiconductor $CsPbBr_3$: a new material for high-energy Radiation detection[J]. Crystal Growth & Design, 2013, 13(7):2722-2727.

第 5 章 半导体金刚石材料

金刚石为人类所发现已有两千多年的历史。一直以来，它的价值主要体现于绚丽夺目、熠熠生辉的色彩和坚硬无比的力学性质。自 20 世纪五六十年代高压高温和 CVD 金刚石制备技术相继问世，并在 20 世纪 80 年代获得快速发展以来，探索金刚石材料的半导体特性才成为可能。特别是 p 型金刚石生长技术取得了较大进展，有力地推动了半导体金刚石材料制备技术的进一步发展，并使金刚石成为最有前景的半导体材料之一。

作为一种宽禁带半导体材料，金刚石具有间接带隙，其室温禁带宽度约为 5.47 eV，为所有元素半导体材料中带隙最宽的，它既可以用来制备高频大功率电子器件，也可以制备深紫外光电子器件。由于它的带隙宽、热导率高、击穿电场高、载流子迁移率高[CVD 生长金刚石室温电子和空穴迁移率均大于$>3\ 000\ cm^2/(V\cdot s)$]，使得半导体金刚石器件能够在高频、高功率、高电压以及强辐射等十分恶劣的环境中工作，并且从紫外到远红外很宽的波长范围内具有很高的光学透过率，是大功率激光器和探测器的光学窗口材料。同时，它的物理和化学性质极其稳定，具有耐高温、抗酸碱、抗腐蚀、抗辐照的优异性能。它集力学、电学、热学、声学、光学等优异性能于一身，是目前最有发展前途的半导体材料之一，在微电子、光电子、生物医学、机械、航空航天、核能等高新技术领域中将有极其广泛的应用前景。

本章从金刚石的基本物理性质出发，主要介绍半导体金刚石材料的制备技术，给出 CVD 金刚石在不同领域的主要应用，重点介绍金刚石相关器件所取得的进展，阐述半导体金刚石材料的产业现状、发展趋势和所面临的挑战，讨论我国发展半导体金刚石薄膜材料所面临的困境和应对策略。

5.1 半导体金刚石材料的基本性质

金刚石，俗称钻石，英文为 diamond，这个词源自古希腊词语 adámas，意为“不可征服”。金刚石是自然界中已知的最硬材料，其绚丽夺目的色彩一直为人们仰慕和崇拜，金刚石这一光学特性与它的高折射率有关。

由于天然金刚石的稀有性和珍贵性，一百多年来，人们一直努力研究它的人工制备技术，并已经取得了较大成功。几毫米尺寸的人工单晶金刚石完全可与天然金刚石相媲美；然而，要能使之能广泛用于半导体领域，高质量大面积金刚石单晶的制备和电学掺杂技术仍然是巨大的挑战。

按金刚石的来源或制备技术，人们常把金刚石分为四大类：

(1)天然金刚石，它仍然是饰品金刚石材料的最主要的来源。

(2)高压高温合成金刚石，其市场份额不断增长，主要应用于磨料和刀具，少部分作为CVD 生长金刚石材料的衬底。另外，无色透明的高压高温合成金刚石已经用来制作钻石饰品。

(3)CVD 生长金刚石，最有应用潜力的半导体金刚石材料，可用于制备各类半导体器件。

(4)类金刚石，严格意义上讲，它不是金刚石，但在光学领域或其他领域有诸多应用。

金刚石是一种由碳原子构成的共价键晶体，它和碳原子的其他同素异形体一道构成性质多样、应用广泛的碳材料家族。为了区分金刚石与其他碳材料的不同，我们首先需要了解金刚石的晶体结构。

5.1.1 金刚石晶体概述

5.1.1.1 金刚石的晶体结构

碳是元素周期表中最轻的Ⅳ主族元素，最外层电子排布为 $2s^2p^2$，一半能级被电子填充。原理上，一个碳原子可有三种成键配位：sp^3、sp^2、sp^1(简写为 sp)[1]。在 sp^3 成键配位中，碳原子的四个价电子中每个电子被分配在一个四面体方向的 sp^3 杂化轨道上，与其近临原子共享一对电子，形成结合力较强的 σ 键。在 sp^2 成键配位中，碳原子的四个价电子中三个电子被分配在三角形方向的 sp^2 轨道上，而第四个电子处在垂直于 σ 键平面的 $p_x(p_\pi)$ 轨道上，这个 p_π 轨道与近邻的 p_π 形成结合力弱的 π 键。在 sp^1 成键配位中，只有两个电子形成 σ 键，其他两个电子处于彼此正交的 p_y 和 p_x 轨道上，形成 π 键。sp^3 键称为饱和键，其他称为不饱和键，饱和键强度较高，形成更稳定的结构，称为金刚石结构。碳的同素异形体石墨由 sp^2 配位的六角形碳层通过范德华(van der waals)力和 p_π 轨道结合形成，沿 c 轴堆积而成。

金刚石是只含有一种元素的晶体，2s 态电子和 p 态电子杂化后形成结合力更强的 sp^3 共价键轨道，如图 5-1 所示，即每个碳原子和其近临原子共享一对电子，形成四面体共价键结构，其共价键之间的夹角为 109°28′，其键长为 0.154 nm，成键能为 711 kJ/mol(170 kcal/mol)。

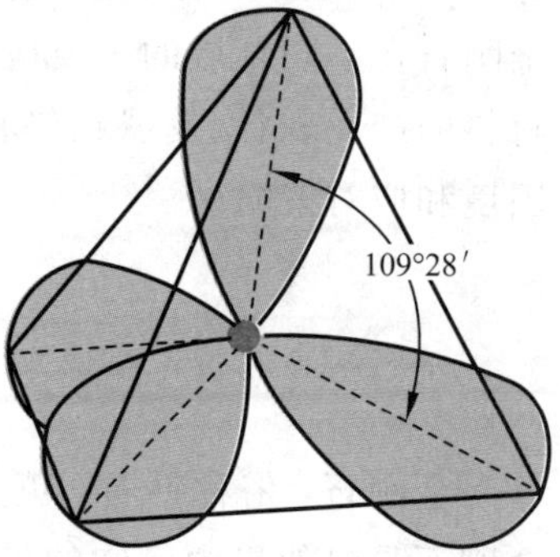

图 5-1　金刚石四面体结构

在晶体学上，金刚石的单胞可以看成由两个有相同碳原子构成的面心立方晶格沿立方体的体对角线错开 1/4 长度套构而成，其布拉菲格子为面心立方，每个单胞中共有 8 个原子，分别位于顶角上[(1/8)×8=1]、面心上[(1/2)×6=3]和立方体体对角线上(1×4=4)，金刚石晶体晶格的两种表示方法如图 5-2(a)、(b)[2]所示，具有这种结构的晶体，通常称为立方金刚石结构，如半导体硅、锗等属于立方金刚石结构。立方金刚石结构的空间群为 $Fd3m(O_h^7)$。

立方金刚石结构也可视为碳原子在{111}晶面内密堆积，并沿〈111〉方向按 ABCABC…的次序堆垛而成，如图 5-2(c)所示；或者也看成两个面心立方晶格沿其体对角线 1/4 长度穿套而成，这样单胞中的原子位于原点(0,0,0)和(1/4,1/4,1/4)。

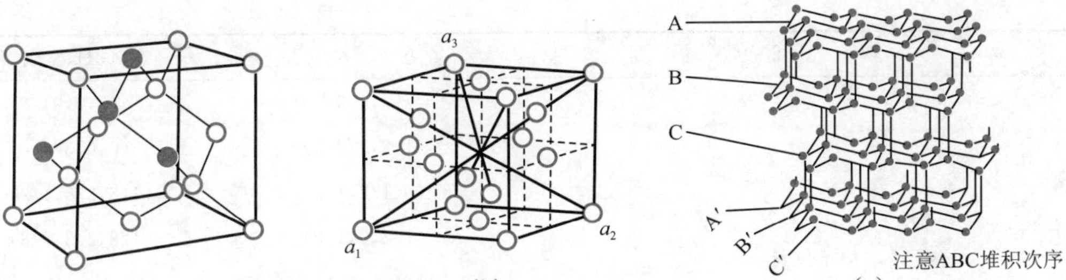

(a)　　(b)　　(c)

图 5-2　立方金刚石结构示意图

除立方金刚石外，自然界中还有六方金刚石，称为蓝丝黛尔石(lonsdaleite)，以发现者 K. Lonsdale命名，它由石墨转化而来。研究显示，天然六方金刚石的组分极其不匀，它是金刚石的一种多形(polytypes)，或称为变体[3]。

由于碳与碳成键性质由 s^2p^2 电子杂化状态决定，sp^2 杂化导致石墨相层状结构，而 sp^3 杂化导致金刚石结构。若杂化态处于 sp^2 和 sp^3 之间，则导致富烯碳族和其他形态，例如，类金刚石，它是一种具有高硬度、电绝缘、光学透明、低摩擦因数的材料，可用于制作摩擦涂层、电子器件、红外光学涂层，这些类金刚石薄膜本质上是四面体非晶态碳(a-C)或氢化的四面体非晶态碳(a-C:H)。

由于石墨是最稳定的碳的同素异形体，某些情况下，许多无序化形态的碳会基于石墨结构演变成自己的结构，微晶碳和玻璃碳按基面关联长度 L_a 和 c 轴关联长度 L_c 分类，这两种材料基本上具有金属特性。电镀蒸发的 a-C 和 a-C:H 不同于玻璃碳在于，它们是真正的非晶态半导体，半导体带隙的出现是其关键差别。用第一性原理进行计算，首先确定 sp^3 和 sp^2 占位，随后设定它们的局部排列，最后确定氢原子在 a-C:H 中占比和排列。普遍认为，玻璃碳几乎 100%含 sp^2 占位，a-C 只含 1%～10%的 sp^2 占位，而 a-C:H 可以含有 30%～60%的氢和 30%的碳占据 sp^2 配位，但它却取决于热处理情形。已知的离子束沉积方法可以提高 a-C 和 a-C:H 中的碳 sp^2 占位，制备出硬度较高的薄膜，氢含量和碳原子成键确定了非晶态碳的短程有序化程度[1]。

具有四面体共价键结构的金刚石结构是各向同性的晶体，即使不包括{111}晶面，它也比石墨堆积更紧凑(石墨是 sp^2 结构，层间距很大)，因此，金刚石的密度(3.515 g/cm^3)比石墨(2.26 g/cm^3)高。不仅如此，金刚石还有所有材料中最高的原子密度(0.293 mol/cm^3)，其结果就是，它是所有材料中刚度和硬度最高、最不可压缩的材料。比较而言，石墨的原子密度只有 0.188 mol/cm^3。表 5-1 归纳了金刚石的原子和晶体结构数据[4]。

表 5-1　金刚石的原子和晶体结构数据

性　质	立方(3C)金刚石	六方(2H)金刚石
空间群	Fd3m	$P6_3$/mmc
单胞中的原子数目	8	4

续表

性　质	立方(3C)金刚石	六方(2H)金刚石
原子位置	(0,0,0) (1/2,1/2,0) (0,1/2,1/2) (1/2,0,1/2) (1/4,1/4,1/4) (3/4,3/4,1/4) (1/4,3/4,3/4) (3/4,1/4,3/4)	(0,0,0) (0,0,3/4) (1/8,2/3,1/2) (1/8,2/3,7/8)
298K 下单胞常数/nm	0.356 7	a=0.252 c=0.142
298K 下物质密度的理论值/(g/cm^3)	3.515 2	3.52
碳—碳键长/nm	0.154 45	0.154

富勒烯是碳原子排列的另一种形态，是一种完全由碳原子组成的中空分子，形状呈球形、椭球形、柱形或管状。富勒烯在结构上与石墨很相似，石墨由六角环组成的石墨层堆积而成，而富勒烯不仅含有六角环还有五角环，偶尔还有七角环。1985 年英国化学家罗伯特·科尔(Robert F. Curl)、哈罗德·沃特尔·克罗托(Harold. W. Kroto)博士和美国科学家理查德·斯莫利(Richard E. Smalley)在莱斯大学制备出了第一种富勒烯分子，并获得了 1996 年的诺贝尔化学奖[4]，因为这个分子与建筑学家巴克明斯特·富勒的建筑作品很相似，为了表达对他的敬意，将其命名为富勒烯。饭岛澄男早在 1980 年之前就在透射电子显微镜下观察到这种洋葱状的结构。自然界也是存在富勒烯分子的，2010 年，科学家们通过史匹哲(Spitzer)太空望远镜发现，在外太空中也存在富勒烯。

在富勒烯被发现之前，碳的同素异形体只有石墨、金刚石、无定形(或非晶态)碳(如炭黑和炭)，它的发现极大地拓展了碳的同素异形体的数目。巴基球和巴基管独特的化学和物理性质以及在技术方面潜在的应用，引起了科学家们强烈的兴趣，尤其是在材料科学、电子学和纳米技术方面。

除了上述同素异形体外，还有从离子碳浓缩而成的非晶态金刚石(又称纳米相金刚石)，例如，当石墨在高能激光作用下(激光强度为 10^{11} W·cm^2)，可产生动能 500 eV 的碳离子，由此沉积的薄膜硬度超过 80 GPa，这些材料通常称为纳米相金刚石，严格控制激光浴条件，可制备出与金刚石同样硬度的纳米晶薄膜。

5.1.1.2　金刚石的晶体外形

金刚石常呈现几种晶体外形，如立方体、八面体、十二面体和其他更复杂的外形，这些晶体外形所对应的晶面称为惯习面。在立方晶系中，{100}、{110}、{111}是低指数晶面，这些晶面分别对应于金刚石的三种主要晶体外形，即{100}立方体晶体外形、{110}十二面体晶体外形和{111}八面体晶体外形，如图 5-3 所示[5]。立方体晶体外形和八面体晶体外形是高压生长金刚石的主要表面外形，它们要么单独出现，要么同时出现。在 CVD 生长的多晶金刚石中，{111}八面体和{100}立方体表面外形占优，而立方-八面体晶体外形也很常见，{111}面孪晶也经常会出现。金刚石尽管很坚硬，但它可以解理，主要解理面是{111}面，但也观察到其他解理面。

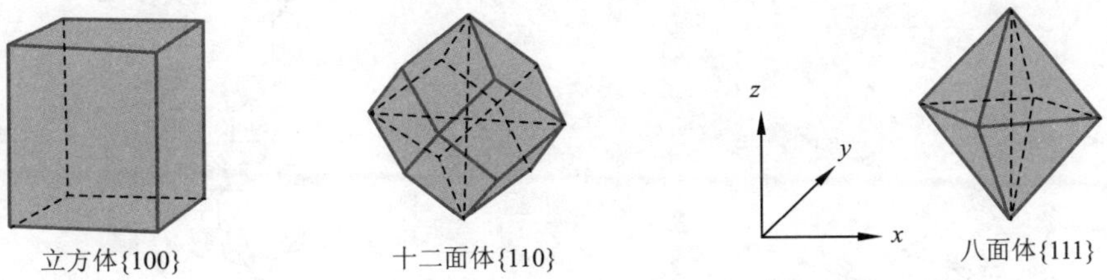

图 5-3　金刚石的三种主要晶体外形（立方体、十二面体和八面体）[7]

为了描述金刚石的晶体外形，维尔德（Wild）等引入生长参数 α，定义 $\alpha=\sqrt{3}\ (v_{100}/v_{111})$，这里 v_{100} 和 v_{111} 分别为(100)和(111)晶面的生长速率。如果金刚石晶体由(100)和(111)晶面组成，那么晶体外形为立方-八面体。图 5-4 所示为不同 α 值时所对应的立方-八面体外形，这些 α 值介于 1～3 之间。当 α 值小于 1 或大于 3 时，其外形不再是立方-八面体[6]。

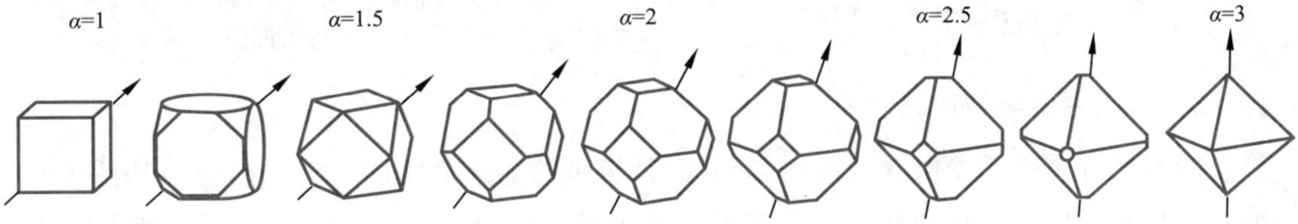

图 5-4　不同 α 值所对应的金刚石的晶体外形

5.1.1.3　金刚石多形(polytypes)

六方金刚石是碳的同素异形体，在结构和性质上类似于立方金刚石，它是一种金刚石多形，是一种特殊的多形晶体，这里立方结构的{111}密堆积晶面和六方{100}密堆积晶面是相同的，仅堆积次序不同而已，例如，六方金刚石为 ABAB…堆积次序，即每堆积两层后，依次重复前面的堆积，如图 5-5 所示[7]，这种双层六方堆积次序不同于三层立方堆积次序，前者称为 2H 金刚石，后者称为 3C 金刚石，这两种金刚石的结晶学结构数据见表 5-1。

立方金刚石形核比六方金刚石略为稳定，单位碳原子形成能的差别只有 0.1～0.2 eV，因为差别很小，容易导致六方相而不是立方相的生长机制，在立方相中包含有六方相，等同于每两个原子层之间出现了堆垛层错，这有害于金刚石的光学和其他性质。

在 CVD 金刚石制备中，若发生碳浓度超饱和现象，金刚石倾向于形成六方相，在高压金刚石制备中，这种情形只偶尔会发生。天然金刚石是在远低于超饱和浓度下形成的，因此，天然金刚石很难出现六方相，天然六方相金刚石在矿物学上称为蓝丝黛尔石。此外，某些陨石中也发现含有金刚石，比如，美国亚利桑拉州坎宁迪亚布洛发现的陨石中就含有金刚石，它呈现以亚微米晶粒组成的金刚石多晶片。

此外，人们还发现了一系列金刚石多形，分别表示为4H、6H、8H、10H。其中，6H金刚石混杂了六层六方-立方堆积次序ABCA′B′C′，如图5-6所示，它存在于CVD金刚石之中[8]。

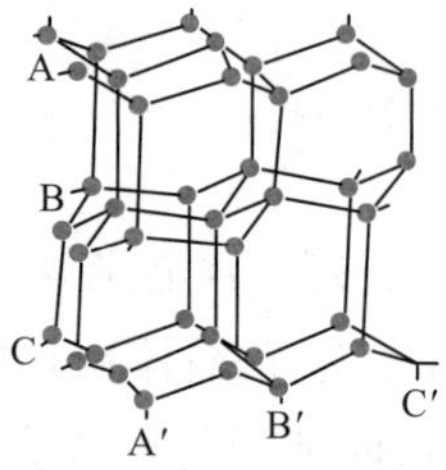

图5-5 六方(2H)金刚石结构示意图
(注意ABAB堆积次序)

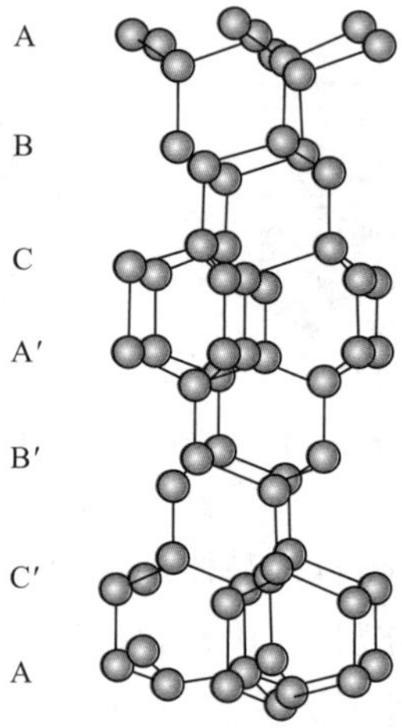

图5-6 6H结构金刚石示意图
(六方相堆积次序为AA′,BB′,立方相堆积次序为其他近临层)

5.1.1.4 金刚石中的杂质与分类

金刚石的许多性质受所含杂质的影响，即使极少的外来杂质(如氮)也能引起其性质的根本变化。材料纯度对材料的性质极其重要。无论是天然金刚石还是人工制备金刚石都不可能完全没有杂质。金刚石中的杂质可以分为两类：

(1)晶格杂质：指并入到晶格中的外来原子取代金刚石中的碳原子。

(2)包裹物：指分立的粒子，它们不属于晶格的一部分，通常是含铝、镁、钙的硅酸盐，如橄榄石。

氮和硼是金刚石中的两种主要晶格杂质，这两种元素在元素周期表中与碳元素相邻，且它们均有较小的原子半径，很容易掺入到金刚石结构中。

金刚石中的氮杂质可通过红外吸收谱和顺磁共振来测量，大多数的氮原子是成对形态出现在金刚石中的，如图5-7所示[9]，孤立的氮原子杂质很少见，氮的其他杂质形态(片晶)也可以存在于金刚石中，为一种位于立方相金刚石{100}晶面内的准平面结构。

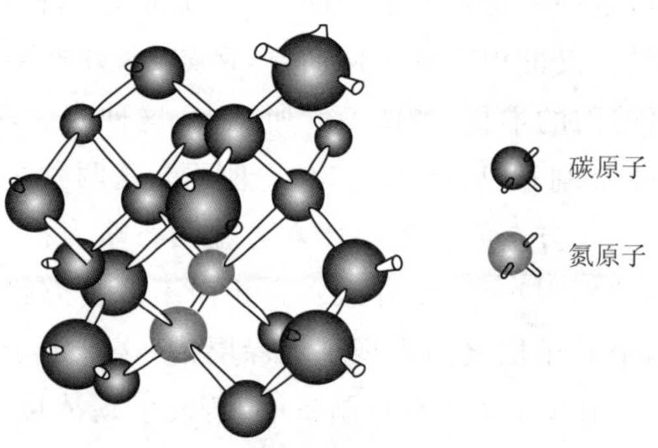

图5-7 金刚石结构中氮对杂质的示意图

根据所含杂质种类和纯度，金刚石可分为Ia、Ib、IIa和IIb四种类型。虽然这是现今较普遍接受的一种分类方法[10]，但该分类方法过于粗略，也并不符合半导体材料的分类习惯，这里只做简单介绍，供读者参考，便于后文描述金刚石的物理性质。

(1)Ia 型金刚石：含有可观的氮杂质(0.1%的量级)，天然金刚石的大多数就是这种类型，它没有顺磁特性。

(2)Ib 型金刚石：自然界中很稀有，晶格中氮杂质含量小于 0.05%，具有顺磁特性，绝大多数的高温高压合成的金刚石属于这种类型。

(3)IIa 型金刚石：自然界中很稀有，晶格中几乎不含氮杂质，它具有优异的光学和热学性质。

(4)IIb 型金刚石：自然界中极其稀有，含有少量硼杂质，为 p 型半导体，呈蓝色，可由 CVD 或高压高温方法人工制备。

5.1.2　金刚石的基本性质

本节论述的金刚石基本性质的数据来自于单晶金刚石，在半导体中应用不多的多晶或高度取向的多晶金刚石不在考虑之列。

5.1.2.1　热学性质

金刚石和石墨是碳的同素异形体，石墨是最耐高温的材料之一，在一个标准大气压下，石墨的升华温度高于 4 000 K，而金刚石具有不同于石墨的特性，它的热稳定性稍差，在室温和大气压下其自由能变化为负值(－2.88 kJ/mol)。然而，常温下不会发生金刚石与石墨间的转化。图 5-8 所示为碳的两种同素异形体的相图[11]。二者转变的自由能变化随温度下降，在约 1 200 ℃时为-10.05 kJ/mol。在此一温度可观察到金刚石转变成石墨，但转化率很慢，提高温度，转化率迅速增加，例如，0.1 克拉(1 克拉＝200 mg)八面体金刚石在温度约 2 100 ℃时完全转变成石墨只要不到 3 min 的时间[12]。金刚石向石墨之间转化也依赖于环境，它可以迅速转化为碳的化合物或碳的可溶金属物，例如，在金属钴氛围下，实现这种转变的温度低至 500 ℃，然而在氢气氛围中，即使温度到 2 000 ℃，金刚石仍是很稳定的，在高真空下，它的稳定温度可达 1 700 ℃。由石墨转化为金刚石的反向过程也是可以发生的，基于催化法制备金刚石就是基于这一原理，表 5-2 列出了金刚石的热学特性。

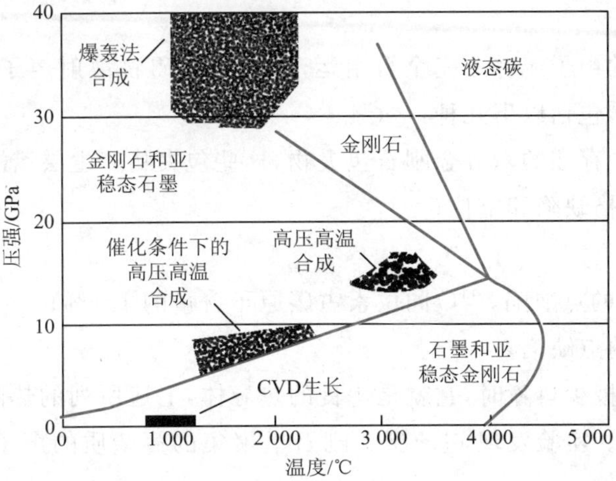

图 5-8　碳的两种同素异形体的相图关系

表 5-2　金刚石的热学特性

比热 C_p/(J/mol)		
300 K		6.195
1 800 K		24.7
3 000 K		26.3
有效德拜温度 D/K		
273～1 100 K		(1 860±10)
0K		(2 220±20)
热导率/[W/(m·K)]		
293 K	Ia 型	600～1 000
	IIa 型	2 000～2 100
80K	Ia 型	2 000～4 000
	IIa 型	17 000
线性热膨胀系数，10^{-6}/K		
193 K		0.4±0.1
293 K		0.8±0.1
400～1 200 K		1.5～4.8
标准熵/[J/(mol·K)]		
300 K		2.428
形成金刚石的标准焓/[J/(mol·K)]		
300 K		1.884

纯净无杂质金刚石的热导率极高。它是目前已知室温热导率最高的固体材料，热导率约为金属铜的 5 倍。金属热传导是由电子输运实现的，金刚石传热机制与金属传热机制不同，它通过晶格振动传热，用声子流表征，等于晶格振动频率乘以普朗克常量。碳原子很小，原子质量也很小，金刚石结构中的碳原子彼此各向同性地紧密结合在一起，其结果就是碳原子产生振动的量子能量较大，也就是振动频率很高，最大值为 40×10^{12} Hz，因此，热导率非常高。

然而，金刚石中的声子流并非完全自由运动，一些障碍物散射声子，导致其热导率降低，这些障碍物称为热障，包括以下几种：

(1)立方金刚石中存在的六方金刚石包夹物，这些包夹物产生层错缺陷；

(2)晶粒边界、晶格缺陷和空位；

(3)其他声子；

(4)碳同位素 ^{13}C 的点缺陷，^{13}C 同位素占碳原子含量的 1.1%；

(5)由杂质而成的点缺陷。

当金刚石中存在极少热障时，它就是优良的热导体，上述所列的热障中最重要的是杂质，特别是替位式氮杂质。实验发现，Ⅰa 型金刚石里聚集的氮杂质的声子散射效应比Ⅱa 型和

Ⅰb 型金刚石里的更强，Ⅱa 型和Ⅰb 型金刚石里氮杂质含量较低，对声子散射很小，它们有最高的热导率，其他杂质(如硼)似乎对热导率几乎没影响。温度对金刚石热导率的影响与金刚石类型有关，例如，对于Ⅰa 型和Ⅱa 型金刚石，在 100 K 左右，其热导率达到极大值，然后随温度下降而逐渐下降。

晶体材料中的热膨胀是指增加温度时原子获得能量，引起晶格振动的振幅增加而导致原子间距增加的现象。由于金刚石是共价键结合的晶体材料，它有比较小的热膨胀系数，室温热膨胀系数(CTE)为 0.8×10^{-6}/℃，铜的热膨胀系数为 17×10^{-6}/℃，而石墨在面内的(ab 轴向)热膨胀系数略为负值。与石墨的热膨胀系数各向异性不同，金刚石的热膨胀系数是各向同性的，且随温度增加而逐渐增加。金刚石的比热和石墨相当，但比许多金属的比热高，和所有其他元素一样，金刚石的比热随温度增加而增加，见表 5-2。

5.1.2.2　光学性质

电磁辐射透过材料的特性可用透射率表征，定义为透过材料的辐射功率与入射功率之比，宽谱透射率是金刚石的优异光学特性之一。金刚石的高透射率与其宽禁带性质和共价键的强度有关。图 5-9 和图 5-10 分别显示了金刚石的紫外光可见光区的透射谱和红外光区的透射谱。实际上，金刚石是最宽的电磁波带通材料，其透光性覆盖 X 射线到微波和毫米波波段。

纯净金刚石材料只有两个本征吸收带：一个位于短波长光谱区的紫外吸收带，吸收边为 230 nm(见图 5-9)，它对应于电子的带间跃迁；另一个位于红外 1 400～2 350 cm^{-1} 的吸收带(见图 5-10)，红外吸收带与声子相关。波长长于 7 μm 的红外区，吸收为零，也包括 8～14 μm 的大气窗口。

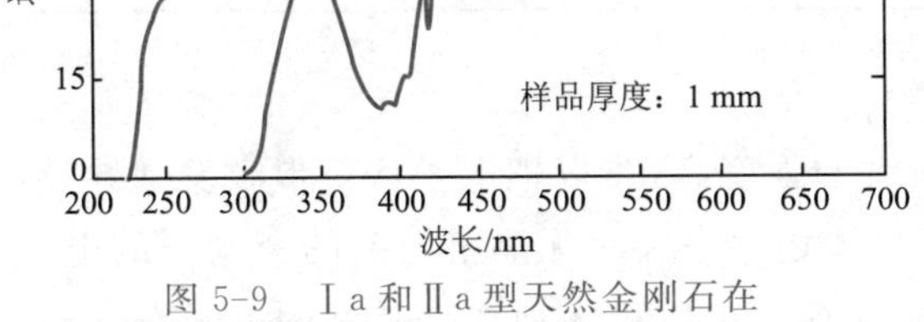

图 5-9　Ⅰa 和Ⅱa 型天然金刚石在紫外光可见光区的透射光谱

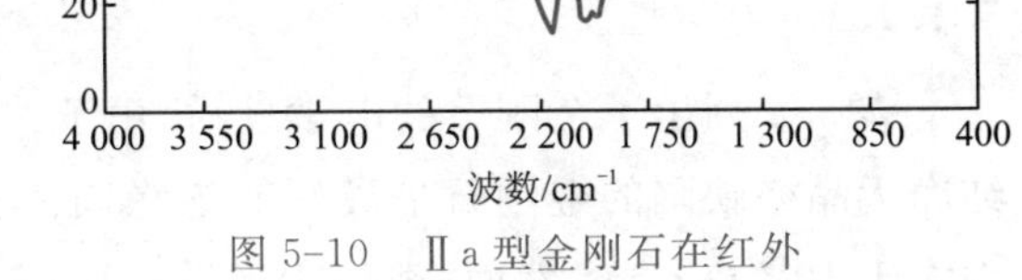

图 5-10　Ⅱa 型金刚石在红外光区的透射光谱

由此可见，纯净无缺陷的金刚石材料是理想的光学材料，然而实际的金刚石材料内部或多或少地存在杂质和晶格缺陷，这将会产生附加的吸收带，它们位于红外吸收区(见表 5-3)。

表 5-3　金刚石的光学吸收特性

金刚石类型	光学吸收带
Ⅰa	红外(IR)：3～13 μm 紫外(UV)：<225 μm
Ⅰb	红外(IR)：3～13 μm
Ⅱa	小于 1 332 cm^{-1}，无吸收 低于 5.4 eV，连续吸收带
Ⅱb	红外(IR)：2.5～25 μm 之间，无明显吸收 紫外(UV)：吸收位于 237 nm(带边吸收)

单晶金刚石最典型的发光特性是可见荧光，主要在蓝光和绿光区，这些荧光来自带隙中的电子态跃迁产生的电磁辐射，带隙中的这些电子态是由杂质和晶格缺陷形成的。另外，单晶金刚石的阴极荧光称为 A 带荧光，谱峰位于 2.4～2.8 eV，对应于绿光和蓝紫色光。

金刚石和玻璃对不同波长的折射率见表 5-4，仅少数材料折射率较高，如硅的折射率为 3.5，金红石的折射率为 2.9，三氯化铝的折射率为 2.7，氧化亚铜的折射率为 2.7。所有离子晶体有较低的折射率。

表 5-4　金刚石和玻璃对不同波长的折射率

材　　料	折　射　率	波长/nm
金刚石	2.423 7	546.1 (汞绿色线)
	2.409 9	656.28(C 线)
	2.417 26	589.29(D 线)
	2.435 54	486.13(F 线)
	2.715 1	226.5
石英	1.456	0.656
	1.574	0.185
冕牌玻璃 (crown glass)	1.539	0.361
	1.497	2

5.1.2.3　电学性质

表 5-5 列出了金刚石的电学性质，由于共价键的强度高，难以把电子从价带激发到导带，纯净无晶格缺陷的金刚石是最好的绝缘固体材料体之一。纯净无晶格缺陷的金刚石的电阻率大于 10^{18} Ω·cm，然而，类似于光学性质，杂质的存在可以极大地改变其中的电子态，若夹杂 sp^2 价键(石墨)，将大大地降低其电阻率，使得材料不再能用于制造电子器件。和其他硅、锗半导体相比，金刚石的介电常数很小，只有 5.7，但与有机聚合物和玻璃相比，介电常数却不算低。

表 5-5　金刚石的电学性质

电阻率/(Ω·cm)	10^{18}(Ⅰ型和多数Ⅱa 型)
	10^3～10^5(Ⅱb)
介电常数，300K	5.70±0.05
击穿场强/(V/cm)	10^7
饱和电子速率/(10^7 cm/s)	2.7
载流子迁移率/[cm^2/(V·s)]，300K	4 500(电子)
	3 800(空穴)

金刚石具有优良的半导体特性，是极具应用前景的宽带半导体材料之一，它具有间接带隙，禁带宽度为 5.47 eV。在加热时，由于热激发，半导体中的电子从价带跃迁到导带的概率增加，半导体的导电性也增加。带隙越宽，电子跃迁概率越小，这就是为什么宽禁带半导体在高温下获得应用的原因，在高于某个特定的极限温度，材料将不具有半导体的特性，金刚石半导体的上限温度等于或高于 500 ℃，而硅和砷化镓半导体的上限温度分别为 150 ℃和 250 ℃。

通过适量掺杂可以把金刚石由室温下的本征半导体转变成非本征半导体，例如掺硼(B)，可以获得 p 型金刚石半导体，掺磷(P)可以获得 n 型半导体，掺杂可以在高压或 CVD 生长金刚石中实现，天然 IIb 型金刚石是掺杂半导体，但是自然界中很稀少，金刚石也有很高的电子迁移率和高的饱和电子迁移率，例如，已在单晶金刚石衬底上利用等离子体 CVD 制备出的单晶金刚石薄膜的室温电子和空穴迁移率分别达到 4 500 cm^2/(V·s)和 3 800 cm^2/(V·s)[13]。

5.1.2.4　金刚石的半导体特性

金刚石是一种性能优异的宽禁带半导体材料，它是继硅(Si)、砷化镓(GaAs)、磷化铟(InP)、氮化镓(GaN)等之后的重要半导体材料之一，可用于重要的半导体器件，其优异的性能可归纳如下：

(1)极高的介质击穿特性：击穿电场为 10^7 V/cm，是 GaAs 材料的 50 倍，GaN 材料的 2 倍，SiC 材料的 2.5 倍。

(2)极高的功率容量：金刚石容许的功率使用容量是 Si 材料的 2 500 倍以上；特别适合制作大功率电子器件。

(3)极高的热传导：室温下金刚石具有最高的热导率，是铜的 5 倍。

(4)低的介电常数：金刚石的介电常数为 5.7，约为 GaAs 的 1/2，比 InP 的一半还小，也就是说，在给定的频率下，金刚石半导体具有可竞争性的容性负载，这为毫米波器件的设计提供了极大的方便。

(5)高饱和载流子速度：金刚石的饱和载流子速度是 GaAs、Si 或 InP 的 12.7 倍，而且载流子速度比 GaAs 的峰值还要大，即在电场强度增加时也可维持其高的速率。

(6)高载流子迁移率：无论是电子迁移率还是空穴迁移率都优于其他半导体材料，金刚石电子迁移率为 4 500 cm^2/(V·s)，而 Si 为 1 600 cm^2/(V·s)，GaAs 为 800 cm^2/(V·s)，GaN 为 600 cm^2/(V·s)；金刚石的空穴迁移率为 3 800 cm^2/(V·s)，而 Si 为 600 cm^2/(V·s)，GaAs 为

300cm^2/(V·s),GaN 小于 50 cm^2/(V·s),因而,金刚石可以制作高频电子器件。

(7)极高的品质因数:通常,品质因数由饱和载流子速度和介电强度确定。如以 Si 的品质因数为 1 作为基准,那么 GaAs 的品质因数为 7,InP 的品质因数为 16,SiC 的品质因数为 1 138,金刚石的品质因数为 8 206。当其品质因数用于判断逻辑电路的潜力时,介电常数、饱和载流子速度和热导率是判据,如 Si 的判据为 1,则 GaAs 为 0.456,SiC 为 5.8,金刚石为 32.2,因此,在理论上,金刚石最适合于集成电路使用。

(8)优良的光学特性:金刚石不仅具有优异的电学特性,而且有优良的光学特性。金刚石除在紫外和红外的某些波段存在本征吸收外,在整个光谱波段(紫外、可见光、红外)均透明,并有不寻常的高折射率,因此,金刚石是最理想的光学窗口材料。

(9)极高的硬度和极高的化学稳定性:金刚石不仅具有结构致密、耐磨、低摩擦因数和极高的硬度,而且在大多数环境下都是绝对稳定,耐化学腐蚀的。

表 5-6 比较了半导体金刚石与 GaAs、6H-SiC、Si 以及 GaN 主要性质的差异[14]。值得指出的是,金刚石不仅有上述优越的性质,更重要的是其各种性质的组合,使得它成为最重要的第三代半导体材料之一,这也是人们热衷研究半导体金刚石的原因和意义。由于金刚石的固有特性和天然金刚石的稀有性,其加工制造技术十分困难,尤其是制造出满足电子学和光学应用的半导体金刚石,目前尚存在许多问题,为此,需要花大力气研究它的制造加工技术。

表 5-6　半导体金刚石与 GaAs、6H-SiC、Si 以及 GaN 主要性质的差异

性　质	金　刚　石	GaAs	6H-SiC	Si	GaN(钎锌矿结构)
晶格常数/Å	3.567	5.650	a=3.081 c=15.12	5.430	a=3.189 c=5.185
密度/(g/cm^3)	3.51	5.37	3.22	2.33	6.15
热膨胀系数/($10^{-6}K^{-1}$)	1.1	5.9	4.3(垂直 c 轴方向) 4.7(c 轴方向)	2.6	5.59(垂直于 c 轴方向) 3.17(c 轴方向)
熔点/℃	4 000	1 240	2 540	1 420	2 500
禁带宽度/eV	5.47	1.43	3.00	1.10	3.39
电子迁移率/[cm^2/(V·s)]	4 500	8 500	400	1 500	<1 000
空穴迁移率/[cm^2/(V·s)]	3 800	400	50	600	<50
电阻率/(Ω·cm)	10^{14}	10^7	1.5	10	<0.2
击穿电场/(10^8 V/m)	10.0	0.4	4.0	0.3	5.0
介电常数	5.7	12.5	9.7	11.8	5.5
折射率	2.42	3.54	2.65	3.50	2.29
功函数/eV	4.8(p 型)	4.7	4.8	—	7.5(p 型)
饱和电子速度/(10^5 m/s)	2.7	1.0	2.5	1.0	2.5
热导率/[W/(cm·K)]	20.00	0.46	5.00	1.50	1.30
吸收边/μm	0.23	0.87	0.4	1.1	0.365
硬度/(kg/mm^2)	10 000	750	2 900～3 100	1 150	1 200～1 700

5.2　半导体金刚石材料的制备技术

金刚石的人工合成有许多途径，现今应用最广泛有两种主要方法：高压高温法（HPHT）和化学气相沉积（CVD）法。前者又可细分为利用金属溶剂催化的溶解度差和温度梯度法、直接转化法、冲击波压缩法等，其中，制备高质量较大金刚石单晶最有效的方法是在静态高压下的温度梯度法；后者根据热源或等离子产生方式可细分为热丝法、基于热丝法的电子辅助CVD法（EACVD）、氧炔焰法、卤素辅助CVD法、直流辉光等离子体法（低压、中压、直流电弧等离子和等离子体喷射法、射频等离子体喷射法）、射频等离子体法（低压射频辉光放电、热射频等离子体）、微波等离子体法（MPCVD）、电子回旋共振微波等离子体法（ECR-MPCVD）等。下面简明扼要地论述高压高温法和某些已得到广泛应用的CVD法。

5.2.1　高压高温法（HPHT）

顾名思义，高压高温法是指模拟天然金刚石的成晶条件，在高工作压力和高温度下生长金刚石单晶体的长晶方法。迄今，比较成功的高压高温法的确切含义是指温度梯度法，国内又称温度差法，以下简称HPHT法。

自1797年发现金刚石是纯碳以来，人们进行过许多尝试，设想将石墨转化成这种珍贵的宝石，直到20世纪50年代，可重复性人造生长金刚石的方法才得以实现。瑞典的ASEA和美国通用电气（GE）公司各自开发出一项技术，可以将反应腔的压力提高到超过8 GPa，温度超过2 000 ℃，再现天然金刚石在地球内部形成的条件[15,16]。

催化高温高压法于1967年由GE公司研究小组首先提出。1971年，该研究小组合成出5 mm（约1克拉）黄色单晶金刚石（Ib型），晶体生长速率为2.5 mg/h，随后，又开发了无色（Ⅱa型）和蓝色（Ⅱb型）大单晶金刚石的生长技术。由于所使用设备庞大和晶体生长再现性不好，导致合成成本过高，此项技术最终没有形成产业化。

目前HPHT法生长金刚石主要有三种方法[17]，如图5-11所示。第一种是20世纪50年代Tracy Hall提出的Belt型又称两面顶型压机，主要由液体静压杆驱动位于高温电炉中上下两个锥形顶砧组成，顶砧本身作为加热电极。这是最初生长金刚石的方法，目前仍在使用（De Beers、GE等公司），但腔体比当初更大。第二种是六面顶型压机，由六个顶砧同时给样品加压，这种方法的设备体积比前一种小，可以在短时间内达到生长金刚石所需要的压力和温度，这种方法在我国广泛使用。这种方法的缺点是腔的体积难以扩大，因此大尺寸单晶金刚石的生长较难。第三种方法是20世纪90年代初苏联科学家Boris Feigelson等人开发的两段式分球压机，俄文简称BARS型。样品生长部件为陶瓷制柱状体，位于腔体中央，体积大概为2 cm^3。这种设备的外层有八个不锈钢顶砧，为椭球状，内层六个碳化钨顶砧放大压力，直接对样品生长区施压。这种方法体积小，并且由于采取了特殊的垫圈，整个生长过程压力都可以维持在比较稳定的值，因此这种方法可以用于大单晶的生长，生长速率可以达到20 mg/h[18]。

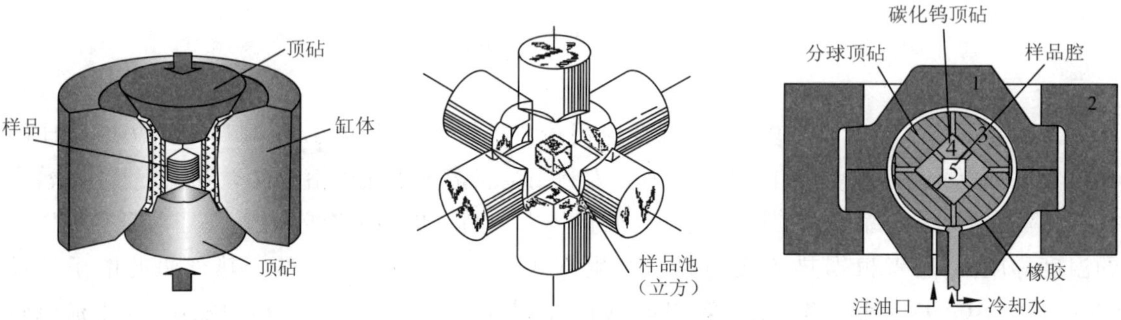

（a）Belt型　　（b）六面顶型　　（c）BARS型

图 5-11　HPHT 法生长金刚石的三种主要方法

HPHT 法生长压力强度通常为 5～6.5 GPa，温度为 1 300～1 700 ℃。生长时加入金刚石籽晶，以石墨为反应源，并加入金属催化剂，如 Fe、Ni、Co、Mn-C 等合金，来达到生长金刚石的目的。添加金属如 Ti、Al、B、Cu、Ge，则可以得到无色的单晶金刚石。也有报道用非金属催化剂的，但种类有限。无论用何种催化剂，整个生长过程都需要精确控制压力和温度来控制生长速率，生长过快会引入杂质、点或线缺陷，并且形貌不稳定。HPHT 法生长的金刚石通常呈立方体、六面体、八面体和六-八面体形状或它们的过渡形态。

住友电工在 HPHT 法大单晶金刚石合成技术上处于世界最高水准。他们利用大晶种等技术将晶体生长速率大幅提高，其中黄色大单晶金刚石（Ib 型）的生长速率由通常的 2～2.5 mg/h 提高到 12～15 mg/h；通过优化催化剂成分和提高温度、压力控制精度等，将无色大单晶的生长速率由通常的 1～1.5 mg/h 提高到 6～7 mg/h，优质Ⅱa 型单晶最大直径达到 10 mm；同时金刚石结晶性大幅改善。

因为其相对低廉的成本，HPHT 法是最广泛用来合成单晶金刚石的技术。HPHT 法生产金刚石常用在包括切割、钻孔、散热管理等领域或行业，也用于电子学和光电子学领域，或作为 CVD 金刚石的同质衬底。然而，不可避免的缺点是，此法制备的单晶中含有许多晶体缺陷和杂质，显现黄色的金刚石表明其中氮的含量较高。

目前，世界上生产采用 HPHT 法合成人造金刚石的国家主要有：美国、南非、爱尔兰、瑞典、英国、德国、俄罗斯、乌克兰、亚美尼亚、日本、中国、罗马尼亚、波兰、捷克、朝鲜、希腊和印度等近 20 个国家，其中年产量在 1 亿克拉以上的国家有中国、英国、俄罗斯等。

5.2.2　CVD 法

第二种生长金刚石的方法是化学气相沉积（CVD）法，始于 20 世纪 80 年代，通过在衬底上方产生碳等离子体，沉积在衬底上的碳原子形成金刚石。

与 HPHT 法不同，CVD 法可生长高纯度、极少缺陷和杂质的金刚石。在沉积的初期，不可避免的是多晶材料，现今，利用同质外延，已经可以制备自支撑高纯单晶金刚石；利用异质外延可以生产高度取向多晶 CVD 金刚石薄膜；若利用晶格匹配衬底则有可能制备出单晶 CVD 金刚石薄膜，但是，制备大面积高晶体质量的单晶金刚石薄膜仍然是一项技术挑战。

20 世纪 50 年代末，用简单热分解化学气相沉积（CVD）法生长金刚石分别在苏联科学院物理化学研究所和美国联合碳化物公司获得成功。20 世纪 80 年代初，日本国立无机材料研究所完善了前人的研究方法，发展了热丝化学气相沉积、微波等离子体化学气相沉积等多种低压化学气相沉积法，在硅、玻璃和各种金属等非金刚石基底表面上生长出了品质优良的多晶金刚石薄膜，从而使低压气相生长金刚石薄膜技术取得了突破性的进展[19~21]，在全世界掀起了 CVD 法生长金刚石薄膜的研究热潮，并推动了金刚石在电子学领域的应用。人们已经可以用多种不同 CVD 法低压生长金刚石，如热丝法、直流毫弧等离子体法、射频等离子体法、微波等离子体法、燃烧火焰法、化学输运反应法、激光激发法等。

美国阿波罗金刚石公司（Apollo Diamond，以下简称“阿波罗”）1996 年发现了 CVD 法合成无色单晶金刚石的条件，于 1999 年申请并于 2003 年获得美国专利。2003 年阿波罗生长出为 10 mm 见方的无色单晶金刚石晶片并开始在市场销售由晶片切割抛光而成的首饰用金刚石。2005 年阿波罗生长出约 2 克拉的单晶金刚石，生长速率达到每周 5 克拉，经切割打磨后成为首饰用金刚石，单颗质量达到 0.25～1 克拉。美国卡内基地质物理实验室于 1998 年开始 CVD 单晶金刚石合成技术的开发，2004 年生长出对角长度 10 mm、厚 4.5 mm 的单晶金刚石，生长速率为 100 μm/h，最高生长速率达到 300 μm/h。所得到的单晶呈褐色，经高温高压处理后变为无色。2005 年生长出 10 克拉的透明单晶金刚石，并且能直接生长近无色、蓝色和黄色大单晶，无须高温高压处理。英国元素 6（Element Six）公司于 2002 年用 CVD 法生长出单晶金刚石，2004 年合成出 5 mm 见方的单晶金刚石晶片，并能够生产边长为 4.5 mm 的无色单晶金刚石晶片，晶片的主长面为（110）面，根据晶体的尺寸、颜色和纯净度判断在 CVD 法单晶合成方面他们已经达到很高的水准。目前，微波等离子体法（MP-CVD）最为成熟，但是微波等离子体法生成技术要求高，对操作者的技能要求比较苛刻。目前，微波法生成金刚石的微波源功率最高已达到 100 kW，并由日本和德国生产。

与 HPHT 法相比，CVD 法的主要优点在于：

（1）金刚石纯度高。在 HPHT 法中，金刚石在熔融的催化剂里面生长，构成催化剂的金属原子或多或少会进入金刚石晶格；而在 CVD 法中，只要使用高纯度气体，原则上就能够生长高纯度金刚石。

（2）生长大单晶金刚石成为可能。CVD 法装置属于一种真空设备，大型化不存在困难。目前用 CVD 法来生长大单晶需要使用大单晶晶片作为晶种，晶种有多大就能生长多大的大单晶。但卡内基地质物理实验室已经能够让金刚石方晶在六个（100）面上同时生长，所以晶种尺寸并不构成合成大单晶金刚石的实质性障碍。设备的大型化，不但可以使单晶金刚石的尺寸得到扩大，而且也可以实现一次生长多颗单晶，使生产成本大幅度降低。

5.2.3　微波等离子体法

前面介绍了 CVD 法生长金刚石的优点，下面专门介绍微波等离子体法（MP-CVD）。此法近年来受到广泛关注，可用于同质和异质外延生长单晶金刚石，被公认为是获得器件级单晶金刚石材料的最佳方法。采用 MP-CVD 已经生长出原子级表面平整的单晶金刚石外延薄膜，总体晶体质量优于Ⅱa型高压高温单晶金刚石。单晶金刚石的高速生长也于21世纪初实现，生长速率可达100 μm/h，甚至更高。把横向外延与纵向外延相结合，制备出了10 mm×10 mm的单晶。利用剥离和拼接生长技术已经得到了最大尺寸为60 mm×40 mm的单晶金刚石材料，采用异质外延生长出了直径90 mm左右，质量155克拉的大尺寸单晶。众所周知，实现有效的电学掺杂（包括n型和p型）是电子学器件的基础，目前，单晶金刚石的电学掺杂仍是金刚石器件走向实用化的巨大障碍。

尽管金刚石单晶生长技术尚未成熟以及金刚石掺杂还存在巨大困难，但最近各种金刚石原型器件（如肖特基二极管、场效应晶体管、深紫外发光管、深紫外探测器和高能粒子探测器等）不断研制成功，取得了可喜的进展。半导体金刚石材料及器件的应用潜力极大，有望在不久的将来带来科学技术的重大变革[22]。2008年美国《科学》杂志上以“新金刚石时代（The New Diamond Age）”为题发表署名文章，指出“化学气相沉积（CVD）法金刚石将可能在引领未来主流新兴技术中起到重要作用”[23]。

5.2.3.1 MP-CVD实验设备

图5-12是日本康世公司MP-CVD实验设备及反应室结构示意图。主要包括微波系统、等离子体反应室、真空系统、供气系统、控制系统等。其中，微波系统包括微波源、环形器、水负载、定向耦合器、三销钉阻抗调节器、波导、微波模式转换器等。目前常用的微波源的频率为2.45 GHz和915 MHz，微波功率为1～100 kW。通常研究型设备的微波频率为2.45 GHz，功率不超过10 kW。生产型设备采用915 MHz的微波频率，功率可达100 kW。供气系统由气源、管道和控制气体通断和流量的电磁阀和流量计组成，通常以甲烷（CH_4）来提供生成金刚石材料中所需碳元素。等离子体反应室有三种类型：石英管式、石英钟罩式和带有微波窗口的金属腔体式，以带有微波窗口的金属腔体式为好。真空系统主要包括大抽速机械泵、真空计、真空阀门等，用于维持反应室的工作压强。在配置了分子泵的系统中，可以在生长之前达到很好的背景真空，有利于高纯度金刚石材料的生长。控制系统通过计算机和接口电路调控各路气体的通断、流量、压力及各不同气体的相对配比等，从而实现化学气相沉积工艺条件的有效控制。

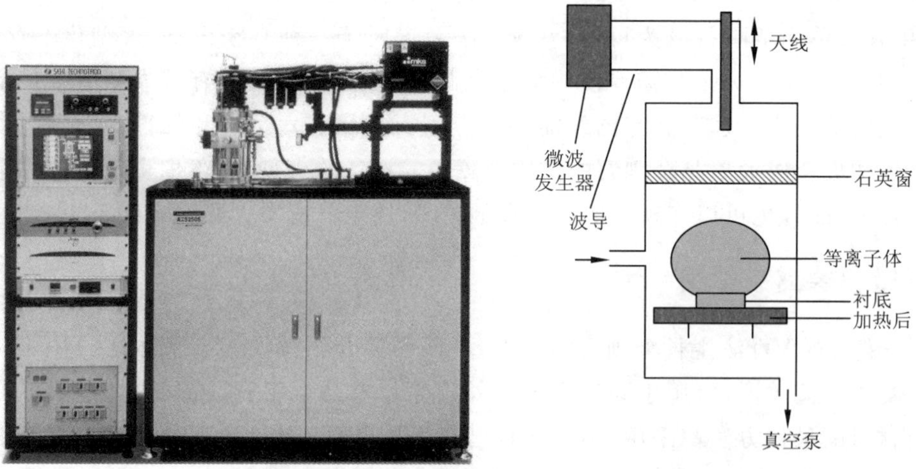

图5-12 日本康世公司MP-CVD实验设备及反应室结构示意图

MP-CVD 法制备金刚石材料的优点如下：

(1)无内部电极，可避免电极引起的污染。相比之下，CVD 法的热丝蒸发会造成污染，严重影响材料质量。

(2)微波等离子体的工作参数可方便地控制，微波功率可连续平缓调节，因此沉积速率、衬底温度等工艺参数可以连续稳定控制，有利于生成高质量材料。相比之下，直流等离子体喷射 CVD 因为点火和熄灭所引起的热冲击，容易造成金刚石从基片表面脱落。

(3)工作气压宽、等离子体密度高、能量转化率高。

5.2.3.2　MP-CVD 生长机理[24]

CVD 法生长金刚石的机理非常复杂，期间发生了各种物理和化学反应，可简单地描述如下：工艺气体(主要是氢气和甲烷)首先在反应室内混合，在能量源(如微波)作用下发生等离子体放电，产生活性的自由碳基团(如 CH_3—、CH_2—)、原子、离子、电子等，并把气体加热到几千摄氏度的高温；随后产生的活性碳基团吸附在基底表面，并通过扩散，聚集在形核能较低的地方，如缺陷、位错处。一段时间后，当形核尺寸大于临界尺寸时，形成稳定晶核；接着通过吸附气相中的碳基团和表面扩散的碳，晶核逐渐长大。氢原子在生长中起到刻蚀表面生成的非金刚石碳相的作用，有利于提高材料质量。在工艺条件合适的情况下，最终可生长出较大面积的单晶薄膜。图 5-13 为 CVD 法生长金刚石的相图[25]，实际情况下多采用在氢气的气氛中添加小比例甲烷(1%～3%)来实现金刚石的生长，如图 5-13 中左下角的区域。为提高反应速率和材料质量，可适当加入少量氧气。

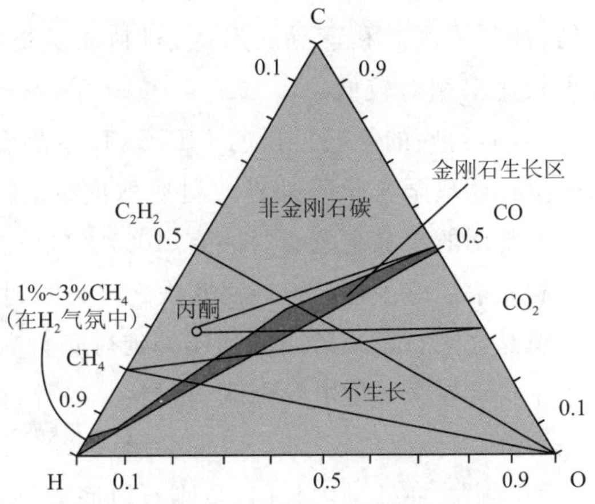

图 5-13　CVD 法生长金刚石的相图

影响 MP-CVD 生长金刚石生长速率和材料质量的工艺参数主要包括甲烷浓度、气压、微波功率、其他气体(如 N_2、O_2)、衬底状态等。

(1)氢气的作用：

① 有助于甲烷的分解。

② 有利于稳定金刚石 sp^3 键，而不利于石墨的 sp^2 键。因为 CH_3—具有与金刚石相同的结构，且它的悬挂键又被大量的 H 填充，样品表面就保持了稳定的 sp^3 杂化结构。为了维持金刚石的稳定生长，氢气含量通常在 90%以上。

(2)甲烷浓度的影响。当甲烷浓度很低时，反应室中碳基团过少，导致氢原子刻蚀过强，金刚石薄膜生长缓慢；在一定范围内，甲烷浓度可以显著影响薄膜沉积速率；当甲烷浓度过高时，氢原子对衬底(基片)表面的非金刚石相刻蚀不完全，材料质量下降。对于(100)单晶金刚石衬底，当微波功率为 300～1 000 W，衬底温度为 700～1 000 ℃，反应气压为 1.33×10^4 Pa 左右时，外延层的生长速率大致正比于 CH_4 气体的浓度。

(3)微波功率的影响。功率增加，生长速率增大，但如果保持腔内气压不变，等离子球就会变大（如等离子球与腔壁接触还会刻蚀腔壁，造成污染），所以生长速率随微波功率不呈线性增长。微波功率也不能过高，过高的微波功率会导致基片温度过高而使薄膜质量下降，甚至超出沉积金刚石的温度范围而出现非金刚石相。

（4）氧气和氮气的影响。微量的氮气能显著提高薄膜的生长速率，生长速率可高达 165 μm/h，但也会带来一定的杂质，使薄膜的质量有所下降。N_2 加入到反应室中会和 C 结合成 CN 基团，它比 H 能更有效地提取表面的氢原子，从而制造出更多的生长空位，但是过多的 CN 基团导致 H 原子被大量提取，使得没有足够的 H 原子刻蚀非金刚石相和促进 sp^3 键的形成，从而非金刚石相增多，所以 N_2 的加入量不宜过多。器件级金刚石的生长速率通常低于 10 μm/h。少量的氧气能提高薄膜的质量，氧气在大量的含氢等离子体中会产生 OH 和 O 原子，它们能促进甲烷分解为含碳基团；同时，OH 能提取表面的 H 原子；另外，O_2 也能刻蚀非金刚石相。

（5）衬底基座的影响。目前衬底基座多采用两种类型，如图 5-14 所示[26]。其中，开放式基座的微波功率密度更高，从而生长速率较大，但是这种结构温度梯度较大；嵌入式基座温度场更均匀，抑制了多晶和孪晶的形成，材料质量更好，但生长速率相对较低。

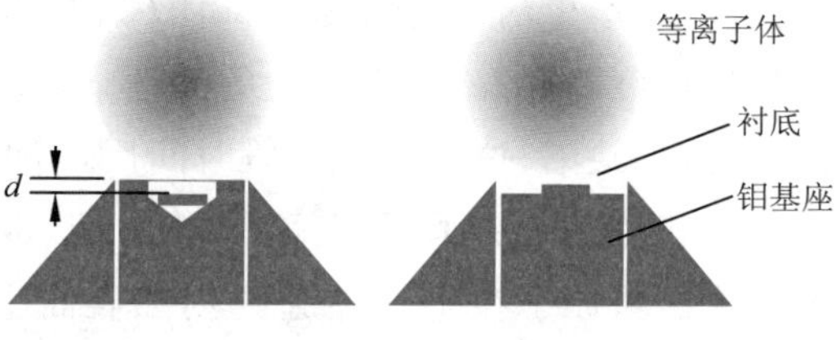

图 5-14　两种不同形式的衬底基座

（6）衬底的影响。目前 MP-CVD 单晶金刚石的生长还只限于同质外延。衬底取向、晶体质量和表面状态极大地影响外延金刚石的晶体质量。常用的单晶金刚石衬底有(100)、(111)、(110)取向三种类型。(100)衬底所获得的外延层电学和光学性能最佳，(111)衬底次之，(110)衬底外延金刚石表面粗糙，晶体质量差，因此(100)取向单晶金刚石是最常用的同质外延衬底。当以(111)金刚石为衬底时，杂质容易嵌入，因此常用来生长磷掺杂 n 型电导金刚石材料。另外，衬底偏向角会影响金刚石的生长模式。如以(100)衬底为例，当偏离角较小时，表面会形成(2×1)/(1×2)双畴结构；当偏离角较大时，表面只有2×1一种结构。在外延生长前，金刚石衬底表面通常需要进行复杂细致的清洁处理，以防止杂质在外延过程中引入非金刚石相。

（7）衬底温度的影响。衬底温度是决定金刚石晶体质量的重要因素。金刚石同质外延生长温度通常为 600～1 000 ℃。当温度低于 500 ℃时，生长速率极低；当温度高于 1 200 ℃时，石墨开始产生。当衬底质量和种类、CH_4 浓度和等离子体真空腔的构造不同时，获得高质量金刚石表面所采用的具体温度也有所不同。

5.2.4　单晶金刚石衬底的制备

大尺寸单晶金刚石衬底制备是半导体金刚石材料在电子器件和光电子器件得到实际应用的关键因素之一。在单晶金刚石衬底上采用 MP-CVD 进行同质外延是目前获得高质量半导体单晶金刚石材料的唯一方法。而单晶金刚石衬底目前更多的是只能采用 HPHT 法或 MP-CVD 法制备。HPHT 法适合生长三维颗粒状金刚石材料，而不适合生长半导体外延中所需的大面积薄片状衬底材料，其制备的衬底材料尺寸较小（最大约 10 mm）。为得到较大面积的半导体单晶金刚石衬底材料，通常把 HPHT 法与 MP-CVD 法结合起来，将 HPHT 法制备的金刚石作为籽晶，采用 MP-CVD 法并结合侧向外延、衬底拼接等方法来实现。

在单晶衬底上进行同质外延始于 1988 年，当时为了得到晶体质量较好的金刚石，采用了较低的反应气压（$<1.33\times10^4$ Pa）、低的微波功率密度（$<5\mathrm{W/cm^2}$）和较低的甲烷浓度（$<1\%$）。从 20 世纪 90 年代中期到 21 世纪初，随着 MP-CVD 法的发展，单晶金刚石的高速同质外延（50～100 μm/h）得以实现。相比于低速、高质量原子级表面金刚石外延，单晶金刚石的高速生长需要较高的微波功率、较高的气压和 CH_4 浓度，并需要反应室的特殊设计。915 MHz 微波生长设备的出现提高了等离子体放电的尺寸，为在大面积上实现高压生长技术提供了条件。提高反应气压直接会导致下面的一系列结果：等离子体球收缩，功率密度可高达 1 000 $\mathrm{W/cm^2}$；气体温度增加和参与生长的原子基团（如 CH_3—，H—等）的密度大幅增加；甲烷浓度增加，可达 10% 以上；衬底温度增加至 1 000 ℃以上。这些因素的综合结果直接导致了生长速率的提高。

2002 年，美国卡内基研究所的研究人员以 3.5 mm×3.5 mm×1.6 mm 的高压高温单晶Ⅰb 型(100)金刚石为衬底，实现了 MP-CVD 同质外延单晶金刚石的生长速率超过 100 μm/h 的结果，获得了 10 克拉左右的大尺寸单晶金刚石（7 mm×8 mm×5 mm）[27]。随后，欧洲、日本等研究人员纷纷进行了类似的研究，并试图进一步提高生长速率和扩大生长面积。在反应气压达到 3.99×10^4 Pa 时，金刚石的生长速率达 165 μm/h，得到了厚度为 18 mm 的单晶金刚石外延层，晶体质量毫不逊色于Ⅱa 型天然金刚石。美国密歇根州立大学的科研人员采用915 MHz生产型 MP-CVD 设备，进行了多片单晶金刚石的高速生长，如图 5-15 所示，采用尺寸为 3.5 mm×3.5 mm 的 HPHT 金刚石衬底，可同时生长 70 片样品。经过总时间为 145 h 的多次生长，每片厚度均增加 1.8～2.5 mm，生长速率为 14～21 μm/h。

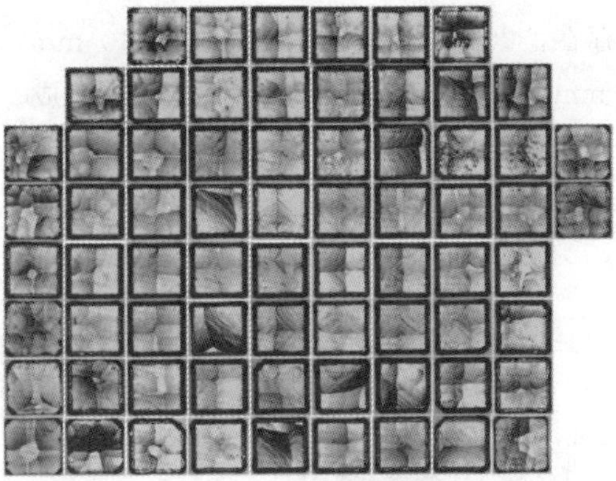

图 5-15　生产型 MP-CVD 设备单晶金刚石的多片高速生长

大面积单晶金刚石的实现不仅需要纵向外延，还需要横向外延。图 5-16 为大面积单晶金刚石的侧向生长方法。单晶金刚石首先沿衬底的纵向方向生长，接着至少需沿着衬底横向的一个方向生长，然后再沿纵向生长，不断重复以上步骤，原则上可以制备出大面积单晶金刚石。

将金刚石的外延层剥离掉，单晶金刚石衬底可以反复利用。金刚石外延层的剥离需要利用激光刻蚀或离子注入技术。激光刻蚀容易造成表面损伤，并有较大的金刚石损失；而离子注入技术可以有效降低剥离导致的金刚石损失，每次损失掉的金刚石厚度在微米量级。离子注入技术的主要工艺流程是，在生长之前采用离子注入方法在单晶金刚石衬底表面以下形成一个缺陷层，之后进行 MP-CVD 生长，生长之后通过腐蚀即可把衬底和外延层分开。另外，可以采用拼接生长技术实现更大尺寸的单晶金刚石衬底，其工艺流程如图 5-17 所示[28]。首

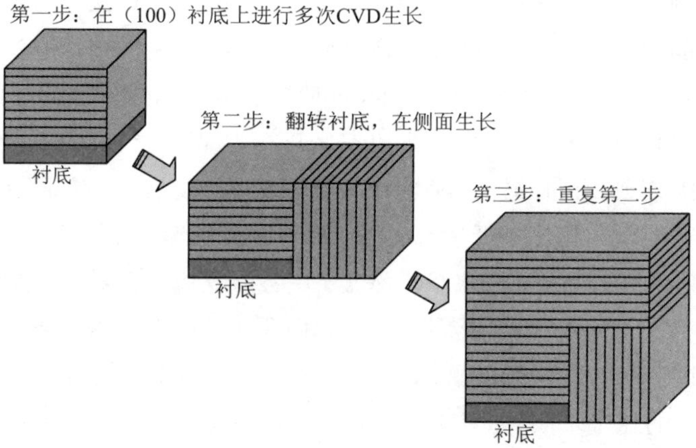

图 5-16　大面积单晶金刚石的侧向生长方法

先多次采用离子注入和 MP-CVD 法克隆出多片金刚石外延片，经过精密拼接，再在其上用 MP-CVD 法继续生长单晶金刚石。图 5-18 所示为采用八片 10 mm×10 mm 金刚石衬底拼接生长出的 40 mm×20 mm 的大面积金刚石[29]，这种方法制备的衬底在接缝处有大量的缺陷存在。2014 年同一小组报道了 40 mm×60 mm 单晶金刚石材料的制备，它采用 24 片 10 mm×10 mm 金刚石小片拼接生长而成。

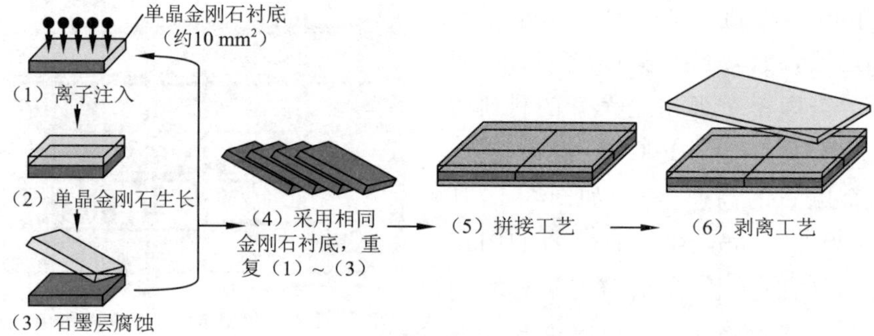

图 5-17 单晶金刚石拼接生长技术工艺流程

图 5-18　采用拼接技术制备的 40 mm×20 mm 的大面积金刚石

5.2.5　单晶金刚石薄膜同质外延

在单晶金刚石衬底上进行高质量同质外延生长是获得器件级单晶金刚石外延材料的唯一途径。高质量金刚石薄膜材料同质外延与上一节所述制备金刚石衬底的高速生长有根本性的区别，一般采用较低的微波功率、低的工作压力、低的甲烷浓度和低的生长速率，衬底温度也有所降低。要求外延表面最好达到原子级平整度，尽量减少非外延晶粒、波纹和丘状形粗糙表面的形成。Okushi 等人以Ⅰb 型(100)单晶金刚石为衬底，对金刚石的生长行为进行了系统研究[30]。当金刚石衬底晶向的偏离角低于 1.5°，CH_4 浓度低于 0.15%时，可以获得原子级平整表面，如图 5-19 所示。低 CH_4 浓度和低晶向偏离角获得原子级平整表面的原因是氢的刻蚀在生长过程中起了重要作用。因为氢对(100)面的刻蚀速率最低，当衬底晶向偏离角较大时，意味着表面阶梯密度会由于氢的刻蚀而增加，形成粗糙表面，所以金刚石外延层的表面形貌取决于生长与刻蚀过程的平衡。图 5-20 曲线 *a* 和曲线 *b* 分别给出了 CH_4 浓度为 0.05%时金刚石薄膜以及Ⅰb 型(100)衬底的室温阴极发光谱，可以清楚地看到位于 5.27 eV 处的激子发光峰。当 CH_4 浓度高至 1%时，激子发光峰消失，晶体质量下降，甚至不如Ⅰb 型(100)衬底。

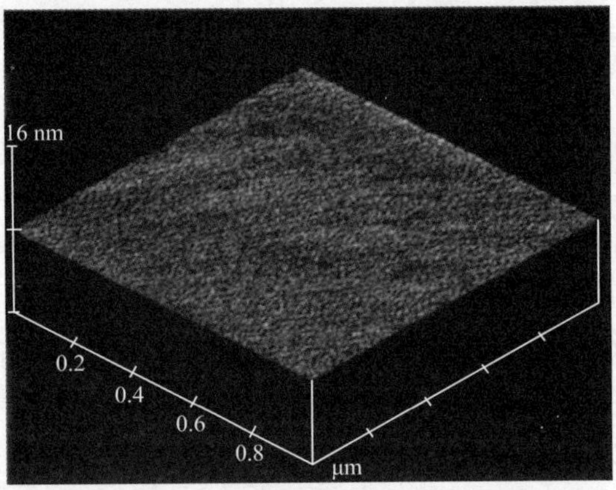

图 5-19　金刚石表面的原子力显微像

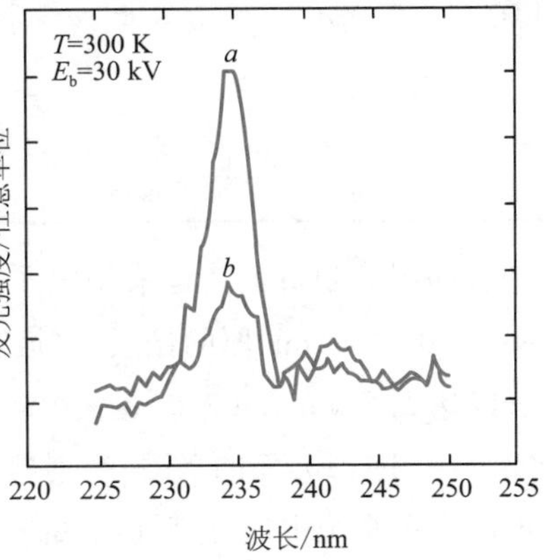

图 5-20　CH_4 浓度为 0.05%时生长的金刚石薄膜和衬底的室温阴极发光谱

另外，高质量单晶金刚石材料的外延生长对气态源的纯度要求非常高，通常 CH_4 纯度应为 6～7N，H_2 纯度为 7 N 以上。真空反应室的清洁程度也至关重要，可以在系统中配置分子泵，在通入气体之前把反应室抽到较高的真空度，以减少杂质气体。有文献报道，采用 MP-CVD 法生长的高纯度单晶金刚石的总缺陷浓度不超过 200×10^{-9}，氮-空位(NV)中心的浓度不超过 1×10^{-9}[31]。

5.2.6　单晶金刚石薄膜异质外延

同质外延生长的一个最大问题是很难得到大尺寸的籽晶，而异质外延生长恰恰可以解决这个问题。目前有报道，可以作为金刚石外延生长的衬底包括：铱(Ir)、镍(Ni)、铜(Cu)、铂

(Pt)、硅(Si)、碳化硅(SiC)、碳化硼(BN)、氮化镓(GaN)等。下面分别论述其制备特点。

经过多年的研究，铱被认为是最为合适的金刚石单晶异质外延生长衬底。到目前为止，铱在制备金刚石单晶的质量上超过其他衬底。在铱上异质外延生长金刚石通常要结合偏压促进形核(BEN)的工艺。虽然不能用传统的形核理论来解释 BEN，但是，对于在 Ir 上形核并生长成大面积的单晶金刚石的过程，一般认为是先形成马赛克(mosaic)组织，然后通过晶粒合并最终形成大面积的单晶层。Ir 不是单独作为衬底使用的，而是作为缓冲层与其他材料一起构成外延生长衬底，然后单晶金刚石再在这种膜基体系上生长。作为支撑 Ir 的基材材料有：$SrTiO_3$、Al_2O_3、MgO、$LaAlO_3$、Y_2O_3-ZrO_2(YSZ)。其中，Ir/$SrTiO_3$ 和 Ir/YSZ 体系分别适合生长大面积的(100)和(111)金刚石单晶层[32]。

表 5-7 所示为各种用于金刚石生长的支撑铱的氧化物的特性比较[33]。

表 5-7 各种用于金刚石生长的支撑铱的氧化物的特性比较[33]

材　料	晶体结构	空　间　群	晶格常数 /nm	尺寸 /英寸	熔点 /℃	热膨胀 /($10^{-6}K^{-1}$)	硬度 /Mohs
金刚石	立方	Fd3m	0.356 7	—	4 027	1.5	10
Ir	立方	Fm3m	0.383 9	—	2 484	6.8	6.5
Al_2O_3	六方	R3c	a=0.475 8	8～12	2 040	4.2	9
			c=1.299 1			5.3	
MgO	立方	Fm3m	0.421 6	3	2 800	12.80	5.8
$SrTiO_3$	立方	Fm3m	0.390 5	2	2 080	10.3	6

铱缓冲层的制备工艺是采用电子束蒸镀的技术，在(001)$SrTiO_3$ 单晶上或者其他氧化物上蒸镀一层 10～200 nm 厚的铱层，蒸镀温度为 700～900 ℃，工作压强为 9.0×10^{-5} Pa，Ir 的生长速率可以达到 2 nm/min。要想获得较好的金刚石单晶质量，Ir 的晶体质量要有一定的要求，一般 Ir(200)和 Ir(220)面的 XRD 衍射峰半高宽不应大于 0.22°和 0.26°。随后的 BEN 过程在微波等离子体沉积系统中进行，反应腔的背底压强为 10^{-7} Pa，微波的频率为 2.45 GHz，功率为 2 kW，偏压为－300 V。2004 年，采用该衬底制备了直径为 0.35 cm 的金刚石单晶薄膜[34]。2008 年，Ir/YSZ/Si 已经可以达到 4 英寸，但是其上的金刚石还只能是多晶[35]。

在 Ni 单晶上生长金刚石的一个重要考虑是，Ni 是晶格常数与金刚石接近的少有的几种材料之一。金刚石是面心立方晶格结构，其晶格常数是 a=0.356 nm，而 Ni 的晶格结构同为面心立方结构，晶格常数是 a=0.352 nm，二者的晶格失配仅为 1.5 %，极其相近。另外，在几十年前人们发现在 Ni-金刚石的界面有一个富镍面心碳化物相 Ni_4C，其某个晶面的面间距与金刚石(200)面间距极为一致。这使得人们认为 Ni 是非常理想的金刚石异质外延衬底[36]。但是，在 Ni 上生长金刚石遇到的问题也很多，首先，Ni 是碳的优秀溶剂，碳在 Ni 中有极高的溶解度；其次，Ni 是碳氢气体的良好催化剂，使得碳凝聚成石墨相的概率大大增高。因此，在 Ni 上生长金刚石首要的任务是迅速形成富镍面心碳化物相 Ni_4C，然后调整生长工艺，在 Ni_4C 层上开始金刚石的生长。在 Ni 上沉积金刚石采用的方法主要为热丝法和直流等离子体法。初期生长时 CH_4 的浓度不要过高，一般小于 1%，否则会在 Ni 上形成石墨层阻碍外延生长。鉴于在 Ni 上生长金刚石存在碳化和不易操控的问题，也有人认为除了科学研究外，在 Ni 上生长金刚石没有实际应用价值[37]。

Cu 也是一种金刚石异质外延生长所采用的衬底，Cu 与金刚石的晶格失配小于 10%，具有很好的晶格匹配。但是，另一方面 Cu 的表面能较低，这导致与金刚石的结合力很小，容易造成沉积过程中金刚石的脱落。通过高分辨电镜(HREM)对微波法在 Cu 衬底上制备的金刚石的研究表明，在 Cu 和金刚石界面处存在一个厚度为 2～5 nm 的石墨和无定形碳构成的过渡层。由此可见，金刚石可以在 Cu 衬底上形核，但是能否生长成单晶，还需要进一步的工作[38]。

与 Cu 衬底相似，将 Pt 作为金刚石异质外延衬底也是因为 Pt 的晶格结构与金刚石相同，而且晶格失配也小于 10%($a_{金刚石}=0.356$ nm，$a_{Pt}=0.3923$ nm)。到 1996 年的时候，采用微波法已经可以在直径 12 mm 的单晶 Pt 上外延金刚石[39]。可以作为外延的为 Pt(111)单晶块体、Pt(111)单晶膜和 Pt(111)箔片。高分辨电镜的研究表明，与 Cu 不同，金刚石与 Pt 存在直接的外延晶向关系，而没有过渡层，并且所获得的金刚石具有很低的位错密度，在(111)面上位错密度不到 $10^8\,cm^{-2}$[40]。除了上述金属外，人们还曾经尝试过在一些其他金属上进行外延生长，相关内容可见相关文献[41]。

Si 是最早用来进行金刚石异质外延的衬底，虽然 Si 与金刚石同属一个主族，具有相同的面心晶格结构，但是两者的晶格常数相差达到 34% ($a_{Si}=0.542$ nm，$a_{金刚石}=0.356$ nm，$(a_{Si}-a_{金刚石})/a_{Si}=34\%$)，因此很难进行外延生长[42]。最好的外延结果是由姜辛(Jiang Xin)等人采用引入 BEN 技术的微波法在 Si 表面进行的外延制备，所获得的金刚石与 Si 在(001)方向展示了直接的外延关系，如图 5-21 所示[43]。遗憾的是，虽然在 Si 上取得了极好的取向生长结果，但是到目前为止，在 Si 上仍没有外延出单晶金刚石的报道。

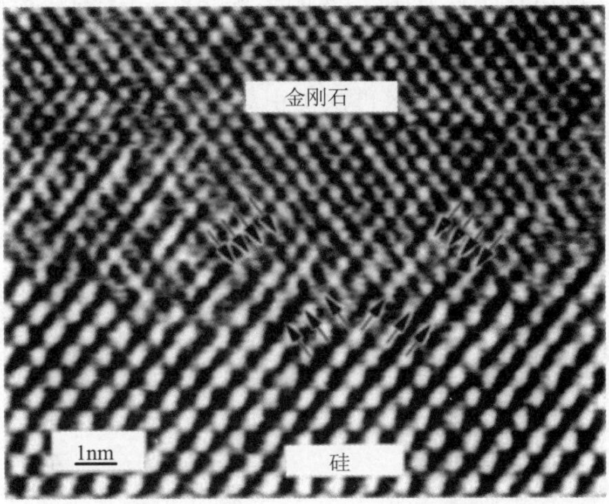

图 5-21　在 Si 上外延生长的金刚石

在 SiC 上进行外延最初的考虑源于高分辨电镜的研究结果，即在 Si 上进行外延生长时，在大多数情况下，金刚石与 Si 之间存在一个 SiC 过渡层，进一步分析发现，具有立方晶格的 SiC 其与金刚石的晶格失配为 18%，远远小于 Si 与金刚石之间 34% 的失配，因此，在 3C-SiC (β-SiC)上进行金刚石外延生长成为一时的热点[44]。金刚石与 SiC 的外延晶体学关系为金刚石的[110]平行于 SiC 的[110]、金刚石的(100)平行于 SiC 的(100)。在 3C-SiC 上外延生长的主流方法为引入 BEN 技术的微波法，采用这种方法，Kawarada 在 1994 年生长出了面积为 2 mm×3 mm、厚度为 6 μm 的具有(100)晶面的单晶金刚石[37]。除了 3C-SiC 外，有人也尝试了 6H-SiC 的外延制备，虽然也得到了金刚石{111}与 6H-SiC{0001}平行、金刚石⟨110⟩与

6H-SiC⟨1120⟩平行的外延晶体学关系，但是终因得不到大面积的单晶金刚石，相关研究再无后续报道[45]。

作为异质外延生长金刚石的 BN 衬底是立方晶格的 c-BN，它与金刚石的晶格失配为 1.3%，而 c-BN(111)的形成能接近 5 J/m^2，与金刚石的 6 J/m^2 也极为相近。c-BN 的(111)晶面有两种表面状态，一种是以 N 终结的(111)晶面($c\text{-}BN_{(111)N}$)，另一种是以 B 终结的(111)晶面($c\text{-}BN_{(111)B}$)，其中前者比后者要光滑很多，后者有很多的针孔状的缺陷，使得表面极为粗糙。但是，金刚石的外延在 $c\text{-}BN_{(111)N}$ 上却很难进行，原因在于 N—C 的结合能小于 N—H 的结合能，使得 N—C 终结的表面不稳定。如果选取(100)晶面的 c-BN，那么金刚石与 c-BN 存在$(100)_D$平行于$(100)_{c\text{-}BN}$、$\langle 001\rangle_D$平行于$\langle 001\rangle_{c\text{-}BN}$的晶体学关系。以 c-BN 为衬底进行外延的最大问题是没有大尺寸的 c-BN，而生长大尺寸 c-BN 的难度也非常大[37]。

金刚石是极优良的绝缘体和导热体，而 GaN 在高功率、高频率、高温度的场发射、激光、发光二极管等器件上有很大的应用，如果能将金刚石与 GaN 外延在一起，将是理想的器件结构。金刚石在 Al_2O_3 上的成功生长，引发人们考虑能否将金刚石外延在 GaN 上。选择 GaN 作为衬底首要的问题是确定哪个晶面作为生长面，因为六方 GaN 与立方金刚石在晶体结构上不同，只有选择合适的晶面才有可能进行外延生长。经过比较，GaN(0001)与金刚石的(111)晶面具有 10.6%的失配，比 Si 的 34%失配要小得多。其次，GaN 的表面非常容易被 H 刻蚀，这使得 GaN 在金刚石沉积环境下很难保持一个稳定的界面。为了克服这个困难，在微波法中 BEN 技术再次被引入，偏压设置为－100 V，从而实现金刚石的形核[46]。由于 GaN/金刚石结构在电子器件领域的诱人前景，在 GaN 外延金刚石或在金刚石上外延 GaN 的研究在 21 世纪一直持续着[47,48]，但是，还没有单晶金刚石外延成功的报道。表 5-8 是 GaN 等衬底与金刚石晶格常数和导热系数的比较。

表 5-8 GaN 等衬底与金刚石晶格常数和导热系数的比较

项　目	晶格常数 d /nm	失配度 ε/%	热膨胀系数/($10^{-6}K^{-1}$)
金刚石	0.356 7	—	4.38
Si	0.542 0	34.18	4.70
SiC	0.435 7	18.13	5.34
Ni	0.352 4	1.22	17.8
c-BN	0.361 2	1.25	5.96
Pt	0.392 3	9.07	10.8
Ir	0.383 9	7.09	8.40
GaN	0.318 9(a 轴)	10.6	5.59 (a 轴)

Ni_3Ge 也被用作金刚石的异质外延衬底，原因有二：首先，Ni_3Ge 的晶格常数 $a=0.357\ 22(6)$ nm，与金刚石失配小于 1%；其次，Ni_3Ge 的熔点很高，可以与金刚石伴生一直到其熔点，从而保证外延工艺的可操控。在 Ni_3Ge 上外延金刚石采用的技术仍是微波法，只是不用引入 BEN 技术，图 5-22 是在 Ni_3Ge 上外延的金刚石颗粒[49]。

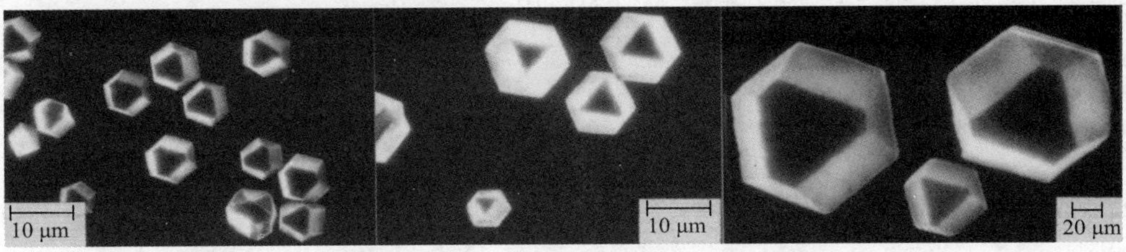

图 5-22　在 Ni_3Ge 上外延的金刚石颗粒

与 Ni_3Ge 相似，也有人使用 Ni_3Si 作为衬底进行金刚石外延生长的，但是得到的是多晶金刚石薄膜，进一步研究有可能获得具有一定取向的金刚石薄膜[50]。

综上，作为金刚石异质外延的衬底大致可以分成三类[49]：很少或不溶解碳的衬底，比如 Au，Cu，Sn，Pb，Ni_3Ge；分解碳的衬底，即碳扩散至衬底内部，形成碳化物的过饱和层，比如 Pt，Rh，Pd，Fe，Co，Ni；可形成碳化物的衬底，比如 Ti，W，Cr。

5.2.7　多晶金刚石薄膜的生长

20 世纪 80 年代，以 Spitsyn、Matsumoto 为代表的研究者在 CVD 金刚石的形核技术上取得了突破性进展，从而掀起了全球的低压金刚石制备研究的热潮。由于对 CVD 金刚石的形成原理和制备技术理解的局限性，从 20 世纪 80 年代到 20 世纪末 CVD 金刚石的外延单晶研究始终没有很大的进展，然而多晶金刚石薄膜制备却取得了长足的进步，在薄膜结构、生长速率、生长面积以及电子学应用方面都得到了较快的发展，取得了辉煌的成就，为新世纪单晶金刚石的出现打下了坚实的研究与应用基础。

由于取得突破进展的技术是热丝法和微波法，所以，在 20 世纪 80 年代初期，很多研究者采用这两种技术进行 CVD 金刚石的制备研究，人们系统地研究了所制备金刚石的成分质量、形貌特点，分析了金刚石质量与外加激发能量、气体输运、生长环境之间的关系，探索了生长表面的形成机理。然而，在这些研究活动中，人们逐渐发现上述两种生长技术存在一个共同的弱点，就是生长速率太低，一般不超过 5 μm/h，通常只有 0.1～2 μm/h。因此，开发具有高生长速率的技术成为 20 世纪 80 年代中后期的一个重要的研究热点，应运而生，出现了火焰法、电弧喷射法，尤其是电弧喷射法，在 1988 年被发明出来，到 1990 年，其金刚石生长速率就达到了 980 μm/h，被认为是最具有产业化价值的技术。

随着多晶金刚石-膜体质量和制备速度的提高，一些声、光、电、热领域的应用研究逐渐开展起来，这些研究也迫使人们开展大面积金刚石的制备研究。此时，热丝法由于制备工艺简单，易于扩大沉积面积，率先获得产业界的青睐，在机械加工和水处理领域获得应用，采用热丝法制备的水处理电极可以达到 40 cm ×60 cm 的面积。紧随其后的是电弧喷射法，通过优化喷口，使得沉积直径达到 150 mm，在光学窗口领域得到应用，并可用于军事装备。

进入 20 世纪 90 年代后，随着纳米科技的兴起，多晶金刚石薄膜的制备研究也向晶粒细小化发展，逐渐发展出纳米晶金刚石薄膜和超纳米晶金刚石薄膜。上述两种金刚石薄膜在光学、电子学、微/纳机电系统领域都有着重要的应用。

总之，多晶金刚石膜体的制备技术研究一直本着大面积、高速度、高质量的思路在进行探索。下面简要介绍多晶金刚石薄膜的某些研究结果。

纳米晶金刚石薄膜具有良好的表面粗糙度，在电子器件和微机电系统中的应用中，完全可以省掉表面抛光加工的工序，因此受到电子行业的重视。图 5-23 是 B 掺杂的纳米晶金刚石薄膜[51]。

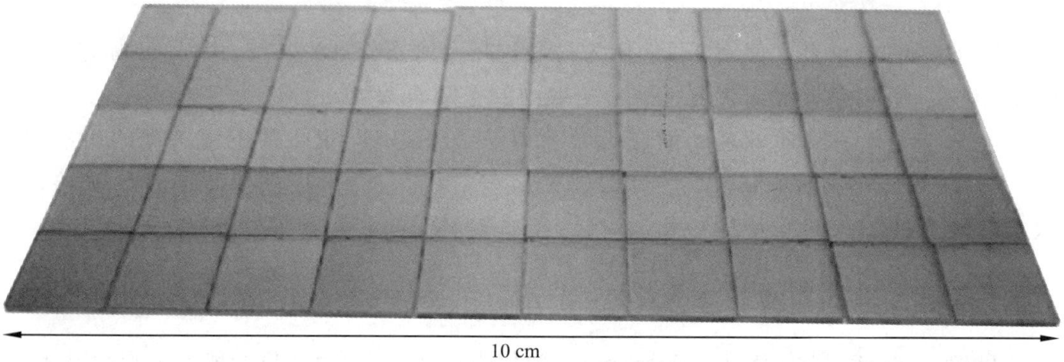

图 5-23　B 掺杂的纳米晶金刚石薄膜

为了将纳米晶金刚石薄膜的光滑表面优点与微米晶金刚石薄膜的力学性能相结合，一种纳米晶/微米晶复合薄膜结构在 2000 年被提出来，该种薄膜结构首先由微波法实现[52]，然后热丝法也在 2002 年制备出类似的薄膜结构[53]。值得注意的是，电弧喷射法虽然生长速率快，难操控，但是在 2007 年也制备出纳米/微米复合薄膜，并实现了最多四层的周期结构[54]。图 5-24 所示为采用电弧喷射法制备的纳米/微米复合薄膜及其微观结构[55]。

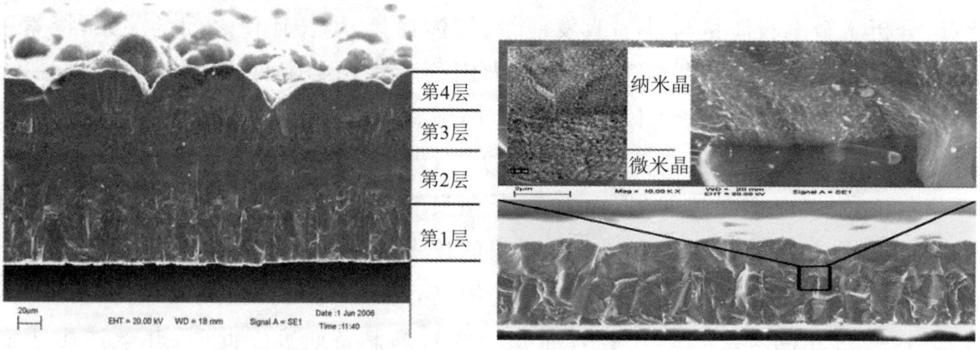

图 5-24　采用电弧喷射法制备的纳米/微米复合膜及其微观结构

大面积多晶金刚石的制备一直是 CVD 金刚石研究的热点之一，热丝法因为可以很容易地实现大面积的均温区，以及极方便地控制沉积参数，因此，成为大面积生长的首选技术。图 5-25所示为采用热丝法制备的用于水处理的掺硼金刚石电极，尺寸达到了 40 cm×60 cm。

图 5-25　采用热丝法制备的用于水处理的掺硼金刚石电极

直流电弧喷射技术在 1993 年实现了直径为 100 mm 的光学透明金刚石膜[56]，在 1999 年实现了直径为 175 mm、厚度为 230 μm、断裂强度为 600 MPa 的金刚石自支撑膜[57]，到 2003 年，可用于平面窗口和导弹头罩的光学级金刚石自支撑膜都被制备出来，如图 5-26 所示。其中，大平板窗直径达到 120 mm，厚度达到 2 mm；半球形头罩直径达到 70 mm，可以用于极端恶劣环境、太空红外器件，这两个成就成为光学级自支撑金刚石薄膜被军方使用的最主要的依据[58]。

图 5-26　金刚石用于平面窗口和导弹头罩（英国 AIM-132 导弹的人造金刚石光学整流罩）

5.2.8　金刚石的掺杂与接触

实现有效的电学掺杂（包括 n 型和 p 型）是半导体器件的基础。目前，单晶金刚石的电学掺杂仍是金刚石器件走向实用的巨大障碍。金刚石掺杂困难的原因主要有两个：第一，金刚石的晶格常数小，掺杂原子的引入会引起晶格畸变，所以绝大多数外来原子很难嵌入金刚石晶格；第二，掺杂原子在禁带中的能级较深，不易电离。

5.2.8.1　p 型掺杂

这里讨论的掺杂仅限于体掺杂。目前找到的金刚石中最成功的受主杂质为硼（B），能级位于价带顶以上 0.37 eV 处。p 型硼掺杂技术目前已经比较成熟，电阻率已达到 0.1 Ω · cm。

由于硼的能级较深，金刚石中的空穴浓度不仅与受主浓度有关，还与外界温度有关。图 5-27 所示为硼掺杂金刚石受主电离率随掺杂浓度和温度的变化关系[59]。室温下，受主只能在掺杂浓度很低或很高两种情况下完全被热激发：当硼掺杂浓度很高（$>10^{20}\ cm^{-3}$）时，杂质形成微带和价带重叠，硼可以完全激发；当受主浓度很低（$<10^{12}\ cm^{-3}$）时，费米能级穿过受主能级时，硼也可以完全激发。对于后一种情况，金刚石仍处于半绝缘状态。图 5-28 所示为实验得到的硼掺杂金刚石中空穴浓度随测量温度的变化关系[60]，硼的电离率随着温度的升高而升高。

单晶金刚石的 p 型硼掺杂可以通过离子注入或同质外延生长过程中的原位掺杂来实现。离子注入掺杂效率一般较低，空穴迁移率不够理想，即便是经过 1 600 ℃的高温热处理，空穴的迁移率仍非常低[$<100\ cm^2/(V\cdot s)$]，但可以用大剂量硼离子注入来获得 p 型金刚石的欧姆接触。利用微波等离子体技术，在金刚石同质外延生长过程中引入硼源，是获得高质量 p 型金刚石的最理想选择。早期曾广泛用乙硼烷（B_2H_6）为硼掺杂源，目前广泛用三甲基硼[$B(CH_3)_3$，TMB]作为掺杂源。

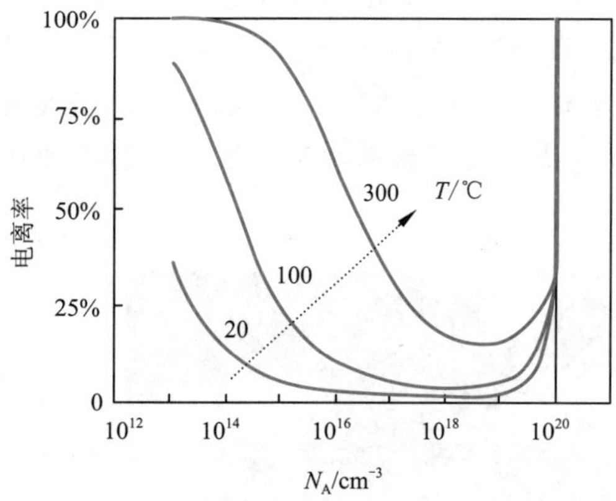

图 5-27　硼掺杂金刚石受主电离率随掺杂浓度和温度的变化关系

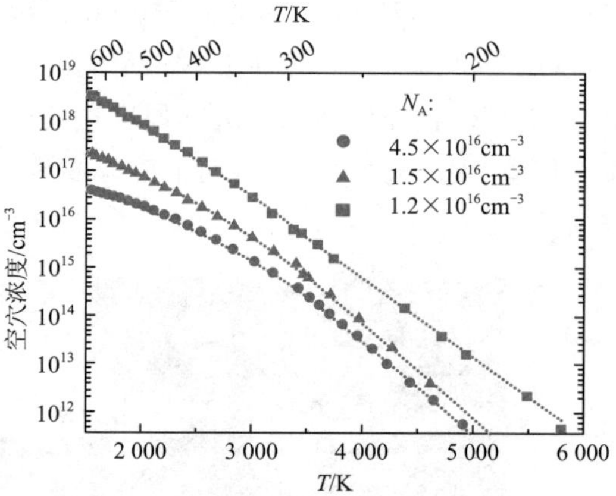

图 5-28　硼掺杂金刚石中空穴浓度随测量温度的变化关系

5.2.8.2　n 型掺杂

金刚石的 n 型掺杂是发展双极型器件的关键。磷是目前 CVD 法生长金刚石中唯一普遍认可用来获得室温 n 型导电的施主，其能级位于导带底以下 0.57 eV 处。直到 1997 年，MP-CVD 外延金刚石薄膜的 n 型导电才得到霍尔测量的证明。由于磷掺杂的实现，金刚石 PN 结深紫外光发射二极管也研制成功。金刚石(111)面磷杂质嵌入效率高，更容易获得 n 型导电，是目前最常用的生长晶面。磷掺杂外延层的电子霍尔迁移率的实验最高值为 660 $cm^2/(V\cdot s)$，杂质补偿率约为 1%，但磷的掺杂浓度较低（$7\times10^{16}\ cm^{-3}$）。原则上，降低磷的掺杂浓度，可以进一步提高电子迁移率，但浓度太低（$<10^{16}\ cm^{-3}$）时，金刚石外延层的导电性差，室温电子霍尔迁移率很难测量。(111)取向高压高温单晶金刚石衬底表面抛光难、缺陷多，且尺寸小，相比

之下，(100)取向衬底表面具有原子级的平整度、缺陷少，其外延薄膜质量也远优于(111)取向衬底，因此，如能在(100)取向的单晶金刚石衬底上进行 n 型外延掺杂生长，则可获得较高的电子迁移率。但(100)面磷掺杂效率低，且磷容易导致结构缺陷，直到 2005 年，(100)金刚石的磷掺杂 n 型导电才获得成功。实验表明，磷掺杂(100)金刚石外延层表面平整，并在阴极发光谱中观察到了自由激子峰和磷施主束缚激子峰，表明外延层质量较好。变温霍尔测量表明，磷掺杂(100)金刚石的施主热激活能与(111)面类似。当磷浓度较低时(10^{17} cm^{-3})，室温电子迁移率约为780 $cm^2/(V \cdot s)$。

磷的能级深，自由电子浓度和迁移率随测量温度的变化如图 5-29 和图 5-30 所示[61]。当施主浓度为 7×10^{16} cm^{-3} 时，室温时电子浓度为 5×10^{10} cm^{-3}，电阻率为 2×10^{5} $\Omega\cdot cm$；600℃时，电子浓度为 6×10^{16} cm^{-3}，电阻率为 2 $\Omega\cdot cm$。自由电子浓度随施主浓度的变化基本上遵循正比关系。在室温下，当施主浓度为 10^{20} cm^{-3}时，实验得到的电阻率达 60 $\Omega\cdot cm$，但迁移率大大下降，出现跳跃电导。

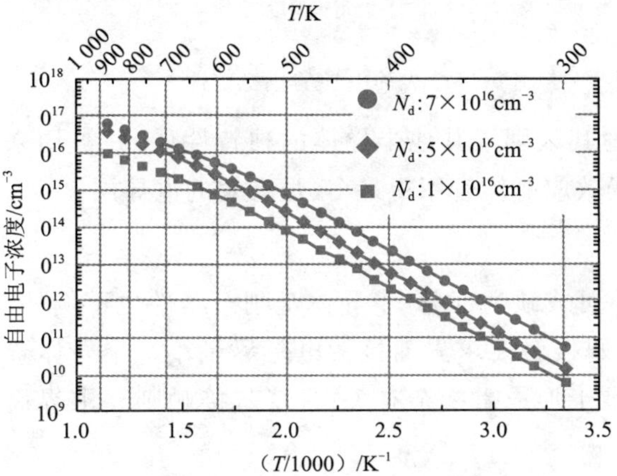

图 5-29 (111)金刚石外延层自由电子浓度随温度的变化

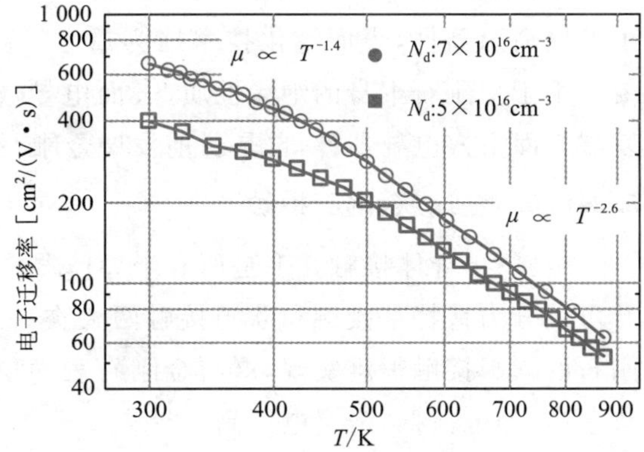

图 5-30 电子迁移率随温度的变化

磷掺杂效率低、能级深，人们一直探索其他杂质来获得金刚石的 n 型导电，如 Li、Na、S 等，但尚无明显进展。总之，利用 MP-CVD 法可以成功获得金刚石 n 型导电，但施主激发能大的问题还有待解决。

5.2.8.3 p 型表面电导

当氢终端表面本征金刚石暴露于大气中时，表面电子结构发生变化，呈现出二维 p 型表面电导[62]，空穴面密度达 $10^{12}\sim10^{13}$ cm^{-2}，在 20～300 K 温度范围内变化不大，电导率高达 $10^{-4}\sim10^{-5}$S，常温下空穴迁移率一般为数十到 100 $cm^2/(V\cdot s)$。金刚石氢终端表面导电的机理仍不是非常清楚，一种观点认为，氢终端导致表面形成大致30 nm厚的 p 型导电层。目前较为接受的观点是电荷转移机制。在这个模型中，金刚石表面的氢对表面电导起间接的作用，当氢表面暴露于大气中时，吸附了氢氧复合物分子层 H_3O[63]，由于氢表面金刚石的电子亲和势为－1.3 eV，表面吸附层即受主的最低占据态(LUMO)高于金刚石的价带位置，导致金刚石价带中的电子转移到表面 LUMO，在表面层与金刚石界面形成空穴积累层，并在金刚石表面形成垂直于表面的偶极子层，使金刚石表面能带向上弯曲。基于此模型，有研究者报道，在氢终端本征金刚石表面沉积一层 C_{60} 分子层或 MoO_2 层时也可得到 p 型表面电导[64]。Kasu 等人发现，当将氢表面金刚石置于 NO_2 气氛中时[65]，可以将表面空穴浓度提高到 $10^{14}\,cm^{-2}$。为制备大电流金刚石功率器件提供了一个有效的途径。

金刚石表面电导的一个重要缺点是热稳定性差，当在真空中 150 ℃加热时，表面电导降为 10^{-11} S 以下；250 ℃以上加热后，当金刚石再次暴露于空气中，表面电导则无法恢复到原初始值；当真空加热温度高于 750 ℃时，表面电导完全消失，如图 5-31 所示。因此，为了发展高温器件，表面钝化技术极为重要。由于金刚石本身的绝缘性质，表面电导成为其区别于其他半导体的独特性质，并被用来发展表面空穴电导器件，也是目前发展金刚石场效应晶体管用得最多、最有效的电导层。

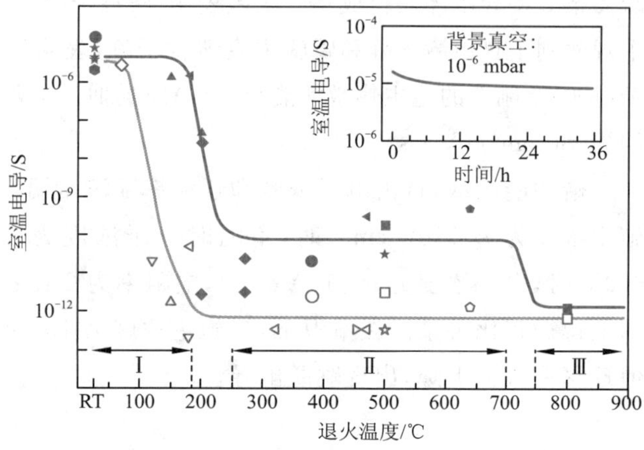

图 5-31　表面电导的热稳定性

5.2.8.4　金属/金刚石接触

金属/半导体接触几乎是所有半导体器件不可或缺的部分，半导体金刚石器件也不例外，并可以分为肖特基接触和欧姆接触两大类。欧姆接触要求界面接触电阻尽量小。半导体金刚石的欧姆接触很难实现，这与金刚石表面层难于形成重掺杂有关；肖特基接触则要求界面势垒高，漏电流低，击穿电压高。

金属/金刚石界面势垒与表面特性紧密相关。这方面的研究大多集中在金刚石(100)面。清洁表面和氢终端金刚石表面的肖特基势垒高度与金属的电负性或功函数有关。Au 是目前氢终端金刚石表面 p 型层最常用的欧姆接触金属材料。氧终端 p 型金刚石(100)表面费米能级钉扎在价带以上约 1.7 eV 处，金属/金刚石的界面势垒与金属种类关系不大，实验报道值为 1.5～2 eV。氧终端金刚石(111)表面的势垒高度基本也与接触金属无关，实验报道值为 1 eV左右。氧终端 p 型金刚石的欧姆接触一般选用与金刚石在高温下可以形成碳化物的金属，如 Ti，Mo 等，它们在高温下可与金刚石生成 TiC_x，MoC_x 等碳化物，形成界面态，导致势垒层变窄或降低势垒高度。金刚石欧姆接触制作的另一途径是高能离子注入，在接触区域表面造成晶格损伤。目前利用热处理获得的 Ti/p 型金刚石(硼浓度为 $10^{18}\,cm^{-3}$)的接触电阻小于 10^{-6} Ω/cm²。

相比于 p 型金刚石，n 型金刚石的欧姆接触研究还不充分。利用 30 keV 的 Ga 离子轰击磷掺杂浓度为 $3\times10^{18}\,cm^{-3}$ 的 n 型金刚石，获得了 4.8×10^{6} Ω/cm² 的接触电阻[66]。目前 n 型金刚石半导体的欧姆接触电阻最低值为 10^{-3} Ω/cm²，是将 Pt/Ti 金属层沉积在重掺杂(磷浓度为 $10^{20}\,cm^{-3}$)金刚石外延层，并通过退火获得的。

5.3　半导体金刚石器件及相关应用

半导体金刚石所具有的独特的物理性质使它在高温大功率电力电子器件、微波功率器件、深紫外光和高能粒子探测器、深紫外发光器件、单光子光源、生物和化学传感器、微机电(MEMS)和纳机电(NEMS)器件、自旋电子学等众多领域有着极大的应用潜力。图 5-32 所示为 Si、GaAs、GaN、SiC 和金刚石微波功率器件的工作特性以及应用领域[67]。Si 长期以来是制备半导体电子学器件的主要材料,但其基本物理性质所决定的局限性无法满足一些极端条件下(如大功率、高频、高温、高辐照等)的工作需求。例如,Si 材料不高的热导率和较小的禁带宽度把其工作温度限制在 200 ℃以下。如图 5-32 所示的 SiC、GaN、金刚石等宽禁带半导体材料在输出功率、工作温度、工作频率等方面都要远远好于 Si 材料。无论是在输出功率还是在工作频率上,金刚石器件都要优于其他器件,是最具潜力的高频大功率电子器件。随着 MP-CVD 法生长出高质量的半导体单晶金刚石材料,各类金刚石器件不断出现。

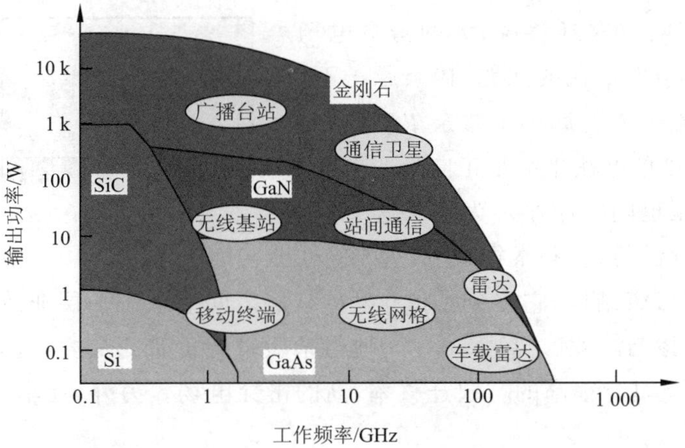

图 5-32　Si、GaAs、GaN、SiC 和金刚石微波功率器件的工作特性以及应用领域

本节分别列举了肖特基二极管和场效应晶体管等电子器件,深紫外发光二极管和单光子光源等发光器件,深紫外探测器、高能粒子探测器、化学和生物传感器、微机电(MEMS)和纳机电(NEMS)器件等探测器和传感器,具体论述半导体金刚石材料的器件应用。近年来备受关注的利用金刚石 NV 中心的量子自旋器件由于已不属于半导体应用范畴,这里就不再涉及。

5.3.1　金刚石基电子器件

5.3.1.1　肖特基二极管

在大功率电路系统(如电动机控制、开关电源、高压直流输电)中,常常会用到续流二极管(freewheeling diode),它通常与金属-氧化物-半导体场效应晶体管(MOSFET)、绝缘栅双极型晶体管(IGBT)等有源功率器件反向并联,作用是在电路关断时为感性负载提供电流通路,避免高的反向感应电动势损坏有源功率器件。具有很好反向恢复特性的肖特基二极管(schottky barrier diode, SBD)能很好实现续流功能。目前商用单结 SiC 肖特基二极管的击穿电压可以达到600 V,甚至更高。由于金刚石更高的击穿电场和高的载流子迁移率,金刚石肖特基二极管比同类 SiC 器件具有更好的开关特性、更高的击穿电压和更高的工作温度。除了续流应用,金刚石肖特基二极管还可用于高压大功率开关、半波或全波整流等多种场合。

正向导通电阻(R_D)和反向击穿电压(U_B)是肖特基二极管的两个重要器件指标。对于常规的金属-掺杂半导体的器件结构,可通过掺杂浓度来对这两个参数进行优化。对于均匀 p 型掺杂肖特基二极管器件,在不考虑边缘效应的情况下,反向击穿电压与正向导通电阻之比为

$$U_B/R_D=\frac{1}{2}eE_B\mu_p p \tag{5-1}$$

式中,e 为电子电荷;E_B 为击穿电场;μ_p 和 p 分别为空穴迁移率和空穴浓度。

金刚石具有高的空穴迁移率、大的击穿电场。但由于目前电学掺杂中存在的问题,掺杂原子不能有效激活,使得载流子浓度远小于掺杂浓度。在通过大幅提高掺杂浓度的办法来减小正向导通电阻的同时,反向击穿电压也随之减小。为解决这一问题可采用如图 5-33 所示的金属-本征层-p$^+$ 型掺杂层(m-i-p$^+$)肖特基二极管结构,它在金属和 p 型掺杂层之间插入了一层非故意掺杂的本征层,并提高掺杂层的 B 掺杂浓度(>10^{19} cm^{-3}),使得杂质带与价带相交叠,可有效提高载流子浓度。该结构的优点是具有很高的空穴迁移率、高的击穿电场。另外,在本征层中具有均匀电场分布。

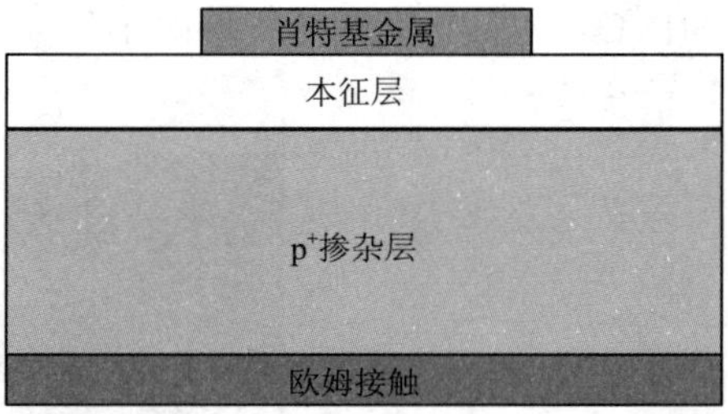

图 5-33　金属-本征层-p 型掺杂层(m-i-p$^+$)肖特基二极管结构

1992 年,Denisenko 等人首次采用 m-i-p$^+$ 结构实现了金刚石肖特基二极管[68]。实验上,已研制出击穿电压高达 6 kV 的金刚石肖特基二极管。另外,金刚石肖特基二极管还具有高温工作特性,采用耐高温的 W/Si 作为肖特基接触,在真空环境中器件可工作在 1 000 ℃的高温。图 5-34所示为 m-i-p$^+$ 结构单晶金刚石肖特基二极管的电流密度-电压(J-U)曲线[69],可以看到在反向偏压为 2.5 kV 时,反向漏电流密度不超过 1 mA/cm^2。在本征层中进行 δ 掺杂可有效提高器件的正向特性。Rashid 等人采用在金刚石本征层中进行横向和纵向 δ 掺杂(见图 5-35)的方法,在不损失反向击穿电压的前提下,使正向电流密度提高了 20 倍,达到 50 A/cm^2。日本产业技术综合研究所的研究人员最近在重掺杂金刚石层上沉积一层硼掺杂浓度为 10^{15} cm^{-2}的金刚石外延层,制成带有介电场板结构的三明治垂直结构二极管,该器件在 250 ℃时,可以输出1 A以上的输出电流,为目前最高值;击穿电压为 300 V,开关电阻仅为 1 Ω,开关速度为纳秒级[70]。

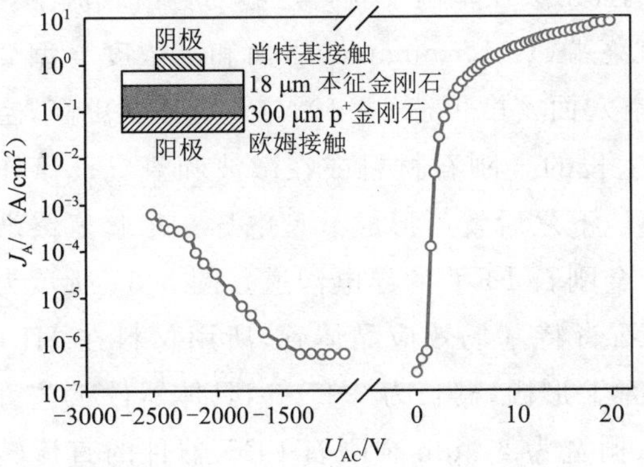

图 5-34　m-i-P⁺ 结构单晶金刚石肖特基二极管的电流密度-电压（J-U）曲线

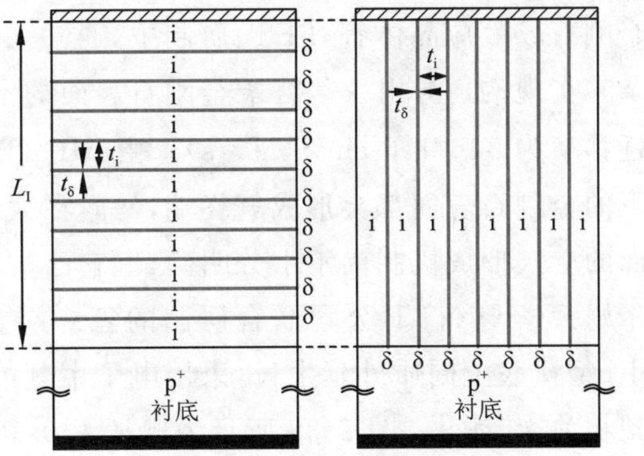

图 5-35　横向（左）和纵向（右）δ 掺杂的 m-i-P⁺ 结构单晶金刚石肖特基二极管

注：t_δ 表示 δ 掺杂层的厚度；t_i 表示间隔层的厚度。

5.3.1.2　场效应晶体管

对于功率半导体器件，要求有大电流工作能力，这由材料的载流子浓度、迁移率（低场）、饱和漂移速率（高场）来决定。MP-CVD 技术生长的金刚石具有极高的载流子迁移率，室温下电子和空穴的迁移率分别为 4 500 $cm^2/(V \cdot s)$ 和 3 800 $cm^2/(V \cdot s)$，电子和空穴饱和漂移速率分别达到 1.5×10^7 cm/s 和 1.1×10^7 cm/s，非常适合高频高压大功率器件的研制。另外，功率器件通常有较大损耗，导致器件温度升高。金刚石高的热导率[22 W/(cm·K)]保证了器件的良好散热。无论是在输出功率还是在工作频率上，金刚石器件都要优于 GaN、SiC 等其他器件，是最具潜力的高频大功率电子器件[67]。对于场效应晶体管（FET），截止频率 f_T 和最大工作电压 U_{max} 由式[5-2(a)]、式[5-2(b)]决定：

$$f_T = \frac{v_S}{2\pi L_G} \qquad [5\text{-}2(a)]$$

$$U_{max} = E_b L_G \qquad [5\text{-}2(b)]$$

式中，v_S、E_b 和 L_G 分别为载流子的饱和漂移速率、击穿电场和栅长。将式[5-2(a)]、式[5-2(b)]相乘可得

$$f_T V_{max} = \frac{v_S E_b}{2\pi} \qquad [5\text{-}2(c)]$$

式[5-2(c)]右端为常量，仅与材料特性有关，所以通常用于表征器件的工作特性。图 5-36 所示为不同半导体材料场效应晶体管最大工作电压与截止频率的关系。金刚石显示出了高压、高频工作的优势。已有报道，采用 MP-CVD 多晶金刚石研制的场效应晶体管（FET）的电流增益截止频率为 45 GHz，功率增益最大频率为 120 GHz[71]。

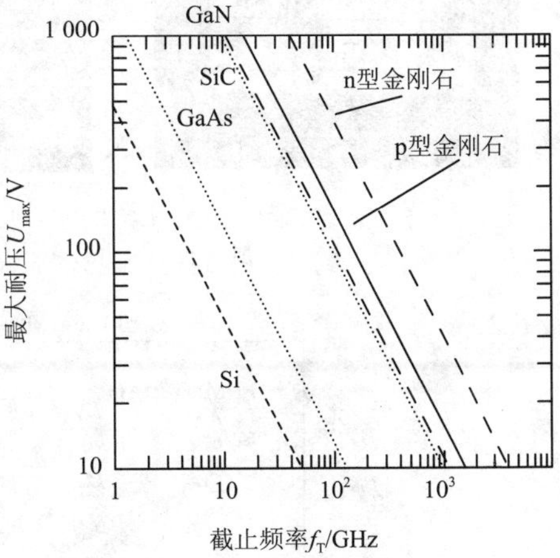

图 5-36　不同半导体材料场效应晶体管最大工作电压与截止频率的关系

目前金刚石的电学掺杂问题尚未很好解决，常用的 p 型掺杂 B 原子的受主能级位于价带以上0.37 eV，而 n 型掺杂 P 原子的施主能级位于导带以下 0.6 eV，它们都远远高于室温热

激活能($k_B T\approx$26 meV),导致杂质电离概率非常小,无法在室温下获得足够的自由载流子。在金刚石场效应晶体管(FET)研制中,通常采用氢终端(H-terminated)表面和高浓度 p 型 δ 掺杂来实现沟道导电。氢终端金刚石表面的室温空穴面密度可达 1×10^{13} cm^{-2},甚至更高,空穴迁移率为 50～150 $cm^2/(V\cdot s)$。由 MP-CVD 生长的金刚石材料或在微波和氢气气氛作用下的金刚石表面都会形成氢终端,暴露在大气环境下之后就可形成 p 型电导。尽管氢终端表面的空穴形成机制尚不十分明确,但它已被用于金刚石 FET 的导电沟道。图 5-37 所示为乌尔姆大学与 NTT 公司联合研制的氢终端金刚石肖特基场效应晶体管,所用材料在 HPHT Ⅰb型衬底上同质外延生长,采用电子束刻蚀制备 T 形栅,栅长为 0.2 μm,具体器件工艺可参阅相关文献[72]。图 5-38 所示为栅长为 0.1 μm、栅宽为 50 μm 金刚石 FET 器件的直流转移特性曲线[71],栅压为 3.5 V 时,单位漏极电流达到了 550 mA/mm,最大单位栅宽跨导估计为 100～150 mS/mm。图 5-39 所示为金刚石 FET 器件的高频特性,其电流增益截止频率为 45 GHz[图 5-39(a)中的$|h_{21}|^2$],功率增益最大频率为 120 GHz[图 5-39(b)中的 U]。另外,氢终端 FET 的源-漏工作电流密度已经超过 1 A/cm[71]。对于氢终端 FET,工作电流密度依赖于载流子面密度。金刚石(111)面和(110)面的空穴密度要高于(100)面,这是因为前者表面的 C—H 键偶极矩密度要高于后者 20%～30%,所以采用金刚石(111)面和(110)面的 FET 的工作电流密度会更大。

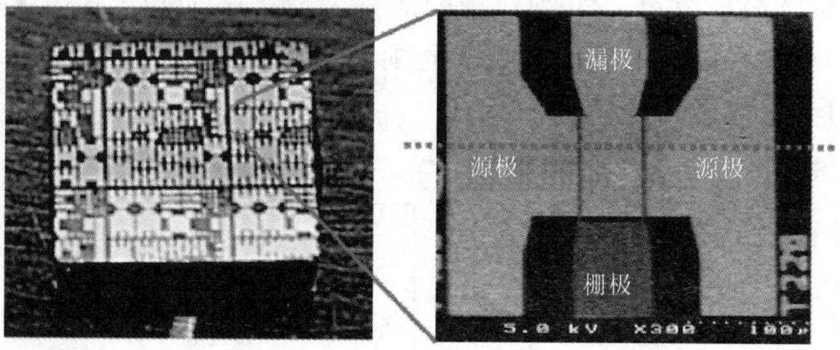

图 5-37　乌尔姆大学与 NTT 公司联合研制的氢终端金刚石肖特基场效应晶体管

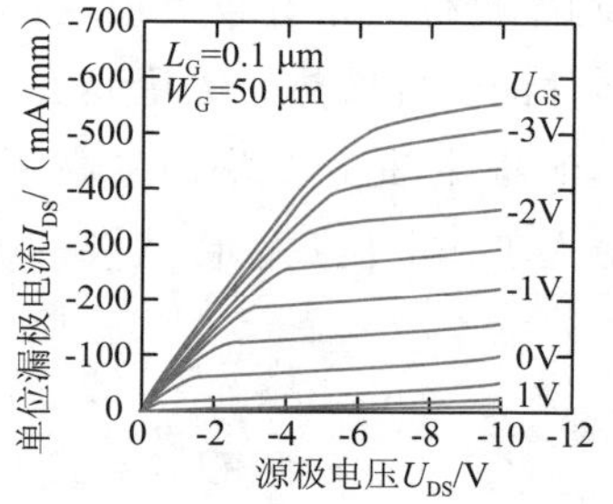

图 5-38　金刚石 FET 器件的直流转移特性曲线

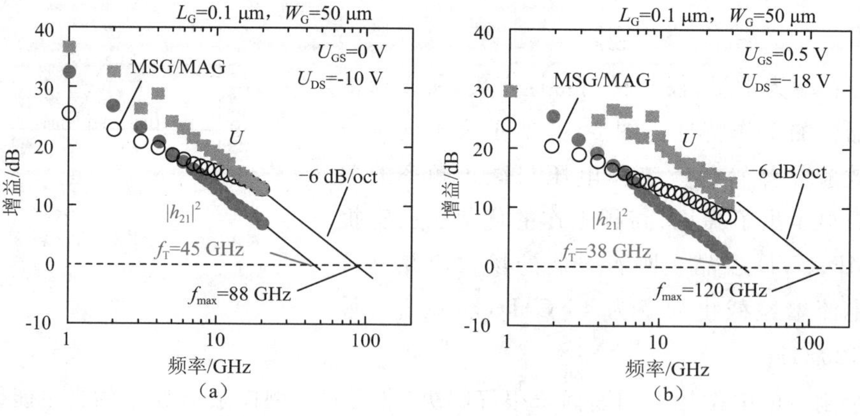

(a)　　(b)

图 5-39　金刚石 FET 器件的高频特性(图中$|h_{21}|^2$ 为电流增益,MSG 和 MAG 分别为功率的最大稳定增益和最大有用增益,U 为单边增益)

为了提高输出电流，有必要使用金属-氧化物-半导体场效应晶体管（MOSFET）。最近，日本 NTT 的研究人员利用 NO_2 气体处理过的氢终端金刚石表面作为沟道，并以原子层沉积 Al_2O_3 层作为沟道钝化层，获得的金刚石 MOS 晶体管的单位输出电流高达 1.3 A/mm，为目前金刚石晶体管输出电流的最高值[72]。如果利用 Al_2O_3 沟道钝化层，氢表面终端 MOS 晶体管可以在 400 ℃正常工作，击穿电压达到 600 V，电场强度达 100 V/μm，可与横向 GaN、SiC 的类似场效应晶体管相媲美。

日本国立材料科学研究所（NIMS）的研究人员采用高介电常数的 HfO_2 作为栅极介电层制备了金刚石 FET。氢终端外延层采用 MP-CVD 方法在Ⅰb 型（100）单晶金刚石衬底上生长，厚度为 200 nm 左右。经过光刻、干法刻蚀、HfO_2 沉积、剥离等复杂工艺后，制备出图 5-40 所示器件结构。该研究机构还研究了快速热退火对器件电学性质的影响。在栅压-9～2 V 范围内，器件的漏电流密度小于 1.1×10^{-4} A/cm²。图 5-41 所示为器件的直流转移特性曲线，最大源-漏电流为-37.6 mA/mm、阈值电压为（-1.3±0.1）V、最大非本征跨导为（11.2±0.1）mS/mm、有效迁移率为（38.7±0.5）cm²/（V・s）。值得一提的是，金刚石 MOSFET 一般为耗尽型器件，亦即栅极电压为零时，器件处于开的状态。当改变器件工艺时，氢终端表面金刚石 MOSFET 可以变成增强型，即在栅极电压为零时源-漏之间无电流通过。

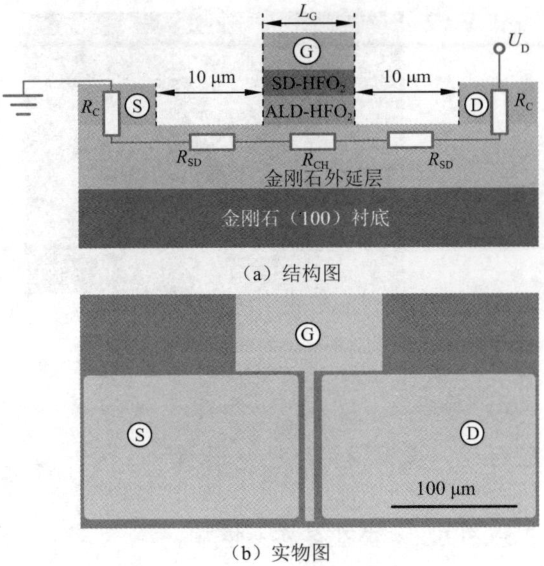

图 5-40　采用高介电常数的 HfO_2 作为栅极介电层的金刚石场效应晶体管

通过高浓度的 p 型 δ 掺杂可以使杂质能级形成微带并与价带交叠，能在室温下实现较大的自由载流子浓度，该方法可用来制备金刚石场效应晶体管的导电沟道。图 5-42 所示为金刚石

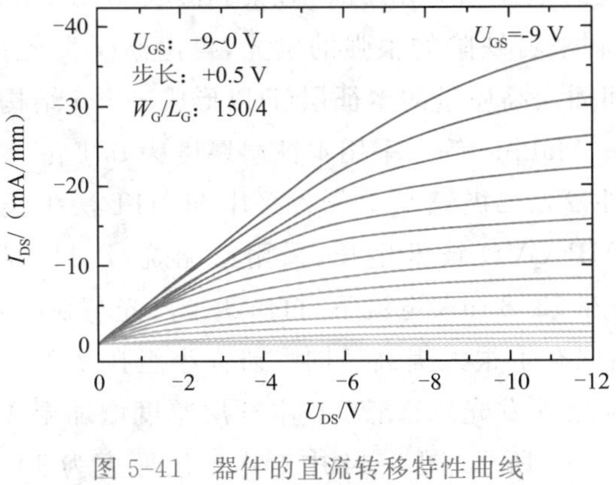

图 5-41　器件的直流转移特性曲线

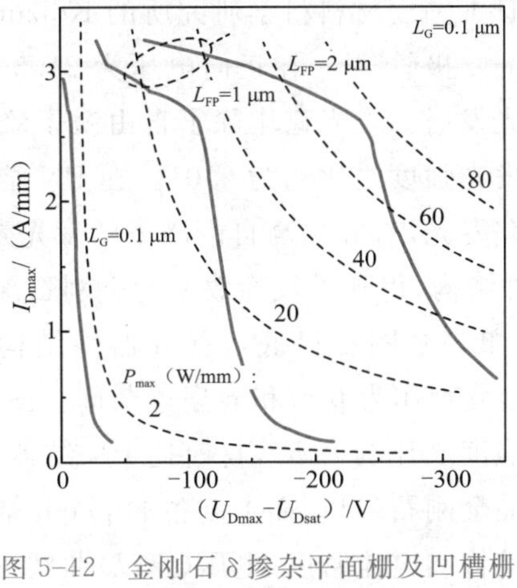

图 5-42　金刚石 δ 掺杂平面栅及凹槽栅效应晶体管的理论射频功率处理能力曲线（图中虚线为 A 类工作的等功率曲线）

δ 掺杂平面栅及凹槽栅场效应晶体管的理论射频功率处理能力曲线[73]。该方法在 20 世纪 90 年代就被采用，但由于无法生长出杂质分布窄、浓度足够的 δ 掺杂结构，无法实现器件的关断。乌尔姆大学的研究人员成功实现了硼 δ 掺杂 MISFET，获得了 B 掺杂的完全激活，实现了沟道的完全夹断和电流调制[74]。器件采用凹槽栅结构，在半增强工作模式下，获得了 30 mA/mm的沟道电流密度，截止频率和最高工作频率分别为 1 GHz 和 3 GHz。图 5-43 所示为该器件的显微照片和直流工作特性。

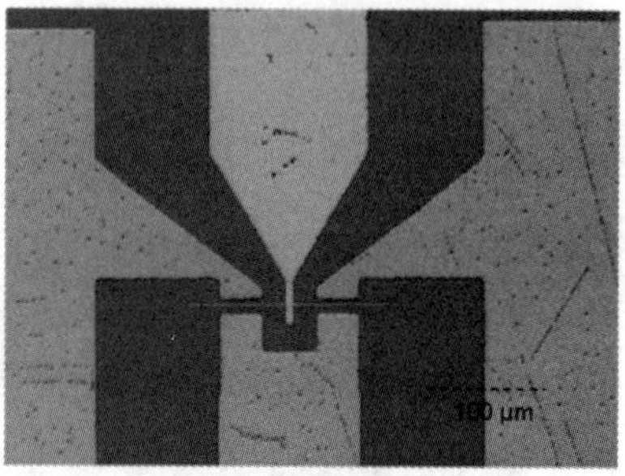

（a）显微照片

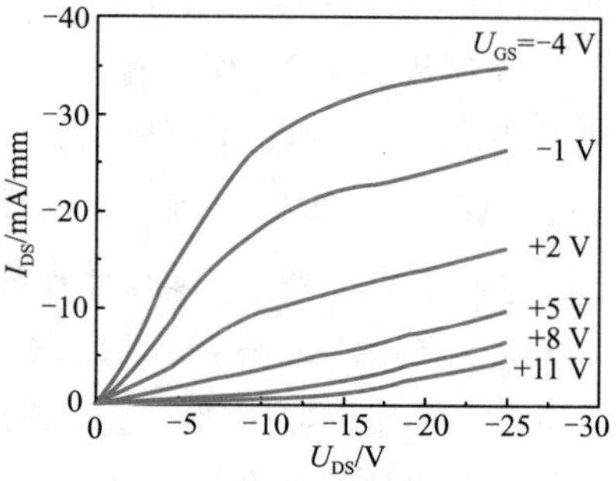

（b）直流工作特性

图 5-43　金刚石 δ 掺杂场效应晶体管的显微照片和直流工作特性

5.3.2　金刚石基发光器件

5.3.2.1　深紫外发光二极管

深紫外光源在数据存储，高空间分辨率光刻、杀菌，水和空气净化，白光产生，生物医学研究等领域有着广泛的应用，相比于常用的汞灯光源，深紫外光源有着体积小、效率高、使用寿命长、供电电路简单、无毒害等优点。金刚石作为一种宽禁带半导体材料，其室温激子发光位于 230 nm 附近，是非常合适的深紫外发光材料。虽然它是间接带隙半导体，但由于其较大的激子束缚能(80 meV)，在纵光学声子(TO)帮助下，可以实现很高的室温发光效率。目前国际上在金刚石深紫外发光二极管方面开展了不少研究工作。

日本国立材料科学研究所的 Koizumi 等人在 2001 年率先报道了单晶金刚石(111)的 PN 结发光二极管[75]。在正向电压为 21.5 V，注入电流为 5 mA 时，观察到波长为 235 nm 的深紫外光发射。发光谱中除了自由激子峰，还有来自缺陷的很强的发光，自由激子发光强度与缺陷发光强度之比约为 0.01。在 PN 结之间插入高质量的本征层(i)以形成 p-i-n 结构，可抑制缺陷发光，有效提高自由激子的发光效率。Makino 等人采用本征层厚度为 0.1 μm 的 p-i-n 器件结构，得到了较高效率的金刚石深紫外发光二极管[76]。器件采用 HPHT 法生长的 Ⅰb (001)单晶金刚石衬底，p-i-n 器件结构由 MP-CVD 技术生长，采用乙硼烷(B_2H_6)和磷烷(PH_3)分别作为 p 型和 n 型掺杂剂。该器件在 78.8 mA 电流下，自由激子发光与缺陷发光的积分强度之比为 0.55，与前述 PN 结器件相比有了很大提高。同一研究小组在 2011 年报道了单晶金刚石(111)面上制备的 p-i-n 结构深紫外发光二极管[77]，本征层厚度增加至 14 μm，器件结构和电流密度-电压(J-U)曲线如图 5-44 所示，图 5-44 中对本征层厚度为 14 μm 和

0.1 μm两个器件的 J-U 曲线进行了对比。图 5-45 所示为深紫外发光二极管在不同脉冲电流下的电致发光光谱，光谱中的主要成分是自由激子及其声子伴线发光，并有强度很低的深能级缺陷发光。图 5-46 所示为深紫外发光二极管输出功率密度和外量子效率随注入电流密度的关系曲线，为对比起见，图 5-46 中给出了本征层厚度为 0.1 μm 器件的数据。该工作得到了最大输出功率为 0.1 mW 和 0.006%的外量子效率，并进行了大肠杆菌灭菌实验。

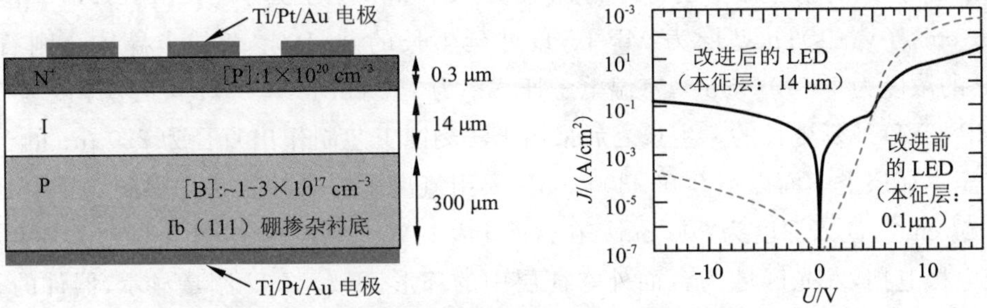

图 5-44　深紫外发光二极管器件结构和电流密度-电压（J-U）曲线

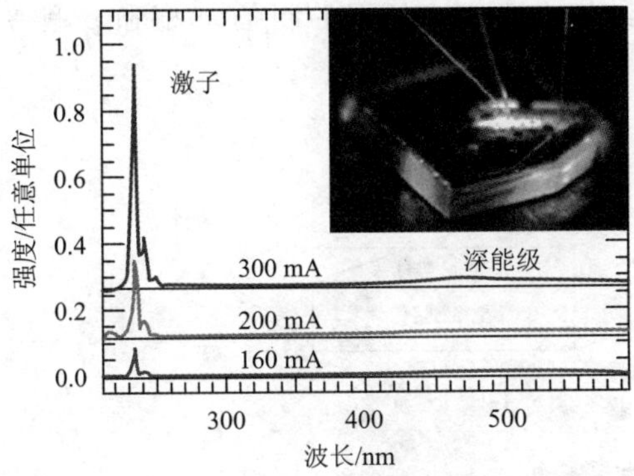

图 5-45　深紫外发光二极管在不同脉冲电流（脉宽为 10 ms，占空比为 10%）下的电致发光光谱（插图是 150 mA 工作时的照片）

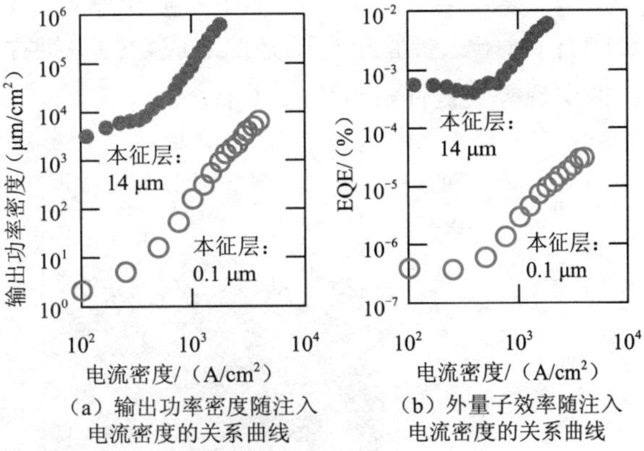

图 5-46　深紫外发光二极管输出功率密度和外量子效率随注入电流密度的关系曲线

5.3.2.2　单光子光源

单光子光源可广泛应用于量子通信、量子计算、量子计量、量子密码等领域。目前，单原子、离子、分子、半导体量子点、金刚石氮-空位（NV）中心均能够实现单光子发射。半导体量子点单光子光源需要在低温条件下工作，这给它的实际应用带来了一定限制。而利用 NV 发光的金刚石单光子光源可以在室温下稳定工作。图 5-47 所示为金刚石 NV 中心的原子结构，其中一个格点上的碳原子被氮原子取代，而在其相邻格点上缺少一个碳原子，形成了一个空位。要实现金刚石 NV 的单光子电注入发

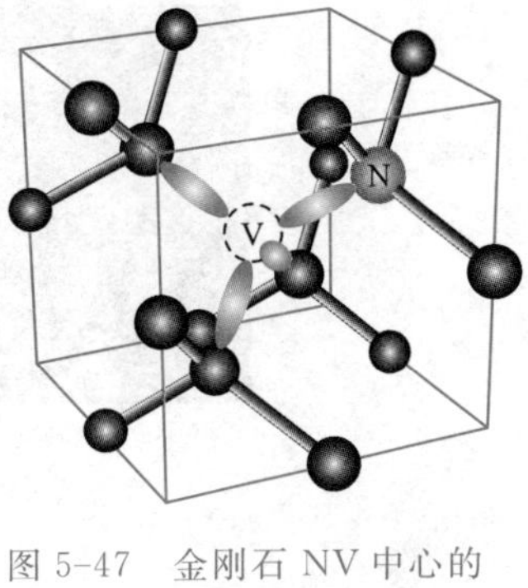

图 5-47　金刚石 NV 中心的原子结构

光，需要有效的 p 型和 n 型掺杂来实现空穴和电子的注入；同时，要求生长出高纯度的金刚石本征层，确保没有其他杂质发光。采用 MP-CVD 方法生长的金刚石材料可满足上述两个条件。

日本的研究人员报道了电注入金刚石 p-i-n 二极管结构的单光子光源[78]。他们采用 MP-CVD 方法在 HPHT Ⅱb 型金刚石衬底上生长器件结构，如图 5-48 所示。p-i-n 二极管结构中的 p 型层为硼(B)掺杂的半导体金刚石衬底，厚度为 0.5 mm，B 的浓度为 1×10^{19} cm^{-3}，室温电子迁移率为 10 $cm^2/(V\cdot s)$；n 型层为 MP-CVD 外延生长的磷(P)掺杂的半导体金刚石，厚度为 0.5 μm，P 的浓度为 1×10^{18} cm^{-3}，室温电子迁移率为 150 $cm^2/(V\cdot s)$；本征层厚度为 10 μm，也是采用 MP-CVD 外延生长的。生长之后采用干法刻蚀工艺制作出直径为 220 μm 的台面结构，刻蚀深度至本征层上表面以下 200～300 nm。采用氮离子注入的方法来得到 NV 中心，注入剂量为 1×10^{9} cm^{-2}，注入深度为 300 nm。在台面上和衬底一侧采用 Au/Pt/Ti 作为 n 面和 p 面电极。由于电极遮挡，发光区域为台面外本征层中的环形区域。*I–U* 测量显示，器件的整流比约 1×10^{9}(电压为±30 V)。金刚石 NV 中心的光致发光和电致发光显微成像如图 5-49 所示。在器件注入 14 mA 以上电流时，光子发射率为 4×10^{4} 光子/s，预计在改进器件结构之后光子发射率可达 1×10^{7} 光子/s。室温工作的半导体金刚石单光子源越来越受到人们的关注。该电注入金刚石 p-i-n 二极管单光子光源的成功的关键在于高纯度金刚石本征层的制备、n 型和 p 型掺杂的实现等关键性材料生长技术。

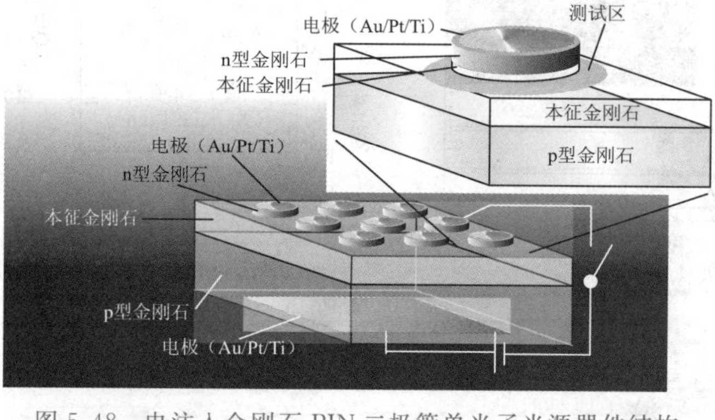

图 5-48　电注入金刚石 PIN 二极管单光子光源器件结构

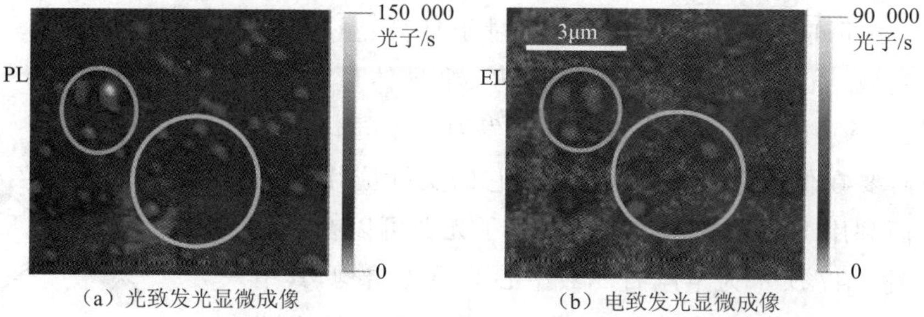

（a）光致发光显微成像　　（b）电致发光显微成像

图 5-49　金刚石 NV 中心的光致发和电致发光显微成像

5.3.3　金刚石基探测器和传感器

5.3.3.1　深紫外探测器

金刚石的禁带宽度为 5.5 eV 左右，无法吸收可见光（400～700 nm）及近紫外光，可用于制备 230 nm 以下的深紫外探测器，在紫外光刻、深空探测、火焰传感、紫外制导、紫外干扰、紫外通信等方面有着广阔的应用前景。欧洲航天局（ESA）2009 年发射的 PROBA-2 卫星上就搭载了安装有金刚石紫外探测器的太阳辐射计（LYRA），这是金刚石紫外探测器的第一次太空应用。另外，在线宽越来越小的集成电路的光刻工艺中，特别需要稳定的深紫外和极紫外（EUV）探测器用于紫外光监测和曝光测量，金刚石探测器也非常适合用于这一领域。目前，对光电导、PN 结、p-i-n 结构、肖特基发光二极管等类型的金刚石深紫外探测器都有研究，而研究最多的是光电导探测器。该种探测器需要外加偏压，得到的是光电流信号，量子效率可以远大于 1。对于光电导探测器，外量子效率为

$$EQE = \eta L_{cc}/d \tag{5-3}$$

式中，η 为内量子效率（$0<\eta<1$）；d 为电极间距；L_{cc}为电荷收集长度。

电荷收集长度 L_{cc}可表示为

$$L_{cc} = (\mu_e \tau_e + \mu_h \tau_h)E \tag{5-4}$$

式中，E 为材料中的电场强度；μ_e 和 μ_h 分别为电子和空穴的迁移率；τ_e 和 τ_h 分别为电子和空穴的使用寿命。

多晶金刚石和单晶金刚石都已被用来研制深紫外探测器。但是，多晶金刚石的非均匀性使其无法用于阵列应用；粗糙的外延表面也无法实现高分辨率的光刻；表面机械抛光带来的损伤会大大降低深紫外探测器的效率。单晶金刚石的电荷收集长度比多晶金刚石大 2～3 个数量级，可实现高增益和采用平面电极。另外，单晶金刚石的高均匀性非常适合阵列探测器的制备。

据媒体报道，2009 年 11 月 2 日升空的欧洲航天局的 PROBA-2（Project for On-Board Autonomy）小型卫星（见图 5-50）搭载了由金刚石深紫外探测器作为光敏器件的太阳辐射计（LYRA），其中的金刚石深紫外探测器为 p-i-n 光电二极管或 MSM（metal-semiconductor-metal）光电导探测器（见图 5-51、图 5-52）[79]，光谱范围为 1～200 nm，最大为 27 mA/W 的绝对光谱响应。对于两种探测器，紫外光（200 nm）与可见光（500 nm）的响应比分别为六个数量级和四个数量级。这是迄今为止第一个用于太空观测的金刚石探测器，表现出很高的灵敏度、好的稳定性、线性度。

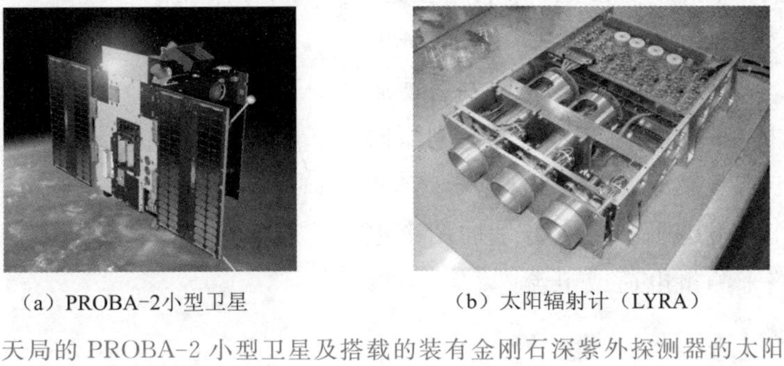

（a）PROBA-2小型卫星　　（b）太阳辐射计（LYRA）

图 5-50　欧洲航天局的 PROBA-2 小型卫星及搭载的装有金刚石深紫外探测器的太阳辐射计（LYRA）

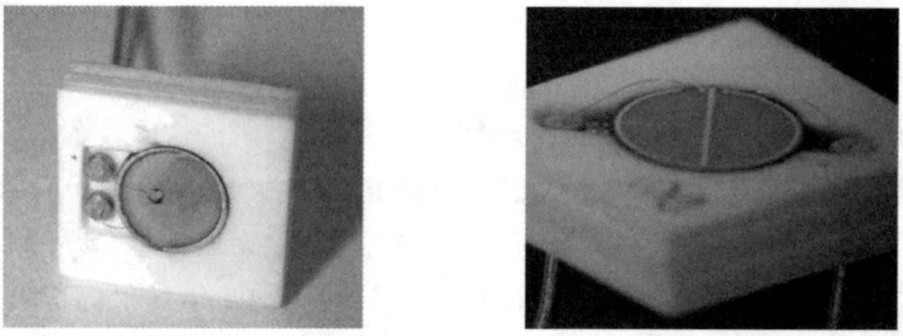

（a）光电二极管光电导探测器　　（b）MSM光电导探测器

图 5-51　金刚石光电二极管和 MSM 光电导探测器

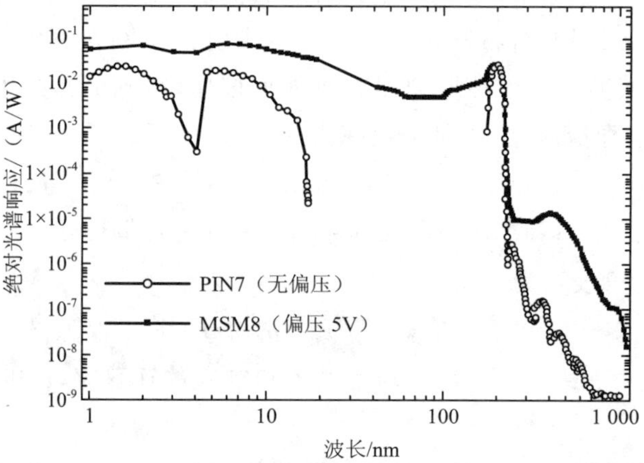

图 5-52　光电二极管(PIN7)和 MSM(MSM8)光电导探测器的绝对光谱响应

5.3.3.2　高能粒子探测器

金刚石所具有的大的禁带宽度、大的离位阈能(42 eV)使其成为很好的耐辐照的高能粒子探测材料。小的相对介电常数(5.7)使金刚石高能粒子探测器的电容较小，有利于减小金刚石高能粒子探测器噪声和提高响应速率；高热导率可以使金刚石高能粒子探测器在无制冷的条件下工作；高的载流子漂移速率、高的迁移率、高的击穿电场可以使金刚石高能粒子探测器有很快的信号响应速率。但是，金刚石材料大的禁带宽度也导致它在高能粒子照射下的电子-空穴对产率不高，电荷陷阱进一步减小了信号强度。高质量 MP-CVD 金刚石材料的出现令电荷陷阱大幅减少，金刚石高能粒子探测器以其耐辐照、漏电流极低、介电常数低、响应快速、室温工作等优点受到人们的极大关注。图 5-53 为金刚石高能粒子探测器原理图，在金刚石薄膜两侧制备金属电极，带电高能粒子穿过金刚石时会把价带中的电子激发到导带形成电子-空穴对，在外加电场作用下电子和空穴分别向两个电极运动，由外电路来测量电荷或电流。

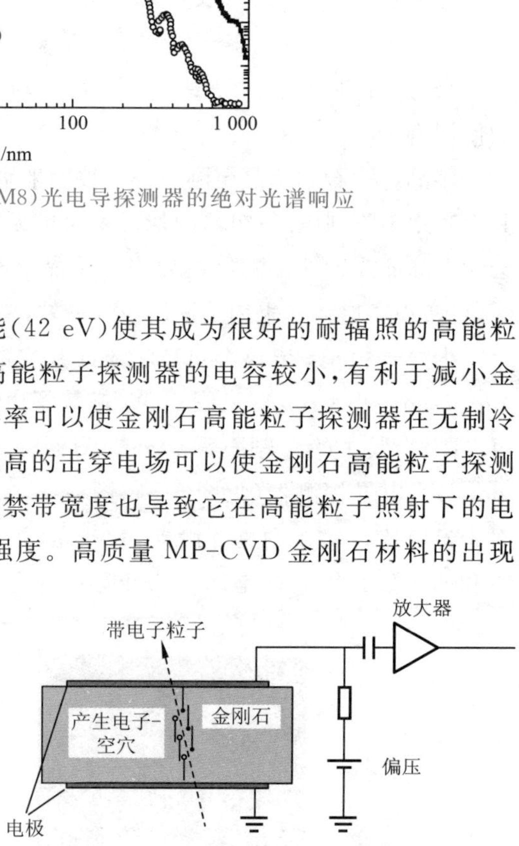

图 5-53　金刚石高能粒子探测器原理图

电极上得到的平均电荷量$\langle Q\rangle$与材料中产生的离化电荷 Q_{ion} 的关系如下：

$$\langle Q\rangle = Q_{ion}\left(\frac{L_{cc}}{d}\right) = Q_{ion}\left[\frac{(\mu_e\tau_e + \mu_h\tau_h)E}{d}\right] \tag{5-5}$$

平均来说，在最小电离粒子作用下，金刚石每微米产生的电子-空穴对的数量为 36 个，即 $Q_{ion}/d = 36\ e/\mu m$。由此，探测器输出信号的大小主要由电荷收集长度决定。近二十年来，人们一直在努力提高金刚石材料的质量来获得大的电荷收集长度。对于实际应用，200 μm以上的收集长度（即 7 200e 的电荷量）才能得到足够大的信号。图 5-54 所示为单晶金刚石高能粒子探测器在^{90}Sr 辐照下输出的最可几脉冲高度随金刚石厚度的变化关系[80]。直到 770 μm 仍然保持线性关系，且很接近全电荷收集，即产生的电子-空穴对完全被两端电极收集，表明电荷收集长度与探测器两电极间距相同。金刚石高能粒子探测器已在欧洲核子研究中心（CERN）的 ATLAS 实验中得到应用（见图 5-55）[81]，显示了其很好的应用前景。

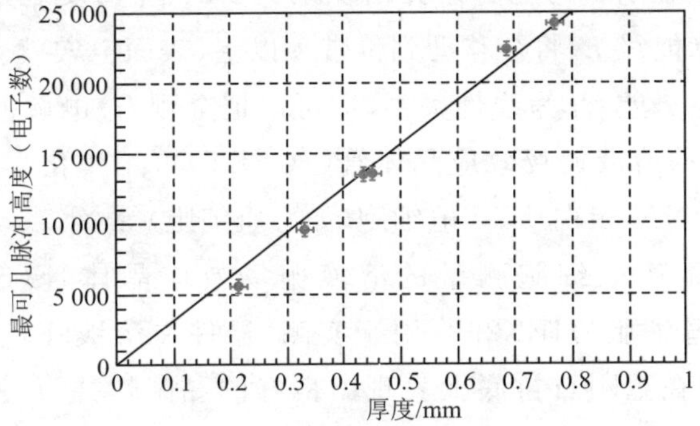

图 5-54　单晶金刚石高能粒子探测器在^{90}Sr 辐照下输出的最可几脉冲高度随金刚石厚度的变化关系

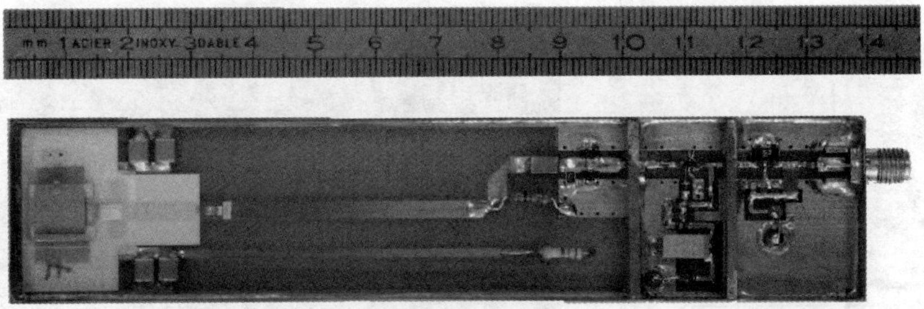

图 5-55　由金刚石探测器构成的线束监测器（BCM）模块

5.3.3.3　化学和生物传感器

氢终端金刚石表面的 C—H 键形成了一个偶极层，这导致了-1.3 eV 的负电子亲和势及把电离能降低至 4.2 eV，从而使得近表面电子从价带转移至表面吸附的水分子层中的受主态，在金刚石表面以下几纳米范围内形成了空穴积累层，空穴面密度可达 $1\times10^{13}\ cm^{-2}$，甚至更高，使金刚石表面具有良好的 P 型电导[82]。除此之外，氢终端还有表面钝化的作用，它抑制了金刚石表面禁带中的表面态。如果存在这些态，它将俘获自由空穴，影响 P 型表面电导。金刚石氢终端表面 P 型电导的形成过程如图 5-56 所示。

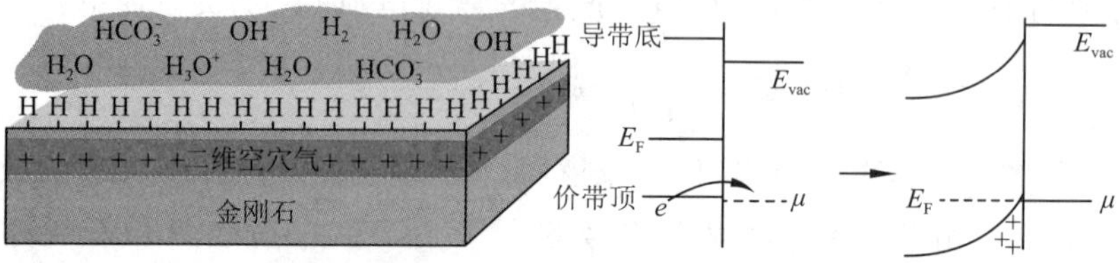

图 5-56 金刚石氢终端表面 P 型电导的形成过程

如 5.4.2 节所述，可以通过栅极电压来调控二维空穴气的电导来制备金刚石场效应晶体管。与此类似，可以把固态的栅极换成电解液，仍然能够实现空穴的电导调控[83]，如图 5-57 所示。氢终端金刚石浸没在水溶液中，通过栅电极上的电压，调节金刚石与电解液的界面电势差(U_G)，进而调控金刚石的表面电导。增加负电势 U_G，使金刚石表面费米能级 E_F 更加深入到金刚石价带中，导致金刚石与电解液界面积累更多的空穴；反之，减小 U_G 数值直至变为正电势，金刚石表面费米能级 E_F 将会移动到价带顶以上，表面空穴就会减少甚至消失。研究表明，界面电荷密度与电势差 U_G 为线性关系，即可以把金刚石/电解液界面等效为一个电容元件。利用该原理制成的溶液栅场效应晶体管(SGFET)可用作化学和生物传感器，用于检测 pH 值、离子、DNA、RNA、蛋白质、产电细胞(如心肌细胞)等[82]。

图 5-58 所示为用于产电细胞测量的溶液栅场效应晶体管(SGFET)阵列[84]，采用 HL-1心肌细胞和人胚肾细胞(HEK293)用于实测，器件在溶液环境下保持了七天以上的良好稳定性。两种细胞在金刚石衬底上表现出良好的黏附性并可健康生长。器件对离子的敏感特性保证了细胞与金刚石界面之间缝隙中堆积的钾离子的测量，这些钾离子是由细胞释放的。

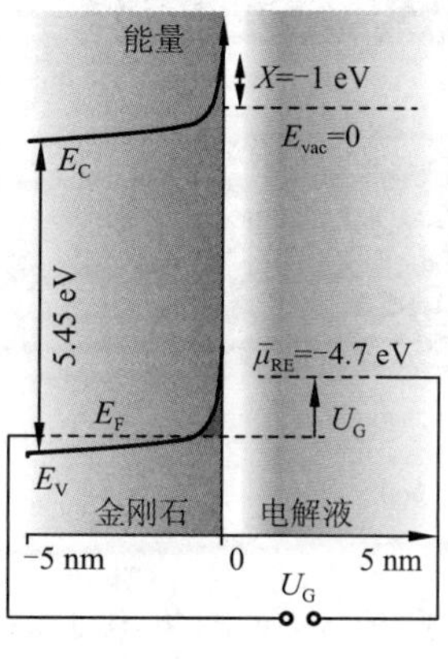

图 5-57 电解液栅极调控氢终端金刚石表面电导的能带图

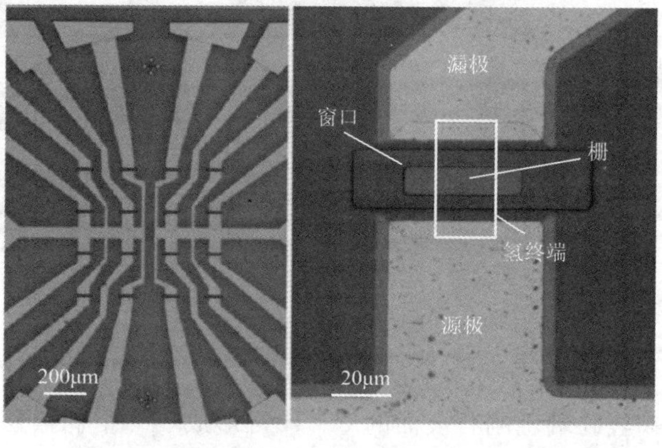

图 5-58 溶液栅场效应晶体管(SGFET)阵列(左)及其中的一个器件(右)

5.3.3.4 微机电(MEMS)和纳机电(NEMS)器件

近年来，在 MP-CVD 生长金刚石材料方面的显著进展有力推动了金刚石微机电

(MEMS)和纳机电(NEMS)器件的研究工作。金刚石材料所具有的独特的力学、化学、电学特性使其成为高可靠性、长使用寿命 MEMS 和 NEMS 器件研制的理想材料。然而，在高质量 MP-CVD 金刚石薄膜材料出现以前，大尺度上的厚度均匀性、CMOS 工艺兼容性、表面微加工(micro-machining)工艺技术、材料内部应力控制等问题都是 MEMS 和 NEMS 器件研制的技术障碍。高质量 MP-CVD 单晶金刚石材料、纳米晶金刚石(NCD)材料及超纳米晶金刚石(UNCD)材料的出现，使得这些障碍得到有效克服。20 世纪 90 年代初期采用多晶金刚石材料，其当时的主要工作是解决多晶金刚石的表面形貌问题及微加工技术，并在此基础上制备悬臂、梳齿驱动(comb-drive)结构等基本 MEMS 结构。20 世纪 90 年代后期，由于出现了机械特性和摩擦特性接近于单晶金刚石的纳米晶金刚石和超纳米晶金刚石材料，引起了该领域研究人员的极大兴趣。目前单晶金刚石 NEMS 开关、纳米晶金刚石 MEMS 器件、压电材料驱动的 MEMS/NEMS 器件、采用超纳米晶金刚石作为电介质层的 COMS 工艺兼容的 RF-NEMS器件等纷纷出现。另外，把室温工作的金刚石 NV 中心单光子源和光寻址固体自旋量子比特(spin-qubit)与 NEMS 相集成，可以构建可扩展的量子信息体系。读者可以在相关文献中找到很多具体应用[85,86]。下面简要介绍把金刚石 NEMS 器件与纳光子器件集成来制备纳米光机回路的研究结果[87]。图 5-59 所示为 MP-CVD 多晶金刚石薄膜制备的光机共振器(optomechanical resonator)，采用自支撑 NEMS 共振器及片上 Mach-Zehnder 干涉仪实现了高效的光机能量转换，其中金刚石共振器表现出高达 11 200 的机械品质因数。

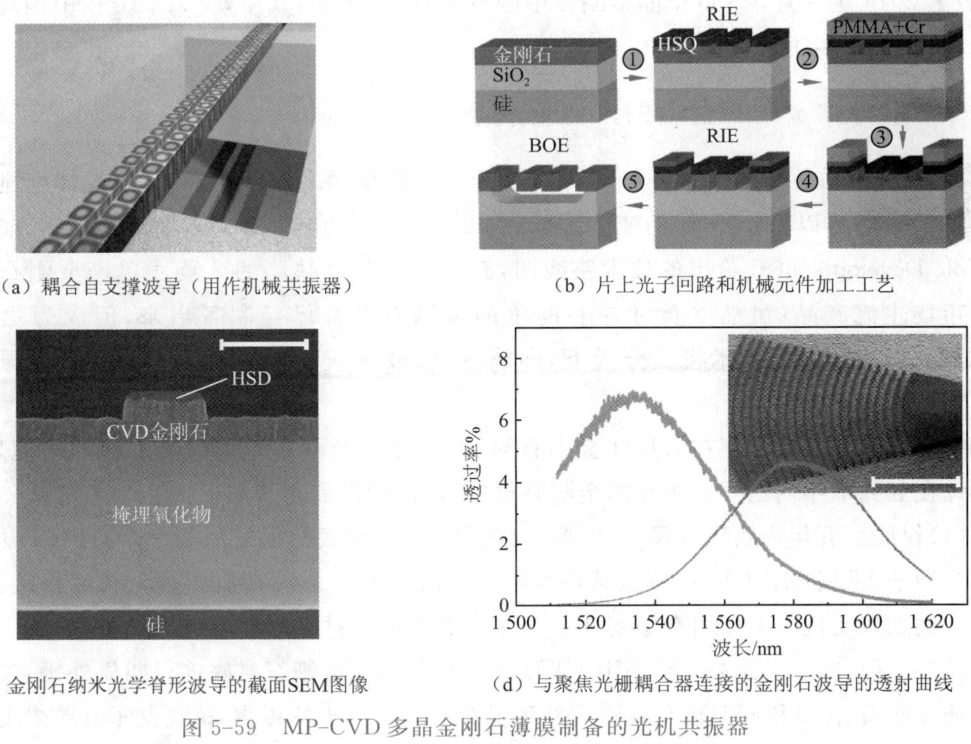

(a) 耦合自支撑波导（用作机械共振器）　(b) 片上光子回路和机械元件加工工艺

(c) 金刚石纳米光学脊形波导的截面SEM图像　(d) 与聚焦光栅耦合器连接的金刚石波导的透射曲线

图 5-59　MP-CVD 多晶金刚石薄膜制备的光机共振器

5.4 半导体金刚石材料的产业现状与发展趋势

5.4.1 半导体金刚石材料的产业现状

作为半导体应用的金刚石，目前国际主流观点侧重单晶金刚石，而不再考虑多晶金刚石薄膜（除非作为热沉、封装等辅助应用）。能够提供单晶金刚石的公司主要分布在美国、英国、俄国和日本四个国家。国际市场上，HPHT 法制备金刚石基本由美国 DI 公司、英国元素六（Element Six）公司等少数公司垄断，主要采用两面顶超高压合成装置，生产的金刚石杂质含量低、磁化率低、色泽好。其产品已形成了系列化、多样化、专用化。品种牌号较多，美国 DI 公司有 4 个系列 21 个品种，Element Six 公司有 7 个系列 40 个品种。其产品平均价格在 0.8～1.6 美元/克拉。国际市场上出售 MP-CVD 金刚石产品有英国 Element Six 公司、日本 EDP 公司等。其中，日本 EDP 公司宣称已经实现了 1 英寸单晶金刚石衬底（拼接）的商业化。

我国 HPHT 法制备金刚石采用六面顶合成设备，该设备具有简单、对材料要求不高、易操作、价格低等特点，符合我国国情。但我国 HPHT 法制备金刚石产品在质量、品种、合成工艺、标准、检测等方面与世界先进国家尚有差距，多为中低档次产品，单次合成产量低（大部分为 40 克拉/次），粗颗粒比例少（25%左右），品种牌号少，并且没有特别针对半导体应用的产品。MP-CVD 金刚石尚无产品。我国目前没有半导体应用的单晶金刚石产业，从专利角度说，截至 2014 年 9 月，CVD 单晶金刚石中国专利有 20 多项，其中，英、日、美在中国境内申请的专利占有 10 多项。

5.4.2 半导体金刚石材料的产业发展趋势

根据法国 Yole Dèveloppement 的报告，由于受到高功率器件的推动，半导体金刚石材料和器件的市场将以每年 14%的速度增长，到 2020 年将达到 4 300 万美元（见图 5-60）。根据 Yole Dèveloppement 给出的技术路线图，到 2017 年，低缺陷的 2 英寸单晶金刚石晶片将成为市场主流产品（虽然 2 英寸左右的单晶金刚石晶片已经制备出来，但成为主流还尚早）。在这一过程中，技术将三分天下，即热丝、微波和直流电弧，图 5-61 列出了国际上主要 CVD 金刚石装备制造商。

根据国际上最近几年在大尺寸金刚石衬底、半导体金刚石器件研制方面的快速发展，可以预计在五到十年内国际上半导体金刚石材料、器件的发展水平如下：

（1）衬底。五年内实现大尺寸（2 英寸或更大）单晶衬底的批量制备。以 HPHT 法制备金刚石为种子，采用 MP-CVD 设备，结合高速生长（>100 μm/h）、侧向外延、衬底拼接、衬底剥离等方法加以实现。十年内有望实现 3 英寸或更大尺寸衬底的批量制备。

（2）外延材料。采用高质量 MP-CVD 法生长的单晶金刚石衬底进行同质外延，实现高质量本征金刚石、p 型和 n 型掺杂金刚石外延材料。预计在五年以内，p 型表面电导浓度可以稳定在 $10^{14}\ cm^{-2}$，甚至更高，而且在 500 ℃下保持稳定，相应迁移率达 100 $cm^2/(V\cdot s)$，甚至更高，p 型 δ 掺杂金刚石二维原子尺度生长可控性提高。n 型掺杂金刚石室温载流子浓度达 $10^{17}\ cm^{-3}$，甚至更高，能够满足金刚石电子器件的制备要求。

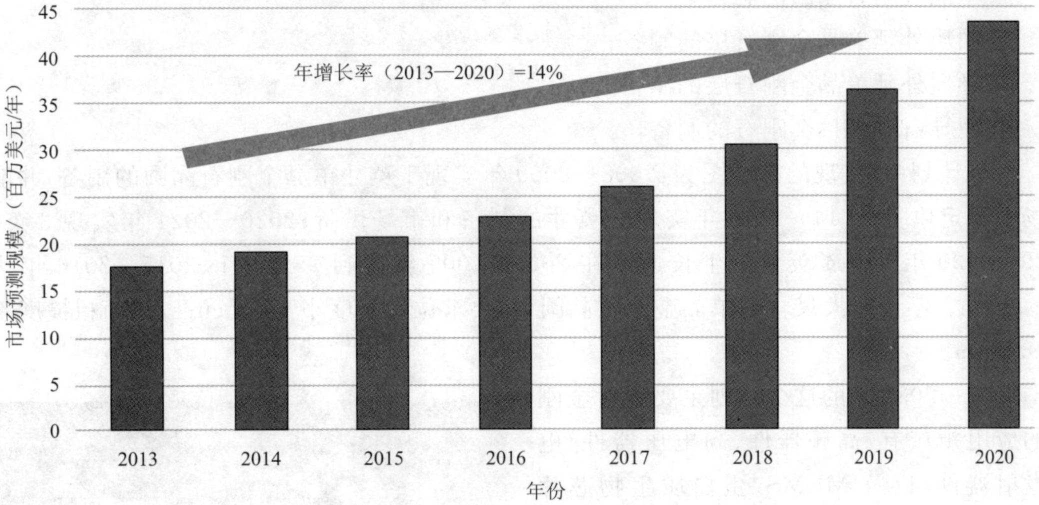

图 5-60　半导体金刚石材料和器件市场预测

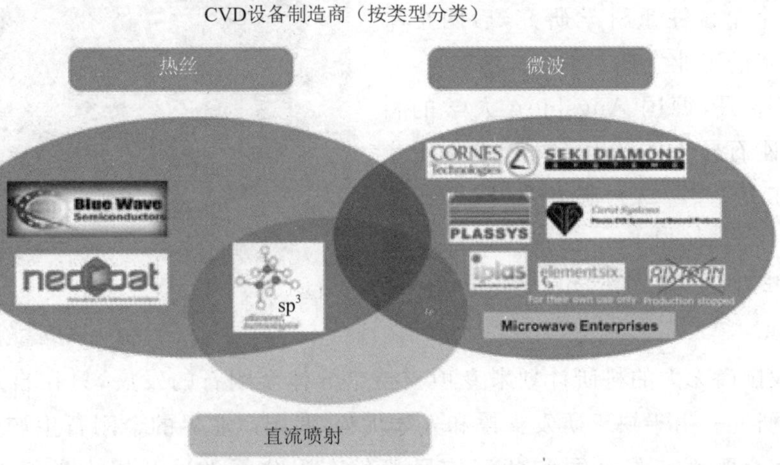

图 5-61　国际上主要 CVD 金刚石装备制造商

（3）器件。目前半导体金刚石器件已经在部分领域（如航天、高能物理、电子源）得到应用，预计在五年之内会有的更多的器件得到应用，部分器件（如耐压、大电流、高温二极管）实现商品化。

金刚石在日本的研究主要围绕电子产业应用而展开，日本政府对金刚石的研究和产业化也极为重视。在 2003 年，新能源和工业发展组织（NEDO）与日本经济产业省（METI）实施了一个发展金刚石基半导体的联合计划，每年的投资在 600 万美元以上，这个计划在 2007 年结束，总投资额超过 2 000 万美元。在 NEDO 的这个计划中，主要研究内容包括：大尺寸 CVD 单晶金刚石的制备技术，235 nm 激光器和平板显示。

针对 CVD 单晶金刚石的制备研究，基于 2003—2007 年的前期经验和成果，NEDO 进一步规划了 2008—2030 年的研究计划，在这个计划中有四个子课题，具体如下：

① 单晶金刚石晶圆的制备；

② 同质外延单晶金刚石层的制备；

③ 异质外延单晶金刚石层的制备；

④ 超导(低电阻)金刚石的制备。

在该计划中，实现的路线图为：2008—2009 年实现 1 英寸单晶金刚石晶圆的制备，并能在市场上稳定供货；2014—2015 年实现 2 英寸的制备和市场供货；2020—2021 年实现 3 英寸，2029—2030 年实现 4 英寸。生长速率在 2008—2009 年达到 25 μm/h，2015—2016 年达到 100 μm/h。不论多大尺寸的单晶金刚石晶圆，都要求位错密度小于 $10^2 cm^{-2}$，表面粗糙度不大于 0.5 nm。

2008—2030 年的这个计划主要针对金刚石的应用领域有：高频器件、高电压器件、电子发射器件，以及 MEMS、蛋白质生物芯片等。主要参与的单位有：AIST、NIMS、Kobe Steel Ltd. 和 Sumitomo Electric Industries Ltd.。前两个单位注重科学研究，后两个单位更注重技术的工业生产。

2017 年 3 月，德国 Augsburg 大学的科研人员在金刚石异质外延生长方面取得重大进展，他们在 Ir/YSZ/Si 衬底上采用 MPCVD 技术制备出了直径 92 mm 左右的单晶金刚石(见图 5-62)，厚度为 1.6 mm，质量为 155 克拉(约 31 g)[88]。

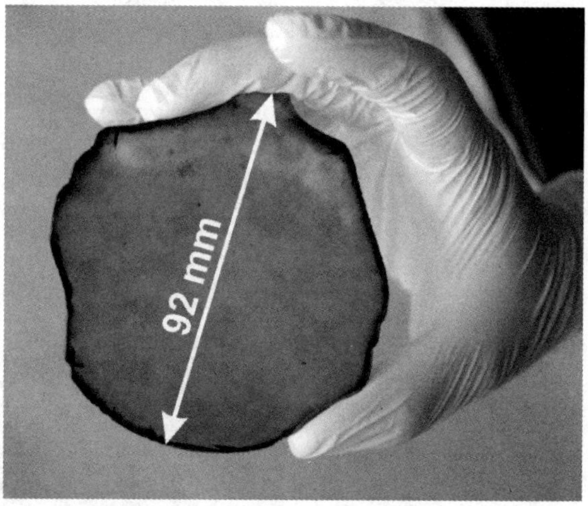

图 5-62　在 Ir/YSZ/Si 衬底上采用 MPCVD 技术制备的单晶金刚石

目前，我国尚无大的科研计划来专项支持半导体金刚石的发展，只在自然基金保留了前沿金刚石的研究。由于缺乏研发支撑和人才优势，我国产业界的金刚石生产仍以机械应用为主，只有中南金刚石有限公司和黄河旋风股份有限公司尝试开展光学级单晶金刚石的产业化。

参考文献

[1] RAILKAR T A, KANG W P, WINDISCHMANN H, et al. A Critical Review of Chemical Vapor-Deposited (CVD) Diamond for Electronic Applications[J]. Critical Reviews in Solid State & Material Sciences, 2000, 25(25):163-277.

[2] HARMSWORTH P D, STEVENS R. Phase composition and properties of plasma-sprayed zirconia thermal barrier coatings[J]. Journal of Materials Science, 1992, 27(3):611-615.

[3] LONSDALE K, MINE A. Formation of lonsdaleite from single-crystal graphite[J]. American Mineralo-

gist, 1971,56(2): 333.

[4] IAS N. The royal swedish academy of sciences[J]. Acta Astronautica, 1989, 19(2):277-278.

[5] BRANDON D G, CHERNIAK L, LAYYOUS A A, et al. Method for forming high performance surface coatings and compositions of same: , US6410086[P]. 2002.

[6] SAMLENSKI R, FLEMIG G, BRENN R, et al. Characterization of structure and defects in textured diamond films by ion channelling [J]. Diamond & Related Materials, 1994, 3(8):1091-1096.

[7] KORT M G, EGGERS D F, GREGORY N W, et al. Physical chemistry. [J]. Berichte Der Bunsengesellschaft Für Physikalische Chemie, 1965, 69(3):272-273.

[8] SPEAR K E, PHELPS A W, WHITE W B. Diamond polytypes and their vibrational spectra[J]. Journal of Materials Research, 1990, 5(11):2277-2285.

[9] GRAEBNER J E, JIN S. Chemical vapor deposited diamond for thermal management[J]. The Journal of the Minerals Metals & Materials Society, 1998, 50(6):52-55.

[10] OPPE G. The book of diamonds[M]. New York: Hearthside Press, 1940.

[11] BACHMANN P K, MESSIER R. Emerging technology of diamond thin films[J]. Chemical Engineering & Applied Chemistry, 1989(20):24.

[12] KARL E. Diamond:ceramic coating of the future[J]. Journal of the American Ceramic Society, 1989, 72(2):171-191.

[13] JAN I, JOHAN H, ERIK J, et al. High carrier mobility in single-crystal plasma-deposited diamond. [J]. Science, 2002, 297(5587):1670-1672.

[14] 李发宁，张鹤鸣，戴显英，等. 宽禁带半导体金刚石[J]. 电子科技，2004(7):43-49.

[15] SAWERS A, TING L H. Perspectives on human-human sensorimotor interactions for the design of rehabilitation robots[J]. Journal of Neuroengineering & Rehabilitation, 2014, 11(1):1-13.

[16] BUNDY F P, HALL H T, STRONG H M, et al. Man-Made Diamonds[J]. Nature, 1955, 176(4471):51-55.

[17] 王功庆，杨锦清，张映箕，等. 用 γ 光峰乘积监控高温高压反应釜连续化生产[J]. 核电子学与探测技术，1999, 19(4):256-264.

[18] ABBASCHIAN R, ZHU H, CLARKE C. High pressure-high temperature growth of diamond crystals using split sphere apparatus[J]. Diamond & Related Materials, 2005, 14(12):1916-1919.

[19] TOKUDA N. Homoepitaxial diamond growth by plasma-enhanced chemical vapor deposition[J]. Topics in Applied Physics, 2015, 121:1-29.

[20] MATSUMOTO S, SATO Y, TSUTSUMI M, et al. Growth of diamond particles from methane-hydrogen gas[J]. Journal of Materials Science, 1982, 17(11):3106-3112.

[21] KAMO M, SATO Y, MATSUMOTO S, et al. Diamond synthesis from gas phase in microwave plasma[J]. Journal of Crystal Growth, 1983, 62(3):642-644.

[22] 王占国. 半导体材料研究进展[M]. 北京:高等教育出版社，2012.

[23] MAY P W. The New Diamond Age[J]. Science, 2008, 319(5869):1490-1491.

[24] MAY P W. Diamond thin films: a 21st-century material[J]. Philosophical Transactions of the Royal Society of London, 2000, 358(1766):473-495.

[25] DUNN B, NISHIDA F, TODA R, et al. Advances in dye-doped Sol-gel lasers[J]. Mrs Proceedings, 1992, 329.

[26] MOKUNO Y, CHAYAHARA A, SODA Y, et al. Synthesizing single-crystal diamond by repetition of high rate homoepitaxial growth by microwave plasma CVD[J]. Diamond & Related Materials, 2005, 14(11):1743-1746.

[27] CHIH-SHIUE Y, VOHRA Y K, HO-KWANG M, et al. Very high growth rate chemical vapor deposition of single-crystal diamond. [J]. Proceedings of the National Academy of Sciences, 2002, 99(20):12523-12525.

[28] UMEZAWA H, NAGASE M, KATO Y, et al. High temperature application of diamond power device[J]. Diamond & Related Materials, 2012, 24(24):201-205.

[29] YAMADA H, CHAYAHARA A, MOKUNO Y, et al. Uniform growth and repeatable fabrication of inch-sized wafers of a single-crystal diamond [J]. Diamond & Related Materials, 2013, 33(3):27-31.

[30] OKUSHI H, WATANABE H, RI S, et al. Device-grade homoepitaxial diamond film growth[J]. Journal of Crystal Growth, 2002, 237(237):1269-1276.

[31] TALLAIRE A, COLLINS A T, CHARLES D, et al. Characterisation of high-quality thick single-crystal diamond grown by CVD with a low nitrogen addition[J]. Diamond & Related Materials, 2006, 15(10):1700-1707.

[32] SCHRECK M. 3.11-Single Crystal Diamond Growth on Iridium[J]. Comprehensive Hard Materials, 2014:269-304.

[33] ANDO Y, NISHIBAYASHI Y, SAWABE A. 'Nano-rods' of single crystalline diamond[J]. Diamond & Related Materials, 2004, 13(8):633-637.

[34] WANG Y Y, TANG G Y, KOECK F A M, et al. Experimental studies of the formation process and morphologies of carbon nanotubes with bamboo mode structures[J]. Diamond & Related Materials, 2004, 13(8):1287-1291.

[35] GUO S, WANG J, ZHANG Y. Preparation of 4-inch Ir/YSZ/Si(001) substrates for the large-area deposition of single-crystal diamond[J]. Diamond & Related Materials, 2008, 17(10):1035-1038.

[36] SITAR Z, LIU W, YANG P C, et al. Heteroepitaxial nucleation of diamond on nickel[J]. Diamond & Related Materials, 1998, 7(5):276-282.

[37] SUZUKI T, ARGOITIA A. Current status of heteroepitaxy of CVD diamond[J]. Physica Status Solidi, 1996, 154(154):239-254.

[38] JIANG N, WANG C L, WON J H, et al. Interface characterization of chemical-vapour-deposited diamond on Cu and Pt substrates studied by transmission electron microscopy[J]. Applied Surface Science, 1997, 118(97):587-591.

[39] TACHIBANA T, YOKOTA Y, MIYATA K, et al. Heteroepitaxial diamond growth process on platinum (111)[J]. Diamond & Related Materials, 1997, 6(4):266-271.

[40] YOKOTA Y, TACHIBANA T, MIYATA K, et al. Cathodoluminescence of boron-doped heteroepitaxial diamond films on platinum[J]. Diamond & Related Materials, 1999, 8(8):1587-1591.

[41] GSELL S, FISCHER M, SCHRECK M, et al. Epitaxial films of metals from the platinum group (Ir, Rh, Pt and Ru) on YSZ-buffered Si(111)[J]. Journal of Crystal Growth, 2009, 311(14):3731-3736.

[42] TUCKER D A, SEO D K, WHANGBO M H, et al. Comparison of silicon, nickel, and nickel silicide (Ni_3Si) as substrates for epitaxial diamond growth[J]. Surface Science, 2003, 334(334):179-194.

[43] JIANG X, KLAGES C P. Recent developments in heteroepitaxial nucleation and growth of diamond on silicon[J]. Memórias Do Instituto Oswaldo Cruz, 2013, 108(6):763-771.

[44] JIANG X, ZHANG W J, KLAGES C P. Effects of ion bombardment on the nucleation and growth of diamond films[J]. Physical Review B, 1998, 58(11):7064-7075.

[45] CHANG L, YAN J E, CHEN F R, et al. Deposition of heteroepitaxial diamond on 6H-SiC single crystal by bias-enhanced microwave plasma chemical vapor deposition[J]. Diamond & Related Materials, 2000, 9(6):283-289.

[46] OBA M, SUGINO T. Oriented growth of diamond on (0001) surface of hexagonal GaN[J]. Diamond & Related Materials, 2001, 10(3):1343-1346.

[47] MAY P W, TSAI H Y, WANG W N, et al. Deposition of CVD diamond onto GaN[J]. Diamond & Related Materials, 2006, 15(15):526-530.

[48] FRANCIS D, FAILI F, BABIC D, et al. Formation and characterization of 4-inch GaN-on-diamond substrates[J]. Diamond & Related Materials, 2010, 19(2):229-233.

[49] HAUBNER R, LUX B, GRUBER U, et al. Diamond deposition on Ni_3Ge single-and polycrystalline substrates[J]. Diamond & Related Materials, 1999, 8(5):246-250.

[50] TUCKER D A, SEO D K, WHANGBO M H, et al. Comparison of silicon, nickel, and nickel silicide (Ni_3Si) as substrates for epitaxial diamond growth[J]. Surface Science, 2003, 334(334):179-194.

[51] TAYLOR A, FEKETE L, HUBíK P, et al. Large area deposition of boron doped nano-crystalline diamond films at low temperatures using microwave plasma enhanced chemical vapour deposition with linear antenna delivery[J]. Diamond & Related Materials, 2014, 47(8):27-34.

[52] CATLEDGE S A, Baker P, TARVIN J T, et al. Multilayer nanocrystalline/microcrystalline diamond films studied by laser reflectance interferometry[J]. Diamond & Related Materials, 2000, 9(8): 1512-1517.

[53] JIANG N, SUGIMOTO K, NISHIMURA K, et al. Synthesis and structural study of nano/micro diamond overlayer films[J]. Journal of Crystal Growth, 2002, 242(4):362-366.

[54] CHEN G C, DAI F W, LI B, et al. Fabrication of layered self-standing diamond film by dc arc plasma jet chemical vapor deposition[J]. Journal of Vacuum Science & Technology A, 2007, 25(1):1-3.

[55] CHEN G C, LAN H, LI B, et al. Growth feature of layered self-standing diamond films by DC arc plasma jet CVD[J]. Journal of Crystal Growth, 2007, 309(1):86-92.

[56] LU G, GRAY K J, BORCHELT E F, et al. Free-standing white diamond for thermal and optical applications[J]. Diamond & Related Materials, 1993, 2(7):1064-1068.

[57] GRAY K J, WINDISCHMANN H. Free-standing CVD diamond wafers for thermal management by d. c. arc jet technology[J]. Diamond & Related Materials, 1999, 8(5):903-908.

[58] MOLLART T P. The development of CVD infrared optics from planar windows to missile domes[J]. Proceedings of SPIE-The International Society for Optical Engineering, 2003, 5078:127-136.

[59] KOHN E, DENISENKO A. Concepts for diamond electronics[J]. Thin Solid Films, 2007, 515(10): 4333-4339.

[60] TERAJI T. Chemical vapor deposition of homoepitaxial diamond films[J]. Physica Status Solidi, 2006, 203(13):3324-3357.

[61] TOKUDA N. Homoepitaxial diamond growth by plasma-enhanced chemical vapor deposition[J]. Topics in Applied Physics, 2015, 121:1-29.

[62] GARRIDO J A, HEIMBECK T, STUTZMANN M. Temperature-dependent transport properties of hydrogen-induced diamond surface conductive channels[J]. Physical Review B Condensed Matter, 2005, 71(24):5310.

[63] ANDRIOTIS A N, GIANNIS M, ERNST R, et al. Surface conductivity of hydrogenated diamond films. [J]. Physical Review Letters, 2008, 100(10):2197-2204.

[64] STROBEL P, RIEDEL M, RISTEIN J, et al. Surface transfer doping of diamond. [J]. Nature, 2004, 430(6998):439-441.

[65] KUBOVIC M, KASU M. Enhancement and Stabilization of Hole Concentration of Hydrogen-Terminated Diamond Surface Using Ozone Adsorbates[J]. Japanese Journal of Applied Physics, 2010, 49(11):721-734.

[66] TERAJI T, KOIZUMI S, KANDA H. Ga Ohmic contact for n-type diamond by ion implantation[J]. Applied Physics Letters, 2000, 76(10):1303-1305.

[67] KASU M, UEDA K, YAMAUCHI Y, et al. Diamond-based RF power transistors: Fundamentals and applications[J]. Diamond & Related Materials, 2007, 16(7):1010-1015.

[68] DENISENKO A V, MELNIKOV A A, ZAITSEV A M, et al. p-type semiconducting structures in diamond implanted with boron ions[J]. Materials Science & Engineering B, 1992, 11(4):273-277.

[69] TWITCHEN D J, WHITEHEAD A J, COE S E, et al. High-voltage single-crystal diamond diodes[J]. IEEE Transactions on Electron Devices, 2004, 51(5):826-828.

[70] UMEZAWA H, SHIKATA S I, FUNAKI T. Diamond Schottky barrier diode for high-temperature, high-power, and fast switching applications[J]. Japanese Journal of Applied Physics, 2014, 53(5):89-100.

[71] UEDA K, KASU M, YAMAUCHI Y, et al. Diamond FET using high-quality polycrystalline diamond with f_T of 45 GHz and fmax of 120 GHz[J]. IEEE Electron Device Letters, 2006, 27(7):570-572.

[72] HIRAMA K, SATO H, HARADA Y, et al. Diamond field-effect transistors with 1.3 A/mm drain current density by Al_2O_3 passivation layer[J]. Japanese Journal of Applied Physics, 2012, 51(9):442-448.

[73] DENISENKO A, KOHN E. Diamond power devices. concepts and limits[J]. Diamond & Related Materials, 2005, 14(3):491-498.

[74] EL-HAJJ H, DENISENKO A, KAISER A, et al. Diamond MISFET based on boron delta-doped channel[J]. Diamond & Related Materials, 2008, 17(10):1259-1263.

[75] KOIZUMI S, WATANABE K, HASEGAWA M, et al. Ultraviolet emission from a diamond pn junction [J]. Science, 2001, 292(5523):1899-1901.

[76] MAKINO T, TOKUDA N, KATO H, et al. High-efficiency excitonic emission with deep-ultraviolet light from (001)-oriented diamond p-i-n junction[J]. Japanese Journal of Applied Physics Pt Letters & Express Letters, 2006, 45(45):1042-1044.

[77] MAKINO T, YOSHINO K, SAKAI N, et al. Enhancement in emission efficiency of diamond deep-ultraviolet light emitting diode[J]. Applied Physics Letters, 2011, 99(6):2250-2262.

[78] MIZUOCHI N, MAKINO T, KATO H, et al. Electrically driven single-photon source at room temperature in diamond[J]. International Journal of Lifelong Education, 2012, 6(5):299-303.

[79] BENMOUSSA A, HOCHEDEZ J F, SCH HLE U, et al. Diamond detectors for LYRA, the solar VUV radiometer on board PROBA2[J]. Diamond & Related Materials, 2003, 15(8):802-806.

[80] ADAM W, BOER W D, BORCHI E, et al. Radiation hard diamond sensors for future tracking applications[J]. Nuclear Instruments & Methods in Physics Research, 2006, 565(1):278-283.

[81] THOMMES M, CYCHOSZ K A. Physical adsorption characterization of nanoporous materials: progress and challenges[J]. Adsorption-journal of the International Adsorption Society, 2014, 20(3):233-250.

[82] MAIER F, RIEDEL M, MANTEL B, et al. Origin of surface conductivity in diamond[J]. Physical Review Letters, 2000, 85(16):3472-3475.

[83] KAWARADA H, AKAKI Y, OGAWA T, et al. Electrolyte-solution-gate FETs using diamond surface for Biocompatible ion sensors[J]. Physica Status Solidi, 2001, 185(1):79-83.

[84] PAKES C I, GARRIDO J A, KAWARADA H. Diamond surface conductivity: Properties, devices, and sensors[J]. Mrs Bulletin, 2014, 39(6):542-548.

[85] SUMANT A V, AUCIELLO O, LIAO M, et al. MEMS/NEMS based on mono-, nano-, and ultrananocrystalline diamond films[J]. Mrs Bulletin, 2014, 39(6):511-516.

[86] LIAO M Y, KOIDE Y. Carbon-based materials: growth, properties, MEMS/NEMS technologies, and MEM/NEM switches[J]. Critical Reviews in Solid State & Material Sciences, 2011, 36(2):66-101.

[87] RATH P, KHASMINSKAYA S, NEBEL C, et al. Diamond-integrated optomechanical circuits[J]. Nature Communications, 2013, 4(4):1-9.

[88] SCHRECK M, GSELL S, BRESCIA R, et al. Ion bombardment induced buried lateral growth: the key mechanism for the synthesis of single crystal diamond wafers. [J]. Scientific Reports, 2017, 7:44462.

第6章 第三代半导体材料光电应用——半导体照明

半导体照明是继白炽灯、荧光灯之后的又一次光源革命。因节能环保、使用寿命长、应用广泛，而作为节能环保产业的重要领域，被列入我国战略性新兴产业[1]。2015年，我国半导体照明产业规模达4 245亿元，形成了相对完整的产业链，关键技术与国际水平差距逐步缩小，示范应用居于世界前列，已成为全球照明产业变革中转型升级发展最快的区域之一。现阶段产业发展面临的主要挑战是产业集中度低、技术创新能力不足、市场不规范、民族品牌亟待树立。未来将在继续提高LED性能、降低成本的同时，重点开展智能和超越照明应用等关键技术研发与集成创新，加强系统布局和产业发展环境的优化。

6.1 半导体照明概述

基于第三代半导体材料的半导体照明亦称固态照明，是指用固态发光器件作为光源的照明，包括发光二极管(LED)和有机发光二极管(OLED)。它们是分别采用第三代半导体材料与有机半导体材料制作的光源和显示器件，具有耗电量少、使用寿命长、无污染、色彩丰富、耐震动、可控性强等特点，是继白炽灯、荧光灯之后照明光源的又一次革命。半导体照明产业主要包括上游外延芯片、中游封装及下游应用，其关联产业可扩展到光通信、光伏、光存储、光显示、消费类电子、汽车、军工、农业、生物、医疗、装备制造等超越照明领域。

LED(lighting emitting diode)即发光二极管，是一种半导体固体发光器件。它是利用固态半导体芯片作为发光材料，在半导体中通过载流子发生复合放出过剩的能量而引起光子发射，直接发出红、黄、蓝、绿、青、橙、紫、白色的光。LED照明产品就是利用LED作为光源制造出来的照明器具。LED光源可以广泛应用于指示、显示、景观、背光源、汽车灯、照明等领域。

半导体照明作为新兴产业受到世界发达国家的普遍关注和高度重视，各国政府纷纷立足国家战略层面进行系统部署，技术突破日新月异，市场规模不断扩大，应用领域不断拓展，节能减排效果显著，半导体照明产业进入快速发展期，全球产业格局正在重塑。

LED光源优点见表6-1。

表6-1 LED光源的优点

优　点	说　明
高节能	电光功率转换接近100%，相同照明效果比传统光源节能80%以上
寿命长	使用寿命可达6～10万h，比传统光源寿命长10倍以上

续表

优　点	说　明
多变化	可利用红、绿、蓝三基色原理，产生 16 777 216 种颜色，形成不同光色的组合变化，实现丰富多彩的动态变化效果及各种图像
利环保	LED 光源是冷光源，且没有紫外线和红外线辐射，不含汞，无污染
高新尖	LED 光源是低压微电子产品，成功融合了计算机技术、网络通信技术、图像处理技术、嵌入式控制技术等

6.1.1　产业链环节及产品

半导体照明产业链按照上游材料至最终产品可以分为上、中、下游三大部分，包括上游的原材料、外延材料及芯片制造，中游的器件封装，下游的应用产品生产等产业环节。由于技术跨界，应用广泛，半导体照明产业与众多其他产业交叉发展，如信息显示、汽车电子、消费类电子、航空航天、太阳能光伏等。伴随与信息、大数据、互联网等技术的深度融合，半导体照明将产生开拓性和颠覆性的创新应用，如智能照明、农业照明、医疗照明、可见光通信等，并将引领整个第三代半导体产业加速发展。半导体照明产业链构成如图 6-1 所示。

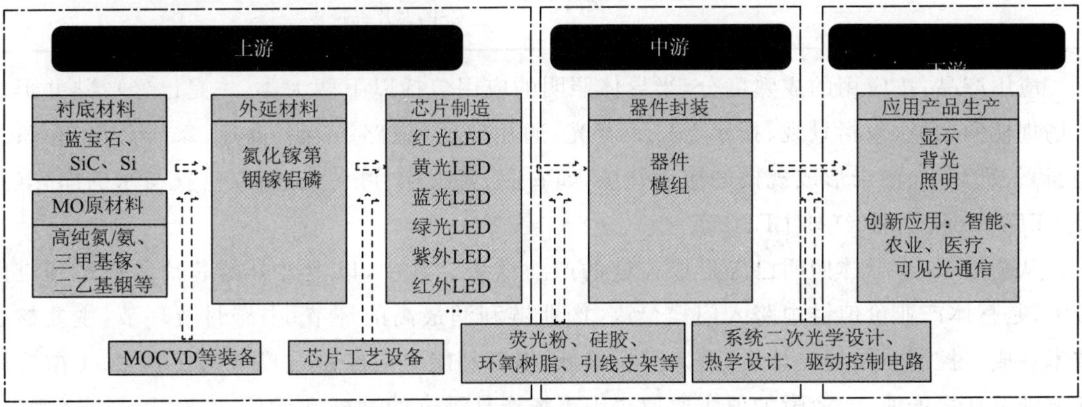

图 6-1　半导体照明产业链结构图

半导体照明产业体系的产品主要包括外延片、芯片、封装、应用产品等，各环节主要产品形势和类别如下：

外延片：从半导体照明的发展来看，外延片的发展主要集中在氮化镓（GaN）系、四元（Al-GaInP）系两种高亮产品体系，目前外延片商品化的产品见表 6-2。

表 6-2　外延片商品化的产品

外延材料类别	衬 底 类 别	颜 色 类 别
氮化镓（GaN）系	蓝宝石（Al_2O_3） 碳化硅（SiC） 硅（Si）	蓝光 绿光
四元（AlGaInP）系	砷化镓（GaAs）	红光 黄光

芯片：芯片产品主要按其驱动电流及结构分类见表 6-3。

表 6-3　芯片产品分类

驱动电流	结　构
小功率：20 mA 中功率：20～150 mA	横向结构
大功率：150 mA 以上	垂直结构； 横向结构

封装：封装分类方式较多，其主要分类见表 6-4。

表 6-4　LED 封装产品分类

分类标准	芯　片	封装材料	结　构
产品类别	单芯片封装 多芯片集成封装	环氧树脂； 陶瓷； 金属	引脚式：Lamp、点阵、食人鱼； 表面贴装：SMD、数码管； 倒装：功率 LED； CSP：芯片级封装

应用产品：按应用的成熟度分，半导体照明的应用包括以下两大类，一是已经成熟并形成市场规模的领域，包括景观、指示、显示、背光、通用照明（道路、工业、商业、家居）、汽车等；二是新兴、研究中、尚未形成规模的应用领域，如农业、光医疗、可见光通信、空气与水的净化（紫外 LED）、虹膜识别（红外 LED）等。

从全球看，半导体照明已经形成完整的产业链条。其中，以上游外延芯片制造过程难度最大，是整体产业价值链中跨入门槛最高、产业链利润最高的环节；中游封装环节，主要核心技术在成本控制和结构设计上，进入门槛偏低，但营利能力与经济规模有密切联系；下游应用环节涉及众多产业，产业附加值主要取决于市场产品需求的判断和设计、制造、品牌及销售渠道等综合能力，差别较大。

6.1.2　产业链关键技术

6.1.2.1　MOCVD 外延重大核心装备

美国 Veeco 与德国 Aixtron 占据了全球 90%以上的金属有机化合物化学气相沉积设备（metal organic chemical vapor deposition，MOCVD）市场份额，Nippon Sanso 占据了日本市场。Aixtron 采用水平行星和近耦合喷淋头技术，Veeco 采用高速旋转盘技术。国内中科宏微、中晟光电、中微半导体等都开展了相关研发工作，在单机容量及工艺方面都取得了较大进步，开发出了生产型样机并已完成工业化验证，但总体上，国产 MOCVD 在工业化应用过程中的长期均匀性及稳定性上还要进一步验证，深紫外 LED 等用专用型 MOCVD 正在成为开发热点。

6.1.2.2　LED 衬底技术

目前在蓝宝石衬底上生长 LED 是主流技术，我国具有自主知识产权的功率型硅基 LED 芯片产业化光效超过 140 lm/W，处于国际先进水平，获得了 2015 年度国家技术发明奖唯一的一等奖。GaN、SiC 等新型衬底是提高 GaN 器件效率的重要方向。国内中镓半导体、天科合达、苏州纳维等在新型衬底研究方面已取得较大进步，但在晶体质量和尺寸上与国外仍有差距，未来要向大尺寸、低位错方向集中攻关。

6.1.2.3　外延及芯片制造技术

国内已基本掌握了外延结构设计和优化方面的核心技术，2015 年三安光电、华灿光电、德豪润达等都达到 140～150 lm/W 的水平。目前正装芯片市场应用最多，倒装结构和垂直结构是 LED 芯片两个主要发展方向，但涉及关键技术的键合设备需从国外引进，对产业发展形成一定制约。此外，高压交/直流驱动 LED 前景还有待验证。

6.1.2.4　新型封装技术

LED 封装从直插式，发展至 SMD、COB 等形式。近两年，无金线封装和晶圆级封装成为热点，而集成封装将是未来的发展趋势。此外，涉及封装材料和工艺流程的散热材料、灌封材料、荧光粉及涂敷技术等还需要进一步研究开发。半导体照明联合创新国家重点实验室正在开发基于柔性基板的新型封装技术，可连续自动化生产，配线密度高，质量小、体积小，易加工成各种形状等特性，为 LED 封装提供了一条全新的技术路径。

6.1.2.5　LED 驱动技术

LED 驱动技术经历了从单输出恒压驱动（＋光源内置恒流源）、单输出恒流驱动及调光技术阶段，发展到多输出恒流技术及多输出恒流调光技术[2]。未来 LED 驱动方案除高效率、高可靠性、低成本外，模块化、标准化、高集成度、高智能化是发展方向。英飞特、茂硕等在技术研发、产品质量、实际应用等方面有一定优势。

6.1.2.6　LED 应用技术

LED 应用技术要综合考虑照明系统的功能、易用性、兼容性、可替换性、可升级性及成本，朝着降低成本、提高可靠性、提高光品质及产品一致性方向发展。此外，农业、医疗、光通信等超越照明及智能化是应用技术的重要发展方向。半导体照明联合创新国家重点实验室开发的全球第一个室内光定位、导航系统已实现产业化。

6.2　半导体照明产业发展现状与趋势

随着应对气候变化的《巴黎协定》的签署和实施，半导体照明产业正在迎来新一轮重要发展机遇期。

6.2.1　国际发展态势

2015 年 12 月在巴黎召开的联合国气候控制会议，宣布了《全球照明挑战》计划，该计划目标是到2018年配置100亿盏LED灯具,该计划的发布将重新点燃各国发展半导体照明产业的热情。

过去十余年的发展,使LED成为了性价比有优势的生态光源,已经全面进入照明替代市场。在全球淘汰白炽灯和限制荧光灯(含汞)使用的大趋势下,全球半导体照明市场已呈现爆发式增长。

6.2.1.1 技术水平快速提升

半导体照明技术正处于快速发展时期,2015年,国际上大功率白光LED产业化的光效水平已经超过160 lm/W。根据美国能源部(DOE)2011年发布的半导体照明研发计划,2015年冷白LED器件的光效达到168 lm/W,LED灯具整体光效达108 lm/W;2016年冷白LED器件的光效将达到184 lm/W,LED灯具整体光效达125 lm/W,至2020年冷白LED器件的光效可以达到218 lm/W,LED灯具整体光效达196 lm/W;而目标是冷白LED器件的光效达到255 lm/W,LED灯具整体光效达230 lm/W。

而OLED的光效也在不断提升,2015年OLED面板的光效达到60 lm/W,预计2017年达到100 lm/W,至2020年达到125 lm/W,2025年达到160 lm/W,而目标是OLED面板的光效达到190 lm/W。

固态照明器件及灯具光效见表6-5。

表6-5 固态照明器件及灯具光效

类别		2014年	2015年	2020年	目标
LED	冷白光器件光效/(lm/W)	158	168	218	255
	LED灯具光效/(lm/W)	108	125	196	230
类别		2015年	2017年	2020年	目标
OLED面板光效/(lm/W)		60	100	125	190

数据来源:美国能源部(DOE)2016年固态照明研发计划,2016年6月。

6.2.1.2 市场规模逐步扩大

随着技术进步,半导体照明的应用领域不断拓宽,市场规模不断增长。据美国产业研究机构Strategies Unlimited 2016年发布的报告显示,2015年,LED器件营收约147亿美元,预计2016年约152亿美元;2020年超过180亿美元。LED器件照明应用仍是主流应用,约占30%以上,并稳步增长;LED在汽车及农业等领域应用逐年扩大(见图6-2)。

同时,OLED技术也日趋成熟,其应用领域不断拓展,从手机等小尺寸显示的应用向着计算机、电视等大尺寸显示发展,已经开始应用于通用照明领域。此外,在军工、航天等领域的应用也有较大空间。

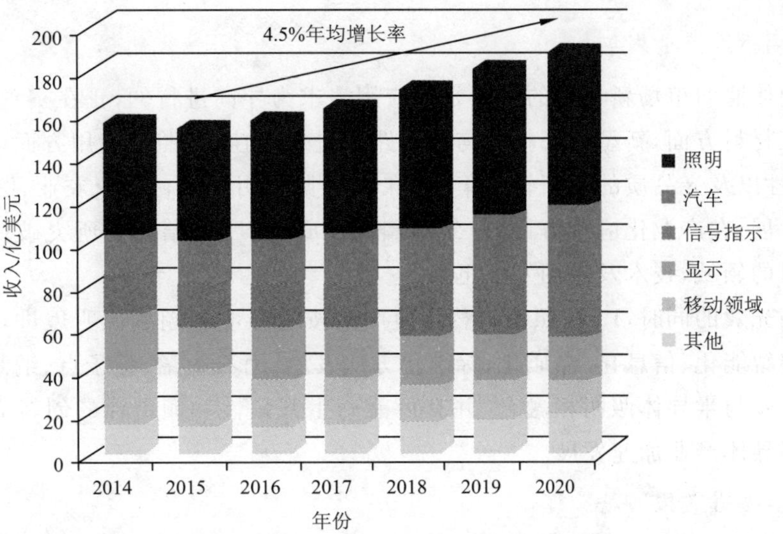

图 6-2　全球 LED 器件市场规模及预测

［数据来源：Strategies Unlimited(2016)］

6.2.1.3　LED 照明渗透提速

近年来，LED 照明产品的市场渗透率快速增长，特别是在新增销售量的渗透率有较快增长，但在已安装市场上，由于基数庞大，LED 目前的(在用量)市场渗透率仍不高。据 IHS 信息咨询公司 2015 年的报告显示，2015 年，LED 安装数量在整体照明产品在用量中的渗透率仅为 6%，预计未来几年将有较快增长，到 2022 年接近 40%；Strategies Unlimited 预计 2020 年 LED 销售数量在整体照明产品中的渗透率为 42%，安装数量在整体照明产品在用量中的渗透率接近 1/3，而其销售额在整体照明市场的市场份额为 76%。同时，国际照明巨头 LED 照明在其营收中比重也不断提升，大多超过一半，如飞利浦(Philips)LED 业务营收占总营收比重为 50%，欧司朗(Osram)占 48%，奥德堡(Zumtobel)约占 63%，敏度品牌(Acuity Brands)占 55%。全球照明灯具安装数量预测如图 6-3 所示。

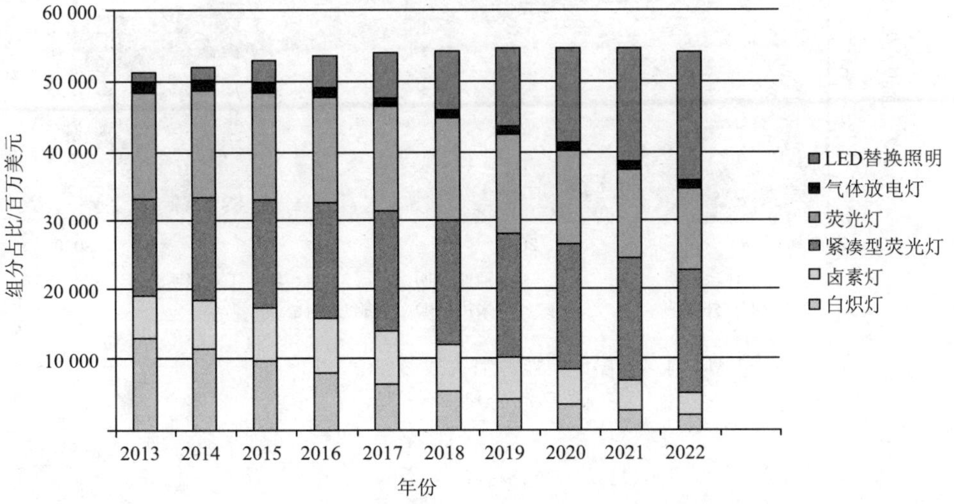

图 6-3　全球照明灯具安装数量预测

(数据来源：IHS 信息咨询公司，2015)

6.2.1.4　应用驱动产业发展

全球半导体照明市场新一轮的增长是以应用需求为导向进行的，正在实现从节能到智能的转变。如在材料方面，新型衬底材料与技术路线进展迅速；在照明应用方面，以提升产品的性价比、可靠性以及光品质的创新较为集中；在非视觉照明方面，生物、农业、医疗、紫外 LED 的研究快速发展；在产业化应用方面，建筑材料与 LED 照明的结合有所突破；而智能照明是目前最为瞩目的领域，技术及应用发展迅猛。

在追求高光效的同时，LED 照明由替代应用向按需照明和超越照明迈进，半导体照明产业将继续朝着智能化、信息化、品质化、标准化方向发展，而石墨烯、量子点、纳米等新材料、新技术也将进一步与半导体照明相融合，并有可能产生开拓性和颠覆性的创新应用，同时引领整个第三代半导体产业加速发展。

6.2.1.5　节能减排效果显著

据美国 DOE 发布的《固态照明在通用照明应用中的节能潜力预测报告》，2013 年，美国照明用电约占全社会用电的 17%，LED 照明产品的使用将会大大减少照明用电的消耗。报告测算，预计 2020 年，LED 照明产品在通用照明市场中的市场渗透率[基于流明(lm)-小时(h)]将从 2013 年的 3%，上升到 48%，照明能源消耗将减少 15%；而在 2030 年，LED 照明将会主宰各照明细分市场，其整体市场渗透率达 84%，照明能源消耗将减少 40%，以目前的电价换算相当于节省了 260 亿美元，足够 2 400 万户美国家庭用电。LED 照明的高速增长得益于 LED 成本的竞争力以及新能效标准的颁布。这份报告从节能潜力的角度再次向人们展示了 LED 照明的无限市场空间。美国照明能源消费预测如图 6-4 所示。

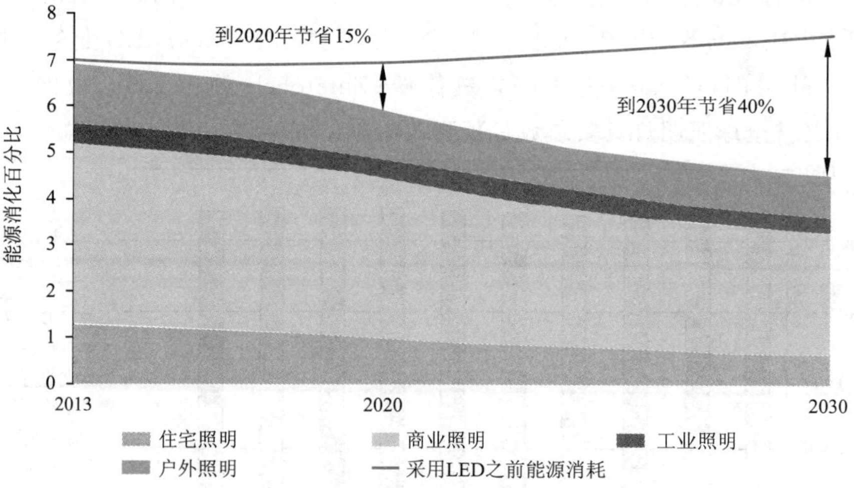

图 6-4　美国照明能源消费预测(2013—2030 年)
[数据来源：DOE(2014)]

据国家半导体照明工程研发及产业联盟产业研究院(CSA Research)发布的报告显示，2015 年，中国照明用电约占全社会用电的 14%，LED 照明产品市场渗透率(基于市场销量)超过 30%，年节电约 1 000 亿(kW · h)；预计 2020 年，LED 照明市场渗透率将超过 70%，年节电约 3 400 亿(kW · h)，节约的电量相当于四个三峡电站的发电量。

6.2.1.6　标准布局紧跟前沿

国际各利益集团角逐布局标准化领域，期望通过制定标准来抢占国际话语权，照明系统、智能照明和生物效应逐渐成为标准布局的重点领域。受 IESNA(北美照明工程学会)、其他国家积极参与等因素影响，中国、日本、韩国、加拿大等非欧洲国家参与度日益加强。IEC/TC34 灯及相关设备技术委员会关于 LED 照明产品本身的标准项目减少，OLED 和照明系统领域标准活动日渐增多。2012 年底，CIE(国际照明学会)推动成立 ISO/TC274 光与照明技术委员会，工作范围前者负责基础，后者负责应用。自适应照明、以人为本照明等列入重点主题工作，ISO/TC274 已启动建筑照明节能、照明系统调试、生物效应照明、维护因子测试方法等标准的起草工作。

6.2.2　中国发展态势

我国政府高度重视半导体照明技术创新与产业发展，多部门、多举措共同推进半导体照明产业健康快速发展。“十二五”时期，国家发改委联合科技部、工业和信息化部等六部门发布《半导体照明节能产业发展规划》；国务院发布《2014—2015 年节能减排低碳发展行动方案》，科技部启动国家 863 计划新材料领域“半导体照明”重点专项，从基础研究、前沿技术、应用技术到产业化示范全创新链进行系统部署；科技部、工业和信息化部发布《2014—2015 年节能减排科技专项行动方案》；相关部门大力实施节能技术改造工程，推广应用半导体照明，实施能效领跑者计划等。“十二五”期间，我国半导体照明领域取得了丰硕的成果，为我国发展成为半导体照明产业强国奠定了基础。

6.2.2.1　关键技术形成突破

我国半导体照明领域关键技术与国际水平差距不断缩小。2015 年功率型白光 LED 光效在实验室 160 lm/W 的基础上，已实现 150 lm/W 的产业化生产；具有自主知识产权的功率型硅衬底 LED 芯片产业化光效超过 140 lm/W；GaN 同质衬底白光 LED 技术进展显著，采用 GaN/Al_2O_3复合衬底同质外延技术制备的高亮度 LED 光效超过 130 lm/W；深紫外 LED 发光波长为 293 nm，在 20 mA 电流下输出功率达到 4.8 mW；OLED 器件制备技术接近国际先进水平，在 1 000 cd/m^2亮度下，效率为 99 lm/W，显色指数为 85，使用寿命超过 10 000 h[3]。此外，2015 年国家技术发明一等奖花落“硅衬底高光效 GaN 基蓝色发光二极管”，这一具有自主知识产权的 LED 技术路线获奖无疑将给我国的 LED 行业带来更大发展空间。我国功率型白光 LED 产业化光效如图 6-5 所示。

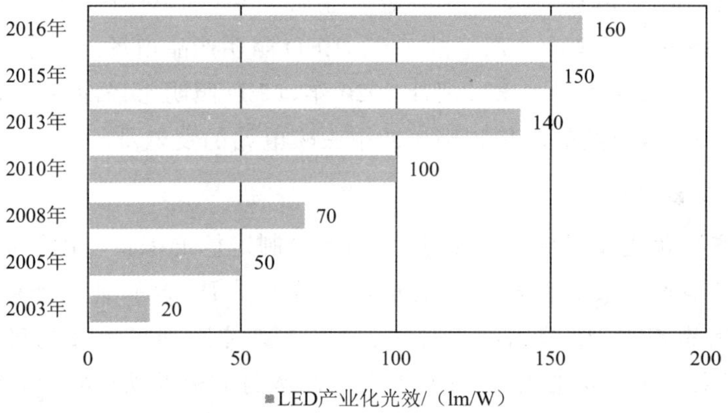

图 6-5　我国功率型白光 LED 产业化光效
（数据来源：CSA Research）

6.2.2.2　产业规模增速放缓

近年来，我国半导体照明产业总体呈现持续上升态势。据国家半导体照明工程研发及产业联盟产业研究院（CSA Research）统计，2015 年我国半导体照明产业整体规模达到 4 245 亿元人民币，较 2014 年增长 21%，增速有所放缓，增速从“超高速”向“中速”转变，但“十二五”期间产值平均年增长率仍然接近 30%。2016 年以来，半导体照明产业规模（产值）整体持续增长，同比增长约 25% [3]。

中国是照明制造、消费、出口大国，据中国照明电器协会（CALI）统计，2015 年中国照明行业销售额约 5 600 亿元，“十二五”期间年均增长率约 10%；2015 年出口额 453 亿美元，同比增长 9%。2013 年，中国照明产品（所有类型）产量约 188 亿只，居世界照明产品生产第一位，其中紧凑型荧光灯（CFL）产量约 50 亿只，约占全球产量的 70%以上。2006—2015 年我国半导体照明产业各环节规模及增长率如图 6-6 所示。

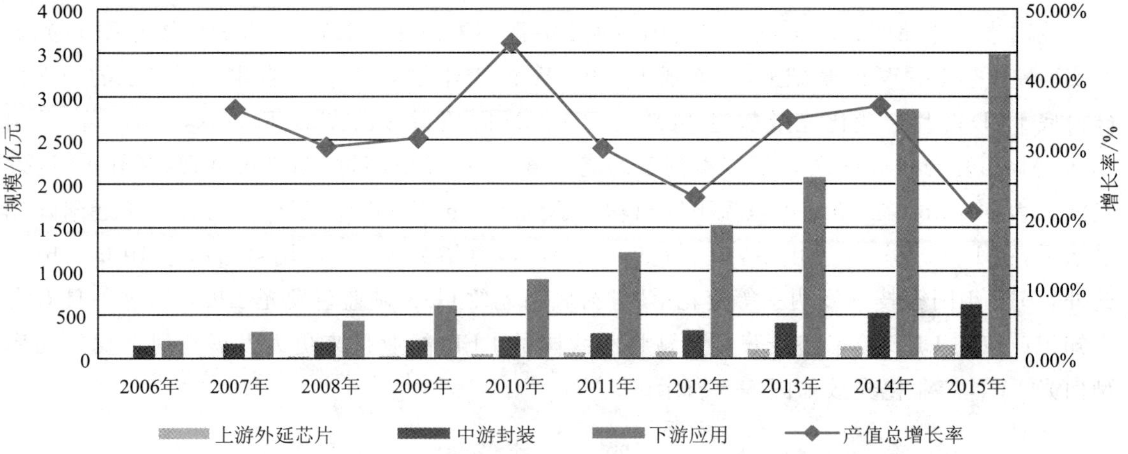

图 6-6　2006—2015 年我国半导体照明产业各环节规模及增长率
（数据来源：CSA Research）

6.2.2.3　LED 领跑照明市场

从半导体照明技术应用领域来看，"十二五"期间，在信号、景观、显示、背光的应用已经成熟，并得到大规模应用；功能性照明领域的应用，2013 年开始爆发式增长；汽车应用快速增长；医疗、农业、光通信等新兴领域的应用技术正蓬勃兴起。

2015 年，LED 应用环节的产业规模达到 3 479 亿元，整体增长率接近 22%，仍然是产业链中增长最快的环节。其中，LED 功能性照明仍然是市场发展的最主要推动力，产值达 1 552 亿元，增长率为 32.5%，渗透率超过 30%，占应用市场的比重也由 2010 年的 21%，增加到 2015 年的 45%[3]。2006—2015 年我国照明及 LED 照明销售额如图 6-7 所示。

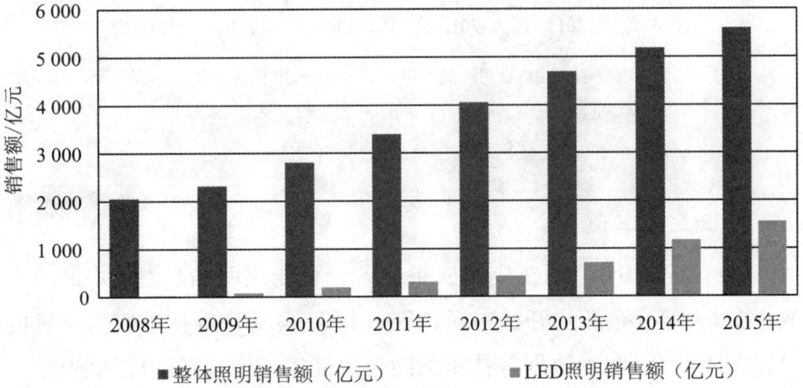

图 6-7　2006—2015 年我国照明及 LED 照明销售额

（数据来源：中国照明电器协会，CSA Research）

"十二五"期间，全球加速淘汰白炽灯等低效照明产品，LED 已成为照明的主流光源，LED 照明渗透率提升迅速。在继市政工程、商业照明等细分市场井喷式增长后，LED 开始进入家居照明领域。我国半导体照明应用域分布如图 6-8 所示。

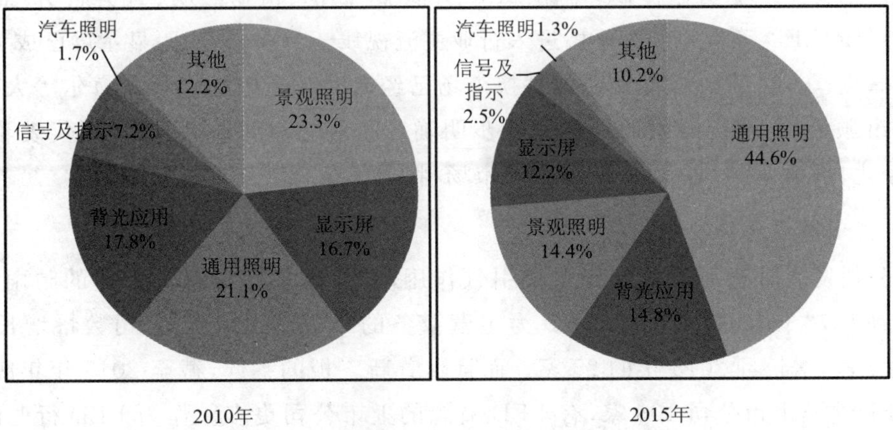

图 6-8　我国半导体照明应用域分布

（数据来源：CSA Research）

据 CSA Research 统计，2015 年，我国国内 LED 照明产品产量约 60 亿只，国内销量约 28 亿只，LED 照明产品国内市场份额(LED 照明产品国内销售数量/照明产品国内总销售数量)达到 32%，比 2014 年上升约 15 个百分点，如图 6-9 所示。

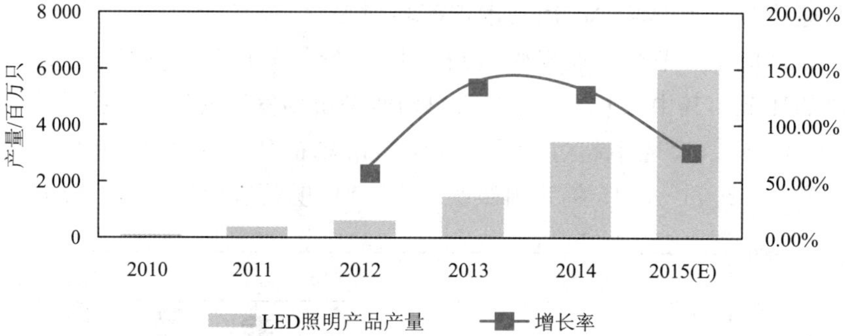

图 6-9 我国 LED 照明产品产量增长情况
(数据来源：CSA Research)

6.2.2.4 创新应用步入快车道

2015 年智能照明、超越照明等创新应用成果显著。智能照明、农业照明、汽车照明、紫外 LED 等细分领域方兴未艾，大部分企业均开始布局，Micro LED、QLED 等技术成为研发的新热点。半导体照明技术与 AR/VR、物联网、大数据等技术的融合也催生了许多新的应用领域。

例如，智能控制系统已得到应用示范，无线调光调色系统和 LED 智能可变色温灯具实现了可变情景的照明光环境应用；用于医用照明的可调色温 LED 筒灯，色温 3 000～5 000 K 可调，完成了 LED 光源安全性、治疗作用分析；开展了符合植物生长光照生理特性的 LED 光源系统设计和 LED 光源环境下植物电信号的研究；研制出了基于荧光型白光 LED 和 p-i-n 管双向 100Mbit/s 等级的 OOK 调制可见光无线上网演示系统，传输距离为 3m。此外，一些新兴的细分市场关注程度明显提高，车用 LED、小间距 LED、植物照明、禽类照明、紫外(UV)LED、红外(IR)LED 等市场纷纷开始进入行业主流视线。目前，小间距显示屏已成为 LED 板块新的支撑点；车用 LED、农业照明的替换市场已经启动。在中兴、华为、海尔等大批企业进入智慧城市领域后，智能照明商业模式逐步明确。而紫外和红外 LED 等则代表着固化、光疗、催化净化、杀菌消毒、通信、安防等未来市场，将成为新兴增长点。

6.2.2.5 上市公司表现抢眼

上市公司发展对整个产业起到重要引领作用，其业绩是反映整个行业的晴雨表。CSA Research 统计，“十二五”期间以 LED 为主营业务的 A 股主板上市公司数量增长迅速，从 2010 年的 2 家，增长到 2015 年的 25 家。而且随着新三板的兴起，截至 2015 年年底，新三板上市的 LED 主营上市公司 108 家，有 LED 概念的上市公司更多。作为 LED 行业的典型代表公司，LED 上市公司表现抢眼，营收持续增长，“增收不增利”现象有所缓解。

CSA Research 根据上市公司财报分析(见图 6-10)，2015 年 A 股 25 家 LED 上市公司营业收入总额为 492 亿元，较 2014 年同比增长 27.8%，实现利润总额达 59.1 亿元，同比增长

18.14%。而 2016 年第一季度(Q1)LED 板块实现营业收入总额 111 亿元,同比增长 40%,增幅创历史新高(2015 年 Q1 为 20%);同时利润总额达 12.6 亿元,同比增长 23%,库存状况也为近两年最好(存货周转率为 0.68)。横向比较,LED 板块与申万 29 个一级板块比较,整体营业收入增长率排名第二(仅次于非银金融),高于整体 A 股 34.7 个百分点。

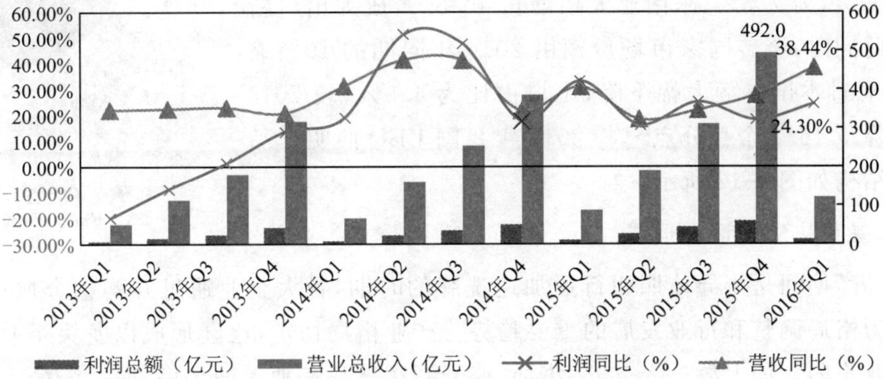

图 6-10　主营 LED 上市公司营收与利润总额增长
(数据来源:上市公司财报,CSA Research 整理)

6.2.2.6　产品出口持续增长

中国作为全球照明产品的制造基地,LED 照明产品出口持续增长。CSA Research 对海关出口数据的分析表明,“十二五”期间,我国 LED 照明产品出口继续保持高速增长,从 2011 年的 22 亿美元到 2015 年的 120 亿美元,增幅超过 390% [4]。

CSA Research 对海关出口数据的分析表明,2014 年,我国 LED 照明产品出口金额约 108.5 亿美元,增幅高达 86%。2015 年,我国 LED 照明产品出口在 2014 年的高速增长后增速趋于平缓,2015 年我国 LED 照明产品累计出口金额近 120 亿美元,较 2014 年同期增长 15%,如图 6-11 所示。

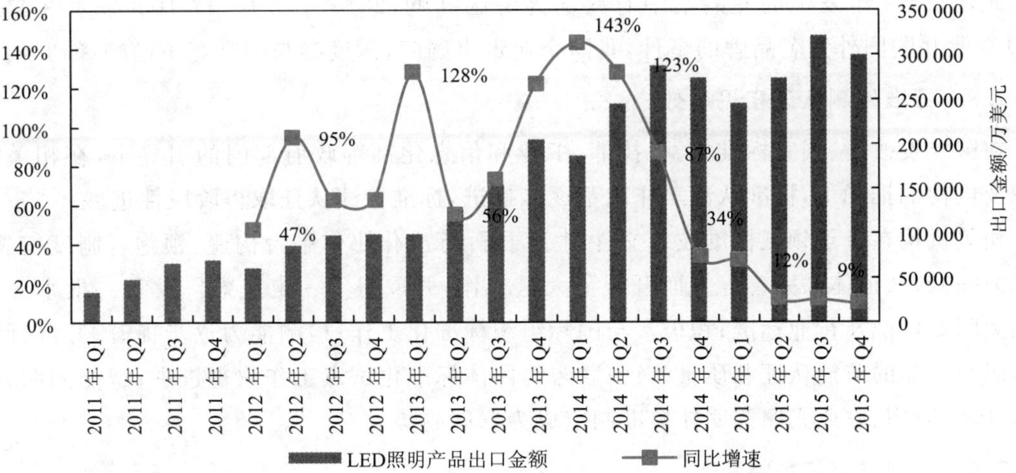

图 6-11　2011—2015 年我国 LED 照明产品出口情况
(数据来源:中国海关,CSA Research 整理)

2015年，欧盟、美国、日本、东盟国家、金砖国家及中东国家是我国LED照明产品出口的主要市场，但市场冷热不均，增长情况各异。中东地区市场快速兴起；美国市场继续保持50%的高速增长，市场份额较2014年同期扩大11.1个百分点；欧盟增速趋于平缓，为7.8%；东南亚大幅增长40.8%，成为出口新大陆。与此同时，金砖国家市场份额由2014年同期的10%缩小到8%；对日本出口额大幅下降，出口占比为4.9%，较2014年同期下降了16.8个百分点[4]。2015年我国LED照明产品出口市场结构如图6-12所示。

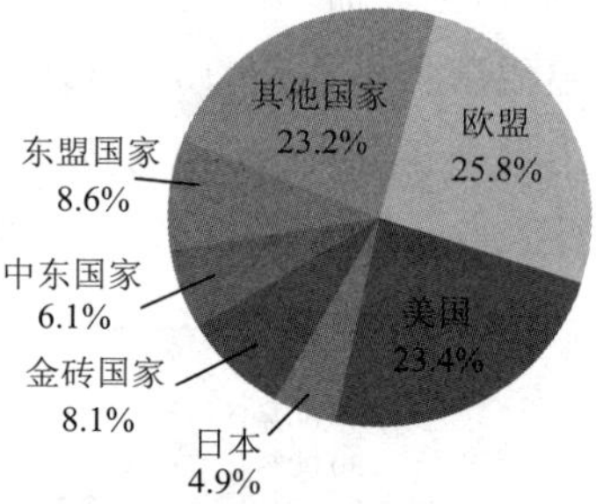

图6-12 2015年我国LED照明产品出口市场结构
（数据来源：中国海关，CSA Research整理）

6.2.2.7 星系化集团逐步形成

“十二五”期间是半导体照明行业加速洗牌的时期，各大企业通过并购整合，快速做大做强已经成为格局调整和行业发展的重要趋势。产业格局初定，逐渐形成以龙头企业为核心的星系化产业集团。如上游进入三安、华灿、德豪润达等几家独大的局面，而中游的木林森持续凭借价格优势抢占市场份额，同时与华灿、澳洋顺昌以及下游众多企业形成合作同盟，并不断通过参股、收购扩大版图，已经成为中游重要的市场势力。

随着一批中小型企业的退出，2015年LED产业集中度进一步提高，具有技术优势和规模效应的龙头企业在行业竞争中脱颖而出。2015年，半导体照明行业共发生46起重要的并购整合交易，其中披露的交易总金额近400亿元人民币，交易结果绝大多数是以取得控股权为目标，并购目的除了延伸产业链实现多元化发展，从渠道、品牌、专利、产能等多个方面考虑成为并购整合的出发点。2016年第一季度，行业内共发生9起并购，交易金额超过50亿元，标的从LED领域转向其他领域，企业谋求转型，纷纷跨界或推双主业；第二季度（4月～7月）LED行业完成或正在进行的并购交易达19项，涉及交易金额超过90亿元，较第一季度环比增长80%，并购标的选择以业务延伸为主[4]。

此外，2015年发生的并购案中有6起为跨国并购，2016年1月～7月共发生3起我国LED企业并购国外知名品牌的事件，我国企业走出国门，深度参与国际竞争已峥嵘初现。

6.2.2.8 标准检测认证初见成效

在国家发改委、国家标准委、科技部、工业和信息化部等政府部门的引导下，在相关行业组织及机构的推动下，标准认证工作改革逐步推进，标准检测认证取得阶段性进展。

相关机构在重点领域标准技术文件制定，国际标准化协作平台构建、领跑者制度实施，检测能力提升、认证体系完善等方面开展了大量工作，并取得了一定成效。发布一批半导体照明相关国家标准及行业标准；积极参与国际组织标准化工作；检测能力逐步提升；开展针对半导体照明产品的节能认证和质量认证；联盟等团体标准化试点工作取得进展；智能照明、健康照明、医疗应用、农业光照等团体标准制定成为发展趋势。

6.2.2.9 区域发展初具特色

我国半导体照明产业在珠三角、长三角、环渤海地区、闽三角地区四大区域集中了80%以上的半导体照明企业和90%以上的产值。近年来,越来越多的地区积极进入半导体照明领域。由于东部沿海成本逐年攀升,产业开始呈现向内陆转移态势,义乌、南昌、成都等地区成为主要承接地,部分企业开始向印度、泰国等东南亚制造成本较低和“一带一路”沿线地区转移。

各地结合自身优势,对区域内半导体照明产业发展有了更清晰的定位,区域发展逐渐形成特色。如长三角地区在智能照明、智能制造、健康照明等领域发力;广东注重大规模制造,并开始注重质量提升;厦门节能灯成功转型,结合出口优势,国际与国内并举;江西围绕Si基LED优化产业链、创新链和服务链,打造南昌光谷;四川、重庆注重细分领域的特色应用;义乌、南昌、成都等地区成为主要产业承接地。

6.2.3 半导体照明未来发展趋势

随着技术进步的推动和市场需求的拉动,半导体照明产业正在进入新一轮高速增长期,逐渐开启跨领域交叉融合,形成更高技术含量与附加值的产品,未来几年半导体照明发展将保持增长态势,呈现以下特点。

6.2.3.1 技术:从追求光效到提升品质,热点方向变换更迭

目前,LED技术的突破远远超过预期,未来LED技术仍将以超乎想象的速度发展。美国能源部(DOE)2016年发布的半导体照明技术路线图中,LED器件的光效目标是255 lm/W。虽然白光LED理论发光效率极限为400 lm/W,但从制备条件和材料的制约以及实际应用的性价比来看,是否能够以及必须实现这一理论极限尚无定论。后海茨法则时代,光效不再是人们唯一关注的焦点,光品质的提升和光环境的健康和舒适、生态、安全更引人瞩目。

同时,技术热点频出,研发方向百花齐放;技术将进一步向集成化方向发展,结合集成电路工艺的芯片级光源技术、多功能系统集成封装技术、超越封装的LED模组技术等获得持续关注和跟进;标准化、模块化、低成本、高可靠、高效率是应用产品及系统的主要发展方向;LED技术将与新一代信息技术深度融合,呈现智能化、远程化、数字化、网络化的发展趋势。

此外,以氮化物LED发光芯片为核心的半导体照明技术取得了长足进步,成为第三代半导体材料产业化的第一个成功突破口。而第三代半导体材料将引领众多技术领域的基础性研发,基于第三代半导体材料的众多创新应用,将推动第三代半导体相关产业爆发性成长,并整体推动材料、信息、能源、交通等高新技术产业的发展,开启微电子与光电子携手并进的时代。

6.2.3.2 应用:从按需照明到超越照明,外延扩展内涵丰富

半导体照明产业正在从原来的技术驱动转变为应用驱动。学科交叉加速,产业前沿延伸,应用领域拓宽,创新应用将成为替代阶段之后的新增长点和长期成长动力。半导体照明从按需照明时代进入超越照明时代,半导体照明产品也成为智慧家庭、智慧城市、智能社会的重要组成部分。2020年我国半导体照明应用市场分布预测如图6-13所示。

除了主流的照明应用之外，半导体照明在农业、医疗、通信、安全等超越照明的应用不可小视，目前正蓄势待发。CSA Research 预计 2020 年超越照明应用将在 LED 应用市场中占有 20%以上的份额。

此外，围绕应用需求，新材料、新器件、新结构、新产品将不断被开发，LED 本身体积小、易加工及数字化等特点将会颠覆现有的产品形式，与建筑材料等一体化，实现“见光不见灯”的情形。未来的半导体照明产品将是轻、薄、柔、美、多功能、智能化，不但性能提升，更给人们带来美的视觉享受和艺术体验。

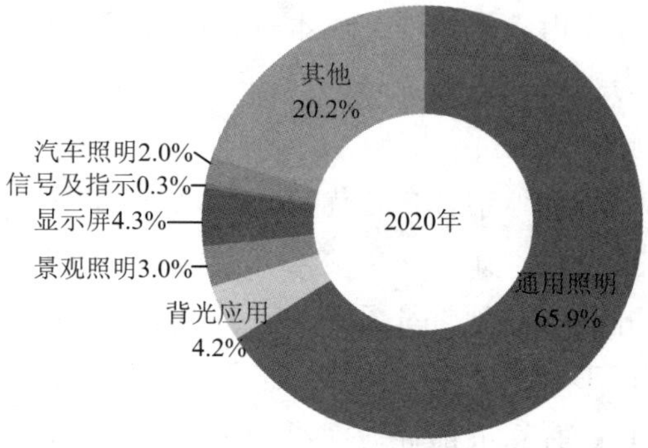

图 6-13　2020 年我国半导体照明应用市场分布预测
（数据来源：CSA Research）

6.2.3.3　产业：从业内并购到跨界融合，竞争格局调整重塑

随着半导体照明产业基本进入成熟期后，行业的整体增速显著放缓，借力资本市场成为改善企业业绩的重要途径，并购整合成为半导体照明行业的新常态。新一轮整合的特点是优势资源逐步向行业巨头集聚，整合方向也从业内并购逐渐转向跨界融合，双主业并行已成为半导体照明企业新兴方向。半导体照明企业转型升级加速，一种是通过整合并购打造“巨无霸”企业，以规模效应和集成能力取胜；另一种是采用“小而美”战略，聚焦细分市场深耕细作，谋求差异化发展。

同时，传统意义的学科界别、产业界别、商业界别日趋模糊，新兴商业模式和业态也不断涌现，多层次的跨界融合时代已经到来。除不同技术的融合之外，还包括不同应用领域的融合，不同企业文化的融合，不同运营模式的融合，科技和文化的融合，服务和制造的融合等，半导体照明企业也从 LED 产品的制造厂商转变为提供系统解决方案的服务集成商。

此外，全球产业格局不断调整，原有的美、日、欧领先，韩国、中国追赶的局面正在改变，中国在部分核心技术领域的突破、巨大的产能和应用市场将支撑我国产业由大变强，全球半导体照明产业竞争格局有望重塑。[5]

6.2.4　新型行业组织发展模式探索

作为战略性新兴产业重点领域之一——半导体照明产业，在我国经历了从无到有、从技术跟踪到进入先进行列，从小、弱、散、乱到发展壮大，从仅限高端应用到进入寻常百姓家的发展历程。LED 技术的持续进步推动了传统低效照明技术产业升级和产品替代，也使我国 LED 大规模应用走到了世界前列。我国半导体照明产业发展取得的骄人成绩，基于较好的产业发展基础和巨大的需求牵引，得益于多部门、多举措共同推进，坚持技术创新与管理创新并重，坚持国际化和开放的发展原则。

在我国 LED 产业兴起与发展过程中，国家半导体照明工程研发与产业联盟（CSA）以企业发展需求和各方共同利益为基础；以提升产业技术创新能力，培育龙头品牌企业，营造创新发展环境，增强国际竞争能力为目标，发挥了创新要素的整体效能，成功探索了创新驱动的新兴行业组织发展模式。CSA 作为新型的科技服务机构，通过技术创新、科技服务和国际合作三大平台建设，以技术支撑，加之资本联动，进入全球竞争市场，实现价值链、服务链和资本链的三链融合，抢占技术创新与产业服务两个制高点，培育龙头品牌企业，促进中国半导体照明产业跨越式发展，推动全球产业对话与合作，增强中国半导体照明产业国际影响力与话语权[6]。

6.2.4.1　创新科技项目管理模式

2003 年，科技部、原信产部、中科院、教育部、原建设部、轻工业联合会等联合成立了国家半导体照明工程协调领导小组，紧急启动“国家半导体照明工程”，同时在科技攻关计划、863 计划中进行了部署。为协调项目的实施，探索第三方机构管理国家科技项目的机制，依托北京新材料科技促进中心（2009 年更名为北京半导体照明科技促进中心，并作为此后成立的 CSA 的秘书处单位，下称“中心”）成立了“国家半导体照明工程”项目管理办公室。自“十五”以来，中心一直承担科技部“半导体照明工程”项目的组织管理工作，并承担“十二五”新材料领域“第三代半导体材料及应用”重点专项组织管理工作。在国家科技计划相关管理办法和细则框架下，中心对科技计划项目立项及管理做了有益的探索和实践。CSA 国家科技项目管理模式见表 6-6。

表 6-6　CSA 国家科技项目管理模式

项目部署	项目设置	指南编制	项目实施	成果转化	跨部门工作衔接
根据技术和产业的不同发展阶段部署项目	以产业化为目标，技术牵引，市场拉动	掌握国际技术最新动态，产业界参与，科技计划部署与产业需求紧密衔接	建立决策、咨询、执行、评价、监管流程，各环节职责清晰、执行得力	通过各类渠道（项目对接会、网站、杂志、论坛、展览、年鉴、专报等）宣传科技成果	跨部门和跨领域支撑工作
“十五”科技攻关计划“中游切入、应用拉动”	解决核心材料、芯片、装备的国产化，提高性能指标	建立由各方参与的项目指南论证机制	针对核心目标，组织开展样品制备，第三方检测等全过程现场考核	通过重大示范展示科技创新成果，促进市场应用，加快产业化	主动对接产业主管部门，如发改委、财政部等
“十一五”863 计划系统布局、跨领域联动	通过奥运、世博、“十城万盏”重大示范工程，解决产品应用集成创新难题	项目指南发布前广泛征求科研单位、企业、相关部门、地方、协会、学会等有关方面意见			与中央预算内节能改造项目对接
“十二五”重点专项（863、科技支撑、平台建设）全链条部署、一体化实施	从基础研究、前沿技术研究、应用技术研究、共性技术平台建设到产业环境建设				实施产品补贴，制定白炽灯退出路线图，加大市场推广

战略性新兴产业的发展，不仅是技术和商业模式的创新，更是体制机制的创新。特别是以半导体照明为突破口的第三代半导体技术具有多学科交叉、融合的特点，在技术创新与产业化

过程中，需要进一步充分发挥联盟等新型社会组织的作用，通过第三方科技管理，整合创新要素，发挥整体效能，打通研发与产业的通道，实现国家投入的放大增效和产业的可持续发展。

6.2.4.2 探索联合技术创新模式

半导体照明不仅涉及基础材料和芯片技术，同时涉及光、电、热、化学和装备等领域，是典型的多学科交叉融合的复杂系统工程。而我国研究力量相对分散、企业创新能力较弱、国家研发投入不足，必须通过一种新的机制，建立新的组织模式，集中力量支持围绕市场需求导向技术研发，多层次全方位培养人才，才能满足高速发展的产业对技术、人才和持续创新能力的需求，实现产业强国的战略目标。

为此，CSA 采用“使用权与所有权相结合，集中与分散相结合”的模式，于 2012 年获批组建我国目前唯一一个依托联盟建立的国家重点实验室——半导体照明联合创新国家重点实验室（SKL，下称“国家重点实验室”）；采用“厚创新”的模式建立了专业化的众创空间，并结合产业基金，一方面将研究院所、大学、实验室等单项技术的研发资源整合到一个技术集成平台上，形成技术供给源；另一方面将天使投资、风险投资、产业基金等资本整合为一个产业出口的平台，形成针对技术成果和企业各个发展阶段的融资“接力棒”体系。

1. 国家重点实验室的发展模式

组建方式：所有权与使用权相结合，集中与分布相结合（见表 6-7）。

表 6-7　国家重点实验室组建方式

所有权与使用权相结合的组建方式	根据参与各方的实际情况，对实验室投入分两种形式，一是直接资本投入，二是以现有仪器、设备、场地使用权换算为资本的投入。两者共同形成未来权益分配的基础，解决了谁投入谁受益的利益机制问题，也为整合分散的资源提供了条件
集中与分布相结合的组建方式	根据实验室工作需要，选择较大场所集中投资建设实验室研究设施，形成实验室的主体，同时，在有条件的联盟成员单位，通过联盟与该单位签订协议的方式，确定一定时间内人员、设备归实验室统一调配和管理，实现对现有分散在各单位资源的整合

半导体照明联合创新国家重点实验室除进行前沿性、基础性研究外，尝试将企业作为技术创新主体，解决行业共性关键技术的联合研发模式。探索一条以市场为导向，化解科技成果转化难题的新路，这一模式的创新点如下：

（1）体制创新。依托于联盟，以产业为创新主体，将非营利研发实体与企业化经营有机结合，具有行业的中立性、独立性、开放性；实现中央、地方、研究机构、企业研发投入的联动与资源的整合；可持续发展与国际化，建立海外研发中心；评估标准侧重于企业投入、专利及转化收益，面向企业的人才培养、标准与规范的研制。

（2）运行模式创新。通过契约式手段，资源所有权与使用权相结合；集中与分布相结合的运营方式；企业人员直接进驻实验室参与研发，保证研发成果无缝转化；企业联合投入共性项目。

（3）人才战略创新。通过开放平台面向全球引进多国籍优秀人才，组建一流的团队；薪酬参照大型跨国企业，采用宽带体系；采用灵活的人员聘用方式，全职与兼职结合，有效利用国际资源；与国际知名大学联合培养博士及博士后研究人员。

(4)知识转化创新。除自有专利及技术外,面向世界征集、筛选创新成果进行孵化和转化;提供资金、产业化和市场的一站式服务。

2. 众创空间的发展模式

半导体照明技术巨大的创新应用空间和潜力,激发了行业创新创业的热情,提升了双创活跃度。为解决核心技术支撑、打造有效成果转化平台、提供关键技术系统集成解决方案,在大众创业、万众创新的大背景下,2015 年 11 月 CSA 联合地方政府及当地企业共同组建市场化的运营团队,启动"CSA 智慧之光众创空间"建设,并分别在北京、江苏常州和广东中山设立第三代半导体联合创新创业孵化中心、蓝光空间、造明公社等特色分基地。

建设模式:围绕以第三代半导体"装备—材料—器件—模块—应用"全产业链,打造产业与服务交互的双生态圈模式。

① 产业生态圈,包括:政策、研发、制造、分销、客户等供应网络及协作网络;

② 服务生态圈,包括:场地、资金、技术、服务、专家、创业教练与导师、专业人才等。

专业化众创空间运行模式如图 6-14 所示。

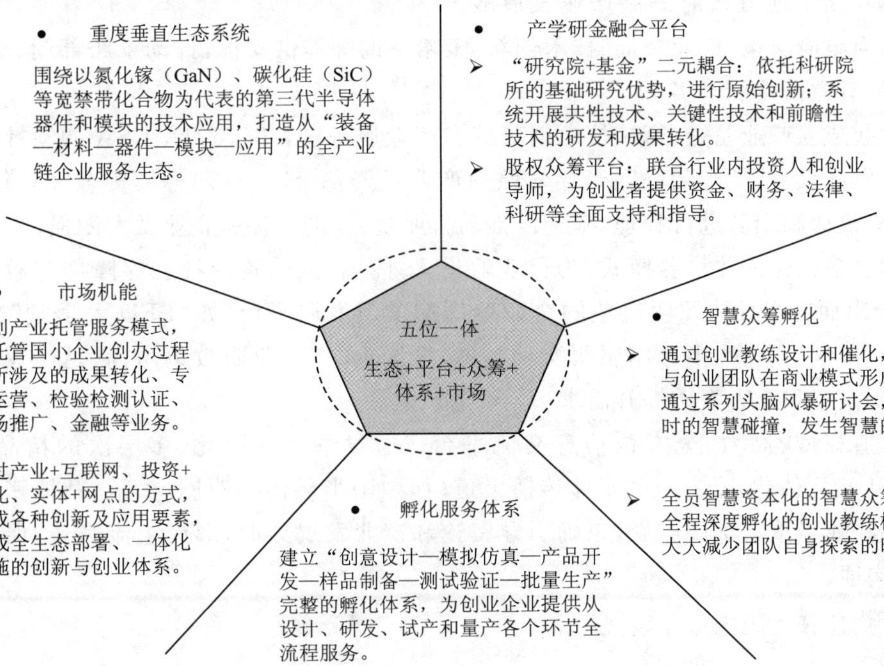

图 6-14　专业化众创空间运行模式

6.2.4.3　建立新兴产业服务模式

CSA 坚持以产业研究为引导,以标准化和专利工作为支撑,以信息平台为手段,以人才和金融服务为保障,构建了一个专业、高效的产业综合服务平台,如图 6-15 所示。

(1)以研发支撑标准制定,打通标准国际化通道。建立联盟标准化委员会,规范标准制定及修订,承担国家标准为团体标准化试点;以重点实验室自有技术支撑标准制定,完成

CSA016、CSA020 标准制定和宣贯，并被业界广泛认可和使用；承担 ISO/TC 274（光与照明标准化技术委员会）国内技术归口单位联合工作组组长单位，打通标准国际化通道。CSA 还积极开展专利战略研究，组织专利培训、研讨，探索建立专利池，开展专利运营等活动，积极应对专利风险。

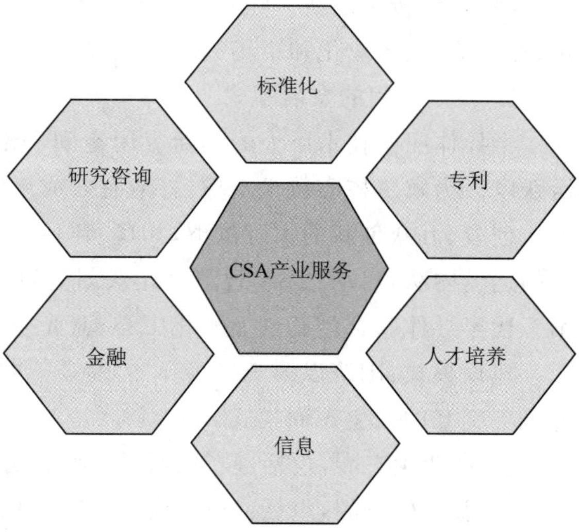

图 6-15　CSA 产业服务内容

（2）开展跨部门、跨领域、跨区域的决策咨询和支撑。CSA 作为专业性组织机构，参与了大量的产业政策建议咨询、产业发展规划与路线图制定、实施方案设计等工作，为国家发改委、科技部、住房城乡建设部、国家标准委等相关部委，和广东省、深圳市、厦门市、宁波市等 30 余个地方政府编制产业发展战略与规划，为政府决策、产业布局、技术创新、策略咨询等提供支撑，推动了跨部门、跨领域、跨区域政策的有效衔接和落实。

（3）发起成立产业基金，衔接技术创新链和产业服务链。2015 年，CSA 调动社会各方的资金力量，发起设立了"光荣联盟半导体照明产业投资基金"。首期募集资金 2.5 亿元，委托专业的投资机构和团队进行管理，基金以推动行业整合、助力优秀企业做大做强。

（4）建立多样化人才培养模式，为行业输送人才。在人力资源社会保障部与教育部支持下，CSA 推出面向半导体照明产业的全职业周期学习发展平台，如"LED 大学堂"MOOC 大规模在线开放学习平台，半导体照明实训基地、全国 LED 产业职教集团，满足产业日益增长的人力资源供给和能力素质提升需求。

（5）打造权威、高效、全方位信息交流平台。通过举办国际化、多层次的精品会展（如 CHINASSL），立体化、全方位的媒体传播渠道（如中国半导体照明网，微信、微博账号等），及时、准确反映业界重大事件进展，正确引导舆论和产业发展导向，形成主流声音，促进业界深层次交流沟通。

6.2.4.4　构建开放国际合作模式

CSA 自成立以来，始终坚持以国际化的视野谋发展，以开放的心态促合作，不仅面向成员单位，也面向整个产业和关联领域；不仅面向国内，也积极面向国际；坚持"引进来"与"走出去"相结合，充分利用国际和国内两种资源，积极建立全球合作创新与国际对话交流的有效模式和运行机制。

一是充分集聚国内外产学研优势单位的技术、人才、管理和资金等创新要素，构建开放式、国际化的技术创新平台。

二是以示范工程、技术中心、海外工厂等为技术转移载体，积极探索"走出去"的渠道和方式，为国内半导体照明企业开拓国际市场奠定基础。

三是以国际标准对话、全球示范工程、全球高端技术人才培养和流动网络、跨境电商等为合作内容，牵头成立国际半导体照明联盟（International SSL Alliance，ISA），在更广阔的国际舞台上，赢得发展话语权。

6.3　中国半导体照明产业竞争格局及面临形势

当前，新一轮科技革命和产业变革蓄势待发，新一代信息技术与制造业深度融合，正在引发影响深远的产业变革，形成新的生产方式、产业形态、商业模式和经济增长点；各国都在加大科技创新力度，推动 3D（三维）打印、移动互联网、云计算、大数据、生物工程、新能源、新材料等领域取得新突破。同时，全球产业格局正在调整变化，在国际发展竞争日趋激烈和我国发展动力转换的形势下，我国制造业面临发达国家和其他发展中国家“双向挤压”的严峻挑战。经济新常态下，我国半导体照明产业将步入新的发展阶段，技术创新和应用空间也将随之不断增大，中国半导体照明产业的发展机遇与挑战并存。

6.3.1　半导体照明产业发展竞争格局重塑

全球半导体照明产业主要分布在美国、日本、欧洲、中国及韩国。美国、日本在 LED 芯片等核心器件方面具有竞争优势；欧洲在汽车照明及功能性照明方面具有竞争优势；韩国凭借大企业战略呈现后发优势；中国具有最大的应用市场，已成为全球产业发展最快的区域及承接产业转移的热点地区。随着行业的快速发展，产业整合速度明显加快，竞争格局不断调整。一些国际巨头纷纷退出中国照明市场，我国企业正在崛起；具有自主知识产权的硅衬底 LED 技术的不断突破，打破由日、美公司的蓝宝石和碳化硅衬底的技术垄断，形成半导体照明技术三足鼎立的局面；我国在农业、光通信等方面创新应用技术水平与国际同步，部分细分技术国际领先，全球半导体照明产业竞争格局正在重塑。全球 LED 产业分布图如图 6-16 所示。

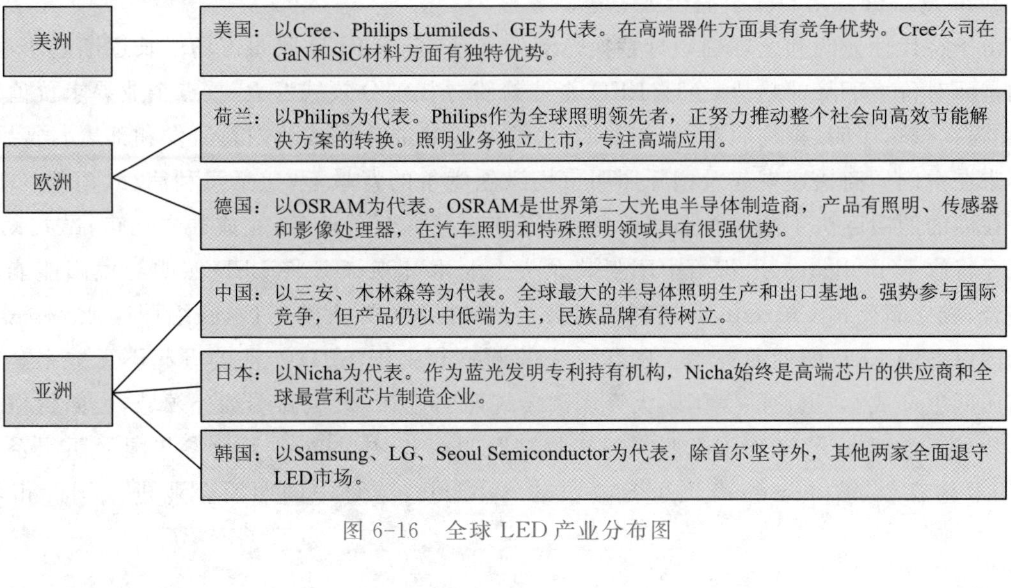

图 6-16　全球 LED 产业分布图

纵观全球半导体照明产业发展路径，其竞争主要呈现以下特点：

1. 政策支持成为产业快速发展的重要保障

多年来，发达国家大力扶持本国半导体照明产业发展，加紧全球战略部署。如从国家层面推动技术研发；发布白炽灯等高能耗传统照明产品的禁、限令；出台示范应用与推广的政策，如美国的《复苏与再投资法案(ARRA)》，支持各州政府补贴通过能源之星(Energy Star)认证的LED产品，2009年开始实施节能补贴推广LED产品(各州政府的重点有所差别)。日本于2010年将“灯泡型LED灯”列入环保积分(eco-point)制度进行扶持，目标是到2020年LED照明产品替代率为100%，2030年使用率为100%，通过补贴，日本LED灯泡市场占有率从2009年9月的3%提升到2010年10月的19%。韩国2009年将太阳能、半导体照明、混合动力汽车列为绿色增长三大引擎；2012年之前政府办公照明LED产品替代率达到30%，到2015年确保LED产品进入30%的通用照明市场，并成为半导体照明产业世界三强。在各国政府的大力推动下，全球专利、标准、人才的竞争达到白热化，半导体照明产业进入速度竞赛的时代。

2. 美、日、欧集中价值高端，中国快速崛起明显

从全球来看，半导体照明价值链已经在全球形成了较明显的区域空间分布，价值量高的技术专利及品牌主要分布在美、日、欧等国。中端产品主要集中在我国台湾地区，我国大陆地区目前的生产规模虽然较大，但仍然处于价值链中较低的部分。半导体照明外延片、芯片仍以日、美为第一方阵，中国大陆在高端芯片供应量中所占份额较小。封装环节，中国大陆增速加快，但产品附加值仍然与日、美、欧有一定差异。在应用环节，中国大陆充分发挥制造优势，成为全球最大的半导体照明生产制造基地，具备一定的国际竞争力，特别是随着国际照明巨头纷纷整合LED照明业务，中国企业强势进入国际竞争舞台。随着LED时代的全面到来，全球照明产业供应链不可避免向东转移，但在附加值较高的智慧照明、医疗照明、植物照明、可见光通信、汽车照明等创新应用领域的研发和生产均需要取得突破。

3. 布局细分应用和分拆整合成竞争新策略

由于替代性光源和全球白炽灯替换热潮的推动，全球LED照明市场增长逐渐趋于稳定，特别是面对价格下降的趋势，全球LED企业纷纷寻找细分领域发力，重点企业寻求价值链高端，加强在汽车照明、植物照明、智能照明、医疗照明等细分领域的创新研发和部署。特别是，近年来在中国厂商快速崛起及国际照明市场激烈竞争的背景下，包括飞利浦、欧司朗、GE、三星等在内的照明巨头不断调整照明业务，如飞利浦分拆照明业务，完成独立上市；欧司朗以4亿欧元将旗下Ledvance出售给中国封装龙头企业木林森；GE将LED照明与太阳能能源业务整合，成立新公司Current，开拓新的发展空间；松下关掉大陆工厂，收缩照明业务；三星停止韩国以外的LED照明业务等。国际巨头的调整与中国LED产业的崛起不无关系。亚洲厂商压低生产成本，迫使欧美国际大厂剥离传统照明业务，聚焦高端细分领域，走向价值链高端。从另一方面来说，随着国际照明巨头收缩照明业务，中国企业开始参与国际照明企业并购，如木林森收购Ledvance，飞乐音响收购Sylvania，这是中国照明企业进入国际市场的机会。

6.3.2 中国半导体照明产业发展面临的形势

当前，解决全球生态环境恶化和能源紧缺问题成为人类社会面临的重大课题，绿色、低碳、可持续已经成为各国经济社会发展的重点方向。而半导体照明本身节能环保的特性，使其成为实现节能减排目标的重要抓手。新常态下，我国半导体照明产业步入新的发展阶段，面临新的形势和需求，发展挑战与机遇并存。

在激烈的国际竞争下，我国半导体照明产业发展依然面临挑战。一是半导体照明产业还在快速发展之中，市场化的体制机制和商业模式需要探索，持续性的政策还需进一步细化、深化。二是原始创新和高端技术创新能力较弱，以企业为主体的创新体系尚未形成，公共研发平台尚需探索，自主创新能力有待提升。三是企业大多为中小企业，产业集中度不高，以制造中低端产品为主，存在同质化竞争现象，结构性产能过剩显现；国内企业竞争加剧，出口产品以 OEM、ODM 等为主，尚未形成国际知名品牌，民族制造品牌有待树立。四是半导体照明产品质量、能效标准及应用规范尚未系统建立；产品规格杂乱，质量良莠不齐，扰乱竞争秩序；标准规范滞后，实验室检测数据一致性有待提升，部分产品未纳入认证体系；缺乏对标准实施效果的跟踪评估以及照明效果评价；缺乏有效的市场质量监督机制[7]。

同时，我国半导体照明产业发展面临重要的历史机遇。一是我国节能减排需求迫切，半导体照明是我国实现绿色发展目标的现实选择。二是半导体照明产业是典型的技术、劳动双密集型产业，产业关联性强，是"一带一路"、《中国制造 2025》等实施的重要切入点。三是随着半导体照明技术突破以及与其他技术的融合发展，新的应用市场不断出现，将在智慧城市的建设中发挥巨大的支撑作用，并成为产业发展新动能。四是全球产业格局正在重塑，我国在部分核心技术领域有所突破，以及在生产端形成的巨大产能将支撑我国在半导体照明乃至第三代半导体领域弯道超车的重要时间窗口期把握主动[7]。

"十三五"是我国半导体照明产业发展的关键时期，我们应该抓住机遇，迎接挑战，使我国半导体照明产业从跟踪到超越，最后实现引领，发展成为半导体照明产业强国。

6.4 中国半导体照明产业发展对策建议

未来几年，是我国从半导体照明产业大国转变为产业强国的关键时期。目前主要是以替代市场为主，未来半导体照明在全新照明形态，以及健康、农业、医疗、可见光通信等超越照明领域，仍有巨大发展空间。世界各国正在加紧部署，推动技术研发，抢占暨照明替代之后新一轮产业主导权。为使我国从跟踪到超越，最后实现引领，成为半导体照明产业强国，全面落实"创新、协调、绿色、开放、共享"五大发展理念，建议从以下几方面进一步加大产业发展支持力度[7]。

6.4.1 围绕应用需求进行系统布局，加大对技术创新的研发投入

立足于市场应用需求，"十三五"通过国家重点专项、重点支持基础研究，引领未来产业

高端的按需照明、智能照明、超越照明技术研发和示范应用。加强跨界技术的整合，实现从基础前沿、重大共性关键技术到应用示范的全链条创新设计和一体化组织实施。紧密围绕《中国制造 2025》，促进半导体照明技术与信息技术的深度融合，结合智慧城市、大数据、物联网、新能源、医疗健康等技术和应用，加大对 LED 光品质、光生物、可穿戴、智能化等创新和超越照明等技术和创新应用的支持力度，开发高附加值创新应用产品，推进绿色智能制造，提升产业整体竞争力。

6.4.2 探索协同、开放的体制机制，构建以企业为主体的创新体系

加强实施协同、开放的创新体制机制，探索建设创新体制机制、研发国际化的公共技术和服务平台。围绕培育国家重要战略创新力量，探索以企业为主体，政府、研究机构及公共机构共同参与研发平台建设的技术创新投入与人才激励机制，探索建立国家技术创新中心；支持公共平台，为企业提供跨领域技术集成与验证、新产品和新技术的开发设计模拟与优化、产品和工程设计整体解决方案等技术服务；在现有创新载体基础上，优化和集成创新资源，建设国家重大创新基地。发挥企业和企业家在国家创新决策中的重要作用，吸收更多企业参与研究、制定国家技术创新规划和政策；发挥联盟产学研、上下游协同创新的作用；搭建以企业为创新主体，具有紧密产学研合作的研发模式；围绕产业链打通创新链，加强跨界融合、协同创新、商业模式创新，引导企业做大做强；实现骨干企业和科研院所的协同创新，联合企业共同突破共性技术、检测方法、标准等制约行业发展的短板问题。

6.4.3 支持发展“众创空间”，为创业创新搭建新平台

鼓励建立半导体照明产业“众创空间”，培育包括大学生在内的各类青年创新人才和创新团队，带动扩大就业，丰富产业升级技术入口。大力发展市场化、专业化、集成化、网络化的“众创空间”，实现创新与创业、线上与线下、孵化与投资相结合，为小微创新企业成长和个人创业提供低成本、便利化、全要素、全链条、一体化、开放式的综合服务平台。

6.4.4 积极参与“一带一路”，加强国际产业合作

统筹利用两种资源、两个市场，实行更加积极的开放战略，将“引进来”与“走出去”更好结合，拓展新的开放领域和空间，提升国际合作的水平和层次，积极参与和推动国际产业合作。面向“一带一路”沿线国家及地区推广半导体照明技术、标准和应用，充分利用“丝路基金”“亚洲基础设施投资银行”“金砖国家开发银行”等融资渠道，探索股权、债权、贷款、基金等多元化投融资方式，加快推进与周边国家互联互通基础设施建设，深化国际产业合作。积极推进海峡两岸在技术研发、应用示范、标准检测认证，以及产业合作综合示范区等方面实质性合作。

6.4.5 加强市场监管，优化产业生态环境

制订半导体照明节能产业“十三五”发展规划，强化部门间联动协作；实施行业“领跑者”制度，培育龙头品牌企业；加强标准建设，开放分析、测试、评价等行业专业化服务，打造第三

方标准、认证、信用评价体系，加强市场规范与监督，提升半导体照明产品质量水平；鼓励设立PPP(public private partnership，政府和社会资本合作)模式的产业发展基金，鼓励民间资本和财政资金共同参与技术成果转化孵化的创新商业模式，鼓励并购、重组提高产业集中度；逐步扩大财政补贴推广力度，以重大示范应用推动产品间互换，促进规模化生产和替代，提升节能减排效果；加大国家重点节能低碳技术推广目录的推广应用力度。

参考文献

[1] 国家发展改革委，科学技术部等.半导体照明节能产业规划[R].北京：国家发展改革要，2013.

[2] 国家半导体照明工程研发及产业联盟，台湾光电半导体产业协会.半导体照明产业发展年鉴(2010-2011)[M].机械工业出版社，2011.

[3] 国家半导体照明工程研发及产业联盟.2015年中国半导体照明产业数据及发展概况[R].北京：国家半导体照明工程研发及产业联盟，2016(1)：1-20.

[4] 国家半导体照明工程研发及产业联盟.半导体照明产业"十三五"发展战略研究报告[R].北京：国家半导体照明工程研发及产业联盟，2016：1-50.

[5] 国家半导体照明工程研发及产业联盟.第三代半导体发展战略研究报告[R].北京：国家半导体照明工程研发及产业联盟，2016：273-283.

[6] 国家半导体照明工程研发及产业联盟.中国新材料产业发展报告(2015)—半导体照明材料[R].北京：国家发展和改革委员会高技术产业司，2016.

[7] 国家半导体照明工程研发及产业联盟.半导体照明产业"十三五"发展战略研究报告[R].北京：国家半导体照明工程研发及产业联盟，2016：1-50.

第7章 我国第三代半导体材料产业的战略意义及发展战略

7.1 我国第三代半导体材料产业的战略意义

材料科学的发展推动了整个世界文明的发展，特别是半导体材料，支撑全球信息化进程。随着智能化、低碳化时代的到来，对半导体材料提出了新的需求。第三代半导体材料由于具有高击穿电场、高热导率、高电子饱和速率、高抗辐射能力的优越性能，有望突破传统半导体技术的瓶颈，顺应新时代、新环境对材料发展提出的新需求，开拓新技术应用领域，对社会发展发挥重要的推动作用。特别是在能源、节能减排、国防安全和下一代信息技术等领域，第三代半导体材料被认为是具有重大影响的战略技术。

7.1.1 抢占技术制高点，掌握国际竞争主导权

从国际竞争的角度看，第三代半导体材料具有极强的应用战略性和前瞻性，是突破第一代、第二代半导体技术瓶颈的关键。Si基电力电子器件经过近半个世纪的发展，在高效电能转换系统中得到了普遍应用；然而，目前材料性能已经发挥到物理极限，无法满足未来电能转换系统对转换效率、系统复杂度和可靠性提出的要求。GaAs、InP基射频微波器件对于个人移动通信设备和高速互联网的普及做出了决定性的贡献；不过在输出功率、高温和高效率运行方面的性能也受制于材料特性，而且成本一直居高不下，预期难以继续支撑国防领域信息安全建设和民用领域宽带移动通信的爆炸式发展对高性能、低成本硬件设备的迫切需求。第三代半导体材料由于工作频率高、功率大、稳定性强，能够制造高效节能、小型化、轻量化、低成本的器件，因此应用范围更广泛。

美国、日本、欧盟等发达国家纷纷在第三代半导体领域展开全面战略部署，准备抢占第三代半导体技术的战略制高点。发达国家通过国家级创新中心、协同创新中心、产业联盟等形式，将企业、高校、研究机构及相关政府部门等有机地联合在一起，通过协同组织、共同投入，实现第三代半导体技术的加速进步。

2014年初，美国总统奥巴马宣布成立“下一代电力电子技术国家制造业创新中心”，中心由北卡罗来纳州立大学领导，协同ABB、Cree、RFMD等超过25家知名公司、大学及政府机构进行全产业链合作。在未来五年内，该中心通过美国能源部投资，带动企业、研究机构和州政府共同投入，通过加强第三代半导体技术的研发和产业化，使美国占领下一代功率电子产业这个正在出现的规模最大、发展最快的新兴市场，并且为美国创造出一大批高收入就业岗位。

欧洲启动了产学研项目 LAST POWER，由意、法半导体公司牵头，协同来自意大利、德国、法国、瑞典、希腊和波兰等六个欧洲国家的私营企业、大学和公共研究中心，联合攻关 SiC 和 GaN 的关键技术。项目通过研发高性价比且高可靠性的 SiC 和 GaN 功率电子技术，使欧洲跻身于世界高能效功率芯片研究与商用的最前沿。

日本建立了"下一代功率半导体封装技术开发联盟"，由大阪大学牵头，协同罗姆、三菱电机、松下电器等 18 家从事 SiC 和 GaN 材料、器件及应用技术开发及产业化的知名企业、大学和研究中心，共同开发适应 SiC 和 GaN 等下一代功率半导体特点的先进封装技术。联盟通过将 SiC 和 GaN 封装技术推广到产业，以及实现可靠性评价方法和评价标准化，来充分发挥下一代功率器件的性能，推动日本的 SiC 和 GaN 应用的快速产业化发展。

此外，具备一定产业聚集优势的地方政府也组织力量，积极推动第三代半导体产业发展。2014 年 7 月，美国纽约州宣布将联合 100 多家私营企业组建一个 SiC 产业联盟，由通用电气公司(GE)牵头主导，在未来五年内，由纽约州政府拨款 1.35 亿美元，吸引私人投资和知识产权作价，合计 3.65 亿美元，用于支持人才和公共研发平台建设，协同开发新一代 SiC 半导体材料和工艺。这一措施通过利用纽约州在第三代半导体产业的区域优势，吸引科研人才和公司建立一个高科技产业集群，推进纽约州在国际市场上的竞争力，并创造出上千个就业机会。

与在第一代、第二代半导体材料及集成电路产业上的多年落后、很难追赶国际先进水平的形势不同，我国在第三代半导体领域的研究工作一直紧跟世界前沿，工程技术水平和国际先进水平差距不大，已经发展到了从跟踪模仿到并驾齐驱，进而可能在部分领域获得领先和比较优势的阶段，有机会实现超越。在国家战略层面加大对第三代半导体的支持，特别是我国在节能减排和信息技术快速发展方面具有迫切需求和巨大的应用市场，同时具备比较好的产业基础，有望集中优势力量一举实现弯道超车和占位领跑，率先突破从研发、工程化到应用的创新链条与价值链条，抢占国际半导体领域战略制高点。

7.1.2　支撑节能减排，转变经济发展方式

我国经济的持续高速发展，同样带来了能源供应和 CO_2 排放的巨大压力。低碳、绿色经济是我国可持续发展的不二选择，节能减排已成为当下的重要战略任务，第三代半导体技术有望在这方面发挥重要作用。据美国节能经济委员会预测，如图 7-1 所示，到 2030 年，美国经济总量与 2008 年相比将增长 70%，如采用新型半导体节能技术，耗电量可减少 11%，累计节省电费 1.3 万亿美元，年均减少 CO_2 排放 3.83 亿 t。

第三代半导体是半导体节能减排技术的核心，其器件可应用于半导体照明、白色家电、电子信息设备、电动汽车、可再生能源并网、工业电动机驱动、智能电网、轨道交通等众多领域，将掀起绿色能源消费的巨大变革。

半导体照明已经使得中国百年传统照明工业迎来了大规模电子化的节能环保时代，是第三代半导体材料产业化应用的第一个成功突破口，基于 GaN 材料的半导体照明产品的发光效率与白炽灯相比可以节能 80%，与现有节能灯相比可节能 50%，通过智能控制，半导体照明产品还可再节能 20%。目前通过推广应用，半导体照明已经产生了可观的节能减排效益，

预期到 2020 年，半导体照明可实现年节电 3 400 亿 kW・h，减少碳排放 3 亿 t。

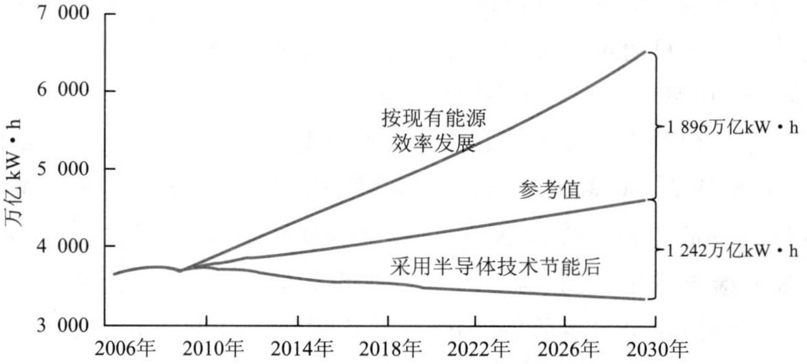

图 7-1　2006—2030 年美国采用半导体节能技术前后的耗电量对比
（数据来源：美国节能经济委员会 E094，2009）

在电力能源系统中，提高电能转换效率，减少电能转换损耗是目前广泛关注的焦点问题。目前，我国的电能转换损耗占发电总量的 15%～20%，相当于五个三峡水电站的装机容量。电能的转换既包括其他形式的能量（如化学能、太阳能、核能、风能等）与电能的相互转换，也包括电能中直流与交流形式的相互转换，其电能转换系统的核心部件是电力电子器件。因此，提高电能转换效率的关键是开发和使用高性能的电力电子器件。SiC 和 GaN 基高效节能的电力电子器件，可突破 Si 器件在大功率、强电流、高频率和高温工作的极限，显著提高我国综合电能管理效率、大幅度降低电能转换过程中的无益损耗。将新一代电力电子器件应用于国民经济的各个领域，如消费类电子、光伏与风力发电、高效电动机、混合和纯电动汽车、高速列车、智能电网、超高压运输变电等，具有可观的节能空间。

在电网领域，第三代半导体电力电子技术不仅有助于提高现有电网的控制能力，降低损耗，更重要的是为建设一个可控、可靠、安全、高效的新型智能电网提供关键元器件支撑。第三代半导体在高压直流输电装备和系统中的应用将会使我国电能的传输和转换效率发生革命性的变化。经预测，如果在高压直流输电过程中用 SiC 基 IGBT 器件替代 Si 基同类器件，可使功耗至少降低 33.6%，并且在峰值功率下，工作效率大于 96%，全球每年节省的电能将以数百亿美元计。此外，第三代半导体在固态变压器中的应用可以使变压器的体积缩小至不足 1/10，大大减小变压器质量。例如，一个传统变压器约 3.6 t，在使用 SiC 基 IGBT 器件后，有可能缩小为一个质量只有 45 kg 的新型变压器。

随着人类社会的高速发展，传统的石油、煤炭等化石能源开采已经逐渐不能满足经济发展的需要，并且这些能源将在可以预见的未来开采殆尽，风能、太阳能等绿色可再生能源将成为未来电力来源的重要组成部分。充分利用这些可再生能源的一个重要的问题，就是高效率的电能转换并将其接入现有的供电网络，而基于第三代半导体材料的逆变器在这方面具有天然的优势。实验数据显示，第三代半导体逆变器的使用能够使光伏发电系统的转换效率提高 2%以上，对于降低发电成本和应用普及具有重要意义。以 SiC 器件在光伏逆变器领域的应用为例，2016 年使用一台 50 kW 的 SiC 光伏逆变器每年产生的电能超过 1 万美元，相比 Si 器件，每年节约146.25美元，成本回收时间仅需要7个月，而到2018年，SiC光伏逆变器的价格甚至会低于Si器件。

除此以外，第三代半导体器件可以使泵、风机、压缩机及空调系统所使用的各类驱动电动机变得更加高效、节能。据统计，我国各类电动机的电能消耗占总发电量的60%以上，如果全国电动机的驱动都采用第三代半导体器件进行变频调速，电动机耗能可节约1/4～1/3，可节约全国总发电量的15%～20%，将对我国能源的高效利用产生重大影响。

7.1.3　引领信息器件产业变革，构建高性能信息网络

基于第三代半导体材料的微波射频功率器件、高效电源管理器件、短波长光电子器件等，将在移动互联网、大数据中心、云计算中心、海量光存储、可见光通信等领域得到广泛应用，为构建下一代高性能的信息网络提供不可或缺的硬件支撑。

作为信息交互的最活跃的通道，移动通信技术的发展将成为新一代互联网、物联网、云计算的核心动力，是未来我国重要的经济增长点和整体经济的催化剂。射频器件是移动通信基站和手机收发组件功率放大器的核心元器件，其性能直接影响通信电子系统的工作状态。射频功率放大单元的射频性能是基站带宽的主要决定因素，同时也是基站的主要耗能（约60%）元件。目前，全球移动通信基站的射频放大单元基本都是基于Si基LDMOS技术，该技术的最高工作频率只能达到3.5 GHz，且由于其在2.5 GHz以上频段效率大幅下降，将导致成本与能耗的大量浪费，性能上无法继续支撑宽带移动互联的发展需求。据欧盟预测，2020年5G通信将在全球范围内实现商用，而5G通信的数据流量需求是现有技术流量的1 000倍，甚至更多。这对射频器件的频率、功率和带宽都有极高要求，现有器件已经远远不能满足要求，GaN射频器件成为最佳选择，将在移动通信基站、手机、各种通信装备中广泛应用。

从人们的日常生活、经济发展到国防科技，现代社会发展在各个方面都体现着对大数据的依赖。大数据信息的综合处理能力也是一个国家信息化核心实力的体现，从大工程设计、经济数据分析、气象观测，到航空航天器模拟、遗传基因分析、核武器仿真，都依赖于超级计算机技术。基于第三代半导体器件的高效电源、驱动管理模块和设备，在超级计算中心、大数据中心等应用中，可以使功耗降低20%，甚至更多，减小超级计算机的体积与散热难度，为在未来实现小型化、低价格的超级计算提供了可能。

在大数据时代，社会信息数据量呈爆炸式增长。据预测，全球数据量大约每两年翻一番，到2020年，全球数据量将达到35 ZB（$Z=10^{21}$）。如果将35 ZB的数据量刻录存入普通DVD光盘，光盘堆积的高度将等同于地球到月球距离的57.3倍，也就是大约2 200万km。基于第三代半导体紫外光激光器的海量光存储技术，可实现存储密度比普通DVD光盘高出上千倍，可满足大数据时代的海量数据存储需求。

此外，以半导体照明为基础的可见光通信将照明与通信有机结合，依托广泛覆盖的照明网络实现“照中通”，目前通信速率已远高于射频无线通信。可见光通信作为一种具有许多不可替代优越性的新型无线通信技术，除了可以在商业、交通、安全等领域给人类带来效率的提升，还以其逐步开展的灯光通信、灯光控制、灯光定位等创新应用为人类生活提供巨大的

便利。

因此，无论是占据核心技术高地，还是巨大的应用市场，第三代半导体材料及其信息器件无疑是世界各国争相发展的重点领域。

7.1.4 保卫国家信息安全，提升国防建设水平

第三代半导体器件具备在恶劣环境中大功率、高频率工作的能力和高效率短波长光电信号收发的性能，在飞机、航空航天设备、雷达、导弹预警系统、安全通信网络等国防领域的应用非常广泛，因此，发展第三代半导体器件对提升国防安全水平具有重大意义。

军事电子系统需满足高频率、高功率、耐高温和抗辐射的特殊要求。高性能的电子元器件是战争获胜的关键之一。战斗机需要耐高温变电器，电力控制的战斗机(more electronic aricraft，MEA)利用高温 SiC 大功率器件取代原有复杂笨重的机械、液压及气动控制，从而减轻飞机质量，节省空间，并降低故障率和维护费用。美军主要战机(B-1B、F-16C 等)维修与故障率 50%以上系因液压、机械和当前性能较低(使用 Si 器件)的电气系统引起。利用步进电动机代替控制机翼状态的液压步进机，可减轻质量。将减少或取消液压、机械(齿轮传动)和气动装置，取消机内各种复杂、低效及昂贵的系统，从而降低战机的故障率和昂贵的维修费用，同时也可提高可靠性，提高战机燃料利用率及作战性能。而 Si 基系统需要笨重的冷却系统。SiC 电力电子驱动模块耐高温、轻巧的特性，非常适合与大型伺服电动机集成。

在卫星和太空探测器的应用中，航天器电子设备需要耐受极端温度，必须配备笨重的温度控制系统，同时为屏蔽太空中强烈的辐射，也需要装备防辐射罩。目前 SiC 器件已经展示了在−243～+450 ℃的温度环境下仍可正常工作的能力，GaN 器件已经展示了比 Si 器件提高 10 倍的抗辐射剂量的能力，因此使用基于第三代半导体材料的电源变换器及电力控制系统必然大大降低散热器和抗辐射屏蔽所占的质量和体积，能够降低发射成本并增加装载容量。

在雷达应用中，GaN 射频器件具有高击穿电压、大功率密度、易于匹配、耐高温、抗辐射等优点，是应用于第四代战斗机相控阵雷达系统、海基 X 波段预警雷达及航母舰载雷达系统的优选核心器件之一。GaN 射频器件功率密度高于 GaAs 器件 10 倍以上，可大幅提升雷达的功率，从而提升雷达的探测距离和探测能力。同时，GaN 射频器件能大大增强射频接收器电路的抗干扰能力，从而提高无线电设备的可靠性，大幅提高无线通信设备和雷达的性能。用 GaN 射频器件制造的雷达通信和电子对抗系统具有更远的传输距离和灵敏度，以及在各种恶劣环境中使用等特点，可以提高武器装备功率电子系统的性能，使得固态微波通信系统、雷达、电子对抗装备更新换代得到更大发展。目前，美国海军新一代干扰机吊舱及空中和导弹防御雷达 AMDR 已采用 GaN 射频器件替代 GaAs 器件，极大地减小了设备体积，提高了系统效率。

基于第三代半导体材料的紫外探测器具有响应速度快、体积小、质量小的优点，可广泛应用于空载、舰载或地面探测预警系统，特别是在近程反导弹系统中虚警率极低。与红外预警系统相比，紫外预警具有虚警率低、无需低温冷却、系统体积小、质量小的优点。此外，第三代

半导体紫外探测器还可与 AlGaN 日盲紫外发光器件构建短距离安全通信系统，具有保密性高、全天候抗干扰和非视距通信的优点，可作为一种专业局域军事保密通信手段，或在特定条件下对其他通信手段进行补充。

国外在上述领域对我国一直进行限制和禁运，因而自主研发意义重大。

7.2　我国第三代半导体材料产业的发展战略

随着第三代半导体材料、器件及应用技术不断取得突破，极具竞争力的第三代半导体光电子器件、电力电子器件和射频功率器件产品进入市场，将兴起一场以半导体超越照明技术、宽禁带节能电子技术、宽带移动通信硬件技术、先进雷达技术等为主要内容的半导体科技革命，甚至可能在21世纪上半叶，引发一场新的信息和能源技术革命，从而推动第三代半导体产业爆发式成长。

我国发展第三代半导体材料产业应以重大需求为牵引，充分发挥企业主体作用和区域产业优势，通过上游突破、中游领先、下游主导的全链条战略，形成市场拉动创新的良性发展模式，盘活现有资源，打造差异化、多层次的利益共同体，形成集团军。此外，要注重创新基地建设，发挥科技创新平台和科技服务平台的作用，强化资源整合和开放合作。

我国发展第三代半导体材料产业建议遵循四个基本原则：一是坚持统筹规划与市场机制相结合，二是坚持应用主导与材料先行相结合，三是坚持平台建设与人才培养相结合，四是坚持立足国内与面向国际相结合。

7.2.1　组织关键技术的攻关

我国目前正处于快速夯实第三代半导体材料科技基础的重要阶段，加快第三代半导体材料、器件与应用技术开发及其产业化仍然是未来5～10年我国发展第三代半导体材料产业的首要任务。

7.2.1.1　Ⅲ族氮化物半导体材料

1. 大尺寸单晶衬底制备技术

突破大尺寸、高质量的 GaN、AlN 单晶衬底制备技术，实现衬底的光学、电学性质达到国际先进水平，拥有自主知识产权，同时培育可大规模生产 GaN、AlN 单晶衬底以及厚膜自支撑衬底的高科技企业，实现产业化生产。

2. 大尺寸衬底上 GaN 外延技术

突破在大尺寸 SiC、GaN、Si 等衬底上高质量外延 GaN 材料的核心技术，GaN 外延材料相关指标达到国际先进水平，建立自主知识产权体系，同时培育可大规模生产 GaN 外延片的高科技企业，实现产业化生产。

3. 核心制造装备开发

开发可生产大尺寸、高质量 GaN 单晶衬底的国产化装备，掌握核心技术和自主知识产权；开发大尺寸、高生产效率的 MOCVD 商用设备，以及可用于紫外及大功率电子器件制造所需材料的专用型 MOCVD 商用设备，实现 MOCVD 设备核心部件的全面国产化。

4. 高性能 GaN 电子器件技术

突破高性能、低成本 GaN 电子芯片的核心设计和关键制备技术，实现 GaN 基电子器件的性能满足在节能电力电子、信息、国防等领域的实际应用标准，同时培育可大规模生产 GaN 电子芯片的高科技企业，实现产业化生产。

5. 高效 GaN 光电子器件技术

突破高效半导体照明核心材料技术，发展无荧光粉等新的白光技术路线，研制出绿、黄、红、青等高品质 LED 芯片及光效超过 200 lm/W 的 LED 白光器件；实现半导体照明技术与微电子技术、传感技术、现代信息技术的结合，推进照明产业向全面智能数字化时代，以及基于健康、多功能、个性化的照明方式的变革；开发基于 AlGaN 材料的深紫外半导体光源和日盲深紫外光电探测器，性能满足实际应用标准，实现产业化生产。

7.2.1.2 SiC 半导体材料

1. SiC 衬底和外延技术

突破 SiC 半绝缘衬底材料技术，完成 3 英寸向 6 英寸晶圆的跨越。提升 3 英寸和 4 英寸衬底材料质量，降低衬底材料的微管密度。突破 SiC 厚膜外延生长的关键技术，通过多腔体外延生长设备、高温 CVD 外延等技术从 4 英寸向 6 英寸过渡，提高产能。

2. SiC 器件技术

突破栅氧化、高温离子注入等 SiC 晶体管关键工艺技术以及相关工艺技术设备。通过设计，增加各种终端，使在较薄的外延层上实现较高的阻断电压，以降低厚膜外延材料的成本。SiC 晶体管实现从样品开发阶段进入质量控制和产能提升阶段，缩短与国外企业的差距。

3. SiC 功率模块技术

突破 SiC 功率模块高温封装技术难点，特别是 200 ℃以上的应用领域。基于 Si 功率模块的技术平台，建立 SiC 功率模块的应用技术和高温、高压测试平台。从 Si 基和 SiC 基的混合功率模块起步，拓宽应用示范领域，包括再生能源、机车牵引、高速列车、功率传动和风能转换的新型超大功率电子转换系统。

7.2.1.3 宽禁带氧化物半导体材料

1. 氧化物衬底产业的关键技术

抑制氧原子向氮化物的扩散，突破氮化物器件工艺与氧化物衬底之间的化学与工艺兼容性技术。实现氮化物材料、器件工艺与氧化物衬底之间的化学与工艺技术的兼容。

2. IGZO 材料与器件产业的关键技术

突破非晶 IGZO 材料的缺陷及界面控制技术，解决 TFT 器件在偏压、光照以及气氛条件下的电学稳定性问题。突破晶体 IGZO 材料制备技术，在合适的生长温度和工艺技术条件下实现晶态 IGZO 薄膜。

3. Ga_2O_3 材料与器件产业的关键技术

突破大尺寸、高质量、低成本的单晶衬底制备技术；突破高质量 Ga_2O_3 薄膜的 MOCVD 生长工艺与技术。

4. 钙钛矿材料与器件产业的关键技术

突破大面积材料与器件的制备技术；降低电池材料对环境的敏感性，提高其电学稳定性和材料耐久性；开发性能可靠、成本低廉的大面积空穴传输层制备技术。

5. ZnO 材料与器件发展的技术障碍与关键问题

突破高效稳定的 p 型掺杂技术，研究掺杂剂在 ZnO 中的低固溶度问题；研究自补偿问题以及受主能级过深的问题。在深入理解受主掺杂的微观物理机制的基础上，实现高效稳定的 p 型掺杂，促进这一潜在的应用实现真正的产业化。

7.2.1.4　半导体金刚石薄膜材料

1. 单晶金刚石材料的制备技术

开发适合进行高速生长大尺寸单晶金刚石研发型和生产型装备；开发 HPHT 法单晶金刚石衬底制备技术；研究异质外延和金刚石外延层与衬底的剥离技术，制备出自支撑大面积金刚石衬底。

2. 器件级质量的金刚石薄膜制备技术

探寻具有成本优势、适合制备出单晶金刚石薄膜材料的新型衬底；针对现有的 CVD 薄膜外延技术进行再创新，生长出单晶金刚石晶格完整、缺陷密度和掺杂含量低的结晶质量好的金刚石薄膜；攻克金刚石 n 型和 p 型掺杂技术，探明掺杂机理。

3. 发展基于金刚石的电力电子器件的制备工艺

开展金属-金刚石接触工艺研究，包括欧姆接触和肖特基接触，欧姆接触要求接触电阻低，肖特基接触要求击穿电压高、漏电流；研究单晶金刚石刻蚀工艺，其焦点是单晶金刚石的湿法化学刻蚀及干法物理刻蚀；设计和研制出肖特基二极管、场效应晶体管等高温高频大功率器件和紫外探测器件。

4. 单晶金刚石材料和器件的基础性研究

针对材料制备中的关键科学问题，开展生长动力学和热力学研究，揭示形核、生长岛聚合边界以及杂质缺陷的演变规律；利用光学和电学等方法研究金刚石的能带结构、激子复合、载流子输运和散射机制、表面和界面等基本物理性质；开展基于金刚石的肖特基二极管、场效应晶体管、紫外探测器和化学传感器的性能和可靠性研究，重点研究器件的失效机理。

7.2.2　推动需求导向的创新应用

材料及器件科技研发必须坚持需求导向和产业化方向，以应用推动产业发展。面向半导体照明、节能电力电子、信息技术、国防建设各应用领域的重大需求，要进行多领域、多学科交叉的应用技术研究并通过创新应用，培育、开拓市场来实现产业化，这也是未来我国发展第三代半导体材料的重大任务。

7.2.2.1　半导体照明应用

未来五年，开展光度学、色度学及光生物学等交叉学科领域及应用的研究，满足对智能化、个性化、高品质照明光源需求，实现按需照明；开展 LED 在医疗、保健、农业、可见光通信、安全等领域的超越照明技术和创新应用研究，满足非替换照明形式以及物联网对信息采集的需求；开展照明智能控制系统技术开发，为智慧家居、智慧交通以及智慧城市的建设提供支撑；开展深紫外半导体光源 LED、激光器和深紫外光电探测器件制备技术研究，满足对特种波长光源的重大应用需求。

未来十年，开展可见光通信、可控光谱、色谱与生物、人类感知关系为基础的超越照明应用技术研究，推动半导体照明与智能交通、通信、农业、医疗、健康等应用领域的跨界融合。实现半导体照明产业从传统照明的简单替代到智能化、个性化、多功能、新应用产品和高附加值服务的重大发展方向变革。

7.2.2.2 节能电力电子应用

未来五年，突破小型化、高效率的 GaN 电力电子模块的产业化生产技术，研制出高效、高频、小型化驱动电源，实现电源转换损耗减小 50%，实现其在消费类电子产品、中小容量新能源并网、节能工业电动机、电动汽车电驱动控制、不间断电源（UPS）等中低电压中小功率领域的规模化应用推广。

未来十年，突破大功率、高耐压的 SiC 电力电子模块的产业化生产技术，研制出高效、超大功率电子转换系统，满足电动汽车、工业电动机等对驱动电源高效、高频、小型化的需求；解决大容量新能源并网、超高压大容量直流配网、轨道交通领域中对于电力电子变压器、逆变器、全固态电力开关等高效能源转换和控制装备的重大需求，并创造出新的市场。

7.2.2.3 信息技术应用

突破高效、高功率的 GaN 射频功率放大模块的产业化生产技术，实现其在 4G、5G 移动通信基站的规模化应用推广，到 2020 年市场渗透率超过 20%，解决信息领域对于低成本、高频高效、大功率的微波和射频设备的重大需求；实现基于第三代半导体深紫外光激光器的 10TB 量级海量光存储技术，满足大数据时代的海量数据存储需求；实现基于 GaN 发光器件的可见光通信技术在室内定位、宽带接入网络、智能家居中的规模化应用，形成相关标准及技术规范；实现基于第三代半导体器件的高效电源、驱动管理模块和设备在超级计算中心、大数据中心的应用，满足超级计算对高速率、小型化、低成本的需求，提升高速计算在我国顶级科学技术研究中的普及率。

7.2.2.4 国防建设应用

开展基于第三代半导体材料的超大功率电力电子器件和射频器件在国防建设中的应用研究，实现其在有源相控阵雷达、卫星中的高可靠性应用；实现第三代半导体深紫外半导体光源和日盲深紫外光电探测器在自组织光网络保密通信、导弹尾焰探测、深空观测等领域的应用。

7.2.3 促进公共研发及服务平台建设

加强公共研发及服务平台建设是提高企业自主创新能力和促进产业发展的有效途径。

面向企业发展对公共研发服务平台的需求，以及第三代半导体材料产业发展中对跨行业、跨领域资源整合的需求，建设创新的开放式科研及服务平台，整合现有资源，开展技术研发、标准研制、人才培养等相关服务，为发展我国第三代半导体材料产业提供重要的科技服务支撑。

7.2.3.1　公共研发平台

构建体制机制创新的、可持续发展的、国际化的、开放性的第三代半导体材料及应用的公共研发平台。平台要具有一流机制、一流人才、一流装备。通过平台建设推进科学研究、技术开发与工程化、产业化、先进技术标准研制等创新链各环节的无缝连接，解决目前我国战略性新兴产业企业分散、整体创新能力薄弱、人才短缺的问题。

建立"共同投入、风险共担、利益共享"的联合创新机制，实施技术创新的市场导向机制。解决应用端产业化共性关键技术；开展前瞻性的研发工作和创新应用；为企业提供第三方共性关键技术开发及服务；大力开展集成技术研究，整合单项技术，进行跨行业跨领域的技术集成、放大和产业化中试验验证。

公共研发平台要在决策、投入、组织和成果转化四个方面体现企业创新主体作用。在决策方面，围绕产业需求和技术发展方向，通过定期走访、问卷调查、研讨等方式征集企业技术需求，引导企业共同确定产业化共性关键技术和前瞻性技术研发；在投入方面，由企业与研究机构共同投入资金、设备、人员，共享项目成果；在组织方面，企业研发人员参与项目研究，实现研发与产业化的无缝连接；在成果转化方面，技术成果通过使用权共享、所有权转让、孵化等方式辐射产业界，以技术创新引领企业发展，推进科研院所、高等院校与骨干企业等不同创新主体的互动与合作，探索形成多种形式的政产学研用协同创新模式，推动建立基础研究、应用研究、成果转化和产业化、先进技术标准研制紧密结合，协调发展机制，探索持续性投入机制。

7.2.3.2　科技服务平台

加强市场化、网络化、国际化的公共科技服务平台的建设。从产品研发设计、技术服务、成果转化与孵化、供应链管理及配套服务等方面入手，进行资源管理与流程整合，建设第三代半导体材料及应用的科技服务平台，运用互联网手段推动商业模式创新，推动第三代半导体领域新型科技服务业发展。

开展国际最新技术和产品的跟踪、预测，以及对比检测和分析研究，为企业提供新产品、新技术的开发设计模拟及优化服务；建立和完善包括技术评估、工程化验证、工艺改进、专利评估与运营等在内的技术转让服务体系；建立展示交易中心，加强优质产品、最新产品的展示体验，提供"Mall 式"零售、电子商务等多元化交易平台，形成区域化乃至全球化采购中心；搭建科技服务网络，探索合作模式及服务运营机制，打造国际一流的产业技术信息交流平台。

7.2.4　产业生态环境与可持续发展能力建设

第三代半导体材料产业的发展需要创新的体制机制和优化的产业链，要以建设可持续发展能力、培育有国际竞争力的产业为目标，构建健康的产业生态系统和完善的产业支撑服务体系。

7.2.4.1 推动产业集群式发展

以开放的、国际化的创新战略，推动技术、人才、产业、资金集聚，在现有创新载体基础上，通过优化和集成创新资源，在优势地区建设第三代半导体材料及应用国家重大创新基地，以新的组织形式，跨领域、跨部门、跨区域集中组织实施面向国家目标和国家战略的协同创新，以增量投入引导存量发展，实现促进技术突破与推动产业发展相结合，形成辐射全国的技术转化网络，建成全球第三代半导体材料及应用产业的创新策源地、产业和人才集聚地。

7.2.4.2 促进金融资本对接

引导各类金融机构参与投入产业发展，支持设立第三代半导体产业发展基金，在第三代半导体材料及应用技术、LED 智慧照明应用技术及创新商业服务模式等领域，鼓励对产业链创新端早、中期项目的风险投资和对产业链竞争端项目的并购整合投资，重点投向具有产业化培育价值的领先应用技术和专业创新的科技服务企业。通过产业基金的运作助推行业整合、助力企业做大做强、挖掘具有高技术的产业价值，促进第三代半导体科技成果产业化和新技术、新产品的推广应用。

7.2.4.3 发挥行业组织作用

充分发挥联盟、学会、协会等行业组织在整合资源、产学研对接、公共服务等方面的积极作用，支持提供科技服务的各类实体享受高新企业待遇，支持开展联盟标准试点工作。国家半导体照明工程研发及产业联盟作为新型的、专业化的民办科技服务机构，在推动半导体照明产业的协同创新、产业环境优化、国际合作等方面积累了丰富的工作经验，成功探索了实体化运行的公共研发平台以及协同创新模式，为发展半导体照明产业、培育第三代半导体材料产业发挥了重要作用，为第三代半导体材料产业的创新投入机制、加快落地推广提供了有益借鉴；首都创新大联盟（北京产业技术创新联盟联合会）包含各类领域联盟 70 余家、企业及科研单位 5 000 余家，为第三代半导体技术提供了跨界创新、应用集成和转移转化的重要载体，为推进第三代半导体创新发展与应用提供了有利条件。

7.2.4.4 开放式培养创新人才和团队

探索建立分层次、多领域的引才用才平台，凝聚和培养一批高端技术人才、科技成果转化人才和项目管理人才；鼓励海外专家在创新基地创新创业，加强海外人才及创新团队的引进工作；落实混合所有制机构在人才引进、落户等方面的政策；建立灵活多样的创新型人才流动与聘用方式，重点培养一批产业技术和管理高端人才以及专业技术工程师；进一步落实、深化科技成果使用处置和收益管理改革试点，鼓励高等学校、科研院所、国有企业提高职务发明成果所得收益用于奖励研发及成果转化人员的比例，激发科技人员的积极性和创造性。

7.2.4.5 深化国际与区域交流合作

搭建国际化的创新技术平台、标准检测平台和发展服务平台，以开放的、国际化的“聚智”

服务，聚集战略性、引领性的全球创新资源；开展标准规范推广、标识互认、技术转让、产业对接、商务贸易拓展、海外渠道建设等方面的工作；加强第三代半导体技术研发、标准检测、应用示范等方面实质性的两岸及国际合作；扩大科技开放合作，广泛参与高层次国际科技合作，在更高起点上推进自主创新；拓展国际交流与合作的广度和深度，提升我国第三代半导体及其应用产业的创新水平和国际竞争力。